私募基金财税处理实务与案例

郭琪燕——著

中国财经出版传媒集团
中国财政经济出版社
北京

图书在版编目（CIP）数据

私募基金财税处理实务与案例 / 郭琪燕著. -- 北京：中国财政经济出版社，2025. 2. -- ISBN 978-7-5223-3665-7

Ⅰ. F832.51

中国国家版本馆CIP数据核字第2025EJ1433号

责任编辑：孙丛丛　　责任校对：胡永立

封面设计：MXK DESIGN STUDIO Q:1765628429　　责任印制：史大鹏

私募基金财税处理实务与案例

SIMU JIJIN CAISHUI CHULI SHIWU YU ANLI

中国财政经济出版社 出版

URL：http：//www. cfeph. cn

E-mail：cfeph@ cfeph. cn

社址：北京市海淀区阜成路甲28号　邮政编码：100142

营销中心电话：010-88191522

天猫网店：中国财政经济出版社旗舰店

网址：https：//zgczjjcbs. tmall. com

北京中兴印刷有限公司印刷　　各地新华书店经销

成品尺寸：185mm × 260mm　16开　46.5印张　824 000字

2025年2月第1版　2025年2月北京第1次印刷

定价：149.00元

ISBN 978-7-5223-3665-7

（图书出现印装问题，本社负责调换，电话：010-88190548）

本社图书质量投诉电话：010-88190744

打击盗版举报热线：010-88191661　QQ：2242791300

一本非常务实的好书

中国证券投资基金业协会数据显示，截至2024年7月末，存续私募基金150 543只，存续基金规模19.69万亿元。一直以来，私募基金作为一股重要力量，为我国资本市场的健康发展作出了巨大贡献。

然而，基金的组织形式及投资主体多样化，公司、合伙、契约，私募、公募，这些混在一起，使基金相关的涉税政策显得较为复杂。同时，不同时期出台不同的税收政策，使基金的税收显得很是杂乱，散落在不同的文件中，并没有一套完整的适用于不同组织形式的基金税制，导致很多税务工作者对基金涉税问题望而却步。具体到基金本身及基金管理人，涉税争议问题很多。例如，关于合伙企业内部计税基础与外部计税基础的争议，合伙基金多层架构下所得的性质问题、纳税地点问题，管理人超额业绩报酬是否缴纳增值税问题等。

目前大多数私募基金选择合伙制组织形式，但合伙税制尚存在诸多需要完善之处，现行一些税收政策对合伙企业或其合伙人并不适用，如合伙企业无法适用企业所得税特殊性税务处理，个人通过合伙企业取得上市公司股息红利不能享受差别化税收政策，企业通过合伙企业取得的股息红利不能享受企业所得税免税政策，合伙企业非货币性资产投资时合伙人不能享受递延纳税政策，以合伙企业作为员工持股平台的，在享受企业所得税及个人所得税相关政策方面都存在障碍等。

由于很多问题并不明确，类似的上述诸多问题需要系统梳理、归纳，但遗憾的是，关于此类书籍，市面几乎没有，仅有几年前陈爱华教授出版的《私募基金会计和税务：问题研究 实务操作 案例解析》。记得当初和陈爱华教授谈起写书时，他表示，写书更多的是一种情怀，是为社会作贡献。自己当时不是很明白，直到自己也出版过几本书后，才有深切的体会。就拿郭琪燕老师这本书来说，她花了三年时间研究私募基金的运作方式及流程，实地调研，用了一年时间收集整理资料，最后用一年时间来写作，并不断完善和修改，最终才呈现在读者面前。当我看到书稿时，我惊讶于郭老师的辛勤付出，全书初稿50多万字500多页，沉甸甸的，都是奉献，满是情怀。

本书分为总纲、基金管理人、基金产品、基金跨境、基金申报、投资对赌共六篇十五章，涵盖了基金“募投管退”各个环节，不仅梳理了私募基金相关的税收政策，更梳理了私募基金的业务运作；不仅有现行税收政策的分析，也有争议事项的介绍；不仅分析了现行税收政策的优缺点，还对未来税收政策提出自己的建议。很多税务工作者可能对税收政策很熟悉，但并不熟悉相关实务的运作模式及流程，使得政策和实务相脱节，或不能很好地处理实务工作中的税收问题，而本书将实务工作和税收政策进行了完美结合，是一本非常务实的好书。

近两年来，资本市场税务大案频出，税务合规问题愈显突出，过去一些所谓的“避税”手法在目前普遍面临税务合规风险，如何正确理解税收政策并合理加以运用是基金从业者十分关注的问题，希望本书能成为私募基金相关人员的好帮手。

姜新录

2025年2月13日

前言

一直以来，基金财税都是资本领域的难点，国内与此有关的研究更多倾向公募基金，私募基金涉税方面尚有不明确的地方。

目前，非公开业务有关的行业监管规则百花齐放，逐渐形成了从法律、法规、规章到自律性规范文件的完整框架体系：2023年2月，中国证券投资基金业协会颁布《不动产私募投资基金试点备案指引（试行）》，同年5月，《私募投资基金登记备案办法》及《私募基金管理人登记指引》第1—3号生效施行；同年9月，《私募投资基金监督管理条例》生效实施，对于私募行业合规运营要求提高到了行政法规的层面；2024年4月30日，基金业协会颁布《私募证券投资基金运作指引》（2024年8月1日生效），该指引部分参考了《中国人民银行 中国银行保险监督管理委员会 中国证券监督管理委员会 国家外汇管理局关于规范金融机构资产管理业务的指导意见》（银发〔2018〕106号）对资管产品管理的要求。

为促进市场公平竞争，优化营商环境，建设全国统一大市场，规范行政机关和法律、法规授权的具有管理公共事务职能的组织开展公平竞争审查工作，2024年5月11日，国务院第32次常务会议通过《公平竞争审查条例》（国务院令第783号），于2024年6月6日发布。

2024年7月18日，中国共产党第二十届中央委员会第三次全体会议审议通过了《中共中央关于进一步全面深化改革、推进中国式现代化的决定》（以下简称《决定》）。《决定》中有数项与股权投资行业密切相关的重要举措，如“规范地方招商引资法规制度，严禁违法违规给予政策优惠行为”，“鼓励和规范发展天使投资、风险投资、私募股权投资，更好发挥政府投资基金作用，发展耐心资本”，

“构建同科技创新相适应的科技金融体制，加强对国家重大科技任务和科技型中小企业的金融支持，完善长期资本投早、投小、投长期、投硬科技的支持政策”，“提高外资在华开展股权投资、风险投资便利性”，“推动区域性股权市场规则对接、标准统一”，“稳慎拓展金融市场互联互通，优化合格境外投资者制度”……

联系《决定》明确规范地方招商引资法规制度，严禁违法违规给予政策优惠行为，鼓励发展天使投资、风险投资、私募股权投资等举措，以及2024年8月1日起生效施行的《公平竞争审查条例》，我们可以预见，各地政府在招商引资方面将会越来越多地采用“资本招商”“基金招商”模式，即通过地方融资平台、产业引导基金等入股企业，以基金撬动资本，以资本导入产业，以此引进一批优秀企业，对当地区域经济和产业发展起到带动作用。未来，私募基金合规运营、保护投资者合法权益必将成为该等投资类企业经营的主题，而由该等业务引发的涉税争议，以及避税与反避税的博弈，随着各地招商引资、投资业务的纵深发展亦会相伴存在。

有鉴于此，笔者从私募基金管理人业务的专业化运营要求入手，以私募基金的募集、投资、管理、退出业务为主线，从税收要素角度，详细阐述管理人与其所管理的基金产品全流程财税处理。除此以外，笔者还将合格境外投资者、合格境内投资者的基金跨境投资、投资业务过程中的对赌业务收录进本书，旨在构建完整、系统的私募基金财税观，希望能对私募基金行业从业人员、爱好私募基金财税的读者有所启发、帮助。

本书共分六篇十五章。六篇分别为总纲、基金管理人、基金产品、基金跨境、基金申报、投资对赌。十五章分别为：私募基金与税收要素；基金管理人涉税，管理人与管理费；私募基金产品，基金架构对基金运作的影响，基金募集与基金投资，基金退出，基金清盘（算），基金税收专题和难点、争议；境内投资者，境外投资者，与外商投资有关的税收优惠；私募基金所得税申报，私募基金增值税及其他税费申报；股权投资中的对赌问题。以下为本书的框架体系：

单元	章节
第一篇：总纲	第一章：私募基金与税收要素
第二篇：基金管理人	第二章：基金管理人涉税
	第三章：管理人与管理费
第三篇：基金产品	第四章：私募基金产品
	第五章：基金架构对基金运作的影响
	第六章：基金募集与基金投资
	第七章：基金退出
	第八章：基金清盘（算）
	第九章：基金税收专题和难点、争议
第四篇：基金跨境	第十章：境内投资者
	第十一章：境外投资者
	第十二章：与外商投资有关的税收优惠
第五篇：基金申报	第十三章：私募基金所得税申报
	第十四章：私募基金增值税及其他税费申报
第六篇：投资对赌	第十五章：股权投资中的对赌问题

本书的顺利出版得到了各方面的支持和帮助。在此，笔者表示衷心的感谢，感谢丁潇、沈中博、蔡桂如等多位老师支持和大力宣传，感谢姜新录老师对本书的指点，感谢中国财政经济出版社商业出版中心尉敏主任及其他几位编辑对本书的出版付出的辛勤劳动。

本书力求从最新的监管规则出发，结合相关税收规定，阐述与私募基金业务相关的财税处理。笔者水平有限，书中难免存在疏漏、错误之处；如有不当和遗漏之处，诚挚欢迎广大读者朋友批评指正，与笔者共同探讨、改进。

郭琪燕

2025年2月11日

目 录

第一篇 总纲

第二篇 基金管理人

第二章 | 基金管理人涉税 47

第六篇 投资对赌

第一篇　总纲

“在中华人民共和国境内，以非公开方式募集资金，设立投资基金或者以进行投资活动为目的依法设立公司、合伙企业，由私募基金管理人或者普通合伙人管理，为投资者的利益进行投资活动，适用本条例。”“私募基金管理人由依法设立的公司或者合伙企业担任。以合伙企业形式设立的私募基金，资产由普通合伙人管理的，普通合伙人适用本条例关于私募基金管理人的规定。”“私募基金管理人不得将投资管理职责委托他人行使。”

上述对私募基金的描述出自2023年9月1日生效执行的《私募投资基金监督管理条例》（国务院令第762号）第二条、第七条第一、二款、第二十七条第一款。这几条规定概括了私募基金的适用范围、基金管理人职责，同时展现了私募基金的四个特征：募集资金、受托管理、对外投资、非公开募集。其中，“募集资金”和“受托管理”可用于区分私募基金与一般的投资性公司、企业；“对外投资”可用来划分私募基金和实体企业；“非公开募集”则用来区别私募基金与公募基金[①]。

本单元知识导图如下图所示。

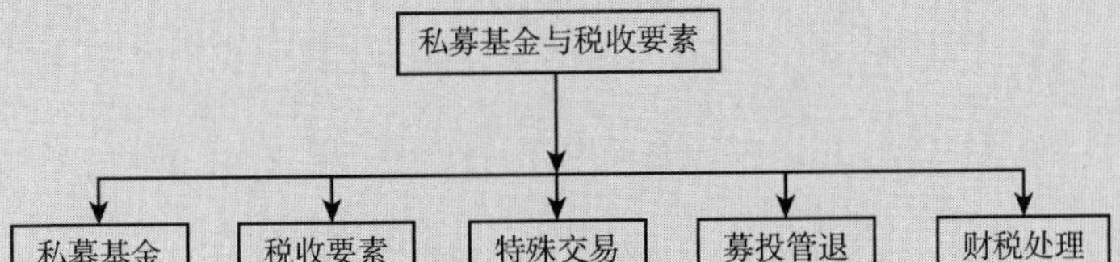

私募基金与税收要素知识导图

① 根据《中华人民共和国证券投资基金法》第五十条第二款，公开募集基金，包括向不特定对象募集资金、向特定对象募集资金累计超过二百人以及法律、行政法规规定的其他情形。

第一章

私募基金与税收要素

本章主要从私募基金募集、投资、管理、退出流程入手，阐述私募基金各环节业务的特点。私募基金的税收要素是指构成其税收范畴的基本因素，是税收内容的具体表现，包括纳税人、征税对象和计税依据、税目和税率、纳税环节、纳税期限、纳税地点以及税收优惠。同时，经济活动交易形式的特殊性对私募基金税收要素产生了极其重要的影响，对我国私募基金监管规则和财税制度提出了一定的挑战。

第一节 | 私募基金

经过多年发展，我国现有私募基金监管原则和制度已形成了法律、法规、部门规章和规范性文件及自律规则的监管框架体系。

一、私募基金政策演变

（一）私募基金监管体系概述

1.法律

2013年6月1日施行的《中华人民共和国证券投资基金法》[①]（中华人民共和国主席令第二十三号，以下简称《基金法》）明确将私募证券投资基金纳入法律监管的范围，从而奠定私募基金管理人登记、私募基金备案、入会要求、机构设置、职责等法律基础。

我国私募基金还需遵守《中华人民共和国信托法》（以下简称《信托法》）、《中

① 2003年10月28日，第十届全国人民代表大会常务委员会第五次会议通过；2012年12月28日，第十一届全国人民代表大会常务委员会第三十次会议修订，2013年6月1日起施行；2015年4月24日，第十二届全国人民代表大会常务委员会第十四次会议《关于修改〈中华人民共和国港口法〉等七部法律的决定》修正。

华人民共和国证券法》(以下简称《证券法》)、《中华人民共和国公司法》(以下简称《公司法》)、《中华人民共和国合伙企业法》(以下简称《合伙企业法》)等法律。其中,《公司法》《合伙企业法》属于股权基金组织法的上位法。

2.行政法规

《私募投资基金监督管理条例》的出台经过了多年的酝酿。

2013年6月,中央机构编制委员会办公室发布《关于私募股权基金管理职责分工的通知》,将私募基金划归证监会管理,发展改革委负责组织拟定政策措施。证监会提请国务院启动制定《私募投资基金管理暂行条例》。

2017年8月30日至2017年9月30日,国务院法制办公室就《私募投资基金管理暂行条例(征求意见稿)》(以下简称《私募条例》)公开征求意见。《私募条例》在2018年、2019年、2020年均被列入证监会年度立法工作计划。

2020年底条例重大修订,再次征求行业机构代表意见,这次修订使得《私募条例》由管理型条例开始向监管条例发生转变。

2021年7月,《私募条例》经国务院常务会议初次审议。

2023年6月16日,国务院第8次常务会议通过《私募投资基金监督管理条例》(以下简称《私募监管条例》),自2023年9月1日起施行。

3.部门规章及规范性文件

私募基金的投资者非常复杂,既有证监系、原银保监系[①]的投资者、中国证券投资基金业协会(以下简称"基金业协会")正式成立登记的私募基金管理人,又有符合条件的合格投资者、资管计划产品等。基于此,证监会分别出台《私募投资基金监督管理暂行办法》(中国证券监督管理委员会令第105号,以下简称《私募监管暂行办法》)、《证券期货投资者适当性管理办法》(中国证券监督管理委员会令第130号,以下简称《适当性管理办法》[②])、《证券期货经营机构私募资产管理业务运作管理暂行规定》(中国证券监督管理委员会公告〔2016〕13号,以下简称《暂行规定》)和《关于加强私募投资基金监管的若干规定》(中国证券监督管理委员会公告〔2020〕71号,

① 2023年3月16日,中共中央、国务院印发了《党和国家机构改革方案》,该方案第三条"深化国务院机构改革"第八项提及在中国银行保险监督管理委员会基础上组建国家金融监督管理总局,将中国人民银行对金融控股公司等金融集团的日常监管职责、有关金融消费者保护职责,中国证券监督管理委员会的投资者保护职责划入国家金融监督管理总局,不再保留中国银行保险监督管理委员会。

② 2022年8月12日修正实施。

以下简称《私募监管若干规定》）。

《私募监管暂行办法》对私募行业的行政监管规则做出了一系列明确规定，包括但不限于明确了私募基金及其管理人的备案和登记制度，定义了“合格投资者”并澄清了私募基金管理人的非公开发行活动和披露等要求。

为加快推进私募基金行业规范健康发展，发挥私募基金支持科技创新、服务实体经济质效，并切实防控风险，按照《私募监管条例》要求，2023年12月8日，中国证监会对《私募监管暂行办法》修订形成《私募投资基金监督管理办法（征求意见稿）》，正式发文以《私募投资基金监督管理办法》（以下简称《私募监管办法》）为准。《私募监管办法》施行后，《私募监管暂行办法》将予以废止。

《适当性管理办法》规定了投资者分类和产品分级标准，将投资者分为普通投资者和专业投资者两类进行管理，对销售的产品或者提供的服务划分风险等级，明确了投资者准入要求、风险警示、经营机构的注意义务、禁止性行为、告知义务、委托销售、适当性义务、纠纷解决以及行业协会的自律要求、法律责任等方面的具体安排，切实降低投资人投资风险。中国证券投资基金业协会发布并于2017年7月1日正式施行《基金募集机构投资者适当性管理实施指引（试行）》（基金业协会发〔2017〕4号），该实施指引与《适当性管理办法》合称“适当性管理新规”。

《暂行规定》主要适用于包括证券期货经营机构（指证券公司、基金管理公司、期货公司及其依法设立的从事私募资产管理业务的子公司）通过资产管理计划形式开展的私募资产管理业务。《暂行规定》规定了私募证券投资基金管理人应参照执行，但并未将PE/VC基金纳入规定适用主体范围。

《私募监管若干规定》主要内容包括规范私募基金管理人名称、经营范围和业务范围，优化集团化私募基金管理人监管，重申细化非公开募集和合格投资者要求，明确私募基金财产投资要求以及强化私募基金管理人及从业人员等主体规范要求等，重申和强化了私募基金行业执业的底线行为规范，形成私募基金管理人及从业人员等主体的“十不得”禁止性要求。

4.基金业协会自律规则

根据《私募监管暂行办法》和证监会的授权，基金业协会先后制定了一系列自律管理规则，构建并实施较为完整的“办法、指引、问题解答、案例”规则体系（见表1–1）。

表 1-1　私募基金自律规则

自律规则	规则名称	备注
办法	《私募投资基金管理人登记和基金备案办法（试行）》（2014.1.17） 《私募投资基金信息披露管理办法》（2016.2.4） 《私募投资基金募集行为管理办法》（2016.4.15） 《私募投资基金服务业务管理办法（试行）》（2017.3.1） 《证券期货投资者适当性管理办法》（2017.7.1） 《私募投资基金登记备案办法》（2023.2.24，以下简称《登记备案办法》）	
指引	内控指引：《私募投资基金管理人内部控制指引》（2016.2.1） 法律意见书指引：《私募基金管理人登记法律意见书指引》（2016.2.5） 合同指引：《私募投资基金合同指引》（2016.4.18），具体含《私募投资基金合同指引1号（契约型私募基金合同内容与格式指引）》《私募投资基金合同指引2号（公司章程必备条款指引）》《私募投资基金合同指引3号（合伙协议必备条款指引）》 信息披露指引：《私募投资基金信息披露内容与格式指引1号》（2016.2.4）、《私募投资基金信息披露内容与格式指引2号》（2016.11.14） 投资者适当性指引：《基金募集机构投资者适当性管理实施指引（试行）》（2017.6.28） 非上市股权估值指引：《私募投资基金非上市股权投资估值指引（试行）》（2018.3.30） 命名指引：《私募投资基金命名指引》（2018.11.20） 基金从业人员管理规则： 《基金从业人员管理规则》及配套规则的公告（2022.5.10发布，2023.11.24修订） 《证券期货经营机构投资管理人员注册登记规则》（2023.11.24） 备案指引及配套清单：《不动产私募投资基金试点备案指引（试行）》（2023.2.20） 《私募投资基金备案指引》及配套材料清单（2023.9.28）：《私募投资基金备案指引第1号——私募证券投资基金》《私募投资基金备案指引第2号——私募股权、创业投资基金》《私募投资基金备案指引第3号——私募投资基金变更管理人》 证券期货经营机构契约式私募资产管理计划合同内容与格式（2023.12.15）：《集合资产管理计划资产管理合同内容与格式指引》《单一资产管理计划资产管理合同内容与格式指引》《资产管理计划风险揭示书内容与格式指引》等自律规则 私募证券基金指引：《私募证券投资基金运作指引》（2024.4.30）	
问题解答	《私募基金登记备案相关问题解答（一）》至《私募基金登记备案相关问题解答（十五）》（2014.3—2018.8）	
案例	《私募基金备案案例公示（2021第1期　总第1期）》（2021.8.27） 《私募基金备案案例公示（2022第1期　总第2期）》（2022.4.18） 《私募基金备案案例公示（2022第2期　总第3期）》（2022.9.16） 《私募基金管理人登记案例公示（2022年第1期　总第1期）》（2022.4.15） 《私募基金登记备案动态（2024年）第1期）》（2024.8.23） 《私募基金登记备案动态（2024年）第2期）》（2024.11.8）	

（二）基金管理人和基金产品概述

我国私募基金管理人经过发展演变为私募证券基金管理人、私募股权/创业投资基金管理人、私募其他类管理人，以及私募资产配置类管理人，对应形成私募证券投资基金、私募股权投资基金（创业投资基金）、私募资产配置基金，以及其他私募投资基金四类基金产品。

1.基金管理人和基金产品类型

私募基金管理人可备案与本机构已登记业务类型相符的私募基金，不可管理与本机构已登记业务类型不符的私募基金。目前，我国私募基金管理人共分私募证券投资基金管理人、私募股权/创业投资基金管理人、私募资产配置基金管理人、其他私募基金管理人四类。私募基金管理人受托管理的基金类型及产品类型如表1–2所示。

表1–2　私募基金管理人与受托管理基金类型及产品类型

私募基金管理人类型	受托管理基金类型及产品类型
私募证券投资基金管理人	私募证券投资基金、私募证券类FOF
私募股权/创业投资基金管理人	私募股权投资基金、私募股权投资类FOF、创业投资基金、创业投资类FOF
私募资产配置基金管理人	私募资产配置基金
其他私募基金管理人	其他私募投资基金、其他私募投资类FOF

其中，私募资产配置基金、其他私募基金业务占比较少；市场上的私募基金以私募证券投资基金、私募股权/创业投资基金为主。

我国私募投资基金的组织形式主要分为契约型①、公司型②和有限合伙型③三类。其中，契约型基金无经营实体，以管理人作为名义持有人。股权基金（创业投资基金）以有限合伙型基金为主流。

2.基金管理人登记备案办法规定的演变

2023年7月3日，国务院总理李强签署国务院令，2023年7月9日，《私募投资基金监督管理条例》正式对外公布，自2023年9月1日起施行。条例的颁布使得私募基

① 契约型私募股权投资基金要受到《信托法》《信托公司管理办法》和《信托公司集合资金信托计划管理办法》《基金法》等文件的规范。

② 股权基金中的公司型私募股权投资基金要受到《公司法》《创业投资企业管理暂行办法》等文件的规范。

③ 有限合伙型私募股权投资基金主要受到《合伙企业法》等文件的规范。

金正式奠定法律、法规、部门规章及规范性文件，以及自律规则的框架体系。笔者整理出依然有效、已生效的私募基金管理人登记、备案的主要文件（见表1–3）。

表1–3　依然有效、已生效的私募基金管理人登记、备案主要文件

发布时间	文件	类型	备注
2014.1.17	《私募投资基金管理人登记和基金备案办法（试行）》（基金业协会发〔2014〕1号）	管理人登记、基金备案	被2023年5月1日施行的《私募投资基金登记备案办法》（基金业协会发〔2023〕5号）废止
2014.3—2018.9	《私募基金登记备案相关问题解答（一）》至《私募基金登记备案相关问题解答（十五）》	管理人登记、基金备案	目前，继续有效的问题解答为《问题解答（六）》《问题解答（八）》《问题解答（十）》《问题解答（十五）》
2016.2.5	《关于进一步规范私募基金管理人登记若干事项的公告》（又称“二五公告”）	管理人登记	持续有效
2018.12.7	《私募基金管理人登记须知（2018年12月更新）》	管理人登记	被2023年5月1日生效执行的《登记备案办法》废止
2019.12.23	《私募投资基金备案须知（2019年12月23日）》	基金备案	被2023年9月28日基金业协会发布的《私募投资基金备案指引》及配套材料清单废止
2020.2.28	《登记材料清单》	管理人登记	清单被2022年6月2日基金业协会发布的《关于私募基金管理人登记备案工作相关事宜的通知》更新
2020.3.20	《备案材料清单》	基金备案	清单被2023年9月28日基金业协会发布的《私募投资基金备案指引》及配套材料清单废止
2020.12.30	《关于加强私募投资基金监管的若干规定》（中国证券监督管理委员会公告〔2020〕71号）		持续有效
2021.8	《私募基金备案案例公示（2021第1期　总第1期）》	基金备案	
2022.4	《私募基金备案案例公示（2022第1期　总第2期）》	基金备案	
2022.9	《私募基金备案案例公示（2022第2期　总第3期）》	基金备案	

续表

发布时间	文件	类型	备注
2022.4.15	《关于发布私募基金管理人登记案例公示的通知》	管理人登记	
2022.6.2	《关于私募基金管理人登记备案工作相关事宜的通知》（基金业协会字〔2022〕203号）	管理人登记	（1）更新《登记材料清单》，该清单被2023年5月1日生效执行的《私募基金管理人登记申请材料清单（2023年修订）》废止；（2）发布《备案关注要点》，该关注要点被2023年9月28日基金业协会发布的《私募投资基金备案指引》及配套材料清单废止；（3）对政策进行过渡期安排
2023.2.20	《不动产私募投资基金试点备案指引（试行）》	基金备案	自2023年3月1日起施行
2023.2.24	《登记备案办法》及配套指引：《私募基金管理人登记指引第1号——基本经营要求》《私募基金管理人登记指引第2号——股东、合伙人、实际控制人》《私募基金管理人登记指引第3号——法定代表人、高级管理人员、执行事务合伙人或其委派代表》	基金管理人登记、备案	该办法自2023年5月1日起施行。自施行之日起，《私募投资基金管理人登记和基金备案办法（试行）》《私募基金管理人登记须知（2018年12月更新）》《私募基金登记备案相关问题解答》（四）、（十三）、（十四）同时废止
2023.4.7	《私募基金管理人登记申请材料清单（2023年修订）》	管理人登记	自2023年5月1日起施行，2022年6月发布的《登记材料清单》同时废止
2023.9.28	《私募投资基金备案指引》及配套材料清单：《私募投资基金备案指引第1号——私募证券投资基金》《私募投资基金备案指引第2号——私募股权、创业投资基金》《私募投资基金备案指引第3号——私募投资基金变更管理人》	基金备案，管理人变更	《私募投资基金备案指引》及配套材料清单发布后，《备案须知》《备案关注要点》及《备案材料清单（2020年3月发布）》同时废止
2024.8、2024.11	《私募基金登记备案动态（2024年）第1期》《私募基金登记备案动态（2024年）第2期》	管理人登记、基金备案	

二、资产管理产品和私募基金

我国的私募基金和资产管理产品之间有着千丝万缕的关系。资产管理业务属于金融机构的表外业务，受到《中国人民银行 中国银行保险监督管理委员会 中国证券监督管理委员会 国家外汇管理局关于规范金融机构资产管理业务的指导意见》（银发〔2018〕106号，以下简称《资管新规》）等文件的规范。私募基金适用私募投资基金专门法律、行政法规，私募投资基金专门法律、行政法规中没有明确规定适用该指导意见，创业投资基金、政府出资产业投资基金的相关规定另行制定。

（一）资管产品和私募基金的联系

整个大资管业务如今分为两大部分：一部分是证监会体系下的资管业务；另一部分是原银保监会体系下的资管业务（现已归并到国家金融监管总局）。证监会体系下的资管产品规模数据由中国证券投资基金业协会微信公众号于每月、每季结束后的次月下旬前后发布。国家金融监管总局资管业务分为三部分：银行体系的理财产品、信托体系的信托产品、保险体系的资管产品。银行体系的理财产品数据，由银行业理财登记托管中心有限公司发布；信托体系的信托产品数据由中国信托业协会发布；保险体系的资管产品数据由中国保险资产管理业协会发布。

据中国证券投资基金业协会公开数据，截至2023年3季度末，基金管理公司及其子公司、证券公司、期货公司、私募基金管理机构资产管理业务总规模约67.6万亿元①，其中，公募基金规模27.48万亿元，证券公司及其子公司私募资产管理业务规模6.12万亿元，基金管理公司及其子公司私募资产管理业务规模6.58万亿元，基金公司管理的养老金规模4.65万亿元②，期货公司及其子公司私募资产管理业务规模约2 869.17亿元，私募基金规模20.58万亿元，资产支持专项计划规模1.98万亿元。国家金融监管总局2023年同期数据显示保险资管为27.52万亿元，信托资管为22.64万亿元，银行理财为25.19万亿元。私募基金业务在资管行业大约占比14%，是大资管较为重要的组成部分。

图1-1为基金业协会2023年三季末资管产品公开数据。

---

① 总规模中剔除了私募基金顾问管理类产品与私募资管计划重复部分。

② 此处养老金包括基金管理公司管理的社保基金、基本养老金、企业年金和职业年金，不包括境外养老金。

各类资产管理产品数量及规模（截至 2023 年三季度末）

类型	数量（只/个）	规模（亿元）
公募基金	11 221	274 800.44
证券公司资管计划	19 699	61 191.08
基金公司资管计划	8 495	49 390.25
养老金	2 914	46 515.04
基金子公司资管计划	3 149	16 384.95
期货公司资管计划	2 191	2 869.17
私募基金	152 957	205 806.66
资产支持专项计划	2 284	19 833.45
合计	202 189	675 999.17

公募基金数量及规模（截至 2023 年三季度末）

基金类型	基金数量（只）	基金份额（亿份）	基金净值（亿元）
封闭式基金	1 336	35 429.70	37 425.68
开放式基金	9 885	224 400.11	237 374.77
其中：股票基金	2 170	25 143.65	28 254.55
其中：混合基金	4 872	37 416.21	42 350.03
其中：债券基金	2 205	43 344.45	49 029.56
其中：货币基金	372	113 812.26	113 942.27
其中：QDII 基金	266	4 683.54	3 798.35
合计	11 221	259 829.80	274 800.44

基金管理公司及其子公司私募资管计划数量及规模（截至 2023 年三季度末）

产品类型	产品数量（只）	规模（亿元）
基金管理公司	8 495	49 390.25
其中：单一资产管理计划	5 051	30 076.26
其中：集合资产管理计划	3 444	19 313.99
基金子公司	3 094	16 260.05
其中：单一资产管理计划	1 662	10 325.50
其中：集合资产管理计划	1 432	5 934.55
基金公司私募子公司	55	124.90
合计	11 644	65 775.20

证券公司及其子公司私募资产管理计划数量及规模（截至 2023 年三季度末）

产品类型	产品数量（只）	规模（亿元）
单一资产管理计划	10 376	28 733.08
集合资产管理计划	8 001	26 368.67
证券公司私募子公司私募基金	1 322	6 089.34
合计	19 699	61 191.08

期货公司及其子公司私募资产管理计划数量及规模（截至 2023 年三季度末）

产品类型	产品数量（只）	规模（亿元）
单一资产管理计划	558	530.91
集合资产管理计划	1 633	2 338.26
合计	2 191	2 869.17

图 1-1　基金业协会 2023 年三季度末资管产品公开数据

（二）资管产品和私募基金的区别

按照募集方式的不同，资产管理产品分为公募产品和私募产品。公募产品面向不特定社会公众公开发行。公开发行的认定标准依照《证券法》执行。私募产品面向合格投资者通过非公开方式发行。

1.投资范围

按照投资对象比例不同，资产管理产品分为固定收益类产品、权益类产品、商品及金融衍生品类产品和混合类产品。固定收益类产品投资于存款、债券等债权类资产的比例不低于80%，权益类产品投资于股票、未上市企业股权等权益类资产的比例不低于80%，商品及金融衍生品类产品投资于商品及金融衍生品的比例不低于80%，混合类产品投资于债权类资产、权益类资产、商品及金融衍生品类资产且任一资产的投资比例未达到前三类产品标准。

私募基金的私募证券基金投资范围主要包括股票、债券、存托凭证、资产支持证券、期货合约、期权合约、互换合约、远期合约、证券投资基金份额，以及中国证监会认可的其他资产。股权基金的投资范围包括未上市企业股权，非上市公众公司股票，上市公司向特定对象发行的股票，大宗交易、协议转让等方式交易的上市公司股票，非公开发行或者交易的可转换债券、可交换债券，市场化和法治化债转股，股权投资基金份额，以及中国证监会认可的其他资产。

2.是否允许从事担保、回购等借贷活动

金融机构不得为资产管理产品投资的非标准化债权类资产或者股权类资产提供任何直接或间接、显性或隐性的担保、回购等代为承担风险的承诺。

私募基金管理人不得直接或者间接将私募基金财产用于借（存）贷、担保、明股实债等非私募基金投资活动，但是以股权投资为目的，按照合同约定为被投企业提供1年期限以内借款、担保除外（借款或者担保到期日不得晚于股权投资退出日，且借款或者担保余额不得超过该私募基金实缴金额的20%）。

3.是否允许期限错配

按照是否允许期限错配，金融机构应当强化资产管理产品久期管理，封闭式资产管理产品期限不得低于90天，降低期限错配风险。资产管理产品直接或者间接投资于非标准化债权类资产的，非标准化债权类资产的终止日不得晚于封闭式资产管理产品的到期日或者开放式资产管理产品的最近一次开放日。

私募基金管理人应当合理确定私募股权基金所投资资产的期限，加强流动性风险管理。私募股权基金投资资产管理产品、其他私募股权基金，或者接受其他私募股权基金投资的，私募股权基金的到期日应当不早于下层资产管理产品、私募股权基金的到期日6个月以上，不晚于上层私募股权基金的到期日6个月以上。但有例外情况可以不遵守《私募投资基金备案指引第2号——私募股权、创业投资基金》第十七条久期管理的要求。

4. 是否需要计提风险准备金

按照是否需要计提风险准备金，以弥补因金融机构违法违规、违反资产管理产品协议、操作错误或者技术故障等给资产管理产品财产或者投资者造成的损失，金融机构应当按照资产管理产品管理费收入的10%计提风险准备金，或者按照规定计量操作风险资本或相应风险资本准备。风险准备金余额达到产品余额的1%时可以不再提取。

私募基金、私募基金管理人通常无计提风险准备金的要求。但是，根据2024年8月1日施行的《私募证券投资基金运作指引》，符合一定资产管理规模以上等条件的私募证券基金管理人应当按要求提取风险准备金。该类准备金主要用于弥补因私募基金管理人违法违规、违反合同约定、操作错误或者技术故障等给私募证券投资基金或者投资者造成的损失。

5. 是否实行净值化管理

金融机构对资产管理产品应当实行净值化管理，净值生成应当符合企业会计准则规定。金融资产坚持公允价值计量原则，鼓励使用市值计量。符合规定条件的，可按照企业会计准则以摊余成本进行计量。

基金业协会颁布《私募投资基金非上市股权投资估值指引（试行）》，指导私募基金进行估值。私募基金整体上未有明确的净值确定方式及净值化管理要求。

三、私募基金业务的参与者

私募基金业务的参与者分为从事基金业务的当事人、基金业务服务机构、基金监管机构和自律组织三大类。

1. 基金

基金，即具体的基金财产。我国资本市场的基金产品主要分为私募证券投资基金和私募股权投资基金（创业投资基金）。私募证券投资基金主要为契约制基金，不具有工商实体；私募股权投资基金的公司型基金具有法人资格。

基金产品具有以下特点：（1）基金产品作为独立会计主体，要单独建账、独立核算，单独编制财务会计报告；（2）基金产品独立于私募基金管理人、私募基金托管人的固有财产。基金取得财产或收益要并入基金产品，管理费、托管费等相关成本费用以基金财产进行列支。基金合同终止时，要对剩余基金财产进行清算，并按基金份额持有人所持份额比例进行分配。

2. 基金份额持有人

基金份额持有人即基金的投资者、出资人。基金份额是《基金法》《私募条例》等上位法中非常重要的定义，是基金发起人向投资者公开发行的，表示持有人按其所持份额对基金财产享有收益分配权、清算后剩余财产所得权和其他相关权利，并承担相应义务的凭证。基金份额在不同类型基金的表述略有不同：

（1）投资者在私募契约型基金中所享有的基金份额属于信托受益权，对外通常表现为管理人发行的受益凭证。

（2）公司型基金中，管理人根据《公司法》有关规定来募集和设立公司型基金，有限公司是公司型私募股权基金的主要形式，其基金份额对外主要表现为公司的股权。

（3）合伙型基金中，管理人主要依据《合伙企业法》相关规定募集、设立有限合伙私募股权基金。按照《合伙企业法》规定，有限合伙私募股权基金的资产是所有合伙人财产份额的集合，合伙人按照出资或约定比例享有合伙财产，“财产份额”代表合伙人在合伙组织中所享有的经济利益。投资者在不违背协议约定，并履行法定程序后，可自由转让其财产份额。

（4）私募股权基金备案完成后，投资者不得赎回或者退出①。以下情况不视为赎回或者退出：①基金封闭运作期间的分红；②进行基金份额转让；③投资者减少尚未实缴的认缴出资；④对有违约或者法定情形的投资者除名、替换或者退出；⑤退出投资项目减资；⑥中国证监会、协会规定的其他情形。

私募股权基金开放认购、申购或者认缴，应当符合中国证监会和协会的相关要求。

3. 基金管理人

私募基金管理人作为基金产品的募集者和管理者，管理、运用私募基金财产。其主要职责为：依法募集资金，办理私募基金备案；对所管理的不同私募基金财产分别管理、分别记账，进行投资；按照基金合同约定管理私募基金并进行投资，建立有效的风险控制制度；按照基金合同约定确定私募基金收益分配方案，向投资者分配收益；按照基金合同约定向投资者提供与私募基金管理业务活动相关的信息；保存私募

① 意指不得抽离对股权基金的资本金。

基金财产管理业务活动的记录、账册、报表和其他有关资料；国务院证券监督管理机构规定和基金合同约定的其他职责。

以非公开方式募集资金设立投资基金的，私募基金管理人还应当以自己的名义，为私募基金财产利益行使诉讼权利或者实施其他法律行为。

4.基金托管人

基金托管人主要职责为保管基金资产、基金资金清算、会计复核以及对基金投资运作的监督等方面。在我国，基金托管人由依法设立的商业银行或者其他金融机构担任。托管人与管理人不得为同一机构，不得相互出资或者持有股份。

5.基金服务机构

基金运作过程中，基金管理人可委托基金服务机构代为办理基金的份额登记、核算、估值、投资顾问等事项，还会涉及法律、审计、税务等咨询服务机构。基金服务机构从事私募服务业务，如销售相关的支付、份额登记、信息技术系统等服务，适用《私募条例》《私募监管暂行办法》等规定。

6.基金监管机构及自律组织

中国证监会依法承担国家对证券市场实施集中统一监管的职责。证券投资基金活动是证券市场活动的重要组成部分，对证券市场的监管包括对证券投资基金活动的监管。中国证监会内部设有证券基金机构监管部，具体承担基金监管职责。中国证监会派出机构即各地方证监局是中国证监会的内部组成部门，依照中国证监会的授权履行职责。

2012年6月6日，基金业协会正式成立，原中国证券业协会基金公司会员部的行业自律职责转入基金业协会。2012年12月28日修订《基金法》，将非公开募集设立的基金（私募证券基金）列入《基金法》管辖范围。

2013年6月，中央机构编制委员会办公室（以下简称“中央编办”）下发《关于私募股权基金管理职责分工的通知》，将私募股权投资基金划归证监会管理，由其实现适度管理，发展改革委负责组织拟定政策措施。

2014年1月，经中央编办同意，证监会授权基金业协会具体负责私募投资基金管理人登记和私募基金备案工作，履行自律监管职能。

第二节｜税收要素

前文介绍了私募基金作为金融交易的小众类型，以及基金管理人在其中所处的地位和发挥的作用。本部分我们从纳税主体、征税对象、税率、纳税环节、纳税期限等方面阐述私募基金的税收要素，以及税收作为经济杠杆之一，如何调节该类业务的收入分配，优化资源配置、促进经济增长。

需要特别提醒的是，基金产品和基金管理人有可能在所有权上存在重合，该类情况主要出现在契约型产品中。管理人名义上持有基金产品，基金产生收益以管理人为纳税人。

一、纳税人与扣缴义务人

（一）纳税人

纳税人又称“纳税义务人”或者“课税主体”，是指法律、行政法规规定负有纳税义务的单位和个人。纳税人属于税收制度的基本构成要素之一，主要包括自然人、法人、非法人组织以及个体工商户。

法人是指具有独立的组织机构和独立支配的财产，能以自己的名义参加民事活动享受权利和承担义务，依法成立的社会组织。在中国，一切享有独立预算的国家机关和事业单位，各种享有独立经费的社会团体，各种实行独立核算的企业等都是法人。其中，企业是最主要的纳税人。这里所说的企业，是指从事生产、流通或服务等活动并实行独立核算的经济组织，它可以是工厂、商店，也可以是具有同样性质的各类公司。

自然人是指具有权利主体资格，能够以自己的名义独立享有财产权利，承担义务并能在法院和仲裁机关起诉、应诉的个人。不论成年人或未成年人，本国人或外国人，均属自然人。自然人是纳税人的重要组成部分。

个体工商户是指有经营能力并依照《促进个体工商户发展条例》的规定经工商行政管理部门登记，从事工商业经营的公民。私募基金的纳税人很少涉及个体工商户（民商事关系上称其为“商自然人”），主要以自然人、法人、非法人组织为主：

（1）私募基金的证券投资基金无工商实体，增值税上以基金管理人作为纳税人。

（2）股权基金因商事实体的特殊性，通常以该企业作为纳税主体。股权基金的公司型基金具有法人资格，以组织该基金的公司作为增值税、企业所得税、印花税等税种的纳税义务人。股权基金的合伙型基金增值税、印花税以该合伙企业作为纳税主体，“经营所得”“其他所得”需按先分后税原则穿透至合伙人缴税。股权基金比较常见的是采用有限合伙型组织架构。

（二）扣缴义务人

根据《中华人民共和国税收征收管理法》（以下简称《税收征管法》）第四条规定，法律、行政法规规定负有代扣代缴、代收代缴义务的单位和个人为扣缴义务人。纳税人、扣缴义务人必须按照法律、行政法规的规定缴纳税款、代扣代缴、代收代缴税款。

1. 增值税

增值税的纳税人方面，股权基金和契约型基金有很大不同。股权基金具有工商实体，涉税上也以该实体作为纳税人。契约型基金的纳税人是基金份额持有人还是管理人，有一些意见分歧。

《基金法》（2015年4月24日修正，中华人民共和国主席令第二十三号）明确说明基金财产投资的相关税收，由基金份额持有人承担，基金管理人或者其他扣缴义务人按照国家有关税收征收的规定代扣代缴。

按《税收征管法》精神，基金管理人也不是契约型基金运营业务的纳税人；但是，该类基金在涉及产品运营增值税时，以基金管理人为纳税人。实际情况是，这部分管理人负担的税款通常会转嫁给基金份额持有人。因此，实际的税负还是由基金份额持有人承担。

2. 个人所得税

采用有限合伙型组织架构的股权基金，该合伙企业以每一个合伙人为纳税义务人。合伙企业合伙人是自然人的，缴纳个人所得税；合伙人是法人和其他组织的，缴纳企业所得税。私募基金涉及个人所得税问题的主要是合伙型基金的个人合伙人。

我国合伙企业最早遵循的是1997年施行的《合伙企业法》和《国务院关于个人独资企业和合伙企业征收所得税问题的通知》（国发〔2000〕16号）精神，合伙企业税制的几号文[①]也是据此发展起来，合伙型基金采用以合伙企业为个人合伙人扣缴的理念。

---

① 《财政部 国家税务总局关于印发〈关于个人独资企业和合伙企业投资者征收个人所得税的规定〉的通知》（财税〔2000〕91号）、《国家税务总局关于〈关于个人独资企业和合伙企业投资者征收个人所得税的规定〉执行口径的通知》（国税函〔2001〕84号）、《财政部 国家税务总局关于调整个体工商户个人独资企业和合伙企业个人所得税税前扣除标准有关问题的通知》（财税〔2008〕65号）、《财政部 国家税务总局关于合伙企业合伙人所得税问题的通知》（财税〔2008〕159号）、《个体工商户个人所得税计税办法》（国家税务总局令第35号）、《国家税务总局关于个体工商户、个人独资企业和合伙企业个人所得税问题的公告》（国家税务总局公告2014年第25号）等文。

随着我国经济的发展，募资端对资金需求的上涨以及金融工具的不断创新，基金架构由早年自然人普通合伙发展到投资类企业多层、嵌套的复杂架构，有些规定已经不适应现今纷繁复杂的情况。2018年8月，《中华人民共和国个人所得税法》（以下简称《个人所得税法》）第七次修正，国家税务总局对合伙企业申报表做了相应修改后，这种情况有所改善。

《个人所得税法》第九条规定，个人所得税以所得人为纳税人，以支付所得的单位或者个人为扣缴义务人。扣缴义务人扣缴税款时，纳税人应当向扣缴义务人提供纳税人识别号。自2019年1月1日起，新《个人所得税法》明确，合伙企业经营所得个人所得税纳税义务人、法定申报主体就是合伙人个人。

二、征税对象和计税依据

征税对象又称为课税对象，是税法规定的征税标的物，是国家征税的依据，通过规定课税对象来解决对什么征税的问题。每一个税种都有自己的课税对象，凡是被列为课税对象的，就属于该税种的征收范围；凡是未被列为课税对象的，就不属于该税种的征收范围。

计税依据又叫税基，是指据以计算征税对象应纳税款的直接数量依据，它解决对征税对象课税的计算问题，是对课税对象的量的规定。计税依据按照计量单位的性质划分，有两种基本形态：价值形态和物理形态。价值形态包括应纳税所得额、销售收入、营业收入等，物理形态包括面积、体积、容积、重量等。一种是以价值形态作为税基，又称为从价计征，即按征税对象的货币价值计算。另一种是从量计征，即直接按征税对象的自然单位计算。

合伙型基金的合伙人按照下列原则确定应纳税所得额：（1）合伙企业的合伙人以合伙企业的生产经营所得和其他所得，按照合伙协议约定的分配比例确定应纳税所得额；（2）合伙协议未约定或者约定不明确的，以全部生产经营所得和其他所得，按照合伙人协商决定的分配比例确定应纳税所得额；（3）协商不成的，以全部生产经营所得和其他所得，按照合伙人实缴出资比例确定应纳税所得额；（4）无法确定出资比例的，以全部生产经营所得和其他所得，按照合伙人数量平均计算每个合伙人的应纳税所得额。

作为征收依据的私募基金定价，涉及领域非常广泛。考虑到基金的主要业务为股权投资，税法、监管规则都会关注交易方是否存在关联关系，关联交易定价、收入定价是否公允的问题。《税收征管法》对基金的商事主体有兜底性规定。《税收征管法》

第三十五条规定，纳税人有下列情形之一的，税务机关有权核定其应纳税额：

（1）依照法律、行政法规的规定可以不设置账簿的；

（2）依照法律、行政法规的规定应当设置账簿但未设置的；

（3）擅自销毁账簿或者拒不提供纳税资料的；

（4）虽设置账簿，但账目混乱或者成本资料、收入凭证、费用凭证残缺不全，难以查账的；

（5）发生纳税义务，未按照规定的期限办理纳税申报，经税务机关责令限期申报，逾期仍不申报的；

（6）纳税人申报的计税依据明显偏低，又无正当理由的。

税务机关核定应纳税额的具体程序和方法由国务院税务主管部门规定。

三、税目、税率、纳税环节

税目是课税对象的具体化，代表具体的征税范围。不是所有的税种都需要规定税目[①]，对税种制定税目通常出现在课税对象比较复杂，且税种内部不同的课税对象之间又需要采取不同税率档次进行调节，不对课税对象做出进一步划分就无法做出具体界线规定。

我国私募基金类型的复杂性，以及基金管理人在基金募、投、管、退流程中的作用，使私募基金的应税项目非常广泛，涉及应税项目的流转税、所得税、印花税，基金税率根据应税项目而定。

纳税环节是指商品在整个流转过程中按照税法规定应当缴纳税款的阶段。鉴于基金主体的复杂性，我们罗列出和基金业务相关的主要纳税环节如下。

1.流转环节

私募基金涉及的流转税主要是增值税。按照《中华人民共和国增值税暂行条例》（以下简称《增值税暂行条例》）、《财政部 国家税务总局关于全面推开营业税改征增值税试点的通知》（财税〔2016〕36号）规定，增值税税目包括：销售和进口货物、提供加工及修理修配劳务、销售服务、销售无形资产、销售不动产。私募基金流转环节涉税主要为“销售服务——金融服务”下的“贷款服务”“直接收费金融服务”以及“金融商品转让”。

贷款是指将资金贷与他人使用而取得利息收入的业务活动。

---

① 没有规定税目的税种有房产税、土地增值税、耕地占用税、城镇土地使用税、城市维护建设税、契税、烟叶税。

各种占用、拆借资金取得的收入，包括金融商品持有期间（含到期）利息（保本收益、报酬、资金占用费、补偿金等）收入、信用卡透支利息收入、买入返售金融商品利息收入、融资融券收取的利息收入，以及融资性售后回租、押汇、罚息、票据贴现、转贷等业务取得的利息及利息性质的收入，按照贷款服务缴纳增值税。融资性售后回租，是指承租方以融资为目的，将资产出售给从事融资性售后回租业务的企业后，从事融资性售后回租业务的企业将该资产出租给承租方的业务活动。

以货币资金投资收取的固定利润或者保底利润，按照贷款服务缴纳增值税。

直接收费金融服务是指为货币资金融通及其他金融业务提供相关服务并且收取费用的业务活动。包括提供货币兑换、账户管理、电子银行、信用卡、信用证、财务担保、资产管理、信托管理、基金管理、金融交易场所（平台）管理、资金结算、资金清算、金融支付等服务。

金融商品转让是指转让外汇、有价证券、非货物期货和其他金融商品所有权的业务活动。其他金融商品转让包括基金、信托、理财产品等各类资产管理产品和各种金融衍生品的转让。

契约型基金的增值税以管理人作为纳税人，管理人为一般纳税人时按6%缴税（小规模纳税人征收率为3%①）。管理人运营基金产品的增值税应税行为，符合要求的暂按3%简易计税缴纳增值税。

股权基金以基金作为纳税人，一般纳税人按6%税率缴税（小规模纳税人征收率3%）。另外，股权基金也是印花税的纳税主体，在二级市场进行交易时需要缴纳印花税。

2.所得环节

由于主体的特殊性，基金是不完全的纳税主体。

契约型基金无商事主体，理论上基金持有人应该纳税，目前这方面涉税规定处于“真空”状态。

股权基金的公司型基金以法人企业作为纳税主体，所得环节遵循《中华人民共和国企业所得税法》（以下简称《企业所得税法》）缴纳企业所得税。股权基金的合伙型基金本身不缴纳所得税，基金取得所得要穿透至投资者纳税：合伙人如果是个人合伙人，缴纳个人所得税；合伙人如果是法人或其他组织的，缴纳企业所得税。以主流的合伙型基金为例，合伙型基金个人合伙人应税所得分为以下两种类型：

① 根据《财政部 税务总局关于增值税小规模纳税人减免增值税政策的公告》（财政部 税务总局公告2023年第19号）规定，增值税小规模纳税人适用3%征收率的应税销售收入，减按1%征收率征收增值税，执行至2027年12月31日。

（1）生产经营所得。

对合伙型私募基金的自然人合伙人而言，除利息、股息、红利所得外，经营所得和其他所得等，比照“个体工商户的生产经营所得”应税项目，适用5%—35%的五级超额累进税率，计算征收个人所得税。《个人所得税法》将“个体工商户的生产经营所得”修正为“经营所得”，经营所得是指：①个体工商户从事生产、经营活动取得的所得，个人独资企业投资人、合伙企业的个人合伙人来源于境内注册的个人独资企业、合伙企业生产、经营的所得；②个人依法从事办学、医疗、咨询以及其他有偿服务活动取得的所得；③个人对企业、事业单位承包经营、承租经营以及转包、转租取得的所得；④个人从事其他生产、经营活动取得的所得。

（2）利息、股息、红利所得。

合伙企业对外投资分回的利息、股息、红利，不并入企业的收入，单独作为投资者个人取得的利息、股息、红利所得，按“利息、股息、红利所得”应税项目20%计算缴纳个人所得税。

四、纳税义务发生时点

纳税义务发生时点，是指纳税人依照税法规定负有纳税义务的时间。

（一）增值税

纳税人增值税纳税义务发生时间为：

1.纳税人发生应税行为并收讫销售款项或者取得索取销售款项凭据的当天；先开具发票的，为开具发票的当天。收讫销售款项，是指纳税人销售服务、无形资产、不动产过程中或者完成后收到款项。取得索取销售款项凭据的当天，是指书面合同确定的付款日期；未签订书面合同或者书面合同未确定付款日期的，为服务、无形资产转让完成的当天或者不动产权属变更的当天。

2.纳税人提供建筑服务、租赁服务采取预收款方式的，其纳税义务发生时间为收到预收款的当天。

3.纳税人从事金融商品转让的，为金融商品所有权转移的当天。

4.纳税人发生财税〔2016〕36号附件1第十四条[①]规定情形的，其纳税义务发生

① 下列情形视同销售服务、无形资产或者不动产：（1）单位或者个体工商户向其他单位或者个人无偿提供服务，但用于公益事业或者以社会公众为对象的除外。（2）单位或者个人向其他单位或者个人无偿转让无形资产或者不动产，但用于公益事业或者以社会公众为对象的除外。（3）财政部和国家税务总局规定的其他情形。

时间为服务、无形资产转让完成的当天或者不动产权属变更的当天。

5.增值税扣缴义务发生时间为纳税人增值税纳税义务发生的当天。

（二）所得税

根据《中华人民共和国企业所得税法实施条例》（以下简称《企业所得税法实施条例》）[①]第九条的规定，企业应纳税所得额的计算，以权责发生制为原则，即属于当期的收入和费用，不论款项是否收付，都应当作为当期的收入和费用；而不属于当期的收入和费用，即使款项已经在当期收付，也不应当作为当期的收入和费用。

权责发生制原则不仅适用于法人企业计算应纳税所得额，也适用于合伙企业计算缴纳个人所得税。合伙企业以投资者作为纳税义务人，合伙企业每一纳税年度的收入总额减除成本、费用以及损失后的余额，作为投资者个人的生产经营所得，比照《个人所得税法》的“经营所得”应税项目，适用5%—35%的五级超额累进税率，计算征收个人所得税。

五、纳税期限、纳税地点

纳税期限是税法规定的纳税主体向税务机关缴纳税款的具体时间。一般有按次与按期征收两种。

纳税地点是指缴纳税款的地方。一般为纳税人的住所地，也有规定在营业发生地。

（一）增值税

1.纳税期限

增值税的纳税期限分别为1日、3日、5日、10日、15日、1个月或者1个季度。纳税人的具体纳税期限，由主管税务机关根据纳税人应纳税额的大小分别核定。以1个季度为纳税期限的规定适用于小规模纳税人、银行、财务公司、信托投资公司、信用社，以及财政部和国家税务总局规定的其他纳税人。不能按照固定期限纳税的，可以按次纳税。

纳税人以1个月或者1个季度为1个纳税期的，自期满之日起15日内申报纳税；

---

① 2007年12月6日，《中华人民共和国企业所得税法实施条例》（中华人民共和国国务院令第512号）公布，根据2019年4月23日颁布的《国务院关于修改部分行政法规的决定》（国务院令第714号）第一次修订，根据2024年12月6日颁布的《国务院关于修改和废止部分行政法规的决定》（国务院令第797号）第二次修订。

以1日、3日、5日、10日或者15日为1个纳税期的，自期满之日起5日内预缴税款，于次月1日起15日内申报纳税并结清上月应纳税款。

扣缴义务人解缴税款的期限，按照前述规定执行。

基金管理人可选择分别或汇总核算资管产品运营业务销售额和增值税应纳税额。管理人应按照规定的纳税期限，汇总申报缴纳资管产品运营业务和其他业务的增值税。

2.纳税地点

固定业户应当向其机构所在地或者居住地主管税务机关申报纳税。总机构和分支机构不在同一县（市）的，应当分别向各自所在地的主管税务机关申报纳税；经财政部和国家税务总局或者其授权的财政和税务机关批准，可以由总机构汇总向总机构所在地的主管税务机关申报纳税。

非固定业户应当向应税行为发生地主管税务机关申报纳税；未申报纳税的，由其机构所在地或者居住地主管税务机关补征税款。

其他个人提供建筑服务，销售或者租赁不动产，转让自然资源使用权，应向建筑服务发生地、不动产所在地、自然资源所在地主管税务机关申报纳税。

扣缴义务人应当向其机构所在地或者居住地主管税务机关申报缴纳扣缴的税款。

鉴于基金主体的特殊性，私募契约型基金由管理人向其机构所在地缴纳税款，股权基金向基金机构所在地（经营管理所在地）缴纳税款。

（二）所得税

私募证券基金所得税详见本书第四章第二节“四、非公开募集证券投资基金涉税”“（二）所得税”。

股权基金的公司型基金所得税纳税期限、地点参照《企业所得税法》及其实施条例的相关规定。

股权基金的有限合伙型基金个人合伙人纳税期限、地点按照《国家税务总局关于个人所得税自行纳税申报有关问题的公告》（国家税务总局公告2018年第62号）规定，取得经营所得的纳税人，需要在季度或者月度终了后15日内办理预缴纳税申报个人所得税，在次年3月31日前办理汇算清缴。预缴纳税申报和汇算清缴的纳税地点为经营管理所在地税务机关；存在两处以上地方取得经营所得的，选择其中一处经营管理所在地进行年度汇总申报。法人合伙人以从合伙型基金分得的所得在其注册所在地缴纳企业所得税。

自然人投资者从合伙型基金分回的利息或者股息、红利，不并入企业收入，单独作为投资者个人取得的利息、股息、红利所得，由合伙型基金作为扣缴义务人在每次代扣税款的次月15日内申报缴纳个人所得税。

六、税收优惠

税收优惠是指国家运用税收政策在税收法律、行政法规中规定对某一部分特定企业和课税对象给予减轻或免除税收负担的一种措施。税法规定的企业所得税收优惠方式包括免税、减税、加计扣除、加速折旧、减计收入、税额抵免等。

为了配合国家在一定时期的政治、经济和社会发展总目标，政府利用税收制度，按预定目的，在税收方面采取相应的激励和照顾措施，以减轻某些纳税人应履行的纳税义务来补贴纳税人的某些活动或相应的纳税人，税收优惠是国家干预经济的重要手段之一。

我国私募基金的税收优惠比较广泛，有针对基金产品，也有针对管理人、投资者的税收优惠。除此以外，各地为吸引招商引资也会给予相应的地方优惠措施。这些优惠政策共同对我国投资基金、投资产业的发展，以及促进我国科技创新生态链发展起到了积极的推动作用。

第三节｜特殊交易对私募基金税收要素的影响

经济活动交易形式的特殊性对私募基金税收要素产生了极其重要的影响，有些交易不仅在监管领域，在涉税上也颇具争议，从而催生出避税与反避税的较量。

一、明股实债

“明股实债”是企业长期融资实践发展起来的一种创新型融资方式，它既非法律用语，也非会计术语，截至目前仍未有监管机构对其进行统一规范的定义。典型的“明股实债”表面上是投资参股，实质上是债权投资，一般附带固定收益的回购条款，即投资方虽以股权的形式投资于标的公司，但其出资行为本质属于与企业借贷相似的债权债务关系，具有保本保收益的特征。“明股实债”常见的形式包括附带回购条款的股权投资、第三方收购、上市公司收购非上市公司股权的“对赌合约”、定期分红等。

（一）各个领域对明股实债的态度

1.金融领域

股债业务分为标准化债权类资产业务和非标准化债权类资产业务（简称“标债”和“非标”）。金融机构从事非标业务有诸多要求。金融机构不得为资产管理产品投资的非标准化债权类资产或者股权类资产[①]提供任何直接或间接、显性或隐性的担保、回购等代为承担风险的承诺。证券期货经营机构及相关销售机构不得违规销售资产管理计划，不得存在不适当宣传、误导欺诈投资者以及以任何方式向投资者承诺本金不受损失或者承诺最低收益等行为。

2.私募基金

私募基金并非完全不得从事股债混合业务。私募基金管理人不得直接或者间接将私募基金财产用于下列投资活动：

（1）借（存）贷、担保、明股实债等非私募基金投资活动，但是私募基金以股权投资为目的，按照合同约定为被投企业提供1年期限以内借款、担保除外；

（2）投向保理资产、融资租赁资产、典当资产等类信贷资产、股权或其收（受）益权；

（3）从事承担无限责任的投资；

（4）法律、行政法规和中国证监会禁止的其他投资活动。

私募基金有前款第（1）项规定行为的，借款或者担保到期日不得晚于股权投资退出日，且借款或者担保余额不得超过该私募基金实缴金额的20%；中国证监会另有规定的除外。

有下列情形之一的，协会不予办理私募基金备案，并要求说明理由：

（1）从事或者变相从事信贷业务，或者直接投向信贷资产，中国证监会、协会另有规定的除外；

（2）通过委托贷款、信托贷款等方式从事经营性民间借贷活动；

（3）私募基金通过设置无条件刚性回购安排变相从事借贷活动，基金收益不与投资标的的经营业绩或者收益挂钩；

（4）投向保理资产、融资租赁资产、典当资产等与私募基金相冲突业务的资产、

---

① 根据2020年7月3日《标准化债权类资产认定规则》（中国人民银行 中国银行保险监督管理委员会 中国证券监督管理委员会 国家外汇管理局公告〔2020〕第5号），金融机构资产管理的产品分为标准化债权类资产、符合条件的其他债权类资产，以及非标准化债权类资产。

资产收（受）益权，以及投向从事上述业务的公司的股权；

（5）投向国家禁止或者限制投资的项目，不符合国家产业政策、环境保护政策、土地管理政策的项目；

（6）通过投资公司、合伙企业、资产管理产品等方式间接从事或者变相从事前述第（1）项至第（5）项规定的活动。

3.公司治理

公司治理领域涉及明股实债的情况主要存在于公司股东与股东、股东与公司、公司股权回购等问题。公司股东应当遵守法律、行政法规和公司章程，依法行使股东权利，不得滥用股东权利损害公司或者其他股东的利益；不得滥用公司法人独立地位和股东有限责任损害公司债权人的利益。公司股权回购问题上，按《公司法》规定，对股东会回购决议投反对票的股东可以请求公司按照合理的价格收购其股权①。

（二）明股实债业务涉税

商事主体的明股实债触及涉税处理在增值税、所得税领域有很大不同。

1.增值税

明股实债通常名义上是投资关系，实则体现为借贷行为的法律关系。增值税上，主要从资金贷与他人使用而取得利息收入的贷款服务角度出发，反映的也是该类借贷关系下的涉税处理。

《财政部 国家税务总局关于明确金融 房地产开发 教育辅助服务等增值税政策的通知》（财税〔2016〕140号）第一条对《销售服务、无形资产、不动产注释》（财税〔2016〕36号附件1）第一条第（五）项第1目所称“保本收益、报酬、资金占用费、补偿金”进行补充，是指合同中明确承诺到期本金可全部收回的投资收益。这个界定隐含的意思是，法律关系涉税要看合同本身，而不是穿透看合同的底层交易。该原则对实务中不少专项计划取得收益增值税涉税产生了很大的影响。

随着金融工具的创新，这条“保本保收益”的原则越来越难以判断，尤其在投资行为之外附带其他金融工具等增信措施的时候，承诺保本并非一定能触发保本情形，由此引发不小的争议。

2.企业所得税

企业混合性投资业务是指兼具权益和债权双重特性的投资业务。混合性投资企

① 2023年12月29日第十四届全国人民代表大会常务委员会第七次会议第二次修订，2024年7月1日生效的《公司法》第八十九条、第一百六十一条。

业所得税按照《国家税务总局关于企业混合性投资业务企业所得税处理问题的公告》（国家税务总局公告2013年第41号，以下简称“41号公告”）第一条所述进行处理，混合性投资业务同时符合五个条件的，属于股权投资业务；反之，则为债权投资业务。同时符合下列条件的混合性投资业务，为债权投资业务：

（1）被投资企业接受投资后，需要按投资合同或协议约定的利率定期支付利息（或定期支付保底利息、固定利润、固定股息）；

（2）有明确的投资期限或特定的投资条件，并在投资期满或者满足特定投资条件后，被投资企业需要赎回投资或偿还本金；

（3）投资企业对被投资企业净资产不拥有所有权；

（4）投资企业不具有选举权和被选举权；

（5）投资企业不参与被投资企业日常生产经营活动。

对于被投资企业支付的利息，投资企业应于被投资企业应付利息的日期，确认收入的实现并计入当期应纳税所得额；被投资企业应于应付利息的日期，确认利息支出，并按税法和41号公告第一条的规定，进行税前扣除。对于被投资企业赎回的投资，投资双方应于赎回时将赎价与投资成本之间的差额确认为债务重组损益，分别计入当期应纳税所得额。

二、基金退出方式探索

我们的认知当中，私募基金退出渠道主要分为三类：第一类是上市或挂牌[①]退出；第二类是清算退出；第三类是股东回购或对外股权转让。严格来说，前述三类退出方式并不是完整的基金退出，或者说，只属于基金退出所投项目。投资者投资基金的目的是要从所投项目中获利，这种获利不仅要使基金投资端获利，也要使基金募资端获利——用大白话说，就是投资人要能全身而退。

2014年至2018年这段时期是我国股权投资市场疯狂生长的期间，这段时期设立的股权投资基金到如今基本进入退出期。但由于基金投资基数大，以项目上市为主流的退出途径面临拥堵的问题，即便顺利上市退出也要受到锁定、减持规则的诸多限制，股权基金迫切需要探索新的退出渠道，这种情况为我国资本市场S基金交易提供了一个契机。S基金，即私募股权二级市场基金（Secondary Fund），是以受让二手私募股权基金份额或者私募股权基金所投资标的为投资策略的一种私募股权基金。S基

① 基金实务界对挂牌退出并不认为是成功退出的情况。

金类似接盘基金，其退出不仅包含退出所投项目，也包括投资者退出。

值得一提的是，S基金不能避免主流基金在纳税时间、纳税地点、扣缴义务，基金外部计税基础和内部计税基础等基金架构方面所涉及的财税问题；并且在转让时，除了要符合监管要求以外，基金投资人涉税也存在很大的不确定性。这些问题亟待税务总局予以明确。

三、股权投资业绩对赌

股权投资业绩对赌，在实践中俗称“对赌协议”，又称估值调整协议，是指投资方与融资方在达成股权性融资协议时，为解决交易双方对目标公司未来发展的不确定性、信息不对称及代理成本而设计的包含了股权回购、金钱补偿等对未来目标公司的估值进行调整的协议。对赌协议无论在理论界还是实务界争议非常大，对赌案件的司法裁判标准也不统一，容易出现同案不同判的现象。2019年11月8日，最高人民法院公布《全国法院民商事审判工作会议纪要》（以下简称《九民纪要》）以后，这种情况有所改善。

我国对于对赌会计处理有原则性的框架，但列举的案例不多，实用性不够强。加之，税务处理是以会计核算为前提，在此基础上进行纳税调整的并行处理机制，能融会贯通、运用自如的会计人员不是很多。

目前，对赌协议触发后的涉税争议主要是自然人股东参与对赌的涉税处理。由于《股权转让所得个人所得税管理办法（试行）》（国家税务总局公告2014年第67号）明确规定了股权转让协议已签订生效，个人即应确认股权转让所得申报缴纳个税，而自然人税收征管并无相应的退税规则，也无法进行损益调整。因此，一旦对赌失败，原股东前期已缴纳个税的申请退税存在极大不确定性。

四、合格境外投资者和A股国际化进程

私募基金的合格投资者可以分为普通投资者和专业投资者，两者适用不同的募集流程和文件。《私募投资基金募集行为管理办法》《证券公司及基金管理公司子公司资产证券化业务管理规定》《基金募集机构投资者适当性管理实施指引（试行）》《适当性管理办法》这几个文件略微有交叉。基金募集机构投资者适当性管理实施指引是从普通投资者、专业投资者角度对募集行为进行划分，《私募监管暂行办法》是从合格投资者角度出发。总体来说，合格投资者能满足专业投资者要求，只是各自募集流程不同而已。我国对专业投资者诸如“合格境外机构投资者（QFII）”“人民币合格境外

投资者（RQFII）"[1]等给予充分税收优惠的基础上，适时加强相应机制的建设。

2014年我国"沪港通"启动，2015年"沪港通"运行走上正轨，"深港通"、QFII和RQFII大扩容，内地与香港股票市场交易互联互通机制成型，这些举措加速了我国A股国际化进程。

2022年6月28日，中国证券监督管理委员会、香港证券及期货事务监察委员会联合公告，决定批准两地交易所正式将符合条件的交易型开放式基金（ETF）纳入互联互通机制，并于2022年7月4日正式开始。ETF正式纳入内地与香港股票市场交易互联互通机制，标志着两地资本市场深化合作、进一步落实高水平对外开放的又一重大举措顺利落地。

五、金融工具创新对财税制度的影响

金融工具创新（innovation of financial instruments）是金融业务的发展趋势之一。20世纪70年代后期形成国际金融市场金融工具创新的浪潮，金融工具从基础的存款、现金、债券、股票、商业票据等演变为多目的、多变幻、多形式以及系列化的衍生工具。

2004年，深国投推出了一只名叫"赤子之心"的证券投资集合资金信托计划，让信托公司充当私募基金的发行方，银行作为资金保管方，私募基金公司受聘于信托公司作为"投资顾问"身份进行基金管理，负责管理募集的资金。这种"信托公司+保管银行+私募公司"的通道模式盛行了不少时间。随着公司法修订以及金融工具创新的发展，越来越多的新投资工具（金融工具）不断涌现，它们都具有一种共同的特征就是兼具权益性投资和债权性投资的混合属性，这对传统的公司法、会计法以及税收制度提出了挑战。如何对这些混合性投资业务进行税务处理也是税法领域当前亟待明确的事项。

从早期会计准则到后期财税等部门联合发布规定，这期间发布的财税政策经过了一系列演变：

1.2006年2月15日，财政部发布《财政部关于印发〈企业会计准则第1号——存货〉等38项具体准则的通知》（财会〔2006〕3号），这号文初步确立金融工具确认、

---

① 根据《关于加强私募投资基金监管的若干规定》（中国证券监督管理委员会公告〔2020〕71号）第七条规定，国务院金融监督管理部门监管的机构依法发行的资产管理产品、合格境外机构投资者、人民币合格境外机构投资者，视为《私募监管暂行办法》第十三条规定的合格投资者，不再穿透核查最终投资者。

计量、转移、列报的理念。

2.2013年7月15日，国家税务总局对混合性投资业务发布《国家税务总局关于企业混合性投资业务企业所得税处理的公告》（国家税务总局公告2013年第41号），该号公告指出满足五条件的混合性投资业务，按该公告债权规定进行企业所得税处理。

41号公告其实并不能囊括混合性投资业务的特点，或者说41号公告只是指出了混合性投资的共性问题，并未能指明其特性。例如，永续债一般会设置票面利率重置、跳升机制，还可设置利息递延支付权，如此才有后来《财政部 税务总局关于永续债企业所得税政策问题的公告》（财政部 税务总局公告2019年第64号）的颁布。

3.为贯彻落实《国务院关于开展优先股试点的指导意见》（国发〔2013〕46号）等有关要求，规范优先股、永续债等金融工具的会计处理，根据《中华人民共和国会计法》和企业会计准则等相关规定，2014年3月17日，财政部发布《财政部关于印发〈金融负债与权益工具的区分及相关会计处理规〉的通知》（财会〔2014〕13号），规范发行和持有的优先股、永续债等创新型金融工具的会计处理。

4.2014年6月20日，财政部印发修订《企业会计准则第37号——金融工具列报》（财会〔2014〕23号），对《企业会计准则第37号——金融工具列报》进行修订，执行企业会计准则的企业应当在2014年度及以后期间的财务报告中按照该准则要求对金融工具进行列报；并规定2006年2月15日发布的《财政部关于印发〈企业会计准则第1号——存货〉等38项具体准则的通知》（财会〔2006〕3号）中的《企业会计准则第37号——金融工具列报》同时废止。

5.2017年3月31日，财政部修订发布《企业会计准则第22号——金融工具确认和计量》（财会〔2017〕7号）、《企业会计准则第23号——金融资产转移》（财会〔2017〕8号）和《企业会计准则第24号——套期会计》（财会〔2017〕9号）三项金融工具会计准则，规定不再执行2006年2月15日印发的《财政部关于印发〈企业会计准则第1号——存货〉等38项具体准则的通知》（财会〔2006〕3号）中相对应的会计准则。

6.2017年5月2日，财政部修订发布《企业会计准则第37号——金融工具列报》（财会〔2017〕14号），这号文奠定了近年来新金融工具准则的基本格局：

（1）文件提出分阶段执行金融会计准则的要求。在境内外同时上市的企业以及在境外上市并采用国际财务报告准则或企业会计准则编制财务报告的企业，自2018年1月1日起施行；其他境内上市企业自2019年1月1日起施行；执行企业会计准则的非上市企业自2021年1月1日起施行。

（2）该文对2014年、2017年发布的金融工具准则的替换、衔接做出规定：不再执行2014年3月17日印发的《金融负债与权益工具的区分及相关会计处理规定》（财会〔2014〕13号）和2014年6月20日印发的《企业会计准则第37号——金融工具列报》（财会〔2014〕23号）；执行2017年修订印发的《企业会计准则第22号——金融工具确认和计量》（财会〔2017〕7号）、《企业会计准则第23号——金融资产转移》（财会〔2017〕8号）、《企业会计准则第24号——套期会计》（财会〔2017〕9号）的企业应同时执行该准则。

7.2018年4月，人民银行、原银保监会、证监会、外汇局联合发布《资管新规》。资产管理业务是指银行、信托、证券、基金、期货、保险资产管理机构、金融资产投资公司等金融机构接受投资者委托，对受托的投资者财产进行投资和管理的金融服务。资产管理业务是金融机构的表外业务，金融机构开展资产管理业务时不得承诺保本保收益。

《资管新规》对资管产品范围的规定主要针对金融机构发行的资产管理产品。资产管理产品包括但不限于人民币或外币形式的银行非保本理财产品，资金信托，证券公司、证券公司子公司、基金管理公司、基金管理子公司、期货公司、期货公司子公司、保险资产管理机构、金融资产投资公司发行的资产管理产品等。

《资管新规》同时指出，私募投资基金适用私募投资基金专门法律、行政法规，私募投资基金专门法律、行政法规中没有明确规定的适用该意见，创业投资基金、政府出资产业投资基金的相关规定另行制定。

8.财政部、国家税务总局联合发布《关于资管产品增值税有关问题的通知》（财税〔2017〕56号）等文件，文件规定，资管产品包括银行理财产品、资金信托（包括集合资金信托、单一资金信托）、财产权信托、公开募集证券投资基金、特定客户资产管理计划、集合资产管理计划、定向资产管理计划、私募投资基金、债权投资计划、股权投资计划、股债结合型投资计划、资产支持计划、组合类保险资产管理产品、养老保障管理产品。财税〔2017〕56号文列举了资管产品管理人类型，包括银行、信托公司、公募基金管理公司及其子公司、证券公司及其子公司、期货公司及其子公司、私募基金管理人、保险资产管理公司、专业保险资产管理机构、养老保险公司。

资管产品以管理人作为增值税纳税义务人。企业所得税上，资管产品是否由产品持有人缴纳税款，这部分并未有明确规定。

9.2019年1月28日，财政部颁布《永续债相关会计处理的规定》（财会〔2019〕2号），对永续债相关会计处理作出规定。永续债发行方在确定永续债会计分类为权益工具还是金融负债时，应当根据第37号准则规定同时考虑到期日、清偿顺序以及利率跳升和间接义务。

10. 2019年4月16日，财政部、税务总局联合发布《关于永续债企业所得税政策问题的公告》（财政部 税务总局公告2019年第64号）。该号公告所指的永续债是经国家发展和改革委员会、中国人民银行、原中国银行保险监督管理委员会、中国证券监督管理委员会核准，或经中国银行间市场交易商协会注册、中国证券监督管理委员会授权的证券自律组织备案，依照法定程序发行、附赎回（续期）选择权或无明确到期日的债券，包括可续期企业债、可续期公司债、永续债务融资工具（含永续票据）、无固定期限资本债券等。该公告给出了判定永续债的九个条件同时具备五个条件以上的，即可判定具有债的属性。

11. 2020年7月3日，中国人民银行、原中国银行保险监督管理委员会、中国证券监督管理委员会、国家外汇管理局制定了《标准化债权类资产认定规则》（中国人民银行 中国银行保险监督管理委员会 中国证券监督管理委员会 国家外汇管理局公告〔2020〕第5号，以下简称《认定规则》）。该《认定规则》提出标准化债权类资产的概念。标债资产是指依法发行的债券、资产支持证券等固定收益证券，主要包括国债、中央银行票据、地方政府债券、政府支持机构债券、金融债券、非金融企业债务融资工具、公司债券、企业债券、国际机构债券、同业存单、信贷资产支持证券、资产支持票据、证券交易所挂牌交易的资产支持证券，以及固定收益类公开募集证券投资基金等。

对于市场机构关注的部分债权类资产，如在银行间、交易所债券市场交易的政金债、铁道债、中央汇金债、熊猫债等品种，属于《认定规则》中所列固定收益证券的细分品种，属于标债资产。对于永续债、可转债，则根据《企业会计准则》及发行机构会计归属等明确其资产属性为债权的，属于标债资产，资产属性不属于债权的，维持现行监管要求不变，且不按照《资管新规》有关非标资产监管要求处理。

从监管发文时间来看，永续债、可转债的界定参考了新金融工具准则。至此，永续债界定为债权时，定性属标债资产；反之，则为非标资产。

第四节 | 私募基金的募、投、管、退

私募基金运营流程分为募集、投资运作、投后管理以及退出四阶段。基金业务主要涉及如下三大方面内容：一是基金的设立或组建（formation /contribution），主

要涉及投资人对基金资本投入，即基金募集的问题；二是基金的投资或者运营（operation），主要包括基金投资运作、基金运营成果的归集、计算，合伙人的所得和抵免，基金应分配份额（distributive share）的划分（allocation）及实际分配（distribution）；三是基金的退出（exit）、清盘（liquidation），主要涉及基金权益的出售（sale）或转让（transfer），以及基金及投资人权益的清算分配问题。事实上，无论是契约型基金、公司型基金，还是合伙型基金，它们的框架体系均是建立在相应企业生命周期理论基础之上。

一、私募基金募集阶段

基金的募集行为主要包含推介私募基金，发售基金份额（权益），办理基金份额（权益）认/申购（认缴）、赎回（退出）等活动。

《私募投资基金募集行为管理办法》明确列示了私募基金募资应履行的多项程序，主要程序包括：（1）确定推介私募基金的特定对象；（2）投资者适当性匹配；（3）基金风险揭示；（4）合格投资者确认；（5）签署私募基金合同，计算投资冷静期；（6）冷静期后回访确认。当募集对象为特定合格投资者时，可以豁免前述多项程序性规定；募集对象为《适当性管理办法》第八条规定的专业投资机构时，可豁免履行计算冷静期及回访确认程序。

（一）募资主体

对于私募基金的募资主体，能够募集、设立基金的机构有两类：一类是私募基金管理人自行募集其设立私募基金；另一类是管理人按照中国证监会的相关规定，委托具有基金销售业务资格的机构（以下简称“基金销售机构”）募集资金。其他任何机构和个人不得从事私募基金的募集活动。

证监会发布的《公开募集证券投资基金销售机构监督管理办法》第九条第一款规定，“独立基金销售机构是专业从事公募基金及私募证券投资基金销售业务的机构。独立基金销售机构不得从事其他业务，中国证监会另有规定的除外”。此处，独立基金销售机构特指专业从事公募基金及私募证券投资基金销售业务的机构。因此，股权投资基金（包括创业投资基金）募资主体不能由独立基金销售机构代销，而由基金管理人自行募集。

（二）募资规模

私募基金应当具有保障基本投资能力和抗风险能力的实缴募集资金规模。私募基金初始实缴募集资金规模除另有规定外应当符合下列要求：

1. 私募证券基金不低于1 000万元人民币；

2. 私募股权基金不低于1 000万元人民币，其中创业投资基金备案时首期实缴资金不低于500万元人民币，但应当在基金合同中约定备案后6个月内完成符合前述初始募集规模最低要求的实缴出资；

3. 投向单一标的的私募基金不低于2 000万元人民币。

契约型私募基金份额的初始募集面值应当为1元人民币，在基金成立后至到期日前不得擅自改变。

（三）合格投资者

自2014年私募基金纳入证监会监管以来，私募基金行业取得快速发展的同时，也产生了公开或变相公开募集资金、以多人集合等方式规避合格投资者等违法违规现象。让私募行业真正回归“私募”本源，已成为行业一致的呼声。私募基金管理人须有合规化意识，合理设计产品结构，避免触犯“突破合规投资者人数限制”之规范；确保向合格投资者募集资金，避免为满足合格投资者要求而向投资者提供多人拼凑、资金借贷等捷径。因此，穿透核查基金各层级投资者是否符合合格投资者条件，就成为基金备案非常重要的环节。

1. 合格投资者的识别

私募基金的合格投资者①是指具备相应风险识别能力和风险承担能力，投资于单只私募基金不低于规定金额的自然人、法人或者其他组织，且符合下列条件之一：

（1）资产不低于1 000万元的单位；

（2）具有两年以上投资经历，且满足下列条件之一的自然人：家庭金融资产不低于500万元，家庭金融净资产不低于300万元，或者近三年本人年均收入不低于40万元。

所称金融资产，是指银行存款、股票、期货、债券、基金份额、资产管理产品等。

2. 投资者投资要求

单个投资者投资于单只私募证券投资基金、母基金的实缴金额不低于100万元，投资于单只私募股权投资基金的实缴金额不低于300万元。投资于下列私募基金的，

① 此处的“合格投资者”采用的是《私募投资基金监督管理办法（征求意见稿）》口径，正式发文以《私募监管办法》为准。

单个投资者实缴金额不低于500万元[①]：

（1）不动产私募基金；

（2）主要投资单一标的、境外资产、场外衍生品等情形的私募基金；

（3）未托管的私募基金；

（4）由私募基金销售机构销售的私募股权投资基金；

（5）中国证监会规定的其他情形。

3. 合格投资者人数

目前，我国私募基金从资金募集的角度进行组织形式选择时，需要符合法律法规要求的人数限制，即单只私募基金的投资者人数累计不得超过《公司法》《合伙企业法》《基金法》等法律规定的数量。以合伙企业、契约等非法人形式，通过汇集多数投资者的资金直接或者间接投资于私募基金的，管理人或者私募基金销售机构应当穿透核查最终投资者是否为合格投资者，并合并计算投资者人数。

（1）私募基金投资者人数限制。

公司型基金下，有限公司不超过50人，股份公司不超过200人；合伙型基金不超过50人；信托（契约）型基金不超过200人。

（2）《基金法》对合伙投资者人数的规定。

依据《基金法》第八十七条第一款规定，非公开募集基金应当向合格投资者募集，合格投资者累计不得超过200人。此处的合格投资者是指达到规定资产规模或者收入水平，并且具备相应的风险识别能力和风险承担能力、其基金份额认购金额不低于规定限额的单位和个人。

4. 天然合格投资者

下列投资者视为合格投资者：

（1）依法设立并接受国务院金融监督管理机构监管的机构，包括证券公司及其子公司、基金管理公司及其子公司、期货公司及其子公司、商业银行及其理财子公司、保险公司、保险资产管理公司、金融资产投资公司、信托公司、财务公司及中国证监会规定的其他机构；

（2）按前述第（1）规定机构依法发行的资产管理产品；

（3）在基金业协会登记备案的私募基金管理人、私募基金；

（4）社会保障基金、基本养老保险基金、年金基金等养老基金，慈善基金等社会

① 以《私募监管办法》为准。

公益基金；

（5）合格境外投资者；

（6）政府资金或者符合条件的政府资金参与设立的基金；

（7）中国证监会规定的其他投资者。

以合伙企业、契约等非法人形式，通过汇集多数投资者的资金直接或者间接投资于私募基金的，负责募集的私募基金管理人或者私募基金销售机构应当穿透核查投资者是否为合格投资者，并合并计算投资者人数。但是，符合前述第（1）、（4）、（5）项规定的，不再穿透核查最终投资者或者合并计算人数；符合前述第（2）、（3）项规定的，不合并计算投资者人数，但私募基金管理人或者私募基金销售机构应当有效识别私募基金的实际投资者与最终资金来源。

5.私募基金转让

私募基金应当向合格投资者募集或者转让，任一时点单只私募基金的投资者人数累计不得超过《基金法》《公司法》《合伙企业法》等法律规定的人数。投资者转让私募基金份额的，受让人应当为合格投资者且受让后人数应当符合前述规定。

任何单位和个人不得通过将私募基金份额进行拆分或者转让，或者通过为单一标的设立多只私募基金等方式，以降低合格投资者标准或者突破法律规定的人数限制。

（四）基金合同

私募基金应当制定并签订基金合同、公司章程或者合伙协议（以下统称“基金合同”），明确约定各方当事人的权利义务。除《基金法》第九十二条、第九十三条规定的内容外，基金合同还应当对下列事项进行约定：

1.股东会、合伙人会议或者基金份额持有人大会的召集机制、议事内容和表决方式等；

2.《登记备案办法》第三十八条规定的关联交易识别认定、交易决策和信息披露等机制；

3.信息披露的内容、方式、频率和投资者查询途径等相关事项；

4.基金财产不进行托管时的相关安排；

5.私募基金管理人因失联、注销私募基金管理人登记、破产等原因无法履行或者怠于履行管理职责等情况时，私募基金变更管理人、清算等相关决策机制、召集主体、表决方式、表决程序、表决比例等相关事项；

6.法律、行政法规、中国证监会和协会规定的其他事项。

（五）登记确权

私募股权基金有前置工商登记和投资者确权的要求，公司型或合伙型私募投资基金设立或发生登记事项变更的，应当按照《公司法》或《合伙企业法》规定的程序和期限要求，向工商登记机关申请办理登记或变更登记。

私募基金管理人应当在募集完毕后的20个工作日内通过AMBERS系统申请私募投资基金备案，并签署备案承诺函承诺已完成募集，承诺已知晓以私募投资基金名义从事非法集资所应承担的刑事、行政和自律后果。所称“募集完毕”，是指：

1.已认购契约型私募投资基金的投资者均签署基金合同，且相应认购款已进入基金托管账户（基金财产账户）。

2.已认缴公司型或合伙型私募投资基金的投资者均签署公司章程或合伙协议并进行工商确权登记，均已完成不低于100万元的首轮实缴出资且实缴资金已进入基金财产账户。管理人及其员工、社会保障基金、政府引导基金、企业年金等养老基金、慈善基金等社会公益基金的首轮实缴出资要求可从其公司章程或合伙协议约定。

（六）基金备案

私募投资基金登记备案不属于行政审批，中国基金业协会对私募投资基金登记备案信息不做实质性事前审查。中国基金业协会为私募投资基金办理备案不构成对私募投资基金管理人投资能力的认可，亦不构成对管理人和私募投资基金合规情况的认可，不作为对私募投资基金财产安全的保证。从私募基金对外投资角度来看，未备案私募基金的投资标的会受到不同程度的限制。

1.不备案的直接后果

依据《私募条例》第二十二条第一款的规定，私募基金管理人应当自私募基金募集完毕之日起20个工作日内，向登记备案机构报送规定要求的材料，办理备案。私募基金管理人未对募集完毕的私募基金办理备案的，监管机构可对其处10万元以上30万元以下的罚款。对直接负责的主管人员和其他直接责任人员给予警告，并处3万元以上10万元以下的罚款。

2.对被投企业的上市业务造成影响

依据证监会2015年1月的《证监会发行监管问答——关于与发行监管工作相关的私募投资基金备案问题的解答》规定，私募基金拟参与（拟）上市公司证券发行业务的，保荐机构和发行人律师应对投资者是否属于相关法律法规规范的私募投资基金，以及是否按规定履行备案程序，进行核查并发表明确意见。

该问答未直接明确私募基金完成备案与否是通过核查的前提条件。实务中，大家会默认未完成备案基金会对其所投资公司申请上市造成一定的障碍。

3. 对上市公司并购重组业务的影响

2015年3月，中国证监会发布《关于与并购重组行政许可审核相关的私募投资基金备案的问题与解答》，私募基金拟参与上市公司并购重组业务的五种参与方式中，除去私募基金在配套融资申请中作为询价对象，以其他方式参与上市公司并购重组的，中介机构应对其是否属于相关法律法规规范的私募基金以及是否按规定履行备案程序进行核查并发表明确意见。

4. 对新三板业务的影响

私募基金投资新三板企业，就其登记备案程序有合规性的要求。私募基金拟参与（拟）挂牌新三板企业发行融资、重大资产重组等业务的，主办券商和律师应对其是否属于相关法律法规规范的私募基金管理人或私募基金以及是否按规定履行了登记备案程序进行核查并发表明确意见①。

如果该等私募基金在上市公司审查期间未完成备案的，私募基金管理人需出具完成备案的承诺函，并明确具体（拟）登记或备案申请的日期，且主办券商或独立财务顾问需在后续持续督导过程中对该承诺履行情况进行持续关注和报告。

二、私募基金投资运作

私募基金的投资运作流程包括项目筛选、项目初审、签订保密协议、初步尽职调查、项目立项、签订投资条款清单、专业尽职调查、投资决策机构决策、签订投资协议、交割及工商变更。

（一）投资范围

私募证券基金的投资范围主要包括股票、债券、存托凭证、资产支持证券、期货合约、期权合约、互换合约、远期合约、证券投资基金份额，以及中国证监会认可的其他资产。私募股权基金的投资范围包括未上市企业股权，非上市公众公司股票，上市公司向特定对象发行的股票，大宗交易、协议转让等方式交易的上市公司股票，非

① 依据《全国中小企业股份转让系统机构业务问答（二）——关于私募投资基金登记备案有关问题的解答》。

公开发行或者交易的可转换债券、可交换债券，市场化和法治化债转股，股权投资基金份额，以及中国证监会认可的其他资产。

（二）投资存续期

私募基金应当约定明确的存续期。私募股权基金约定的存续期除另有规定外，不得少于5年。鼓励私募基金管理人设立存续期不少于7年的私募股权基金。

私募基金管理人运用基金财产进行股权投资，或者持有的被投企业股权、财产份额发生变更的，应当根据《公司法》《合伙企业法》等法律法规的规定，及时采取要求被投企业更新股东名册、向登记机关办理登记或者变更登记等合法合规方式进行投资确权。

（三）股权基金封闭运作

私募股权投资基金（含创业投资基金）和私募资产配置基金应当按照《私募投资基金登记备案办法》第三十五条规定封闭运作，备案完成后不得开放认/申购（认缴）和赎回（退出），基金封闭运作期间的分红、退出投资项目减资、对违约投资者除名或替换以及基金份额转让不在此列。已备案通过的私募股权投资基金或私募资产配置基金，若同时满足以下条件，可以新增投资者或增加既存投资者的认缴出资，但增加的认缴出资额不得超过备案时认缴出资额的3倍：

1.基金的组织形式为公司型或合伙型；

2.基金由依法设立并取得基金托管资格的托管人托管；

3.基金处在合同约定的投资期内；

4.基金进行组合投资，投资于单一标的的资金不超过基金最终认缴出资总额的50%；

5.经全体投资者一致同意或经全体投资者认可的决策机制决策通过。

三、私募基金投后管理

被投资机构进行交割及工商变更，基金管理人正式进入投后管理。私募基金的投后管理主要分为以下内容：

一是风险监控。风险监控主要包括监督投资协议条款的执行情况、监控被投企业的财务状况、参与被投企业的重大经营决策等活动。

二是增值服务。增值服务包括完善公司治理结构，规范财务管理系统，提供管理咨询服务、再融资服务、上市辅导及并购整合等活动。

四、私募基金退出

前述提及基金退出所投项目的退出途径中，上市退出是最理想的退出方式。本部分来介绍一下基金退出的完整途径：基金投资端退出和基金募资端退出。

投资端退出的，私募基金一般会先寻求通过转让、减资、清算等方式退出项目公司。投资端退出方式包括项目公司上市（新三板挂牌）、定向增发后退出、兼并和收购、股权回购、股权转让、清算退出等。

基金持有人通过转让份额、减资、清算等方式，完成私募基金募资端的退出。如果所有投资人退出，基金清盘（算）。

第五节｜私募股权基金财税处理总纲

股权基金设立有管理人发起设立和外部委托管理两种模式。管理人发起设立时，按照《登记备案办法》规定，管理人需要担任基金的普通合伙人。本节介绍发起设立下，基金募集、投资、管理与退出的财税处理思路（见图1-2）。

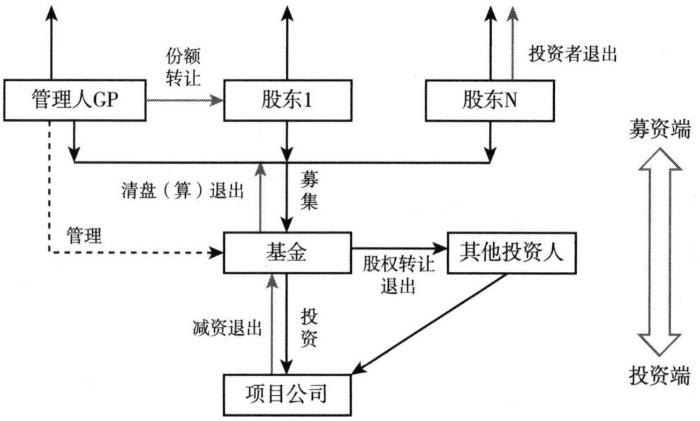

图1-2　私募股权基金募、投、管、退流程

一、基金募集

私募基金募集应当履行下列程序：特定对象确认，投资者适当性匹配，基金风险揭示，合格投资者确认，投资冷静期，以及回访确认。

根据《基金法》及《私募条例》规定，“公开募集”指向不特定对象募集资金，向特定对象募集资金累计超过200人，以及法律、行政法规规定的其他情形。“非公开募集”则要求对象特定、非公开，非公开募集的要求主要为：（1）仅向合格投资者募集，（2）合格投资者累计不得超过200人，（3）不得通过报刊、电台、电视台、互联网等公众传播媒体或者讲座、报告会、分析会和布告、传单、短信、微信、博客和电子邮件等方式向不特定对象宣传推介。

私募基金募集阶段，需要关注私募基金投资者类型、投资者适当性管理以及是否非公开发行等问题。募集阶段财税处理主要涉及基金作为资金的载体接受合格投资者所投资金的过程。

二、基金投资

基金将募集到的资金投向项目，私募基金的投资运作流程包括项目开发、起草项目立项建议书、项目评审与立项、起草项目初步净值调查报告、项目投资意向书、项目全面尽职调查、风险控制、补充尽调、起草项目投资建议书、项目投资决策评审等环节。

私募基金投资获得被投项目股权的方式有新设企业、对项目公司增资扩股以及受让老股等三种方式。该阶段的收益主要来源于夹层融资、可转债、可转换贷款、投贷联动等混合性投资业务获得的利息收入，持有被投企业股权获得的股息、红利等收入。

三、私募基金管理

私募基金管理主要是以管理人为主导开展私募基金的投后管理。私募基金管理人收入包括基金管理费收入、附加收益、咨询费收入、资管产品运营业务，以及直接投资产生的收益。

四、私募基金退出

私募基金进入退出环节包括基金投资端退出、基金募资端退出。

（一）投资端退出：基金退出所投项目

基金投资端退出通常表现为基金退出所投项目，基金退出所投项目一般分为减资退出和转让股权退出，基金所投项目清算的情况比较少见。

鉴于主流股权基金的组织以有限合伙企业为主，基金退出投资项目，减资退出项目公司要符合《公司法》减资所做的规定要求。按减资是否改变股东持股比例，减资可以分为同比减资与不同比减资[1]两类情形。根据新《公司法》的规定，同比例减资应经过股东会代表三分之二以上表决权的股东通过后方能实施，并在规定时间公告债权人；公司减少注册资本，应当按照股东出资或者持有股份的比例相应减少出资额或者股份，法律另有规定、有限责任公司全体股东另有约定或者股份有限公司章程另有规定的除外。不同比减资出现在履行法定义务或约定义务回购私募基金所持有的项目公司股份（股权），即新《公司法》第八十九条第一款规定的情形出现：公司连续五年不向股东分配利润，而公司该五年连续盈利，并且符合该法规定的分配利润条件；公司合并、分立、转让主要财产；公司章程规定的营业期限届满或者章程规定的其他解散事由出现，股东会通过决议修改章程使公司存续。

按照公司财产是否实际减少，还可将公司减资分为实质减资与形式减资。实质减资是指将一定金额返还给股东，从而在减少公司注册资本的同时也减少了公司财产的一种减资形式，如返还出资的减资。形式减资是指虽然减少了公司注册资本额，但公司财产并未流出的一种减资形式，如免除股东出资义务的减资、消除股权或股份的减资。

实务中，基金投资端退出通常采用转让股权的方式。合伙型基金转让项目公司股权退出取得的所得根据“先分后税”的原则穿透至投资人层面，按照个人所得税或企业所得税规定缴纳相应所得税。

（二）募资端退出：投资者退出

基金募资端退出的涉税主体指向投资人。募资端退出表现为投资人转让基金份额、投资者减持基金份额、基金清（盘）算。基金清（盘）算退出包括基金内部清算（向基金业协会提出清盘操作）和企业工商层面的清算。基金清盘、向基金业协会提出清盘操作完成后，符合要求的，可保留壳企业，并不一定就要进行工商注销。

投资者退出基金可采用份额转让或者退伙方式，投资者退出基金需要符合《合伙企业法》《私募监管暂行办法》等相关规定。投资者退出基金涉税会有以下几种情况：

1. 公司型基金

股东退出公司型基金按照减资程序的，根据《国家税务总局关于企业所得税若干问题的公告》（国家税务总局公告2011年第34号）规定，法人股东按撤回或减少投资进行税务处理；法人股东通过向其他股东转让股份退出公司型基金，按照国税函〔2010〕79号文的规定，转让股权收入扣除为取得该股权所发生的成本后，为股权转

---

① 定向减资。

让所得。

个人股东可按《股权转让所得个人所得税管理办法（试行）》（国家税务总局公告2014年第67号）确认“财产转让所得”，或者依据《国家税务总局关于个人终止投资经营收回款项征收个人所得税问题的公告》（国家税务总局公告2011年第41号）终止投资经营确认所得。

2. 合伙型基金

合伙人退出所投合伙型基金，在合伙企业法律关系上属于退伙[①]。因此，在涉税处理上，合伙人要进行退伙结算。合伙人如果转让合伙企业（基金）份额，按退伙结算、财产转让所得缴个人所得税。

① 《合伙企业法》的协议退伙、通知退伙、当然退伙，以及除名退伙。

第二篇　基金管理人

私募基金管理人由依法设立的公司或者合伙企业担任。私募基金管理人应当遵循专业化管理原则，聘用具有相应从业经历的高级管理人员负责投资管理、风险控制、合规等工作。私募基金管理人管理、运用私募基金财产，私募基金财产独立于私募基金管理人、托管人。

私募基金管理人应当设置合理的管理费。私募基金管理人不收取管理费或者管理费明显低于管理基金成本的，应当具有合理性，并在提请办理备案时提供相关说明。私募基金管理人以外的其他主体不得收取管理费。私募基金管理人不得通过约定管理费返还等方式，变相向投资者提供保本保收益安排。

本篇的知识导图如下图所示。

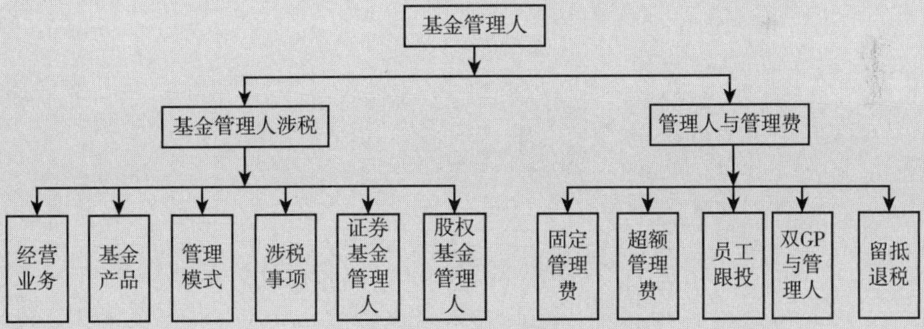

基金管理人知识导图

第二章

基金管理人涉税

结合《基金法》《私募条例》等规定对基金管理人的职责来看，私募基金管理人是指基金设立后，依据基金合同及相关法律的规定，以自己的专业知识与经验经营管理基金资产，谋求基金资产增值，以使基金持有人获得利益的专业机构。一言以蔽之，基金管理人经营的业务就是受托管理资产使之增值，而这个受托管理指向的对象则是基金产品。

第一节 | 基金管理人经营业务

我国私募基金管理人应当遵循专业化运营原则，主营业务清晰，不得曾经或正在兼营与私募基金管理无关或者存在利益冲突的其他业务。

一、私募基金管理人类型

我国私募基金管理人分为私募证券基金管理人、私募股权/创业投资基金管理人，其他私募基金管理人，以及私募资产配置基金管理人。

1. 私募股权、创业投资基金管理人

依据2006年3月1日生效的《创业投资企业管理暂行办法》、2008年10月18日生效的《创业投资引导基金规范设立与运作指导意见》、2011年8月17日生效的《新兴产业创投计划参股创业投资基金管理暂行办法》，以及2011年11月23日生效的《国家发展改革委办公厅关于促进股权投资企业规范发展的通知》对私募股权和创业投资基金管理人进行管理，2013年6月1日前，我国基金管理人类型主要为私募股权、创业投资基金管理人。

2. 私募证券投资基金管理人

2013年6月1日《基金法》生效。该法第二条规定，“在中华人民共和国境内，公开或者非公开募集资金设立证券投资基金（以下简称基金），由基金管理人管理，基金托管人托管，为基金份额持有人的利益，进行证券投资活动，适用本法；本法未规定的，适用《信托法》《证券法》和其他有关法律、行政法规的规定”。以及《基金法》第十章专门对“非公开募集基金”作出了规定。据此，私募证券基金管理人正式出现。

基金业协会在2014年2月7日起正式开展私募及管理人登记、私募及备案和自律管理工作。

3.其他私募基金管理人

2014年8月21日生效的《私募监管暂行办法》第二条第二款规定：“私募基金财产的投资包括买卖股票、股权、债券、期货、期权、基金份额及投资合同约定的其他投资标的。”

2014年基金业协会发布的《私募基金登记备案系统产品备案》说明在基金类型的投资类型中列示了“其他投资基金”，并列示了其他投资基金的“投资类型”，包括：红酒艺术品等商品基金、债权基金（非标债权、委托贷款）、FOF、其他。其中，注释部分将债权基金界定为“特指以非标债权、贷款等方式对被投企业进行投资的私募基金”。

2017年3月31日，基金业协会发布《私募基金登记备案相关问题解答（十三）》，对私募基金的专业化管理提出要求：私募基金管理人在申请登记时，应当在“私募证券投资基金管理人”“私募股权、创业投资基金管理人”等机构类型，以及与机构类型关联对应的业务类型中，仅选择一类机构类型及业务类型进行登记；私募基金管理人只可备案与本机构已登记业务类型相符的私募基金，不可管理与本机构已登记业务类型不符的私募基金；同一私募基金管理人不可兼营多种类型的私募基金管理业务。

4.私募资产配置基金管理人

基金业协会在2018年8月29日发布的《私募基金登记备案相关问题解答（十五）》中明确，自2018年9月10日起，新的申请机构或已登记的私募基金管理人，可以向基金业协会申请成为“私募资产配置基金管理人”。

至此，我国私募基金管理人形成私募证券投资基金管理人、私募股权/创业投资基金管理人、其他私募基金管理人，以及私募资产配置基金管理人四类。

二、私募基金管理人名称、经营范围和经营业务

我国私募基金管理人的经营要遵循专业化运营原则。按专业化运营的逻辑，管理人的“专业化”表现为：管理人工商经营范围是否符合专业化经营，管理人主营业务是否属于私募基金管理人业务，以及管理人的实际经营业务是否符合专业化运营要求。

（一）名称

私募基金管理人应当在名称中标明“私募基金”“私募基金管理”“创业投资”字样，不得包含“金融”“理财”“财富管理”等字样，法律、行政法规和中国证监会另有规定的除外。未经批准，不得在名称中使用“金融控股”“金融集团”“中证”等字样，不得在名称中使用与国家重大发展战略、金融机构、知名私募基金管理人相同或者近似等可能误导投资者的字样，不得在名称中使用违背公序良俗或者造成不良社会影响的字样。

提请办理私募基金管理人登记的公司、合伙企业应当以开展私募基金管理业务为目的而设立，自市场主体工商登记之日起12个月内提请办理私募基金管理人登记，但因国家有关部门政策变化等情形需要暂缓办理登记的除外。

（二）经营范围

管理人经营范围遵循国家质检总局、国家标准委关于批准发布《国民经济行业分类（GBT4754-2017）》规定，国民经济行业分为四级：门类、大类、中类和小类。门类代码用一位拉丁字母表示，即用字母A、B、C……依次代表不同门类；大类代码用两位阿拉伯数字表示，打破门类界限，从01开始按顺序编码；中类代码用三位阿拉伯数字表示，前两位为大类代码，第三位为中类顺序代码；小类代码用四位阿拉伯数字表示，前三位为中类代码，第四位为小类顺序代码。表2-1为《国民经济行业分类（GBT4754-2017）》简略表格（其中，大类、中类、小类项下的数字表示每级包含要素的项数）。

表2-1　　国民经济行业分类（GBT4754-2017）

门类	大类	中类	小类
A.农、林、牧、渔业	5	24	72
B.采矿业	7	19	39
C.制造业	31	179	609
D.电力、燃气及水生产和供应业	3	9	18
E.建筑业	4	18	44
F.批发和零售业	2	18	128
G.交通运输、仓储和邮政业	8	27	67
H.住宿和餐饮业	2	10	16
I.信息传输、软件和信息技术服务业	3	17	34
J.金融业	4	26	48
K.房地产业	1	5	5
L.租赁和商业服务业	2	12	58
M.科学研究和技术服务业	3	19	48

续表

门类	大类	中类	小类
N.水利、环境和公共设施管理业	4	18	33
O.居民服务、修理和其他服务业	3	16	32
P.教育	1	6	17
Q.卫生和社会工作	2	6	30
R.文化、体育和娱乐业	5	27	48
S.公共管理、社会保障和社会组织	6	16	34
T.国际组织	1	1	1
合计（20）	97	473	1 381

《国民经济行业分类（GBT4754–2017）》将“收费或合同基础上为个人、企业及其他客户进行的资产组合和基金管理活动，包括证券投资基金、企业年金、社保基金、专户理财、国内资本境外投资管理（QDII）等活动”划分为“基金管理服务”，如图2–1所示。

代码				类别名称	说明
门类	大类	中类	小类		
		664	6640	银行监管服务	指代表政府管理银行业活动，制定并发布对银行业金融机构及其业务活动监督管理的规章、规则
J	67			**资本市场服务**	
		671		证券市场服务	
			6711	证券市场管理服务	指非政府机关进行的证券市场经营和监管，包括证券交易所、登记结算机构的活动
			6712	证券经纪交易服务	指在金融市场上代他人进行交易、代理发行证券和其他有关活动，包括证券经纪、证券承销与保荐、融资融券业务、客户资产管理业务等活动
			6713	基金管理服务	指在收费或合同基础上为个人、企业及其他客户进行的资产组合和基金管理活动，包括证券投资基金、企业年金、社保基金、专户理财、国内资本境外投资管理（QDII）等活动

图2–1 “基金管理服务”行业分类

管理人应当在“私募证券投资基金管理人”“私募股权/创业投资基金管理人”“私募资产配置基金管理人”以及“其他私募基金管理人”对应的业务类型中，仅选择一类机构类型及业务类型登记。《私募基金管理人登记须知（2018年12月更新）》第四条第（一）项的“经营范围”对管理人机构类型及业务类型登记指出，私募基金管理人的名称和经营范围应当包含“基金管理”“投资管理”“资产管理”“股权投资”“创业投资”等相关字样。

2021年1月15日，市场监督管理总局发布《市场监管总局登记注册局关于做好私募基金管理人经营范围登记工作的通知》，明确基金管理人经营范围（见图2-2）。

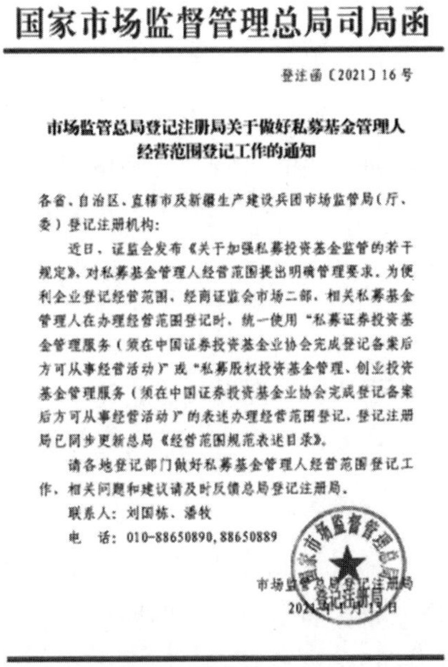
国家市场监督管理总局司局函

登注函〔2021〕16号

市场监管总局登记注册局关于做好私募基金管理人经营范围登记工作的通知

各省、自治区、直辖市及新疆生产建设兵团市场监管局（厅、委）登记注册机构：

近日，证监会发布《关于加强私募投资基金监管的若干规定》，对私募基金管理人经营范围提出明确管理要求。为便利企业登记经营范围，经商证监会市场二部，相关私募基金管理人在办理经营范围登记时，统一使用“私募证券投资基金管理服务（须在中国证券投资基金业协会完成登记备案后方可从事经营活动）”或“私募股权投资基金管理、创业投资基金管理服务（须在中国证券投资基金业协会完成登记备案后方可从事经营活动）”的表述办理经营范围登记，登记注册局已同步更新总局《经营范围规范表述目录》。

请各地登记部门做好私募基金管理人经营范围登记工作，相关问题和建议请及时反馈总局登记注册局。

联系人：刘国栋、潘牧

电　话：010-88650890，88650889

市场监管总局登记注册局

2021年1月15日

图2-2　私募基金管理人营业范围登记

2023年5月1日生效执行的《私募基金管理人登记指引第1号——基本经营要求》第四条明确，私募基金管理人应当在经营范围中标明“私募投资基金管理”“私募证券投资基金管理”“私募股权投资基金管理”“创业投资基金管理”等体现受托管理私募基金特点的字样，不得包含与私募基金管理业务相冲突或者无关的业务。私募基金管理人应当遵循专业化运营原则，其经营范围应当与管理业务类型一致。

因投资咨询属于持牌机构业务，提醒登记为私募证券基金管理人的机构，其经营范围不得包含“投资咨询”等咨询类字样。

（三）专业化运营

申请机构提交私募基金管理人登记申请前已实际展业的，应当说明展业的具体情况，并就此事项可能存在影响今后展业的风险进行特别说明。若已存在使用自有资金投资的，应确保私募基金管理人自有财产与私募基金财产之间独立运作，分别核算。申请机构应当遵循专业化运营原则，主营业务清晰，不得兼营与私募基金管理无关或存在利益冲突的其他业务。对于不兼营与私募基金管理无关的业务，笔者理解有两层含义：

（1）管理人工商经营范围或实际经营业务中，是否兼营可能与私募投资基金、“投资管理”存在冲突的业务。

基金业协会从专业化经营和防范利益冲突角度出发，特别要求私募基金管理人不得兼营与私募基金可能存在冲突的业务，为买方“投资管理”业务无关的卖方业务以及其他非金融业务，尤其不得兼营民间借贷、民间融资、融资租赁、配资业务、小额理财、小额借贷、P2P/P2B、众筹、保理、担保、房地产开发、交易平台等业务。因上述业务与私募基金属性相冲突，为防范风险，协会对从事冲突业务的机构将不予登记。

（2）管理人是否兼营与私募基金管理无关的业务。

私募基金管理人只可备案与本机构已登记业务类型相符的私募基金，不可管理与本机构已登记业务类型不符的私募基金。

同一私募基金管理人不可兼营多种类型的私募基金管理业务。若私募基金管理机构确有经营多类私募基金管理业务的实际、长期展业需要，可设立在人员团队、业务系统、内控制度等方面满足专业化管理要求的独立经营主体，分别申请登记成为不同类型的私募基金管理人。

第二节 | 基金管理人与基金产品

公开募集基金的基金管理人，由基金管理公司或者经国务院证券监督管理机构按照规定核准的其他机构担任。我国对于非公开募集基金的监管，由中国证监会及其派出机构负责对私募证券投资基金市场实施统一监管职责，坚持适度监管、自律监管、底线监管的原则，对设立私募基金管理机构和发行私募基金不设行政审批。同时，以合格投资者制度为基础，通过建立健全私募基金发行监管制度，强化事中事后监管。

一、私募投资基金产品的组织形式

在我国，证券投资基金可分为公募证券投资基金和私募证券投资基金。证券投资基金主要为契约型基金，股权投资基金均为私募股权投资基金，主要为公司型基金及合伙型基金。

契约型私募基金合同主要是通过私募基金管理人、私募基金托管人和私募基金投资者这三方通过签署一纸契约而形成的私募投资基金法律关系。契约型私募投资基金并非法律主体，无须进行工商备案登记。私募基金管理人通过契约形式募集设立基金应当按照《私募投资基金合同指引1号》（以下简称《合同指引1号》）制定私募投资基金合同。私募基金管理人通过契约形式募集设立私募股权投资基金、创业投资基金和其他类型投资基金应当按照《合同指引1号》制定私募投资基金合同。

公司型私募投资基金是指投资者依据《公司法》，通过出资形成一个独立的公司法人实体（以下简称“公司”），由公司自行或者通过委托专门的基金管理人机构进行管理的私募投资基金。公司型基金的投资者既是基金份额持有者又是公司股东，按照公司章程行使相应权利、承担相应义务和责任。

合伙型基金指投资者依据《合伙企业法》成立有限合伙企业，由普通合伙人对合伙债务承担无限连带责任，由基金管理人具体负责投资运作的私募投资基金。私募基金管理人通过有限合伙形式募集设立私募投资基金的，应当签署合伙协议，其中载明《私募投资基金合同指引3号——合伙协议必备条款指引》（以下简称《合同指引3号》）规定的必备条款。

二、基金管理人管理基金的类型

目前，我国私募基金管理人类型分为私募证券投资基金管理人、私募股权/创业投资基金管理人、私募资产配置基金管理人、其他私募基金管理人四类。私募基金管理人只可备案与本机构已登记业务类型相符的私募基金，不可管理与本机构已登记业务类型不符的私募基金。市场上的私募基金还是以私募证券基金、私募股权基金为主。

（一）私募证券投资基金备案类型

2018年10月，中国证券投资基金业协会更新并发布《有关私募投资基金“业务类型/基金类型”和“产品类型”的说明》（以下简称《说明》），根据该说明，私募证券基金的基金类型和产品类型列示如表2-2所示。

表 2-2　　私募证券基金的基金类型和产品类型

基金类型	产品类型
私募证券投资基金	私募证券基金，主要投资于公开交易的股份有限公司股票、债券、期货、期权、基金份额以及中国证监会规定的其他证券及衍生品种
私募证券类FOF	私募证券类FOF，主要投向证券类私募基金、信托计划、券商资管、基金专户等资产管理计划的私募基金

（二）私募股权投资基金备案类型

一直以来，学界对私募股权投资基金的认识是以非公开的方式向少数机构投资者或者个人募集资金，主要向未上市企业进行权益性投资，最终通过被投资企业上市、并购或者管理层回购等方式退出而获利。

广义的私募股权投资为涵盖企业首次公开发行前各阶段的权益投资，即对处于种子期、初创期、发展期、扩展期、成熟期和Pre-IPO各个时期企业所进行的投资，相关资本按照投资阶段可划分为创业投资、发展资本、并购基金、夹层资本、重振资本，Pre-IPO资本，以及其他如上市后私募投资、不良债权和不动产投资等（以上所述的概念也有重合的部分）。狭义的私募股权投资主要指对已经形成一定规模的，并产生稳定现金流的成熟企业的私募股权投资部分，主要是指创业投资后期的私募股权投资部分，而这其中并购基金和夹层资本在资金规模上占最大。

根据《说明》列示，私募股权基金的基金类型和产品类型列示如表2-3所示。

表 2-3　　私募股权基金的基金类型和产品类型

基金类型	产品类型
创业投资基金	创业投资基金，主要向处于各阶段的未上市成长性企业进行股权投资的基金（新三板挂牌企业视为未上市）；（对于市场所称“成长基金”，如果不涉及沪深交易上市公司定向增发股票投资的，按照创业投资基金备案；）如果涉及上市公司定向增发的，按照私募股权投资基金中“上市公司定增基金”备案
创投类FOF	创投类FOF，主要投向创投类私募基金、信托计划、券商资管、基金专户等资产管理计划的私募基金
私募股权投资基金	私募股权基金，指投资包括未上市企业和上市企业非公开发行和交易的普通股（含上市公司定向增发、大宗交易、协议转让等），可转换为普通股的优先股【注：（1）未提及优先股；（2）《创投办法》允许创投企业投资优先股，该办法第十五条规定“经与被投资企业签订投资协议，创业投资企业可以以股权和优先股、可转换优先股等准股权方式对未上市企业进行投资”】和可转换债等的私募基金
私募股权类FOF	私募股权类FOF，主要投向股权类私募基金、信托计划、券商资管、基金专户等资产管理计划的私募基金

对于私募股权基金和创业投资基金产品的备案类型这个问题上，我们可以把握以下两点：

第一，私募股权投资基金投资包括未上市企业和上市企业非公开发行和交易的普通股（上市公司定向增发、大宗交易、协议转让等），可转换为普通股的优先股，基金类型建议选择“股权投资基金”。

第二，创业投资基金主要向处于各阶段的未上市成长性企业进行股权投资的基金（新三板挂牌企业视为未上市）。对于市场所称“成长基金”，如果不涉及沪深交易上市公司定向增发股票投资的，按照创业投资基金备案；如果涉及上市公司定向增发的，按照私募股权投资基金中“上市公司定增基金”备案。

【案例2-1】2022年6月25日，上海韦尔半导体股份有限公司（以下简称“上海韦尔”）披露《上海韦尔半导体股份有限公司关于参与投资私募股权投资基金的公告》（公告编号：2022-067）称，上海韦尔及其全资企业绍兴韦豪参与投资上海道禾长期投资管理有限公司（以下简称“道禾长期”）发起设立的私募股权投资基金，基金名称为上海道禾产新私募投资基金合伙企业（有限合伙）。

基金募集规模为人民币100 200万元。基金管理人、普通合伙人、执行事务合伙人为道禾长期，出资100万元。绍兴韦豪为普通管理人[①]，出资100万元。有限合伙人之一的上海韦尔投资人民币50 000万元认购该基金的基金份额。基金经营范围：一般项目，以私募基金从事股权投资、投资管理、资产管理等活动（须在中国证券投资基金业协会完成备案登记后方可从事经营活动）。

（三）私募投资基金监督管理办法实施后

《私募监管办法》施行后，中国证监会根据私募基金管理人业务类型、管理资产规模、持续合规情况、风险控制情况和服务投资者能力等，对私募基金管理人实施差异化监督管理，并对创业投资基金及不动产私募基金等私募股权投资基金、私募证券投资基金、私募投资母基金（以下简称“母基金”）等不同类型的私募基金实施分类监督管理。

《私募监管办法》颁布将形成私募证券投资基金、私募股权基金、母基金等不同

① 这个基金是双GP。

类型基金。私募股权基金、私募证券基金的投资对象与此前《私募监管暂行办法》规定基本相同；对母基金作出了更明确的界定，将金融机构发行的资管产品也囊括其中，也有人称其为“其他私募投资基金”。

以下为私募基金产品具体的投资范围：

1.私募股权投资基金是指将主要基金财产投资于未上市公司股权、不动产项目公司股权、上市公司非公开发行或交易的股票、合伙企业份额、私募股权投资基金份额以及符合中国证监会规定的其他投资标的的私募基金。

2.私募证券投资基金是指将主要基金财产投资于股票、存托凭证、债券、其他证券、期货和衍生品、证券投资基金份额，以及符合中国证监会规定的其他投资标的的私募基金。

3.母基金是指将主要基金财产投资于私募股权投资基金份额、私募证券投资基金份额、《私募监管办法》规定的资产管理产品份额以及符合中国证监会规定的其他投资标的的私募基金，具体办法由中国证监会另行规定。

资产管理产品份额以及证监会规定的其他投资标的的私募基金指的是，依法设立并接受国务院金融监督管理机构监管的规定机构依法发行的资产管理产品。该类机构包括证券公司及其子公司、基金管理公司及其子公司、期货公司及其子公司、商业银行及其理财子公司、保险公司、保险资产管理公司、金融资产投资公司、信托公司、财务公司及中国证监会规定的其他机构。

三、私募股权、创投基金该选哪个产品类型备案

实践中，基金选择创投基金、私募股权投资基金还是需要做一番取舍，在税收优惠上并不能够两头占全，尤其是企业发展到一定阶段。比如，Pre-IPO阶段的成熟期基金：选择备案创业投资企业可以享受税收优惠，要担心被投企业突破至上市的界限而不符合优惠条件（投资对象为初创型科技企业的，要求该被投对象接受投资时以及接受投资后两年内未在境内外证券交易所上市）；选择私募股权可一步到位，则意味着不能享受创投企业税收优惠。

参考基金业协会基金备案思路以及基金行业从业人士的理解，我们建议：一只基金选择备案为私募股权基金，还是创投基金，可以采用排除的方法，也就是先以创投企业（基金）的要求进行判断；不符合的，再判定为私募股权进行备案。如此也不至于因备案的基金类型/业务类型与被投企业发展阶段不相符合而错失创业投资企业（基金）可以享受的税收政策扶持。

第三节｜基金管理人管理基金的模式

管理人经过多年实践逐渐形成了两类主要的管理基金模式：股权基金的管理人可以采取自我管理（即指管理人发起设立管理基金），也可以委托其他私募基金管理机构管理基金（即外部委托管理基金）。管理人可以由依法设立的公司或合伙企业担任，设立要求参照《公司法》《合伙企业法》以及《市场主体登记管理条例》等有关法律和行政法规的相关规定。

还有一类管理模式——顾问管理，顾问管理指私募基金管理人为其他私募基金管理人管理的私募基金提供投资顾问服务，主要是借助通道（信托、期货资管、券商资管、基金专户、基金子公司资管计划等）发行产品，通道方作为基金管理人。私募基金管理人开展投顾业务有准入门槛要求，须按照《证券期货经营机构私募资产管理业务运作管理暂行规定》《证券期货经营机构私募资产管理计划备案管理规范第2号——委托第三方机构提供投资建议服务》规定要求运作。

一、发起设立基金模式

私募基金管理机构的收益主要来源于管理费收入，超出其投资本金部分的超额收益分成（“绩效收益”），以及管理人直接投资收益。其中，管理费为固定收入，而绩效收益则基于相关基金的投资回报而浮动。

私募基金管理人运用基金财产进行股权投资，或者持有的被投企业股权、财产份额发生变更的，应当根据《公司法》《合伙企业法》等法律法规的规定，及时采取要求被投企业更新股东名册、向登记机关办理登记或者变更登记等合法合规方式进行投资确权。根据基金业协会发布的《私募投资基金命名指引》第十二条规定，通过有限合伙、有限责任公司、股份有限公司等形式募集设立的私募投资基金名称应当符合《工商总局关于印发〈企业名称禁限用规则〉〈企业名称相同相近比对规则〉的通知》（工商企注字2017〔133〕号）相关规定。管理人发起设立基金的涉税情况与其组织架构有着极大关联，管理人发起设立基金分为以下两类情况：

第一类，公司制管理人直接发起设立基金（见图2-3）：

该模式为公司制管理人直接发起设立基金，基金类型可以是股权型基金，也可以是契约型基金。借助于完备的“三会一层”（股东大会、董事会、监事会和高级管理层）议事规则和风险有效隔离的现代公司制发展，公司制管理人发起设立比较常见。

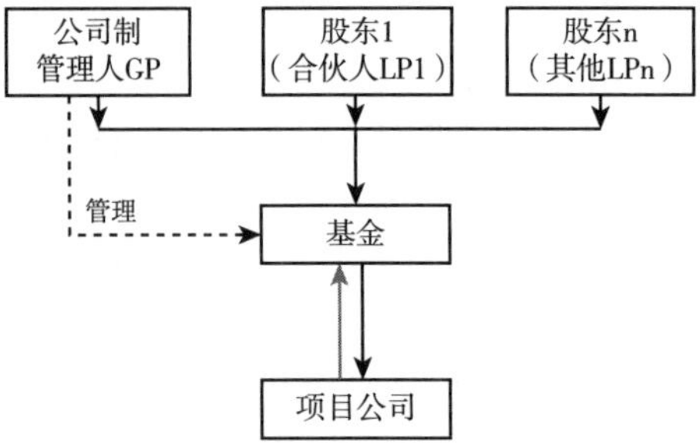

图2-3　公司制管理人直接发起设立基金

第二类，合伙制管理人发起设立基金（见图2-4）：

该模式为合伙制管理人发起设立基金，基金类型可以是股权型基金，也可以是契约型基金。比如，深圳市世纪盈盛投资管理合伙企业（有限合伙）为基金业协会登记的私募证券基金管理人，发起设立XXXXY*号私募证券投资基金。

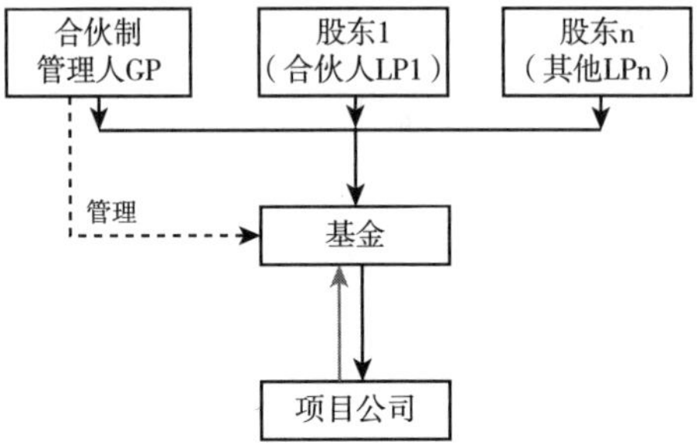

图2-4　合伙制管理人直接发起设立基金

二、外部委托管理模式

外部委托管理模式架构比较简单（见图2-5）。根据《登记备案办法》规定，私募基金管理人设立合伙型基金，应当担任执行事务合伙人，或者与执行事务合伙人存在控制关系或者受同一控股股东、实际控制人控制，不得通过委托其他私募基金管理人等方式规避该办法关于私募基金管理人的相关规定。

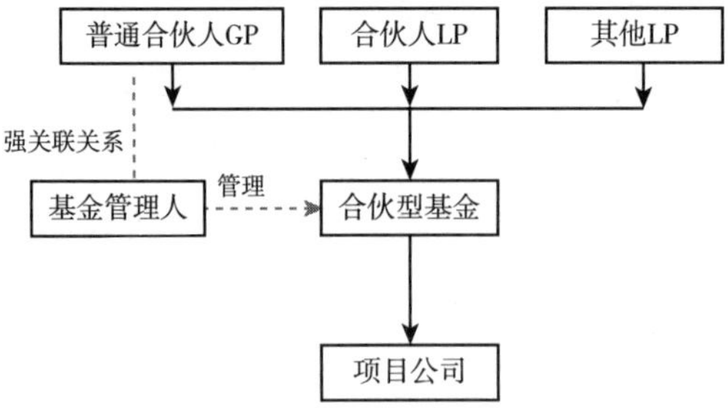

图2-5　外部委托管理

管理人受托管理基金取得的收入主要包括管理费收入及咨询费收入：在管理人为增值税一般纳税人的情况下，管理费需要按6%税率缴纳增值税。基金管理人取得的管理费收入、咨询费收入等应作为公司应税收入按照25%的税率缴纳企业所得税。

管理人根据投资协议的约定会收取一定金额的业绩报酬，一般在投资者收回全部投资后，按资本增值的20%计算业绩报酬的金额。收取的业绩报酬一般以浮动管理费的形式由基金支付，作为其提供管理服务收取的超过管理费的组成部分，一般纳税人需要适用6%的税率计算缴纳增值税。另外，对于业绩报酬是否缴纳增值税的问题，业界存有争议，建议与主管税务局做好沟通。

在退出环节，如无业绩报酬，管理人不存在企业所得税影响。基金管理人在退出环节无印花税影响。

第四节 | 基金管理人涉税事项

目前，我国私募基金管理人类型分为私募证券投资基金管理人、私募股权/创业投资基金管理人、私募资产配置基金管理人、其他私募投资基金管理人。从专业化运营角度以及市场管理人存量来看，股权基金管理人主要为私募股权/创业投资基金管理人。私募基金管理人涉税事项包括基金管理费收入、附加收益、咨询费收入、资管产品运营业务，以及直接投资产生的收益。其中，管理费收入应基于基金正常运营相关的费用合理确定，并覆盖管理人相应的成本费用范围。

一、私募基金管理人收入

1. 管理费收入

基金管理费收入是基金管理人的主要收入来源之一。

管理费一般在基金财产中支付，且收取的主体仅为基金管理人。管理费按照出资协议约定的比例从基金资产中提取，通常情况下为基金募集规模的2%。部分基金会根据所处运营阶段差异化确定管理费收取基数。如果在投资延长期、退出期，部分基金管理人的管理费收取基数降低为尚未退出项目的投资成本。

根据《财政部 国家税务总局关于全面推开营业税改征增值税试点的通知》（财税〔2016〕36号）附件1《营业税改征增值税试点实施办法》附录《销售服务、无形资产、不动产注释》的规定，直接收费金融服务，是指为货币资金融通及其他金融业务提供相关服务并且收取费用的业务活动。包括提供货币兑换、账户管理、电子银行、信用卡、信用证、财务担保、资产管理、信托管理、基金管理、金融交易场所（平台）管理、资金结、资金清、金融支付等服务。这里列举了基金管理，因此基金管理费属于金融服务——直接收费金融服务——基金管理服务[①]。

按照收入性质，基金管理费属于“直接收费金融服务”，需要就收到的管理费按6%的税率缴纳增值税（一般税率）。同时，管理费收入属于所得税应税项目。公司制基金管理人按25%的税率缴纳企业所得税，合伙制基金管理人需要遵循先分后税的原则将合伙企业收入扣除成本、费用后的经营所得分配至合伙人层面缴纳所得税。

2. 附加收益

私募基金管理人附加收益又名“超额管理费”“浮动管理费”或“绩效收益”等，是对基金管理人的重要激励措施。一般情况下，基金管理人（同时作为GP）与出资人会在出资协议中就基金收益的分配进行约定，在实现本金回收及门槛收益（如有）的前提下，对投资附加收益的部分一般按2∶8的比例分配给GP与出资人。

目前针对这部分收益，现行税收法规中并未对其收益性质进行明确界定，是否需要缴纳增值税在实务层面存在不同认定方式（详见本书第九章第二节“合伙型基金合同约定现金流分配”中的“五、基金合同约定的现金流分配问题”）。

3. 咨询费收入

咨询费收入是基金管理人在运作基金过程中向第三方提供投融资、财务顾问等服务所获取的收入。私募基金管理人提供金融业务同时提供的咨询服务，不同于普通的鉴证咨询服务，仍属于“金融服务”的“直接收费金融服务”，原因与管理费收入部分相同。

有管理人将提供FA业务记入“现代服务——商务辅助服务”，笔者不建议分类为“现代服务——商务辅助服务”。投资机构受托进行的资产管理业务不同于商务辅助服务，这类机构不是持牌金融机构，就是基金业协会登记的私募基金管理人。私募基金管理人不属于持牌机构，但这类机构从事的金融业务属于直接收费金融服务大类，而一般企业则无权从事该类业务。

提供金融业务咨询费收入与基金管理费一样，一般按6%税率缴纳增值税。公司制基金管理人需要按25%的税率缴纳企业所得税。合伙制基金管理人需要遵循先分后税的原则将收入扣除成本、费用后的生产、经营所得分配至合伙人层面缴纳所得税。

① 来源：《私募基金管理服务按照什么税目征收增值税？》，作者：王骏。

4. 基金产品运营业务

私募证券基金管理人买卖股票、债券等金融商品转让、其他金融商品所有权的，该部分详见本章第五节“私募证券基金管理人”。

5. 直接投资收益

直接投资收益严格来说不属于交易事项，而属于基金管理人以自有资金对外投资所获得的收益。基金管理人可通过自有资金从事不与基金利益相冲突的投资，如投资债券、购买金融产品等并获得投资收益或利息收入。

二、管理费应覆盖哪些成本、费用

以下费用由管理人列支，不得并入基金或者是由投资者承担（变相承担）：

1. 基金管理人的人员开支，包括工资、奖金和福利费；

2. 管理人管理相关的办公室租金、物业费、水电费、办公设施费用、通行费，技术、网络安全和软件升级；

3. 与投资和管理有关的考察、持有、投资、转让等过程中发生的合理必要的差旅费和招待费；

4. 处理与基金运作无关的事项发生的其他费用；

5. 与ESG尽职调查、管理和报告有关的顾问费用应按与一般尽职调查顾问费用相同的方式予以对待。

值得一提的是，基金如果承担前述费用的，要对应抵销其支付给管理人的管理费；基金如果承担了属于普通合伙人向基金提供的服务范围内所产生的第三方费用，也应抵销其支付给管理人的管理费。

三、不得由管理人列支或者需要另行约定的费用

以下费用不得由管理人列支，或者需要另行约定：

1. 由基金承担的费用

（1）基金支付发起人在设立基金时产生的费用，以及基金存续相关的法律、会计、托管、备案费用等基金运营费用。

（2）向募集顾问支付的费用包含在基金组织费用中，募资中介费用应由基金管理人承担，但募资费用应由基金承担，一般来说，证券基金由管理人承担，股权基金由基金承担。

（3）税收和变更登记、政府对基金征收的其他行政费用。

（4）收购、持有和处置基金投资产生的费用。

（5）咨询委员会LPAC（Limited Partner Advisory Committee）会议/年度投资者会议、第三方行政管理、利息支出和费用、监管费用，基金免责补偿，保险和诉讼费用，合理的开办费（超过部分在管理费中抵销）等。

2. 由投资人承担的费用

个别有限合伙型基金的有限合伙人或部分有限合伙人可能会基于特定司法辖区或特定机构事项的诉求要求基金聘用第三方提供服务，并作为基金开办费或特定的交易费用。该费用应由存在特殊诉求的相关有限合伙人承担，而不应由基金的所有有限合伙人共同承担。聘请专业顾问以满足特定的有限合伙人要求，由此产生的费用应由该投资人支付。

第五节｜私募证券基金管理人

私募证券投资基金管理人通常由依法设立的公司担任，在私募证券投资基金投资过程中起着核心作用，负责证券投资基金的管理和运作。私募证券投资基金管理人应当按照《私募监管暂行办法》的有关规定向基金业协会申请登记，并于基金募集资金完毕后向基金业协会进行备案。

一、私募证券基金管理人应税事项

根据企业规模大小，私募证券基金管理人按照小规模纳税人或者是一般纳税人缴纳增值税。管理人从事的业务分为自营业务[①]和基金产品运营业务及产品运营业务以外的其他业务（简称“其他业务”）。

私募基金管理人对于基金产品运营核算、税费缴纳可参照资管产品运营业务相关规定进行处理。私募证券基金管理人不属于金融机构，管理人运用基金买卖股票、债权不免增值税。

管理人接受委托人委托管理基金产品比较常见的，包括基金公司发行的基金产品、信托公司的信托计划、银行提供的投资理财产品等。

二、私募证券基金管理人涉税注意点

私募证券基金运营过程中，管理人涉税需要注意以下几点：

---

① 管理人接受投资者委托或信托对受托资产提供管理服务。

1.管理人接受投资者委托或信托对受托资产提供的管理服务和其他业务，按照现行规定缴纳增值税。

2.基金产品运营过程中发生的增值税应税行为，以管理人为纳税主体，并照章缴纳增值税。管理人运营基金产品符合条件的，才能按照3%简易计税缴纳增值税：管理人对于受托管理的基金产品应采用单独的会计实体对其进行核算，分别核算基金产品运营业务和管理人自营业务（其他业务）的销售额和增值税应纳税额；未分别核算的，基金产品运营业务不得按照3%缴纳增值税。

3.管理人可选择分别或汇总核算基金产品运营业务销售额和增值税应纳税额。

4.管理人应按照规定的纳税期限，汇总申报缴纳基金产品运营业务和其他业务增值税。

三、私募证券投资基金管理人开展业务增值税不免税

2012年底《证券投资基金法》修订，2013年6月1日私募证券基金正式登场。之前有关税收减免优惠的对象均针对公募基金（金融机构）及公募基金管理人，这些税收减免优惠具体为：

1.依据《财政部 国家税务总局关于证券投资基金税收政策的通知》（财税〔2004〕78号）规定，自2004年1月1日起，对证券投资基金（封闭式证券投资基金，开放式证券投资基金）管理人运用基金买卖股票、债券的差价收入，继续免征营业税和企业所得税。

2.《财政部 国家税务总局关于企业所得税若干优惠政策的通知》（财税〔2008〕1号）第二条“关于鼓励证券投资基金发展的优惠政策”第（一）项规定，“对证券投资基金从证券市场中取得的收入，包括买卖股票、债券的差价收入，股权的股息、红利收入，债券的利息收入及其他收入，暂不征收企业所得税”。

3.《财政部 国家税务总局关于企业所得税若干优惠政策的通知》（财税〔2008〕1号）第二条“关于鼓励证券投资基金发展的优惠政策”第（三）项规定，“对证券投资基金管理人运用基金买卖股票、债券的差价收入，暂不征收企业所得税”。

4.财税〔2016〕36号附件3《营改增试点过渡政策规定》第一条“下列项目免征增值税”第二十二项“下列金融商品转让”规定：“1.合格境外投资者（QFII）委托境内公司在我国从事证券买卖业务。2.香港市场投资者（包括单位和个人）通过沪港通买卖上海证券交易所上市A股。3.对香港市场投资者（包括单位和个人）通过基金互认买卖内地基金份额。4.证券投资基金（封闭式证券投资基金，开放式证券投资基金）

管理人运用基金买卖股票、债券。5.个人从事金融商品转让业务。”

5.财税〔2016〕36号附件3《营改增试点过渡政策规定》第一条“下列项目免征增值税”第二十三项“金融同业往来利息收入”规定：“金融机构是指：（1）银行：包括人民银行、商业银行、政策性银行。（2）信用合作社。（3）证券公司。（4）金融租赁公司、证券基金管理公司、财务公司、信托投资公司、证券投资基金。（5）保险公司。（6）其他经人民银行、银监会、证监会、保监会批准成立且经营金融保险业务的机构等。”

6.《财政部 国家税务总局关于营业税改征增值税试点若干政策的通知》（财税〔2016〕39号）第十条规定：“全国社会保障基金理事会、全国社会保障基金投资管理人运用全国社会保障基金买卖证券投资基金、股票、债券取得的金融商品转让收入，免征增值税。”

7.《财政部 国家税务总局关于金融机构同业往来等增值税政策的补充通知》（财税〔2016〕70号）第四条规定，“人民币合格境外投资者（RQFII）委托境内公司在我国从事证券买卖业务，以及经人民银行认可的境外机构投资银行间本币市场取得的收入属于《过渡政策的规定》第一条第（二十二）款所称的金融商品转让收入”，免征增值税。

上述证券投资基金免税税收优惠针对的是《基金法》的公募基金，私募证券投资基金在2012版《基金法》修订后才被纳入其管辖的范围，而现行税收政策并没有对证券投资基金按照公募、私募的类型进行区分，导致实务中私募证券投资基金能否比照适用公募证券投资基金的税收政策存在一定的争议。理论上讲，投资者涉及所得税，实际谁也没有缴（扣缴），仅涉及增值税（管理人缴纳）。

第六节 | 私募股权基金管理人

以非公开的方式向少数机构投资者或者个人募集资金，股权投资基金投资范围主要面向非上市公司的权益性投资，最后通过被投企业上市、并购或管理层回购等方式退出获利。按设立的组织架构划分，股权基金管理人分公司制管理人和合伙制管理人两类。

一、管理人发起设立公司型基金

发起设立模式下，公司型基金的管理人既是基金份额持有者，又是公司的股东，按照公司章程行使相应权利、承担相应义务和责任。公司型基金中，管理人可以由依法设立的公司或合伙企业担任。实务中，公司制管理人是主流。

按照公司型设立的基金极大一部分决策权掌握在股东会和董事会。相对有限合伙型基金而言，投资人对基金有更多的掌控权，但也因投资人掌控权限较大，存在效力不高的问题，不过这些可以根据《公司法》对投资人的相关自治权利进行更高效率的约定。发起设立模式下，管理人通常也是投资人，管理人发起设立公司型基金如图2–6所示。

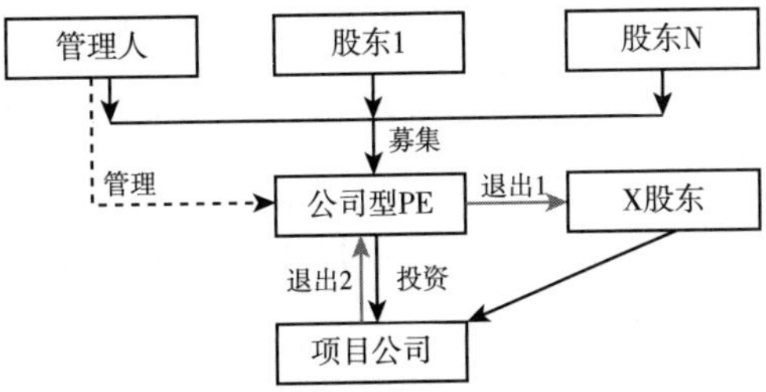

图2–6　管理人发起设立公司型基金

（一）公司制基金管理人涉税

发起设立公司型基金模式下，公司制基金管理人在募集、投资、管理、退出各环节涉税情况如表2–4所示。

表2–4　公司制基金管理人涉税

涉税项目	增值税	企业所得税	印花税
管理费收入等	征收	25%	无
退出（转让）	附加收益有争议	25%	无
转让股份（管理人）	转让非上市公司股份不征，上市公司股票征	25%	产权转移印花税

1.募集环节

根据《增值税暂行条例》《企业所得税法》《印花税法》相关规定，基金管理人在基金募集环节不存在增值税、企业所得税和印花税影响。

2.投资、管理环节

根据现行股权投资基金的监管规定，基金管理人从基金中取得的收入主要包括管理费及咨询费等收入。

管理人为增值税一般纳税人的，管理费、咨询费收入需要按6%税率缴纳增值税。

基金（一般纳税人）凭借其支付给管理人的管理费，取得管理人开具的增值税专用发票，抵扣基金的增值税进项税额。基金管理人取得的管理费、咨询费等应税收入适用25%的税率缴纳企业所得税。

根据《印花税法》规定，基金管理人在投资及管理环节不涉及印花税应税合同。

3. 退出环节

基金退出环节，基金减持（转让）被投项目公司股份然后分配给管理人，管理人按协议约定收取附加收益。附加收益的增值税分析详见本书第九章第二节“合伙型基金合同约定现金流分配”中的“五、基金合同约定的现金流分配问题”。

4. 管理人转让基金份额

根据《国家税务总局关于贯彻落实企业所得税法若干税收问题的通知》（国税函〔2010〕79号）的规定，转让股权收入扣除为取得该股权所发生的成本后，为股权转让所得。管理人在计算股权转让所得时，不得扣除被投资企业未分配利润等股东留存收益中按该项股权所可能分配的金额。

股权受让方以股份支付的情况下，在满足特定比例或条件的情况下，可能不能适用《财政部 国家税务总局关于促进企业重组有关企业所得税处理问题的通知》（财税〔2014〕109号）、《国家税务总局关于资产（股权）划转企业所得税征管问题的公告》（国家税务总局公告2015年第40号）、《财政部 国家税务总局关于非货币性资产投资企业所得税政策问题的通知》（财税〔2014〕116号）以及《财政部 国家税务总局关于企业重组业务企业所得税处理若干问题的通知》（财税〔2009〕59号）的规定进行企业重组的特殊或优惠税务处理。因为按照《私募投资基金募集行为管理办法》第十二条规定，募集机构或相关合同约定的责任主体应当开立私募基金募集结算资金专用账户，用于统一归集私募基金募集结算资金、向投资者分配收益、给付赎回款项以及分配基金清算后的剩余基金财产等，确保资金原路返还，即基金募集的资金须以货币资金出资，且进入募集结算资金专用账户，在份额转让时，要确保资金的原路返还，投资者之间不得进行资金的直接结算，更不能以非货币交易。

根据现行税法规定，管理人在退出环节取得的股权转让资本利得通常来说不涉及增值税。

根据《印花税法》规定，投资人在退出环节与股权受让方签订的股权转让协议应当按照“产权转移书据”就其转让价款的0.5‰贴花。

（二）合伙制基金管理人涉税

发起设立公司型基金模式下，合伙制基金管理人在募集、投资、管理、退出各环节涉税情况如表2–5所示。

表2–5　合伙制基金管理人涉税

涉税项目	增值税	企业所得税	印花税
管理费等收入	征收	先分后税	无
退出（转让）	附加收益有争议	先分后税	无
转让股权（管理人）	转让非上市公司股票不征，上市公司股票征	先分后税	产权转移印花税

1.募集环节

根据《增值税暂行条例》《企业所得税法》《印花税法》相关规定，基金管理人在募集环节不存在增值税、企业所得税和印花税影响。

2.投资、管理环节

根据现行股权投资基金的监管规定，基金管理人取得的收入主要包括管理费收入及咨询费收入。增值税、所得税、印花税涉税情况与前述公司制基金管理人情况相同。

3.退出环节

基金退出环节主要涉及基金向管理人分配项目退出（减持、转让）产生的收入，管理人按规定收取附加收益。

附加收益的增值税有很大争议，该问题的分析详见本书第九章第二节“合伙型基金合同约定现金流分配”中的“五、基金合同约定的现金流分配问题”。

合伙制管理人作为公司型基金的投资人，管理人从基金中取得的所得适用合伙企业所得税规定，在合伙企业层面无所得税的影响。按照合伙协议的约定，附加收益分摊至管理人的合伙人缴纳所得税。

4.管理人转让基金股份

管理人为合伙企业时，将从公司型基金中转让股份的所得根据先分后税的原则，分摊至投资人层面，根据投资者类型不同缴纳相应所得税。

根据现行税法规定，管理人取得的股权转让资本利得并不涉及增值税。

根据《印花税法》规定，管理人与股权受让方签订的股权转让协议应当按照“产权转移书据”就其转让价款的0.5‰贴花。

二、管理人发起设立合伙型基金

私募基金管理人可以由依法设立的合伙企业担任，设立要求参照《合伙企业法》以及《市场主体登记管理条例》等有关法律和行政法规的相关规定。根据《合伙企业法》规定，合伙企业分为普通合伙企业（特殊的普通合伙企业）、有限合伙企业。在股权投资基金中，最常见的为有限合伙型股权基金。

（一）管理人在基金中的作用

发起设立模式下，私募基金管理人设立有限合伙型基金，通常应担任执行事务合伙人。按照组织形式划分，管理人可以由依法设立的公司或合伙企业担任。

私募基金管理人通过有限合伙形式募集设立私募投资基金，应当按照《合同指引3号》制定有限合伙协议。投资者依据《合伙企业法》成立有限合伙企业，由普通合伙人对合伙债务承担无限连带责任，由基金管理人具体负责投资运作。合伙协议中应当载明该指引规定的必备条款，该指引必备条款未尽事宜，可以参考《合同指引1号》的相关内容。协议当事人订立的合伙协议应当满足相关法律、法规对合伙协议的法定基本要求。

发起设立基金模式下，管理人既是基金普通合伙人，又是执行事务合伙人。图2–7为管理人在合伙型基金募集、投资、管理、退出环节的情况。

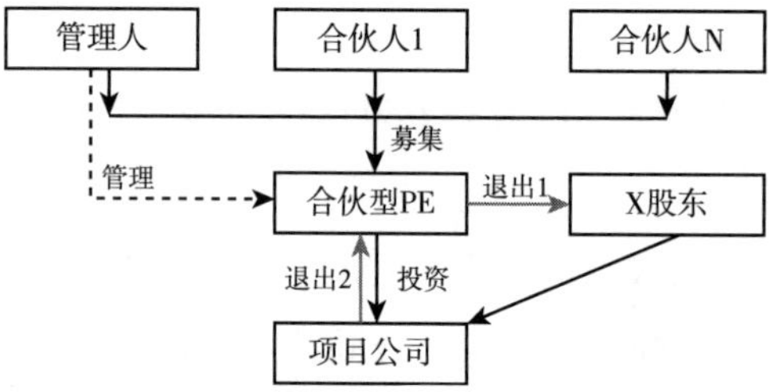

图2–7　管理人发起设立合伙型基金

（二）基金管理人涉税情况

通常情况下，有限合伙型基金的普通合伙人拥有较大权限，负责基金投资管理及运营，其投资比例视基金情况而定；有限合伙人对基金的控制权相对较小，只保留一定的监督权。因此，有限合伙型基金对普通合伙人的管理运营能力要求较高，具有决策高效性的特点。

实务中，有限合伙企业发起设立模式下，基金管理人（GP）以公司型企业居多。表2–6为管理人在募集、投资、管理、退出各阶段涉税情况说明。

表 2–6　管理人涉税情况

管理人类型	涉税项目	增值税	企业所得税	印花税
公司型	管理费等收入	征税	25%	无
	退出减持（转让）	附加收益有争议	先分后税	无
	转让份额（管理人）	转让非上市公司股票不征，上市公司股票征	25%	有争议
合伙型	管理费等收入	征税	先分后税	无
	退出减持（转让）	附加收益有争议	先分后税	无
	转让份额（管理人）	转让非上市公司股票不征，上市公司股票征	先分后税	有争议

1. 公司制基金管理人

（1）募集环节。

根据《增值税暂行条例》《企业所得税法》《印花税法》相关规定，基金管理人在募集环节不存在增值税、企业所得税和印花税影响。

（2）投资、管理环节。

根据现行股权投资基金的监管规定，基金管理人从基金中取得的收入主要包括管理费及咨询费等收入。

在管理人为增值税一般纳税人的情况下，管理费、咨询费收入需要按6%税率缴纳增值税，基金（一般纳税人）可以凭借其支付给管理人的管理费（开具增值税专用发票）抵扣增值税进项税额。基金管理人取得的管理费、咨询费等应税收入适用25%的税率缴纳企业所得税。

根据《印花税法》规定，基金管理人在投资及管理环节不涉及印花税应税合同。

（3）退出环节。

基金退出环节主要涉及基金减持股份（转让）然后向管理人进行分配，管理人按约定收取附加收益。管理人为公司时，其作为合伙型基金的合伙人，按先分后税原则由其归属于自身部分缴纳企业所得税。

附加收益的增值税有很大争议，该问题的分析详见本书第九章第二节“合伙型基金合同约定现金流分配”中的“五、基金合同约定的现金流分配问题”。

（4）管理人转让基金份额。

公司制管理人转让基金份额按经营所得做退伙结算，然后并入管理人当年应纳税所得额缴企业所得税。根据现行税法规定，该管理人转让合伙型基金份额通常不涉及增值税。

2. 合伙制基金管理人

（1）募集环节。

根据《增值税暂行条例》《企业所得税法》《印花税法》相关规定，基金管理人在募集环节不存在增值税、企业所得税和印花税影响。

（2）投资、管理环节。

根据现行股权投资基金的监管规定，基金管理人取得的收入主要包括管理费收入（固定）及咨询费收入，增值税涉税情况与上述公司制基金管理人情况相同。按协议约定，管理人取得管理费及咨询费等收入按25%缴纳企业所得税。

（3）退出环节。

基金退出环节主要涉及基金减持股份（转让）然后向管理人进行分配，管理人按约定收取附加收益。附加收益的增值税有很大争议，该问题的分析详见本书第九章第二节“合伙型基金合同约定现金流分配”中的“五、基金合同约定的现金流分配问题”。

基金减持股份时，管理人作为基金的投资人，以其从基金中取得的所得适用合伙企业所得税规定，在合伙企业层面无所得税的影响。收取的附加收益根据先分后税的原则，按照合伙协议的约定分摊至管理人投资人层面，根据其投资者类型缴纳相应所得税。

（4）管理人转让基金份额。

管理人为合伙企业时，将从基金中转让份额取得的经营所得和其他所得做退伙结算，有余额作为“财产转让所得”缴纳个人所得税。根据现行税法规定，经营所得穿透至管理人的合伙人，根据其投资者类型不同缴纳相应所得税。

三、管理人发起设立基金应注意的地方

（一）管理人、基金出资需要满足的要求

1. 管理人设立登记实缴货币资本金要求

私募基金管理人应当在中华人民共和国境内依法设立公司或者合伙企业，财务状况良好，实缴货币资本不低于1 000万元人民币或者等值可自由兑换货币，对专门管理创业投资基金的私募基金管理人另有规定的，从其规定。监管规则要求的私募基金管理人资本金应当以货币出资，不得以实物、知识产权、土地使用权等非货币财产出资。

管理人登记完成，并投资于所管理私募基金的，该私募基金管理人及其从业人员视为合格投资者，享受募集豁免条款。

2.募集基金规模

私募基金应当具有保障基本投资能力和抗风险能力的实缴募集资金规模，私募基金初始实缴募集资金规模除另有规定外，应当符合《登记备案办法》关于私募证券基金不低于1 000万元人民币、私募股权基金不低于1 000万元人民币、投向单一标的的私募基金不低于2 000万元人民币的要求。其中，创业投资基金备案时首期实缴资金不低于500万元人民币，且应在备案后6个月内完成符合初始募集规模最低要求的实缴出资。

（二）纳税主体、交易属性和交易对象

投资者（发起设立的管理人）、基金交易属性和交易对象的差异会影响纳税主体。其中，印花税、增值税的纳税主体均为直接发生交易的对手。

公司制管理人发起设立基金时，基金本身也是印花税纳税主体。管理人发起设立的公司型私募股权投资基金在募集环节，基金需要就其资本金账户中“实收资本”与“资本公积”两项的合计金额按照0.25‰的税率贴花。

各地对管理人发起设立合伙型基金是否缴印花税政策的执行不是很统一，笔者建议纳税人可参考2021年9月8日国家税务总局用问答的方式统一答复“合伙企业出资额不计入实收资本和资本公积，不征收资金账簿印花税”，与主管税局沟通并进行处理（见图2–8）。

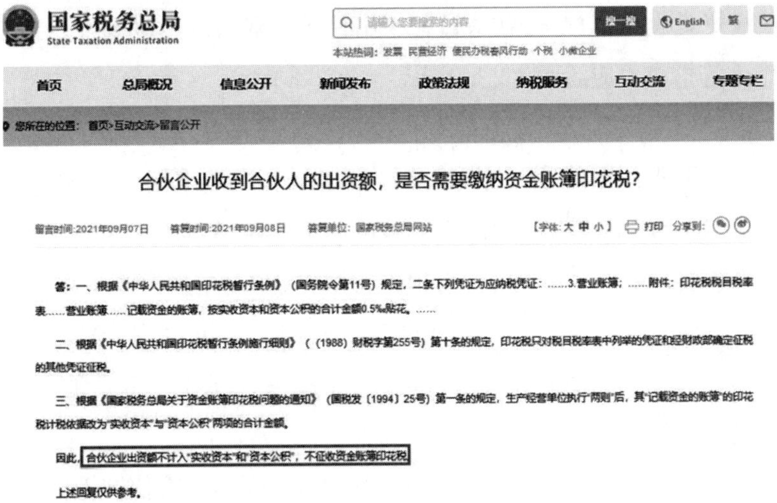
国家税务总局
State Taxation Administration
请输入您要搜索的内容 搜一搜 English 繁
本站热词：发票 民营经济 便民办税春风行动 个税 小微企业
首页 总局概况 信息公开 新闻发布 政策法规 纳税服务 互动交流 专题专栏
您所在的位置：首页>互动交流>留言公开

合伙企业收到合伙人的出资额，是否需要缴纳资金账簿印花税？

留言时间:2021年09月07日 答复时间:2021年09月08日 答复单位：国家税务总局网站 【字体：大 中 小】 打印 分享到：

答：一、根据《中华人民共和国印花税暂行条例》（国务院令第11号）规定，二条下列凭证为应纳税凭证：......3.营业账簿；......附件：印花税税目税率表......营业账簿......记载资金的账簿，按实收资本和资本公积的合计金额0.5‰贴花。......

二、根据《中华人民共和国印花税暂行条例施行细则》（（1988）财税字第255号）第十条的规定，印花税只对税目税率表中列举的凭证和经财政部确定征税的其他凭证征税。

三、根据《国家税务总局关于资金账簿印花税问题的通知》（国税发〔1994〕25号）第一条的规定，生产经营单位执行“两则”后，其“记载资金的账簿”的印花税计税依据改为“实收资本”与“资本公积”两项的合计金额。

因此，合伙企业出资额不计入“实收资本”和“资本公积”，不征收资金账簿印花税

上述回复仅供参考。

图2–8 国家税务总局对合伙企业资金账簿印花税答复

公司制管理人转让公司型基金股份，根据《印花税法》规定，管理人与股权受让方签订的股权转让协议应当按照“产权转移书据”就其转让价款的0.5‰贴花。如果公司制管理人转让合伙基金份额，笔者认为合伙企业份额转让，不属于产权转移印花税（此处印花税的争议比较大，建议咨询主管税务机关）。

无论是公司制管理人，还是合伙制管理人，在退出环节取得的股权转让资本利得通常不涉及增值税。

（三）组织形式使投资者纳税义务顺延

合伙企业取得项目公司分配收益或者转让股权资本利得，通常按照合伙企业先分后税原则穿透至合伙人缴税。因此，合伙企业的组织架构都会使基金管理人所得税纳税义务顺延到投资者缴税。

合伙企业的组织架构能使基金管理人所得税纳税义务顺延到投资者缴税，但这种架构也会使管理人丧失公司制企业的一些税收优惠：公司制管理人直接发起设立公司型基金，其作为居民企业直接投资于其他居民企业取得的股息、红利等权益性投资收益符合条件的，免征企业所得税。合伙制管理人发起设立基金，或者管理人发起设立合伙型基金，其取得的股息分红，按照合伙协议的约定，分配至投资人层面缴纳相应所得税。

（四）发起设立基金模式的多样性并非完全取决于节税因素

为积极推进经济建设，促进金融业对外开放，强化市场主导，统筹引资、引智，充分激发市场活力，尊重市场规律，各地出台各类鼓励股权投资类企业落户政策（外商投资股权投资类企业落户）。在这过程中出台了“双落地”等政策，随之而来的双GP、双管理人等措施也应运而生。

此处所谓“双落地”是指基金管理人必须注册在基金所在地。根据各地的QFLP试点政策，明确要求“双落地”的有天津、深圳、青岛、厦门、苏州、海南等城市。目前施行QFLP试点的城市中，大都要求满足QFLP基金管理人、QFLP基金同时注册在当地的“双落地”要求，如上海。有地区特别将QFLP基金管理人及QFLP基金的注册地限制在股东园区内，如苏州要求QFLP基金管理人及QFLP基金的住所地必须在苏州工业园区内，且原则上注册在苏州自贸区。也有适当放宽“双落地”要求的地区，如厦门允许在当地设立一个公司做GP。

为配合基金的顺利落地，无论由公司制管理人，还是由合伙制管理人发起设立基金，该类发起设立基金的类型通常为合伙型基金。合伙型基金在一定程度上可以使投资者（包括管理人）的所得实现顺延。然而这种分配收益由下而上层层穿透的模式，也会大大增加投资者和被投企业之间信息沟通难度以及所得税源归属管辖争议的问题。

随着《登记备案办法》《私募监管条例》等文的颁布，基金业协会私募基金管理人的登记业务越来越严格，专业化运营要求越来越具体。既要兼顾开展业务的合规问题，又要满足地方政策的要求，“双落地”无疑对管理人的登记业务提出了一定的挑战。因此，管理人在发起设立基金时，会倾向性考虑基金投资管理的商业模式与地方投资政策的契合度。而成熟的基金落户地通常入驻门槛低，有完善的配套服务、人才吸引、税收优惠等扶持，相较之下，单一的节税效应也就显得没那么重要了。

第三章

管理人与管理费

本章介绍私募基金管理人收取的管理费。管理人收取的管理费一般分为固定管理费和超额管理费。固定管理费的收取发生在基金投资期，比例为2%左右。为了更好激励管理人管理产品，协议会约定项目退出时，管理人可收取各合伙人收益以外一定比例的收益，即“超额管理费”，也称“业绩报酬”“浮动管理费”“附加收益”等。

管理人收取超额管理费增加管理团队收入的同时，也增加了团队员工的税收负担。于是，针对超额管理费的避税与反避税措施便应运而生。部分投资机构募集资金时会设置管理团队跟投制度，由团队持股平台跟投被投公司，并从项目公司取得收益。管理团队跟投制度在控制投资风险的同时也起到一定的激励作用。由于基金管理人收入来源相对多样，该收入性质判定及税费缴纳（主要是增值税）在税法中并未有明确的规定，易产生多种理解。建议基金管理人在实际的业务操作过程中与所属税务机关进行充分沟通，确认收入性质并依法纳税。

第一节 | 固定管理费

固定基金管理费系指基金应按合伙协议及管理协议规定向管理人或其指定主体支付的管理报酬。在管理费计算期间内，每个收费期间应支付的管理费金额之和 = 管理费计算基数 × 管理费费率 × 该管理费收费期间的实际天数 ÷ 365。

一、管理费计提基数

固定管理费收取一般有两种方式：

第一种是按协议约定以基金认缴或实缴金额为基数收取管理费。

该方式通常分两种情况：一种是一次性收取并分期确认管理费，即管理人按照合伙协议约定的收费基数和收费比例一次性收取管理费，在合伙协议约定的经营期限内分期确认管理费收入。另一种是分期收取并确认管理费收入，即在投资期内通常按照认缴或实缴金额和约定比例收取并确认管理费，在退出期内按照尚未退出项目投资成本和约定比例收取管理费。收费比例通常约定为2%/年。

第二种是按协议约定以实际完成投资额为基数计提管理费。

以实际完成投资额为基数计提管理费的基金，其管理费的计提基数为基金对外实际完成的投资额。收取频次多为一次性收取，收费比例为实际完成投资额的2%—5%。部分基金按期（如按年或半年）收取管理费，收费比例一般为2%/年，收费期限不足一年的，按照基金实际运营天数计算当期应收取的管理费。

为避免重复收取管理费，部分FOF不收取管理费。处在经营期限延长期间的基金，通常也不再收取管理费。

二、管理费计提基数与基金所处阶段

基金管理费计提基数多少和基金所处阶段有关。

（一）投资期

投资期内，管理费计算基数为该有限合伙企业首次募集完成时的认缴出资总额。有限合伙企业完成了70%以上投资且管理人完成新基金的募集，则该有限合伙企业的管理费计算基数变更为该有限合伙企业的在投项目成本（即基金认缴出资总额扣减该期收费期间起算日前已退出且已分配项目的投资成本所得金额），管理人就管理费的收取视同进入管理退出期。投资期内，如因有限合伙人违约等原因致使基金规模缩减，则管理费计算基数变更为减资后认缴出资总额，此前已支付的管理费亦根据调整后的管理费计算基数做相应调整，多支出部分从此后每年向管理人支付的管理费中扣减。

有限合伙企业投资期结束后（包括管理退出期、延展期），自下一个收费期间起，管理费计算基数调整为在投项目成本。

对于所述的管理费费率，有限合伙企业的投资期与管理退出期内，管理费费率一般为2%/年。如有限合伙企业存续期延期，在延展期内，管理费费率为1%/年。

【案例3-1】深圳市红土一号私募股权投资基金合伙企业（有限合伙）。

2022年12月31日，中文天地出版传媒集团股份有限公司于上交所披露《中文天地出版传媒集团股份有限公司关于全资子公司认购私募股权基金份额的进展公告》(公告编号:临2022-073)披露,中文天地出版传媒集团股份有限公司全资子公司江西中文传媒蓝海国际投资有限公司作为有限合伙人以自有资金1亿元参与认购其全资子公司上海江右私募基金管理有限公司发起设立的私募基金共青城中文贰号创业投资合伙企业(有限合伙,以下简称"中文贰号基金"),认缴出资比例为94.2951%,江右私募作为普通合伙人以自有资金出资105万元,认缴出资比例为0.9901%。中文贰号基金主要投向深圳市红土一号私募股权投资基金合伙企业(有限合伙,以下简称"红土一号基金")。

2022年12月,中文贰号基金作为LP与深创投红土私募股权投资基金管理(深圳)有限公司(GP、基金管理人)签订《深圳市红土一号私募股权投资基金合伙企业(有限合伙)合伙协议》。红土一号基金另有建信领航战略性新兴产业发展基金、深圳市引导基金投资有限公司、深圳市红土创业投资有限公司等28个有限合伙人。红土一号基金募集目标规模:80亿元。

红土一号基金投资期(不含延长投资期)内,适用的管理费计费基数为计提当日合伙企业的实缴出资总额,管理费率为2%/年;退出期内(含延长投资期),适用的管理费计费基数为计提当日合伙企业尚未退出项目的投资成本并扣除已核销或永久减值部分的余额,管理费率为1.5%/年。

(二)扩募

如有限合伙企业根据合伙协议进行后续募集,则管理费计算基数应为后续募集完成时的认缴出资总额,且应自该有限合伙企业设立日起算。有限合伙企业进行后续募集的,则有限合伙企业应就该次后续募集出资额向管理人或其指定合伙人补交自首次募集首期出资到账截止日起已发生收费期间的管理费,该等补交管理费的具体收取时点由普通合伙人根据该有限合伙企业的实际资金状况确定。普通合伙人可自行决定推迟任何一期管理费的全部或任何部分的支付。

(三)特别事项

有限合伙企业管理费计算期间内发生合伙人退伙、除名、缩减认缴出资额、取消资格或其他导致该有限合伙企业认缴出资总额减少事宜的,则自该等事宜发生之日所属管理费收费期间之后的管理费收费期间开始,管理费计算基数相应调减,多支出部分从此后每年向管理人支付的管理费中扣减。

有限合伙企业清算期间内不支付管理费。

三、管理费费率

私募基金管理人收取的管理费应当与其提供的服务相匹配，管理费的计提比例过高、过低都不好。过高容易受关注，过低会被怀疑为通道业务，在基金备案时也极有可能被要求提供说明合理性。

目前，市场上大部分基金管理费设置在2%/年，也有部分基金会设置为2.5%，极个别会设置在3%。

【案例3-2】烟台德福三期股权投资基金合伙企业（有限合伙）。

2022年3月，珠海恒基达鑫国际化工仓储股份有限公司（以下简称“恒基达鑫”）于深交所发布《珠海恒基达鑫国际化工仓储股份有限公司关于子公司投资设立大健康产业并购投资基金的进展公告》（公告编号：2023-002）披露，恒基达鑫子公司珠海横琴新区恒投创业投资有限公司（以下简称“恒投创投”）认缴出资人民币2 000万元参与投资烟台德福三期股权投资基金合伙企业（有限合伙），基金总认缴出资额为40亿元。

管理费费用：投资期内按照认缴金额每年提取2%的管理费；回收期内按照剩余未收回投资本金提取2%的管理费。利息补偿款包括向前序LP已出资的利息补偿，管理费未缴部分的利息补偿、基金前序运行费用补偿款，以上费用全部按照5.65%利率根据实际交割间隔计算。

【案例3-3】南京新工南药医疗产业投资基金合伙企业（有限合伙）。

2023年2月，南京医药股份有限公司于上交所披露的《南京医药股份有限公司关于参与投资设立私募股权投资基金暨关联交易的公告》（编号：ls2023-004）称，南京医药股份有限公司（简称“南京医药”）出资6 000万元人民币参与投资设立南京新工南药医疗产业投资基金合伙企业（有限合伙），该基金认缴出资总额为2亿元，公司出资6 000万元，占该基金认缴出资总额的30%。

在投资期内，管理费为基金认缴出资总额的2%/年。在退出期内，管理费为基金未退出原始投资成本余额的2%/年；基金进入延长期、清算期不支付管理费用。

第二节 | 超额管理费

私募股权基金管理人管理费收入一般分为固定管理费和超额管理费收入。相较于固定管理费的收取，基金管理人更关注超额管理费，因为超额管理费关系到管理人最终收益获取。于是，在投资者和管理人之间就产生了一种微妙的关系。

一、项目分配模式与回拨机制

基金投资按单个项目进行分配时，GP需要在LP收回某个项目的出资和优先回报（Preferred Return）[（优先回报率又称为“门槛收益率”（Hurdle Rate，以下简称“hurdle”］后，才可以对GP进行收益分配。这种项目分配模式非常容易影响GP超额管理费的收取。基金管理人收到业绩提成后，如果投资者还没有获得全部出资返还及足额收到约定hurdle，或者是管理人收到的绩效提成超过基金利润的一定比例，那么，基金管理人就要返还超额提取部分的金额。这就是所说的回拨机制。

在回拨机制和hurdle交织情况下会出现四种情况，以此来保证LP获益：设有回拨机制且未设hurdle条款的基金管理报酬收入确认方式，设有hurdle条款但未设有回拨机制的基金管理报酬收入的确认方式，既设有回拨机制又设有hurdle条款的基金管理报酬收入的确认方式，以及既没有回拨机制又未设hurdle条款的基金管理报酬收入的确认方式。有关hurdle的内容详见本书第九章第二节“合伙型基金合同约定现金流分配”。

二、回拨机制发生阶段

回拨机制可以按如下方式设置：

1.由各合伙人按照实际出资比例分配。每个投资项目变现后，对管理人预先按照净收益的20%分配，待合伙企业所投资的全部项目变现后再汇总结算补差。

2.在基金清算时，以整体基金核算收益，若普通合伙人累计获得之管理报酬超过基金整体净收益之20%，则普通合伙人将超出部分返还给全体合伙人，全体合伙人按实际出资比例进行分配。

比如，基金合同可以约定，清算以整体基金核算收益，若本合伙企业总体净收益低于50%，普通合伙人不参与收益分配，在基金清算时普通合伙人将其预分配的管理报酬全部返还给全体合伙人，全体合伙人按实际出资比例进行分配。

三、存在回拨机制的业绩报酬财税处理

一般来说，基金投资项目在前期会有盈利，在项目前期对于超额管理费收入会多确认，多缴纳增值税和所得税，待到后期项目出现亏损导致基金整体亏损或者未达到hurdle，需要返还这部分业绩奖励。虽然前期已经缴纳的税收通常来说很难退回，据了解到的情况，为保证回拨机制的有效设置，通常会要求基金管理人预留一定比例的业绩为潜在义务做准备。一旦触发回拨机制，基金管理人会用预留部分的金额来支付其应负担的税收责任。那么，问题来了，这方面的核算又是怎样的呢？

私募基金管理人业绩分成的核算符合《企业会计准则第14号——收入》可变对价的规定情形。可变对价是企业因向客户转让商品而预期有权收取的对价金额。管理人在确定管理费交易价格时，应当考虑可变对价等因素的影响，并应当假定将按照现有合同的约定向客户转让商品，且该合同不会被取消、续约或变更。企业与客户的合同中约定的对价金额可能是固定的，也可能是浮动的，比如，会因折扣、价格折让、返利、退款、奖励积分、激励措施、业绩奖金、索赔等因素而变化。

企业应当将满足上述限制条件的可变对价的金额，计入交易价格。每一资产负债表日，企业应当重新估计应计入交易价格的可变对价金额，包括重新评估将估计的可变对价计入交易价格是否受到限制，以如实反映报告期末存在的情况以及报告期内发生的情况变化。

固定管理费在满足收入确认条件时，管理人按照约定的认缴或者实缴比例进行确认，问题就出在业绩报酬上。准则所指的“可变对价因素”就是我们所说的回拨机制，正是触发管理人返还业绩提成的直接原因——在这种情况下，管理人依据企业和客户的合同和交易安排，提供管理服务预先收取部分款项形成的合同负债，按税法规定应计入当期应纳税所得额，由此形成可抵扣暂时性差异。

【案例3-4】果果投资管理有限公司是股权基金管理人。2023年1月12日，果果公司为甲基金提供资产管理服务，期限5年。果果公司所获得的报酬包括两部分：一是每年按照年度末该基金净值的2.5%收取管理费，该管理费不会因基金净值的后续变化而调整或被要求退回；二是该基金在三年内的累计回报如果超过16%，则果果公司可以获得超额回报部分的20%作为业绩奖励。2023年12月末，该基金的净值为25 000万元。假定不考虑相关税费影响。

要求：根据上述资料，说明果果公司的会计处理。

分析：

果果公司在该项合同中收取的管理费和业绩奖励均为可变对价，其金额极易受到股票价格波动的影响。因此，在合同开始日，果果公司无法对其能够收取的管理费和业绩奖励进行估计，不满足累计已确认的收入金额极可能不会发生重大转回的条件。

2023年12月31日，管理人重新估计该合同的交易价格时，影响该年度管理费收入金额的不确定性已经消除，确认管理费收入625万元（25 000万元 ×2.5%）。

果果公司不能确认业绩奖励收入，该业绩奖励仍然会受到基金未来累计回报的影响，有关将可变对价计入交易价格的限制条件仍然没有得到满足。管理人果果公司应当在后续的每一资产负债表日估计业绩奖励是否满足上述条件，以确定其收入金额。

第三节 | 私募股权和员工跟投

员工跟投是私募股权投资基金管理人施行的一项制度。通过员工跟投制度，可实行员工和基金风险共担、利益共享的原则，而且一定程度上也降低人员外流的风险，有利于基金管理人内控机制与薪酬体系完善——是一种激励与约束并存的机制，这种机制有其积极意义，在投资界被广泛使用。本节介绍员工跟投的基本情况，同时也来讨论一下时下比较热门的员工跟投涉税问题。

一、员工跟投模式

以组织形式跟投作为员工投资的载体，该类载体可以是个人、公司，以及合伙企业平台等。按照投资对象的不同，员工跟投一般可以分为项目跟投和基金跟投。以下为员工跟投的几类模式：

1. 模式1：以项目名义跟投

以投资项目的名义跟投，包括员工直接投资被投企业（见图3–1），以及管理人的员工设立SPV直接跟投（见图3–2）。

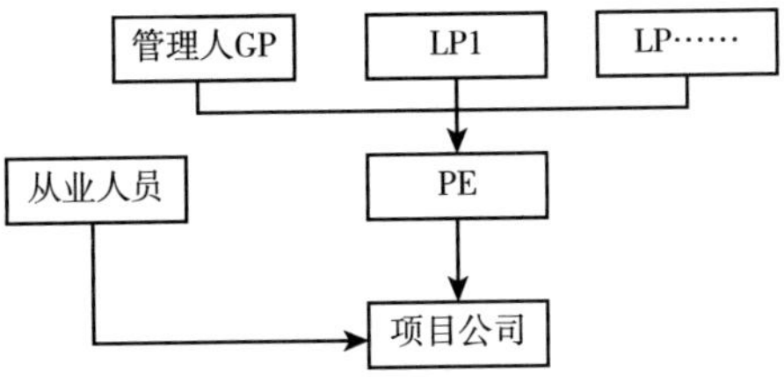

图3-1　员工直接跟投

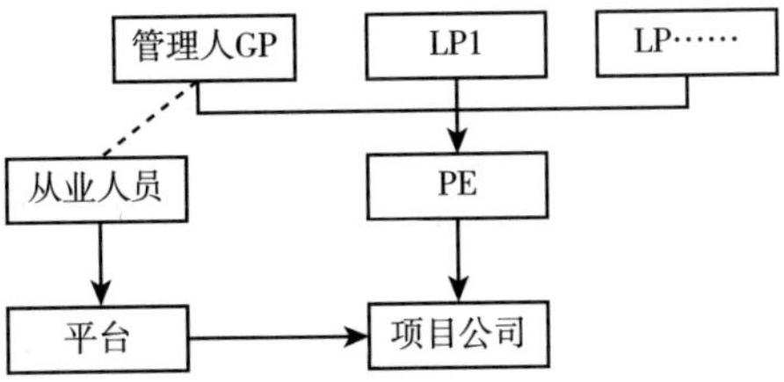

图3-2　员工设立SPV跟投

2.模式2：以基金名义跟投

以基金名义跟投一般是由员工投资于管理人管理的基金，该模式也分为两类情况：一类是员工个人直接作为LP认购基金份额（见图3-3）；另一类是员工以自有资金出资设立持股平台，以该平台作为LP认购基金份额（见图3-4）。

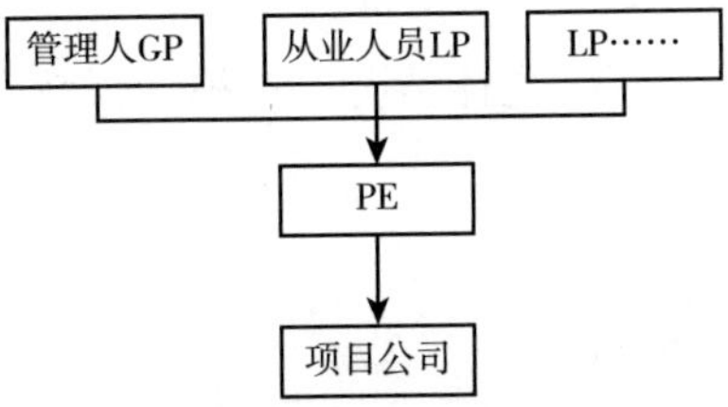

图3-3　员工个人认购LP基金份额

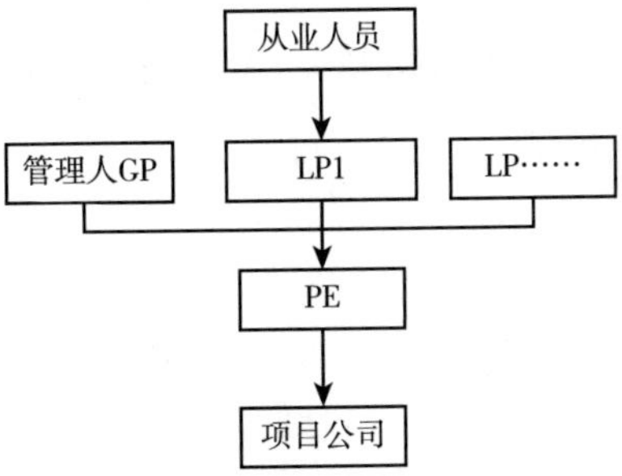

图3-4　员工设立持股平台作为LP认购基金份额

二、员工跟投要求

（一）天然合格投资者

依据《私募监管暂行办法》规定，私募基金的合格投资者是指具备相应风险识别能力和风险承担能力，投资于单只私募基金不低于规定金额的自然人、法人和其他组织。投资于所管理私募基金的私募基金管理人及其从业人员被视为合格投资者。因此，跟投员工符合条件的，可豁免合格投资者认定要求。

（二）豁免要求

私募基金符合条件的员工可豁免合格投资者认定的条件，需要注意以下要求：

1.跟投员工应为全职员工（在AMBERS系统[①]登记的兼职高管除外）；

2.中国证券投资基金业协会对管理人全职员工的认定较为严格，需提供“劳动合同+社保缴纳证明”作为证明材料上传，两项证明材料缺一不可；

3.如员工社保由第三方机构代缴，关注代缴方是否具有人力资源服务资质；

4.对于在AMBERS系统登记的兼职高管跟投，基金业协会要求提供“劳动合同+6个月工资流水”作为证明资料上传，两项证明材料缺一不可。

考虑到基金从业人员这类特殊主体情况，在视为天然合格投资者同时，可豁免投资冷静期和回访的确认。

三、员工跟投的税收规定

从PE基金实践的现状和趋势来看，跟投团队一般不会直接组建担任基金的管理人。管理人发起设立有限合伙型基金作为普通合伙人，或者委托外部管理人，由团队成员作为有限合伙人共同设立有限合伙基金，基金管理团队面临的税收效果是完全不同的。以下为员工跟投的涉税情形：

（一）增值税

员工个人直接跟投项目情况可能不多，更多是以SPV跟投项目或以基金名义跟投。

---

① 资产管理业务综合报送平台，即Asset Management Business Electronic Registration System，简称AMBERS。

以机构主体跟投，根据纳税人身份不同，所获收益（保本）按照6%（一般税率）的税率缴纳增值税，非保本收益无须缴纳增值税；股息红利不征增值税。转让非上市公司股权所获收益不征收增值税。

以基金名义跟投的，基金本身属于增值税的纳税主体，所获收益保本的缴纳增值税，非保本不征增值税。

（二）所得税

1. 以项目名义跟投

员工个人直接跟投项目公司，所获收益按20%缴个人所得税；资本利得按“财产转让所得”缴个人所得税。

组建的SPV为公司制时（所投项目为公司）：符合条件的居民企业间所获股息红利收入免税，利息按规定缴纳企业所得税；分配到个人，需要缴纳个人所得税。转让SPV股份，个人股东按“财产转让所得”缴个人所得税。

组建的SPV为合伙企业时（所投项目为公司）：所获收益合伙企业层面不征收所得税，合伙企业合伙人是自然人的，缴纳个人所得税；合伙人是法人和其他组织的，缴纳企业所得税。

2. 以基金名义跟投

实务中，基金大多为合伙型，通常采用先分后税办法缴税。

简单架构下，自然人员工LP直接跟投有限合伙基金，以其取得的利息、股息、红利所得适用20%比例税率；财产转让所得，适用5%—35%超额累进税率或20%比例税率缴税。

以公司SPV作为LP缴纳企业所得税，SPV根据分配到的收益缴税。以SPV合伙企业作为基金的LP的，根据先分后税穿透到SPV合伙人缴税。

四、SLP的产生

在私募股权投资中，管理人管理的基金报酬包括两部分：固定管理费和超额管理费（浮动管理费）。基金行业的从业人员因能力、级别不同，收入动辄百万元不是什么稀奇事情。员工收入如果均来源于管理人发放的工资薪金报酬，综合所得最高可达45%。这对团队的创始人或基金高管而言无疑是很大的负担。于是，从降低基金从业人员税负角度，基金跟投过程中产生了一种独特的架构——SLP（Special Limited Partner，特殊有限合伙人）。SLP其实就是有限合伙基金的LP，只是这个LP比较特别，它由基金管理人指定代其收取业绩报酬。实务中也有基金管理人指定第三方收业绩报酬的情况。

（一）我国SLP经历了基金架构的三个阶段

1. 人民币基金架构1.0

人民币基金架构1.0如图3-5所示。

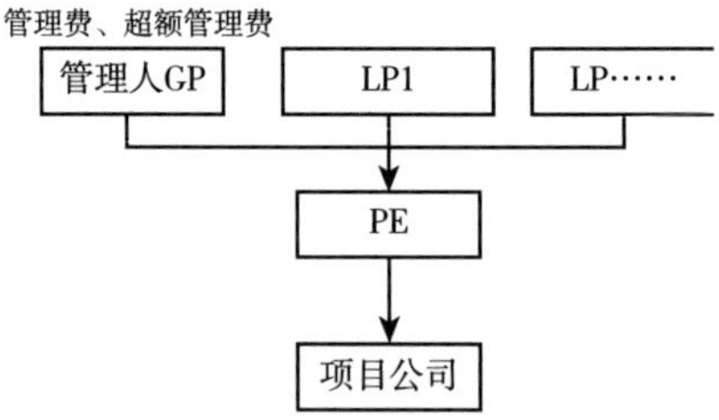

图3-5　人民币基金架构1.0

该架构下，GP收取基金管理费、附加收益，同时以工资薪金形式向基金创始人、管理团队发放附加收益。该类架构会导致两个突出的问题：由于管理费、附加收益无法拆分，GP收取的收益均被认为是服务报酬，而被要求征收增值税；GP向基金管理团队以工资薪金等形式发放的附加收益按3%—45%税率征收个人所得税。对基金的管理团队而言，采用该类架构的税收压力较大。

2. 人民币基金架构2.0

人民币基金架构2.0如图3-6所示。

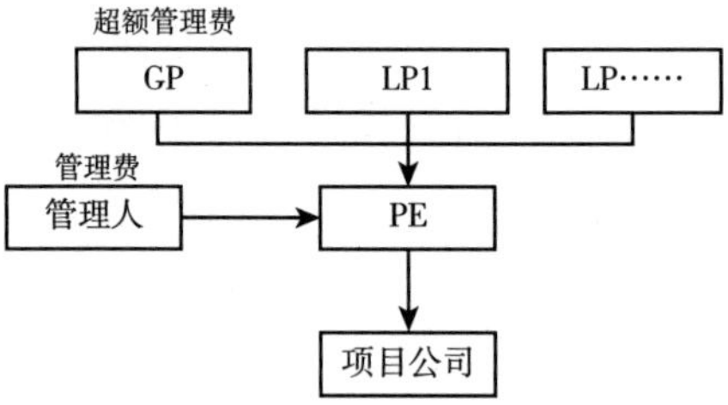

图3-6　人民币基金架构2.0

该架构是典型的外部委托管理模式。管理人仅就基金管理公司收取的固定管理费缴纳增值税，GP收取的附加收益不再缴纳增值税，从而实现管理费收入和附加收益收入的分离。

该模式下分别由不同对象收取管理费、附加收益的方案仍可能存在缴纳增值税的风险，有些税务机关会将GP收到的附加收益定性为管理费收入。另外，管理人向基金创始人、管理团队以工资、奖金的方式发放附加收益依然规避不了个人所得税。

3. 人民币基金架构3.0

人民币基金架构3.0如图3–7所示。

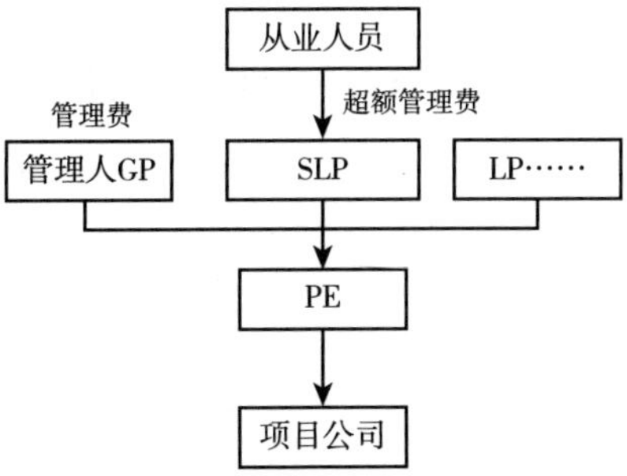

图3–7 人民币基金架构3.0

针对超额管理费产生了由SLP收取管理基金“投资收益”的设计，从而达到规避取得业绩报酬需要缴纳增值税的涉税问题。目前，我国少部分人民币基金采用3.0模式，设置SLP由其替代管理人直接收取超额管理费。

（二）SLP面临的问题

作为游走在监管规则边缘的SLP架构虽未违背基金业协会的禁止性规定，但也对税收规则提出了一定的挑战。

1. 监管方面

设置SLP架构收取业绩报酬时，私募基金管理人员工组成的合伙企业（持股平台）进行跟投的，穿透后的员工可以豁免合格投资者要求，但合伙企业层面不能豁免合格投资者，即该合伙企业（持股平台）投资该基金金额需要不低于100万元。

私募股权基金架构下，管理人从基金收取的业绩报酬一般以超额管理费的形式由基金支付。了解到实际的情况，该费用通常由管理人向投资者收取。在将跟投团队设置为SLP时，员工既是基金投资者，也参与基金日常运作，一般会约定员工不用支付管理费，也不另外缴纳业绩报酬。

2. 涉税疑难

在实务中，一直存有基金利润当中的超额管理费（附加收益）是管理费还是投资收益的争议。通常认为，在普通合伙人、管理人合一的架构下，即管理人发起设立基金，超额收益分成被额外征收增值税的风险更高，这也是人民币基金发展到3.0版本的原因所在。从税的角度来看，基金在合伙企业层面不征收所得税。不征收所得税是以对基金投资对象进行穿透到合伙人征税实现的——也就是说，基金层面一旦有收益，基金的上一层投资者就有所得税纳税义务。

需要提醒的是，现今的合伙协议约定一定程度上打破了基金利润的资金分配流向：GP劣后于LP获得收益，这个收益通常要通过投资本金返还，优先回报分配，基金管理人投资最低回报，最后有剩余的，才由GP和LP按业绩分成（通常为2∶8）。可是，这种基金合同对本金、收益约定分配顺序并未改变合伙企业“先分后税”的所得税纳税规则。

在基金合同中，GP收益通常在“基金管理人投资最低回报”开始涉及。基金合同分配条款通常会约定可供分配资金用于投资本金返还、优先回报分配、基金管理人投资最低回报，以及绩效分成等。很明显，基金管理人收取的管理费来源于管理人投资最低回报、业绩分成两部分。而传统的筹划撇开了“固定管理费”，也就是采用分离管理费和超额管理费的做法，单独将收取的“超额管理费”作为对GP在基金利润业绩报酬“投资收益”的分配。这种规避增值税纳税义务的理由其实是不充分的，因为基金合同约定的固定管理费和超额管理费对基金管理人来说是同属性收入。该类同属性收入的具体体现就是：如果基金管理人收取的固定管理费是应税收入，那么超额管理费也应该是应税收入；反之亦然。这也间接印证了基金管理人收取的超额管理费（附加收益）是提供资产管理可变回报的商业实质属性观点。

由于超额管理费的本质属性未变，仅仅设置SLP并改由其收取附加收益就可界定为“投资收益”进而规避增值税纳税义务的理由显然是牵强的。

第四节 | 双GP与管理人

有限合伙型私募基金的典型架构是由一名普通合伙人（GP）加上若干名有限合伙人（LP）组成，此时的普通合伙人会兼任基金管理人、执行事务合伙人多重角色。实务中，我们会发现一种现象：不少合伙型基金会有两个GP，而且其中一个执行合伙事务的GP可能同时担任基金管理人，也有可能不担任管理人。

一、合伙型基金双GP模式出现的缘由

这里首先需要搞清楚一个问题：双GP是否就是双管理人呢？

根据《合伙企业法》规定，有限合伙企业至少应当有一个普通合伙人，有限合伙

企业由普通合伙人执行合伙事务。私募基金管理人必须在中国证券投资基金业协会办理登记备案，理论上来说备案可以支持双GP（管理人）牌照。双GP模式在合伙型基金中屡见不鲜，对双GP模式的评价也是褒贬参半，究其原因可能主要有以下几方面。

1. 无牌投资机构开展业务的“通道”需求

随着监管趋严，私募基金管理人资格申请门槛越来越高，周期也越来越长。一些掌握资源或有项目需求的机构，短期内可能无法拿到管理人的牌照。为了不致错失投资优质项目的机会，该类投资人就可能依靠基金管理人的资质通道，通过双GP模式，在有效时间内完成从资金募集到项目投资的一系列操作。

2. 整合优势资源、合作共赢的需要

当前，国内股权投资市场资金不断涌入，优质项目估值日益上涨，投资市场竞争加剧，倒逼投资机构在运营管理机制、专业团队建设及资源整合上不断优化。各投资机构在基金运作各环节可能拥有不同的资源和优势，在管理架构、对外投资和风险控制方面也各有所长。如果以双GP模式运行，可以在责权利分配对等、配合与制衡并存的情况下，集合双方的资源优势，发挥“1+1”大于“2”的合作效应价值。

3. 利益驱动深度参与基金管理及收益分配的需要

随着二级市场退出难度加大，投资回报走低以及IPO通道缩窄的情况下，投资者开始重新审视自己的利益链条，对GP的投资能力和退出能力提出了更高的要求。加之，对GP收取管理费过高的问题侵蚀了投资者的利益，有部分LP会在现有GP基础上，指派其关联方或新设主体作为GP，并与现有GP共同管理基金，参与基金募资、投资和项目管理，参与管理费、超额收益的分配，以提升项目的投资回报。

二、备案提出监管新规

为进一步完善私募投资基金备案公开透明机制，提高私募投资基金备案工作效率，2019年12月23日，基金业协会发布《私募投资基金备案须知》①明确，私募投资基金仅能有一名管理人，明确禁止双管理人模式。

基金业协会对资管系统进行了更新，对私募基金产品备案提出了多项监管新规。其中两点最受关注和热议：一是有限合伙型私募基金的外部委托基金管理人需要与有限合伙企业的普通合伙人存在关联关系，并提出了GP和管理人之间关联关系的认定标准；二是资管系统不再支持多管理人的产品备案操作（见图3–8）。

---

① 被2023年9月28日基金业协会发布的《私募投资基金备案指引》及配套材料清单废止。

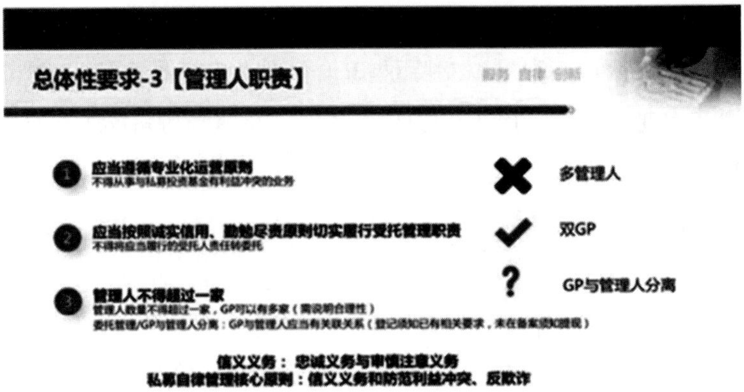

图3-8　备案指导意见

三、基金业协会认可的关联关系和委托外部基金管理人模式

与GP存在基金业协会认可的关联关系主要有两类：一类是存在员工的关联关系；另一类是GP与管理人存在《企业会计准则第36号——关联方披露》的关联关系，即一方控制、共同控制另一方或对另一方施加重大影响，以及两方或两方以上同受一方控制、共同控制或重大影响。

1.与员工的关联关系

存在员工的关联关系，比如GP是由管理人高管团队及其他关键岗位人员出资的情形，高管在此处含义比一般意义的公司法要广。《私募投资基金管理人登记和基金备案办法（试行）》第十七条第二款对管理人的高管①范畴作了描述，管理人的高管包括董事长、总经理、副总经理、执行事务合伙人（委派代表）、合规风控负责人等。

在合伙型基金采用委托外部管理人模式情况时，委托的外部基金管理人应当与GP存在认可的关联关系，并在基金业协会资管系统中上传GP与管理人关联关系的证明。

2.与管理人存在《企业会计准则第36号——关联方披露》的关联关系

2023年2月24日，基金业协会发布《私募投资基金登记备案办法》（2023年5月1日起施行）明确要求，私募基金管理人设立合伙型基金，应当担任执行事务合伙人，或者与执行事务合伙人存在控制关系或者受同一控股股东、实际控制人控制，不得通过委托其他私募基金管理人等方式规避该办法关于私募基金管理人的相关规定。

---

① 更新为2023年5月1日生效执行的《私募投资基金登记备案办法》（基金业协会发〔2023〕5号）第八十条第（一）项：高级管理人员是指公司的总经理、副总经理、合规风控负责人和公司章程规定的其他人员，以及合伙企业中履行前述经营管理和风控合规等职务的相关人员；虽不使用前述名称，但实际履行前述职务的其他人员，视为高级管理人员。

《登记备案办法》生效执行后，第一类“与员工的关联关系”不再施行，第二类“共同控制”“重大影响”被排除在外。当基金管理人和普通合伙人GP分离时，委托外部基金管理人的要求是普通合伙人与基金管理人存在准则规定的一方控制、同受一方控制的关联关系。因此，该类模式也被业界称为“强关联关系”。

四、基金业协会资管系统支持的管理人的产品备案操作

中国证券投资基金业协会于2018年8月在AMBERS平台中的基金管理人信息填报一栏取消了多个管理人信息填报端口，已备案的基金也无法新增其他管理人。理论上，合伙企业的两名GP均可登记为私募基金管理人：

模式一，双GP单牌照模式。该模式由两名GP以及若干LP组成，其中一名GP为私募基金管理人，另一名GP则并非私募基金管理人，不从事基金募集、管理工作。

模式二，双GP双牌照模式。该模式下两名GP均具有管理人资格，双方选择其一担任基金的管理人。需要提醒的是，根据当时《私募投资基金备案须知》的规定，另一名GP即便已是基金业协会登记的私募基金管理人，也不应就该有限合伙型基金开展基金募集或管理活动，以免被认定为存在“管理未备案的私募基金”这一违规情形。

因此，没有特别说明，上述提及的“双GP”模式均为“双GP单一管理人”模式。基金管理人设立基金，按照其是否执行合伙企业事务，可分为以下几类情况：

1.第一类，管理人执行合伙事务模式

这就是我们通常所说的管理人和GP竞合的状态（见图3-9），也就是其中一名GP需要具备私募基金管理人资格，并担任基金的管理人、执行事务合伙人，另一名GP不具备管理人资格。

实务中，管理人执行合伙事务衍生出双GP、双执伙模式。比如，茅台招华（贵州）产业发展基金合伙企业（有限合伙），管理人为招商局资本管理有限责任公司（GP、执行事务合伙人），另一个GP是深圳市招商国协贰号股权投资基金管理有限公司（执行事务合伙人）。

2.第二类，管理人非执行合伙事务模式

理论上，GP担任基金管理人可不担任执行事务合伙人，执行事务合伙人由另一个GP担任。然而，根据《登记备案办法》要求，私募基金管理人发起设立合伙型基金，基金管理人应当担任执行事务合伙人，即管理人、执行事务合伙人必须竞合（已取消，见图3-10），其实还是第一类情况。

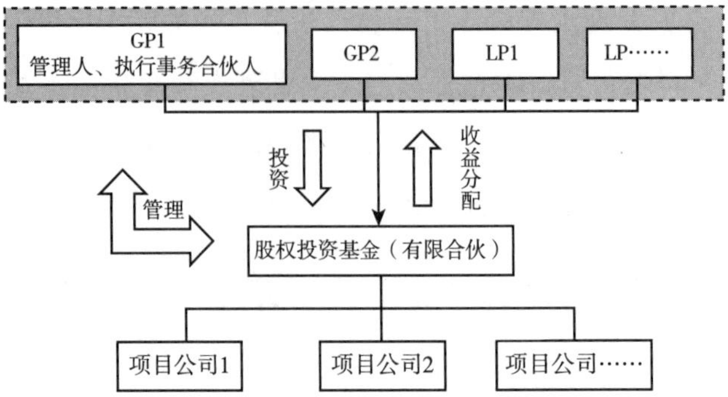

图3-9　管理人执行合伙事务模式

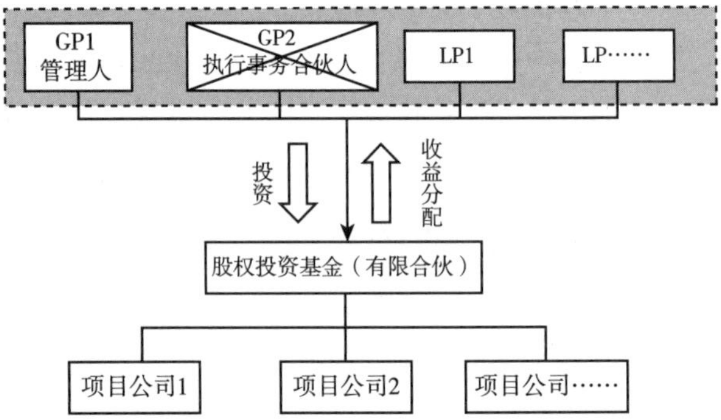

图3-10　管理人非执行合伙事务模式

3.第三类，外部委托模式

合伙型私募基金采用执行事务合伙人和基金管理人分离模式的，基金由外部聘任的基金管理人进行管理，基金管理人应当和执行事务合伙人存在“强关联关系”（见图3-11）。相较之前分离模式下GP与管理人员工有关联关系，《登记备案办法》第三十四条规定更为严格，要求管理人和执伙要存在控制关系或者受同一控股股东、实际控制人控制的关系。外部委托模式下，也可采用双GP、双执伙。

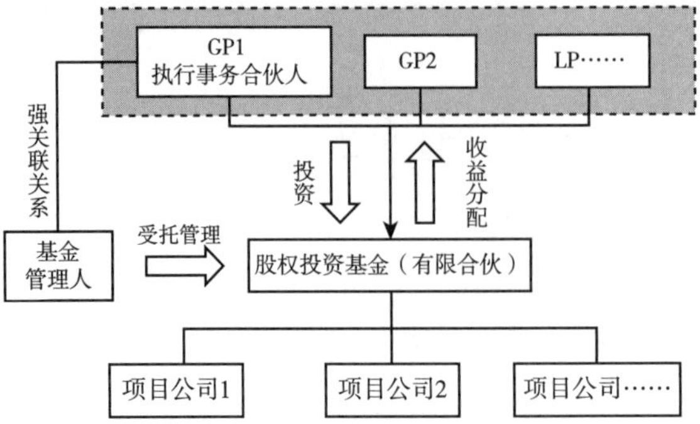

图3-11　外部委托管理模式

五、基金管理费的收取

管理人管理合伙企业，由基金按照协议约定向管理人支付报酬。该类报酬包括两部分，一部分是固定管理费；另一部分是超额管理费。

固定管理费一般按募集基金规模的1%—3%收取。超额管理费又称为业务报酬，是管理人管理基金的管理费浮动收益，按约定在基金净值利润中提取，一般为20%。

六、双GP模式的注意点

目前，主流投资机构采用双GP模式的基金并不常见，采用双GP模式的机构更多是为了互补共赢，该模式对合伙各方有很高的要求，也有不少需要注意的细节。笔者提出几点建议供大家参考：

1.关注双GP无基金管理人资质的投资者适格问题

私募基金的合格投资者要求是具备相应风险识别能力和风险承担能力，投资于单只私募基金的金额不低于规定金额的自然人、法人或者其他组织。因此，这个无资质GP需要按照《私募监管暂行办法》规定进行审查，也就是说无资质GP需要符合合格机构投资者情形。

2.未取得私募基金管理人资格的GP不得从事私募基金募集和管理等事务

根据《私募投资基金募集行为管理办法》第二条的规定，除已登记的私募基金管理人以及基金销售机构，其他任何机构和个人不得从事私募基金的募集活动。因此，未取得私募基金管理人资格的GP不得从事私募基金募集和管理等事务。

3.双GP模式需明确管理人之间各自权责，避免潜在的风险

《合同指引1号》明确提出，存在两个以上（含两个）管理人共同管理私募基金的，所有管理人对投资者承担连带责任。管理人之间的责任划分由基金合同进行约定，合同未约定或约定不清的，各管理人按过错承担相应的责任。因此，合伙协议对两家GP分工、合作的条款设计就显得尤为重要。双GP模式下，两家GP可在管理架构、对外投资和风险控制等诸多方面做取长补短的安排，以避免双GP模式可能带来管理运营效率低下的弊端，出现影响基金有效运作情况。

4.无基金管理人资质执行合伙事务对报酬的约定

双GP基金管理人非执行合伙事务模式下，按基金业协会的规定，私募基金的管理费由基金管理人收取。然而根据《合伙企业法》规定，非基金管理人GP参与执行

基金事务，也是可以收取报酬的。需要特别注意的是，非基金管理人GP担任执行事务合伙人收取的报酬，并不是正统意义上的基金管理费，而是执行合伙企业事务的服务费。

对于基金管理费提取，通常由有基金管理人资质的GP进行提取，无资质不宜提取。对于业绩报酬，没有规定禁止无牌照GP不能参与分配。非管理人的执行事务合伙人收取存在一定空间，基金管理人GP和非基金管理人GP完全可以通过合伙协议进行约定。

第五节｜资管产品管理人和留抵退税

自《财政部 税务总局关于进一步加大增值税期末留抵退税政策实施力度的公告》（财政部 税务总局公告2022年第14号，以下简称“14号公告”）颁布后，资管产品管理人能否申请留抵退税就颇受关注，尤其是私募契约型产品等资管产品的管理人，毕竟该类产品没有独立的法律实体，仅以受托人（资管产品管理人）名义进行投资，其产生的法律后果也要由委托人（投资人）承担。而在受人之托、代人理财业务的资产管理业务实质下，管理人符合相应条件，其留抵税额是可以申请退税的。

一、资管产品具体是如何界定的

对于资产管理产品最直接的界定来自人民银行、原银保监会、证监会、外汇局于2018年4月27日发布的《资管新规》。资产管理业务的机构是指银行、信托、证券、基金、期货、保险资产管理机构、金融资产投资公司。资产管理产品包括但不限于人民币或外币形式的银行非保本理财产品，资金信托，证券公司、证券公司子公司、基金管理公司、基金管理子公司、期货公司、期货公司子公司、保险资产管理机构、金融资产投资公司发行的资产管理产品等。

从前述列举的范围，我们可以看出《资管新规》对资管产品范围的规定主要针对金融机构发行的资产管理产品。

二、税法的资产管理产品和《资管新规》有联系吗

根据《财政部 国家税务总局关于资管产品增值税有关问题的通知》（财税〔2017〕56号）等文件规定，资管产品包括银行理财产品、资金信托（包括集合资金信托、单一资金信托）、财产权信托、公开募集证券投资基金、特定客户资产管理计

划、集合资产管理计划、定向资产管理计划、私募投资基金、债权投资计划、股权投资计划、股债结合型投资计划、资产支持计划、组合类保险资产管理产品、养老保障管理产品。

管理人运营资管产品过程中发生的增值税应税行为（资管产品运营业务）适用简易计税方法按照3%的征收率缴纳增值税。财税〔2017〕56号文列举的资管产品管理人类型，包括银行、信托公司、公募基金管理公司及其子公司、证券公司及其子公司、期货公司及其子公司、私募基金管理人、保险资产管理公司、专业保险资产管理机构、养老保险公司。

金融机构和资管产品管理人的业务并不完全重叠。资管产品发生应税行为时，以管理人作为纳税人履行纳税义务的，自营业务和资管产品运营业务均是在同一纳税主体下履行，其适用优惠政策的资质也是一致的，即管理人为金融机构的，其运营资管产品的主体也适用金融机构身份，适用金融机构有关优惠政策。同时，金融机构（公募基金管理人）运营资管产品免增值税，从目前政策来看，仅适用其买卖股票、债券的情形。

因此，在增值税涉税问题上，除金融机构（公募基金管理人）超范围买卖产品需缴税以外，非持牌机构私募证券基金管理人运营产品业务符合条件的，按简易计税办法计税。

三、管理人退税需要符合的条件

管理人存在增值税留抵税额，需结合实际情况，分析是否满足留抵退税的相应条件。

（一）留抵退税适用对象为符合条件的一般纳税人

留抵税额是纳税人在计算应纳税额时，出现当期销项税额小于当期进项税额，不足抵扣的部分，可以结转下期继续抵扣的情况。然而，按照财税〔2017〕56号等文件规定的资管产品管理人运营资管产品业务按简易计税办法缴税的部分不能参与退税。这意味着，资管产品管理人如果是增值税一般纳税人，其自营业务（管理费等服务）能够单独核算，且存在增值税留抵税额，并符合相关条件的，可以申请留抵退税。

（二）不同类型管理人适用文件的差异

对于小型、微型企业的划分标准，不同行业有不同的要求，这就需要资管产品管理人结合自身行业属性进行判断。

1.管理人属于金融机构

管理人属于金融机构的，如果符合《财政部 税务总局关于进一步加大增值税期末留抵退税政策实施力度的公告》（财政部 税务总局公告2022年第14号）以及《金融业企业划型标准规定》（银发〔2015〕309号）规定的小微企业标准的，可以申请存量、增量留抵退税。

判断行业属性时，根据《国民经济行业分类》结合资管产品管理人的主要经济活动进行分析。具体来说，应以上一会计年度其从事《国民经济行业分类》对应业务增值税销售额占全部增值税销售额比重最高的行业确定。资管产品管理人如果属于小型、微型企业，符合留抵退税四个条件，并按月进行申报的，每月都可申请增量留抵退税（即理论上每年可申请12次）；符合存量留抵退税条件的，可按照14号公告的相关规定，申请存量留抵退税。

前述所提符合留抵退税的四个条件，出自《财政部 税务总局关于进一步加大增值税期末留抵退税政策实施力度的公告》（财政部 税务总局公告2022年第14号）第三条规定，适用该公告政策的纳税人需同时符合以下条件：

（1）纳税信用等级为a级或者b级；

（2）申请退税前36个月未发生骗取留抵退税、骗取出口退税或虚开增值税专用发票情形；

（3）申请退税前36个月未因偷税被税务机关处罚两次及以上；

（4）2019年4月1日起未享受即征即退、先征后返（退）政策。

2.管理人不属于金融机构

管理人不属于金融机构的，但符合《国家税务总局关于办理增值税期末留抵税额退税有关事项的公告》（国家税务总局公告2019年第20号，以下简称“20号公告”）规定条件的，可按规定申请增量留抵退税。

根据20号公告，符合条件的纳税人即可申请退还增量留抵税额，不受其所在行业限制。不过值得注意的是，20号公告设置了一个条件，即“连续六个月增量留抵税额大于零，且第六个月不低于50万元”。也就是说，非金融机构的资管产品管理人自营业务留抵税额选择适用20号公告，应满足这一条件才可申请增量留抵退税。

四、管理人应当单独核算

具体核算时，管理人对受托管理的资管产品应根据财政部印发的《资产管理产品相关会计处理规定》（财会〔2022〕14号）规定，采用单独会计实体进行核算，不得与自营业务销售相混合。具体会计处理可参考财政部会计司关于增值税期末留抵退税政策适用《增值税会计处理规定》有关问题的解读：

1.增值税一般纳税人应当根据《增值税会计处理规定》的相关规定对增值税期末留抵退税业务进行会计处理，经税务机关核准的允许退还的增值税期末留抵税额，以及缴回的已退还的留抵退税款项，应当通过"应交税费——增值税留抵税额"明细科目进行核算。

2.纳税人在税务机关准予留抵退税时，按税务机关核准允许退还的留抵税额，借记"应交税费——增值税留抵税额"科目，贷记"应交税费——应交增值税（进项税额转出）"科目；在实际收到留抵退税款项时，按收到留抵退税款项的金额，借记"银行存款"科目，贷记"应交税费——增值税留抵税额"科目。

3.纳税人将已退还的留抵退税款项缴回并继续按规定抵扣进项税额时，按缴回留抵退税款项的金额，借记"应交税费——应交增值税（进项税额）"科目，贷记"应交税费——增值税留抵税额"科目，同时借记"应交税费——增值税留抵税额"科目，贷记"银行存款"科目。

五、增值税留抵退税注意事项

财会〔2022〕14号等文件提到的存量留抵税额、增量留抵税需要注意以下几点：

（一）存量留抵税额、增量留抵税额

存量留抵税额是留抵退税制度实施前纳税人形成的留抵税额。在确定存量留抵税额时，以纳税人2019年3月底的期末留抵税额为标准值。如果纳税人当期期末留抵税额大于2019年3月底的期末留抵税额，以2019年3月底数为存量留抵税额；如果纳税人当期期末留抵税额小于2019年3月底的期末留抵税额，以纳税人当期的期末留抵税额为存量留抵税额。需要注意的是，一次性退还存量留抵税额后，存量留抵税额为零。

适用增值税留抵退税的资管产品管理人，按照以下公式计算允许退还的留抵税额：

允许退还的增量留抵税额=增量留抵税额×进项构成比例×100%

允许退还的存量留抵税额=存量留抵税额×进项构成比例×100%

一旦纳税人获得存量留抵退税后，不再需要与2019年3月底的期末留抵税额进行比较，当期期末留抵税额即为增量留抵税额。在2019年4月1日后成立，以及以前成

立但2019年4月1日后登记为一般纳税人的，在计算增量留抵税额时，期初数0；同时也无存量留抵税额。

举例说明：某纳税人2019年3月31日的期末留抵税额为100万元，2022年6月30日的期末留抵税额为120万元，在7月申请增量留抵退税时，如果此前未获得一次性存量留抵退税，该纳税人的增量留抵税额为20万元（120万元-100万元）；如果此前已获得一次性存量留抵退税，该纳税人的增量留抵税额为120万元。

（二）留抵退税时间

符合财政部、税务总局公告2022年第14号第一条相关留抵退税政策的资管产品管理人，可任意选择申请适用增量或存量留抵退税政策。管理人应在纳税申报期内，完成当期增值税纳税申报后申请留抵退税；在规定期限内同时申请增量留抵退税和存量留抵退税。纳税人办理退税时，通过电子税务局或办税服务厅提交“退（抵）税申请表”（见国家税务总局公告2022年第11号附件）。

（三）欠税时可否以简易计税税额抵减计税项目结存留抵税额

资管产品管理人既欠缴增值税，又有增值税留抵税额的，按国家税务总局公告2019年第20号、国税发〔2004〕112号、国税函〔2004〕1197号规定，应以期末留抵税额抵减增值税欠税（含其滞纳金、简易计税形成的欠税，不含预缴增值税）后，再申请增值税增量及存量留抵退税。

因此，简易计税项目计算出的应纳税额，在按欠税管理的有关规定在税收征管系统中转为“欠税”前，不能抵减一般计税项目的留抵税额。

第三篇　基金产品

在我国，证券投资基金可分为公募证券投资基金和私募证券投资基金。同时，证券投资基金主要为契约型基金。股权投资基金均为私募股权投资基金，主要分为公司型基金和合伙型基金，其中，合伙型基金是主流基金。

私募证券投资基金是指通过非公开方式向特定数量合格的机构和个人投资者发售基金份额，将投资者的资金集中起来，形成独立财产，由基金托管人托管、基金管理人管理、以投资组合方式进行证券投资的一种利益共享、风险共担的集合投资方式。

私募股权投资基金（PE）指以非公开的方式向少数机构投资者或者个人募集资金，主要向非上市企业进行权益性投资，最终通过被投资企业上市、并购或者管理层回购等方式退出而获利的一类投资基金。

广义的私募股权投资涵盖企业首次公开发行前各阶段的权益投资，即对处于种子期、初创期、发展期、扩展期、成熟期和Pre-IPO各个时期企业所进行的投资，相关资本按照投资阶段可划分为创业投资、发展资本、并购基金、夹层资本、重振资本、Pre-IPO资本，以及其他如上市后私募投资、不良债权和不动产投资等（以上所述的概念也有重合的部分）。狭义的私募股权投资主要指对已经形成一定规模的，并产生稳定现金流的成熟企业的私募股权投资部分，主要是指创业投资后期的私募股权投资部分，而这其中并购基金和夹层资本在资金规模上占最大的一部分。在中国，私募股权投资多指狭义的私募股权投资，以与风险投资区别。

实操中，风险投资/创业投资（“VC”）作为“PE”的一个重要分支，在私募投资基金领域，“VC”一般侧重于投资早中期项目或成长期项目，而通常理解的“PE”更多侧重投资于Pre-IPO等成熟的后期项目、上市公司或非上市公司的专项投资或并购重组（“并购投资”），甚至上市企业再融资等。基金业协会备案系统对“私募股权投资基金”和“私募创业投资基金”也是分别备案。

本篇知识导图如下图所示。

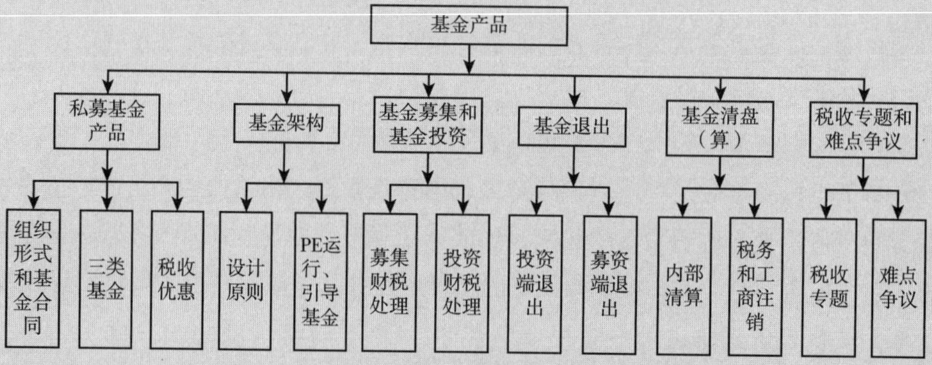

基金产品知识导图

第四章

私募基金产品

《基金法》第二条规定，“在中华人民共和国境内，公开或者非公开募集资金设立证券投资基金，由基金管理人管理，基金托管人托管，为基金份额持有人的利益，进行证券投资活动，适用本法”。在此基础上，《私募监管暂行办法》第二条第三款进一步明确，“非公开募集资金，以进行投资活动为目的设立的公司或者合伙企业，资产由基金管理人或者普通管理人管理的，其登记备案、资金募集和投资运作适用本办法”。由此可见，基金管理人受托管理的基金产品受到《基金法》《私募监管暂行办法》等规范性文件的规制。

第一节｜私募基金的组织形式和基金合同

根据组织形式不同，目前私募基金分为契约型基金、公司型基金、合伙型基金。上述三种不同组织形式的私募基金均已在资产管理业务综合报送平台备案。2016年4月18日，基金业协会根据《基金法》《私募监管暂行办法》有关规定，经中国证券投资基金业协会理事会表决通过，予以发布《私募投资基金合同指引1号——契约型私募投资基金合同内容与格式指引》(以下简称《合同指引1号》)、《私募投资基金合同指引2号——公司章程必备条款指引》(以下简称《合同指引2号》)、《私募投资基金合同指引3号——合伙协议必备条款指引》(以下简称《合同指引3号》)[①]。

一、契约型私募投资基金

契约型基金本身不具备法律实体地位，其与基金管理人的关系为信托关系。因此，契约型基金无法采用自我管理，需由基金管理人代其行使相关民事权利。根据基

① “1—3号”指引2016年7月15日起施行。

金合同的规定，基金管理人须先登记为私募基金管理人，再由已登记的私募基金管理人履行契约型基金备案手续。

私募基金管理人通过契约形式募集设立私募证券投资基金的，应当按照《合同指引1号》，即《契约型私募投资基金合同内容与格式指引》制定基金合同；对于《合同指引1号》有明确要求的，基金合同中应当载明相关内容。在不违反《基金法》《私募监管暂行办法》以及相关法律法规的前提下，基金合同当事人可以根据实际情况约定《合同指引1号》规定内容之外的事项。《合同指引1号》某些具体要求对当事人确不适用的，当事人可对相应内容做出合理调整和变动，但私募基金管理人应在《风险揭示书》中向投资者进行特别揭示，并在基金合同报送中国证券投资基金业协会备案时出具书面说明。

私募基金管理人通过契约形式募集设立私募股权投资基金、创业投资基金和其他类型投资基金，参考《合同指引1号》制定基金合同。

二、股权私募投资基金

私募基金的设立，应当制定并签订基金合同、公司章程或者合伙协议明确约定各方当事人的权利义务。在我国，私募股权投资主要分为公司型、合伙型等不同组织形式。

（一）公司型私募股权投资基金

公司型基金本身是一个独立的法人实体，公司股东/投资人以其出资额为限承担有限责任，并共同参与公司治理。公司型基金多采用自我管理，由公司董事会自聘管理团队进行管理。公司型基金也可以委托专业基金管理机构作为受托人具体负责投资运作，采取受托管理的，其管理机构须先登记为私募基金管理人，再由已登记的私募基金管理人履行公司型基金备案手续。公司型基金自聘管理团队进行管理，按照基金业协会的《私募基金管理人登记和基金备案办法》[①]规定，该自我管理的公司型基金应作为私募基金管理人登记手续，其后由其履行私募基金备案手续。

私募基金管理人通过有限责任公司或股份有限公司形式募集设立私募投资基金的，应当载明《合同指引2号》(《公司章程必备条款指引》）要求的必备条款。

① 该文被2023年5月1日生效执行的《私募投资基金登记备案办法》(基金业协会发〔2023〕5号）废止。

（二）合伙型私募股权投资基金

合伙型基金本身不是法人主体，其执行事务合伙人为普通合伙人（GP），GP负责合伙事务并对基金承担无限责任。从基金管理方式上，GP可以自任为私募基金管理人，也可以另行委托专业私募基金管理机构作为管理人具体负责投资管理运作。GP担任基金管理人的，由GP进行私募基金管理人登记，再由已登记的管理人进行合伙型基金备案；另行委托专业基金管理机构作为受托人具体负责投资运作的，该专业基金管理机构应先登记为私募基金管理人，并由其履行私募基金备案手续。

私募基金管理人通过有限合伙形式募集设立私募投资基金的，应当签署合伙协议，其中载明《合同指引3号》(《合伙协议必备条款指引》) 规定的必备条款。

三、"1—3号"合同指引在制定上主要体现的特点

（一）体现不同组织形式基金的差异化监管原则

该指引针对不同组织形式私募基金的特点与实际情况制定了不同的合同指引。考虑到契约型基金不具备法律主体地位，缺少相关治理结构以及工商行政管理部门的监督，信息透明度低，道德风险较大，基金业协会着重对契约型基金的基金合同进行了规范性指引，除了遵照目前《基金法》要求的强制性条款，也参考了行业内的最佳实践范例，目的在于对契约型基金进行指导和规范，保护投资者利益。

对于公司型以及合伙型基金，考虑到其有独立的法律主体地位且在一定程度上已经受到工商行政管理部门等其他部门的监管，且其拥有法律规定的治理机构有高度自治性，基金业协会仅就法律法规要求或者实践中对投资者有重大影响的必备条款进行了指引。

总体而言，契约型基金、合伙型基金、公司型基金的内部治理上由弱到强，在监管力度方面，从公司型基金、合伙型基金到契约型基金也越来越强。

（二）体现"公募与私募相区别"的监管原则

与公募基金面向不特定公众且适用较为严格的监管标准不同，私募基金仅面向合格投资者募集，由于私募基金的投资者具有较高风险识别能力和承受能力，且重在内部自治，因此不宜实行严格监管，而应当通过原则性监管以及行业自律的形式维护市场主体的创新活力。鉴于私募基金可能出现管理人利用信息不对称侵害投资者权益或者风险外溢的情形，为了在规范行业秩序、保护投资人利益以及促进行业健康创新发

展之间找到更好的平衡，该指引采用了指引的方式而非固化的标准合同文本。目的就是在于能在保护投资者利益和规范行业秩序的前提下最大限度地给予私募基金自治的权利。

（三）体现私募证券投资基金和私募股权投资基金的差异化监管原则

不同投资标的的私募基金对组织形式有不同的偏好。该指引在制定契约型基金的基金合同指引过程中，主要参照了私募证券投资基金的特点；在制定合伙型基金的合伙协议以及公司型基金的公司章程指引过程中，主要参照了私募股权投资基金和私募创业投资基金的特点。实践中，也出现私募股权投资基金和私募创业投资基金采用契约型基金组织形式的趋势，考虑到目前法律层面上还有许多待解决的问题，这类基金在适用契约型基金合同指引时需要特别根据私募股权投资基金和私募创业投资基金的特点进行相应补充。

四、基金合同还应约定的事项

除《基金法》第九十二条、第九十三条规定的内容外，基金合同还应当对下列事项进行约定：

1.股东会、合伙人会议或者基金份额持有人大会的召集机制、议事内容和表决方式等。

2.《登记备案办法》第三十八条规定的关联交易识别认定、交易决策和信息披露等机制。

3.私募基金管理人应当建立健全关联交易管理制度，在基金合同中明确约定关联交易的识别认定、交易决策、对价确定、信息披露和回避等机制。关联交易应当遵循投资者利益优先、平等自愿、等价有偿的原则，不得隐瞒关联关系，不得利用关联关系从事不正当交易和利益输送等违法违规活动。

4.信息披露的内容、方式、频率和投资者查询途径等相关事项。

5.基金财产不进行托管时的相关安排。

6.私募基金管理人因失联、注销私募基金管理人登记、破产等原因无法履行或者怠于履行管理职责等情况时，私募基金变更管理人、清算等相关决策机制、召集主体、表决方式、表决程序、表决比例等相关事项。

7.法律、行政法规、中国证监会和协会规定的其他事项。

第二节｜契约型基金

私募证券投资基金是通过非公开方式向特定数量合格的机构和个人投资者发售基金份额，将投资者的资金集中起来，形成独立财产，由基金托管人托管、基金管理人管理、以投资组合方式进行证券投资的一种利益共享、风险共担的集合投资方式。

一、证券投资基金的监管政策

我国专门针对性地对证券投资基金进行投资活动作出规定的最高阶位的法律要属《基金法》。《基金法》经历了公开到非公开募集资金设立证券投资基金的四个阶段的演变[①]，现行版本由2015年4月24日第十二届全国人民代表大会常务委员会第十四次会议修正。

2012年12月修订颁布的《基金法》（从2013年6月1日起施行）是个转折点，《基金法》2012版在市场准入、投资范围、业务运作等方面进行详细规范，将非公开募集基金（私募证券基金）纳入法律调整范围，拓展了私募基金行业的发展空间。

二、我国证券投资基金涉税特点

结合《基金法》对“证券投资基金”的界定，我们可以看出其具有如下几个特征：

1.证券投资基金是一类资金集合体

基金是为一定目的、以一定的形式组织在一起的资金集合体。将收益用于指定的社会公益事业的基金为公益基金，比如福利基金、科技发展基金、教育发展基金、文学奖励基金等。对这种集合体赋予投资并获得收益为存在目的时，可称之为投资基金。其中，证券投资基金便是投资基金的一类。证券投资基金主要投资于上市交易的股票、债券和国务院证券监督管理机构规定的其他证券及其衍生品种。

---

① 1997年11月14日，经国务院批准，第一个规范证券投资基金的法规文件《中华人民共和国证券投资基金管理暂行办法》正式颁布，基金的监管单位由中国人民银行转变为中国证监会；2003年10月28日第十届全国人民代表大会常务委员会第五次会议通过；2012年12月28日第十一届全国人民代表大会常务委员会第三十次会议修订；根据2015年4月24日第十二届全国人民代表大会常务委员会第十四次会议《关于修改〈中华人民共和国港口法〉等七部法律的决定》修正。

2. 证券投资基金是一类信托投资方式

股票反映的是一种所有权关系，所有权凭证，投资者购买股票后就成为公司股东。债券反映的是债权债务关系，是一种债券凭证，投资者购买债券后就成为公司的债权人。我国的证券投资基金是由基金管理人管理，基金托管人托管，为基金份额持有人的利益进行证券投资活动。基金反映的则是一种信托关系，一种收益凭证，投资者购买基金份额就成为基金的收益人。

3. 证券投资基金是一类投资组合工具

作为国务院依法认定的其他证券，证券投资基金承载着丰富资本市场的作用。

股票和债券是直接投资工具，筹集的资金主要投向实业领域。基金是一种间接投资工具，所筹集的资金主要投向有价证券等金融工具或产品。

通常情况下，股票价格的波动性较大，是一种高风险、高收益的投资品种。债券可以给投资者带来较为确定的利息收入，波动性相对股票较小，是一种低风险、低收益的投资品种。基金的投资收益和风险取决于基金种类以及投资对象，总体来说，由于基金可以投资于众多金融工具或产品，能有效分散风险，是一种风险相对适中、收益相对稳健的投资品种。

4. 证券投资基金通常不具有法人实体

在我国，根据向不特定对象募集资金、向特定对象募集资金累计是否超过二百人，证券投资基金可分为公募证券投资基金和私募证券投资基金。证券投资基金主要为契约型基金。

5. 证券投资基金具有税法的导管作用

《基金法》第八条明确规定，基金财产投资的相关税收，由基金份额持有人承担，基金管理人或者其他扣缴义务人按照国家有关税收征收的规定代扣代缴；加之，基金运营过程中基金决策权由基金管理人掌控，实际享受产品收益和承担风险的却是基金份额持有人。这种收益和风险汇聚一体的特性决定了持有人才是基金产品的课税主体，基金成为税法上的“导管”。

三、公开募集证券投资基金涉税

2012年修订《基金法》后，私募证券投资基金正式登场，之前有关税收规定的对象均针对公募基金（投资人）。这些有效的涉税规定主要如下。

1. 个人所得税

《财政部 国家税务总局关于证券投资基金税收问题的通知》（财税字〔1998〕55

号）、《财政部 国家税务总局关于开放式证券投资基金有关税收问题的通知》（财税〔2002〕128号，现已全文废止）对基金取得的股票的股息、红利收入，债券的利息收入、储蓄存款利息收入，由上市公司、发行债券的企业和银行在向基金支付上述收入时代扣代缴20%的个人所得税；对投资者（包括个人和机构投资者）从基金分配中取得的收入，暂不征收个人所得税和企业所得税。

证券投资基金从上市公司取得的股息红利所得，按照股息红利差异化通知规定计征个人所得税。

2. 企业所得税

《财政部 国家税务总局关于企业所得税若干优惠政策的通知》（财税〔2008〕1号）第二条“关于鼓励证券投资基金发展的优惠政策”第（一）项规定：“对证券投资基金从证券市场中取得的收入，包括买卖股票、债券的差价收入，股权的股息、红利收入，债券的利息收入及其他收入，暂不征收企业所得税。”

《财政部 国家税务总局关于企业所得税若干优惠政策的通知》（财税〔2008〕1号）第二条“关于鼓励证券投资基金发展的优惠政策”第（二）项规定：“对投资者从证券投资基金分配中取得的收入，暂不征收企业所得税。”

《关于创新企业境内发行存托凭证试点阶段有关税收政策的公告》（财政部、税务总局、证监会公告2019年第52号）第二条规定：“1.对企业投资者转让创新企业CDR取得的差价所得和持有创新企业CDR取得的股息红利所得，按转让股票差价所得和持有股票的股息红利所得政策规定征免企业所得税。2.对公募证券投资基金（封闭式证券投资基金、开放式证券投资基金）转让创新企业CDR取得的差价所得和持有创新企业CDR取得的股息红利所得，按公募证券投资基金税收政策规定暂不征收企业所得税。”

3. 增值税

财税〔2016〕36号附件3《营改增试点过渡政策规定》第一条“下列项目免征增值税”第（二十二）项“下列金融商品转让”规定：“1.合格境外投资者（QFII）委托境内公司在我国从事证券买卖业务。2.香港市场投资者（包括单位和个人）通过沪港通买卖上海证券交易所上市A股。3.对香港市场投资者（包括单位和个人）通过基金互认买卖内地基金份额。4.证券投资基金（封闭式证券投资基金，开放式证券投资基金）管理人运用基金买卖股票、债券。5.个人从事金融商品转让业务。”

全国社会保障基金理事会、全国社会保障基金投资管理人运用全国社会保障基金买卖证券投资基金、股票、债券取得的金融商品转让收入，免征增值税。

人民币合格境外投资者（RQFII）委托境内公司在我国从事证券买卖业务，以及经人民银行认可的境外机构投资银行间本币市场取得的收入，免征增值税。

证券投资基金（封闭式证券投资基金，开放式证券投资基金）管理人运用基金买卖股票、债券免征增值税；公开募集证券投资基金运营过程中发生的资管产品运营业务，以基金管理人为增值税纳税人，暂适用简易计税方法，按照3%的征收率缴纳增值税。

基金分别按实际缴纳增值税额的7%、3%、2%缴纳城市维护建设税、教育费附加和地方教育附加。

4.印花税

经国务院批准，财政部、国家税务总局研究决定，自2008年4月24日起，调整证券（股票）交易印花税税率，由原先的3‰调整为1‰；经国务院批准，财政部、国家税务总局研究决定，自2008年9月19日起，调整由出让方按证券（股票）交易印花税税率缴纳印花税，受让方不再征收，税率不变。

对香港市场投资者通过基金互认买卖、继承、赠与内地基金份额，按照内地现行税制规定，暂不征收印花税。在《财政部 税务总局关于印花税法实施后有关优惠政策衔接问题的公告》（财政部 税务总局公告2022年第23号）施行后，该规定自2022年7月1日起废止①。

对内地投资者通过基金互认买卖、继承、赠与香港基金份额，按照香港特别行政区现行印花税税法规定执行。

符合前述要求的情形下，投资人从基金中分配收益免所得税，买卖基金单位/申购或赎回基金单位取得的差价收入免征增值税。

私募证券投资基金这种投资形式出现在证券投资有关税收法规出台之后，现行税收法规政策并没有对证券投资基金按照公募与私募的类型进行区分。实务中，私募证券投资基金能否比照适用公募证券投资基金的税收政策存在一定的争议。加之契约型基金的设立不需要经营实体（法人实体），理论上投资者涉及所得税，实际谁也没有缴（扣缴），仅涉及增值税（管理人缴纳）。

---

① 根据《中华人民共和国印花税法》的规定，该法所称证券交易，是指转让在依法设立的证券交易所、国务院批准的其他全国性证券交易场所交易的股票和以股票为基础的存托凭证，即《印花税法》明确，自2022年7月1日起，证券交易印花税只对股票和以股票为基础的存托凭证征收，买卖基金以法定的形式明确不征收印花税。

四、非公开募集证券投资基金涉税

私募证券投资基金募集资金、运营基金产品的，按以下规定处理：

（一）增值税

鉴于私募证券投资基金的导管作用，其本身不属于纳税主体。根据《财政部 国家税务总局关于明确金融 房地产开发教育辅助服务等增值税政策的通知》（财税〔2016〕140号）、《财政部 国家税务总局关于资管产品增值税政策有关问题的补充通知》（财税〔2017〕2号）、《财政部 税务总局关于资管产品增值税有关问题的通知》（财税〔2017〕56号）、《财政部 国家税务总局关于租入固定资产进项税额抵扣等增值税政策的通知》（财税〔2017〕90号），以及《财政部 税务总局关于减征部分乘用车车辆购置税的公告》（财政部 税务总局公告2020年第22号）的规定，基金获得收益，即产品运营过程中发生的增值税应税行为，以基金产品管理人为增值税纳税人，按照3%的征收率缴纳增值税。

（二）所得税

以下为投资者从私募证券投资基金获得收益需要缴税的所得税事项。

1.个人投资者

对个人投资者买卖基金单位或者申购和赎回基金单位取得的差价收入，暂不征收个人所得税。

对证券投资基金获得的股息红利所得，由上市公司、发行债券的企业和银行在向基金支付上述收入时代扣代缴20%的个人所得税。证券投资基金从挂牌公司、上市公司取得的股息红利所得，按照财税〔1998〕55号文和财税〔2002〕128号文（现已全文废止）、《财政部 国家税务总局 证监会关于实施上市公司股息红利差别化个人所得税政策有关问题的通知》（财税〔2012〕85号）、《财政部 国家税务总局 证监会关于上市公司股息红利差别化个人所得税政策有关问题的通知》（财税〔2015〕101号）、《财政部、税务总局、证监会关于继续实施全国中小企业股份转让系统挂牌公司股息红利差别化个人所得税政策的公告》（财政部 税务总局 证监会公告2019年第78号）[①]规定计征个人所得税：

① 更新：《财政部 税务总局关于延续实施全国中小企业股份转让系统挂牌公司股息红利差别化个人所得税政策的公告》（财政部 税务总局公告2024年第8号）。

（1）个人从公开发行和转让市场取得的上市公司股票，持股期限超过1年的，股息红利所得暂免征收个人所得税。个人从公开发行和转让市场取得的上市公司股票，持股期限在1个月以内（含1个月）的，其股息红利所得全额计入应纳税所得额；持股期限在1个月以上至1年（含1年）的，暂减按50%计入应纳税所得额；上述所得统一适用20%的税率计征个人所得税。

（2）个人持有挂牌公司的股票，持股期限超过1年的，对股息红利所得暂免征收个人所得税。个人持有挂牌公司的股票，持股期限在1个月以内（含1个月）的，其股息红利所得全额计入应纳税所得额；持股期限在1个月以上至1年（含1年）的，其股息红利所得暂减按50%计入应纳税所得额；上述所得统一适用20%的税率计征个人所得税。

（3）个人所得税扣缴自2015年9月8日开始，上市公司派发股息红利时，对个人持股1年以内（含1年）的，上市公司暂不扣缴个人所得税；待个人转让股票时，证券登记结算公司根据其持股期限计算应纳税额，由证券公司等股份托管机构从个人资金账户中扣收并划付证券登记结算公司，证券登记结算公司应于次月5个工作日内划付上市公司，上市公司在收到税款当月的法定申报期内向主管税务机关申报缴纳。

（4）挂牌公司派发股息红利时，对截至股权登记日个人持股1年以内（含1年）且尚未转让的，挂牌公司暂不扣缴个人所得税；待个人转让股票时，证券登记结算公司根据其持股期限计算应纳税额，由证券公司等股票托管机构从个人资金账户中扣收并划付证券登记结算公司，证券登记结算公司应于次月5个工作日内划付挂牌公司，挂牌公司在收到税款当月的法定申报期内向主管税务机关申报缴纳，并应办理全员全额扣缴申报。

（5）对个人持有的上市公司限售股，解禁后取得的股息红利，按照财税〔2015〕101号文规定计算纳税，持股时间自解禁日起计算；解禁前取得的股息红利继续暂减按50%计入应纳税所得额，适用20%的税率计征个人所得税。

2.企业投资者

按现行规定，企业投资者买卖基金单位或者申购和赎回基金单位获得的差价收入，以及从证券投资基金分配中取得的收入，应并入企业的应纳税所得额，征收企业所得税。

五、私募证券基金产品运营业务涉税注意点

私募证券投资基金属于资产管理产品的一种类型，根据财税〔2017〕2号文、财

税〔2017〕56号文等文的规定，2018年1月1日（含）以后，基金产品运营过程中发生的增值税应税行为，以基金产品管理人为增值税纳税人，按照3%的征收率缴纳增值税。

（一）私募证券基金产品运营业务涉税

私募证券基金产品运营业务涉及下列涉税事项。

1.持有期间的利息收入

增值税层面，投资人对契约型基金的投资若属于非保本投资，投资人无须就其取得的持有期间收益缴纳增值税。属于保本投资，投资人须就其取得的持有期间收益适用“贷款服务”税目缴纳增值税；以货币资金投资收取的固定利润或者保底利润，按照贷款服务缴纳增值税。

“贷款服务”按照的是财税〔2016〕36号文附件1《销售服务、无形资产、不动产注释》第一条第（五）项规定，贷款是指将资金贷与他人使用而取得利息收入的业务活动。各种占用、拆借资金取得的收入，包括金融商品持有期间（含到期）利息（保本收益、报酬、资金占用费、补偿金等）收入、信用卡透支利息收入、买入返售金融商品利息收入、融资融券收取的利息收入，以及融资性售后回租、押汇、罚息、票据贴现、转贷等业务取得的利息及利息性质的收入，按照贷款服务缴纳增值税。

2.金融商品转让

对于投资人买卖基金单位/申购或赎回基金单位差价收入，根据《营业税暂行条例》及其实施细则规定，依法征收营业税（给予个人免税政策）。在营改增后，根据《销售服务、无形资产、不动产注释》第一条“销售服务”第（五）项“金融服务”第4目“金融商品转让”的规定，金融商品转让是指转让外汇、有价证券、非货物期货和其他金融商品所有权的业务活动。其他金融商品转让包括基金、信托、理财产品等各类资产管理产品和各种金融衍生品的转让。

投资人买卖基金、信托类资产管理产品的，应依法缴纳增值税。投资人买卖基金、信托类资产管理产品的，按照“金融商品转让”，以卖出价扣除买入价后的余额为销售额，按照3%的税率计算缴纳增值税。

转让金融商品出现的正负差，按盈亏相抵后的余额为销售额。若相抵后出现负差，可结转下一纳税期与下期转让金融商品销售额相抵，但年末时仍出现负差的，不得转入下一个会计年度。比如，纳税人2023年1—4月转让金融商品出现的负差，可结转下一纳税期，与2023年5—12月转让金融商品销售额相抵。

金融商品的买入价，可以选择按照加权平均法或者移动加权平均法进行核算，选择后36个月内不得变更。

依据财税〔2016〕140号文规定的“纳税人购入基金、信托、理财产品等各类资产管理产品持有至到期，不属于《销售服务、无形资产、不动产注释》第一条第（五）项第4目所称的金融商品转让”。一般认为赎回持有至到期基金不涉及投资者与其他交易对手之间的基金份额转让，并非所有权转让，不属于金融商品转让，不征收增值税。

（二）私募证券基金运营管理人涉税

私募证券基金运营过程中，管理人涉税详见第二章第五节“二、私募证券基金管理人涉税注意点”，此处不再赘述。

六、契约型基金增值税保本保收益问题

契约型基金贷款服务增值税上，主要以资金贷与他人使用而取得利息收入，反映的是借贷法律关系，即财税〔2016〕36号文规定各种占用、拆借资金取得的收入。

《财政部 国家税务总局关于明确金融 房地产开发 教育辅助服务等增值税政策的通知》（财税〔2016〕140号）第一条对《销售服务、无形资产、不动产注释》第一条第（五）项第1目所称“保本收益、报酬、资金占用费、补偿金”，解释为合同中明确承诺到期本金可全部收回的投资收益。这个界定隐含的意思是，法律关系涉税要看合同本身，而不能穿透看合同的底层资产情况。这个原则对不少专项计划取得收益增值税涉税产生了很大影响。

2018年3月1日，福建税务局在《福建国税资管产品增值税热点问题解答》（以下简称《问题解答》）中的“问答六”针对收益是否保本的问题进行了解释：

> 六、如何界定一个收益是否保本？优先级受益人如果持有至到期，其收益是否会被视作利息性收入，而需要缴纳增值税？
>
> **答：**财税〔2016〕140号第一条规定“保本收益、报酬、资金占用费、补偿金”，是指合同中明确承诺到期本金可全部收回的投资收益。但不能僵化理解根据合同是否有“保本”字眼进行判断，“保本”是指到期有无偿还本金的义务，并非有无偿还本金的能力。所以，在判断是否保本时，应该基于法律形式上的审查来判断，不考虑财务处理、实际结果等其他因素。

> 对于包含增信措施的合同。增信并非严格的法律概念，顾名思义即信用增级，是指债务人为改善融资条件、降低融资成本，通过各种手段和措施来降低债务违约概率或减少违约损失率，以提高债务信用等级的行为。实践中，增信措施不但包括保证、抵（质）押等典型的担保方式，还包括让与担保、经营权、信托受益权质押等新型的担保方式，还有一些则通过特定交易结构来实现债权的保障，如合同约定在某个时间按照固定价格溢价回购或赎回、无条件的差额补足、固定利率优先支付收益且不受对外投资收益影响等。因此，如果一个增信措施使该产品达到了固定收益的程度，或者投资人可根据合同约定的救济措施取得约定的收入，那么就应当认定这些措施实质上构成了这个合同的保本承诺。
>
> 优先级受益人取得的收益是否视作利息性收入，应根据上述方式先对产品是否保本进行判断。“优先级受益人”指的是在产品取得投资收益的前提下，优先级受益人在分配投资收益时优先分配，如果产品未取得收益甚至是产生投资亏损，优先级受益人同样不能取得分配收益。因此，约定了优先级安排/回拨机制、上市公司发行的优先股票不属于“使该产品达到了固定收益的程度”的增信措施。

判断增信措施是否保本的问题上，《问题解答》提及“如果一个增信措施使该产品达到了固定收益的程度，或者投资人可根据合同约定的救济措施取得约定的收入，那么就应当认定这些措施实质上构成了这个合同的保本承诺”。使用“如果”这样的假使句对优先级受益人取得投资收益进行分析，并没有清晰回答基于法律形式审查判断能否保本的疑问。实务情况更倾向于在投资关系基础上叠加其他具有增信措施的金融工具，而该增信措施被触发时才符合保本保收益的情形。如果增信措施不触发，并不能使投资人获得合同的保本承诺，即增信措施本身不能使该产品达到固定收益的程度。

因此，判断业务是否涉及贷款服务增值税，除了要注意“到期有无偿还本金的义务”（基于法律关系的形式审查），我们还可以从以下三方面进行把握：首先，看交易双方是否存在资金占用的借贷法律关系以及该类法律关系下能否取得利息收入；其次，看合同本身对投资人是否存在保本保收益的承诺；最后，看这个合同中是否有针对产品（投资人）的增信措施，以及该增信措施能否使投资人取得固定收益。

七、专项资产支持计划运营过程中取得的收入属性判定

专项资产支持计划严格来说不属于私募基金，而属于大资管业务。关于专项资产支持计划运营过程中取得收入在增值税上判定为“贷款服务”还是“金融商品转让”的问题，我们可参考《问题解答》“问答十七”：

十七、专项资产支持计划运营过程中取得的收入如何进行应税判断？

答：资管产品的范围包括专项资产支持计划，因此，资产支持计划运营过程中取得的收入是否缴纳增值税，仍然根据合同中有关保本的增信安排来进行认定。一般应按照投资对象类型分别判断：

1.投资对象为融资租赁租金请求权

投资对象为确定的租赁资产，专项计划提供资金给原始权益人以获得投资对象的收益权，在运营过程中可完全收回本金并收取相应的收益，因此，这类交易行为属于贷款服务。

2.投资对象为再贷款债权

投资对象为确定的再贷款债权，专项计划提供资金给原始权益人以获得投资对象的收益权，在运营过程中可完全收回本金并收取相应的收益，因此，这类交易行为属于贷款服务。

3.投资对象为应收账款债权

专项计划购买应收账款债权，该应收账款未来可收回的金额相对比较确定，包括收回的本金以及相应的收益，其收益部分属于贷款服务的销售额。资产支持计划应在确认收益时缴纳增值税。

4.投资对象为信托受益权

专项计划购买信托收益权，如信托计划不承诺保证本金以及收益，则专项计划持有信托收益权期间（含到期）取得的信托收益分配（除非发行计划书中另行对计划投资提供保本的增信安排），该专项计划不属于贷款服务的范围，不征收增值税。

5.投资对象为未来收益权

专项计划提供资金给原始权益人以获得投资对象的收益权，考虑到投资对象为远期合同项下的债权，其未来收益存在不确定性，该项资金提供一般

也无法被认定为计划就该投资可获得确定的本金收回和回报（除非发行计划书中另行对计划投资提供保本的增信安排），该专项计划不属于贷款服务的范围，不征收增值税。

由上可知，除了信托受益权、未来投资权以外，专项资产支持计划运营过程中取得的收入均按“贷款服务”缴纳增值税。鉴于该等专项资产支持计划与收益权相关，实务偏向“贷款服务”居多，但也不乏有个别地方税务局支持按“金融商品转让”缴纳增值税。

八、个人以限售股认购或申购ETF是否需要缴个人所得税

早期，我国制定的有关证券投资基金税收政策，仅考虑其募集资金认购人采用现金认购方式，没有考虑以限售股方式进行认购的情形，进而产生利用个人认购或申购ETF份额不征收个人所得税的方案。该类情况源于《财政部 国家税务总局关于证券投资基金税收问题的通知》（财税字〔1998〕55号）的规定，“对个人投资者买卖基金单位获得的差价收入，在对个人买卖股票的差价收入未恢复征收个人所得税以前，暂不征收个人所得税”，以及《财政部 国家税务总局关于开放式证券投资基金有关税收问题的通知》（财税〔2002〕128号，现已全文废止）的规定，“对个人投资者申购和赎回基金单位取得的差价收入，在对个人买卖股票的差价收入未恢复征收个人所得税以前，暂不征收个人所得税”。因此，持有限售股的个人可以通过将限售股转换成为ETF后，出售或赎回ETF单位（份额）的方式避税。

2010年11月10日，财政部、国家税务总局、中国证券监督管理委员会联合发布的《关于个人转让上市公司限售股所得征收个人所得税有关问题的补充通知》（财税〔2010〕70号）弥补了上述漏洞，个人以限售股认购或申购ETF时，视为取得有价证券和其他形式的经济利益，故符合《个人所得税法实施条例》规定，属于应税所得。

第三节｜公司型基金

私募股权投资主要分为公司型、合伙型组织形式。公司型私募股权基金，由有限责任公司发起设立，投资者出资成为公司股东，获得管理与分配收益的权力，并设董事会进行投资决策。公司型基金涉税兼具法人企业特点，享有普通公司制企业的税收优惠。

按《公司法》规定，有限责任公司由50个以下股东出资设立；设立股份有限公司，应当有2人以上200人以下为发起人。一般情况下，公司型私募投资基金采用有限责任公司的形式，因此投资人（股东）一般在50人以下。公司型基金以及基金投资人的募、投、管、退四阶段涉税情况如图4-1所示。

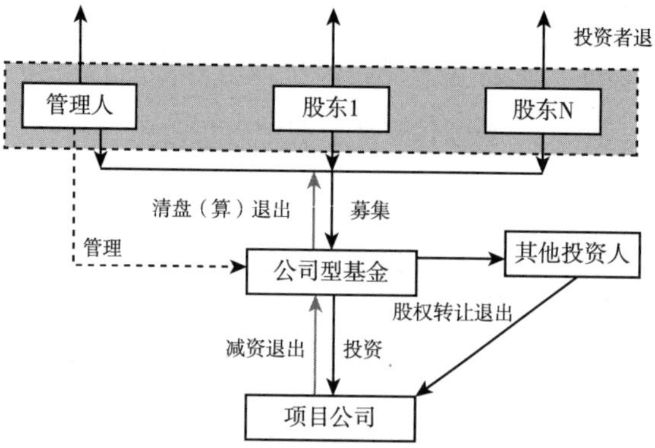

图4-1　公司型基金、投资人涉税

一、募集环节

公司型私募股权投资基金在募集环节，需要就其资本金账户中“实收资本”与“资本公积”两项的合计金额按照0.25‰的税率贴花。

2014年3月1日，注册资本施行认缴登记制后，公司型基金认缴后可存在着多次出资的情形，每次出资涉及资金账簿增加的部分对应印花税均参照上述规定进行处理。新《公司法》施行后，按新法规定缴印花税[①]。

2023年5月1日生效的《登记备案办法》对私募基金初始实缴募集资金规模做了差异化的规定要求，公司型私募股权基金不低于1 000万元人民币，其中创业投资基金备案时首期实缴资金不低于500万元人民币，但应当在基金合同中约定备案后6个月内完成符合前述初始募集规模最低要求的实缴出资。

---

① 按照《公司法》第二百六十六条规定，公司法施行前设立的公司出资期限超过公司法规定期限的，应当在过渡期内进行调整（设置三年过渡期，自2024年7月1日至2027年6月30日）。

2024年6月7日，《国务院关于实施〈中华人民共和国公司法〉注册资本登记管理制度的规定》经国务院第34次常务会议通过，2024年7月1日起公布，自公布之日起施行。该规定第二条指出，2024年6月30日前登记设立的公司，有限责任公司剩余认缴出资期限自2027年7月1日起超过5年的，应当在2027年6月30日前将其剩余认缴出资期限调整至5年内并记载于公司章程，股东应当在调整后的认缴出资期限内足额缴纳认缴的出资额；股份有限公司的发起人应当在2027年6月30日前按照其认购的股份全额缴纳股款。

根据《企业所得税法》及增值税的相关规定，私募股权投资基金在募集环节无企业所得税和增值税的影响。

按照现行税收法规的相关规定，在募集环节，投资人不存在增值税、所得税和印花税的影响。

二、投资环节

公司型基金获得标的企业股权主要通过被投企业增资扩股或支付对价受让老股方式。

作为股权投资提供资金来源的出资人，从基金获得的收益主要包括基金向其分配的持有期间收益（包括利息、股息红利性质收益）。

（一）基金主体

被投资方增资扩股的，被投资的企业需按照收到的“实收资本”与“资本公积”合计金额，以0.5‰的税率减半贴花。受让公司型基金股权的一方，需要按照产权转移书据，即股权转让协议中约定的股权转让对价的0.5‰贴花。

基金在运营环节取得的应税所得主要包括利息、股息、红利以及混合投资收益，会涉及企业所得税和增值税。

1.增值税税收政策

公司型基金在投资企业后从被投企业分得收益需要分情况：

公司型基金从被投公司分红收益为保本性质的，需要缴纳增值税。比如，股权投资业务中投资机构通常会与标的公司签订回购权条款，若相关条款涉及保障本金、固定利润等，则需要按照“贷款服务”适用6%的税率缴纳增值税（一般纳税人）。

公司型基金从被投公司分回收益为非保本现金股利，不属于《销售服务、无形资产、不动产注释》（财税〔2016〕36号）的征税范围，不征增值税。

对于混合性投资业务所获收益则需要判断相关收益是否属于保本收益，并依据判断结果确定该类收入是否需要按照“贷款服务”适用6%的税率（一般纳税人）缴纳增值税。

2.企业所得税税收政策

对于利息所得，根据《企业所得税法》的规定，对私募股权投资基金从被投资公司取得的利息收入应当按照25%的税率缴纳企业所得税。

对于股息红利所得，依据《企业所得税法》的规定，居民企业直接投资于其他居民企业取得的股息、红利等权益性投资收益，免征企业所得税，但是不包括连续持有居民企业公开发行并上市流通的股票不足12个月取得的投资收益。因此对于基金从境内被投资项目公司取得的股息分红在满足上述条件的情况下免征企业所得税。

混合性投资业务所得比较特殊。按《国家税务总局关于企业混合性投资业务企业所得税处理问题的公告》（国家税务总局公告2013年第41号）规定，混合性投资同时满足如下条件，则投资所得为利息收入，否则混合性投资收益将会被判定为股息红利收入：

（1）被投资企业接受投资后，需要按投资合同或协议约定的利率定期支付利息（或定期支付保底利息、固定利润、固定股息）；

（2）有明确的投资期限或特定的投资条件，并在投资期满或者满足特定投资条件后，被投资企业需要赎回投资或偿还本金；

（3）投资企业对被投资企业净资产不拥有所有权；

（4）投资企业不具有选举权和被选举权；

（5）投资企业不参与被投资企业日常生产经营活动。

如果符合以上标准，则属于利息收入，应于被投资企业应付利息的日期，确认收入的实现并计入当期应纳税所得额。对于被投资企业赎回的投资，基金应于赎回时将赎价与投资成本之间的差额确认为债务重组损益，计入当期应纳税所得额。

如果不满足上述条件，则作为股息收入。符合条件的居民企业之间的股息红利等权益性投资收益属于免税收入，免征企业所得税，但不包括连续持有居民企业公开发行并上市流通的股票不足12个月取得的投资收益。

（二）投资人

投资环节，投资人从基金取得的股息红利收入并不涉及增值税。投资人对公司型基金的投资属于保本投资，投资人需就其取得的持有期间收益适用“贷款服务”税目缴纳增值税，一般纳税人适用6%税率；属于非保本投资，投资人无须就其取得的持有期间收益缴纳增值税。

出资人为公司实体时，可就其取得的符合条件的股息红利免征企业所得税；出资人为自然人，按20%的税率计算缴纳个人所得税；出资人为合伙企业时，合伙企业本身无须缴纳所得税，由其合伙人就归属于自身部分的所得缴纳所得税。

三、管理环节

基金管理人取得的管理费、咨询费等收入，为基金开展经营承担的费用。按规定要求，基金可进行税前扣除。增值税方面，基金如果是一般纳税人，可以凭借管理人开具的增值税专用发票抵扣进项税额。

四、基金退出

前文提及，基金退出包括基金投资端退出和募资端退出。私募基金合同终止的，私募基金管理人应当按照基金合同约定，及时对私募基金进行清算，自私募基金清算完成之日起10个工作日内向协会报送清算报告等信息。

（一）投资端退出

公司型基金退出可通过股权转让、管理层回购等股权转让、上市后减持，以及清算方式退出所投企业。

1.基金主体

（1）股权转让退出。

①增值税。

公司型基金转让非上市公司股权，实践中不需要缴纳增值税。基金经新三板股权转让，现在国家税务总局尚没有明确规定是否缴增值税。

股权基金转让上市公司股票价差需按照“金融商品转让”适用6%税率缴纳增值税（一般纳税人）。契约型基金以管理人作为纳税义务人按3%征收率缴纳增值税。

转让上市公司限售股属于财税〔2016〕36号文中的增值税应税行为。转让限售股，按照《国家税务总局关于营改增试点若干征管问题的公告》（国家税务总局公告2016年第53号）等相关规定缴纳增值税（见表4-1）。

表4-1　　限售股增值税相关文件

序号	内容	文件
1	单位将其持有的限售股在解禁流通后对外转让的，按照以下规定确定买入价： （一）上市公司实施股权分置改革时，在股票复牌之前形成的原非流通股股份，以及股票复牌首日至解禁日期间由上述股份孳生的送、转股，以该上市公司完成股权分置改革后股票复牌首日的开盘价为买入价 （二）公司首次公开发行股票并上市形成的限售股，以及上市首日至解禁日期间由上述股份孳生的送、转股，以该上市公司股票首次公开发行（IPO）的发行价为买入价 （三）因上市公司实施重大资产重组形成的限售股，以及股票复牌首日至解禁日期间由上述股份孳生的送、转股，以该上市公司因重大资产重组股票停牌前一交易日的收盘价为买入价	《国家税务总局关于营改增试点若干征管问题的公告》（国家税务总局公告2016年第53号）第五条

续表

序号	内容	文件
2	上市公司因实施重大资产重组形成的限售股，以及股票复牌首日至解禁日期间由上述股份孳生的送、转股，因重大资产重组停牌的，按照《国家税务总局关于营改增试点若干征管问题的公告》（国家税务总局公告2016年第53号）第五条第（三）项的规定确定买入价；在重大资产重组前已经暂停上市的，以上市公司完成资产重组后股票恢复上市首日的开盘价为买入价	《国家税务总局关于明确中外合作办学等若干增值税征管问题的公告》（国家税务总局公告2018年第42号）第四条
3	（一）纳税人转让因同时实施股权分置改革和重大资产重组而首次公开发行股票并上市形成的限售股，以及上市首日至解禁日期间由上述股份孳生的送、转股，以该上市公司股票上市首日开盘价为买入价，按照“金融商品转让”缴纳增值税 （二）上市公司因实施重大资产重组多次停牌的，《国家税务总局关于营改增试点若干征管问题的公告》（国家税务总局公告2016年第53号发布，国家税务总局公告2018年第31号修改）第五条第（三）项所称的“股票停牌”，是指中国证券监督管理委员会就上市公司重大资产重组申请作出予以核准决定前的最后一次停牌	《国家税务总局关于国内旅客运输服务进项税抵扣等增值税征管问题的公告》（国家税务总局公告2019年第31号）第十条
4	单位将其持有的限售股在解禁流通后对外转让，按照《国家税务总局关于营改增试点若干征管问题的公告》（国家税务总局公告2016年第53号）第五条规定确定的买入价，低于该单位取得限售股的实际成本价的，以实际成本价为买入价计算缴纳增值税	《国家税务总局关于明确二手车经销等若干增值税征管问题的公告》（国家税务总局公告2020年第9号）第四条
5	纳税人无偿转让股票时，转出方以该股票的买入价为卖出价，按照“金融商品转让”计算缴纳增值税；在转入方将上述股票再转让时，以原转出方的卖出价为买入价，按照“金融商品转让”计算缴纳增值税	《财政部 税务总局关于明确无偿转让股票等增值税政策的公告》（财政部 税务总局公告2020年第40号）第一条

②所得税。

根据《企业所得税法》的规定，公司型基金需要就其取得的股权转让所得按照25%的税率缴纳企业所得税。在满足特殊性重组并购的适用条件的情况下，基金可以根据《财政部 国家税务总局关于企业重组业务企业所得税处理若干问题的通知》（财税〔2009〕59号）、《国家税务总局关于发布〈企业重组业务企业所得税管理办法〉的公告》（国家税务总局公告2010年第4号）、《财政部 国家税务总局关于促进企业重组有关企业所得税处理问题的通知》（财税〔2014〕109号）以及《财政部 国家税务总局关于非货币性资产投资企业所得税政策问题的通知》（财税〔2014〕116号）的规定，选择适用特殊性税务处理、资产划转以及非货币性资产出资等递延纳税的特殊税务处理。

目前，对限售股征收个人所得税的为股改限售股、新股限售股。

③印花税。

公司型基金转让非上市公司股权按产权转移书据的0.5‰贴花，而转让上市公司股票需要按证券交易缴纳印花税。

（2）减持退出。

基金减持项目公司股份按照如下规定进行税务处理：

根据《国家税务总局关于企业所得税若干问题的公告》（国家税务总局公告2011年第34号）第五条的规定，基金取得资产中相当于初始出资的部分，确认为投资收回；相当于被投资企业累计未分配利润和累计盈余公积按减少实收资本比例计算的部分，确认为股息所得，免征企业所得税；其余部分确认为投资资产转让所得，按25%征收企业所得税。

（3）清算退出。

公司型基金清算退出按照《企业所得税法实施条例》（国务院令第512号）和《财政部 国家税务总局关于企业清算业务企业所得税处理若干问题的通知》（财税〔2009〕60号）规定，在被投资企业清算时，基金从被投资方分得的剩余财产可以分为股息所得以及投资转让所得/损失。被清算企业的剩余资产可分为以下两部分：

一是被清算企业累计未分配利润和累计盈余公积中，按各个股东所占股份比例计算的部分。该部分收入应确认为股息所得，税务处理与持有阶段股息及红利所得基本一致。

二是剩余资产减除股息所得后的余额，超过或低于股东投资成本的部分，应确认为股东的投资转让所得或损失，税务处理与股权转让退出基本一致。

2.投资人

基金退出项目获得的资本利得、减持股份取得的收益，并不能直接向投资人进行分配，需要先通过基金实体收入总额减除成本、费用以及损失后的余额向投资人进行分配。

因此，基金减持项目公司股份、转让股份的，法人股东符合条件，可免企业所得税；个人股东按“利息、股息、红利所得”适用20%税率缴纳个人所得税。

（二）募资端退出

出资人退出基金可以通过赎回份额、转让基金份额的方式。

1. 赎回份额

股东可通过撤资或减资方式赎回对基金的投资。此时，对于不同类型的出资人来说，税务处理不尽相同。

出资人为公司时，撤回或减资其取得的资产中，相当于初始出资的部分，应确认为投资收回；相当于被投资企业累计未分配利润和累计盈余公积按减少实收资本比例计算的部分，应确认为股息所得；其余部分确认为投资资产转让所得。

出资人为自然人时，个人因各种原因终止投资、联营、经营合作等行为，从被投资企业或合作项目、被投资企业的其他投资者以及合作项目的经营合作人处取得股权转让收入、违约金、补偿金、赔偿金及以其他名目收回的款项等，均属于个人所得税应税收入，应按照“财产转让所得”项目适用20%的税率计算缴纳个人所得税。其中，应纳税所得额等于个人取得的股权转让收入、违约金、补偿金、赔偿金及以其他名目收回款项合计数减去原实际出资额（投入额）及相关税费。

出资人为合伙企业，由其赎回公司型基金份额，原则上按从公司撤回或减少投资处理，该合伙企业取得减资所得要穿透到合伙人按“经营所得”缴税，但目前税法对该类业务尚无明确规定，建议与主管税务机关进行沟通后确认。

值得一提的是，所有投资人赎回份额即为基金清盘。

2. 出资人通过转让基金份额退出

公司型基金的出资人通过转让基金获得退出收益，根据现行税法规定不涉及增值税缴纳，但需要缴纳所得税及印花税。

出资人为公司时，以其所获资本利得需要按照25%的税率缴纳企业所得税。出资人为自然人时，以其自然人出资人所获资本利得则需要按照20%的税率缴纳个人所得税。出资人为合伙企业时所获资本利得遵循先分后税的原则，按照有关规定在合伙人层面适用5%—35%（20%）的税率缴纳个人所得税、适用25%的税率缴纳企业所得税。

第四节 | 合伙型基金

我国的股权基金以有限合伙企业为主。有限合伙型股权投资基金要遵循上位法《合伙企业法》关于企业合伙人数的相关规定，有限合伙企业由2个以上50个以下合伙人设立。图4-2所示是有限合伙型基金、基金合伙人涉税情况。

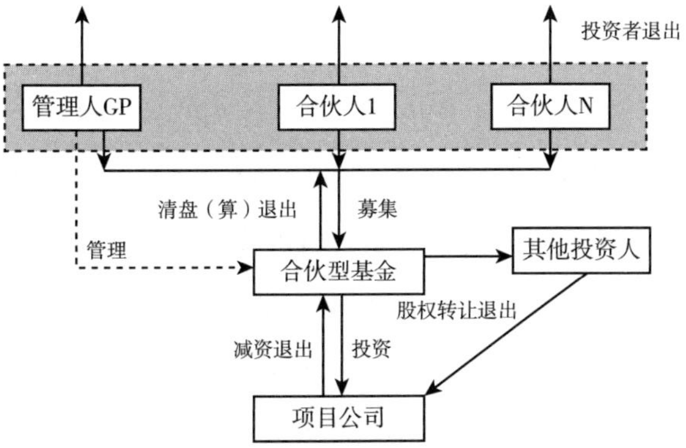

图4-2　有限合伙型基金、投资人涉税

一、募集阶段

根据《增值税暂行条例》《企业所得税法》规定，合伙型基金募集阶段不存在增值税、所得税。

目前，由于各地税务机关对该环节的印花税看法不一，有一些合伙企业对实缴合伙企业的出资额被税务机关要求按照0.25‰的税率缴纳印花税：合伙型基金在该环节是否征收印花税，取决于合伙人出资额在基金层面是否按照“实收资本”和“资本公积”科目进行会计处理。如果基金将取得的合伙人出资在“实收资本”和“资本公积”核算，则需要按照实收资本和资本公积科目合计金额的0.25‰缴纳印花税；如不在上述两个科目核算，则无须缴纳印花税。建议纳税人按2021年9月7日国家税务总局用问答的方式统一答复“合伙企业出资额不计入实收资本和资本公积，不征收资金账簿印花税”与主管税务局沟通并进行处理。

按照根据现行税收法规的相关规定，募集环节投资人不存在增值税、所得税和印花税的影响。

二、投资阶段

基金获得标的企业股权主要通过出资新设企业及增资扩股或支付对价受让老股方式。

合伙型基金层面本身无所得税的影响，需要在合伙型基金层面核算合伙企业的生产经营所得，然后根据先分后税的原则分配至投资人层面，根据投资者类型不同，按照个人所得税或企业所得税规定缴纳相应所得税。

（一）基金主体

就被投资方（公司）而言，被投资的企业需按照收到的“实收资本”与“资本公积”合计金额，以0.5‰的税率减半贴花。基金作为股权受让方时，需要按照产权转移书据，即股权转让协议中约定的股权转让对价的0.5‰贴花。作为股权转让受让方的公司型、合伙型基金可能还需要履行个人所得税代扣代缴义务。

合伙型基金从被投企业分得收益的增值税纳税义务需要分情况处理：

（1）基金从被投公司分红收益为保本性质的，需要缴纳增值税。比如，股权投资业务中投资机构通常会与标的公司签订回购权条款，若相关条款涉及保障本金、固定利润等，则需要按照“贷款服务”适用6%的税率缴纳增值税（一般纳税人）。

（2）基金从被投公司投资运营分得收益为非保本现金股利，不属于《销售服务、无形资产、不动产注释》（财税〔2016〕36号）的征税范围，不征增值税。

（3）对于基金从混合性投资业务所获收益需要判断相关收益是否属于保本收益，并依据判断结果确定该类收入是否需要按照“贷款服务”适用6%的税率缴纳增值税（小规模纳税人适用3%的征收率）。

（二）投资人

合伙企业的投资环节和投资人投资合伙企业是两个不同层面的问题，合伙企业取得收益能够保本未必等于合伙人就能够保本。在基金投资环节，投资人取得从基金分回的股息红利收入通常不涉及增值税。但是，投资人取得合伙型基金的收益属于保本投资的利息，投资人需就其取得的持有期间收益适用“贷款服务”税目缴纳增值税，一般纳税人适用6%税率，小规模纳税人征收率为3%。

对于基金层面的混合性投资业务，无须进一步区分该混合性投资业务收益为利息收入或股息红利收入。根据《国家税务总局关于〈关于个人独资企业和合伙企业投资者征收个人所得税的规定〉执行口径的通知》（国税函〔2001〕84号），个人合伙人从合伙企业取得的合伙企业对外投资分回的利息或者股息、红利，不并入合伙企业收入，单独作为投资者个人取得的利息、股息、红利所得，按“利息、股息、红利所得”税率计算缴纳个人所得税。

目前，投资者个人取得的“利息、股息、红利所得”按20%税率计算缴纳个人所得税，仅适用单层合伙企业的个人合伙人；在多层嵌套情况下，自然人合伙人取得该类所得不得穿透，仍然按照5%—35%税率以“经营所得”缴纳个人所得税。对于法人合伙人取得利息、股息、红利，需要先在合伙企业实体层面归集、计算应分配各合伙人的应纳税所得额，允许其扣除成本、费用及损失等。

三、管理环节

基金管理人取得的管理费、咨询费等收入，为基金开展经营所承担的费用。按规定要求，基金可进行税前扣除。增值税方面，基金如果是一般纳税人，可以凭管理人开具的增值税专用发票抵扣进项税额。

四、基金退出

合伙型基金退出包括基金投资端退出和募资端退出。私募基金合同终止的，私募基金管理人应当按照基金合同约定，及时对私募基金进行清算，自私募基金清算完成之日起10个工作日内向协会报送清算报告等信息。

（一）投资端退出

1.基金主体

（1）股权转让方式退出。

基金转让非上市公司股权不需要缴纳增值税。基金转让新三板股票，现在国家税务总局尚没有明确规定是否缴增值税。转让限售股，应按照《国家税务总局关于营改增试点若干征管问题的公告》（国家税务总局公告2016年第53号）等相关规定缴纳增值税。

合伙型基金转让项目公司股份，基金层面不缴税。合伙型基金需遵循先分后税的原则，将股权转让所获收入纳入合伙企业的生产、经营所得，扣除成本、费用等扣除项目后将分配至合伙人层面缴纳所得税。

合伙型基金转让非上市公司股权按产权转移书据的0.5‰贴花，而转让上市公司股票需要按证券交易缴纳印花税。

（2）减持退出。

基金减持项目公司股份，合伙型基金层面不缴税。以取得收入扣除投资成本的所得并入经营所得，先分后税穿透至合伙人缴所得税。

（3）清算退出。

目前，对于合伙型基金尚未有税法明确规定其通过被投企业清算退出的所得税处理，建议与主管税务机关进行沟通确认。

2. 投资人

基金减持股份、转让所持股份，基金层面无所得税，需穿透到合伙人缴税。法人合伙人缴企业所得税；个人投资者按5%—35%税率以“经营所得”缴个人所得税，符合条件可选择单一投资基金核算方式。

（二）募资端退出

出资人可以通过赎回份额、转让基金份额的方式退出基金。

1. 赎回份额

合伙人可通过撤资或减资方式赎回对基金的投资。此时，对于不同类型的出资人来说，税务处理不尽相同。

合伙人为自然人时，以分得的所得按5%—35%税率以“经营所得”做退伙结算。出资人为公司、合伙企业时，由其从被投资公司撤资的税务处理目前暂无明确税法规定，建议与主管税务机关进行沟通后确认。所有投资人赎回份额即为基金清盘。

2. 出资人通过转让基金份额退出

合伙型基金的合伙人通过转让基金份额获得退出收益，根据现行税法规定不涉及增值税、印花税缴纳，但需要缴纳所得税。

出资人为公司时，以其所获转让份额收益需要按照25%的税率缴纳企业所得税。出资人为自然人时，自然人合伙人按财产转让所得按照20%的税率缴纳个人所得税。出资人为合伙企业时所获转让收益遵循先分后税的原则，按照有关规定在合伙人层面适用5%—35%的税率缴纳个人所得税或适用25%的税率缴纳企业所得税。

五、合伙型基金涉税特点

私募股权投资基金是从基金投资中划分出来非常特殊的一类，因其本身具备独立的经营主体，不必组建专门管理团队交由第三方管理机构经营管理目标企业，仅从事被动财务投资活动即可，为投资者所青睐。作为引入的现代企业合伙人制度，通常由基金管理者以普通合伙人（GP）的身份，投资者以有限合伙人（LP）的身份，签订《有限合伙协议》以规范各方的权利和义务。GP负责基金的投资运营，获得管理费和项目分红，承担无限连带责任；LP不参与管理，可获得项目分红，且仅需承担有限责任。

（一）集合、实体竞合的合伙税制

世界各国的合伙税制存在两类最基本的理论[①]：一类叫“集合理论”（Aggregate Concept），另一类叫“实体理论”（Entity Concept）。这两类理论构成了合伙税制的基础，它实际决定了合伙企业的设立或组建、运营、应分配份额划分、实际分配以及清算中如何处理合伙企业、合伙人（包括个人合伙人和法人合伙人）的税收待遇问题。

“集合理论”认为，合伙企业是一个导管公司或者“透明体”。在“集合理论”下，合伙企业被视为全部合伙人的集合，每个合伙人在合伙企业资产及其营业中直接拥有一个未分割的合伙权益，合伙企业的收入直接“穿透”该合伙企业并不得进行任何扣除而分至合伙人。请注意，这里的“透明体”仅是就所得税而言，经营上合伙企业仍然是经营实体，要领取营业执照，有相关从业人员和经营场所等。

“实体理论”认为，合伙企业具有自己独立的财产和营业，合伙人持有的合伙企业权益被视为一个整体（类似于企业实体），合伙企业运营中的收入、所得、损失和扣除以及抵免等最初先在合伙实体层面进行归集和确认，随后再按照个人投资人享有的份额划分到个人合伙人。

各国合伙税制一般不直接采用单一的理论，而是两类理论的混合，这从我国的合伙企业所得税税制就可见一斑。

（二）我国合伙税制政策演变

我国合伙税制的形成正处于私募投资基金发展起步阶段，1997年2月23日，第八届全国人民代表大会常务委员会第二十四次会议通过《合伙企业法》。2006年8月27日，第十届全国人民代表大会常务委员会第二十三次会议修订，此次修订沿用至今。纵观我国合伙企业税制发展主要经历以下几个阶段：

1.《国务院关于个人独资企业和合伙企业征收所得税问题的通知》（国发〔2000〕16号，以下简称“16号文”）：16号文首次在国家层面明确了合伙企业不属于企业所得税的纳税主体，仅对合伙企业的投资人征收个人所得税，并规定比照个体工商户的生产、经营所得征收个人所得税。

16号文仅仅明确了个人合伙人依法征收个人所得税的问题，而没有明确法人合伙人如何征收企业所得税的问题，这可能跟当时的合伙企业基本由个人合伙人设立有关。

---

① 雷霆.资本交易税务疑难问题解析与实务指引［M］.北京：中国法律出版社，2016.

2.《财政部 国家税务总局关于印发〈关于个人独资企业和合伙企业投资者征收个人所得税的规定〉的通知》(财税〔2000〕91号，以下简称“91号文”)：91号文贯彻落实国发〔2000〕16号文的精神，由财政部和国家税务总局出台的关于个人独资企业和合伙企业投资者征收个人所得税的规定。其主要规定包括：

(1)合伙企业以每一个合伙人为纳税义务人；

(2)合伙企业每一纳税年度的收入总额减除成本、费用以及损失后的余额，作为投资者个人的生产经营所得，比照《个人所得税法》“个体工商户的生产经营所得”应税项目，适用5%—35%的五级超额累进税率，计算征收个人所得税；

(3)投资者的费用扣除标准，由各省、自治区、直辖市地方税务局参照《个人所得税法》“工资、薪金所得”项目的费用扣除标准确定，投资者的工资不得在税前扣除；

(4)投资者兴办两个或两个以上企业的，年度终了时，应汇总从所有企业取得的应纳税所得额，据此确定适用税率并计算缴纳应纳税款；

(5)企业的年度亏损，允许用本企业下一年度的生产经营所得弥补，下一年度所得不足弥补的，允许逐年延续弥补，但最长不得超过5年。投资者兴办两个或两个以上企业的，企业的年度经营亏损不能跨企业弥补。

从前述规定可以看出，在个人所得税领域，合伙企业的个人投资者从合伙企业取得的所得按照从“合伙实体”划分的生产经营所得，比照个体工商户经营所得征收个人所得税。

值得一提的是，前述政策出台时几乎考虑的仅是从事生产、制造、销售等实体经营活动的合伙企业，比如自然人合伙的普通合伙企业、专业会计师事务所、律师事务所，并没有考虑后来出现的主要从事投资业务活动的有限合伙型投资企业。

3.《国家税务总局关于〈关于个人独资企业和合伙企业投资者征收个人所得税的规定〉执行口径的通知》(国税函〔2001〕84号)：该文最主要的规定是其第二条“关于个人独资企业和合伙企业对外投资分回利息、股息、红利的征税问题”，“个人独资企业和合伙企业对外投资分回的利息或者股息、红利，不并入企业的收入，而应单独作为投资者个人取得的利息、股息、红利所得，按‘利息、股息、红利所得’应税项目计算缴纳个人所得税”。

4.《财政部 国家税务总局关于调整个体工商户个人独资企业和合伙企业个人所得税税前扣除标准有关问题的通知》(财税〔2008〕65号)：在91号文的基础上，就合伙企业层面计算生产经营所得和其他所得的扣除问题，作出了进一步的明确规定。主要内容包括：

（1）合伙企业向其从业人员实际支付的合理的工资、薪金支出，允许在税前据实扣除。

（2）合伙企业每一纳税年度发生的广告费和业务宣传费用不超过当年销售（营业）收入15%的部分，可据实扣除；超过部分，准予在以后纳税年度结转扣除。

（3）合伙企业拨缴的工会经费、发生的职工福利费、职工教育经费支出分别在工资薪金总额2%、14%、2.5%的标准内据实扣除。

（4）合伙企业每一纳税年度发生的与其生产经营业务直接相关的业务招待费支出，按照发生额的60%扣除；但最高不得超过当年销售（营业）收入的5‰。

5.《财政部 国家税务总局关于合伙企业合伙人所得税问题的通知》（财税〔2008〕159号）明确几方面规定：

（1）合伙企业以每一个合伙人为纳税义务人。合伙企业合伙人是自然人的，缴纳个人所得税；合伙人是法人和其他组织的，缴纳企业所得税。

（2）合伙企业生产经营所得和其他所得采取“先分后税”的原则。前述所称生产经营所得和其他所得，包括合伙企业分配给所有合伙人的所得和企业当年留存的所得（利润）。

（3）合伙企业的合伙人按照下列原则确定应纳税所得额：合伙企业的合伙人以合伙企业的生产经营所得和其他所得，按照合伙协议约定的分配比例确定应纳税所得额；合伙协议未约定或者约定不明确的，以全部生产经营所得和其他所得，按照合伙人协商决定的分配比例确定应纳税所得额；协商不成的，以全部生产经营所得和其他所得，按照合伙人实缴出资比例确定应纳税所得额；无法确定出资比例的，以全部生产经营所得和其他所得，按照合伙人数量平均计算每个合伙人的应纳税所得额。合伙协议不得约定将全部利润分配给部分合伙人。

6.国家税务总局2014年度第4次局务会议审议通过，自2015年1月1日起施行《个体工商户个人所得税计税办法》（国家税务总局令第35号）。在个人所得税领域，合伙企业的个人投资者从合伙企业取得的所得按照从“实体”划分的生产经营所得，比照个体工商户的生产、经营所得征收个人所得税。

7.《财政部 国家税务总局关于调整个体工商户业主个人独资企业和合伙企业自然人投资者个人所得税费用扣除标准的通知》（财税〔2011〕62号）、《国家税务总局关于个体工商户、个人独资企业和合伙企业个人所得税问题的公告》（国家税务总局公告2014年第25号）：个体工商户、个人独资企业和合伙企业生产经营所得的个人所得税计算，适用该公告。

应纳税所得额=该年度收入总额−成本、费用及损失−当年投资者本人的费用扣除额

当年投资者本人的费用扣除额=月减除费用（3 500元/月）× 当年实际经营月份数

应纳税额=应纳税所得额 × 税率−速算扣除数

8.2018年9月7日，财政部、税务总局颁布《关于2018年第四季度个人所得税减除费用和税率适用问题的通知》(财税〔2018〕98号)，对个体工商户业主、个人独资企业和合伙企业自然人投资者、企事业单位承包承租经营者2018年第四季度取得的生产经营所得，减除费用按照5 000元/月执行，前三季度减除费用按照3 500元/月执行，因此本文中费用扣除标准亦相应调整。

（三）我国合伙税制具体情况

从上述政策演变过程可以看出：

我国合伙税制比较早体现“实体理论”的文件是《财政部 国家税务总局关于印发〈关于个人独资企业和合伙企业投资者征收个人所得税的规定〉的通知》(财税〔2000〕91号）附件1第四条规定，个人独资企业和合伙企业每一纳税年度的收入总额减除成本、费用以及损失后的余额，作为投资者个人的生产经营所得，比照《个人所得税法》的“个体工商户的生产经营所得”应税项目，适用5%—35%的五级超额累进税率，计算征收个人所得税。该规定实际就是对合伙企业的贸易或营业的收入、成本和费用在合伙层面归集计算应纳税所得额的规定。

“集合理论”的体现可以看《国家税务总局关于〈关于个人独资企业和合伙企业投资者征收个人所得税的规定〉执行口径的通知》(国税函〔2001〕84号)，该文指出个人合伙人就合伙企业“利息、股息、红利所得”等对外投资收益分配所得按20%税率缴税。这号文的应用非常广泛，比如，之前各地方政府出台鼓励基金发展的税收政策。

（四）我国合伙税制特点

可以说，我国的合伙税制是建立在合伙企业架构上的税收制度，我国合伙税制集中体现了如下特点。

1.合伙企业“先分后税”

国税函〔2001〕84号文是比较早地确立了合伙企业经营所得“先分后税”原则的文件，该文部分彰显合伙企业所得税“透明体”特点：以合伙企业名义对外投资分回利息或者股息、红利，按财税〔2000〕91号文所附规定的第五条精神确定各个投资者的利息、股息、红利所得，分别按“利息、股息、红利所得”应税项目计算缴纳个人

所得税。

合伙企业经营所得“先分后税”的“分”指的是在合伙企业层面归集、计算应划分给合伙人的应纳税所得额。这有别于《企业所得税法》中税后利润的分配，此处的“划分”并非实际的分配，而是分摊的意思，也就是说，即便不对合伙人进行实际分配，只要合伙企业实现收益，合伙人就有纳税的义务。对此，《财政部 国家税务总局关于合伙企业合伙人所得税问题的通知》（财税〔2008〕159号）明确对合伙企业生产经营所得和其他所得采取“先分后税”，生产经营所得和其他所得，包括合伙企业分配给所有合伙人的所得和企业当年留存的所得（利润）。

合伙企业经营所得“先分后税”的“税”指的是纳税主体：合伙人如果是个人合伙人，缴纳个人所得税；合伙人如果是法人或其他组织的，缴纳企业所得税。

2. 合伙企业纳税虚体

我们可以清晰地看到，我国的合伙税制无论采用“集合理论”，还是“实体理论”，最终这个合伙企业都不是实际的所得税纳税主体，合伙企业的税负最后落在合伙人层面，这也成为合伙企业是所得税纳税虚体的由来。

另外，我国合伙税制对个人合伙人、法人合伙人取得“利息、股息、红利所得”其实采取了分裂的做法：

（1）对于法人合伙人取得“利息、股息、红利所得”，需要先在合伙企业实体层面归集、计算应分配至各合伙人的应纳税所得额，允许其扣除成本、费用及损失等。

（2）对于个人合伙人则将合伙企业视为一个“透明体”，可直接“穿透”合伙企业分至合伙人，而不需要进行任何扣除——这种对个人合伙人直接按“利息、股息、红利所得”适用20%税率征税有“集合理论”的影子。

目前，投资者个人取得的“利息、股息、红利所得”按20%税率应税项目计算缴纳个人所得税，仅适用单层合伙企业的个人合伙人。在多层嵌套情况下，自然人合伙人取得该类所得不得穿透，仍然按照5%—35%税率以经营所得缴纳个人所得税。

3. 会计利润、应纳税所得额的税会差异

合伙企业分配的应纳税所得额与会计利润存在差异。

合伙企业经营所得“先分后税”分摊的“应纳税所得额”，是在会计利润基础上，按照税法进行调整确定合伙企业的全部经营所得，从而确定每个合伙人的应纳税所得额。此处，合伙企业分摊的“应纳税所得额”有几个注意点：

（1）个人合伙人取得的“利息、股息、红利所得”由合伙企业代为申报，即合伙企业分摊的“应纳税所得额”排除了个人合伙人取得的“利息、股息、红利所得”所得，并未计入合伙企业收入。

（2）合伙企业将应纳税所得额按LPA约定的收益对合伙人进行分配。这个分配按照《财政部 国家税务总局关于合伙企业合伙人所得税问题的通知》（财税〔2008〕159号）第四条进行规定处理，合伙人按照协议约定、协商决定、实缴比例、平均计算原则确定应纳税所得额。

有限合伙企业不得将全部利润分配给部分合伙人；但是，合伙协议另有约定的除外。

（3）合伙企业的税会差异调整的是，根据财税〔2008〕65号以及国家税务总局令第35号文件规定对合伙企业会计利润进行必要的纳税调增、调减后，得出合伙企业应纳税所得额。这种企业层面较为常见的纳税调整包括职工福利费、工会经费、工资薪金、不符合扣除规定的捐赠支出、用于个人和家庭的支出等调整。

4.纳税时间、纳税地点、扣缴义务人

纳税人取得经营所得，按年计算个人所得税，由纳税人在月度或季度终了后15日内，向经营管理所在地主管税务机关办理预缴纳税申报，并报送“个人所得税经营所得纳税申报表（a表）”。在取得所得的次年3月31日前，向经营管理所在地主管税务机关办理汇算清缴，并报送“个人所得税经营所得纳税申报表（b表）”。从两处以上取得经营所得的，选择向其中一处经营管理所在地主管税务机关办理年度汇总申报，并报送“个人所得税经营所得纳税申报表（c表）”。

法人合伙人纳税年度的应纳税所得额不仅包括从合伙企业划分的应纳税所得，还包括其自身经营产生以及来自于其他主体的应纳税所得额。因此，汇总计算后，宜在法人合伙人所在地申报缴纳。

第五节｜私募基金税收优惠

一、契约型产品税收优惠

私募契约型产品的税收优惠范围比较窄，主要集中在增值税方面。

（一）不征增值税项目

1.存款利息。

2.“保本收益、报酬、资金占用费、补偿金”，是指合同中明确承诺到期本金可全部收回的投资收益。金融商品持有期间（含到期）取得的非保本的上述收益，不属于利息或利息性质的收入，不征收增值税。

（二）增值税免税项目

1.国债、地方政府债利息。

2.证券投资基金（封闭式证券投资基金，开放式证券投资基金）管理人运用基金买卖股票、债券。

财税〔2008〕1号文第二条规定，对证券投资基金从证券市场中取得的收入，包括买卖股票、债券的差价收入，股权的股息、红利收入，债券的利息收入及其他收入，暂不征收企业所得税。

值得一提的是，对证券投资基金予以免税的仅指公募证券基金，投资者从私募证券基金取得的分红不给予免税的待遇。

（三）金融同业往来利息收入免增值税

金融机构与资管产品的管理人不完全重合，且资管产品中有小部分属于私募契约型基金。因此，资管产品的管理人为金融机构的，其运营的资管产品适用金融机构身份予以免税；当资管产品管理人不为金融机构时，则不予免税。

1.金融机构与人民银行所发生的资金往来业务。包括人民银行对一般金融机构贷款，以及人民银行对商业银行的再贴现等。

2.银行联行往来业务。同一银行系统内部不同行、处之间所发生的资金账务往来业务。

3.金融机构间的资金往来业务。金融机构间的资金往来业务是指经人民银行批准，进入全国银行间同业拆借市场的金融机构之间通过全国统一的同业拆借网络进行的短期（一年以下含一年）无担保资金融通行为。

4.金融机构之间开展的转贴现业务。

自2018年1月1日起，金融机构开展贴现、转贴现业务，以其实际持有票据期间取得的利息收入作为贷款服务销售额计算缴纳增值税。此前贴现机构已就贴现利息收入全额缴纳增值税的票据，转贴现机构转贴现利息收入继续免征增值税。

自2018年1月1日起，金融机构开展贴现、转贴现业务需要就贴现利息开具发票的，由贴现机构按照票据贴现利息全额向贴现人开具增值税普通发票，转贴现机构按照转贴现利息全额向贴现机构开具增值税普通发票。

5.证券公司、保险公司、金融租赁公司、证券基金管理公司、证券投资基金以及其他经人民银行、银监会（原）、证监会、保监会（原）批准成立且经营金融保险业务的机构发放贷款后，自结息日起90天内发生的应收未收利息按现行规定缴纳增值税，自结息日起90天后发生的应收未收利息暂不缴纳增值税，待实际收到利息时按规定缴纳增值税。

6.金融机构开展下列业务取得的利息收入，属于前述“金融同业往来利息收入”：

（1）同业存款。

同业存款是指金融机构之间开展的同业资金存入与存出业务，其中资金存入方仅为具有吸收存款资格的金融机构。

（2）同业借款。

同业借款是指法律法规赋予此项业务范围的金融机构开展的同业资金借出和借入业务。此条款所称“法律法规赋予此项业务范围的金融机构”主要是指农村信用社之间以及在金融机构营业执照列示的业务范围中有反映为“向金融机构借款”业务的金融机构。

（3）同业代付。

同业代付是指商业银行（受托方）接受金融机构（委托方）的委托向企业客户付款，委托方在约定还款日偿还代付款项本息的资金融通行为。

（4）同业存单。

同业存单是指银行业存款类金融机构法人在全国银行间市场上发行的记账式定期存款凭证。

（5）持有金融债券。

金融债券是指依法在中华人民共和国境内设立的金融机构法人在全国银行间和交易所债券市场发行的、按约定还本付息的有价证券。

（6）买断式买入返售金融商品。

买断式买入返售金融商品是指金融商品持有人（正回购方）将债券等金融商品卖给债券购买方（逆回购方）的同时，交易双方约定在未来某一日期，正回购方再以约定价格从逆回购方买回相等数量同种债券等金融商品的交易行为。

（7）质押式买入返售金融商品。

质押式买入返售金融商品是指交易双方进行的以债券等金融商品为权利质押的一种短期资金融通业务。

（8）持有政策性金融债券。

持有政策性金融债券是指开发性、政策性金融机构发行的债券。

（四）个人所得税

根据财税〔1998〕55号文和财税〔2002〕128号文规定，对个人投资者买卖基金单位或者申购和赎回基金单位取得的差价收入，暂不征收个人所得税。

个人投资者从私募证券投资基金获得利息、股息、红利等权益性投资所得，由上市公司、发行债券的企业和银行在向基金支付上述收入时代扣代缴20%的个人所得税。对证券投资基金从挂牌公司、上市公司取得的股息红利所得，按照财税〔1998〕55号、财税〔2002〕128号、财税〔2012〕85号、财税〔2015〕101号，以及财政部、税务总局、证监会公告2019年第78号等文的股息红利差别化个人所得税政策计征个人所得税。

二、创业投资企业税收优惠

我国创业投资企业税收优惠对象主要针对创业投资企业的募资端和投资端。募资端符合条件的，投资人可以对投资对象投资额的70%抵扣该创投企业（从创投企业分得）的应纳税所得额。投资端优惠主要针对符合条件的未上市中小高新技术企业和种子期、初创期科技型企业（以下简称“初创科技型企业”）。我国创投企业主要税收优惠如下：

1. 自2008年1月1日起，创业投资企业（公司型）采取股权投资方式投资于未上市的中小高新技术企业2年（24个月）以上，凡符合条件的，可以按照其对中小高新技术企业投资额的70%，在股权持有满2年的当年抵扣该创业投资企业的应纳税所得额；当年不足抵扣的，可以在以后纳税年度结转抵扣。

2. 自2015年10月1日起，全国范围内的有限合伙制创业投资企业采取股权投资方式投资于未上市的中小高新技术企业满2年（24个月）的，该有限合伙制创业投资企业的法人合伙人可按照其对未上市中小高新技术企业投资额的70%抵扣该法人合伙人从该有限合伙制创业投资企业分得的应纳税所得额，当年不足抵扣的，可以在以后纳税年度结转抵扣。有限合伙制创业投资企业的法人合伙人对未上市中小高新技术企业的投资额，按照有限合伙制创业投资企业对中小高新技术企业的投资额和合伙协议约定的法人合伙人占有限合伙制创业投资企业的出资比例计算确定。

3. 自2018年1月1日起，创业投资企业和天使投资个人投资初创科技型企业（天使投资个人所得税有关规定自2018年7月1日起施行）：

公司制创业投资企业采取股权投资方式直接投资于初创科技型企业满2年（24个

月）的，可以按照对其投资额的70%在股权持有满2年的当年抵扣该公司制创业投资企业的应纳税所得额；当年不足抵扣的，可以在以后纳税年度结转抵扣。

有限合伙制创业投资企业（简称“合伙创投企业”）采取股权投资方式直接投资于初创科技型企业满2年的，该合伙创投企业的合伙人分别按以下方式处理：法人合伙人可以按照对初创科技型企业投资额的70%抵扣法人合伙人从合伙创投企业分得的所得，当年不足抵扣的，可以在以后纳税年度结转抵扣；个人合伙人可以按照对初创科技型企业投资额的70%抵扣个人合伙人从合伙创投企业分得的经营所得，当年不足抵扣的，可以在以后纳税年度结转抵扣。

天使投资个人采取股权投资方式直接投资于初创科技型企业满2年的，可以按照投资额的70%抵扣转让该初创科技型企业股权取得的应纳税所得额；当期不足抵扣的，可以在以后取得转让该初创科技型企业股权的应纳税所得额时结转抵扣。天使投资个人投资多个初创科技型企业的，对其中办理注销清算的初创科技型企业，天使投资个人对其投资额的70%尚未抵扣完的，可自注销清算之日起36个月内抵扣天使投资个人转让其他初创科技型企业股权取得的应纳税所得额。

4.依据《财政部 税务总局关于延续执行创业投资企业和天使投资个人投资初创科技型企业有关政策条件的公告》（财政部 税务总局公告2022年第6号）规定，自2022年1月1日至2023年12月31日，对于初创科技型企业需符合的条件，从业人数继续按不超过300人、资产总额和年销售收入按均不超过5 000万元执行，《财政部 税务总局关于创业投资企业和天使投资个人有关税收政策的通知》（财税〔2018〕55号）规定的其他条件不变。

5.根据《财政部 税务总局关于延续执行创业投资企业和天使投资个人投资初创科技型企业有关政策条件的公告》（财政部 税务总局公告2023年第17号）规定，延续执行创业投资企业和天使投资个人投资初创科技型企业有关政策，该公告执行至2027年12月31日。

三、公司型创业投资企业退出所得税试点

公司型基金不属于我国股权基金的主流架构，但国家也给予其充分发展的契机。2020年、2021年、2023年，北京中关村国家自主创新示范区、上海市浦东新区特定区域、雄安新区陆续开展公司型创投企业退出所得税试点政策。该类型企业除沿袭符合条件的公司型创业投资企业可以对投资对象投资额的70%抵扣该创投企业的应纳税所得额以外，允许创投企业以个人投资者持股比例减免对应的企业所得税。目前，很

大部分股权基金集中在退出难问题上，该试点政策的颁布对于投资类企业（基金）发展走向具有前瞻性的指导意义。预计在不久的将来，公司型创投企业退出所得税试点优惠政策会扩围至其他地区。以下为政策具体内容：

1. 自2020年1月1日起，根据《财政部 国家税务总局 发展改革委 证监会关于中关村国家自主创新示范区公司型创业投资企业有关企业所得税试点政策的通知》（财税〔2020〕63号）规定，对示范区内公司型创业投资企业，转让持有3年以上股权的所得占年度股权转让所得总额的比例超过50%的，按照年末个人股东持股比例减半征收当年企业所得税；转让持有5年以上股权的所得占年度股权转让所得总额的比例超过50%的，按照年末个人股东持股比例免征当年企业所得税。

2. 自2021年1月1日起，根据《财政部 税务总局 发展改革委 证监会关于上海市浦东新区特定区域公司型创业投资企业有关企业所得税试点政策的通知》（财税〔2021〕53号）规定，对上海市浦东新区特定区域内公司型创业投资企业，转让持有3年以上股权的所得占年度股权转让所得总额的比例超过50%的，按照年末个人股东持股比例减半征收当年企业所得税；转让持有5年以上股权的所得占年度股权转让所得总额的比例超过50%的，按照年末个人股东持股比例免征当年企业所得税。

3. 自2023年1月1日起，根据《财政部 税务总局 发展改革委 证监会关于雄安新区公司型创业投资企业有关企业所得税试点政策的通知》（财税〔2023〕40号）规定，对雄安新区内公司型创业投资企业，转让持有3年以上股权的所得占年度股权转让所得总额的比例超过50%的，按照年末个人股东持股比例减半征收当年企业所得税；转让持有5年以上股权的所得占年度股权转让所得总额的比例超过50%的，按照年末个人股东持股比例免征当年企业所得税。

第五章

基金架构对基金运作的影响

基金架构对基金运作的影响既有微观层面，也有宏观层面。受到《资管新规》影响，基金运作本身的结构有诸多限制要求，比如不得要求刚性兑付，不得进行期限错配，创业投资基金不得使用杠杆融资，封闭式私募产品可份额分级，分级资产管理产品不得直接或者间接对优先级份额认购者提供保本保收益等安排。基金运作模式方面，要注意发起人、合同条款等因素对投资活动的影响，尤其是可分配资金的合同现金流与应纳税所得额的差异至今仍是引起税企争议的焦点之一。随着我国投资活动纵深发展，以非公开方式向投资者募集资金设立的投资基金出现了上市公司与私募基金共同设立并购基金或产业基金等投资基金的新模式。

第一节｜基金架构设计原则

私募基金架构通常与其“募”“投”“管”“退”方面紧密相关，发起人在单独或与其关联方共同发起设立基金之前，不仅要考虑投资者身份、人数、税务成本等因素，也要考虑监管规则对基金设立要求，以免基金募集完毕后对投资、管理、退出造成影响。

一、基金结构设计

基金结构的涉税问题很大程度源自资产管理产品作为基金投资者成为LP这类情形。由于我国资管产品所得税制度的空白，基金以其作为LP，或多或少带有规避所得税的效果。我们以常见PE基金作为例子对基金结构设计进行说明（见图5-1）。

资产管理业务属于金融机构的表外业务，资产管理产品包括但不限于人民币或外币形式的银行非保本理财产品，资金信托、证券公司、证券公司子公司、基金管理公司、基金管理子公司、期货公司、期货公司子公司、保险资产管理机构、金融资产投资公司发行的资产管理产品等。此处，依据金融管理部门颁布规则开展的资产证券化业务，以及依据人力资源社会保障部门颁布规则发行的养老金产品，不适用《人民银行 银保监会 证监会 外汇局关于规范金融机构资产管理业务的指导意见》(银发〔2018〕106号)。

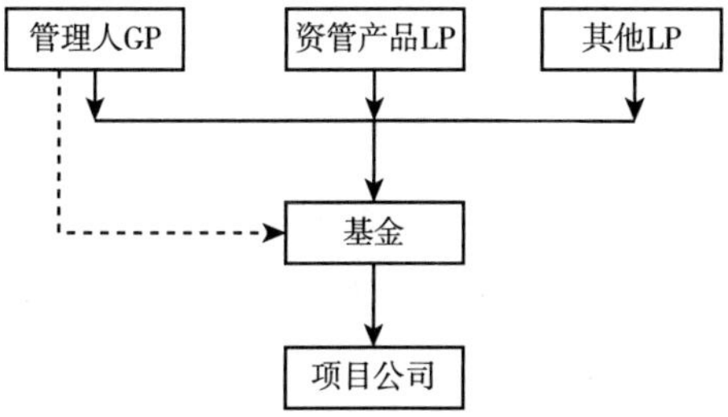

图5-1　常见PE基金架构

2018年10月22日，中国证监会发布《证券期货经营机构私募资产管理业务管理办法》(证监会令第151号)、《证券期货经营机构私募资产管理计划运作管理规定》(证监会公告〔2018〕31号)①，两者合称“资管细则”。

值得一提的是，虽然资产证券化业务、养老金产品这两类业务不适用《资管新规》，增值税的相关涉税规定还是将其纳入增值税的应税范围，有关基金结构的设计问题比较正式体现在《资管新规》及其配套的资管细则中。《资管新规》对资管产品作为LP的基金结构产生了以下几方面的影响。

（一）打破刚性兑付

资管业务是“受人之托、代人理财”的金融服务，金融机构开展资管业务时不得承诺保本保收益，金融管理部门对刚性兑付行为采取相应的处罚措施。刚性兑付是《资管新规》对管理人、发行人明令禁止的规定，和我们税法上所说的“保本保收益”类同。

私募基金法规体系要求，管理人及其股东、合伙人、实际控制人、关联方和基金销售机构，以及前述机构的工作人员不得以任何方式明示或者暗示基金预期收益率，不得承诺或者误导投资者投资本金不受损失或者限定损失金额和比例，或者承诺最低

---

① 2023年1月12日，中国证监会发布《证券期货经营机构私募资产管理业务管理办法》(证监会令第203号)，自2023年3月1日起施行。2023年1月12日，中国证监会公布《证券期货经营机构私募资产管理计划运作管理规定》(中国证券监督管理委员会公告〔2023〕2号)，自2023年3月1日起施行。

收益。同时，管理人及私募证券基金不得通过设置增强资金、费用返还等方式调节基金收益或者亏损，不得以自有资金认购的基金份额先行承担亏损的方式提供风险补偿，变相保本保收益。

（二）抑制多层嵌套

嵌套主要是指某一资产管理产品投资于另一资产管理产品的情形，多层嵌套即存在三层或三层以上嵌套的情形。对于多层嵌套资产管理产品，向上要识别产品的最终投资者，向下识别产品的底层资产（公募证券投资基金除外）。

在私募基金被纳入“资产管理产品”进而根据《资管新规》统一监管的情形下，其他资产管理产品嵌套私募基金，例如银行发行的资产管理产品通过嵌套资管计划、信托计划投资于私募基金的方式，以及私募基金再进行下层基金投资，在架构设计上都会受到该规定的限制。但是，以下资管产品投资的标的可以不视为一层产品：

1. 两类基金

2019年10月19日，中国人民银行会同证监会等部门发布《关于进一步明确规范金融机构资产管理产品投资创业投资基金和政府出资产业投资基金有关事项的通知》，针对两类基金作出了特殊规定，即创业投资基金和政府出资产业投资基金接受资产管理产品及其他私募投资基金投资时，该两类基金不视为一层资产管理产品。

2. 投资公募证券基金

金融机构不得为其他金融机构的资产管理产品提供规避投资范围、杠杆约束等监管要求的通道服务。资产管理产品可以再投资一层资产管理产品，但所投资的资产管理产品不得再投资公募证券投资基金以外的资产管理产品。

目前，私募基金适用《资管新规》关于嵌套层数的限制规定，且私募基金属于资管产品并构成一层嵌套的监管逻辑，对于私募股权投资基金资管产品（创业投资基金和政府出资产业投资基金除外）的有限合伙人，合规的嵌套架构为“资管产品（含私募基金）——私募基金——直投项目”，但不排除中国基金业协会在具体基金产品备案审核时，根据产品嵌套的原因和合理性，通过对两层以上嵌套的私募基金予以备案。

3. 私募基金

私募基金设置复杂、多层嵌套架构，源于管理人或可利用基金份额分级，差异化对待投资人及其投资项目，规避监管的问题。此处的“复杂、多层嵌套架构”，笔者的理解不限于以资管产品，也包括以有限合伙等SPV组织架构作为多层嵌套模式的情况。

监管规则并不禁止基金份额分级，只是份额分级有规定要求：

（1）私募证券基金设置不同基金份额类别的，应当公平对待各基金份额持有人。基金合同应当明确约定基金份额类别的划分标准等相关要素，对不同份额类别可以设置差异化的认（申）购费率、赎回费率、管理费率、销售服务费率及业绩报酬计提比例等，不得设置差异化的开放日、封闭期、份额锁定期、业绩报酬计提基准。

（2）私募基金管理人不得在私募证券基金内部设立由不同投资者参与并投向不同资产的投资单元或者基金子份额。

（3）私募股权基金的架构应当清晰、透明，不得通过设置复杂架构、多层嵌套等方式规避监管要求，收取不合理费用。私募基金管理人应当向投资者充分披露投资架构及投资者承担的费用等有关信息。私募基金管理人不得在私募股权基金内部设立由不同投资者参与并投向不同资产的投资单元或者基金子份额，但因投资排除等机制导致前述情形的除外。

（三）控制资管产品的杠杆水平

结合当前的行业监管标准，从负债和分级两方面统一资管产品的杠杆要求，投资风险越高，杠杆要求越严。对公募和私募产品的负债比例作出不同规定，明确可以分级的产品类型，分别统一分级比例。

1.资产管理产品应当设定负债比例（总资产/净资产）上限，同类产品适用统一的负债比例上限。每只开放式公募产品的总资产不得超过该产品净资产的140%，每只封闭式公募产品、每只私募产品的总资产不得超过该产品净资产的200%。计算单只产品的总资产时应当按照穿透原则合并计算所投资资产管理产品的总资产。

2.公募产品和开放式私募产品不得进行份额分级。

分级私募产品的总资产不得超过该产品净资产的140%。分级私募产品应当根据所投资资产的风险程度设定分级比例（优先级份额 ÷ 劣后级份额，中间级份额计入优先级份额）。固定收益类产品的分级比例不得超过3：1，权益类产品的分级比例不得超过1：1，商品及金融衍生品类产品、混合类产品的分级比例不得超过2：1。

分级资产管理产品不得直接或者间接对优先级份额认购者提供保本保收益安排。分级资产管理产品是指存在一级份额以上的份额为其他级份额提供一定的风险补偿，收益分配不按份额比例计算，由资产管理合同另行约定的产品。

3.结构化基金是指在投资组合下，对基金收益或净资产进行分解，形成两级（优先、劣后）或多级（优先、中间级、劣后）风险和收益具有一定差异的多个基金份额的基金。优先级投资人收益要先行分配，风险程度较低，没有超额收益，核算上分类为金融工具。优先级投资人通常适合于对风险承受能力低的银行、保险等机构。结构化的设计大多出现在有限合伙型基金和契约型基金。

杠杆比例=优先级份额（或中间级份额）÷劣后级份额

分级私募股权基金若存在中间级份额，计算杠杆、收益或者亏损比例时，中间级份额应当计入优先级份额。

此处，杠杆越大，劣后所获得的收益（承受的损失）也更大。优先级份额通常成为A类份额，一般适用于预期风险和收益较低的份额，此类份额一般约定年基准收益率，风险和预期收益较劣后级低。劣后级份额通常成为B类份额，一般适用于预期风险、收益较高的份额，投资者承受风险承受力较强。中间级介于两者之间。

私募基金结构化产品中，B类份额为A类份额提供安全垫。在基金投资出现亏损时，B类份额持有人以其持有的份额净值为限，根据基金合同安排，对A类份额的初始委托资金提供一定的补充（有时包括根据基准收益计算的预期收益）。

基金合同（或公司章程、合伙协议）约定，由资产管理人以自身资金提供有限风险补偿，且不参与收益分成或不获得高于份额比例计算的私募基金，不属于结构化私募基金产品。

4.基金业协会特别关注分级私募基金是否设置极端的优先级与劣后级收益分配比例，是否遵循利益共享、风险共担、风险与收益相匹配的原则①。

值得一提的是，创业投资基金不使用杠杆融资，封闭式私募产品可份额分级，分级资产管理产品不得直接或者间接对优先级份额认购者提供保本保收益安排。因此，私募股权基金采用分级安排的，私募基金管理人应当向投资者充分披露私募股权基金的分级设计、完整的风险收益分配情形等信息。同时，投资资产的分级私募股权基金，应当符合利益共享、风险共担、风险与收益相匹配原则，优先级与劣后级的比例不得超过1∶1，优先级份额投资者获取收益或者承担亏损的比例不得低于30%，劣后级份额投资者获取收益或者承担亏损的比例不得高于70%。

【案例5-1】中国铝业股份有限公司（以下简称“中铝股份”）2017年与交银国际信托有限公司（以下简称“交银国际信托”）、交银国信资产管理有

① 《私募投资基金备案指引第1号》第十四条、《私募投资基金备案指引第2号》第十五条规定了分级安排的相关要求。

限公司（以下简称“交银国信资产”）共同成立了北京中铝交银四则产业投资基金管理合伙企业（有限合伙）①（以下简称“四则产业基金”）。而后，基金合伙人对前述退伙协议、入伙协议、增资协议以及新合伙协议对原合伙协议主要条款作出如下变更：

（1）产业基金的普通合伙人由中铝建信变更为交银国信资产，中铝建信仍担任产业基金的基金管理人。

中铝建信自退伙之日起，不再享有原合伙协议项下合伙人的任何权利、不再承担合伙人的任何义务；中铝建信在退伙后将继续担任产业基金的基金管理人。

原合伙人同意接纳交银国信资产入伙成为合伙企业的普通合伙人，交银国信资产同意在入伙后受新合伙协议的约束并按新合伙协议的约定履行普通合伙人的各项义务。

（2）产业基金认缴出资额由目前的人民币20.002亿元调增至人民币100.01亿元，其中，交银国际信托作为优先级合伙人认缴出资额人民币67亿元（含前次已认缴的人民币13.4亿元，此次认缴增资金额人民币53.6亿元），中铝股份作为劣后级合伙人认缴出资额人民币33亿元（含前次已认缴的人民币6.6亿元，此次认缴增资金额人民币26.4亿元），交银国信资产认缴出资额人民币100万元（含已认缴的人民币20万元，此次认缴增资金额人民币80万元）。

变更后，交银国际信托为四则产业基金优先级有限合伙人，中铝股份为劣后级有限合伙人，交银国信资产为普通合伙人，中铝建信投资基金管理（北京）有限公司（以下简称“中铝建信”）为基金管理人（见图5-2）。

---

① 有关四则产业基金成立详情请见中铝股份分别于2017年5月9日、2017年5月24日、2017年6月21日及2017年9月28日在巨潮资讯网披露的《中国铝业股份有限公司关于拟与交银国际信托有限公司合作成立产业投资基金的公告》（公告编号：2017-018）、《中国铝业股份有限公司关于与交银国际信托有限公司合作成立产业投资基金的进展公告》（公告编号：2017-023）、《中国铝业股份有限公司关于成立产业投资基金的进展公告（二）》（公告编号：2017-025）及《中国铝业股份有限公司关于成立产业投资基金的进展公告（三）》（公告编号：2017-052）。

2021年4月，《中国铝业股份有限公司第七届董事会第十七次会议决议公告》（公告编号：临2021-014）披露，四则产业基金投资已全部收回，中铝股份、交银国际信托、交银国信资产均同意解散四则产业基金，并拟由基金管理人中铝建信担任清算人，办理解散四则产业基金的相关手续。

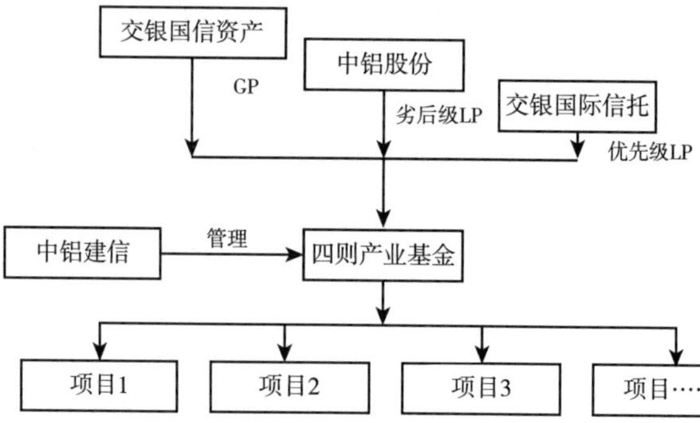

图5-2 四则产业基金结构

（四）资金池和久期管理

资金池通常由金融机构发起和管理，通过汇集投资者的资金形成规模效应。资金池一般和金融产品的滚动发行、集合运作、分离定价、期限错配等问题成对出现。

监管规则对于资金池业务约束其实是比较中性的。《资管新规》指出，金融机构应当做到每只资产管理产品的资金单独管理、单独建账、单独核算，不得开展或者参与具有滚动发行、集合运作、分离定价特征的资金池业务。金融机构应当合理确定资产管理产品所投资资产的期限，加强对期限错配的流动性风险管理，金融监督管理部门应当制定流动性风险管理规定。为降低期限错配风险，金融机构应当强化资产管理产品久期管理，封闭式资产管理产品期限不得低于90天。

新的私募基金备案指引借鉴了《资管新规》对金融机构资金池和久期管理的规定，作出私募基金管理人应当合理确定私募股权基金所投资资产的期限，加强流动性风险管理。私募股权基金投资资产管理产品、其他私募股权基金，或者接受其他私募股权基金投资的，私募股权基金的到期日应当不早于下层资产管理产品、私募股权基金的到期日6个月以上，不晚于上层私募股权基金的到期日6个月以上，但有例外情况可以不遵守久期管理的要求。

（五）投资者人数与金额要求

金融机构不得违反金融监督管理部门的规定，通过为单一融资项目设立多只资产管理产品的方式，变相突破投资人数（200人）限制或者其他监管要求。同一金融机构发行多只资产管理产品投资同一资产的，为防止同一资产发生风险波及多只资产管理产品，多只资产管理产品投资该资产的资金总规模合计不得超过300亿元。如果超出该限额，需经相关金融监督管理部门批准。

新发布的“资管细则”还有双25%的限制，即指一个集合资管计划投资同一资产的资金不超过该资产净值的25%，同一机构全部资管计划投资同一资产的资金不超过该资产的25%。

二、双GP

有限合伙企业由2个以上50个以下合伙人设立；但是，法律另有规定的除外。有限合伙企业至少应当有一个普通合伙人。实务中，双GP在合伙型基金中并不少见。双GP的问题详见本书第三章第四节“双GP与管理人”。

第二节｜PE基金运作模式

2014年以来，“PE+上市公司”的运作模式逐渐成为资本市场上的热点并受到广泛关注，该模式主要表现为私募基金认购上市公司股份，与上市公司共同设立并购基金或存在其他相关协议安排。作为一种市场创新手段，这一运作模式有利于激发市场活力，促进资本流动，提高市场活跃程度，推动各市场主体有效整合市场资源。同时，金融资本与产业资本的有效结合，也有利于降低并购风险，提高产业整合成功率，提升上市公司的价值。

上市公司+PE模式设立基金，通常以基金管理人作为普通合伙人GP，上市公司作为有限合伙人LP。上市公司（与关联方）参与认购基金份额如满足《企业会计准则第33号——合并财务报表》以控制为基础确定要件的，可形成并购基金达成并表目的，合伙人并表会计处理详见本书第六章第四节“有限合伙型基金合伙人会计处理”。

一、基金投资发起人

据基金业协会统计，截至2024年1月末，我国存续私募基金管理人21 594家，管理基金数量153 756只，管理基金规模20.33万亿元。其中，私募证券投资基金管理人8 457家；私募股权、创业投资基金管理人12 876家；私募资产配置类基金管理人9家；其他私募投资基金管理人252家。

PE基金通常以基金管理人作为发起人，以社会各类资金方作为投资者。PE基金发起设立方还可以是私募基金管理人、金融机构，以及国有企业、各级政府。

（一）私募基金管理人

我国的私募基金管理人主要为私募证券基金管理人、私募股权/创业投资基金管理人。按照《登记备案办法》规定，私募基金管理人应当自行募集资金，或者按照中国证监会的相关规定，委托具有基金销售业务资格的机构（基金销售机构）募集资金。其中，基金销售业务资格的机构按照《公开募集证券投资基金销售机构监督管理办法》销售公募基金和私募证券基金。

（二）金融机构

金融机构通常不直接从事PE基金业务。

保险资金可以设立私募基金。保险资金设立私募基金，应当事先确定发起人和基金管理人。保险资金设立私募基金，发起人应当由保险资产管理机构的下属机构担任私募基金开展投资业务的载体，由该载体负责发起设立私募基金，确定基金管理人、维护投资者利益并承担法律责任。

商业银行在中华人民共和国境内不得从事信托投资和证券经营业务，不得向非自用不动产投资或者向非银行金融机构和企业投资，但国家另有规定的除外。原银保监会2018年6月29日颁布的《金融资产投资公司管理办法（试行）》（中国银行保险监督管理委员会令2018年第4号）要求商业银行成立金融资产投资公司，主营业务包括收购银行对企业的债权，将债权转为股权并对股权进行管理，对于未能转股的债权进行重组、转让和处置等一系列债转股业务。金融资产投资公司可以设立附属机构，并申请成为私募股权投资基金管理人。

2018年10月22日，证监会公布实施《证券期货经营机构私募资产管理业务管理办法》（证监会令第151号），适用范围为证券公司、基金管理公司、期货公司及前述机构依法设立的从事私募资产管理业务的子公司，从事私募资产管理业务。《证券期货经营机构私募资产管理计划运作管理规定》（证监会公告〔2018〕31号）是依据前述文件等基础上制定的规范证券期货经营机构运作设立私募资产管理计划的文件。

证券公司、基金管理公司、期货公司及前述机构依法设立的从事私募资产管理业务的子公司开展私募资产管理业务的，应当加入基金业协会成为会员，并按照基金业协会的要求，在资产管理计划成立之日起5个工作日内进行私募资产管理计划备案，报送资产管理计划运行信息，接受基金业协会的自律管理。

（三）国有企业、各级政府

国家出资企业，是指国家出资的国有独资企业、国有独资公司，以及国有资本控股公司、国有资本参股公司。

国务院和地方人民政府依照法律、行政法规的规定，分别代表国家对国家出资企业履行出资人职责，享有出资人权益。国务院国有资产监督管理机构和地方人民政府按照国务院的规定设立的国有资产监督管理机构，根据本级人民政府的授权，代表本级人民政府对国家出资企业履行出资人职责。国务院和地方人民政府根据需要，可以授权其他部门、机构代表本级人民政府对国家出资企业履行出资人职责。

根据《合伙企业法》的规定，国有独资公司、国有企业不得成为普通合伙人，实务中不乏国有企业成为普通合伙人发起设立合伙型私募基金成功的情况。因此，国有企业拟作为普通合伙人发起设立合伙型基金，除了需要与注册地的工商登记部门/市场监督管理部门确认注册程序是否存在障碍外，也需要与该国有企业的国资主管机关事先沟通确认，以避免违反国有企业监管的相关规定。

二、基金合同条款

合伙型基金指投资者依据《合伙企业法》成立有限合伙企业（以下简称“合伙企业”），由普通合伙人对合伙债务承担无限连带责任，有限合伙人以其认缴的出资额为限对合伙企业债务承担责任。基金管理人负责投资运作的私募投资基金，管理人通过有限合伙形式募集设立私募投资基金的，应当签署合伙协议载明《合同指引3号》规定的必备条款。接下来，我们介绍有限合伙制私募股权投资基金合伙合同（协议）中与涉税相关的核心条款。

（一）存续期、经营期

基金存续期和合伙企业经营期是不同的范畴（见图5-3）。

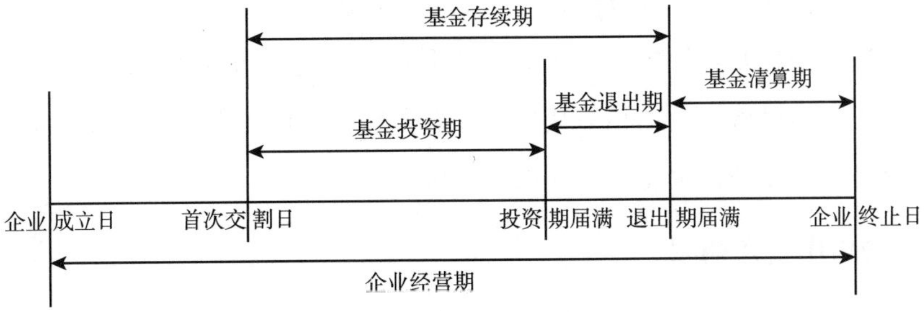

图5-3　基金存续期与合伙企业经营期

1. 基金存续期

基金存续期是个非常重要的概念，指基金募集成功，基金合同成立通过一段时间的封闭期后，进入了基金的日常交易期。私募基金应当约定明确的存续期（投资期+退出期，不包括延长期），鼓励管理人设立存续期不少于7年的私募股权基金。私募股权基金约定的存续期除另有规定外，不得少于5年。私募证券基金的存续期不得约定为无固定期限。

合伙型基金的存续期间为首次交割日起算“存续期间”开始，也有从基金备案起算。根据经营需要，合伙企业存续期限可延长两次：第一次可由普通合伙人决定（一般两年）；第二次延长需由合伙人会议（咨询委员会）审议通过（一般两年）。投资期届满后剩余存续期为基金退出期。

基金退出期和基金清算期要求不同，进入基金清算期后要组织清算小组。私募基金合同终止的，私募基金管理人应当按照基金合同约定，及时对私募基金进行清算，自私募基金清算完成之日起10个工作日内向协会报送清算报告等信息。一定期限内无法完成清算的，还应当自清算开始之日起10个工作日内向协会报送清算承诺函、清算公告等信息。私募基金在开始清算后不得再进行募集，不得再以基金的名义和方式进行投资。

2. 企业经营期

和存续期相对应的，还有一个经营期的概念。经营期是从基金采用企业组织架构角度来说的，即企业营业执照所记载的营业期限。经营期包括合伙企业成立日、基金存续期，以及合伙企业终止日。兼具组织结构的基金存续期有可能和企业的经营期重合。

进入基金清算期，已备案的公司型或者合伙型私募股权基金，经投资者和私募基金管理人协商一致解除委托管理关系。作为非基金形式的公司或者合伙企业继续运作的，应当及时变更名称和经营范围，不得保留“基金”或者其他误导性字样，私募基金管理人不得担任其股东或者合伙人。自变更之日起10个工作日内，私募基金管理人应当向协会提请办理基金注销。作为非基金形式存续的公司或者合伙企业不得以基金形式继续运作，不得再次委托私募基金管理人管理，不得再次提请备案为私募基金。

合伙企业工商注销，企业经营期正式结束。

（二）缴付出资及期限

合伙型基金不仅需要符合《合伙企业法》相关规定，还需要符合监管要求：

1.全体合伙人在合伙协议中约定目标认缴出资金额，以合伙协议约定的期限、方式完成对本合伙企业的出资。合伙人应当按照合伙协议的约定按期足额缴纳出资；未按期足额缴纳的，应当承担补缴义务，并对其他合伙人承担违约责任。

2.基金出资为货币实缴。出资完成后，由普通合伙人负责向企业登记机关申请有限合伙设立，并办理登记手续。普通合伙人可以根据有限合伙运作情况，征得有限合伙人同意后决定增加有限合伙认缴出资额，并以书面方式决定后续出资的时间、数额及条件等。合伙企业应置备合伙人登记册，登记各合伙人名称、住所、认缴出资额、实际出资额等必要的信息；普通合伙人应根据上述信息的变化情况随时更新合伙人名册。

3.有限合伙人未能在约定的出资日届满之前支付全部或部分实缴出资，同时未能在普通合伙人给予的合理期限内进行及时补救，即构成支付违约，普通合伙人可以宣布该有限合伙人为“违约合伙人”。

（三）投资范围

从组织法和合伙协议角度，合伙型基金的协议应列明基金的投资范围、投资运作方式、投资限制、投资决策程序、关联方认定标准及关联方投资的回避制度，以及投资后对被投资企业的持续监控、投资风险防范、投资退出、所投资标的担保措施、举债及担保限制等作出约定。要特别关注私募基金不得投资的限制规定：

1.从事或者变相从事信贷业务，或者直接投向信贷资产，中国证监会、协会另有规定的除外；

2.通过委托贷款、信托贷款等方式从事经营性民间借贷活动；

3.私募基金通过设置无条件刚性回购安排变相从事借贷活动，基金收益不与投资标的的经营业绩或者收益挂钩；

4.投向保理资产、融资租赁资产、典当资产等与私募基金相冲突业务的资产、资产收（受）益权，以及投向从事上述业务的公司的股权；

5.投向国家禁止或者限制投资的项目，不符合国家产业政策、环境保护政策、土地管理政策的项目；

6.通过投资公司、合伙企业、资产管理产品等方式间接从事或者变相从事本条前述第1项至第5项规定的活动；

7.不属于《登记备案办法》第二条第二款规定的私募基金，不以基金形式设立和运作的投资公司和合伙企业；

8. 以员工激励为目的设立的员工持股计划和私募基金管理人的员工跟投平台。

股权基金与创投基金的投资范围有细微差别。市面上投资早、中期企业的项目很多属于创业投资企业（基金）范畴，创业投资基金属于股权基金的大类。

如涉及直接或间接投资（包括通过投资私募股权投资基金的方式进行投资等）基础设施、房地产、上市公司定向增发、上市公司非公开发行或交易的可转债、上市公司股东非公开发行或交易的可交债，建议备案为私募股权基金。如主要投资未上市企业，不考虑税收优惠等其他因素，备案为股权投资基金、创业投资基金均可。

（四）投资决策机制

基金管理人在其法定权力机构下设立投资决策委员会。经过基金管理人法定权力机构授权，按照合伙协议和《委托管理协议》获得，投资决策委员会负责对合伙企业的项目投资、项目处置与投资退出进行决策。

投资决策委员会由若干名委员组成，其成员由合伙人会议推荐，普通合伙人决定。投资决策委员会设主任一名，由基金管理人（普通合伙人）委派代表出任。投资决策委员会主任召集并主持投资决策委员会会议。原则上，投资决策委员会形成决议须全体委员三分之二或以上表决通过方为有效。投资决策委员会议事规则由普通合伙人拟定，合伙人会议通过后方可执行。

（五）基金收益分配和亏损分担

基金净利润为基金收入扣除基金费用和各项税收后的余额，可依据合伙企业会计核算办法规定的科目和口径进行处理。

1. 基金收入

基金收入包括股权或其他投资退出变现后收到的扣除本金之后的收入、股权投资的分红和其他投资的利息、银行存款利息以及已经实现的其他合法收入等。

2. 基金费用

基金费用的种类包括基金管理人的管理费、基金托管人的托管费和基金运营费用三部分。

基金合同要载明管理费的计提方法、标准和支付方式。基金在其经营期间，普通合伙人通常按照有限合伙的总认缴出资额的2%/年提取管理费。管理费由全体合伙人根据其认缴出资额按比例分摊，从全体合伙人缴纳的保证金或实缴出资中提取。第一年的管理费通常由普通合伙人在有限合伙设立后10个工作日之内从保证金中提取，以后年度管理费由普通合伙人在每年1月15日从基金实缴出资中提取，协议另有规定的除外。

基金通过托管的，基金费用均依据《资金保管协议》在基金托管人处开立的支出账户支付，并接受基金托管人的合规性审查。基金托管人的托管费用按《基金资金托管协议》约定由基金承担。

基金运营费用包括不限于以下几类：合伙企业注册登记、资格审查手续等产生的费用，管理、运用或处分基金资产的过程中发生的税费，基金自身的年报审计费、律师费、评估费、股权交易费等费用，合伙企业为自身利益聘请独立第三方出具法律建议、融资建议、税收建议、会计建议（包括审计）而发生的律师费、顾问费、税务师费、评估师费、咨询师费、会计师费等，被投资项目方不承担的投资项目费用（筛选评价、投资决策、投资后管理和项目投资退出决策有关的律师费、顾问费、税务师费、评估师费、咨询师费、会计师费等费用），以基金为主体提起诉讼或仲裁所发生的解决纠纷费用，合伙企业终止时的清算费用，经确认应由合伙企业承担的其他费用。

（六）可分配资金

可分配资金指不需或不能再用于投资或其他支付的、可供分配给合伙人的基金资产，包括实现的基金净利润和回收的原始出资额。

1. 分配范围

合伙企业的可分配资金指下列收入扣除为支付相关税费、债务、合伙企业费用和其他义务后可供分配的部分：

（1）合伙企业从其处置投资项目（包括但不限于处置其在投资项目中的股权、合伙份额或其他权益）获得的收入（简称“项目处置收入”）；

（2）合伙企业从其投资运营活动获得的分红、股息、利息、其他类似的现金收入（简称“投资运营收入”）；

（3）执行事务合伙人确定不再进行投资或用于其他目的，并可返还给各合伙人的实缴出资额（简称“未使用出资额”）；

（4）临时投资收入；

（5）违约金收入及其他应归属于合伙企业的现金收入（简称“其他现金收入”）。

2. 分配顺序

基金可分配资金的分配采用“即退即分”模式，详见本书第九章第二节“合伙型基金合同约定现金流分配”。

3. 分配形式

基金可分配资金的分配通常以现金、可流通的有价证券、未上市公司股权的形式进行。协议可约定，分配任何流通的有价证券的价值以派发当日之前累计若干个交易日有关部门公布的该有价证券的市场收盘价的平均价为计算依据，未上市公司股权价值评估方式按合伙协议约定的合伙人会议表决通过。非现金分配的标的在视同转换为现金的基础上进行计算。合伙人也可采用共同认可的其他形式。

4.分配时间

分配时间可由合伙协议约定，不一定非要进入清算期才分配。基金经营期间取得的每一笔可分配资金，应按合伙协议及合伙协议的补充协议约定的原则和顺序进行分配。

在合伙企业存续期结束后，或经合伙人会议决定提前清算的更早时间，在扣除基金管理费、基金托管费及基金运营费用后，及时向基金合伙人分配可分配资金。

5.分配比例

合伙型基金的利润分配（亏损分担），应按照合伙协议的约定办理；合伙协议未约定或者约定不明确的，由合伙人协商决定；协商不成的，由合伙人按照实缴出资比例分配、分担；无法确定出资比例的，由合伙人平均分配、分担。

合伙协议不得约定将全部利润分配给部分合伙人或者由部分合伙人承担全部亏损。

三、基金投资合作模式

上市公司与私募基金合作是近年来资本市场形成的新型投资运作模式。《上市公司与私募基金合作投资事项信息披露业务指引》（上证发〔2015〕76号）第二条规定，该类私募基金是以非公开方式向投资者募集资金设立的投资基金，包括资产由基金管理人或者普通合伙人管理的以投资活动为目的设立的公司或者合伙企业。上市公司与私募基金投资合作模式包括：上市公司与私募基金共同设立并购基金或产业基金等投资基金，上市公司认购私募基金发起设立的投资基金份额，上市公司与私募基金签订业务咨询、财务顾问或市值管理服务等合作协议，私募基金投资上市公司，直接或间接持有上市公司股份比例达到5%以上，以及其他投资合作事项。具体有以下几类常见的合作模式。

（一）上市公司直接认购基金份额成为LP

上市公司直接认购并购基金份额成为LP是最普遍的模式。通常，上市公司没有专业产业投资部门或者子公司设立基金，需要将基金主体的管理委托给专业投资经验的PE机构，借助PE机构投资领域的专业经验、资源、管理团队提高投资的效率（见图5-4）。

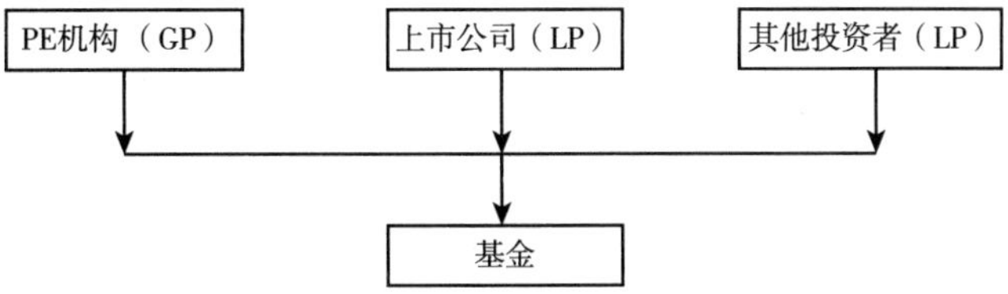

图5-4　上市公司直接认购并购基金份额成为LP

【案例5-2】杭州中欣智汇股权投资合伙企业（有限合伙）。

浙江中欣氟材股份有限公司（以下简称“中欣氟材”）2022年12月29日于深交所披露《浙江中欣氟材股份有限公司关于参与设立股权投资基金的公告》（公告编号：2022-102），杭州智汇钱潮股权投资管理有限公司作为普通合伙人发起设立杭州中欣智汇股权投资合伙企业（有限合伙），基金规模不超过1.188亿元人民币，中欣氟材拟作为有限合伙人以自有资金认缴出资10 000万元人民币。以下为杭州中欣智汇股权投资合伙企业（有限合伙）设立情况（见图5-5）。

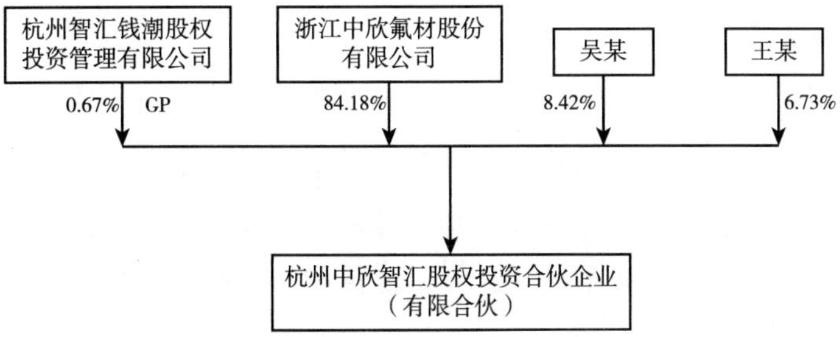

图5-5　杭州中欣智汇股权投资合伙企业（有限合伙）设立情况

1.基金设立情况

杭州中欣智汇股权投资合伙企业（有限合伙），募资规模不超过1.188亿元人民币（具体规模以实际到位资金为准）。基金管理人：杭州智汇钱潮股权投资管理有限公司，私募股权/创业投资基金管理人。

普通合伙人：杭州智汇钱潮股权投资管理有限公司，执行事务合伙人。

有限合伙人：浙江中欣氟材股份有限公司、吴某、王某。

合伙企业关注我国扶持和鼓励的战略性新兴产业、未来产业等重点发展的领域，主要围绕“十四五”时期的重要能源战略，将新能源产业作为重点投资领域，结合中欣氟材未来发展战略，集中投资于锂电、钠电，以及相关的高分子材料、电解液、储能等公司。

2.合伙企业经营期限

本合伙企业的经营期限为7年。根据本合伙企业经营需要，经普通合伙人自主决定，本合伙企业的存续期限可延长1年；经合伙人会议审议同意，本合伙企业的存续期限可再延长2年。

本合伙企业的投资期为自本合伙企业成立日起3年。投资期结束后合伙企业的剩余存续期间为“存续期”。

3.合伙企业出资

普通合伙人：杭州智汇钱潮股权投资管理有限公司，认缴出资80万元人民币，普通合伙人认缴的合伙企业出资金额将不低于合伙企业总认缴出资额的0.5%，具体按协议附件所示。普通合伙人将基于其认缴出资额参与合伙企业的投资并按照协议约定享有相应的财产权利。

有限合伙人的认缴出资额如下：中欣氟材认缴出资10 000万元人民币；吴某，认缴出资1 000万元人民币；王某，认缴出资800万元人民币。

所有合伙人均应以人民币现金方式对合伙企业出资。

4.投资决策程序

由管理人及有限合伙人共同组建投资决策委员会。投资决策委员会共设五名委员，初始委员为徐某国、袁某岚、吴某、滕百某、王某，投资决策委员会委员经普通合伙人同意方可更换。除非本协议另有明确约定，投资决策委员会作出投资决策，需由全体投资决策委员会委员全票表决通过。

普通合伙人应促使投资决策委员会建立关联交易回避制度。投资决策委员会负责对合伙企业投资项目（及其退出）以及投资处置作出最终决策，为避免歧义，投资决策委员会不负责本合伙企业的日常运营管理。

5.管理费

普通合伙人与有限合伙人同样分担管理费或支付收益分成。普通合伙人按照本合伙协议约定减少任何合伙人的认缴出资额及合伙企业的总认缴出资额后，自普通合伙人作出减少认缴出资额、总认缴出资额的决定之日起，在执行本协议关于管理费、收益分配及亏损分担的约定时，相关的认缴出资额按照降低后的认缴出资额计算。

6.收益分配机制

可分配资金按现金分配。取得现金收入时的分配除非本补充协议另有规定，本合伙企业经营期限内取得的可分配资金一般不用于再投资，应于取得之后的90天或此后的合理时间内尽快进行分配。

合伙企业从已退出投资项目（包括部分退出投资项目的已退出部分）取得的可分配资金，私募基金管理人在扣除以下三项费用后，按照项目投资成本计算出该项目的投资收益：已退出投资项目的相关费用；该投资项目在本合伙企业已发生的其他费用中应分摊的费用：其他费用包括筹建费用和不与具体投资项目相关的合伙企业营运费用，分摊比例按照该投资项目的投资本金占本合伙企业的所有投资项目的投资本金总额的比例计算；预留合伙企业应缴税费。

对于项目投资收益按照如下约定进行分配：

（1）返还各合伙人之实缴资本。

按照各合伙人的实缴出资比例分配，直至各合伙人收回截至本次分配时点的所有已退出投资项目中的实缴出资额。

（2）收益分配。

完成以上分配之后，剩余部分为投资收益，投资收益的85%归合伙人，由各合伙人按照实缴出资本金比例分配，超额收益的15%归基金管理人。普通合伙人根据以上所得金额即为“业绩奖励”。普通合伙人在本合伙企业清算分配前，可以实际分配业绩奖励中的80%，剩余20%待合伙企业所投资的全部项目退出后进行结算。

因有限合伙人逾期缴付出资而向本合伙企业支付的违约金、滞纳金等其他现金收入，计为本合伙企业的收入，在除支付该等违约金的合伙人以外的其他合伙人之间按实缴出资比例分配。

在合伙企业所投资的全部项目退出后，合伙企业按照基金补充协议约定的分配顺序进行收益分配，并对普通合伙人的业绩奖励进行结算。

【案例5-3】珠海德擎绿色能源产业股权投资合伙企业（有限合伙）。

哈尔滨九洲集团股份有限公司（以下简称“九洲集团”）2022年12月8日于深交所发布《哈尔滨九洲集团股份有限公司关于参与投资设立股权投资基金的公告》（公告编号：2022-141）披露公司审议通过了《关于参与投资

设立股权投资基金的议案》，同意九洲集团使用自有资金900万元人民币作为有限合伙人参与投资设立珠海德擎绿色能源产业股权投资合伙企业（有限合伙）。以下为珠海德擎绿色能源产业股权投资合伙企业（有限合伙）设立情况（见图5-6）。

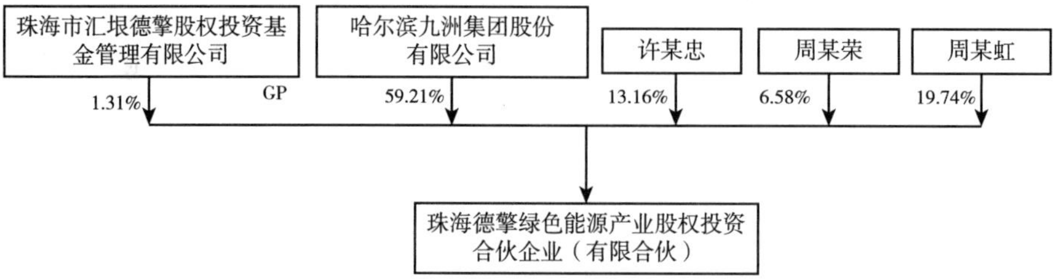

图5-6　珠海德擎绿色能源产业股权投资合伙企业（有限合伙）设立情况

1.基金设立情况

珠海市汇垠德擎股权投资基金管理有限公司（简称“汇垠投资”，私募股权、创业投资基金管理人）作为合伙企业的普通合伙人（执行事务合伙人）与九洲集团、周某荣、周某虹、许某忠等签署了《珠海德擎绿色能源产业股权投资合伙企业（有限合伙）合伙协议》。根据约定，九洲集团作为有限合伙人向珠海德擎绿色能源产业股权投资合伙企业（有限合伙）（简称“合伙企业”）投资900万元，占基金认缴出资总额的59.21%。

合伙企业定位为绿色能源主题基金，将通过北京产权交易所投资中国航空工业新能源投资有限公司，深耕综合能源项目、清洁能源项目和智慧能源管理系统建设，并参与相关资产（九洲集团）的并购等。促进2030年前“碳达峰”、2060年前“碳中和”目标的实现。

2.合伙企业经营期

合伙企业的存续期为七年，其中前五年投资期，后两年退出期，经全体合伙人同意，投资期根据项目收益情况可延期两年（投资期延长期不应导致存续期延长）。

3.合伙企业出资

珠海市汇垠德擎股权投资，普通合伙人，认缴出资20万元，占比1.31%；

九洲集团，有限合伙人，认缴出资900万元，占比59.21%；

周某荣，有限合伙人，认缴出资100万元，占比6.58%；

周某虹，有限合伙人，认缴出资300万元，占比19.74%；

许某忠，有限合伙人，200万元，13.16%。

4.投资决策程序

合伙企业设投资决策委员会，成员为三名，其中，执行事务合伙人委派一名，有限合伙人九洲集团委派两名。投资决策委员会设主任一名，由执行事务合伙人委派，主任负责召集并主持投资决策委员会会议。投资决策程序采用投票制，每名委员拥有一票投票权，共三票；投资决策委员会形成的决议须三票通过为有效。

5.利润分配和亏损承担

（1）利润分配及基金管理人管理业绩报酬。

基金管理人管理业绩报酬是指基金按本协议约定的核算标准考核管理人的业绩并按约定支付给管理人的报酬，属于合伙企业的费用之一。

基金退出时，可供分配利润在合伙人之间根据分配时的实缴出资额比例进行分配，直至每个合伙人均收回其全部实缴出资额；若分配完毕合伙企业实缴出资总额后仍有可供分配利润，等于及低于合伙企业实缴出资总额年化收益率8%的部分则继续在合伙人之间按照实缴出资比例进行分配；若存在超过合伙企业实缴出资总额年化收益率8%的部分，超过部分的20%作为基金管理人业绩报酬分配给普通合伙人，剩余80%部分按照各自实缴比例分配给各有限合伙人。

基金管理人管理业绩报酬=（合伙企业可供分配资金－合伙人实缴出资－合伙人实缴出资总额×8%（年化）÷365×实际投资天数）×20%

合伙协议约定在收到被投资企业现金分红后将在十五个工作日内对全体合伙人按实际出资比例进行现金分红，全体合伙人同意留存在合伙企业的除外。

（2）亏损分担。

在发生亏损时，各合伙人按实缴出资比例承担基金亏损，本协议另有规定除外。

（3）基金的利润分配方案、弥补亏损方案、退出收益方案、基金管理人管理业绩报酬方案等由基金管理人拟定，报合伙人会议审议通过后1个月内执行。若有其他分配和亏损承担方案由基金管理人提出后经合伙人会议审议通过后执行。

（二）上市公司子公司、PE机构合作设立基金

上市公司控制的子公司与PE机构合作设立基金也是比较常见的一种合作模式，相较上市公司直接参与设立基金，这种方式更加灵活便捷，也符合投资业务的风险隔离原则（见图5-7）。

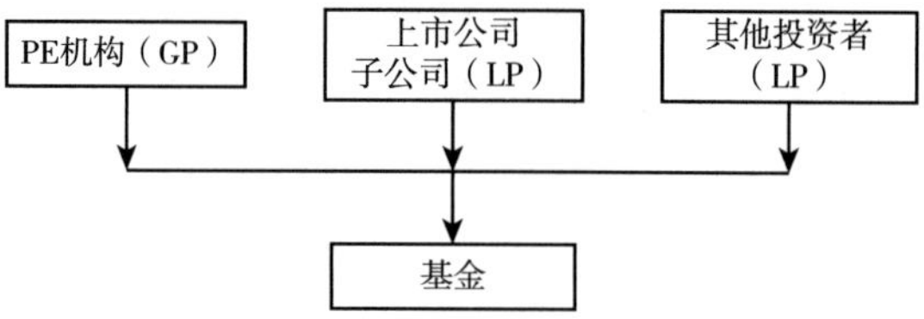

图5-7　上市公司子公司、PE机构合作设立基金

【案例5-4】苏州凯恩一号股权投资合伙企业（有限合伙）。

北京华胜天成科技股份有限公司2023年8月于上交所披露《北京华胜天成科技股份有限公司关于全资子公司参与认购私募基金份额的公告》（公告编号：2023-032），北京华胜天成科技股份有限公司（以下简称“北京华胜”）之全资子公司天津华胜天成投资管理有限公司（以下简称“天津华胜”）作为有限合伙人，拟以自有资金1 000万元人民币参与认购苏州凯恩一号股权投资合伙企业（有限合伙）（以下简称“合伙企业”）基金份额。以下为基金设立情况（见图5-8）。

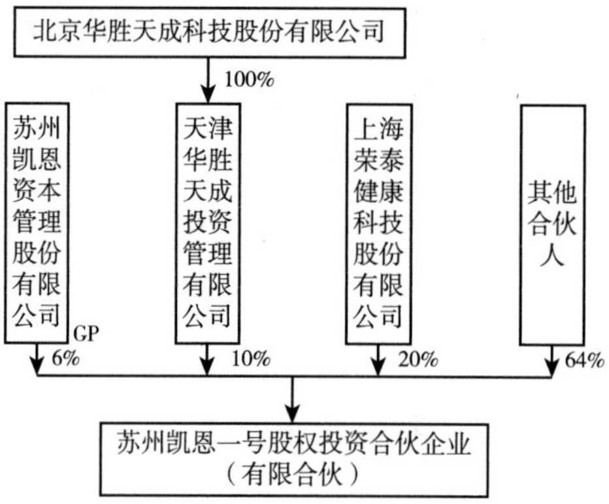

图5-8　苏州凯恩一号股权投资合伙企业（有限合伙）设立情况

1.基金基本情况

基金名称：苏州凯恩一号股权投资合伙企业（有限合伙），有限合伙企业，募资规模10 000万元。

基金管理人为苏州凯恩资本管理股份有限公司，私募股权、创业投资基金管理人。

普通合伙人：苏州凯恩资本管理股份有限公司，执行事务合伙人，出资600万元，占6%。

有限合伙人：天津华胜天成投资管理有限公司（北京华胜全资子公司），出资1 000万元，占10%；上海荣泰健康科技股份有限公司，出资2 000万元，占20%。

其他有限合伙人出资6 400万元，占64%。

基金以股权投资，主要投资于大数据、人工智能、智能制造等领域具有行业领先地位的企业。

2. 经营期限

自基金协议签订及合伙企业工商变更登记完成并取得新营业执照之日（“设立日”）起满7年之日。其中，合伙企业投资期为自设立日起至设立日满3周年之日止，合伙企业退出期为自投资期届满之日起至设立日起满7周年之日止。

3. 缴费出资

合伙企业成立后，各有限合伙人认缴的出资根据执行事务合伙人的缴付出资通知缴付。

4. 管理费

投资期内（即自设立日起至设立日满3周年之日止），合伙企业应每年向基金管理人支付相当于合伙企业总认缴出资额2%的管理费。退出期内，合伙企业不支付管理费。

5. 管理决策程序

合伙企业设投资决策委员会（“投资决策委员会”）。投资决策委员会负责就合伙企业的投资、退出等事项做出决议。投资决策委员会由五名委员组成，其中，基金管理人委派三人，基金管理人指定的有限合伙人委派一人，基金管理人根据具体拟投项目情况委派外部行业专家一人。投资决策委员会委员一人一票，全体有表决权的委员参与的会议方为有效会议，投资决策委员会审议事项经四名以上（含四名）有表决权的委员通过。

6. 利益分配

合伙企业每次对其来自项目投资、临时投资的可分配资金进行分配时，应按照如下顺序进行：

（1）成本返本。100%按照各合伙人的实缴出资比例向各合伙人进行分配，直至每个合伙人所取得的累计分配等于其累计实缴出资额。

（2）支付优先回报。如有余额，100%按照各合伙人的实缴出资比例向各合伙人进行分配，直至各合伙人就上述第（1）段下累计获得的分配额达到每年8%的年化收益率（“优先回报”）。优先回报的计算期间为各合伙人每一期实缴出资额的缴资到期日（或实际出资日，如更晚）起至其收回该部分实缴出资额之日止（为免疑义，前述年化收益率指单利。

（3）20/80收益分成。剩余部分20%分配给普通合伙人，80%分配给各有限合伙人，各合伙人按实缴出资比例分配。

亏损分担：有限合伙人以其认缴出资额为限对合伙企业债务承担责任。

【案例5–5】重庆鲁信趣道私募股权投资基金合伙企业（有限合伙）。

珠海恒基达鑫国际化工仓储股份有限公司2022年5月于深交所披露《珠海恒基达鑫国际化工仓储股份有限公司关于子公司投资设立大健康产业并购投资基金的进展公告》（公告编号：2022–019），珠海恒基达鑫国际化工仓储股份有限公司（以下简称“恒基达鑫”）子公司珠海横琴新区恒投创业投资有限公司（以下简称“恒投创投”）拟认缴出资额3 000万元与山东省高新技术创业投资有限公司（以下简称“山东高新投”）、广州市新兴产业发展基金管理有限公司（以下简称“新兴基金”）、上海保港股权投资基金有限公司（以下简称“保港投资”）、广州趣道资产管理有限公司（以下简称“趣道资管”）、杜某、深圳市华信资本管理有限公司（以下简称“华信资本”）、深圳市华信创业投资有限公司（以下简称“华信创投”）共同发起设立广州市南沙区鲁信趣道创业投资合伙企业（有限合伙）（以下简称“本基金”），本期基金总认缴出资额为20 000万元。以下为该股权基金情况（见图5–9）。

1. 基金基本情况

重庆鲁信趣道私募股权投资基金合伙企业（有限合伙）企业类型为有限合伙企业，基金总认缴出资额为20 000万元。

普通合伙人为趣道资管（基金管理人、执行事务合伙人）、华信资本[①]。

① 双GP单一管理人模式。

有限合伙人为山东高新投、华信创投、新兴基金、保港投资、恒投创投，以及杜某。

本基金重点投资于《广州市新兴产业目录》中生物与健康领域。

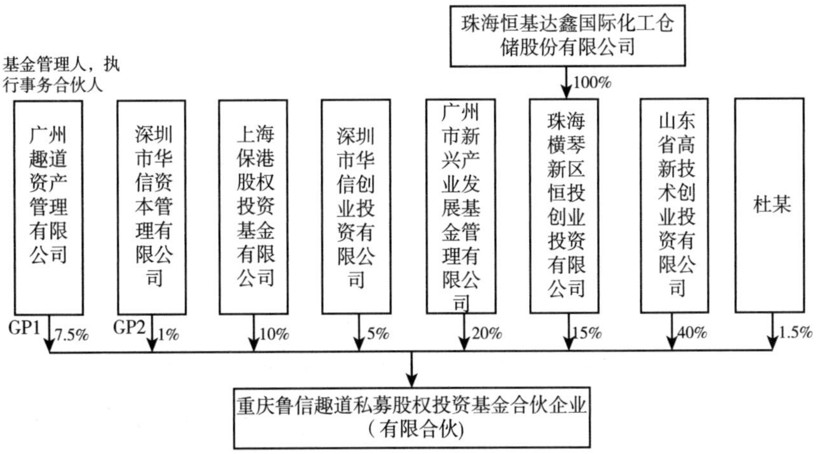

图5-9 重庆鲁信趣道私募股权投资基金合伙企业（有限合伙）设立情况

2.经营期限

本基金存续期限为7年，自基金成立之日起计算，本基金全体合伙人首期实缴资金划入基金托管账户之日，为基金成立日。根据本基金的经营需要，经合伙人会议一致同意，基金存续期限可以延长，但延长次数不超过2次，每次延长期不超过1年。

3.缴费出资

合伙人的出资方式、数额和缴付出资如下（见图5-10）。

序号	合伙人	出资金额（万元）	出资比例（%）	出资方式	合伙人类别
1	山东省高新技术创业投资有限公司	8 000	40	货币	有限合伙人
2	广州市新兴产业发展基金管理有限公司	4 000	20	货币	有限合伙人
3	珠海横琴新区恒投创业投资有限公司	3 000	15	货币	有限合伙人
4	上海保港股权投资基金有限公司	2 000	10	货币	有限合伙人
5	深圳市华信创业投资有限公司	1 000	5	货币	有限合伙人
6	杜某	300	1.5	货币	有限合伙人
7	广州趣道资产管理有限公司	1 500	7.5	货币	普通合伙人
8	深圳市华信资本管理有限公司	200	1	货币	普通合伙人
合计	—	20 000.00	100.00	—	—

图5-10 重庆鲁信趣道私募股权投资基金合伙企业（有限合伙）合伙人出资情况

4.管理费用

管理费率：（1）投资期前两年，年管理费按2%/年费率收取；（2）投资期第3—4年，年管理费按1.5%/年费率收取；（3）基金退出期内，年管理费为未收回投资额的1%支付管理费；（4）延长期内不收取管理费；（5）基金存续期间管理费累计提取不超过实缴金额10%。

5.投资决策机制

本基金设立投资决策委员会，投资决策委员会按照本协议的规定行使权利和履行义务。投资决策委员会由5名委员组成，由各合伙人分别委派。其中趣道资管委派1名委员，山东高新投委派1名委员，华信资本委派1名委员，新兴基金委派1名委员，恒投创投委派1名委员，投资决策委员会设主任一名，由基金管理人委任。投资决策委员会主任召集并主持投资决策委员会会议。投资决策委员会形成决议须经全部投资决策委员会委员的80%表决通过方为有效。

6.收益分配机制

本基金按照单个项目退出即进行分配的原则。获得的收益，在扣除基金费用后的可分配现金按照如下顺序进行分配：

（1）足额返还在分配时点各合伙人全部实缴出资，不足则按照合伙人实缴出资比例分配。

（2）若基金整体年静态收益率（单利）R≤8%/年时，各合伙人按照其实缴出资及实缴出资实际使用天数的加权比例计算各自的投资收益，实缴出资实际使用天数为各合伙人的实缴出资额自实际到账之日（含当日）至各合伙人收回该等实缴出资额之日（含当日）止。投资收益首先向有限合伙人进行分配，直至各有限合伙人获得单利8%/年的门槛收益。其次，如有余额，向普通合伙人进行分配，直至各普通合伙人获得单利8%/年的门槛收益。

（3）如果基金整体年静态收益率（单利）R＞8%/年时，依照上述第（1）款和第（2）款分配后的剩余投资收益部分按照20%：80%在普通合伙人和有限合伙人之间分配；其中20%部分为普通合伙人获得的超额收益部分，80%部分由全体合伙人按实缴出资比例进行分配。

（4）基金整体年静态收益率。

计算整体年静态收益率，计算方式为：

基金净收益总额=累计投资项目回收资金+基金其他收入−基金实缴出资总额；基金年静态收益率（单利）R=基金净收益总额÷（实缴出资额×资金实际使用平均天数÷365）。

（5）基金清算时，整体计算基金的年静态收益率（包括所有已分配的收益）。按照前述原则和流程进行调整分配，直至完全符合分配原则。

（三）上市公司与其关联方认购基金LP份额

由上市公司与其关联方和PE机构合作，共同设立并购基金。该模式较上市公司直接认购基金份额便捷，缺点是实控人设立基金投资的企业，如果该被投企业从事与上市公司集团有相同、近似业务时，要做出避免同业竞争的安排（见图5–11）。

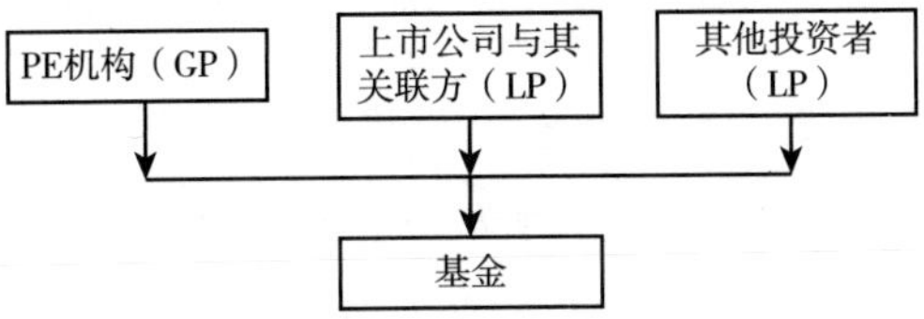

图5–11　上市公司与其关联方共同认购基金LP份额

【案例5–6】广东冠润股权投资合伙企业（有限合伙）。

2019年11月，江阴市恒润重工股份有限公司（以下简称“恒润重工”）于上交所发布《江阴市恒润重工股份有限公司关于公司参与投资股权投资基金暨关联交易的公告》（公告编号：2019–059）称，拟以自有资金出资3 000万元投资广东冠润股权投资合伙企业（有限合伙）。

1.基本情况

基金名称为广东冠润股权投资合伙企业（有限合伙）（以下简称“合伙企业”），组织形式为有限合伙企业。

苏州冠亚投资管理有限公司（以下简称“苏州冠亚”）为该合伙企业普通合伙人、执行事务合伙人，同时也为合伙型基金的管理人。

基金规模为18 100万元，出资方式均为货币，资金来源为合伙人的自有资金。各合伙人认缴出资额、缴付期限及出资比例如图5–12所示。

序号	合伙人	合伙人性质	认缴出资额（万元）	缴付期限	出资比例（%）
1	苏州冠亚投资管理有限公司	普通合伙人	100	2029年1月20日前	0.552
2	叶某富	有限合伙人	4 000	2029年1月20日前	22.099
3	江阴市恒润重工股份有限公司	有限合伙人	3 000	2029年1月20日前	16.574
4	承某洋	有限合伙人	2 000	2029年1月20日前	11.050
5	胡某	有限合伙人	2 000	2029年1月20日前	11.050
6	寇某英	有限合伙人	1 000	2029年1月20日前	5.525
7	陈某涛	有限合伙人	1 000	2029年1月20日前	5.525
8	高某	有限合伙人	1 000	2029年1月20日前	5.525
9	蒋某新	有限合伙人	1 000	2029年1月20日前	5.525
10	钮某荣	有限合伙人	1 000	2029年1月20日前	5.525
11	潘某青	有限合伙人	1 000	2029年1月20日前	5.525
12	刘某彬	有限合伙人	1 000	2029年1月20日前	5.525
合计			18 100	—	100

图5-12 广东冠润股权投资合伙企业（有限合伙）合伙人出资情况

除恒润重工参与投资本基金外，叶某富、承某洋、胡某、寇某英、陈某涛、高某、蒋某新、钮某荣、潘某青、刘某彬也将作为有限合伙人共同出资。除承某洋外，其他有限合伙人与恒润重工及其控股股东、实际控制人、董事、监事、高级管理人员均不存在关联关系或利益安排。承某洋为恒润重工控股股东承某新之子，承某洋为恒润重工的关联自然人。图5-13为该合伙企业设立情况。

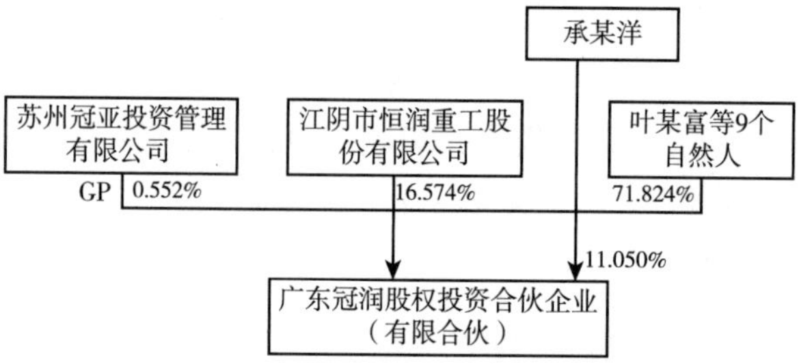

图5-13 广东冠润股权投资合伙企业（有限合伙）设立情况

冠润投资基金主要投资方向为处于成长期、拟上市的新制造、新科技、新医药企业。

2. 出资缴付

全体合伙人首期出资为各自认缴出资的50%，具体缴纳时间由执行事务合伙人书面通知，各合伙人应在收到缴纳通知后5个工作日内缴纳；后期出资根据具体投资项目的需求由执行事务合伙人另行通知，全体合伙人应在执行事务合伙人发出通知后5个工作日内按认缴出资比例出资到位。

3.经营期限

合伙期限为10年，自合伙企业营业执照签发之日起计算。除非按照协议的规定提前解散，否则合伙期限应持续直至合伙企业成立之日起的10周年为止。

合伙期限届满，合伙人会议一致同意可延长合伙期限，延长合伙期限的决议达成1个月内向工商登记机关办理变更登记。

4.决策机制

决策机制包括执行合伙事务以及投资决策程序两部分：

（1）执行事务合伙人：普通合伙人苏州冠亚为合伙企业的执行事务合伙人，执行事务合伙人具有全面排他的对外代表合伙企业的权利。

（2）投资决策委员。

投资决策委员会负责合伙企业的项目投资及退出等相关问题进行决策。投资决策委员设委员三名，由黄某民、刘某彬、钮某荣组成。投资决策委员会委员每届任期2年，委员任期届满，可以连选连任。

5.执行事务合伙人的报酬、提取方式

执行事务合伙人的报酬、提取方式如下：

（1）管理费用：合伙企业向执行事务合伙人支付管理费用，管理费用提取程序如下：

执行事务合伙人在合伙企业首期资金到位后1个月内提取合伙企业实缴出资额的2%管理费（首期管理费）。

执行事务合伙人在实际发生投资额后的下一年度，按照实缴出资额的1%提取管理费，总计3年（后期管理费）。后期管理费计算方法如下：后期管理费=合伙人实缴出资总额×1%×3年。

执行事务合伙人合计提取的管理费为首期管理费和后期管理费之和（合伙人实缴出资总额的5%），首期管理费的提取不影响基于当年实际发生投资后对当年度后期管理费的提取。

（2）业绩奖励：执行事务合伙人的业绩奖励根据当年合伙企业单个投资项目累计实现投资收益的20%计提。

6.收益分配与亏损分担

收益分配（亏损分担）包括以下部分：

（1）可分配利润。

合伙企业单个项目当期取得的全部收入，扣除合伙企业的当期费用、以前年度亏损后和单个项目原有投资额的余额视为可分配利润。

（2）可分配利润的分配顺序：①按合伙协议约定，支付执行事务合伙人的业绩提成；②按合伙企业合伙人的出资比例归还已退出投资项目的出资额部分；③剩余可分配利润按实缴出资比例分配给各合伙人。

（3）税务承担。

根据国家有关税收规定，执行事务合伙人有义务对需由个人缴纳的税费进行代扣代缴。

（4）合伙企业的亏损分担以亏损分担之日各个合伙人实际缴付的出资比例承担。

【案例5-7】珠海青稞晨曦壹号私募股权投资基金合伙企业（有限合伙）。

浙江永强集团股份有限公司（以下简称“浙江永强”）2022年11月16日于深交所发布的《浙江永强集团股份有限公司关于认购股权投资基金份额的公告》（公告编号：2022-072）披露，浙江永强以自有资金不超过2 000万元作为有限合伙人与关联方谢某勇（出资1 500万元）共同投资参与设立珠海青稞晨曦壹号私募股权投资基金合伙企业（有限合伙）。以下为珠海青稞晨曦壹号私募股权投资基金合伙企业（有限合伙）设立情况（见图5-14）。

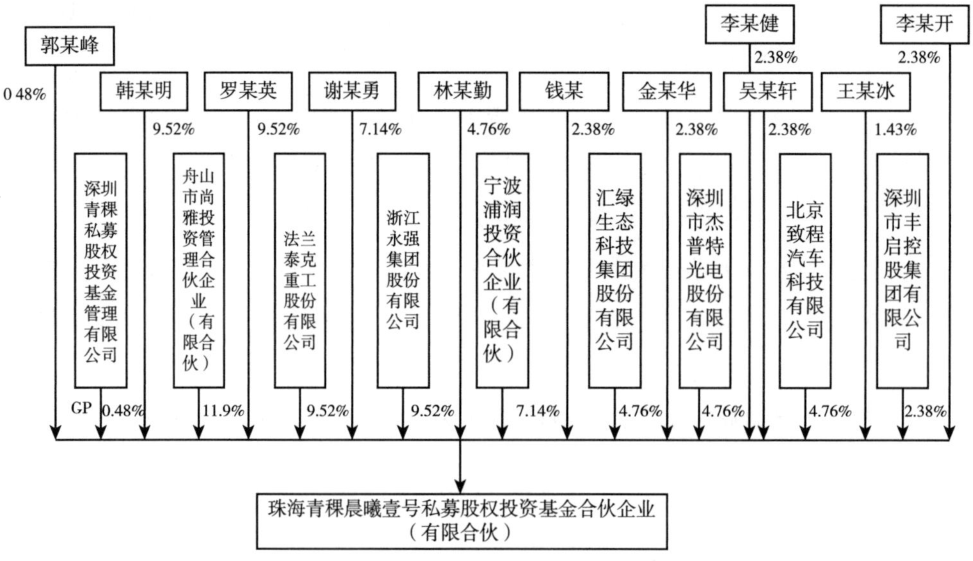

图5-14　珠海青稞晨曦壹号私募股权投资基金合伙企业（有限合伙）设立情况

1.基金情况

珠海青稞晨曦壹号私募股权投资基金合伙企业（有限合伙）（以下简称“合伙企业”），基金总认缴规模21 000万元人民币。

基金管理人为深圳青稞私募股权投资基金管理有限公司（私募股权、创业投资基金管理人），普通合伙人、执行事务合伙人。

本基金将通过股权投资方式，投资于境内未上市公司股权，主要投向先进制造、新一代信息技术、绿色能源科技和生命科学等战略性新兴产业以及大消费类产业相关行业领域处于成长期或成熟期阶段、具备核心竞争优势和优质创业团队、上市预期较强的企业。

2.出资缴费

以下为合伙人出资认缴情况（见图5–15）。

序号	合伙人名称	合伙人类型	认缴出资额（万元）	出资比例（%）
1	深圳青稞私募股权投资基金管理有限公司	普通合伙人	100	0.4762
2	舟山市尚雅投资管理合伙企业（有限合伙）	有限合伙人	2 500	11.9048
3	法兰泰克重工股份有限公司	有限合伙人	2 000	9.5238
4	浙江永强集团股份有限公司	有限合伙人	2 000	9.5238
5	韩某明	有限合伙人	2 000	9.5238
6	罗某英	有限合伙人	2 000	9.5238
7	宁波浦润投资合伙企业（有限合伙）	有限合伙人	1 500	7.1429
8	谢某勇	有限合伙人	1 500	7.1429
9	汇绿生态科技集团股份有限公司	有限合伙人	1 000	4.7618
10	深圳市杰普特光电股份有限公司	有限合伙人	1 000	4.7618
11	北京致程汽车科技有限公司	有限合伙人	1 000	4.7618
12	林某勤	有限合伙人	1 000	4.7618
13	深圳市丰启控股集团有限公司	有限合伙人	500	2.3810
14	李某开	有限合伙人	500	2.3810
15	钱某	有限合伙人	500	2.3810
16	金某华	有限合伙人	500	2.3810
17	李某健	有限合伙人	500	2.3810
18	吴某轩	有限合伙人	500	2.3810
19	王某冰	有限合伙人	300	1.4286
20	郭某峰	有限合伙人	100	0.4762
合计	—	—	21 000	100

图5–15　珠海青稞晨曦壹号私募股权投资基金合伙企业（有限合伙）合伙人认缴出资情况

其中，浙江永强为有限合伙人，认缴金额为2 000万元人民币，占本基金总认缴规模的9.5238%。浙江永强关联方谢某勇出资1 500万元，占基金总认缴规模7.1429%。

3.合伙企业经营期限

本合伙企业的存续期限为10年，自合伙企业设立日起算。

基金的存续期为7年，自基金成立日起算，其中，前5年为投资期，剩余2年为退出期。经合伙人会议决议通过的，基金存续期（含投资期和退出期）可以延长。特别地，根据合伙企业的经营需要，普通合伙人可独立决定将基金退出期延长一次，延长期限不超过2年。

4.投资基金的管理模式

（1）合伙人会议。

普通合伙人每年召集一次年度合伙人会议，或随时召集临时会议。单独或合计持有合伙企业权益/财产份额超过50%的有限合伙人要求召开合伙人会议时，普通合伙人应当在1个月内召开合伙人会议。会议召开前普通合伙人应提前10个工作日书面通知全体合伙人，但各有限合伙人可以书面豁免提前通知的要求。

除合伙协议另有约定外，合伙人会议作出的决议经持有超过50%的合伙企业权益/财产份额（以实缴出资计算为准）的合伙人同意可获得通过。

（2）合伙事务的执行。

执行事务合伙人委派代表负责具体合伙事务的执行。执行事务合伙人及其委派的代表为执行合伙事务所作的全部行为，均对合伙企业具有约束力。执行事务合伙人应为本基金设立投资决策委员会（“投委会”），投委会为基金唯一投资决策机构。因执行事务合伙人的故意或重大过失，致使合伙企业受到重大损失时，合伙企业可按照本协议规定的程序将执行事务合伙人除名。

浙江永强有权向投委会委派一名观察员，有权出席投委会会议但不享有表决权利。

5.管理费

管理费原则上按年度进行支付，于每个年度开始前10个工作日内由管理人计提和收取；不满一个会计年度的，管理费按照实际天数占该年度全年天数的比例计算。首个会计年度的管理费，于基金成立日起10个工作日内由管理人计提和收取；基金退出期（不含延长期）的最后一个会计年度的管理费，于基金清算分配之日或基金退出期（不含延长期）届满之日（以孰早为准）起10个工作日内由管理人计提和收取。

管理费金额计算公式：

投资期管理费＝合伙人认缴出资总额 ×2%× 当期管理费计算天数 ÷365

退出期管理费＝合伙人认缴出资总额 ×1%× 当期管理费计算天数 ÷365

6. 收益分配方式

除合伙协议另有约定外，每一投资项目退出后，普通合伙人原则上应当在90日内，对该等退出项目的可分配收入进行分配。合伙企业的可分配收入现金，应在全体合伙人之间按下述原则及顺序进行分配，并且在前一顺序未得到足额分配的情形下，不得进行后一顺序的分配：

（1）返还全体合伙人实缴出资。

（2）如有余额，在全体合伙人之间进行分配，直至每个合伙人均就其实缴出资额实现门槛收益率，该门槛收益率指每个合伙人自缴纳出资之日起至取得该投资回报支付之日期间的年化收益率达到6%（单利，按365日/年折算）。

（3）如有余额（即超额业绩），则按照以下两种情形进行分配：

①原则上，超额业绩应先向普通合伙人进行分配，直至普通合伙人取得该余额部分的20%，其余部分按照全体合伙人的实缴出资比例予以分配。

②特别地，如本合伙企业在任一分配时点实现从投资项目退出的账面整体回报（不考虑税费等因素，以退出总金额为准）高于（含本数）全体合伙人实缴出资额的300%（包含实缴出资额）的，则对超出该300%的相对应超额业绩由普通合伙人在20%的基础上额外增加10%作为奖励，即由普通合伙人取得该部分超额业绩的30%，未超过该300%的相对应超额业绩仍由普通合伙人取得该部分超额业绩的20%；普通合伙人分别取得20%和30%的超额业绩分配后的剩余部分，按照全体合伙人的实缴出资比例予以分配。

【案例5–8】杭州网新花港股权投资合伙企业（有限合伙）。

2021年2月，浙大网新科技股份有限公司（以下简称“浙大网新”）于上交所发布《浙大网新科技股份有限公司关于公司拟参与投资设立股权投资基金暨关联交易的公告》（编号：2021–011），拟参与投资设立杭州网新花港股权投资合伙企业（有限合伙），以下简称“投资基金”或“合伙企业”）。投资基金募集规模为人民币25 000万元，其中浙大网新作为有限合伙人认缴出资人民币12 000万元。该基金设立情况如图5–16所示。

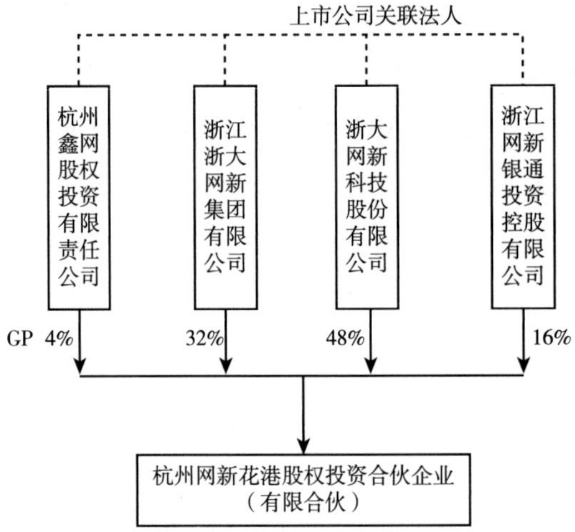

图5-16　杭州网新花港股权投资合伙企业（有限合伙）设立情况

1.基金基本情况

（1）基金名称。

杭州网新花港股权投资合伙企业（有限合伙）。

（2）组织形式。

有限合伙企业。

（3）普通合伙人和基金管理人。

杭州鑫网股权投资有限责任公司（以下简称“鑫网投资”），执行事务合伙人，由浙江中网银新投资管理有限公司百分比持股。

（4）基金规模。

投资基金募集规模为人民币25 000万元。

（5）其他合伙人。

鑫网投资，普通合伙人。

浙江浙大网新集团有限公司（以下简称“网新集团”），有限合伙人。

浙江网新银通投资控股有限公司（以下简称“网新银通”），有限合伙人。

网新集团过去十二个月内为浙大网新控股股东，且目前仍持有浙大网新10.19%的股权，根据《股票上市规则》，网新集团系浙大网新关联法人。

浙大网新董事史某先生、沈某先生、赵某先生、张某纲先生在网新银通控股股东杭州网新信息控股有限公司担任董事职务，网新集团之高级管理人员吴某农先生在网新银通、鑫网投资控股股东浙江中网银新投资管理有限公司担任董事职务，根据《股票上市规则》，网新银通、鑫网投资系浙大网新关联法人。

（6）投资方向。

基金将聚焦新媒体、人工智能、大数据等新一代信息科技及文化产业领域。

2.缴付出资出资情况

鑫网投资作为普通合伙人认缴出资人民币1 000万元，网新集团作为有限合伙人认缴出资人民币8 000万元，网新银通作为有限合伙人认缴出资人民币4 000万元，浙大网新作为有限合伙人认缴出资人民币12 000万元。

各合伙人按实际项目投资同步同比例实缴出资。

3.经营期限

基金的存续期为8年，自基金募集完成之日起算，投资期限为5年，退出期为3年。为确保投资项目的顺利退出和有序清算，必要时可延期，延长不超过2年。

4.管理费

管理人按如下方式收取管理费：

管理费=基数×管理费率（不满一年的，按比例折算，一年按365天计）。其中，投资期内，管理费的计算基数为全体合伙人的实缴出资总额，管理费率为2%/年；退出期内，计算基数为合伙企业在尚未退出的投资项目中的投资金额总额，管理费率为1.5%/年；延长期不收取管理费。

5.管理及决策机制

鑫网投资担任投资基金的执行事务合伙人和管理人，负责合伙事务的执行和管理。

投资基金设投资决策委员会，为合伙企业的投资决策机构。投资决策委员会由5名委员组成，其中执行事务合伙人鑫网投资委派1名委员、浙大网新委派2名委员、网新集团委派1名委员和聘请1名浙江大学计算机创新技术研究院专家委员。

拟投资项目单一投资对象累计投资金额超过合伙企业总认缴出资额的20%的单一项目投资决策需经4名以上委员会委员同意方可实施，不超过合伙企业总认缴出资额的20%的单一项目投资决策需经3名以上委员会委员同意即可实施。

6.收益分配机制

投资期限内，合伙企业从投资目标企业退出后所获得的所有收益暂先不进行分配，所获得的所有收益将继续进行对外项目投资，合伙协议中另有约定的，以相关约定为准；投资期限届满，合伙企业从投资目标企业退出后所获得的所有收益，扣除协议约定的应由合伙企业承担费用后的余额为可分配资金，可分配资金按照以下顺序进行分配：

（1）返还有限合伙人之实缴出资：100%分配给有限合伙人，直至其取得的累计分配金额等于其累计实缴出资额；

（2）返还普通合伙人之实缴出资：100%分配给该普通合伙人，直至其取得的累计分配金额等于其累计实缴出资额；

（3）支付有限合伙人优先回报：经上述分配后仍有剩余的，100%分配给有限合伙人，直至其取得的累计分配金额等于该有限合伙人就其按照前述第（1）项取得的分配金额实现年平均净投资收益率8%（单利）的优先回报（从相应出资实际缴付至基金之日起算，到该分配时点为止）；

（4）支付普通合伙人优先回报：经上述分配后仍有剩余的，100%分配给普通合伙人，直至其取得的累计分配金额等于该普通合伙人就其按照前述第（2）项取得的分配金额实现年平均净投资收益率8%（单利）的优先回报（从相应出资实际缴付至基金之日起算，到该分配时点为止）；

（5）18/82分成：经过上述分配后的余额，18%分配给普通合伙人，82%分配给有限合伙人，有限合伙人按照其认缴出资比例分配。

（四）上市公司（关联方）参与设立基金成为基金管理人

为了有效控制投资基金，上市公司（关联方）可参与设立并购基金管理人，全程参与基金并购。按上市规则，该类模式也可采用上市公司（上市公司关联方）与其设立的PE机构形成关联法人，参与设立并购基金（见图5–17）。

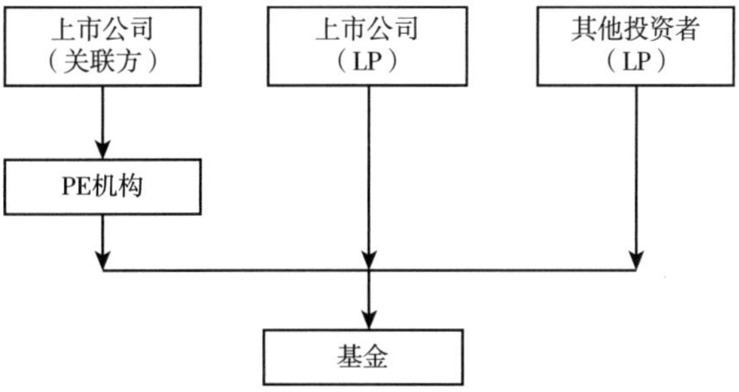

图5-17　上市公司（关联方）参与设立基金成为基金管理人

需要注意，上市公司不得成为合伙企业的普通合伙人。

【案例5-9】续**【案例3-3】**南京新工南药医疗产业投资基金合伙企业（有限合伙）。

2023年2月，南京医药股份有限公司（以下简称“南京医药”）拟出资6 000万元（人民币）参与投资设立南京新工南药医疗产业投资基金合伙企业（有限合伙）。以下为该基金设立情况（见图5-18）。

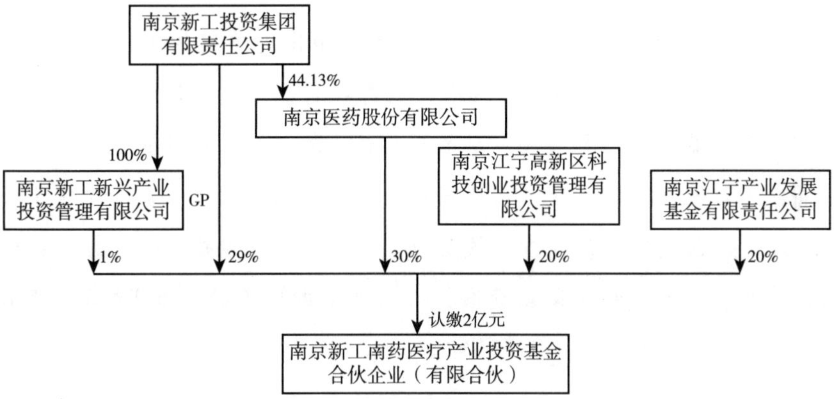

图5-18　南京新工南药医疗产业投资基金合伙企业（有限合伙）设立情况

1.基金设立情况

南京新工南药医疗产业投资基金合伙企业（有限合伙）（以下简称“合伙企业”）募资总额为2亿元。

南京新工新兴产业投资管理有限公司（以下简称“新工产投”）：基金管理人，普通合伙人、执行事务合伙人。LP为南京新工投资集团有限责任公司（以下简称“新工投资集团”）、南京医药、南京江宁高新区科技创业投资管理有限公司（以下简称“江宁科创投”）、南京江宁产业发展基金有限责任公司（以下简称“江宁产业发展基金”）。

新工投资集团实控人为南京市人民政府国有资产监督管理委员会。新工投资集团为南京医药控股股东，直接持有南京医药44.13%股权，新工产投为新工投资集团全资子公司。南京医药本次与新工产投、新工投资集团、江宁科创投、江宁产业发展基金共同投资设立的基金，将主要投资中早期项目，聚焦医疗大健康领域科技型、技术研发、产品驱动型企业，重点围绕南京医药产业链延展方向进行布局，推动南京医药产业转型升级。

2.合伙企业经营期限

本合伙企业合伙期限为7年，其中投资期4年，退出期3年，经合伙人会议同意可以延长，每次延长2年，延长不超过1次。

3.缴付出资

本次全体合伙人将以现金方式，共同出资2亿元成立本基金。其中，南京医药出资6 000万元，占比30%。新工产投出资200万元，占比1%。新工投资集团出资5 800万元，占比29%。江宁科创投出资4 000万元，占比20%。江宁产业发展基金出资4 000万元，占比20%。

出资将分三期缴付，各期出资总额占认缴出资总额的比例分别为不超过40%、不超过30%以及不低于30%，具体缴付时间及各期缴付比例以缴款通知书中列明的为准。各合伙人对本合伙企业的实缴出资按其认缴出资金额分期同比例到位，即各合伙人首期出资金额占其认缴出资金额的比例不超过40%（以缴款通知书所列明的出资额为准），第二期出资金额占其认缴出资金额的比例不超过30%（以缴款通知书所列明的出资额为准），第三期出资金额占其认缴出资的比例不低于30%。

4.基金管理费

在投资期内，管理费为基金认缴出资总额的2%/年，在退出期内，管理费为基金未退出原始投资成本余额的2%/年，基金进入延长期、清算期不支付管理费用。

5.基金管理机制

（1）合伙人会议表决权。

本合伙企业合伙人会议由合伙人按照实缴出资比例行使表决权，本协议另有规定的除外。

本合伙企业对单一项目的累计投资金额不高于本合伙企业认缴出资总额

的20%。本合伙企业及其关联企业投资于江宁区内的金额应当不低于江宁科创投与江宁产业发展基金作为LP向本合伙企业的实缴出资金额的1.5倍。同时，本合伙企业投资于江宁高新区内的企业金额（包含招商并引入落地到江宁高新区的企业在江宁高新区内的投资金额）应当不低于江宁科创投作为LP向本合伙企业的实缴出资金额。

（2）投资决策委员会。

执行事务合伙人设立投资决策委员会，作为其执行合伙事务的内部决策机构。投资决策委员会根据本协议获得对本合伙企业相关投资和退出决策的决策权，本协议另有约定的除外。

投资决策委员会由四名委员组成，其中新工投资集团委派一名委员，新工产投委派一名委员，南京医药委派一名委员，江宁科创投委派一名委员，并经本基金合伙人会议审议通过后确定。对于投资决策委员会所议事项，投资决策委员会委员一人一票，由与会有表决权的委员三分之二及以上表决通过方可实施；对于投资决策委员会审议的投资金额超过3 000万元的单个投资项目，或对于其所审议的，投资方向明显不属于医疗器械、诊断试剂产业链、大健康产品三个领域的相关投资项目，应当由与会有表决权的全体委员表决通过方可实施。

投资决策委员会应当包含法律、财务、投资管理及与本基金投资方向相适应的产业方面的专业人士。投资决策委员会主席由执行事务合伙人指定。

6.利益分配

全体合伙人之间的分配执行先本金后收益、先有限合伙人后普通合伙人的原则，具体分配顺序如下：

（1）分配有限合伙人的本金：按有限合伙人实际缴纳出资额比例分配各有限合伙人的本金，直至各有限合伙人累计获得的分配总额达到其向本合伙企业实际缴付的累计出资额。

（2）分配普通合伙人的本金：经过上述分配后仍有可分配收入的，则继续向普通合伙人分配，直至其获得的分配总额达到其向合伙企业实际缴付的累计出资额。

（3）分配有限合伙人的门槛收益：如经过上述两轮分配后仍有可分配收益的，则继续向有限合伙人分配，直至各有限合伙人获得的分配收益总额达到以其向合伙企业实际缴付的累计出资额为基数按8%的年化收益率（单利）

计算的金额。

（4）分配普通合伙人的门槛收益：经过上述三轮分配后仍有可分配收益的，则继续向普通合伙人分配，直至其获得的分配收益总额达到以其向合伙企业实际缴付的累计出资额为基数按8%的年化收益率（单利）计算的金额。

（5）分配超额收益：经过上述（1）（2）（3）（4）轮分配后仍有可分配的收益，为超额收益。超额收益20%分配给普通合伙人，80%在有限合伙人中按实缴出资比例分配。

【案例5-10】鸿鹄壹号创业投资基金合伙企业（有限合伙）。

2021年11月25日，北京国联视讯信息技术股份有限公司（以下简称“国联股份”）2021年11月25日发布的《北京国联视讯信息技术股份有限公司关于参与投资设立股权投资基金暨关联交易的公告》（公告编号：2021-059）称，作为有限合伙人拟以自有资金认缴鸿鹄壹号创业投资基金合伙企业（有限合伙）出资人民币1 900万元，占标的基金最低目标募集规模的12.67%。以下为基金设立情况（见图5-19）。

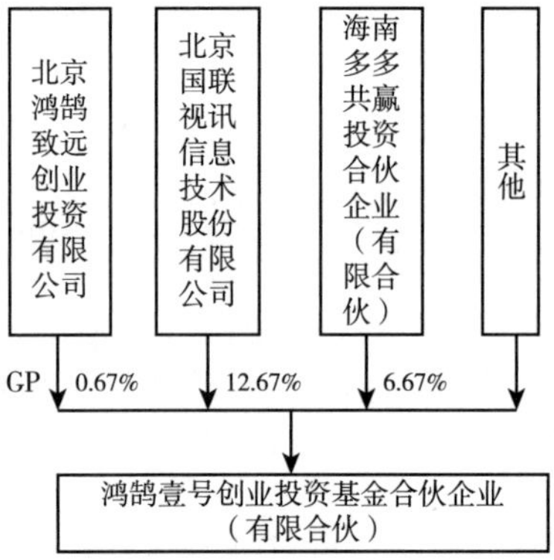

图5-19　鸿鹄壹号创业投资基金合伙企业（有限合伙）设立情况

1.基金基本情况

鸿鹄壹号创业投资基金合伙企业（有限合伙）（以下简称“合伙企业”），组织形式为有限合伙企业。标的基金的目标募集规模不低于人民币15 000万元，不超过人民币50 000万元。

北京鸿鹄致远创业投资有限公司，机构类型：私募股权、创业投资基金管理人，作为本基金管理人、普通合伙人、执行事务合伙人。该机构为国联股份设立的全资子公司。以下为该基金管理人股东情况（见图5-20）。

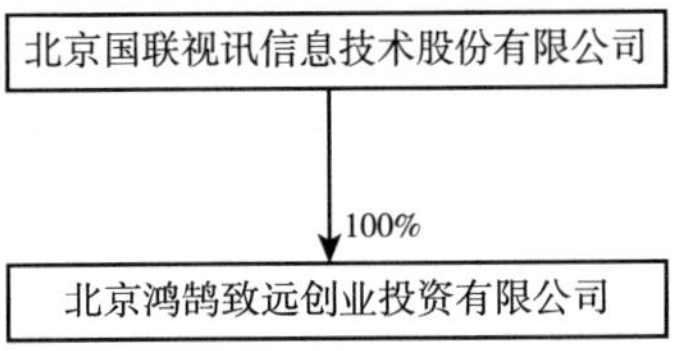

图5-20　基金管理人股东情况

海南多多共赢投资合伙企业（有限合伙）为国联股份员工共同设立的有限合伙企业，国联股份监事会主席刘某1女士为多多共赢的普通合伙人及执行事务合伙人，国联股份董事田某先生为多多共赢的有限合伙人。国联股份董事刘某先生、钱某钧先生、潘某先生、刘某2女士、刘某宅女士、王某先生拟作为有限合伙人入伙多多共赢并认缴出资。多多共赢由刘某1女士担任普通合伙人及执行事务合伙人，刘某1女士为国联股份监事会主席，多多共赢为国联股份关联自然人直接控制的组织，根据《上海证券交易所股票上市规则》，本次交易构成关联交易。

基金致力于新赛道产业互联网平台的孵化，主要投资于产业互联网领域创新模式企业、数字化技术和解决方案生态圈企业。标的基金的投资事项后续若出现导致与国联股份产生关联交易的情况，国联股份将及时披露相应安排，最终出资金额不超过国联股份董事会的决策权限。

2.经营期限

标的基金的存续期限为自成立日起至首次交割日的第7个周年日为止，普通合伙人有权自主决定延长2年。

3.缴付出资

基金管理人关联实体作为普通合伙人在标的基金认缴出资人民币100万元。国联股份拟作为有限合伙人认缴出资人民币1 900万元，占标的基金最低目标募集规模的12.67%。多多共赢拟作为有限合伙人在标的基金认缴出资人民币1 000万元，占标的基金最低目标募集规模的6.67%。标的基金其余出资向其他出资人募集，其他出资人作为有限合伙人，各合伙人具体的出资金额及比例以最终签署的《有限合伙协议》为准。

4.管理费

标的基金的管理费按年度计提，按照标的基金认缴出资总额的2%/年计算管理费。首笔管理费在合伙人首次实缴出资到位后5个工作日内支付，计算时间自合伙人首次实缴出资到位起至当年度12月31日止。以后每年度的管理费在该年度开始后5个工作日内支付。首个缴费期间和最后一个缴费期间天数不足一年的，按照实际天数与365日之间的比例计算管理费。

5.投资决策程序

标的基金设独立的投资决策委员会。标的基金所有对外投资业务、投后管理重大事项及投资退出等相关重大事宜，均需投资决策委员会作出独立决策。

投资决策委员会由4名成员组成，2名成员由普通合伙人委派，2名成员从独立的外部行业专家中遴选，并经持有标的基金三分之二以上出资额的合伙人决议通过后任命，表决实行一人一票，投资决策委员会的所有投资决策均需3名及以上委员批准方能进行。

6.利益分配

来源于任一投资项目的可分配收入应先在参与该投资项目的合伙人间按照其各自的投资成本分摊比例划分，其他收入（包括但不限于临时投资收入）应按照全体合伙人的实缴资本的相对比例划分。划分给普通合伙人的收入应分配给普通合伙人，划分给其他有限合伙人的收入按以下顺序在该有限合伙人与普通合伙人之间进行分配：

（1）首先全部向该有限合伙人分配，直至其取得的累计分配金额等于其累计实缴资本（包括本项目的投资本金及筹建费用、管理费等合伙企业运营费用在内的所有已发生费用）。

（2）如有剩余，则向该有限合伙人分配其门槛回报，门槛回报的金额以该有限合伙人的实缴资本为基数，按年化单利8%计算（按照从每期投资于本项目的全部实缴资本到账日期起算至收回对应实缴资本之日为止）。

（3）然后，向普通合伙人分配，直至普通合伙所获得的回报等于该有限合伙人获得的前述门槛回报除以80%再乘以20%。

（4）最后，收益分成。

剩余部分的20%分配给普通合伙人，80%分配给全体合伙人。

（五）上市公司（关联方）与其创建的公司共同设立基金

上市公司、上市公司关联方与其创建的公司共同设立基金，是在第四类上市公司（关联方）参与设立并购基金成为基金管理人模式的深度拓展。该类模式通常为基石投资者（cornerstone investors）[①]募资所采用，逐渐成长为新型的合作模式。

---

① 通常指一流的机构投资者、大型企业集团，以及知名富豪或所属企业。

受监管规则的限制，上市公司（关联方）创建的公司未必能够成为所设基金的基金管理人，或需借助其他机构作为基金管理人，以其创建的公司作为GP发起设立并购基金。该类模式可以采用外部委托管理，也可以采用发起设立模式（或可形成双GP、双执伙情况）。因涉及上市公司与关联方（实控人）关联交易，上市公司、基金运作时都需要进行信息披露（见图5-21）。

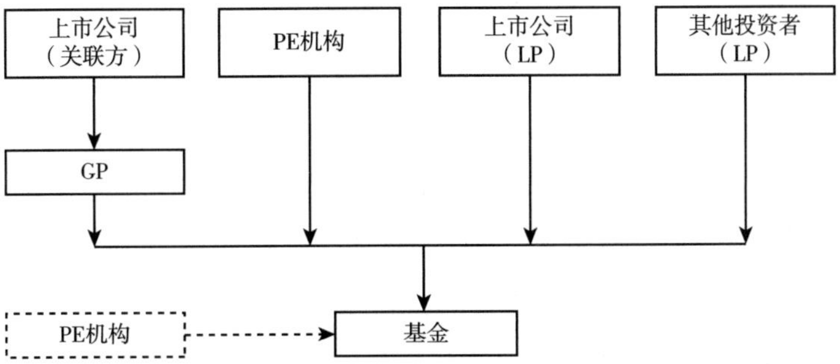

图5-21　上市公司（关联方）与其创建的公司共同设立基金

【案例5-11】北京中关村银创投资基金中心（有限合伙）。

2022年10月25日，用友网络科技股份有限公司（以下简称“用友科技”）披露《用友网络科技股份有限公司关于发起设立股权投资基金暨对外投资的公告》（临2022-105），用友科技控股子公司上海用友产业投资管理有限公司（以下简称“上海产投”）的全资子公司北京中关银创管理咨询有限公司（以下简称“中关银创”）拟作为普通合伙人认缴出资100万元，用友科技拟作为有限合伙人认缴出资5 000万元，设立北京中关村银创投资基金中心（有限合伙）。以下为该基金设立情况（见图5-22）。

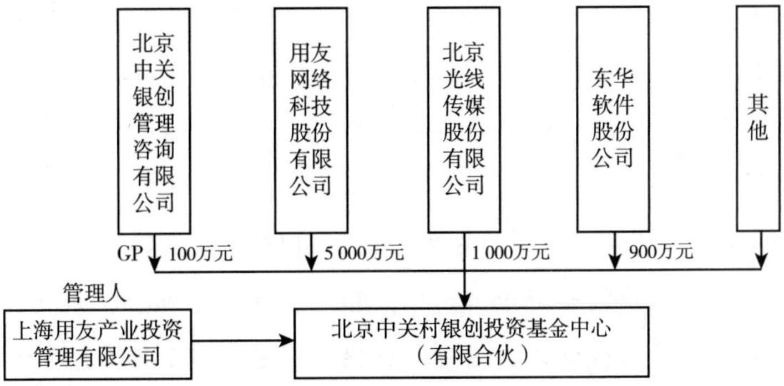

图5-22　北京中关村银创投资基金中心（有限合伙）设立情况

1. 基本情况

（1）基金名。

北京中关村银创投资基金中心（有限合伙）（以下简称“合伙企业”）。

（2）企业类型。

有限合伙企业。

（3）募资规模。

基金总规模不低于人民币20 000万元。

（4）基金管理人。

基金管理人：上海产投为基金业协会登记私募股权、创业投资基金管理人，用友科技控股的子公司。

（5）合伙人。

普通合伙人：中关银创，执行事务合伙人。中关银创为上海产投的全资子公司。

有限合伙人：用友科技、北京光线传媒股份有限公司、东华软件股份公司等。

（6）投资方向。

大健康领域，包括生物制药、医疗器械行业、医疗服务及互联网医疗等；大智造领域，包括新能源汽车产业链、新材料、新物流、智能制造等；大数据领域，包括地理信息、移动互联、云计算、数据中心、VR、物联网、集成电路等；其他战略新兴行业。

2. 经营期限

合伙企业的经营期限为合伙企业首次取得营业执照之日起6年。其中，合伙企业投资期限为3年，自合伙企业成立之日起算；投资期届满后的3年期间为退出期，自投资期限届满次日起算。经合伙人大会决议一致通过，可延长合伙企业经营期限，每次延长不超过1年，延长次数以2次为限。

3. 出资缴付

当前4名发起人合计认缴出额为人民币7 000万元。其中，上海产投担任基金管理人，上海产投全资子公司中关银创拟作为普通合伙人认缴出资100万元并担任执行事务合伙人，占目前认缴出资总额的1.42%，用友科技拟作为有限合伙人以自有资金认缴出资人民币5 000万元，占目前认缴出资总额的71.43%，北京光线传媒股份有限公司拟作为有限合伙人认缴出资人民币

1 000万元，占目前认缴出资总额的14.29%，东华软件股份公司拟作为有限合伙人认缴出资900万元，占目前认缴出资总额的12.86%。

合伙人认缴的合伙企业出资，应在合伙企业成立日起18个月内分两期实缴。基金管理人应当按下列方式要求全体合伙人向合伙企业缴付实缴出资：

（1）各合伙人应在合伙企业设立之日起10个工作日（合伙企业设立之日起第10个工作日，以下简称“首期出资期限届满日”）内将各自认缴出资的50%实际缴付至监督账户，作为首期出资。

（2）自首期出资期限届满日起至18个月届满日内，全体合伙人应在收到基金管理人发出的缴付出资通知书之日起30个工作日（收到基金管理人发出的缴付出资通知书之日起第30个工作日，以下简称“二期出资期限届满日”）内将各自认缴出资的剩余50%实际缴付至监督账户，作为二期出资。各合伙人每次全部实缴当期应实缴出资款后，基金管理人方可指令监督机构自监督账户向托管账户划拨当期实缴资金。

4.投资决策机制

合伙企业的投资决策机构为投资决策委员会。投资决策委员会由三名成员组成，由合伙企业聘用，其中，基金管理人有权推荐一名委员，中关银创有权推荐两名委员。合伙企业的其他有限合伙人有权推荐观察员列席投资决策委员会会议，但不享有投票权。

（1）职权。

投资决策委员会行使以下职权：①监管合伙企业投资项目的尽职调查；②审批合伙企业投资项目的投资方案；③审批合伙企业投资项目的退出方案；④基金管理人或合伙企业合伙人会议认为需经投资决策委员会审批的其他事项。

（2）决策程序。

基金管理人应负责对投资项目进行筛选，并根据基金管理人内部制定的投资决策程序进行项目立项、尽职调查、项目评估等工作，并将拟投资项目的投资报告提交投资决策委员会审议决策。

（3）表决方式。

投资决策委员会对由其行使投资决策权的表决事宜实行“一人一票、一票一权”的表决机制，表决票设同意票和反对票，与会委员不得弃权。投资决策委员会委员应当作出独立判断，并在表决票上说明相关理由。

对合伙企业的投资项目（除对关联方的投资项目外），投资金额未超过1 000万元（含1 000万元）的需经投资决策委员会全体有表决权的委员三分之二（含）以上同意，投资金额超过1 000万元的需经投资决策委员会全体有表决权的委员一致同意，投资决策委员会方可作出投资决策。

合伙企业对任一合伙人或基金管理人的关联方的投资项目，经投资决策委员会全体有表决权的委员一致同意，投资决策委员会方可作出投资决策。

5. 管理费和执行合伙事务费

投资期内，每年的管理费按照合伙企业全部认缴出资总额的0.4%计算；退出期内，每年的管理费以合伙企业的全部实缴出资总额扣除合伙人实际收回的实缴出资额后余额的0.4%计算，一年应以365天计算。

投资期内，执行事务合伙人每年收取的执行合伙事务费按照合伙企业全部认缴出资总额的1.6%计算；退出期内，执行事务合伙人每年收取的执行合伙事务费以合伙企业的全部实缴出资总额扣除合伙人实际收回的实缴出资额后余额的1.6%计算。

合伙企业的经营期限经过两次延续并届满后继续延长的，在该等继续延长的期间内，基金管理人及执行事务合伙人不收取管理费、执行合伙事务费。

6. 收益分配

合伙企业在每一个投资项目退出后取得的项目可分配收入，不再进行项目投资，应当于该投资项目退出后30日内按照下列次序进行实际分配：

（1）返还合伙人之累计实缴资本：按照各合伙人的实缴资本比例返还截至分配时点合伙人的累计实缴资本（包括筹建费用和合伙企业营运费用在内的所有已发生费用），直至各合伙人均100%收回其实缴资本。

（2）支付合伙人优先回报：在返还截至分配时点各合伙人的累计实缴资本后若有余额，则应将余额100%向各合伙人进行分配，分配的比例为各合伙人的实缴资本比例，直至各合伙人之实缴资本实现每年8%单利的收益（按照从实缴资本到账日期起算到分配时点为止）（“优先回报”）。

（3）80/20分配：上述分配后若有余额，则应将余额的80%按分配时的实缴出资比例分配给所有合伙人，20%分配给普通合伙人。

后续募集合伙人的收入分配各方另行约定。

【案例5-12】茅台金石（贵州）产业发展基金合伙企业（有限合伙）。

2023年5月19日，贵州茅台酒股份有限公司（以下简称“贵州茅台”）披露《贵州茅台酒股份有限公司关于出资参与设立产业发展基金的公告》（公告编号：临2023-014），出资参与设立茅台招华（贵州）产业发展基金（有限合伙）和茅台金石（贵州）产业发展基金（有限合伙）已经贵州茅台第三届董事会2023年度第四次会议审议通过，根据《公司章程》《股东大会议事规则》的相关规定，本次交易尚须提交贵州茅台股东大会审议。以下为茅台金石（贵州）产业发展基金（有限合伙）情况（见图5-23）。

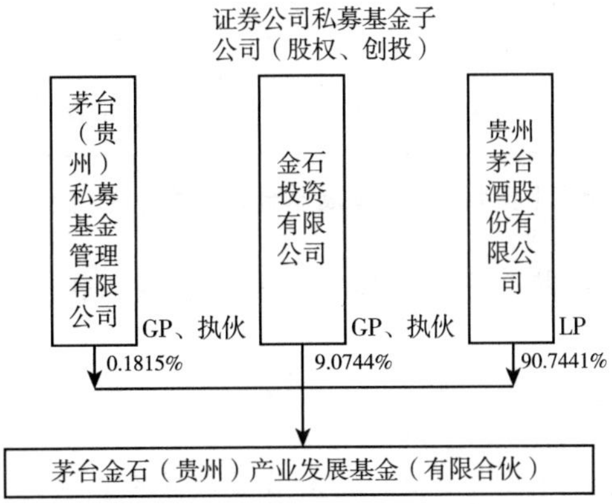

图5-23　茅台金石（贵州）产业发展基金（有限合伙）设立情况

1.茅台金石基金信息

茅台金石（贵州）产业发展基金合伙企业（有限合伙）（以下简称“茅台金石基金”）认缴总规模为55.1亿元。

基金管理人：金石投资有限公司（普通合伙人、执行事务合伙人）。茅台（贵州）私募基金管理有限公司为普通合伙人（执行事务合伙人）[①]。贵州茅台作为有限合伙人。

基金的投资模式为投资私募股权或创业投资基金份额、直接开展股权投资及其他符合法律、法规规定的投资模式，投资范围包括但不限于新一代信息技术、生物技术、新能源、新材料、高端装备、大消费等领域的投资机会。

① 茅台（贵州）私募基金管理有限公司是基金业协会登记的私募股权、创投基金管理人，不担任茅台金石（贵州）产业发展基金合伙企业（有限合伙）的基金管理人，茅台金石（贵州）产业发展基金合伙企业（有限合伙）的管理人是金石投资有限公司。茅台金石（贵州）产业发展基金合伙企业（有限合伙）属于典型的双GP、双执伙模式。

2. 经营期限

基金投资期为5年，退出期为5年，经执行事务合伙人同意可延期1年。

3. 出资情况

贵州茅台拟以自有资金参与设立茅台金石基金，公司首期实缴20亿元。茅台金石基金认缴总规模为55.1亿元。基金的合伙人、认缴出资及管理人情况如图5–24所示。

名称	类型	出资方式	认缴出资额（万元）	认缴出资比例（%）
金石投资有限公司（以下简称“金石投资”）	普通合伙人、执行事务合伙人、基金管理人	货币	50 000	9.0744
茅台（贵州）私募基金管理有限公司	普通合伙人、执行事务合伙人	货币	1 000	0.1815
贵州茅台酒股份有限公司	有限合伙人	货币	500 000	90.7441

图5–24　茅台金石（贵州）产业发展基金（有限合伙）合伙人认缴资金情况

资金到位方式：基金采用认缴制，三次实缴的比例原则为40%、30%、30%。

4. 投资决策机制

投资决策委员会由五名委员组成。投资决策委员会采用一人一票制，经四名及以上委员同意可以通过决议。

5. 管理费及执行事务合伙人报酬

（1）基金按照以下两项之和计算并向基金管理人按年度支付管理费。

基础管理费：投资期内的年度管理费为基金实缴出资总额的0.45%；退出期内的年度管理费为基金实缴出资总额扣除已退出投资项目对应的投资成本后的余额的0.45%。

直投项目管理费：投资期内的年度管理费为基金实缴出资总额中对应于直投项目的金额的0.45%；退出期内的年度管理费为基金实缴出资总额中对应于直投项目的金额扣除已退出直投项目的投资成本后的余额的0.45%。

（2）基金按照以下两项之和计算并向茅台基金公司按年度支付执行事务合伙人报酬。

基础报酬：投资期内的年度报酬为基金实缴出资总额的0.45%；退出期内的年度报酬为基金实缴出资总额扣除已退出投资项目对应的投资成本后的余额的0.45%；

直投项目报酬：投资期内的年度报酬为基金实缴出资总额中对应于直投项目的金额的0.45%；退出期内的年度报酬为基金实缴出资总额中对应于直投项目的金额扣除已退出直投项目的投资成本后的余额的0.45%。

（3）业绩报酬计提基准收益与附带收益：基金设置业绩报酬计提基准为年化6%（单利）。基金有限合伙人取得对基金的实缴出资额返还和业绩报酬计提基准收益分配后，如有余额，80%分配给基金有限合伙人，20%作为附带收益分配给普通合伙人。

6. 收益分配

基金可分配收入中：

（1）源自每一个投资项目退出取得的项目处置收入或项目运营获得的投资运营收入，应当首先在各合伙人之间按照投资成本分摊比例进行初步划分。

（2）基金的临时投资收入和其他现金收入原则上按照各合伙人届时对基金的实缴出资额按比例进行划分。按此划分归属每一普通合伙人的金额，应当实际分配给相应普通合伙人，归属每一有限合伙人的金额，应当按照下列顺序进行实际分配：

①首先，实缴出资额返还。全部向该有限合伙人进行分配，直至该有限合伙人根据第①项累计获得的分配额和获得退还的未使用出资额等于其届时缴付至基金的实缴出资额；

②其次，业绩报酬计提基准收益。如有余额，全部向该有限合伙人进行分配，直至其获得就上述第①项下累计获得的分配额按照单利6%/年的回报率计算所得的业绩报酬计提基准收益（简称“业绩报酬计提基准收益”）。业绩报酬计提基准收益的计算期间为自该有限合伙人每一期实缴出资额的付款到期日或实际到账之日（孰晚）起至该有限合伙人收回该部分实缴出资额之日止，每一次分配都会实时减少业绩报酬计提基准收益的计算基数；

③最后，附带收益分配。如有余额，其中80%分配给该有限合伙人，20%分配给普通合伙人。

第三节｜政府引导基金

政府引导基金是PE基金的特殊类型之一，本节之所以单列介绍，主要是考虑到这类基金受到各地政府政策的支持，以及在资本投资中不以营利为主要目的的引导作用，在股权基金投资中扮演着越来越重要的角色。政府投资引导基金一般不以营利为主要目的，主要用以支持创新创业、扶持中小企业发展、支持企业转型升级等目标。政府引导基金有国家级、省级、市级、区级等政府引导基金，通常由政府部门作为发起人，利用一般公共预算、政府性基金预算、国有资本经营预算等财政性资金的杠杆放大作用，吸引社会资本而成立的政策性基金。

一、政府引导基金

我国政府引导基金经过20多年的发展，已成为LP的重要组成部分。执中数据[①]显示，截至2023年12月备案基金的机构LP出资结构来看，企业投资者、政府投资资金位居LP活跃度首位；从出资规模来看，以国有控股和国有参股的政府LP出资额保持最高，认缴总额约1.89亿元，占比61%左右。

政府引导基金正式成文初见于2005年11月15日由国家发展改革委、科技部、财政部、商务部、中国人民银行、国家税务总局、原国家工商行政管理总局、原中国银监会、中国证监会、国家外汇管理局联合发布的规范性文件《创业投资企业管理暂行办法》。这号文第一次以规范性文件的形式指出，国家与地方政府可以怎样的方式对创业投资企业进行扶持："国家与地方政府可以设立创业投资引导基金，通过参股和提供融资担保等方式扶持创业投资企业的设立与发展。具体管理办法另行制定。"[②]

2008年10月18日，国务院办公厅发布《国务院办公厅转发发展改革委等部门关于创业投资引导基金规范设立与运作指导意见的通知》(国办发〔2008〕116号)第一条指出，引导基金是由政府设立并按市场化方式运作的政策性基金，主要通过扶持创业投资企业发展，引导社会资金进入创业投资领域。引导基金本身不直接从事创业投资业务。

2010年9月10日，财政部颁布《政府性基金管理暂行办法》(财综〔2010〕80号)，对政府性基金用途做出定义。政府性基金是指各级人民政府及其所属部门根据法律、行政法规和中共中央、国务院文件规定，为支持特定公共基础设施建设和公共事业发展，向公民、法人和其他组织无偿征收的具有专项用途的财政资金。

2015年11月12日，财政部印发的《政府投资基金暂行管理办法》(财预〔2015〕

---

① "执中数据"全名为执中数据科技（苏州）有限责任公司，是一家聚焦私募股权二级市场，提供金融信息和投资服务的平台。

② 依据《创业投资企业管理暂行办法》第二十二条。

210号）明确，政府投资基金是指由各级政府通过预算安排，以单独出资或与社会资本共同出资设立，采用股权投资等市场化方式，引导社会各类资本投资经济社会发展的重点领域和薄弱环节，支持相关产业和领域发展的资金。

2015年底，财政部配套出台《关于财政资金注资政府投资基金支持产业发展的指导意见》(财建〔2015〕1062号，以下简称《财政部指导意见》)。《财政部指导意见》指出基金应该“聚焦重点产业”，解决好产业发展的瓶颈制约。

2016年12月30日，国家发展改革委印发《政府出资产业投资基金管理暂行办法》（发改财金规〔2016〕2800号，以下简称《发展改革委办法》)。该办法指出，政府出资产业投资基金，是指由政府出资，主要投资于非公开交易企业股权的股权投资基金和创业投资基金。同时，《发展改革委办法》指出政府出资产业投资基金的主要投资领域，政府出资产业投资基金应主要投资在以下领域，包括非基本公共服务、基础设施、住房保障、生态环境领域、区域发展、战略性新兴产业和先进制造业、创业创新等领域。

二、政府引导基金运作

按照投资对象的不同，政府引导基金分为产业引导基金、创业基金以及其他类基金。其中，其他类基金以政府PPP基金为主，这也是我们通常容易接触到的政府引导基金。

政府引导PPP基金一般由专项设立的PPP政府引导基金与政府出资方、社会出资主体共同设立PPP项目公司，政府与PPP项目公司签订PPP协议通过政府购买服务方式进行项目投资、建设和运营。设立此类基金的目的是要支持基础设施和公共服务领域项目，改革公共服务供给机制，创新公共设施投融资模式，鼓励和引导社会资本金融基础设施和公共服务领域，加快推进重大基础设施建设，提高公共服务质量和水平。

PPP项目资金需求量大，投资周期长。为拓展项目融资渠道、优化给放投资风险，提高社会资本参与PPP项目积极性，中央与地方两级政府都在积极探索成立PPP引导基金。在投资模式上，政府投资引导基金有两种投资方式：一类是母基金直接跟投项目，另一类是各类符合要求的引导基金子基金。其中，符合要求的引导基金子基金运用比较广泛。以下为引导基金子基金设立模式。

（一）引导基金母基金选定管理机构，由GP设立子基金

政府引导基金由某级政府财政部门发起，或者指定政府独资公司作为财政资金出资人代表发起，并联合该级政府共同出资设立政府产业引导基金，以政府产业引导基金作为母基金；在选定基金管理机构后，共同设立子基金，吸收金融资本和其他社会资本参与作为PPP基金。在该类模式中，政府引导基金处于劣后级，金融资本、社会资本作为优先级，基金管理人负责募集金融资本和社会资本（见图5-25）。

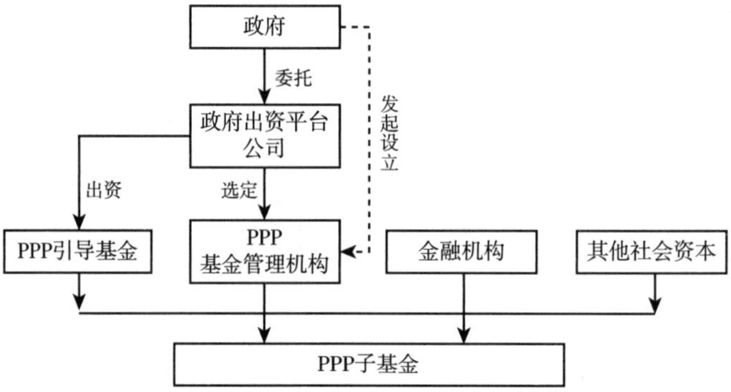

图5-25　政府引导基金选定基金管理公司共同设立子基金

【案例5-13】大理州产业发展基金。

2023年1月17日，由大理州国投集团下属大理州私募股权投资基金管理有限公司发起设立的大理州产业发展基金顺利通过中国证券投资基金业协会备案，标志着大理州产业发展基金正式进入运营阶段。大理州产业发展基金由州国投集团和11家县（市）国有企业共同出资设立，计划规模20亿元，存续期20年。其中州国投集团认缴出资9.7亿元，各县人民政府指定县（市、区）级国有企业认缴10亿元，大理州私募股权投资基金管理有限公司认缴3 000万元。

基金设立后，将按照“州级主导、州县联动、市场运作、科学决策”的原则，通过与金融机构、产业龙头、国有企业、国家或地方产业基金合作成立股权类子基金，重点投资州级和各县市产业发展项目，充分发挥引导基金的投资撬动功能，推动重大产业招商项目落地，为全州经济高质量发展引入金融活水。

（二）政府引导母基金发起设立子基金

由某级政府申请设立政府引导基金母基金，母基金由政府城投公司、金融机构和其他社会资本出资。在这种模式下，母基金的规模一般不是很大，政府财政资金出资很少，主要起到引导作用。母基金设立后可发起设立的PPP子基金，PPP子基金负责吸收各方资金（见图5-26）。

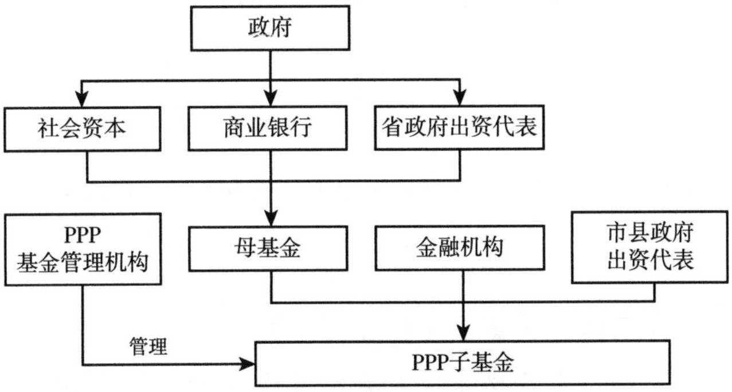

图5-26　设立政府引导母基金同时设立子基金

【案例5-14】威海市市级政府投资引导基金。

2018年4月，为助推威海市产业升级和新旧动能转换重大工程实施，市政府设立了山东省新旧动能转换威海产业发展基金。基金由市财政局出资5亿元，市国有资本运营公司出资10亿元，合计出资15亿元作为引导母基金，由市级负责进行闭环运营，采取设立子基金和对项目直投的方式进行投资。通过滚动发展和市场化运作，先期形成300亿元的基金规模。2022年3月，威海市政府重新修订并印发了《威海市市级政府投资引导基金管理办法》，进一步规范威海市市级政府投资引导基金管理工作。

（三）政府引导母基金设立子基金投资平台

第三种模式是在第二种模式的基础上，设立多个子基金平台，由各个子基金进行投资项目（见图5-27）。

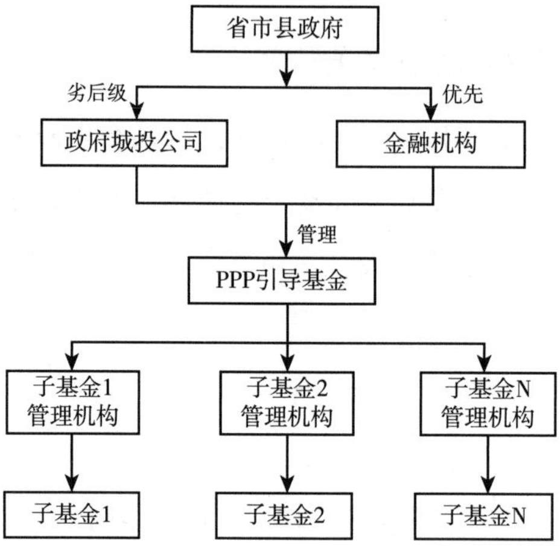

图5-27　设立政府引导母基金同时设立子基金投资平台

【案例5-15】 安徽省属企业改革发展基金。

2018年9月，由安徽国控集团牵头组建的200亿元省属企业改革发展基金正式启动运营。安徽省属企业改革发展基金由安徽省国有资本运营公司改革试点企业、安徽国控集团牵头发起，联合省交控集团、海螺投资、省能源集团、安徽合力股份等省属企业和建信信托公司共同组建。该基金总规模200亿元，采用母子基金模式，其中母基金20亿元，计划通过3—5年的时间逐步设立若干支子基金。

三、PPP项目社会资本方会计处理

PPP政府引导基金、政府出资方共同设立PPP项目公司，政府与PPP项目公司签订PPP协议，通过政府购买服务方式进行项目投资、建设和运营会计处理可按照《企业会计准则解释14号》[①]进行处理。

（一）判断适用条件："双特征"和"双控制"

PPP项目会计处理主要涉及《企业会计准则第6号——无形资产》《企业会计准则第13号——或有事项》《企业会计准则第14号——收入》《企业会计准则第17号——借款费用》《企业会计准则第22号——金融工具确认和计量》等准则。

① 2021年1月26日，财政部发布《企业会计准则解释第14号》（财会〔2021〕1号）。

第14号准则解释所称PPP项目合同，是指社会资本方与政府方依法依规就PPP项目合作所订立的合同，该合同应当同时符合下列特征（以下简称“双特征”）：（1）社会资本方在合同约定的运营期间内代表政府方使用PPP项目资产提供公共产品和服务；（2）社会资本方在合同约定的期间就其提供的公共产品和服务获得补偿。

该解释所称社会资本方，是指与政府方签署PPP项目合同的社会资本或项目公司；政府方是指政府授权或指定的PPP项目实施机构；PPP项目资产是指PPP项目合同中确定的用来提供公共产品和服务的资产。

该解释规范的PPP项目合同应当同时符合下列条件（以下简称“双控制”）：（1）政府方控制或管制社会资本方使用PPP项目资产必须提供的公共产品和服务的类型、对象和价格；（2）PPP项目合同终止时，政府方通过所有权、收益权或其他形式控制PPP项目资产的重大剩余权益。

对于运营期占项目资产全部使用寿命的PPP项目合同，即使项目合同结束时项目资产不存在重大剩余权益，如果该项目合同符合前述“双控制”条件中的第（1）项，则仍然适用该解释。除上述情况外，不同时符合该解释“双特征”和“双控制”的PPP项目合同，社会资本方应当根据其业务性质按照相关企业会计准则进行会计处理。

（二）相关会计处理

社会资本方提供服务会涉及以下情况：

1.根据PPP项目合同提供建造服务

社会资本方提供建造服务（含建设和改扩建，下同）或发包给其他方等，应当按照《企业会计准则第14号——收入》确定其身份是主要责任人还是代理人，并进行会计处理，确认合同资产。

社会资本方根据PPP项目合同约定，提供多项服务（如既提供PPP项目资产建造服务又提供建成后的运营服务、维护服务）的，应当按照《企业会计准则第14号——收入》的规定，识别合同中的单项履约义务，将交易价格按照各项履约义务的单独售价的相对比例分摊至各项履约义务。

2.建造过程中发生的借款费用

在PPP项目资产的建造过程中发生的借款费用，社会资本方应当按照《企业会计准则第17号——借款费用》的规定进行会计处理。对于PPP项目资产确认为“无形资产”①的部分，社会资本方在相关借款费用满足资本化条件时，应当将其予以资本化，并在PPP项目资产达到预定可使用状态时，结转至无形资产。除上述情形以外的其他借款费用，社会资本方均应予以费用化。

3.运营期PPP项目资产的确认

PPP项目资产确认涉及无形资产和金融工具模式：

（1）社会资本方根据PPP项目合同约定，在项目运营期间，有权向获取公共产品和服务的对象收取费用，但收费金额不确定的，该权利不构成一项无条件收取现金的权利，应当在PPP项目资产达到预定可使用状态时，将相关PPP项目资产的对价金额或确认的建造收入金额确认为无形资产，并按照《企业会计准则第6号——无形资产》的规定进行会计处理。

（2）社会资本方根据PPP项目合同约定，在项目运营期间，满足有权收取可确定金额的现金（或其他金融资产）条件的，应当在社会资本方拥有收取该对价的权利（该权利仅取决于时间流逝的因素）时确认为应收款项，并按照《企业会计准则第22号——金融工具确认和计量》的规定进行会计处理。社会资本方应当在PPP项目资产达到预定可使用状态时，将相关PPP项目资产的对价金额或确认的建造收入金额，超过有权收取可确定金额的现金（或其他金融资产）的差额，确认为无形资产。

社会资本方不得将该解释规定的PPP项目资产确认为其固定资产。

4.PPP项目资产达到预定使用状态后

PPP项目资产达到预定可使用状态后，社会资本方应当按照《企业会计准则第14号——收入》确认与运营服务相关的收入。

为使PPP项目资产保持一定的服务能力或在移交给政府方之前保持一定的使用状态，社会资本方根据PPP项目合同而提供的服务不构成单项履约义务的，应当将预计发生的支出，按照《企业会计准则第13号——或有事项》的规定进行会计处理。

5.根据PPP项目合同自政府方取得其他资产属于应付合同对价的一部分

社会资本方根据PPP项目合同，自政府方取得其他资产，该资产构成政府方应付合同对价的一部分的，社会资本方应当按照《企业会计准则第14号——收入》的规定进行会计处理，不作为政府补助。

① 运营项目期间，按无形资产核算的部分。

（三）PPP项目合同社会资本方会计处理应用案例

2021年8月10日，财政部会计司对PPP项目合同资本方会计处理颁布了3个应用案例：

1. PPP项目合同社会资本方会计处理应用案例——无形资产模式

【案例5-16】甲公司在境内从事各类公路的投资建设和运营业务。2×21年1月，甲公司与当地政府签订PPP项目合同，甲公司作为社会资本方负责当地高速公路的建设、运营和维护。根据PPP项目合同约定，PPP项目合同期间为10年，其中项目建设期为2年、运营期为8年。甲公司有权在运营期内向通行车辆收取高速公路通行费，政府不对未来能够收取的车辆通行费或者通过的车流量提供保证。运营期间，该高速公路需要保持一定的使用状态，假定运营期间对道路的磨损是平均发生的，当路面磨损程度低于特定标准时，甲公司需要对路面进行翻修。甲公司预计其将在2×28年末进行路面翻修的支出为1 000万元。运营期满后，甲公司将PPP项目资产无偿移交给政府方。假设甲公司的建造服务和运营服务均构成单项履约义务，均满足在某一时段确认收入的条件，且甲公司从事PPP项目的身份为主要责任人；甲公司对路面翻修不构成单项履约义务。假设该合同满足《企业会计准则解释第14号》（财会〔2021〕1号）的“双特征”和“双控制”条件。

甲公司预计其提供建造和运营服务的成本如表5-1所示。

表5-1　甲公司预计提供建造和运营服务的成本　单位：万元

项目	年份	成本
建造服务（每年）	2×21—2×22年	4 000
运营服务（每年）	2×23—2×30年	80

甲公司从事该PPP项目的资金全部来源于银行借款，借款年利率为6.7%。假设市场类似建造服务的合理毛利率为5%；甲公司2×23年和2×24年根据实际车流量收取的通行费用均为1 600万元（以后年度略）；合同期间各年的现金流均在年末发生。

假定不考虑其他因素和相关税费。

分析：本例中，甲公司向政府方提供建造高速公路的服务，并获得在合同约定的运营期内运营该高速公路的权利。虽然甲公司在运营期间有权向通行车辆收取高速公路通行费，但是其金额不确定，取决于通行车辆的类型、数量以及通行距离等，因此该权利不构成一项无条件收取现金的权利，应当适用《企业会计准则解释第14号》（财会〔2021〕1号）第一部分相关会计处理第四条的无形资产模式进行会计处理。

甲公司通过向政府方提供建造服务取得高速公路运营权，属于非现金对价安排，甲公司应当按照《企业会计准则第14号——收入》（财会〔2017〕22号）的相关规定，通常按照非现金对价在合同开始日的公允价值确定交易价格，确认建造服务的收入。由于该无形资产的公允价值不能合理估计，甲公司采用成本加成法确定建造服务的单独售价，从而确定交易价格。考虑市场情况、行业平均毛利水平等因素之后，估计建造服务的合理毛利率为5%。甲公司预计其提供建造服务的成本和收入如表5–2所示。

表5–2　甲公司预计提供建造服务的成本和收入　单位：万元

项目	年份	成本	收入
建造服务（每年）	2×21—2×22年	4 000	4 200［=4 000×（1+5%）］

甲公司在建造期间每年确认建造服务收入4 200万元，同时确认合同资产，在项目资产达到预定可使用状态时，将合同资产结转为无形资产，并按照《企业会计准则第6号——无形资产》（财会〔2006〕3号）的规定进行会计处理。在运营期间，甲公司将收到的通行费确认为运营服务收入。

甲公司承担的路面翻修义务，是由于在运营期对高速公路的使用和磨损导致的，不构成单项履约义务，应当按照《企业会计准则第13号——或有事项》（财会〔2006〕3号）的相关规定，按照履行相关现时义务所需支出的最佳估计数确认一项预计负债，并考虑货币时间价值（本例假定折现率为6%）。因为甲公司预计在运营期间对道路的磨损是平均发生的，则在进行道路翻修前的6年运营期间内平均每年的金额约为167万元（即1 000万元÷6，考虑折现影响前），路面翻修义务预计负债如表5–3所示计算确定。

表 5-3　　路面翻修义务预计负债　　单位：万元

年份	当期确认的预计负债	当期确认的利息费用	预计负债余额
	①	②=期初③*6%	③=期初③+①+②
2×23年	125	—	125
2×24年	132	8	265
2×25年	140	16	421
2×26年	149	25	595
2×27年	158	36	789
2×28年	167	44**	1 000
合计	871	129	

*125=167÷（1+6）^{5}，以此类推。

**做尾数调整：44=1 000−789−167。

甲公司在合同期间各年的账务处理如下：

1.2×21年的账务处理：

确认建造服务收入和成本。

借：合同资产　　42 000 000

　　贷：主营业务收入　　42 000 000

借：合同履约成本　　40 000 000

　　贷：原材料、应付职工薪酬等　　40 000 000

借：主营业务成本　　40 000 000

　　贷：合同履约成本　　40 000 000

注：由于现金流在年末发生，因此第一年没有借款费用资本化的影响。

2.2×22年的账务处理：

（1）确认建造服务收入和成本（与2×21年相同）。

（2）确认资本化的借款费用。

借：PPP借款支出　　2 680 000（=40 000 000×6.7%）

　　贷：短期借款/长期借款　　2 680 000

（3）在PPP项目资产达到预定可使用状态时，将合同资产及PPP借款支出结转为无形资产。

借：无形资产　　86 680 000（=84 000 000+2 680 000）

　　贷：合同资产　　84 000 000

　　　　PPP借款支出　　2 680 000

3. 2×23年的账务处理：

（1）确认运营服务收入和成本。

借：银行存款　　16 000 000

　　贷：主营业务收入　　16 000 000

借：合同履约成本　　800 000

　　贷：原材料、应付职工薪酬等　　800 000

借：主营业务成本　　800 000

　　贷：合同履约成本　　800 000

（2）对无形资产进行摊销。

借：主营业务成本　　10 840 000（=86 680 000÷8）

　　贷：无形资产——累计摊销　　10 840 000

（3）确认路面翻修义务预计负债。

借：主营业务成本　　1 250 000

　　贷：预计负债　　1 250 000

4. 2×24年的账务处理：

（1）确认运营服务收入和成本（与2×23年相同）。

（2）对无形资产进行摊销（与2×23年相同）。

（3）确认路面翻修义务预计负债。

借：主营业务成本　　1 320 000

　　财务费用　　80 000

　　贷：预计负债　　1 400 000

5. 2×25年及以后账务处理略。

分析依据：《企业会计准则解释第14号》,《企业会计准则第14号——收入》第十二条、第十四条、第十七条、第二十一条、第四十一条等相关规定；《〈企业会计准则第14号——收入〉应用指南2018》第64—65页、第66—68页、第112—118页等相关内容。

2. PPP项目合同社会资本方会计处理应用案例——金融资产模式

【案例5-17】甲公司在境外某地从事各类公路的投资建设和运营业务。2×21年1月，甲公司与当地政府签订PPP项目合同，甲公司作为社会资本方负责当地高速公路的建设、运营和维护。根据PPP项目合同约定，PPP项目合同期间为10年，其中项目建设期为2年、运营期为8年。根据PPP项目合同约定，合同期间的第8年末（即2×28年末），甲公司需要对路面进行翻修，以使该道路保持一定的使用状态。运营期满后，甲公司将PPP项目资产无偿移交给政府方。甲公司的履约义务包括提供道路建造、运营和路面翻修的服务，假设上述服务均构成单项履约义务，均满足在某一时段确认收入的条件，且甲公司从事PPP项目的身份是主要责任人。假设该合同满足《企业会计准则解释第14号》（财会〔2021〕1号）的“双特征”和“双控制”条件。

按照PPP项目合同约定，政府方需要对甲公司提供的PPP项目资产进行验收，包括满足道路如期完工通车、符合当地环保要求，并在运营期间持续保持道路的使用状态和正常通行等要求。如果未满足验收条件，政府方则有权要求甲公司进行整改，直至验收合格。政府方验收合格后，在运营期间每年末向甲公司支付1 600万元。甲公司合理估计其能够达到验收条件。

甲公司采用成本加成法确定各单项履约义务的单独售价，考虑市场情况、行业平均毛利水平等因素之后，估计建造、运营以及路面翻修服务的合理毛利率分别为5%、20%和10%。甲公司预计其提供建造、运营和路面翻修服务的成本和收入如表5–4所示。

表5–4　甲公司预计提供建造、运营和路面翻修服务的成本和收入 单位：万元

项目	年份	成本	收入
建造服务（每年）	2×21—2×22年	4 000	4 200［=4 000×（1+5%）］
运营服务（每年）	2×23—2×30年	80	96［=80×（1+20%）］
路面翻修服务	2×28年	800	880［=800×（1+10%）］

假设合同期间各年的现金流均在年末发生，通过插值法（使在合同开始日各项履约义务确认的收入现值等于各期现金流量现值的折现率）计算出该PPP项目的实际利率为6.18%（假设该实际利率体现了合同开始时甲公司与政府方进行单独融资交易所反映的利率）。

假定不考虑其他因素和相关税费。

分析：本例中，根据PPP项目合同约定，在项目运营期间，甲公司每年自政府方取得1 600万元的对价，即甲公司在项目运营期间有权收取可确定金额的现金，应当适用《企业会计准则解释第14号》（财会〔2021〕1号）第

一部分相关会计处理第五条中的金融资产模式进行会计处理。甲公司在建造期间每年确认建造服务收入4 200万元，同时确认合同资产，并在以后年度甲公司拥有收取对价的权利（该权利仅取决于时间流逝的因素）时，将合同资产转为应收款项。甲公司在运营期间每年确认的运营服务收入为96万元，在2×28年确认的路面翻修服务收入为880万元。

甲公司在合同期间各年的账务处理如下：

1. 2×21年的账务处理：

确认建造服务收入和成本。

借：合同资产　　42 000 000

　　贷：主营业务收入　　42 000 000

借：合同履约成本　　40 000 000

　　贷：原材料、应付职工薪酬等　　40 000 000

借：主营业务成本　　40 000 000

　　贷：合同履约成本　　40 000 000

注：由于现金流在年末发生，因此第一年没有融资成分的影响。

2. 2×22年的账务处理：

（1）确认建造服务收入和成本（与2×21年相同）。

（2）确认融资成分的影响。

借：合同资产　　2 600 000（=42 000 000×6.18%）

　　贷：财务费用、利息收入等　　2 600 000

3. 2×23年的账务处理：

（1）确认运营服务收入和成本。

借：合同资产　　960 000

　　贷：主营业务收入　　960 000

借：合同履约成本　　800 000

　　贷：应付职工薪酬等　　800 000

借：主营业务成本　　800 000

　　贷：合同履约成本　　800 000

（2）确认融资成分的影响。

借：合同资产　　5 350 000

　　贷：财务费用、利息收入等　　5 350 000

注：5 350 000=［42 000 000×（1+6.18%）+42 000 000］×6.18%。

（3）甲公司在拥有收取对价的权利（该权利仅取决于时间流逝的因素）时，本例为政府方承担向甲公司支付款项的义务时，将合同资产转为应收款项。

借：应收账款　　16 000 000

　　贷：合同资产　　16 000 000

（4）从政府方收到款项。

借：银行存款　　16 000 000

　　贷：应收账款　　16 000 000

4. 2×24—2×27年比照2×23年的会计分录进行账务处理，此处略。

5. 2×28年的账务处理：

（1）确认路面翻修服务收入和成本。

借：合同资产　　8 800 000

　　贷：主营业务收入　　8 800 000

借：合同履约成本　　8 000 000

　　贷：原材料、应付职工薪酬等　　8 000 000

借：主营业务成本　　8 000 000

　　贷：合同履约成本　　8 000 000

（2）其余账务处理比照2×23年的会计分录进行，此处略。

6. 2×29年及以后账务处理略。

分析依据：《企业会计准则解释第14号》，《企业会计准则第14号——收入》第十二条、第十四条、第十七条、第二十一条、第四十一条等相关规定；《〈企业会计准则第14号——收入〉应用指南2018》第60—64页、第66—68页、第112—118页等相关内容。

3. PPP项目合同社会资本方会计处理应用案例——混合模式

【案例5-18】甲公司在境外某地从事各类公路的投资建设和运营业务。2×21年1月，甲公司与当地政府签订PPP项目合同，甲公司作为社会资本方负责当地某段高速公路的建设、运营和维护。根据PPP项目合同约定，PPP项目合同期间为10年，其中项目建设期为2年、运营期为8年。

运营期满后，甲公司将PPP项目资产无偿移交给政府方。甲公司的履约义务包括提供道路建造、运营服务，假设上述服务均构成单项履约义务，均满足在某一时段确认收入的条件，且甲公司从事PPP项目的身份为主要责任人。假设该合同满足《企业会计准则解释第14号》（财会〔2021〕1号）的“双特征”和“双控制”条件。按照PPP项目合同约定，运营期间甲公司有权向通行车辆收取通行费。由于该条高速公路尚未全线贯通，对车流量可能有一定的不利影响，为保证甲公司的投资回报，政府方向甲公司保证甲公司在运营期间收到的金额不少于5 600万元，以及按6%年利率确定的利息金额以补偿甲公司取得收益的货币时间价值。甲公司预计运营期间每年收取的通行费用是1 600万元。甲公司采用成本加成法确定各单项履约义务的单独售价，考虑市场情况、行业平均毛利水平等因素之后，估计建造的合理毛利率为5%。甲公司预计其提供建造和运营服务的成本如表5–5所示。

表5–5　　甲公司预计其提供建造和运营服务的成本　　单位：万元

项目	年份	成本
建造服务（每年）	2×21—2×22年	4 000
运营服务（每年）	2×23—2×30年	80

甲公司从事该PPP项目的资金全部来源于银行借款，借款年利率为6.7%。假设合同期间各年的现金流均在年末发生。

假定不考虑其他因素和相关税费。

分析：本例中，甲公司为政府方提供建造高速公路的服务，其有权收取的对价包括两部分：一是自政府方收取5 600万元现金的收款权利；二是在运营期间向通行车辆收取通行费的权利。由于确认的建造收入金额超过有权收取可确定金额的现金，因此应当适用《企业会计准则解释第14号》（财会〔2021〕1号）第一部分相关会计处理第五条中的混合模式进行会计处理。甲公司建造期间每年确认收入金额为4 200万元［4 000万元×（1+5%）］，两年合计金额为8 400万元，甲公司在确认建造收入的同时确认合同资产，其中未来将分别确认为应收款项和无形资产的部分分摊如表5–6所示。

表 5-6　　未来将分别确认为应收款项和无形资产的部分分摊　　单位：万元

年份	履约义务	收入	合同资产分摊	
			应收款项	无形资产
2×21年	建造服务	4 200	2 800	1 400
2×22年	建造服务	4 200	2 800	1 400
合计		8 400	5 600	2 800
分摊比例			67%	33%

甲公司提供建造服务取得对价中对应应收款项的部分包含重大融资成分，应当考虑货币时间价值的影响，在建造期间应确认的利息收入为168万元（2 800万元 ×6%）。因此，在建造期结束时，甲公司未来应确认为应收款项的合同资产金额为5 768万元（5 600万元+168万元）。运营期间甲公司收到的通行费需要在应收款项和无形资产之间进行分摊，其中分摊至应收款项的部分，视为应收款项的收回；分摊至无形资产的部分，确认为运营服务收入。分摊计算如表5-7所示。

表 5-7　　分摊部分计算　　单位：万元

运营期初合同资产余额	5 768
实际利率	6%
运营期年数	8年
每年分摊至应收款项的部分	929*
每年分摊至无形资产的部分	671（=1 600–929）

*注：通过年金方法计算，929=5 768 ÷（P/A，6%，8）。

甲公司在合同期间各年的账务处理如下：

1. 2×21年的账务处理：确认建造服务收入和成本。

借：合同资产　　42 000 000
　　贷：主营业务收入　　42 000 000
借：合同履约成本　　40 000 000
　　贷：原材料、应付职工薪酬等　　40 000 000
借：主营业务成本　　40 000 000
　　贷：合同履约成本　　40 000 000

2. 2×22年的账务处理：

（1）确认建造服务收入和成本（与2×21年相同）。

（2）确认融资成分的影响。

借：合同资产　　　　　　　　　　1 680 000（=28 000 000×6%）

　　贷：财务费用、利息收入等　　　　　　　　　　1 680 000

（3）确认资本化的借款费用。

借：PPP借款支出　　　　　　880 000（=40 000 000×6.7%×33%）

　　贷：短期借款/长期借款　　　　　　　　　　　880 000

注：2×22年的其余借款费用180万元（=4 000万元 ×6.7%×67%）。

按照《企业会计准则第17号——借款费用》的相关规定计入财务费用。

（4）在PPP项目资产达到预定可使用状态时，将合同资产及PPP借款支出结转为无形资产。

借：无形资产　　　　　　　　　　　　　　28 880 000

　　贷：合同资产　　　　　　　　　　　　　　　28 000 000

　　　　PPP借款支出　　　　　　　　　　　　　　880 000

建造期结束后，"合同资产"科目的余额为5 768万元（4 200万元×2+168万元–2 800万元）。该部分合同资产属于在未来收取可确定金额的部分（即5 600万元），并按照实际利率法确认融资成分的影响，在甲公司拥有收取对价的权利（该权利仅取决于时间流逝的因素）时确认为应收款项；"无形资产"科目余额为2 888万元，该部分无形资产在运营期间按照直线法进行摊销。

3. 2×23年的账务处理：

（1）当甲公司拥有收取对价的权利（该权利仅取决于时间流逝的因素）时，将取得无条件收款权的对价转为应收款项。当甲公司收到款项时，确认应收款项的收回。

借：应收账款　　　　　　　　　　　　　　9 290 000

　　贷：合同资产　　　　　　　　　　　　　　　9 290 000

借：银行存款　　　　　　　　　　　　　　9 290 000

　　贷：应收账款　　　　　　　　　　　　　　　9 290 000

（2）确认融资成分的影响。

借：合同资产　　　　　　　　　　3 460 000（=57 680 000×6%）

　　贷：财务费用、利息收入等　　　　　　　　　　3 460 000

（3）确认运营服务收入和成本。

借：银行存款　　6 710 000

　　贷：主营业务收入　　6 710 000

借：合同履约成本　　800 000

　　贷：原材料、应付职工薪酬等　　800 000

借：主营业务成本　　800 000

　　贷：合同履约成本　　800 000

（4）对无形资产进行摊销。

借：主营业务成本　　3 610 000（=28 880 000 ÷ 8）

　　贷：无形资产——累计摊销　　3 610 000

4. 2×24年及以后账务处理略。

分析依据：《企业会计准则解释第14号》,《企业会计准则第14号——收入》第十二条、第十四条、第十七条、第二十一条、第四十一条等相关规定;《〈企业会计准则第14号——收入〉应用指南2018》第60—64页、第66—68页、第112—118页等相关内容。

（四）PPP会计处理实施问答

2021年8月10日，财政部会计司对PPP项目合同资本方会计处理颁布了11个实施问题解答：

问1：社会资本方执行《企业会计准则解释第14号》时，应当如何应用“双特征”？

答：《企业会计准则解释第14号》（财会〔2021〕1号）规范的PPP项目合同应当同时符合下列特征（以下简称“双特征”）:（1）社会资本方在合同约定的运营期间内代表政府方使用PPP项目资产提供公共产品和服务；（2）社会资本方在合同约定的期间内就其提供的公共产品和服务获得补偿。“合同约定的运营期间”指的是社会资本方对PPP项目资产的使用期或运营期，通常在PPP项目合同中有明确约定。“社会资本方代表政府方使用PPP项目资产提供公共产品和服务”，指的是根据合同约定或政府方授权，社会资本方享有建设、运营、管理、维护本项目设施等权利，同时承担代表政府方提供公共产品和服务的义务。社会资本方至少需要负责基础设施管理和相关服务中的一部分工作，而不能仅为政府方的代理人。“社会资本方就其提供的公共产品和服务获得补偿”，指的是社会资本方就其在运营期内运营或维护项目资产等按照合同约定获得回报。

问2：社会资本方执行《企业会计准则解释第14号》时，应当如何应用“双控制”条件（1）“政府方控制或管制社会资本方使用PPP项目资产必须提供的公共产品和服务的类型、对象和价格”？

答：“控制”指的是政府方通过具有法律效力的合同条款等方式，有权决定社会资本方提供的公共产品和服务的类型、对象和价格。通常情况下，政府方和社会资本方在PPP项目合同中应当明确规定社会资本方提供的公共产品和服务的类型、对象和价格。“管制”指的是社会资本方提供的公共产品和服务的类型、对象和价格，虽未在PPP项目合同中进行明确规定，但受有关法律法规或监管部门规章制度的约束。如果某PPP项目合同涉及政府方及与政府方相关联的代表公共利益的监管方，则在应用“双控制”条件（1）时应当将这些主体一起考虑。

“政府方控制或管制社会资本方使用PPP项目资产必须提供的公共产品和服务的类型、对象和价格”的情形，既包括由政府方购买项目资产的全部产出，也包括由其他使用者购买项目资产的全部或部分产出。

如果定价的基础或框架受到监管约束，政府方对价格的“控制或管制”不需要完全控制价格，这种情况下仍然符合控制或管制标准。如设定政府调价机制，社会资本方进行调价前应当经过政府方审核同意，或者设定有实质性的价格上限机制，即满足“双控制”条件（1）中的价格控制或管制要求。如果项目合同条款给予社会资本方自主定价权，但约定超额收益全部归政府方所有，社会资本方的收益被限定，则仍然满足“双控制”条件（1）中的价格控制或管制要求。

问3：社会资本方执行《企业会计准则解释第14号》时，应当如何应用“双控制”条件（2）“PPP项目合同终止时，政府方通过所有权、收益权或其他形式控制PPP项目资产的重大剩余权益”？

答：“重大剩余权益”指的是PPP项目合同终止时，在项目资产剩余使用寿命内使用、处置该项目资产所能获得的权益。社会资本方应当按照假定PPP项目资产已经处在PPP项目合同期末时预期的寿命和状况，对其现值进行估计，以确定项目资产的剩余权益。

政府方对“重大剩余权益”的控制具体表现为以下两种情形：一是PPP项目合同终止时，社会资本方应当将项目资产移交给政府方或者政府指定的第三方，且移交的项目资产预期仍能为政府方带来经济利益流入或者产生服务潜力。二是政府方能够通过合同条款限制社会资本方处置或抵押项目资产，并拥有在合同期内持续控制项目资产使用的权利，保障重大剩余权益不受损害。

对于运营期占项目资产全部使用寿命的PPP项目合同，即使项目合同结束时项目资产不存在重大剩余权益，如果项目合同符合“双控制”条件（1）的，仍符合“双控制”条件。

当政府方满足了“双控制”条件（1）规定的控制条件并保留了PPP项目资产的重大剩余权益时，表明社会资本方只是代表政府方管理PPP项目资产，尽管很多情况下社会资本方有一定管理自主权，但是此时社会资本方的“管理”不应视为“双控制”条件中的“控制”。

在合同约定的运营期间，社会资本方对不可分离的PPP项目资产进行更新改造的（包括更换部分设施设备等），应当将更新改造前后的项目资产视为一个整体来考虑。如果政府方控制了更新改造后项目资产的重大剩余权益，则该项目合同整体满足“双控制”条件（2）。

问4：社会资本方执行《企业会计准则解释第14号》时，当PPP项目资产部分受到政府方控制时，应当如何应用“双控制”条件？

答：PPP项目资产部分受政府方控制的，分为以下两种情形：

一是项目资产在功能设置和空间分布上可分割且能独立运营，并且满足《企业会计准则第8号——资产减值》（财会〔2006〕3号）中资产组的定义，应当单独进行分析。如果政府方不能控制该部分资产，则该部分资产不适用《企业会计准则解释第14号》（财会〔2021〕1号）。

二是社会资本方使用PPP项目资产提供不受政府方控制的辅助性服务，并不减损政府方对PPP项目资产的控制，在应用“双控制”条件时不应当考虑该项服务。

社会资本方如果有权使用上述情形一中不受政府控制的项目资产组成部分，或者有权使用情形二中用于提供不受政府方控制的辅助性服务的项目资产时，应当根据其业务性质判断适用的企业会计准则，如对于实质上构成政府方对社会资本方的租赁，则应按照《企业会计准则第21号——租赁》（财会〔2018〕35号）进行会计处理。

问5：社会资本方执行《企业会计准则解释第14号》时，社会资本方在PPP项目建造期间形成的合同资产应当如何列报？

答：根据《企业会计准则第14号——收入》（财会〔2017〕22号）和《关于修订

印发2019年度一般企业财务报表格式的通知》（财会〔2019〕6号）的相关规定，对于社会资本方将相关PPP项目资产的对价金额或确认的建造收入金额确认为无形资产的部分，在相关建造期间确认的合同资产应当在资产负债表“无形资产”项目中列报；对于其他在建造期间确认的合同资产，应当根据其预计是否自资产负债表日起一年内变现，在资产负债表“合同资产”或“其他非流动资产”项目中列报。

问6：社会资本方执行《企业会计准则解释第14号》时，社会资本方在PPP项目建造期间发生的借款费用，应当如何进行会计处理和列报？

答：根据《企业会计准则第17号——借款费用》（财会〔2006〕3号）和《企业会计准则解释第14号》（财会〔2021〕1号）的相关规定，对于社会资本方将相关PPP项目资产的对价金额或确认的建造收入金额确认为无形资产的部分，相关借款费用满足资本化条件的，社会资本方应当将其予以资本化，计入“PPP借款支出”科目，期末，“PPP借款支出”科目的借方余额应在资产负债表“无形资产”项目中列报；待PPP项目资产达到预定可使用状态时，将计入“PPP借款支出”科目的金额结转至“无形资产”科目。除上述情形以外的其他借款费用，社会资本方应将其予以费用化，计入财务费用。

问7：社会资本方执行《企业会计准则解释第14号》时，社会资本方在PPP项目建造期间发生的建造支出在现金流量表中应如何列示？

答：根据《企业会计准则第31号——现金流量表》（财会〔2006〕3号）的相关规定，对于社会资本方将相关PPP项目资产的对价金额或确认的建造收入金额确认为无形资产的部分，相关建造期间发生的建造支出应当作为投资活动现金流量进行列示。除上述情形以外的社会资本方在PPP项目建造期间发生的建造支出，应当作为经营活动现金流量进行列示。社会资本方应当将PPP项目建造期间发生的重大建造支出的现金流量信息在财务报表附注中披露。

问8：社会资本方执行《企业会计准则解释第14号》时，集团合并范围内甲公司（发包方）承接PPP项目，但将实质性建造服务发包给集团合并范围内乙公司（承包方）的，在编制集团合并财务报表时，是否应抵销承包方的建造服务收入及发包方对应的成本？

答：根据《企业会计准则第33号——合并财务报表》（财会〔2014〕10号）的相关规定，合并财务报表是站在企业集团的角度，以纳入合并范围的企业的个别财务报表为基础，根据其他有关资料，抵消集团合并范围内公司相互之间发生的内部交易，考虑了特殊交易事项对合并财务报表的影响后编制的，旨在反映企业集团作为一个整体的财务状况、经营成果和现金流量。因此，集团合并范围内甲公司（发包方）自政府方承接PPP项目，并发包给集团合并范围内的乙公司（承包方），企业集团编制合并报表时应当按照《企业会计准则第33号——合并财务报表》有关规定对内部交易进行抵消，以体现企业集团整体对外提供的建造服务收入和成本。如甲公司作为主要责任人的，从企业集团角度看，在会计处理上需要抵销发包方成本和承包方收入等；如甲公司作为代理人的，从企业集团角度看，在会计处理上不存在需要抵销的发包方成本和承包方收入等。

问9：社会资本方执行《企业会计准则解释第14号》时，如何确定履约义务的单独售价？

答：社会资本方应当根据《企业会计准则第14号——收入》（财会〔2017〕22号）的相关规定，识别合同中的单项履约义务，将交易价格按照各项履约义务的单独售价的相对比例分摊至各项履约义务。如果单独售价无法直接观察的，或者缺少类似的市场价格的，企业可以考虑市场情况、企业特定因素以及与客户有关的信息等相关信息，采用市场调整法、成本加成法、余值法等方法合理估计单独售价。

问10：社会资本方执行《企业会计准则解释第14号》时，社会资本方应当如何对PPP项目合同进行合并披露？

答：根据《企业会计准则解释第14号》（财会〔2021〕1号）的相关规定，社会资本方应当按照重要性原则，在附注中披露各项PPP项目合同的相关信息，或者将一组具有类似性质的PPP项目合同合并披露。一组具有类似性质的PPP项目是指一组包含类似性质服务的PPP项目合同（如高速公路收费、污水处理服务、垃圾处理项目等）。例如，社会资本方同时承接多项高速公路收费的PPP项目合同，则社会资本方可以将该类合同的会计信息和合同信息分别进行合并披露。

问11：社会资本方执行《企业会计准则解释第14号》时，如何对2020年12月31日前开始实施且至解释施行日尚未完成的PPP项目合同进行衔接处理？

答：根据《企业会计准则解释第14号》（财会〔2021〕1号，以下简称《解释第14号》）的相关规定，2020年12月31日前开始实施且至《解释第14号》施行日尚未完成的有关PPP项目合同，未按照《解释第14号》及PPP项目合同社会资本方会计处理实施问答和应用案例等相关规定进行会计处理的，应当进行追溯调整，追溯调整时社会资本方需要合理估计PPP项目合同历史期间的折现率、单独售价等信息；追溯调整不切实可行的，社会资本方应当从可追溯调整的最早期间期初开始应用《解释第14号》的相关规定。社会资本方应当将执行《解释第14号》形成的累计影响数，调整2021年初留存收益及财务报表其他相关项目金额，对可比期间信息不予调整。

社会资本方为了向财务报表使用者提供与理解当期财务报表有关的信息，可以披露与追溯调整有关的信息，如假设调整可比期间信息，对财务报表相关项目的影响等。

根据《企业会计准则第30号——财务报表列报》的相关规定，不切实可行，指的是企业在采取所有合理的方法后，仍然不能获得PPP项目合同追溯调整所必需的相关信息，从而导致对追溯调整无法应用《解释第14号》的相关规定。

PPP项目合同尚未完成，指的是PPP项目合同的建造、运营和移交等一项或多项义务在《解释第14号》施行日之前尚未全部完成。

四、PPP项目税务处理

PPP项目税务处理可参见2023年9月28日“中国税务报”新媒体发布文章——《PPP项目的税务处理分析》①。

PPP项目的税务处理分析

PPP（Public-Private Partnership）模式是政府为增强公共产品和服务供给能力、提高供给效率，通过特许经营、购买服务、股权合作等方式，在基础设施及公共服务领域，与社会资本建立的利益共享、风险分担的一种长期合作关系。PPP项目周期较长、交易结构复杂，可能涉及增值税、企业所得税、土地增值税、契税、耕地占用税、印花税、房产税、城镇土地使用税等多个税种。本文以增值税和企业所得税为主，分析PPP项目不同业务事项的税务处理、同一涉税事项的不同税种的处理差异以及部分涉税业务处理的税会差异。

一、PPP项目增值税、企业所得税的税务处理分析

PPP项目的推进模式类型较多，根据项目性质和特点，项目收入来源主

① 作者：秦燕，国家税务总局泗洪县税务局。

要包括使用者付费、使用者付费与政府补贴相结合、政府付费购买服务等，但无论采取何种模式及付费方式，均应按照纳税人实际发生的应税行为适用相应的增值税、企业所得税等税收政策。PPP项目基于其项目实际运营业务，在满足条件的情况下享受增值税即征即退、企业所得税“三免三减半”、政府补助收入不征收增值税、购入节能环保专用设备减免应纳税额等方面的税收优惠政策，部分特殊区域设立的企业，还可以享受满足条件的西部大开发企业税率优惠政策等。

1.增值税方面

PPP项目因为实际业务形态及事项的差异，同一PPP项目常存在多种增值税应税项目。如政府付费部分中的工程款属于建筑服务，建设期利息及可用性服务费（投资回报）属于金融服务，项目公司提供的道路通行服务，属于不动产租赁服务，航空地面服务属于物流辅助服务等。项目建设、运营期间取得的政府支付资金或者使用者付费部分，社会资本方应按照实际发生的应税行为适用相应税目及增值税政策，并按规定的纳税义务发生时间缴纳增值税。

【例1】甲公司从事各类公路的投资建设和运营业务。2023年1月，甲公司与当地政府签订PPP项目合同，甲公司作为社会资本方负责当地高速公路的投资建设、运营和维护，项目建设期为2年，运营期为28年。甲公司有权在运营期内向通行车辆收取高速公路通行费，政府不对未来能够收取的车辆通行费或者通过的车流量提供保证。运营期满后，甲公司将PPP项目资产无偿移交给政府方。甲公司每年建造服务成本5 000万元，假设合理毛利率为10%；2025年根据实际车流量收取的通行费用为1 600万元，运营服务成本100万元。

甲公司向政府方提供建造高速公路的服务，在运营期间有权向通行车辆收取高速公路通行费，其金额取决于通行车辆的类型、数量以及通行距离等，因此该权利不构成一项无条件收取现金的权利，应当适用无形资产模式进行会计处理。在项目建设期间，每年确认建造服务收入5 500万元［(5 000万元 ×（1+10%)］，并将其确认为一项“合同资产”；同时将支付的原材料、应付职工薪酬等建造成本确认为合同履约成本。PPP项目资产达到预定可使用状态时，将2年建设期内确认的“合同资产”11 000万元（5 500万元 ×2）结转为“无形资产”。2025年，项目进入运营期间，甲公司确认运营服务收入1 600万元和运营成本100万元，同时对PPP项目形成的无形资产在28年运营期内逐年进行摊销，将摊销额392.86万元（11 000万元 ÷28）借记“主营业务成本”，贷记“无形资产——累计摊销”。

在PPP项目资产建造期间，项目公司负责投资建设PPP项目，实际上向政府提供了建筑服务，其取得来自政府的资金收入，属于建筑服务的对价部分，应按“建筑服务”计算缴纳增值税，按照PPP项目合同约定的付款日期确认纳税义务发生时间。PPP还是一个完整的项目融资概念，政府支付资金中按照实际利率法确认融资成分的影响金额部分，应按照“金融服务”税目适用6%的税率计算缴纳增值税。项目运营阶段，不同的PPP项目，涉及的使用者付费类型也各有不同。

如例1中项目公司负责高速公路的运营养护，并取得通行费收入。项目公司提供道路通行服务，应按照“不动产租赁服务”税目，适用9%的税率计算缴纳增值税。甲公司2025年取得的运营服务收入1 600万元，应确认增值税销售额1 467.89万元［1 600万元 ÷（1+9%）］，应计提销项税额132.11万元（1 467.89万元 ×9%）。

此外，如果高速公路是2016年4月30日前建成通车，根据《纳税人提供不动产经营租赁服务增值税征收管理暂行办法》（国家税务总局公告2016年第16号）规定，在其运营期间取得的通行费收入，纳税人可以选择适用简易计税方法，按照5%的征收率计算应纳税额。再如，城市基础设施建设PPP项目，如自来水的生产和污水处理等，根据增值税现行政策规定允许采用简易计税方法，并可享受减税、免税的优惠待遇；项目包含机场向在境内航行飞机提供的航空地面服务，应按照“物流辅助服务”税目适用6%的税率计算缴纳增值税。即PPP项目的社会资本方根据其增值税应税行为的具体项目适用相应政策，与一般企业生产经营适用增值税政策没有本质区别。

2.企业所得税方面

社会资本方取得的项目建设、运营等收入应按规定计入收入总额，即按照PPP项目合同约定的社会资本方提供公共服务而获得的收入范围及计算方法，确认企业所得税的收入。如社会资本方在项目运营期间存在可获得的其他收入，或者社会资本方不参与项目运营或不通过项目运营获得收入，而是按照合理收益原则在项目合同中约定社会资本方获取收入的，应按企业所得税现行政策规定的收入类型及纳税义务发生时间确定收入额及税款所属期。社会资本方按项目合同约定承担的成本和费用，如人工费、燃料动力费、修理费、财务费用、管理费用、相关税费等作为企业所得税扣除项目，在计算应纳税所得额时减除。

在PPP项目资产建造期间，项目公司负责投资建设PPP项目，其取得来自政府的资金收入，属于建筑服务的对价部分，按照纳税年度内完工进度或者完成的工作量确认收入的实现。

如例1中甲公司2023年确认建筑服务收入5 045.87万元［5 500万元÷（1+9%）］，并将建设项目支付的5 000万元剔除其所包含的允许抵扣的增值税进项税额后，确认为建筑服务成本。

实际运营阶段，社会资本方根据项目运营业务所提供的金融服务、各类现代服务等，应按规定将其不含增值税销售收入计入企业所得税收入总额，并确认相关成本、费用等扣除项目。

如例1中甲公司2025年取得的道路通行费收入1 600万元，应确认企业所得税收入1 467.89万元［1 600万元÷（1+9%）］，同时将运营支付的100万元剔除其所包含的允许抵扣的增值税进项税额后，确认为运营服务成本，计入企业所得税扣除项目。

二、同一涉税事项的不同税种处理差异分析

PPP项目存在部分业务事项同时涉及增值税、企业所得税等多个税种的情况，实务中需关注同一业务事项在不同税种间适用税收政策的原则性判定。例如，政府补贴是PPP项目常见的收益组成部分，且补贴形式及补贴来源多样。政府补贴是否应税、是否满足税收优惠政策条件，在增值税、企业所得税方面存在不同的政策要求。

1.增值税方面

根据《国家税务总局关于取消增值税扣税凭证认证确认期限等增值税征管问题的公告》（国家税务总局公告2019年第45号，以下简称“45号公告”）第七条规定，自2020年1月1日起，纳税人取得的财政补贴收入，与其销售货物、劳务、服务、无形资产、不动产的收入或者数量直接挂钩的，应按规定计算缴纳增值税。纳税人取得的其他情形的财政补贴收入，不属于增值税应税收入，不征收增值税。即增值税是否作为应税收入处理，取决于政府补贴是否与其经营收入或者数量直接挂钩。

2.企业所得税方面

《财政部 国家税务总局关于专项用途财政性资金企业所得税处理问题的通知》（财税〔2011〕70号，以下简称“70号文”）规定，自2011年1月1日起，企业从县级以上各级人民政府财政部门及其他部门取得的应计入收入总额的财政性资金，凡同时符合以下3项条件的，可以作为不征税收入，在计算应纳税所得额时从收入总额中减除，一是企业能够提供规定资金专项用途的资金拨付文件；二是财政部门或其他拨付资金的政府部门对该资金有专门的资金管理办法或具体管理要求；三是企业对该资金以及以该资金发生的支出单独进行核算。

PPP项目取得的政府补贴如不能同时符合上述条件，需按照规定确认收入。根据《国家税务总局关于企业所得税若干政策征管口径问题的公告》（国家税务总局公告2021年第17号）第六条关于企业取得政府财政资金的收入时间确认问题的规定，企业按照市场价格销售货物、提供劳务服务等，凡由政府财政部门根据企业销售货物、提供劳务服务的数量、金额的一定比例给予全部或部分资金支付的，应当按照权责发生制原则确认收入。除上述情形外，企业取得的各种政府财政支付，如财政补贴、补助、补偿、退税等，应当按照实际取得收入的时间确认收入。

【例2】某通用机场PPP项目，因机场前期运营收益较少，需依靠政府补贴维持机场持续运营，当地政府与项目公司商定，如果机场2023年运营销售额达到1 000万元则不予补贴，如果年销售额未达到1 000万元，则按实际年销售额与1 000万元的差额给予项目公司运营补贴。假设该项目公司2023年度运营销售额为800万元。

增值税处理方面，项目公司取得补贴200万元（1 000万元–800万元）的计算方法虽然与其销售收入有关，但实质上是政府为弥补项目公司运营成本给予的补贴，且不影响项目公司向机场使用者提供服务或提供机场场地租赁、广告等通航相关服务的价格和数量，不属于45号公告第七条规定的“与其销售货物、劳务、服务、无形资产、不动产的收入或者数量直接挂钩”的补贴，无须缴纳增值税。企业所得税处理方面，项目公司取得的政府补贴不属于符合70号文规定条件的财政性资金，应作为应税收入处理。由于项目公司取得的政府补贴与其提供服务的数量、金额无比例关系，故应当按照实际取得收入的时间确认收入。

值得关注的是，增值税不征税收入对应的增值税进项税额可以按规定抵扣（这里需要准确区分增值税不征税收入和免税收入）。而企业所得税不征税收入用于支出所形成的费用，不得在计算应纳税所得额时扣除；用于支出所形成的资产，其计算的折旧、摊销不得在计算应纳税所得额时扣除。需要提醒的是，企业将符合70号文规定条件的财政性资金作不征税收入处理后，在5年（60个月）内未发生支出且未缴回财政部门或其他拨付资金的政府部门的部分，应计入取得该资金第六年的应税收入总额；计入应税收入总额的财政性资金发生的支出，允许在计算应纳税所得额时扣除。

三、PPP项目涉税业务处理的税会差异分析

PPP项目的资产及成本管理，由于不同业态、不同项目的实际业务模式差异及会计制度差异，其核算方法差异较大，由此产生相对复杂的税会差异。例如，PPP模式下社会资本方实质上不拥有PPP项目资产的所有权，所以在PPP项目资产处理上存在一定的特殊性。

1. 会计处理

PPP项目资产不同于一般建造固定资产项目的处理，按照《企业会计准则第14号——收入》及《企业会计准则解释第14号》等相关规定，社会资本方不得将其确认为固定资产，而是区分取得收入的权利不同，在PPP项目资产达到预定可使用状态时，将相关PPP项目资产的对价金额或确认的建造收入金额，确认为无形资产或金融资产（应收款项）。

如例1中在PPP项目资产达到预定可使用状态时，甲公司将合同资产11 000万元结转为无形资产，并在项目运营期间按照直线法摊销。

2. 税收处理

无形资产在企业所得税政策中有明确定义，根据《企业所得税法实施条例》第六十五条规定，企业所得税法第十二条所称无形资产，是指企业为生产产品、提供劳务、出租或者经营管理而持有的、没有实物形态的非货币性长期资产，包括专利权、商标权、著作权、土地使用权、非专利技术、商誉等。无形资产按照直线法计算的摊销费用，准予扣除，其摊销年限不得低于10年。显然，PPP项目的基础设施类资产不符合上述概念所界定的范畴。如例1中PPP项目建设的高速公路，应按照现行企业所得税政策对固定资产的折旧处理要求，以20年为最低折旧年限，并按照直线法计算折旧作为税前扣除费用。PPP项目资产如符合政策规定条件的，也可采取缩短折旧年限或者采取加速折旧的方法计算折旧额。

如例1中甲公司在PPP项目资产达到预定可使用状态时，将其作为无形资产核算，采用项目运营期28年作为摊销年限，符合税法规定的“无形资产的摊销年限不得低于10年”，同时还超出了税法规定的固定资产计算折旧的最低年限。《国家税务总局关于企业所得税应纳税所得额若干税务处理问题的公告》(国家税务总局公告2012年第15号)规定，根据企业所得税法第二十一条规定，对企业依据财务会计制度规定，并实际在财务会计处理上已确认的支出，凡没有超过企业所得税法和有关税收法规规定的税前扣除范围和标准的，可按企业实际会计处理确认的支出，在企业所得税前扣除，计算其应纳税所得额。也就是说，企业所得税方面，虽然甲公司对PPP项目资产并非以固定资产入账，而是以无形资产摊销形式计入税前扣除项目，但所计算出的资产折旧（摊销）额没有超过企业所得税法和有关税收法规规定的税前扣除范围和标准，故该项资产折旧（摊销）的金额无须纳税调整。

需要注意的是，在企业所得税纳税申报表填报时，PPP项目资产的计税基础及折旧额等税收金额应填列在“资产折旧、摊销及纳税调整明细表”(表A105080)“固定资产”相关栏次；而资产原值、本年折旧摊销额等账载金额填列在“无形资产”相关栏次，从而在“固定资产”“无形资产”两类资产中产生纳税调整金额，两项纳税调整金额绝对值相同，调整方向相反，纳税调整金额合计为0。从填报规则看，“资产折旧、摊销及纳税调整明细表”(表A105080)的固定资产、生产性生物资产、无形资产等各项资产的账载金额、税收金额、纳税调整金额需汇总到该表第41行“合计(1+18+21+33+39+40)”，再对应填报“纳税调整项目明细表”(A105000)第32行的账载金额、税收金额、调增金额、调减金额相关栏次，故该项PPP资产折旧（摊销）业务反映在“纳税调整项目明细表”(A105000)第32行“(一)资产折旧、摊销（填写A105080)”调增（减）金额为0。

第六章

基金募集与基金投资

我们以主流的合伙型基金募集、投资阶段为模板介绍基金在这两个阶段的财税处理（见图6–1）。

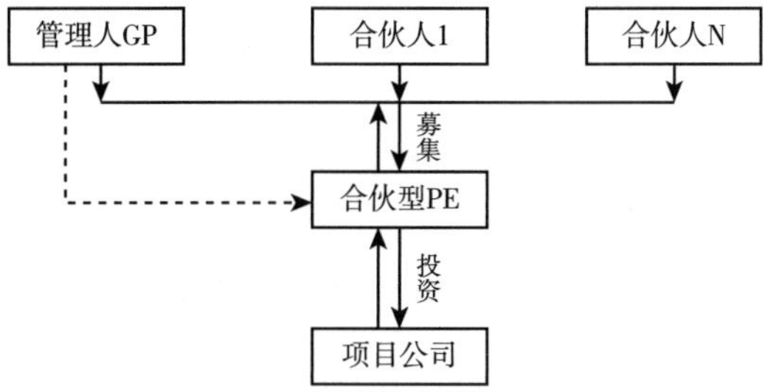

图6–1　合伙型基金募集、投资财税业务

第一节 | 基金募集

募集资金是指企业、组织或个人通过各种渠道筹集所需的资金，以支持其运营、发展或特定项目的实施，募集资金简言之就是筹钱的意思。不同于一般合伙企业募集资金，私募基金募集资金需要经过专门机构筹集。募资方式有两类：一类是私募基金管理人自行募集设立私募基金；另一类则是管理人委托基金销售机构募集资金。

一、合伙企业合伙人出资要求

依据《合伙企业法》规定，合伙人可以用货币、实物、知识产权、土地使用权或者其他财产权利出资，也可以用劳务出资。合伙人以实物、知识产权、土地使用权或者其他财产权利出资，需要评估作价的，可以由全体合伙人协商确定，也可以由全体合伙人委托法定评估机构评估。合伙人以劳务出资的，其评估办法由全体合伙人协商确定，并在合伙协议中载明。

以实物、知识产权、土地使用权或者其他财产权利出资，由全体合伙人协商作价的，应当向企业登记机关提交全体合伙人签署的协商作价确认书；由全体合伙人委托法定评估机构评估作价的，应当向企业登记机关提交法定评估机构出具的评估作价证明。可见，合伙企业对合伙人以非货币资产出资并不要求强制评估，是否评估可以由全体合伙人协商确定。

合伙人应当按照合伙协议约定的出资方式、数额和缴付期限，履行出资义务。以非货币财产出资的，依照法律、行政法规的规定，需要办理财产权转移手续的，应当依法办理。

二、合伙企业合伙人入伙会计处理

合伙人对合伙企业投资可使用货币资金和非货币资产投资，根据投入资产与享受权益是否一致可以分为两类情况。

1.投入资产与享受权益一致

【案例6-1】合伙人采用现金出资，我们假设自然人合伙人王五和李四各投资现金10 000元成立一个合伙企业，其会计分录为：

借：库存现金	20 000	
贷：合伙人资本——王五		10 000
合伙人资本——李四		10 000

【案例6-2】合伙人采用非货币资产出资，假设自然人合伙人王五和李四分别以下列资产成立一个合伙企业：王五以土地使用权公允价值5 000万元（取得成本2 000万元）和建筑物公允价值10 000万元（取得成本5 000万元）出资，李四以库存商品公允价值1 500万元（取得成本1 000万元）出资。

借：无形资产——土地使用权	50 000 000	
固定资产——建筑物	100 000 000	
库存商品	15 000 000	
贷：合伙人资本——王五		150 000 000
合伙人资本——李四		15 000 000

2. 投入资产与享受权益不一致

新合伙人入伙，除合伙协议另有约定外，应当经全体合伙人一致同意，并依法订立书面入伙协议。订立入伙协议时，原合伙人应当向新合伙人如实告知原合伙企业的经营状况和财务状况。入伙的新合伙人与原合伙人享有同等权利，承担同等责任。入伙协议另有约定的，从其约定。新合伙人对入伙前合伙企业的债务承担无限连带责任。

合伙人向合伙企业出资入伙，投入资产与享受权益不一致的处理有两种方法：一种是红利法（无须重估法），另一种是商誉法（重估法、资本公积法）。

（1）红利法。

采用红利法确认新入伙合伙人的出资，合伙企业将新入伙合伙人的实际出资与其权益份额公允价值之间的差额，按原损益分配比例分配给各原合伙人，调整合伙人资本。

【案例6-3】假设王五、李四设立合伙企业甲，王五投入800万元，李四投入600万元，双方约定平分原始的合伙人资本。请作出分录处理。

解析：

借：合伙人资本——王五　　1 000 000

　　贷：合伙人资本——李四　　1 000 000

李四投入600万元，却享受和王五一样的权益，说明李四投入了不可辨认资产。红利法下，对于该不可辨认资产不予确认，这里的100万元=（800万元–600万元）÷2。调整后，王五、李四的资本账户余额都为700万元。

（2）商誉法。

在新合伙人入伙或原合伙人退伙时，在账上确认商誉，合伙企业的资产按公允价值反映。

【案例6-4】续**【案例6-3】**。

借：商誉　　2 000 000

　　贷：合伙人资本——李四　　2 000 000

商誉法下，李四投入了不可辨认资产占有份额一半，需要予以确认商誉。这部分不可辨认资产200万元（1 600万元–1 400万元）。

三、合伙企业出资的应税问题

合伙人对合伙企业的出资，其应税的问题主要涉及以下两方面：

1.无论是自然人股东还是企业股东，以非货币性资产对法人企业出资，现行税法通常将其视为非货币性资产转让与投资同时发生，作为应税事件，并给予所得分期、税款分期等扶持性待遇。

目前，我国税法对于合伙人以非货币性资产对合伙企业出资形成合伙人的投资权益，理解上应视为应税事件，确立该类投资计税基础的金额。但是，对于合伙人以非货币资产投资税款递延照顾这方面并未有明确规定。

2.合伙人对合伙企业出资，因合伙企业没有注册资本，对于企业是否应该按实收资本和资本公积之和的万分之五缴纳营业账簿印花税（《印花税法》实施以后，在此基础上减半，即按万分之二点五征税），各地税务局存有争议：湖北、厦门、福建、广州征，北京、安徽、江苏、山西、深圳不征。

2021年9月7日，国家税务总局用问答的方式统一答复“合伙企业收到合伙人的出资额，是否需要缴纳资金账簿印花税”，明确“合伙企业出资额不计入‘实收资本’和‘资本公积’，不征收资金账簿印花税”。

因此，合伙企业在核算合伙人出资是否涉及印花税时，除注意科目归属以外，建议和主管税务局做好充分沟通。

四、合伙人出资、合伙企业财产份额

依据《合伙企业法》规定，合伙人的出资、以合伙企业名义取得的收益和依法取得的其他财产，均为合伙企业的财产。合伙企业具有民事主体资格，可以自己名义从事民事活动（具备形式人格），却不能独立享有财产权利，即不能完全独立承担民事责任（故无“实质人格”），不具有独立的法人资格，也就是说，合伙企业的财产相对于合伙人不能够完全独立，具体表现为合伙企业对其债务，应先以其全部财产进行清偿，合伙企业不能清偿到期债务的，合伙人要承担无限连带责任。

基于合伙人与合伙企业之间的相对独立性，以及在合伙企业层面计算应纳税所得额后分摊给合伙人的实际操作，我们需要对合伙人出资确认投资份额的计税基础，合伙企业获得投入财产时享有份额及持续经营过程中取得的各类收益。前者称为外在的计税基础，后者称为内在的计税基础。

值得一提的是，税法只承认外在的计税基础。随着现代合伙企业蓬勃发展，各地税务局逐渐意识到其中的重复征税问题，更有部分地方主管税务机关付诸实践，允许对个人合伙人财产份额转让时给予扣除被投资企业未分配利润等留存的所得，该部分内容详见本书第七章第二节“基金募资端退出”的“合伙人转让合伙权益、退伙的涉税处理”。合伙人投资的计税基础（外部计税基础）应按以下原则确定：

1.合伙人以货币出资的，按实际出资金额确定其投资计税基础。

2.合伙人以实物、知识产权、其他财产权利等非货币性资产出资的，按该非货币性资产的公允价值及支付的相关税费确定投资计税基础。

3.合伙人以劳务出资的：若入伙时立即获得权益份额，则其投资的计税基础按获得的权益份额的公允价值确定；若入伙时不立即获得权益份额，而仅在入伙后合伙企业每年经营利润中获得收益分配，则其投资的计税基础为零。

4.在合伙企业经营过程中合伙人增加或减少投资的，按上述同样方法确定合伙人累计投资的计税基础。

五、协议生效

合伙协议经全体合伙人签名、盖章后生效。合伙人按照合伙协议享有权利，履行义务。修改或者补充合伙协议，应当经全体合伙人一致同意。但是，合伙协议另有约定的除外。合伙协议未约定或者约定不明确的事项，由合伙人协商决定；协商不成的，依照《合伙企业法》和其他有关法律、行政法规的规定处理。

目前，合伙企业相关税收政策文件以及税务要求，并未要求就合伙企业的合伙人协议到主管税务机关备案。工商营业执照、组织机构代码证、税务登记证的“三证合一”后，市场监管部门备案的合伙协议是可以共享至税务主管部门的，当然也包括对合伙人应纳税所得额分配比例这个依据。

六、监管规则对合伙型私募基金出资的要求

合伙型股权基金作为资金募集的载体，除前述要求外，对合伙人出资有监管上的特别规定，合伙型基金募集资金阶段在合格投资者、初始规模、出资方式、基金运作、投资时点有着不同于一般有限合伙企业的要求：

1.私募基金应面向合格投资者通过非公开方式募集资金。私募基金管理人、基金销售机构应当履行投资者适当性义务，将适当的私募基金提供给具备风险识别能力和风险承担能力相匹配的投资者，并向投资者充分揭示风险。

2.私募基金应当具有保障基本投资能力和抗风险能力的实缴募集资金规模。私募基金初始实缴募集资金规模应符合《登记备案办法》的相关要求。

3.私募基金的投资者已签署基金合同、认缴注册资本，且首期实缴募集资金已进入托管账户等基金财产账户。合伙人出资，实务中以货币资金缴付。因此，不存在以非货币性资产出资（不符合前述以非货币性资产出资递延纳税的条件）甚至以劳务出资的情形。

单个投资者首期实缴出资除另有规定外，不得低于合格投资者的最低出资的要求。

4.通常来说，基金备案完成才能进行投资。实践中，一些基金由于拟投资项目急于获得融资，会产生在基金备案完成前即对外投资的需求。

对于契约型基金而言，《合同指引1号》要求基金合同中应约定私募基金在基金业协会完成备案后方可进行投资运作，该安排对于契约型基金而言通常难以实现。

有限合伙型私募基金在完成基金备案之前是否能进行投资运作并没有明确的禁止性规定。在《私募投资基金备案须知》发布前，个别私募基金管理人在为备案前已进行对外投资的有限合伙型私募基金办理备案手续时，曾收到基金业协会要求其发表对基金募集完成后20日内备案、先备案后投资合规性意见的反馈，虽然该反馈并不能反映出监管部门明确禁止有限合伙型私募基金在完成基金备案之前进行投资运作的明确态度，但基金业协会对于未备案基金对外投资问题的关注也可窥见一斑。《私募投资基金备案须知》发布后，鉴于其中规定私募投资基金完成备案前，可以以现金管理为目的，投资于银行活期存款、国债、中央银行票据、货币市场基金等中国证监会认可的现金管理工具。因此，业内通常认为除现金管理工具之外，基金完成备案前不得再进行其他投资。实践中，基金托管机构亦会根据前述要求严格限制基金完成备案前的投资行为。

2023年5月1日生效的《登记备案办法》明确了上述的问题，私募基金完成备案前，可以以现金管理为目的，投资于银行活期存款、国债、中央银行票据、货币市场基金等中国证监会认可的现金管理工具。

第二节 | 基金投资

私募基金财产的投资包括买卖股份有限公司股份、有限责任公司股权、债券、基金份额、其他证券及其衍生品种以及符合国务院证券监督管理机构规定的其他投资标的。私募基金财产不得用于经营或者变相经营资金拆借、贷款等业务。私募基金管理人不得以要求地方人民政府承诺回购本金等方式变相增加政府隐性债务。

一、基金对外投资范围

私募基金主要分为私募证券基金和私募股权基金。其中，创业投资基金属于私募股权基金的范畴。

1.私募证券基金

私募证券基金的投资范围主要包括股票、债券、存托凭证、资产支持证券、期货合约、期权合约、互换合约、远期合约、证券投资基金份额，以及中国证监会认可的其他资产。

私募证券基金的投资范围应当符合《登记备案办法》第三十一条第一款的规定，并在基金合同中明确约定：

（1）投资策略与基金的风险收益特征；

（2）调整投资范围或者投资比例限制时应当履行的变更程序，并设置临时开放日允许投资者赎回；

（3）中国证监会、协会规定的其他内容。

2.私募股权基金

私募股权基金的投资范围应符合《登记备案办法》等规定的要求。基金合同、合伙协议或者公司章程（以下统称“基金合同”）应当约定主要投资行业、投资地域、投资阶段、投资集中度等，并符合私募股权基金投资范围要求。

私募股权基金投资上述规定资产的，应当符合下列要求：

（1）投资未上市企业股权的，应当符合《登记备案办法》第四十一条的规定，不得变相从事信贷业务、经营性民间借贷活动，不得投向从事保理、融资租赁、典当等与私募基金相冲突业务的企业股权，不得投向国家禁止或者限制投资以及不符合国家产业政策、环境保护政策、土地管理政策的企业股权；

（2）投资首发企业股票、存托凭证（以下统称“股票”）的，应当通过战略配售、基石投资（港股等境外市场）等方式，不得参与网下申购和网上申购；

（3）投资上市公司股票的，应当通过定向增发、大宗交易和协议转让等方式，不得参与公开发行或者公开交易，但所投资公司上市后基金所持股份的未转让及其配售部分和所投资公司在北京证券交易所上市后基金增持部分除外；

（4）投资上市公司可转换债券和可交换债券的，应当通过非公开发行或者非公开交易的方式；

（5）投资公开募集基础设施证券投资基金份额的，应当通过战略配售、网下认购和非公开交易等方式，不得参与面向公众投资者的发售和竞价交易；

（6）投资资产支持证券的，限于不动产持有型资产支持证券；

（7）投资区域性股权市场可转债的，投资金额应当不超过基金实缴金额的20%。

鼓励创业投资基金投资早期企业、中小企业和高新技术企业。除中国证监会和协会另有规定外，创业投资基金不得直接或者间接投资下列资产：

（1）不动产（含基础设施）。

（2）前述私募股权基金投资的第（2）项、第（4）项至（6）项规定的资产①。

（3）上市公司股票，但所投资公司上市后基金所持股份的未转让及其配售部分除外。

二、非上市股权投资估值

2017年3月，财政部修订了《企业会计准则第22号——金融工具确认和计量》，修订后的准则对私募基金投资非上市股权的确认和计量产生重大影响，特别是在估值方面提出了更高的要求，修订后的准则从2018年1月1日至2021年1月1日逐步开始执行。

为引导私募投资基金非上市股权投资专业化估值，完善资产管理行业估值标准体系，促进私募基金行业健康发展，保护基金持有人利益，中国证券投资基金业协会托管与运营专业委员会估值核算小组制定了《私募投资基金非上市股权投资估值指引（试行）》（以下简称《指引》），于2018年3月5日经协会第二届理事会表决通过，并经中国证券监督管理委员会批准并发布，自2018年7月1日起施行。

《指引》包括总则、估值原则、估值方法三部分内容。主要内容明确指引适用范围，强化估值主体责任，保持估值技术一致性，强调公允价值估值原则，设定非上市股权估值的假设前提，使用估值技术的综合考虑因素，规定估值的反向检验，提出5种具体估值方法、适用场景及应用指南，以及中国市场特定情况相关考虑。

《指引》的估值方法提及，私募基金在对非上市股权进行估值时通常采用的5种估值方法。其中，参考最近融资价格法、市场乘数法、行业指标法属于市场法，现金流折现法属于收益法，净资产法属于成本法。参考最近融资价格法通常适用于尚未产生

① 《私募投资基金备案指引2号——私募股权、创业投资基金》第十三条第二款第（二）项、第（四）项至第（六）项规定的资产。

稳定收入或利润的早期创业企业；市场乘数法通常适用于可产生持续利润或收入的相对成熟企业；行业指标法通常适用于行业发展比较成熟及行业内各企业差别较小的情况；净资产法通常适用于企业的价值主要来源于其占有的资产的情况；现金流折现法较为灵活，在其他估值方法受限时仍可使用。此外，《指引》详细阐述了针对可能导致各估值方法未被正确使用的各种情况以及估值实践中需要考虑的其他各种因素。

值得一提的是，《指引》提出的估值方法讳莫如深，在应用到具体核算时未能很好地贯彻执行，远不如金融工具准则、《资产管理产品相关会计处理规定》（财会〔2022〕14号）来得直接明了。然而，《指引》所指基金持有非上市股权估值计算的核心思路保留了下来，对于规范基金会计核算，提高其资产和负债核算的准确性，提高估值计算的精确度，从而能更好地服务于投资者的决策需求。

第三节｜基金投资会计

中国证券投资基金业协会公布的不作为私募基金对待的几类情形外，当存在以下任一情形时，应考虑将有限合伙企业推定为私募基金，按私募基金的监管要求募集、设立、运营和管理，如有充分的相反证据证明不符合私募基金特征的，可以将其列为普通投资类合伙企业：一方为有限合伙企业提供投资和管理的金融服务，即综合提供项目寻找、判断、投资决策、投后管理等服务；另一方向有限合伙企业收取管理费、业绩分成等服务报酬；一方是以受托管理私募基金为主营业务的私募基金管理人；设立投资决策委员会这一私募基金行业通用的基金决策机构，负责投资与投后管理决策。

以下为投资机构适用的企业会计准则：

一、持有投资适用长期股权投资准则

（一）投资性主体

机构持有投资适用的准则属于《企业会计准则第33号——合并财务报表》（财会〔2014〕10号）规定的投资性主体的，其持有的对不纳入合并财务报表的子公司的权益性投资以及其他权益性投资，应当划分为以公允价值计量且其变动计入当期损益的金融资产，并适用《企业会计准则第22号——金融工具确认和计量》（财会〔2017〕7号）。

1. 投资性主体特点

当母公司同时满足以下三个条件时，该母公司属于投资性主体：该公司是以投资方提供投资管理服务为目的，从一个或多个投资者处获取资金；该公司的唯一经营目

的，是通过资本增值、投资收益或两者兼有而让投资者获得回报；该公司按照公允价值对几乎所有投资的业绩进行计量和评价。

投资性主体通常应当符合以下特征：拥有一个以上投资，拥有一个以上投资者，投资者不是该主体的关联方，其所有者权益以股权或类似权益方式存在（见图6–2）。

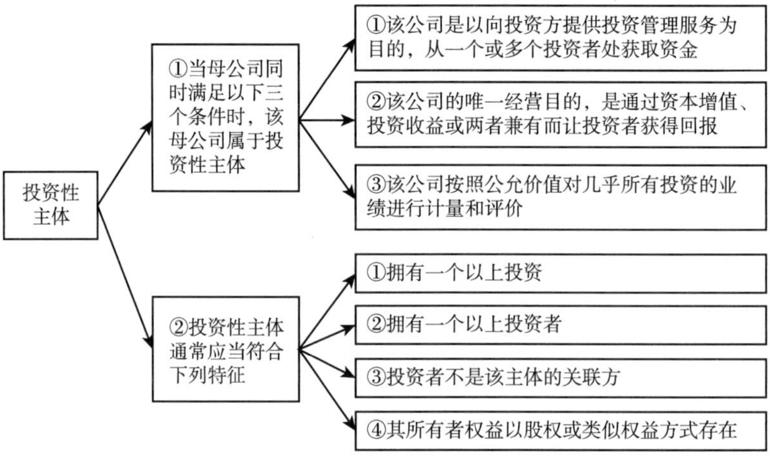

图6–2　投资性主体特征

2.风险投资机构、共同基金以及类似主体持有的、在初始确认时应根据《企业会计准则第22号——金融工具确认和计量》（以下简称“22号准则”）的规定，以公允价值计量且其变动计入当期损益的金融资产，投资性主体对不纳入合并财务报表的子公司的权益性投资，以及长期股权投资准则未予规范的其他权益性投资，适用22号准则。

如果母公司是投资性主体，则母公司应当仅将为其投资活动提供相关服务的子公司（如有）纳入合并范围并编制合并财务报表；其他子公司不应当予以合并，母公司对其他子公司的投资应当按照公允价值计量且其变动计入当期损益。理由：主体私人股权投资机构、风险投资机构、养老基金、主权财富基金和其他投资基金等进行投资的目的仅在于获取资本增值或投资收益或两者兼而有之。同时，投资主体必须基于公允价值对投资进行评估。

3.有关于风险投资机构对联营企业或合营企业投资的分类，按照证监会《监管规则适用指引——会计类第1号》（2020.11.13）“1–18”规定：

> 风险投资机构、共同基金以及类似主体可以根据长期股权投资准则，将其持有的对联营企业或合营企业投资在初始确认时，确认为以公允价值计量

且其变动计入当期损益的金融资产，以向财务报表使用者提供比权益法更有用的信息。对于金融资产，企业可以根据金融工具准则的相关规定，选择在初始确认时将非交易性权益工具投资指定为以公允价值计量且其变动计入其他综合收益的金融资产。

监管实践发现，部分公司对风险投资机构能否将联营企业或合营企业的投资指定为以公允价值计量且其变动计入其他综合收益的金融资产的理解存在分歧。风险投资机构、共同基金以及类似主体可将其持有的联营企业或合营企业投资在初始确认时，选择以公允价值计量且其变动计入当期损益的金融资产的处理，仅是长期股权投资准则对于这种特定机构持有的联营企业或合营企业投资的特殊规定，不能指定为以公允价值计量且其变动计入其他综合收益的金融资产。

（二）不属于投资性主体

不属于投资性主体的，投资方对被投资单位实施控制、重大影响的权益性投资，以及对其合营企业的权益性投资：

1.在确定能否对被投资单位实施控制时，投资方应当按照《企业会计准则第33号——合并财务报表》（以下简称“33号准则”）的有关规定进行判断。投资方能够对被投资单位实施控制的，被投资单位为其子公司。投资方属于33号准则规定的投资性主体且子公司不纳入合并财务报表的情况除外。

2.重大影响，是指投资方对被投资单位的财务和经营政策有参与决策的权力，但并不能够控制或者与其他方一起共同控制这些政策的制定。在确定能否对被投资单位施加重大影响时，应当考虑投资方和其他方持有的被投资单位当期可转换公司债券、当期可执行认股权证等潜在表决权因素。投资方能够对被投资单位施加重大影响的，被投资单位为其联营企业。

3.在确定被投资单位是否为合营企业时，应当按照《企业会计准则第40号——合营安排》的有关规定进行判断。

合伙企业对被投资单位按以上要求进行如下确认：

1.能够对被投资方实施控制的权益性投资，应当根据《企业会计准则第2号——长期股权投资》（财会〔2014〕14号，以下简称“2号准则”）的规定采用成本法核算，并根据33号准则的规定编制合并财务报表。

2. 能够对被投资方实施共同控制或重大影响的权益性投资，根据2号准则的规定采用权益法核算。

3. 对于除能够对被投资方实施控制、共同控制或重大影响的权益性投资以外的金融资产投资，应当适用22号准则。

二、持有投资适用金融工具准则

（一）金融资产的分类

金融资产的划分有以摊余成本计量的金融资产、以公允价值计量且其变动计入其他综合收益的金融资产、以公允价值计量且其变动计入当期损益的金融资产，以及以公允价值计量且其变动计入其他综合收益的非交易性权益工具投资。其中，以摊余成本计量的金融资产、以公允价值计量且其变动计入其他综合收益的金融资产属于股权基金明令禁止的标债业务。金融资产分类如图6–3所示。

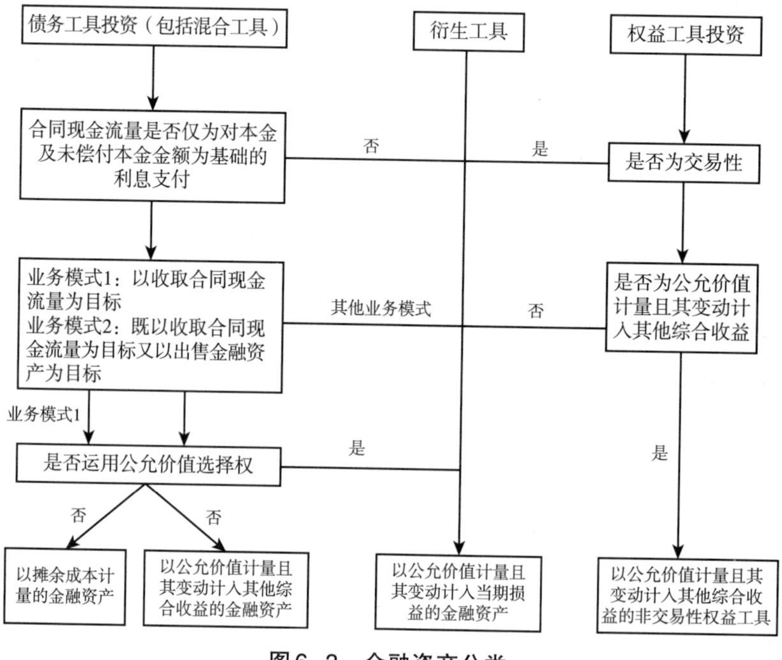

图6–3　金融资产分类

将金融资产分类为以摊余成本计量的金融资产的，相关金融资产的合同现金流量特征必须与基本借贷安排一致，即相关金融资产在特定日期产生的合同现金流量仅为对本金和以未偿付本金金额为基础的利息的支付。

货币市场基金、现金管理类理财产品等资产管理产品管理金融资产的业务模式以出售为目标的，应当将相关金融资产分类为以公允价值计量且其变动计入当期损益的金融资产。

公募基金、理财产品等资产管理产品具有中短期寿命期或需满足开放申购和赎回要求的，其持有的权益工具投资通常为交易性而不符合指定为以公允价值计量且其变动计入其他综合收益的金融资产的条件。

表6–1为金融资产初始取得、持有、处置环节的核算分类。

表6–1　　金融资产初始取得、持有、处置环节的核算分类

初始取得	持有环节	处置环节
债权投资：以摊余成本计量的金融资产	1.利息收入、投资收益 2.信用减值损失	投资收益
其他债权投资：以公允价值计量且其变动计入其他综合收益的金融资产	1.公允价值变动：其他综合收益 2.利息收入/投资收益 3.信用减值损失	1.其他综合收益：当期损益 2.处置价差所得：投资收益
交易性金融资产：以公允价值计量且其变动计入当期损益的金融资产	1.公允价值变动损益 2.股息、利息等：投资收益	投资收益
其他权益工具投资：指定为以公允价值计量且其变动计入其他综合收益的金融资产	1.公允价值变动：其他综合收益 2.分红等：投资收益	1.其他综合收益：留存收益 2.处置价差所得：留存收益

1.债权投资

金融资产同时符合下列条件的，应当分类为以摊余成本计量的金融资产：企业管理该金融资产的业务模式是以收取合同现金流量为目标；该金融资产的合同条款规定，在特定日期产生的现金流量，仅为对本金和以未偿付本金金额为基础的利息的支付。

企业应当设置“贷款”“应收账款”“债权投资”等科目核算。

比如，银行向企业客户发放的固定利率贷款，在没有其他特殊安排的情况下，贷款通常可能符合本金加利息的合同现金流量特征。如果银行管理该贷款的业务模式是以收取合同现金流量为目标，则该贷款可以分类为以摊余成本计量的金融资产。

普通债券的合同现金流量是到期收回本金及按约定利率在合同期间按时收取固定或浮动利息。在没有其他特殊安排的情况下，普通债券通常可能符合本金加利息的合同现金流量特征。如果企业管理该债券的业务模式是以收取合同现金流量为目标，则该债券可以分类为以摊余成本计量的金融资产。

企业正常商业往来形成的具有一定信用期限的应收账款，如果企业拟根据应收账款的合同现金流量收取现金，且不打算提前处置应收账款，则该应收账款可以分类为以摊余成本计量的金融资产。

2.其他债权投资

金融资产同时符合下列条件的，应当分类为以公允价值计量且其变动计入其他综合收益的金融资产：

（1）企业管理该金融资产的业务模式既以收取合同现金流量为目标，又以出售该金融资产为目标。

（2）该金融资产的合同条款规定，在特定日期产生的现金流量，仅为对本金和以未偿付本金金额为基础的利息的支付。

企业应当设置“其他债权投资”科目核算。

【案例6-5】为了盘活存量资产，提高资金使用效率，果果公司与银行签订应收账款无追索权保理总协议，银行向该公司一次性授信20亿元人民币，果果公司可以在需要时随时向银行出售应收账款。历史上公司频繁向银行出售应收账款，且出售金额重大，上述出售满足金融资产终止确认的规定。该公司的应收账款可否分类为以公允价值计量且其变动计入其他综合收益的金融资产?

解析：可以。应收账款的业务模式符合“既以收取合同现金流量为目标，又以出售该金融资产为目标”，且该应收账款符合本金加利息的合同现金流量特征，因此应当分类为以公允价值计量且其变动计入其他综合收益的金融资产。会计报表列示“应收款项融资”项目。

3.交易性金融资产

企业分类为以摊余成本计量的金融资产和以公允价值计量且其变动计入其他综合收益的金融资产之外的金融资产，应当分类为以公允价值计量且其变动计入当期损益的金融资产。下列投资产品通常应当分类为以公允价值计量且其变动计入当期损益的金融资产：

（1）股票。股票的合同现金流量源自收取被投资企业未来股利分配以及其清算时获得剩余收益的权利。由于股利及获得剩余收益的权利均不符合本金和利息的定义，因此股票不符合本金加利息的合同现金流量特征。

（2）基金。基金一般情况下不符合本金加利息的合同现金流量特征。常见的有股票型基金、债券型基金、货币基金或混合基金。

（3）可转换债券。可转换债券除按一般债权类投资的特性到期收回本金、获取约定利息或收益外，还嵌入了一项转股权。通过嵌入衍生工具，企业获得的收益在基本借贷安排的基础上，会产生基于其他因素变动的不确定性。由于可转换债券不符合本金加利息的合同现金流量特征，企业持有的可转换债券投资应当分类为以公允价值计量且其变动计入当期损益的金融资产。

企业应当设置“交易性金融资产”科目核算。

4.非交易性权益工具投资

初始确认时，企业可基于单项非交易性权益工具投资，将其指定为以公允价值计量且其变动计入其他综合收益的金融资产，其公允价值的后续变动计入其他综合收益，不需计提减值准备。除了获得的股利（明确代表投资成本部分收回的股利除外）计入当期损益外，其他相关的利得和损失（包括汇兑损益）均应当计入其他综合收益，且后续不得转入当期损益。当金融资产终止确认时，之前计入其他综合收益的累计利得或损失应当从其他综合收益中转出，计入留存收益。

关于“非交易性”和“权益工具投资”的界定。金融资产或金融负债满足下列条件之一的，表明企业持有该金融资产或承担该金融负债的目的是交易性的：

（1）取得相关金融资产或承担相关金融负债的目的，主要是为了近期出售或回购。例如，企业以赚取差价为目的从二级市场购入的股票、债券和基金等，或者发行人根据债务工具的公允价值变动计划在近期回购的、有公开市场报价的债务工具。

（2）相关金融资产或金融负债在初始确认时属于集中管理的可辨认金融工具组合的一部分，且有客观证据表明近期实际存在短期获利模式。在这种情况下，即使组合中有某个组成项目持有的期限稍长也不受影响。其中，“金融工具组合”指金融资产组合或金融负债组合。

（3）相关金融资产或金融负债属于衍生工具，但符合财务担保合同定义的衍生工具以及被指定为有效套期工具的衍生工具除外。例如，未作为套期工具的利率互换或外汇期权。

只有不符合上述条件的非交易性权益工具投资才可以进行该指定。此处权益工具投资中的“权益工具”，是指对于工具发行方来说，满足《企业会计准则第37号——金融工具列报》（以下简称“37号准则”）中权益工具定义的工具。例如，普通股对于发行方而言，满足权益工具定义，对于投资方而言，属于权益工具投资。

存在以下情况的，不能指定为以公允价值计量且其变动计入其他综合收益的金融资产：

（1）符合金融负债定义但是被分类为权益工具的特殊金融工具（包括可回售工具和发行方仅在清算时才有义务向另一方按比例交付其净资产的金融工具）本身并不符合权益工具的定义，因此从投资方的角度也就不符合指定为以公允价值计量且其变动计入其他综合收益的金融资产的条件。例如，某些开放式基金，基金持有人可将基金份额回售给基金，该基金发行的基金份额并不符合权益工具的定义，只是按照37号准则符合列报为权益工具条件的可回售工具。这种情况下，投资人持有的该基金份额，不能指定为以公允价值计量且其变动计入其他综合收益的金融资产。

（2）企业在非同一控制下的企业合并中确认的或有对价构成金融资产的，该金融资产应当分类为以公允价值计量且其变动计入当期损益的金融资产，不得指定为以公允价值计量且其变动计入其他综合收益的金融资产。

（二）判定依据

新准则下金融资产的分类依据不再是多元的判断标准和识别特征，金融资产分类的判定依据有两个：一是业务模式，二是合同现金流量特征。

1. 业务模式

企业管理金融资产的业务模式，应当以企业关键管理人员决定的对金融资产进行管理的特定业务目标为基础确定，且这个业务模式是在一定组合层面上决定的，具体组合水平与企业管理金融资产的组合层级相一致。

所谓企业管理金融资产的业务模式，是指企业如何管理这个金融资产以产生现金流量。业务模式决定企业所管理金融资产的现金流量的来源是收取合同现金流量、出售金融资产，还是两者兼有。业务模式具体分三种：

一是以收取合同现金流量为目标的业务模式。在该业务模式下，企业管理金融资产旨在通过在金融资产的存续期内收取合同付款来实现现金流量，而不是通过持有并出售金融资产产生整体回报。

二是以收取合同现金流量和出售金融资产为目标的业务模式。在该业务模式下，企业的关键管理人员认为收取合同现金流量和出售金融资产对于其管理目标而言都是不可或缺的。

三是其他业务模式。在该业务模式下，企业不是以收取合同现金流量为目标，也不是以收取合同现金流量和出售金融资产来实现其目标。例如，企业持有金融资产的目的是交易性的或者基于金融资产的公允价值作出决策并对其进行管理，在这种情况下，企业管理金融资产的目标是通过出售金融资产来实现现金流量。

2. 合同现金流量特征

合同现金流量特征的判定，是指企业应当判断这个金融资产的合同现金流量是否仅为对本金和以未偿付本金金额为基础的利息的支付。如果是，则能够通过合同现金流量测试；如果不是，则不能通过合同现金流量测试。本金是指金融资产在初始确认时的公允价值，此处的利息有特定含义，是指货币时间价值和信用风险的对价，还可能包括流动性风险以及一些其他成本（如管理费用），但不包括为所持有金融资产的其他风险或成本提供的对价。

例如，金融资产的利息与某些权益价格指数或者商品价格指数挂钩；或者与债务人的一些经营业绩挂钩；或者利息的支付是一种剩余权益（具有权益特征的优先股和永续债的利息的支付），这些都不符合本书对于利息的定义。

因此可以看出，能通过合同现金流量测试的金融资产，都是一些“纯粹的债”。实务中，以下金融资产通常都不能通过合同现金流量测试：

一是股票等权益工具投资。股票的合同现金流量源自收取被投资企业未来股利分配以及其清算时获得剩余收益的权利，股利及获得剩余收益的权利均不符合本金和利息的定义。

二是基金等投资。常见的股票型基金、债券型基金、货币基金或混合基金，通常投资于动态管理的资产组合，投资者从该类投资中所取得的现金流量既包括投资期间基础资产产生的合同现金流量，也包括处置基础资产的现金流量。

三是可转换债券等“非纯粹的债”。可转换债券除按一般债权类投资的特性到期收回本金、获取约定利息或收益外，还嵌入了一项转股权。通过嵌入衍生工具，企业获得的收益在本金和利息的基础上，会产生基于其他因素变动的不确定性，且可转换债券投资在新准则下应当作为一个整体进行核算，不再允许将转股权分拆。

此外，某些金融资产在合同中使用本金和利息描述现金流量，但此类合同可能并不符合准则中有关本金和利息的定义，不能通过合同现金流量测试。如某些合同（理财、信托、资产支持证券等）使用本金和利息描述合同现金流量，其债权人的索偿要求仅限于特定资产或产生于特定资产的现金流量，此时企业需要对特定的基础资产或其现金流量进行评估（即穿透），以确定金融资产是否能通过合同现金流量测试。

（三）关于金融资产的计量

按照22号准则的规定，对以摊余成本计量的金融资产和分类为以公允价值计量且其变动计入其他综合收益的金融资产的基金，以预期信用损失为基础进行减值会计处理并确认损失准备。

合伙型基金应当按照《企业会计准则第39号——公允价值计量》（财会〔2014〕6号，以下简称“39号准则”）的规定，确定金融资产的公允价值。货币市场基金、现金管理类理财产品等按照监管规定采用影子定价和偏离度控制确定金融资产公允价值的，应当符合39号准则的规定。

合伙型基金应当加强金融资产的估值管理，确保所采用估值技术和输入值的适当性以及估值结果的可靠性，不得随意变更同一金融资产的估值技术。

三、有限合伙型PE投资环节会计处理

有限合伙型基金运营阶段财税处理，包括基金以募集资金进行投资运作，持有投资获得收益以及基金维护自身运营三部分。

（一）投资环节财税处理注意点

在民商法领域，合伙型基金具有民事主体资格，可以自己名义从事民事活动（具备形式人格），却不能完全独立地承担民事责任，不具有独立的法人资格，也就是说，合伙企业的财产相对于合伙人不能够完全独立，具体表现为：合伙企业对其债务，应先以其全部财产进行清偿，合伙企业不能清偿到期债务的，合伙人要承担无限连带责任。在经营上，合伙企业（合伙型基金）既是经营实体，要领取营业执照，又是独立的会计主体，有相关从业人员和经营场所等，要独立核算基金本身收入、成本和费用。因此，在设置会计科目时，应关注如下问题：

1.会计制度

有关合伙型基金适用的会计制度问题。

对于合伙型基金是否能采用小企业会计准则这个问题，《小企业会计准则》（财会〔2011〕17号）第三条规定，该准则适用于在中华人民共和国境内依法设立的、符合《中小企业划型标准规定》所规定的小型企业标准的企业，下列三类小企业除外：

（1）股票或债券在市场上公开交易的小企业。

（2）金融机构或其他具有金融性质的小企业。

（3）企业集团内的母公司和子公司。前款所称企业集团、母公司和子公司的定义与《企业会计准则》的规定相同。

在我国，基金管理公司一般指的是公募基金管理公司，公募基金公司应当执行企业会计准则。私募基金管理公司、私募基金不属于金融机构，却是经过基金业协会登记的机构、备案的产品，从事金融业务的组织。因此，在合伙型基金采用何种会计准则问题上，笔者倾向适用其他具有金融性质的“企业会计准则”。

2. 投资范围

有限合伙型基金投资范围比较广泛，主要包括未上市企业股权、上市公司非公开发行或交易的股票、可转债、市场化和法治化债转股、股权类基金份额，以及中国证监会认可的其他资产。

3. 投资形式

基金以募集到的资金进行投资运作。按《登记备案办法》规定，基金对目标企业出资以货币形式出资。

在投资阶段，基金获得标的企业股权主要通过出资新设企业、增资扩股或支付对价受让老股方式。由于出资过程中基金通常采用现金、银行存款货币形式，合伙型基金在投资阶段主要涉及因受让股权产生的印花税纳税义务以及所得税代扣代缴义务（可能）。

4. 收入来源

基金持有阶段的业务收入主要来源于通过夹层融资、可转债、可转换贷款、投贷联动等混合性投资业务获得的利息收入，以及持有被投企业股权获得的股息、红利收入等。一般情况下，利息、股息及红利的分配过程并未产生应纳税凭证而不涉及印花税缴纳。因此，利息、股息及红利收入主要涉及的税种包括所得税、增值税。

涉税问题上，个人投资者从合伙企业“合伙实体”划分的经营所得，比照“经营所得”所得征收个人所得税；合伙企业对外投资分回利息或者股息、红利，不并入企业收入，单独作为投资者个人取得的利息、股息、红利所得，按“利息、股息、红利所得”应税项目计算缴纳个人所得税。

5. 准确区分基金、基金管理人的成本费用

要准确区分基金和基金管理人、投资者的成本费用，不得将基金产品与管理人财产混同，具体划分见本书第二章第四节“三、不得由管理人列支的费用或者需要另行约定的费用”，以及第五章第二节“二、基金合同条款”中的“（五）基金收益分配和

亏损分担”下的“2.基金费用”。

基金的成本费用包括但不限于开办费、托管费、管理费、财务报表审计费用、合伙会议费、第三方中介费、银行手续费、诉讼仲裁费、税费等。其中，成本费用的列支遵循权责发生制原则。

6.增值税、所得税纳税主体

正如本书第四章第四节“合伙型基金”所述，我国的合伙税制无论采用“集合理论”，还是“实体理论”，最终这个合伙企业都不是实际的所得税纳税主体，合伙企业的税负最后落在合伙人层面，合伙企业不是所得税的纳税主体。

需要指出的是，合伙型基金不是所得税纳税主体，却是增值税纳税主体，需要单独对基金应增值税行为缴税。基金为增值税一般纳税人，符合条件的，可抵扣增值税进项税额。

7.计税基础

前述章节提及，合伙人投资的外部计税基础和合伙企业获得投入财产时享有份额以及持续经营过程中取得各类收益的内部计税基础一般是相等的，但随着合伙企业层面的收入或所得、扣除或者损失等权益穿透划分给合伙人时，合伙人在资本权益上的计税基础也将作相应调整，这种调整体现在合伙企业对于合伙人应分配未分配以及实际向合伙人分配利润的会计处理上。

税法对合伙企业内部计税基础并不认可，从而导致合伙人退伙、合伙企业（基金）在清算退出过程中重复征税的问题。目前，个别地区主管税务局认可合伙人退出时调整合伙人的外部计税基础，主流的解决方案会建议企业做好相应的会计处理。

（二）合伙型基金运行会计处理

基金运行期间会计处理可以分为以下几部分：

1.基金取得的收入、利得

按权责发生制原则，合伙基金层面应按照企业会计准则口径计算合伙企业收入、公允价值变动损益、处置资产对应的投资收益等收入、利得。值得一提的是，合伙型基金对外投资分回的利息或者股息、红利在合伙企业层面计入企业收入，但依据国税函〔2001〕84号规定，该类收入不并入企业收入，单独按“利息、股息、红利所得”应税项目计算缴纳个人所得税。具体会计处理如下：

借：银行存款（或应收股利、利息等资产）

　　贷：投资收益等损益类科目

应交税费——应交增值税（销项税额）/应交税费——简易计税或待转销项税额

基金确认应税利息收入等的时点如早于按照增值税制度确认增值税纳税义务发生时点的，应将相关销项税额计入“应交税费——待转销项税额”科目，待实际发生纳税义务时再转入“应交税费——应交增值税（销项税额）”或“应交税费——简易计税”科目。按照增值税制度确认增值税纳税义务发生时点如早于按照国家统一的会计制度确认收入或利得的时点的，应将应纳增值税额借记“应收账款”科目，贷记“应交税费——应交增值税（销项税额）”或“应交税费——简易计税”科目，按照国家统一的会计制度确认收入或利得时，应按扣除增值税销项税额后的金额确认收入。

2.基金发生的营业成本、费用

按照权责发生制原则，基金当期发生的管理费、托管费、销售服务费、投资顾问费等费用，无论款项是否支付，均应当计入当期损益。以下为基金成本、费用会计处理：

借：主营业务成本/其他业务成本/期间费用/税金及附加/营业外支出等成本费用

应交税费——应交增值税（进项税额）

贷：银行存款等

3.基金对外投资

合伙型基金对外投资分以下两种情况：

（1）合伙型基金属于投资性主体。

合伙型基金属于投资性主体的，其持有的对不纳入合并财务报表的子公司的权益性投资以及其他权益性投资，应当划分为以公允价值计量且其变动计入当期损益的金融资产，适用22号准则。

（2）合伙型基金不属于投资性主体。

合伙型基金不属于投资性主体的，其持有的投资应当分别按下列情形进行会计确认：

①能够对被投资方实施控制的权益性投资，应当根据2号准则的规定采用成本法核算，并根据33号准则的规定编制合并财务报表。

②能够对被投资方实施共同控制或重大影响的权益性投资，根据2号准则的规定采用权益法核算。

③对于除能够对被投资方实施控制、共同控制或重大影响的权益性投资以外的金

融资产投资，应当适用22号准则。

基金应当按照22号准则的规定，对分类为摊余成本计量的金融资产和以公允价值计量且其变动计入其他综合收益的金融资产，以预期信用损失为基础进行减值会计处理并确认损失准备。合伙型基金应当按照《企业会计准则第39号——公允价值计量》（财会〔2014〕6号，以下简称“39号准则”）的规定，确定金融资产的公允价值。货币市场基金、现金管理类理财产品等按照监管规定采用影子定价和偏离度控制确定金融资产公允价值的，应当符合39号准则的规定。

合伙型基金应当加强金融资产的估值管理，确保所采用估值技术和输入值的适当性以及估值结果的可靠性，不得随意变更同一金融资产的估值技术。

4. 基金期末损益结转

合伙企业层面按照权责发生制原则，按期计算会计利润，通过设置“合伙人损益”科目处理，结转合伙型基金的会计利润。相应的会计处理如下：

借：投资收益等损益

　　贷：合伙人损益（借方或者贷方）

　　　　主营业务成本/其他业务成本/期间费用/税金及附加/营业外支出等

　　　　成本费用

5. 税会差异调整

合伙企业所得税和企业所得的税会差异处理有异曲同工的地方。会计核算和税法调整是两条线，它们之间在缴纳所得税时才会有交集。在会计处理上，会计利润在“合伙人损益”借方出现并不意味着最后应纳税所得额也为亏损，在经过税法的调整后，合伙企业或可实现盈利；反之，合伙企业会计利润“合伙人损益”出现在贷方，经过税法调整也有可能出现亏损。

按照财税〔2000〕91号文规定，合伙企业发生亏损可以在企业层面往后5年弥补，这里的亏损指的是合伙企业计算的应纳税所得额。如果亏损，可直接保留。

对于合伙人当期实现的分摊给每个合伙人应分得的收益（并不是实际分配），在税法口径上，目前的建议做法是分至每个合伙人，增加合伙人资本权益外部计税基础以避免重复征税。因此，会计处理上可直接在“合伙人损益”项下设立二级科目加以区别，以明确当期的所得税纳税义务，该部分金额最终要转入“合伙人资本”垫高计税基础。以下为合伙企业应纳税所得额为正数时的会计处理：

借：合伙人损益（净额）

　　贷：合伙人资本——××合伙人

6.基金向合伙人实际分配收益

为准确记录各个合伙人与合伙企业之间的资金流动、资产权属，合伙企业可设置“合伙人往来”科目处理企业向合伙人实际分配收益，或者可能发生合伙人款项往来。具体会计处理为：

借：合伙人往来——××合伙人

　　贷：银行存款

　　　　其他应收款——××合伙人（可能存在代为申报个税的情况）

需要提醒，合伙人为自然人时，根据财税〔2000〕91号文规定，投资者应向企业实际经营管理所在地主管税务机关申报缴纳个人所得税，而申报工作通常由合伙企业代为申报。

借：合伙人资本——××合伙人

　　贷：合伙人往来——××合伙人

（三）合伙型基金涉税调整项目

合伙型基金涉税调整项目见本书第十三章第二节“合伙型基金个人所得税经营所得申报”。

第四节｜有限合伙型基金合伙人会计处理

本书第五章第二节提及上市公司与PE基金投资的新型合作模式，在该模式下，上市公司作为有限合伙人LP，基金管理人作为普通合伙人GP共同设立有限合伙型股权投资基金。在合伙企业合伙人层面，GP拥有执行合伙企业的管理权，执行合伙事务；LP虽作为经营配合者的角色，在合伙人对目标公司达到控制时可做并表处理。上市公司（或/与关联方）参与认购基金份额达到33号准则控制为基础确定要件的，可形成并购基金达成并表目的。

一、合伙人对基金会计处理

（一）有限合伙型基金合伙人会计处理

合伙人对被投资单位进行如下会计处理：

1.能够对被投资方实施控制的权益性投资，应当根据2号准则的规定采用成本法核算，并根据33号准则的规定编制合并财务报表。

2. 能够对被投资方实施共同控制或重大影响的权益性投资，根据2号准则的规定采用权益法核算。

3. 对于除能够对被投资方实施控制、共同控制或重大影响的权益性投资以外的金融资产投资，应当适用22号准则。

（二）金融工具分类

按照22号准则的规定，对金融资产分类为以摊余成本计量的金融资产、以公允价值计量且其变动计入其他综合收益的金融资产，以公允价值计量且其变动计入当期损益的金融资产，以及指定为以公允价值计量且其变动计入其他综合收益的非交易性权益工具投资。其中，合伙型基金合伙人层面以公允价值计量且其变动计入当期损益的金融资产（交易性金融资产）进行会计确认的，最为常见。

（三）存在可回售工具能否分类为“非交易性权益工具投资”

能不能将投资标的指定为以公允价值计量且其变动计入其他综合收益的金融资产呢。“其他权益工具投资”项目，反映资产负债表日企业指定为以公允价值计量且其变动计入其他综合收益的非交易性权益工具投资的期末账面价值。按照金融工具准则的一般规定，合伙人可以将其分类为非交易性权益工具投资，除非存在可回售工具①情况。

1. 2021年2月6日，财政部、国资委、原银保监会、证监会发布的《关于严格执行企业会计准则 切实加强企业2020年年报工作的通知》（财会〔2021〕2号）第二条规定“编制2020年年报应予关注的准则实施重点技术问题”第（二）项“关于执行新准则的相关会计处理”“12. 可回售工具”有这样的描述：

> 12. 对于可回售工具，如某些开放式基金的可随时赎回的基金份额，以及发行方仅在清算时才有义务向另一方按比例交付其净资产的金融工具，如属于有限寿命工具的封闭式基金、理财产品的份额、信托计划等寿命固定的结构化主体的份额，如果满足《企业会计准则第37号——金融工具列报》（财会〔2017〕14号）第三章中规定的分类为权益工具的条件，发行方在其个别财务报表中应当作为权益工具列报，在企业集团合并财务报表中对应的

① 可回售工具，是指根据合同约定，持有方有权将该工具回售给发行方以获取现金或其他金融资产的权利，或者在未来某一不确定事项发生或者持有方死亡或退休时，自动回售给发行方的金融工具。

少数股东权益部分应当分类为金融负债。

由于上述金融工具对于发行方而言不满足权益工具的定义，因此对于投资方而言不属于权益工具投资，投资方不能将其指定为以公允价值计量且其变动计入其他综合收益的金融资产。

2. 2022年4月，江苏证监局公布《江苏辖区上市公司企业会计准则执行情况专题》，梳理准则执行主要问题之一"新金融工具准则执行的主要问题""一、部分公司对金融工具准则理解和应用不到位""2. 部分公司将合伙企业投资划分为权益工具投资，不符合准则原意"：

实务中上市公司以LP身份持有有限合伙企业份额的情形比较常见，合伙企业通常属于可回售工具或有限寿命主体，该类投资不满足权益工具定义。但辖区仍有部分上市公司将其持有的合伙企业份额分类为其他权益工具投资。通过公开信息，56家上市公司期末其他权益工具投资账面余额超过2亿元，其中有14家企业将持有的有限合伙企业投资划分为其他权益工具投资，存在错报可能。

综合以上信息，笔者认为，按照金融工具准则规定，可回售工具本身并不符合权益工具的定义，不符合指定为以公允价值计量且其变动计入其他综合收益的金融资产的条件，即合伙人个别财报分类为权益工具投资列报，在集团合并财务报表中对应的少数股东权益部分应分类为金融负债。

二、合伙人对基金并表的处理

合伙人（上市公司）对目标公司达到控制时应做并表处理。

（一）上市公司拥有并购基金的控制权依据

上市公司对目标公司并表的理念来自33号准则，合并范围以控制为基础确定。那么，上市公司投资有限合伙型基金满足条件的，是否也可适用企业会计准则的控制权呢？

《企业会计准则——基本准则》指出，该准则适用于在境内设立的包括公司在内的企业组织，因而作为企业组织形式之一的有限合伙企业（有限合伙型基金）当然也包括在内。

按照企业会计准则第33号规定，控制权是指投资方拥有对被投资方的权力，通过参与被投资方的相关活动而享有可变回报，并且有能力运用对被投资方的权力影响其回报金额。上市公司LP对并购基金“控制”可以从以下几个角度进行把握。

1. 上市公司拥有并购基金的权力情况一：实质性权力

上市公司对并购基金拥有权力通常体现在是否设立投资决策委员会，且是否拥有席位（基金不设立投资决策委员会，需结合具体情况分析）。

投资人委派委员在对拟投资项目存在一票否决权安排时要进行具体分析，是否为实质性权力。基金投资目的主要是围绕上市公司产业战略布局，若上市公司享有较大份额，能单方面通过投资决策，我们认为这种单方面投资决策权属于实质性权力。

一票否决权是指，投资人及其委派董事对于目标企业的某些重大事项是否具有一票否决的权利。通常在投资人对目标公司持股占比不大，委派人数少，也不参与公司日常经营，需要通过否决权来确保投资的适当性从而保障在目标企业的利益，这个一票否决权的安排仅为保护权力持有人利益而并没有赋予持有人对相关活动的决策权，和会计准则的保护性权力类似，是非实质性权力，比如贷款方限制借款方从事损害贷款方权利的活动权利。

基金设立投资决策委员会的，上市公司对并购基金影响程度可分为：如果拥有单方面通过投资决策权，可根据其享有份额可变回报的多少分别按照长期股权投资成本法或者长期股权投资权益法核算；如果不能单方面通过投资决策权，则需要根据在投资委员会拥有的席位情况，可分别判断适用长期股权投资权益法或者是按照金融工具进行核算。

相应会计处理总结如表6–2所示。

表6–2　相应会计处理总结

实质性权利	是否设立投决会	能否单独决定投资决策	按所享有基金份额
	设立	能	长投成本法、长投权益法
		不能	长投权益法、金融工具（无席位）

2. 上市公司拥有并购基金的权力情况二：风险敞口

在实务当中，不乏有基金将投资者设置为不同的层级或类型，由每个层级或类型的投资者承担不同风险和收益的结构化安排。

结构化安排实质上是利用杠杆由劣后级合伙人承担大部分投资风险的一种形式，优先级份额与劣后级份额的比例越高，杠杆效应就越明显。高杠杆行为可能会对基金的结构稳定性造成影响，在基金作为收购上市公司控制权的主体时，基金本身的结构稳定性也将影响上市公司的股权稳定性。在收益分配方面，优先级投资人先行分配后再分配给劣后级投资人；收益超出合同约定时候为超额收益，仅分配给劣后级投资人。如果基金亏损，劣后级投资人先行承担亏损。因此在结构化设计当中，劣后级投资人风险高，收获收益可能性也就相对高。结构型基金大多出现在有限合伙型和契约型基金。

基金投资者（上市公司LP）并表除了要考虑平层结构的一般原则以外，还要考虑结构化安排下投资者风险承担与回报收益的匹配程度：

（1）优先级投资人收益要先行分配，风险程度较低，没有超额收益，核算上分类为金融工具。优先级投资人通常适合于对风险承受能力低的银行、保险等机构。

（2）结构型基金的设计如果扩大了投资者承担的风险敞口规模，那么投资者其实是有意愿获得与之对等的回报收益。这种情况下，可分类为长期股权投资成本法进行核算。如果风险敞口较小，可按照长期股权投资权益法进行核算。劣后级投资人通常为基金主发起人和基金管理人。相应会计处理总结如表6–3所示。

表6–3　相应会计处理总结

风险敞口	优先级	收益先行分配，风险程度较低	金融工具
	劣后级	扩大投资承担风险敞口规模	长投成本法、长投权益法

（二）参与被投资方的相关活动

相关活动指的是对被投资方回报产生重大影响的活动，而不是对投资方回报影响很小或者是无影响的活动。这类重大影响活动通常指做出的重大活动决策，包括不限于对被投资方的经营、融资等活动。比如，预算编制，任命目标企业关键管理人员或服务提供商，并决定报酬等。

值得一提的是，这类重大活动的决策（机制）一般由企业章程、协议中约定的权力机构（例如，股东会、董事会）来决策；有些情况下，相关活动也可能根据合同安排的其他主体来决策，比如专门设置的投资决策委员会等。

合伙型基金普通合伙人对基金是否具有影响，通常可对GP退出渠道、退出时间等进行约定。如果属于前述情况，我们认为GP仅是名义上管理基金，对基金并没有实际影响；而作为LP的上市公司能掌控该类活动的，可满足并表的要求。

（三）有能力运用权力影响可变回报

评估投资方是否有能力运用权力影响回报，准则的判定主要是以主要责任人或者代理人身份来行使决策权。在基金进行投资决策时，GP被认定为LP的代理人，那么会计上就认为该基金实质控制人是LP，并表由LP来实现，关键难度就出在实质性代理人的识别。那么，如何理解实质性代理人呢？

对于实质性代理人的判断，准则主要从多方面进行考虑：如果劣后级的LP在GP薪酬水平、投资范围、收益分配等方面享有实质性权力，那么LP就是主要负责人，GP是代理人身份；如果劣后级LP单独拥有无条件罢免决策者的权利，那么GP会被认为是劣后级LP的代理人。

比如，某基金投资决策委员会由5名委员组成，其中GP（LP的全资子公司等关联公司与管理人占比3：1）委派4名，优先级LP委派1名，投资决策须经半数以上委员同意方可通过。上市公司LP在该基金投资决策委员会就拥有四席位，一般可以认为该上市公司对并购基金拥有控制权。

同时，企业合并准则的控制权要求对被投资方拥有权力，参与相关活动享有可变回报，以及有能力运用对被投资方的权力影响可变回报三方面同时具备，且需要持续评估调整。若因市场情况等变化导致控制权三要素任何一项或者多项发生变化的，应当重新评估是否纳入合并范围。然而，在合伙型基金中，投资方有无能力运用权力影响可变回报其实非常难识别。

为什么这么说呢？常规情况下，基金GP一般采用管理费+业绩分成方式获取收益，超额收益分享时比例为2：8。实务当中，对GP超额收益比例小于等于30%时，通常会被认为GP不享受可变回报；反之，高于30%则认为拥有影响可变回报的能力。当然，GP这个超额收益的分界线也可能是LP上市公司和GP之间博弈的结果，然而博弈结果又何尝不是投资者有能力影响可变回报的表现呢。因此，作为LP如果想实现并表，可以争取在基金结构设计时约定好超额收益的分配比例。

三、案例

【案例6-6】续**【案例5-8】**南京新工南药医疗产业投资基金合伙企业（有限合伙）。

2023年2月，南京医药股份有限公司（以下简称“南京医药”）与南京新工新兴产业投资管理有限公司（以下简称“新工产投”）、新工投资集团、南京江宁高新区科技创业投资管理有限公司、南京江宁产业发展基金有限责任公司共同投资设立南京新工南药医疗产业投资基金合伙企业（有限合伙）。

新工产投为新工投资集团100%控制子公司，新工投资集团持有南京医药44.13%股份。南京医药与其关联方直接、间接控制该基金达到60%份额，南京医药2023年年报显示对该私募基金分类为“以公允价值计量的金融资产”。

【案例6-7】江阴启泰产业投资基金合伙企业（有限合伙）。

2023年2月，江苏振江新能源装备股份有限公司（以下简称“振江股份”）披露以自有资金3 000万元受让江阴启泰产业投资基金合伙企业（有限合伙，以下简称“启泰基金”）5.15%财产份额，成为启泰基金的有限合伙人①。

管理人（执伙）为无锡国联金投启源私募基金管理有限公司，持有份额0.02%；江阴临港创业投资有限公司持有72.53%，江阴华兰药用新材料股份有限公司为5.15%，江苏新长江实业集团有限公司为17.15%；振江股份持有5.15%份额。

投资决策委员会由5名委员组成，由执行事务合伙人提名1名，江阴临港创业投资有限公司提名2名，江苏华兰药用新材料股份有限公司提名1名，江苏新长江实业集团有限公司提名1名，经由执行务合伙人履行委派程序后任职。投资决策委员会设主任委员1名，由执行事务合伙人提名的人选担任，负责召集和主持投资决策委员会会议。投资决策委员会委员每人享有一票表决权。除合伙协议另有约定外，每一提交表决的项目，均需经4名以上委员（含本数）同意方能通过。

收益分配顺序：（1）先按照各有限合伙人的实缴出资额占有限合伙人实缴出资总额的比例分配给所有有限合伙人，直至所有有限合伙人均收回其在该次分配时全部实缴出资额（以下简称“第一轮分配”）；（2）在所有有限合伙人均收回其全部实缴出资额之后，基金取得的可分配收益应分配给普通

① 巨潮资讯网：《江苏振江新能源装备股份有限公司关于受让股权投资基金份额暨对外投资的公告》（公告编号：2023-007）。

合伙人，直至其收回其在该次分配时全部实缴出资额（以下简称“第二轮分配”）；（3）如经过前述第一轮、第二轮分配后，基金仍有可分配的收益，则该等可分配收益应按照各有限合伙人的实缴出资比例全部分配给所有有限合伙人。

有限合伙人振江股份持有基金5.15%份额，投决会无席位，2023年年报显示振江股份将基金指定为“其他非流动资产：权益工具投资”。

【案例6-8】续**【案例5-3】**珠海德擎绿色能源产业股权投资合伙企业（有限合伙）。

九洲集团作为有限合伙人投资900万元于珠海德擎绿色能源产业股权投资合伙企业（有限合伙），占基金认缴出资总额的59.21%；执行事务合伙人、周某荣、周某虹、许某忠出资分别为1.31%、6.58%、19.74%、13.16%。该基金募资规模1 520万元，已在基金业协会进行备案。

根据合伙协议约定，珠海德擎绿色能源产业股权投资合伙企业（以下简称“珠海德擎”）的投资决策程序需投资决策委员会全体成员通过。珠海德擎决策委员会共3名成员，九洲集团可委派其中2名，未能完全控制投资决策委员，因此未将珠海德擎纳入合并范围，对该基金按联营企业（长期股权投资权益法）进行核算。

【案例6-9】共青城瑞宏壹号投资合伙企业（有限合伙）。

拉芳家化股份有限公司（以下简称“拉芳家化”）于2022年5月11日于巨潮资讯网披露《拉芳家化股份有限公司关于参与股权投资基金的公告》（公告编号：2022-038）称，与四川华体照明科技股份有限公司（以下简称“华体科技”）和深圳市前海瑞宏凯银资产管理有限公司（以下简称“瑞宏凯银”）签署了《共青城瑞宏壹号投资合伙企业（有限合伙）合伙协议》拟共同投资共青城瑞宏壹号投资合伙企业（有限合伙，以下简称“瑞宏壹号”），基金计划总规模不超过人民币1 820万元；由3名合伙人共同出资。

拉芳家化出资人民币800万元，占基金总规模的比例为43.96%；华体科技出资人民币1 010万元，占基金总规模的比例为55.49%；瑞宏凯银为基金管理人兼执行事务合伙人，出资人民币10万元，占基金总规模的比例为0.55%。

成立投资决策委员会，由执行事务合伙人指定3名资深专业人士组成合伙企业的投资决策委员会，构成合伙企业的最高投资决策机构，执行事务合伙人的指定代表负责召集并主持投资决策委员会会议。合伙企业的投资决策由投资决策委员会投票决定，每名委员具有一票投票权。投资项目的投资决策和决定投资项目的退出或其他处置方式等重大事项均应经投资决策委员会三分之二（含）以上成员同意方能通过。

实缴出资回收分配：

（1）首先，向全体合伙人进行分配，直至全体合伙人根据本协议累计取得分配总额等于其实缴出资额；

（2）其次，优先回报：如有余额，按各合伙人实缴出资比例向全体合伙人进行分配，直至其就其累计实缴出资额获得按照每年8%的单利计算所得的优先回报；

（3）再次，全部分配给普通合伙人，直至普通合伙人按照本段累计获得的收益分配额等于有限合伙人取得的优先回报 ÷ 80% × 20%；

（4）最后，80/20分配：20%分配给普通合伙人，80%分配给该有限合伙人。

拉芳家化作为LP持有瑞宏壹号基金43.96%份额，不是投资决策委员会成员，不能控制基金运营。据拉芳家化2022年报披露，拉芳家化对该基金按联营企业（长期股权投资权益法）进行核算。

【案例6–10】中金启兆睿泓（厦门）股权投资基金合伙企业（有限合伙）。

2022年10月，兆易创新科技集团股份有限公司（以下简称“兆易创新”）于巨潮资讯网披露《兆易创新科技集团股份有限公司关于对外投资设立私募股权投资基金的公告》（公告编号：2022–060），与中金资本运营有限公司（以下简称“中金资本”）合作设立单一有限合伙人的专户基金“中金启兆睿泓（厦门）股权投资基金合伙企业（有限合伙）”。合伙企业将主要围绕兆易创新主营业务相关产业链进行布局。基金总认缴出资额为人民币50 000万元。

兆易创新作为有限合伙人以自有资金认缴出资人民币49 500万元，占基金认缴出资总额的99%；中金资本拟作为普通合伙人（担任管理人、执行事务合伙人）认缴出资人民币500万元，占基金认缴出资总额的1%。

合伙企业设投资决策委员会，负责就合伙企业投资、退出等作出决策。投资决策委员会由4名委员组成，其中执行事务合伙人委派3名委员，兆易创新委派1名委员，投资决策委员会审议事项经全体委员表决通过方可形成有效决议。

在全体合伙人之间按其实缴出资比例进行分配，直至每一合伙人取得的累计分配金额等于该合伙人的实缴出资额，覆盖实缴出资；以有限合伙人业绩报酬计提基准收益；普通合伙人追补；超额收益分配。

中金启兆睿泓（厦门）股权投资基金合伙企业（有限合伙）为兆易创新2022年新设立二级子公司，2022年度兆易创新将其纳入合并范围。

【案例6-11】扬州弘创股权投资合伙企业（有限合伙）。

佳禾食品工业股份有限公司（以下简称“佳禾食品”）2022年11月16日于巨潮资讯网披露《佳禾食品工业股份有限公司关于对外投资暨参与投资私募股权投资基金的公告》（公告编号：2022–038），佳禾食品的全资子公司蔻歌食品（上海）有限公司（以下简称“蔻歌食品”）投资1 000万元认购扬州弘创股权投资合伙企业（有限合伙）（以下简称“扬州弘创基金”）基金份额并成为合伙企业的有限合伙人之一。

募集资金规模为人民币8 112万元，由4名合伙人共同出资（3名LP，1名GP）。蔻歌食品（LP）占基金总规模比例为12.3274%，西藏山南辛顺企业管理有限公司（LP）出资3 000万元，持有基金36.9822%份额；湖北均瑶大健康饮品股份有限公司（LP）出资4 000万元，持有基金49.3097%份额；基金管理人上海弘章投资管理有限公司（GP兼执伙）出资112万元，占有基金1.3807%份额。

由执行事务合伙人组建投资决策委员会，负责对合伙企业的项目投资与退出进行决策。

合伙企业因项目投资收入、临时投资收入与其他现金收入产生的可分配现金，应在全体合伙人之间按照如下顺序进行分配（现金分配）：

（1）按照实缴出资比例的相对比例在全体合伙人之间进行分配，直至各合伙人按分配金额等于截至该分配时点各合伙人的累计实缴出资额。

（2）支付有限合伙人优先回报：上述分配后仍有剩余的，则向有限合伙人分配，直至各有限合伙人获得的分配收益总额达到以其在前述第（1）项取得的累计分配金额实现8%/年（单利）的回报率［从缴付出资通知载明的出资日或该笔实缴出资额被实际缴付到合伙企业托管账户之日（前述日期孰晚者）起算到相关实缴出资额按第（1）项被返还的分配时点为止］。

（3）追补：向普通合伙人进行分配，直至普通合伙人根据本项取得的累计分配金额等于全体有限合伙人根据前述第（2）项取得的累计优先回报÷80%×20%的金额。

（4）80/20分配：以上分配之后的余额按照实缴出资比例进行划分，属于普通合伙人的部分应当向普通合伙人进行分配；属于有限合伙人的部分，其中20%归于普通合伙人，80%在有限合伙人之间按照各自的实缴出资比例进行分配。

普通合伙人根据前述第（3）项、第（4）项取得的分配金额，统称为“超额收益分配”。

如合伙企业按照第（1）—（4）项规定进行分配后，合伙人的实缴出资额因后续出资发生变化，则假设之前未进行分配，各合伙人应当分配的金额及普通合伙人的超额收益按照第（1）—（4）项进行追溯调整。

基金收益非现金分配：

在合伙企业清算结束前，执行事务合伙人应尽合理努力将合伙企业的投资以现金方式变现、在现实可行的情况下避免以非现金方式进行分配；但如无法变现或执行事务合伙人经合理判断认为非现金分配更符合全体合伙人的利益，执行事务合伙人有权决定以非现金方式进行分配。如所分配的非现金资产为公开交易的有价证券，则以作出分配决定之日前15个证券交易日内该等有价证券的每日收盘价的算术平均值确定其价值；其他非现金资产的价值将由执行事务合伙人按照市场公允价格合理确定，执行事务合伙人认为确有必要的，可决定聘请具有相关资质的独立第三方评估机构进行评估从而确定该等资产的价值，相关费用计入合伙企业费用。各合伙人同意，对投资项目或合伙企业持有的其他证券的公允市场价值的认定应当以前述方式进行。

该案例中的佳禾食品不直接投资基金，而由其控股子公司（蔻歌食品）作为LP对基金进行出资，份额超过10%，由执行事务合伙人组建投决会，未能影响基金的经营管理。按《财政部关于修订印发2019年度一般企业财务报表格式的通知（适用于已执行新金融准则、新收入准则和新租赁准则的企业）》规定，一般企业财务报表格式规定，自资产负债表日起超过一年到期且预期持有超过一年的以公允价值计量且其变动计入当期损益的非流动金融资产的期末账面价值，在“其他非流动金融资产”项目反映；自资产负债表日起超过一年到期且预期持有超过一年的以公允价值计量且其变动计入当期损益的非流动金融资产的期末账面价值，在“其他非流动金融资产”项目反映。

据佳禾食品2022年报披露，佳禾食品将对该基金的投资划分为“其他非流动金融资产”。

第五节｜投资资产减值

根据股权投资的性质不同，企业对外股权投资形成的投资资产可分为长期股权投资和金融资产两类核算，对应形成两类减值准备。然而，会计核算上的减值准备并非实际发生损失。会计上计提的减值准备要能够税前扣除，还须满足税法的相关规定要求。

一、投资资产减值分类

（一）长期股权投资减值

2号准则规定的长期股权投资主要包括三类情况：一是企业持有的能够对被投资单位实施控制的权益性投资，一般指对子公司的投资；二是企业持有的能够与其他合营方一方对被投资单位实施共同控制的权益性投资，一般指合营企业投资；三指企业持有的能够对被投资单位施加重大影响的权益性投资，一般指联营企业投资。

由2号准则规范的对子公司、合营企业和联营企业的投资，适用2号准则，但是企业根据2号准则对上述投资按照金融工具准则相关规定进行会计处理的，适用22号准则。企业持有的与在子公司、合营企业或联营企业中的权益相联系的衍生工具，适用22号准则；该衍生工具符合37号准则规定的权益工具定义的，适用37号准则。

根据《企业会计准则第8号——资产减值》（以下简称“8号资产减值准则”）规

定，资产减值的范围包括以下七类：

1.对子公司、联营企业和合营企业的长期股权投资；

2.采用成本模式进行后续计量的投资性房地产；

3.固定资产（包括在建工程）；

4.生产性生物资产；

5.无形资产（包括研发支出）；

6.商誉；

7.探明石油天然气矿区权益和井及相关设施等。

同时，8号资产减值准则规定，22号准则规范的金融资产的减值，适用22号准则。

（二）金融资产减值

如果企业股权投资不属于前述长投准则的三类情况，应按照22号准则要求进行初始计量核算。根据金融资产的具体用途和性质，金融资产可进一步划分为以摊余成本计量的金融资产、以公允价值计量且其变动计入其他综合收益的金融资产、以公允价值计量且其变动计入其他综合收益的非交易性权益工具投资和以公允价值计量且其变动计入当期损益的金融资产。

22号准则对金融工具减值的规定称为“预期信用损失法”。该方法与过去规定的、根据实际已发生减值损失确认减值准备的方法有着根本性不同。在预期信用损失法下，减值准备的计提不以减值的实际发生为前提，而是以未来可能的违约事件造成损失的期望值来计量当前（资产负债表日）应当确认的减值准备。

预期信用损失是指以发生违约的风险为权重的金融工具信用损失的加权平均值。这里的发生违约的风险，可以理解为发生违约的概率。这里的信用损失是指企业根据合同应收的现金流量与预期能收到的现金流量之间的差额的现值。根据现值的定义，即使企业能够全额收回合同约定的金额，但如果收款时间晚于合同规定的时间，也会产生信用损失。

适用减值规定的金融工具。如果一项金融工具可能受到该工具发行方、担保方或者其他相关方（如被担保方）信用风险的影响而造成企业未来现金流量的减少或者流出，且该影响不能通过22号准则第七章“金融工具的计量”和第九章“利得和损失”相关规定反映在企业当期损益中，则该工具应当适用该准则关于金融工具减值的规定。

注意22号准则金融工具减值规定的适用范围大于该准则整体适用范围，不仅包括金融资产（通常为企业持有的债务工具），还包括该准则范围以外的资产（如合同资产）、某些金融负债或者尚未确认的确定承诺。具体包括以下各项：

1.按照该准则第十七条分类为以摊余成本计量的金融资产（含应收款项）；

2.按照该准则第十八条分类为以公允价值计量且其变动计入其他综合收益的金融资产；

3.租赁应收款；

4.《企业会计准则第14号——收入》定义的合同资产；

5.企业做出的贷款承诺，以公允价值计量且其变动计入当期损益的金融负债除外；

6.该准则第二十一条第一款第（三）项规定的财务担保合同。

以公允价值计量且其变动计入其他综合收益的非交易性权益工具投资和以公允价值计量且其变动计入当期损益的金融资产，在期末按公允价值调整账面价值，已起到了资产减少和利润减少的效果，并不需要另外计提减值准备。

二、长期股权投资减值会计处理

根据8号资产减值准则规定，资产减值是指资产的可收回金额低于其账面价值。企业在资产负债表日应当判断资产是否存在可能发生减值的迹象，主要可从外部信息来源和内部信息来源两方面加以判断。据8号资产减值准则第五条规定，存在下列迹象的，表明资产可能发生了减值：

1.资产的市价当期大幅度下跌，其跌幅明显高于因时间的推移或者正常使用而预计的下跌。

2.企业经营所处的经济、技术或者法律等环境以及资产所处的市场在当期或者将在近期发生重大变化，从而对企业产生不利影响。

3.市场利率或者其他市场投资报酬率在当期已经提高，从而影响企业计算资产预计未来现金流量现值的折现率，导致资产可收回金额大幅度降低。

4.有证据表明资产已经陈旧过时或者其实体已经损坏。

5.资产已经或者将被闲置、终止使用或者计划提前处置。

6.企业内部报告的证据表明资产的经济绩效已经低于或者将低于预期，如资产所创造的净现金流量或者实现的营业利润（或者亏损）远远低于（或者高于）预计金额等。

7.其他表明资产可能已经发生减值的迹象。

可收回金额应当根据资产的公允价值减去处置费用后的净额与资产预计未来现金流量的现值两者之间较高者确定。

资产的可收回金额低于其账面价值的，应当将资产的账面价值减记至可收回金额，减记的金额确认为资产减值损失，计入当期损益，同时计提相应的资产减值准备。资产减值损失确认后，减值资产的折旧或者摊销费用应当在未来期间作相应调整，以使该资产在剩余使用寿命内，系统地分摊调整后的资产账面价值（扣除预计净残值）。资产减值损失一经确认，在以后会计期间不得转回。

长期股权投资可收回金额低于账面价值的，应当计提减值准备，确认减值损失。

借：资产减值损失

　　贷：长期股权投资减值准备

三、金融工具减值会计处理

企业应当在资产负债表日对金融资产和信贷承诺等，以预期信用损失为基础确认减值损失，计提减值准备。企业应当考虑金融资产和信贷承诺等的未来预期信用损失情况，及时、足额地计提减值准备，更加有效反映和防控金融工具的信用风险。

（一）金融工具减值的三阶段

按照22号准则相关规定，可以将金融工具发生信用减值的过程分为三个阶段，对于不同阶段的金融工具的减值有不同的会计处理方法：

1.信用风险自初始确认后未显著增加（第一阶段）。对于处于该阶段的金融工具，企业应当按照未来12个月的预期信用损失计量损失准备，并按其账面余额（即未扣除减值准备）和实际利率计算利息收入（若该工具为金融资产，下同）。

2.信用风险自初始确认后已显著增加但尚未发生信用减值（第二阶段）。对于处于该阶段的金融工具，企业应当按照该工具整个存续期的预期信用损失计量损失准备，并按其账面余额和实际利率计算利息收入。

3.初始确认后发生信用减值（第三阶段）。对于处于该阶段的金融工具，企业应当按照该工具整个存续期的预期信用损失计量损失准备，但对利息收入的计算不同于处于前两阶段的金融资产。对于已发生信用减值的金融资产，企业应当按其摊余成本（账面余额减已计提减值准备，也即账面价值）和实际利率计算利息收入。

上述三阶段的划分，适用于购买或源生时未发生信用减值的金融工具。对于购买或源生时已发生信用减值的金融资产，企业应当仅将初始确认后整个存续期内预期信用损失的变动确认为损失准备，并按其摊余成本和经信用调整的实际利率计算利息收入。

（二）对信用风险显著增加的评估

1. 一般原则

企业应当在资产负债表日评估金融工具信用风险自初始确认后是否已显著增加。这里的信用风险，是指发生违约的概率。

（1）判断标准。

企业应当通过比较金融工具在初始确认时所确定的预计存续期内的违约概率和该工具在资产负债表日所确定的预计存续期内的违约概率，来判定金融工具信用风险是否显著增加。

（2）评估信用风险变化所考虑的因素。

在确定金融工具的信用风险水平时，企业应当考虑以合理成本即可获得的、可能影响金融工具信用风险的、合理且有依据的信息。合理成本即无须付出不必要的额外成本或努力。

（3）逾期与信用风险显著增加。

金融资产发生逾期是指交易对手未按合同规定时间支付约定的款项，既包括本金不能按时足额支付的情况，也包括利息不能按时足额支付的情况。

逾期是金融工具信用风险显著增加的常见结果。因此，逾期可能被作为信用风险显著增加的标志。但是，信用风险显著增加作为逾期的主要原因，通常先于逾期发生。企业只有在难于获得前瞻性信息，从而无法在逾期发生前确定信用风险显著增加的情况下，才能以逾期的发生来确定信用风险的显著增加。换言之，企业应尽可能在逾期发生前确定信用风险的显著增加。如果以合理成本即可获得合理且有依据的前瞻性信息，企业在确定信用风险是否显著增加时，不得仅依赖逾期信息。

无论企业采用何种方式评估信用风险是否显著增加，如果合同付款逾期超过（含）30日，则通常可以推定金融资产的信用风险显著增加，除非企业以合理成本即可获得合理且有依据的信息，证明即使逾期超过30日信用风险仍未显著增加。例如，如果未能及时付款是由于管理上的疏忽而并非借款人本身的财务困难所致。

企业通常应当在金融工具逾期前确认整个存续期内的预期信用损失，因此，如果企业在逾期超过30日前可以确定信用风险显著增加，那么不得适用上述推定。企业确定信用风险显著增加的时点应当早于实际发生减值的时点，这是“预期信用损失法”的应有之义。

（4）逾期与违约。

企业在确定信用风险时所采用的违约定义，应当与其内部基于信用风险管理目的而采用的违约定义保持一致，并在必要时考虑其他定性指标，如借款合同对债务人财务指标做出的限制性条款。

实务中，一些企业以逾期达到一定天数作为违约的标准。企业可以根据所处环境和债务工具特点对构成违约的逾期天数做出定义，但是，如果一项金融工具逾期超过（含）90日，则企业应当推定该金融工具已发生违约，除非企业有合理且有依据的信息，表明以更长的逾期时间作为违约标准更为恰当。

2.特殊情形

出于简化会计处理、兼顾现行实务的考虑，准则规定了两类特殊情形。在这两类情形下，企业无须就金融工具初始确认时的信用风险与资产负债表日的信用风险进行比较分析。

（1）较低信用风险。

如果企业确定金融工具的违约风险较低，借款人在短期内履行其支付合同现金流量义务的能力很强，并且即使较长时期内经济形势和经营环境存在不利变化，也不一定会降低借款人履行其支付合同现金流量义务的能力，那么该金融工具可被视为具有较低的信用风险。例如，企业在具有较高信用评级的商业银行的定期存款可能被视为具有较低的信用风险。

（2）应收款项、租赁应收款和合同资产。

企业对于《企业会计准则第14号——收入》所规定的、不含重大融资成分的应收款项和合同资产，应当始终按照整个存续期内预期信用损失的金额计量其损失准备。

（三）金融工具减值的账务处理

金融工具减值分以下步骤：

1.计提减值准备和转回

借：信用减值损失

　　贷：贷款损失准备

　　　　债权投资减值准备

坏账准备

合同资产减值准备

租赁应收款减值准备

预计负债（贷款承诺及财务担保合同）

其他综合收益

提示：其他债权投资计提的信用减值计入其他综合收益。

如果资产负债表日计算的预期信用损失小于该工具（或组合）当前减值准备的账面金额（例如，从按照整个存续期预期信用损失计量损失准备转为按照未来12个月预期信用损失计量损失准备时，可能出现这一情况），则应当将差额确认为减值利得，做相反的会计分录。

2. 已发生信用损失金融资产的核销

企业实际发生信用损失，认定相关金融资产无法收回，经批准予以核销的，应当根据批准的核销金额，借记“贷款损失准备”等科目，贷记相应的资产科目，比如“贷款”“应收账款”“合同资产”“应收租赁款”等。若核销金额大于已计提的损失准备，还应按其差额借记“信用减值损失”科目。

四、税法资产损失

根据《企业所得税法》第十条和《企业所得税法实施条例》第五十五条的规定，未经核定的准备金支出在计算应纳税所得额时不得扣除。未经核定的准备金支出，是指不符合财政、税务主管部门规定的各项资产减值准备、风险准备等准备金支出。

（一）资产损失

准予在企业所得税税前扣除的资产损失，是指企业在实际处置、转让应收及预付款项（包括应收票据、各类垫款、企业之间往来款项）等资产过程中发生的合理损失（以下简称“实际资产损失”），以及企业虽未实际处置、转让上述资产，但符合规定条件计算确认的损失（以下简称“法定资产损失”）。

（二）损失证据

税法对资产损失要求提供包括具有法律效力的外部证据和特定事项的企业内部证据。有关现金、金融机构清算而发生的存款类资产损失、应收及预付款项坏账损失按照《企业资产损失企业所得税税前扣除管理办法》（国家税务总局公告2011年第25号）要求整理。

1. 具有法律效力的外部证据

具有法律效力的外部证据，是指司法机关、行政机关、专业技术鉴定部门等依法出具的与本企业资产损失相关的具有法律效力的书面文件，主要包括：

（1）司法机关的判决或者裁定；

（2）公安机关的立案结案证明、回复；

（3）工商部门出具的注销、吊销及停业证明；

（4）企业的破产清算公告或清偿文件；

（5）行政机关的公文；

（6）专业技术部门的鉴定报告；

（7）具有法定资质的中介机构的经济鉴定证明；

（8）仲裁机构的仲裁文书；

（9）保险公司对投保资产出具的出险调查单、理赔计算单等保险单据；

（10）符合法律规定的其他证据。

2. 特定事项的企业内部证据

特定事项的企业内部证据，是指会计核算制度健全、内部控制制度完善的企业，对各项资产发生毁损、报废、盘亏、死亡、变质等内部证明或承担责任的声明，主要包括：

（1）有关会计核算资料和原始凭证；

（2）资产盘点表；

（3）相关经济行为的业务合同；

（4）企业内部技术鉴定部门的鉴定文件或资料；

（5）企业内部核批文件及有关情况说明；

（6）对责任人由于经营管理责任造成损失的责任认定及赔偿情况说明；

（7）法定代表人、企业负责人和企业财务负责人对特定事项真实性承担法律责任的声明。

（三）投资损失

根据《企业资产损失所得税税前扣除管理办法》（国家税务总局公告2011年第25号）规定，企业投资损失包括债权性投资损失和股权（权益）性投资损失：

1. 企业债权投资损失应依据投资的原始凭证、合同或协议、会计核算资料等相关证据材料确认。下列情况债权投资损失的，还应出具相关证据材料：

（1）债务人或担保人依法被宣告破产、关闭、被解散或撤销、被吊销营业执照、失踪或者死亡等，应出具资产清偿证明或者遗产清偿证明。无法出具资产清偿证明或者遗产清偿证明，且上述事项超过三年的，或债权投资（包括信用卡透支和助学贷款）余额在300万元以下的，应出具对应的债务人和担保人破产、关闭、解散证明、撤销文件、工商行政管理部门注销证明或查询证明以及追索记录等（包括司法追索、电话追索、信件追索和上门追索等原始记录）；

（2）债务人遭受重大自然灾害或意外事故，企业对其资产进行清偿和对担保人进行追偿后，未能收回的债权，应出具债务人遭受重大自然灾害或意外事故证明、保险赔偿证明、资产清偿证明等；

（3）债务人因承担法律责任，其资产不足归还所借债务，又无其他债务承担者的，应出具法院裁定证明和资产清偿证明；

（4）债务人和担保人不能偿还到期债务，企业提出诉讼或仲裁的，经人民法院对债务人和担保人强制执行，债务人和担保人均无资产可执行，人民法院裁定终结或终止（中止）执行的，应出具人民法院裁定文书；

（5）债务人和担保人不能偿还到期债务，企业提出诉讼后被驳回起诉的、人民法院不予受理或不予支持的，或经仲裁机构裁决免除（或部分免除）债务人责任，经追偿后无法收回的债权，应提交法院驳回起诉的证明，或法院不予受理或不予支持证明，或仲裁机构裁决免除债务人责任的文书；

（6）经国务院专案批准核销的债权，应提供国务院批准文件或经国务院同意后由国务院有关部门批准的文件。

2.企业股权投资损失应依据以下相关证据材料确认：

（1）股权投资计税基础证明材料；

（2）被投资企业破产公告、破产清偿文件；

（3）工商行政管理部门注销、吊销被投资单位营业执照文件；

（4）政府有关部门对被投资单位的行政处理决定文件；

（5）被投资企业终止经营、停止交易的法律或其他证明文件；

（6）被投资企业资产处置方案、成交及入账材料；

（7）企业法定代表人、主要负责人和财务负责人签章证实有关投资（权益）性损失的书面申明；

（8）会计核算资料等其他相关证据材料。

3.追索未清偿。

被投资企业依法宣告破产、关闭、解散或撤销、吊销营业执照、停止生产经营活动、失踪等，应出具资产清偿证明或者遗产清偿证明。

上述事项超过三年且未能完成清算的，应出具被投资企业破产、关闭、解散或撤销、吊销等的证明以及不能清算的原因说明。

企业委托金融机构向其他单位贷款，或委托其他经营机构进行理财，到期不能收回贷款或理财款项，按照国家税务总局公告2011年第25号第六章有关规定进行处理。

企业对外提供与本企业生产经营活动有关的担保，因被担保人不能按期偿还债务而承担连带责任，经追索，被担保人无偿还能力，对无法追回的金额，比照国家税务总局公告2011年第25号规定的应收款项损失进行处理。与本企业生产经营活动有关的担保是指企业对外提供的与本企业应税收入、投资、融资、材料采购、产品销售等生产经营活动相关的担保。

企业按独立交易原则向关联企业转让资产而发生的损失，或向关联企业提供借款、担保而形成的债权损失，准予扣除，但企业应作专项说明，同时出具中介机构出具的专项报告及其相关的证明材料①。

4.下列股权和债权不得作为损失在税前扣除：

（1）债务人或者担保人有经济偿还能力，未按期偿还的企业债权；

（2）违反法律、法规的规定，以各种形式、借口逃废或悬空的企业债权；

（3）行政干预逃废或悬空的企业债权；

（4）企业未向债务人和担保人追偿的债权；

（5）企业发生非经营活动的债权；

（6）其他不应当核销的企业债权和股权。

五、特殊行业准备金

计提的资产减值准备允许税前扣除的，适用于特殊行业。由保险、证券、期货、金融、小额贷款公司中小企业担保机构等组成的特殊行业，这类企业的准备金税前扣

① 《国家税务总局关于取消20项税务证明事项的公告》（国家税务总局公告2018年第65号）规定，自2018年12月28日起取消“专业技术鉴定意见（报告）或中介机构专项报告”税务证明事项，改为“纳税人留存备查自行出具的有法定代表人、主要负责人和财务负责人签章证实有关损失的书面申明和相关材料”。

除分为两大类：一类是按照税收规定的标准计提的各类准备金，允许在税前扣除，比如保险公司的未到期责任保险金、未决赔款准备金、巨灾风险准备金等；另一类是企业实际缴纳的准备金，按照税收规定的标准在税前扣除，如保险公司缴纳的保险保障基金，证券行业缴纳的证券投资者保护基金，期货行业缴纳的到期投资者保障基金。

特殊行业准备金税前扣除分为以下几类：

（一）准予税前提取贷款损失准备金

对于贷款方面，按照《中国银监会关于印发〈贷款风险分类指引〉的通知》（银监发〔2007〕54号）的规定，将贷款划分为正常、关注、次级、可疑和损失五类，后三类合称为不良贷款。银行的贷款核销只对“损失类”贷款进行核销，不能跳级对“正常类、关注类、次级类、可疑类”贷款进行核销。

会计上对损失类贷款准备金的计提是按损失类贷款金额的100%计提贷款损失准备金。以金融企业涉农贷款和中小企业贷款损失准备金为例，在税收方面对损失类贷款准备金税前扣除有两种方式：

1. 金融企业涉农贷款和中小企业贷款损失准备金

按照《财政部 税务总局关于金融企业涉农贷款和中小企业贷款损失准备金税前扣除有关政策的公告》（财政部 税务总局公告2019年第85号）①规定，金融企业以《贷款风险分类指引》（银监发〔2007〕54号），对其涉农贷款和中小企业贷款进行风险分类后，按照以下比例计提的贷款损失准备金，准予在计算应纳税所得额时扣除：关注类贷款，计提比例为2%；次级类贷款，计提比例为25%；可疑类贷款，计提比例为50%；损失类贷款，计提比例为100%。正常类不能计提税前扣除贷款损失准备金。

2. 金融企业贷款损失准备金

《财政部 税务总局关于金融企业贷款损失准备金企业所得税税前扣除有关政策的公告》（财政部 税务总局公告2019年第86号，以下简称“86号公告”）②对政策性银行、商业银行、财务公司、城乡信用社和金融租赁公司等金融企业提取的贷款损失准备金的企业所得税税前扣除政策，按准予提取贷款损失准备金的贷款资产余额的1%

---

① 2021年3月15日，财政部、税务总局发布《关于延长部分税收优惠政策执行期限的公告》（财政部 税务总局公告2021年第6号），财政部、税务总局公告2019年第85号规定的准备金企业所得税税前扣除政策到期后继续执行。

② 根据《财政部 税务总局关于延长部分税收优惠政策执行期限的公告》（财政部 税务总局公告2021年第6号）规定，财政部、税务总局公告2019年第86号规定的准备金企业所得税税前扣除政策到期后继续执行。

计提贷款损失准备金，准予在计算应纳税所得额时扣除。金融企业发生的符合条件的贷款损失，应先冲减已在税前扣除的贷款损失准备金，不足冲减部分可据实在计算当年应纳税所得额时扣除。

准予税前提取贷款损失准备金的贷款资产范围包括：

（1）贷款（含抵押、质押、保证、信用等贷款）；

（2）银行卡透支、贴现、信用垫款（含银行承兑汇票垫款、信用证垫款、担保垫款等）、进出口押汇、同业拆出、应收融资租赁款等具有贷款特征的风险资产；

（3）由金融企业转贷并承担对外还款责任的国外贷款，包括国际金融组织贷款、外国买方信贷、外国政府贷款、日本国际协力银行不附条件贷款和外国政府混合贷款等资产。

金融企业的委托贷款、代理贷款、国债投资、应收股利、上交央行准备金以及金融企业剥离的债权和股权、应收财政贴息、央行款项等不承担风险和损失的资产，以及除该公告第一条列举资产之外的其他风险资产，不得提取贷款损失准备金在税前扣除。

准予当年税前扣除的贷款损失准备金＝本年末准予提取贷款损失准备金的贷款资产余额×1%－截至上年末已在税前扣除的贷款损失准备金的余额

凡按照《财政部 税务总局关于金融企业涉农贷款和中小企业贷款损失准备金税前扣除有关政策的公告》（财政部 税务总局公告2019年第85号）的规定执行的，不再适用86号公告第一条至第四条的规定。

（二）保险行业特殊规定

1.保险保障基金税前扣除政策

保险保障基金是指按照《中华人民共和国保险法》和《保险保障基金管理办法》规定缴纳形成的，在规定情形下用于救助保单持有人、保单受让公司或者处置保险业风险的非政府性行业风险救助基金。

保险公司按下列规定缴纳的保险保障基金，准予据实税前扣除：

（1）非投资型财产保险业务，不得超过保费收入的0.8%；投资型财产保险业务，有保证收益的，不得超过业务收入的0.08%，无保证收益的，不得超过业务收入的0.05%。

（2）有保证收益的人寿保险业务，不得超过业务收入的0.15%；无保证收益的人寿保险业务，不得超过业务收入的0.05%。

（3）短期健康保险业务，不得超过保费收入的0.8%；长期健康保险业务，不得超过保费收入的0.15%。

（4）非投资型意外伤害保险业务，不得超过保费收入的0.8%；投资型意外伤害保险业务，有保证收益的，不得超过业务收入的0.08%，无保证收益的，不得超过业务收入的0.05%。

保险公司有下列情形之一的，其缴纳的保险保障基金不得在税前扣除：

（1）财产保险公司的保险保障基金余额达到公司总资产6%的。

（2）人身保险公司的保险保障基金余额达到公司总资产1%的。

2.保险责任准备金税前扣除政策

保险公司按国务院财政部门的相关规定提取的未到期责任准备金、寿险责任准备金、长期健康险责任准备金、已发生已报案未决赔款准备金和已发生未报案未决赔款准备金，准予在税前扣除。

（1）未到期责任准备金、寿险责任准备金、长期健康险责任准备金依据经中国保监会核准任职资格的精算师或出具专项审计报告的中介机构确定的金额提取。

未到期责任准备金，是指保险人为尚未终止的非寿险保险责任提取的准备金。

寿险责任准备金，是指保险人为尚未终止的人寿保险责任提取的准备金。

长期健康险责任准备金，是指保险人为尚未终止的长期健康保险责任提取的准备金。

（2）已发生已报案未决赔款准备金，按最高不超过当期已经提出的保险赔款或者给付金额的100%提取；已发生未报案未决赔款准备金按不超过当年实际赔款支出额的8%提取。

已发生已报案未决赔款准备金，是指保险人为非寿险保险事故已经发生并已向保险人提出索赔、尚未结案的赔案提取的准备金。

已发生未报案未决赔款准备金，是指保险人为非寿险保险事故已经发生、尚未向保险人提出索赔的赔案提取的准备金。

3.涉农保险大灾准备金

保险公司经营财政给予保费补贴的农业保险，按不超过财政部门规定的农业保险大灾风险准备金（以下简称“大灾准备金”）计提比例，计提的大灾准备金，准予在企业所得税前据实扣除。具体计算公式如下：

本年度扣除的大灾准备金＝本年度保费收入 × 规定比例－上年度已在税前扣除的大灾准备金结存余额

按上述公式计算的数额如为负数，应调增当年应纳税所得额。

财政给予保费补贴的农业保险，是指各级财政按照中央财政农业保险保费补贴政策规定给予保费补贴的种植业、养殖业、林业等农业保险。

规定比例，是指按照《财政部关于印发〈农业保险大灾风险准备金管理办法〉的通知》（财金〔2013〕129号）规定的计提比例。

4. 保险公司实际发生的各种保险赔款、给付

保险公司实际发生的各种保险赔款、给付，应首先冲抵按规定提取的准备金，不足冲抵部分，准予在当年税前扣除。

（三）证券行业准备金税前扣除政策

《财政部 国家税务总局关于证券行业准备金支出企业所得税税前扣除有关政策问题的通知》（财税〔2017〕23号）[①]规定的证券行业准备金和期货类准备金准予税前扣除标准如下：

1. 证券类准备金

（1）证券交易所风险基金。

上海、深圳证券交易所依据《证券交易所风险基金管理暂行办法》（证监发〔2000〕22号）的有关规定，按证券交易所交易收取经手费的20%、会员年费的10%提取的证券交易所风险基金，在各基金净资产不超过10亿元的额度内，准予在企业所得税税前扣除。

（2）证券结算风险基金。

中国证券登记结算公司所属上海分公司、深圳分公司依据《证券结算风险基金管理办法》（证监发〔2006〕65号）的有关规定，按证券登记结算公司业务收入的20%提取的证券结算风险基金，在各基金净资产不超过30亿元的额度内，准予在企业所得税税前扣除。

证券公司依据《证券结算风险基金管理办法》（证监发〔2006〕65号）的有关规定，作为结算会员按人民币普通股和基金成交金额的十万分之三、国债现货成交金额的十万分之一、1天期国债回购成交额的千万分之五、2天期国债回购成交额的千万分之十、3天期国债回购成交额的千万分之十五、4天期国债回购成交额的千万分之二十、7天期国债回购成交额的千万分之五十、14天期国债回购成交额的十万分之一、

① 根据《财政部 税务总局关于延长部分税收优惠政策执行期限的公告》（财政部 税务总局公告2021年第6号），财税〔2017〕23号文规定的准备金企业所得税税前扣除政策到期后继续执行。

28天期国债回购成交额的十万分之二、91天期国债回购成交额的十万分之六、182天期国债回购成交额的十万分之十二逐日缴纳的证券结算风险基金，准予在企业所得税税前扣除。

（3）证券投资者保护基金。

上海、深圳证券交易所依据《证券投资者保护基金管理办法》（证监会令第27号、证监会令第124号）的有关规定，在风险基金分别达到规定的上限后，按交易经手费的20%缴纳的证券投资者保护基金，准予在企业所得税税前扣除。

证券公司依据《证券投资者保护基金管理办法》（证监会令第27号、证监会令第124号）的有关规定，按其营业收入0.5%—5%缴纳的证券投资者保护基金，准予在企业所得税税前扣除。

2.期货类准备金

（1）期货交易所风险准备金。

大连商品交易所、郑州商品交易所和中国金融期货交易所依据《期货交易管理条例》（国务院令第489号）、《期货交易所管理办法》（证监会令第42号）和《商品期货交易财务管理暂行规定》（财商字〔1997〕44号）的有关规定，上海期货交易所依据《期货交易管理条例》（国务院令第489号）、《期货交易所管理办法》（证监会令第42号）和《关于调整上海期货交易所风险准备金规模的批复》（证监函〔2009〕407号）的有关规定，分别按向会员收取手续费收入的20%计提的风险准备金，在风险准备金余额达到有关规定的额度内，准予在企业所得税税前扣除。

（2）期货公司风险准备金。

期货公司依据《期货公司管理办法》（证监会令第43号）和《商品期货交易财务管理暂行规定》（财商字〔1997〕44号）的有关规定，从其收取的交易手续费收入减去应付期货交易所手续费后的净收入的5%提取的期货公司风险准备金，准予在企业所得税税前扣除。

（3）期货投资者保障基金。

上海期货交易所、大连商品交易所、郑州商品交易所和中国金融期货交易所依据《期货投资者保障基金管理办法》（证监会令第38号、证监会令第129号）和《关于明确期货投资者保障基金缴纳比例有关事项的规定》（证监会 财政部公告〔2016〕26号）的有关规定，按其向期货公司会员收取的交易手续费的2%（2016年12月8日前按3%）缴纳的期货投资者保障基金，在基金总额达到有关规定的额度内，准予在企业所得税税前扣除。

期货公司依据《期货投资者保障基金管理办法》（证监会令第38号、证监会令第129号）和《关于明确期货投资者保障基金缴纳比例有关事项的规定》（证监会 财政部公告〔2016〕26号）的有关规定，从其收取的交易手续费中按照代理交易额的亿分之五至亿分之十的比例（2016年12月8日前按千万分之五至千万分之十的比例）缴纳的期货投资者保障基金，在基金总额达到有关规定的额度内，准予在企业所得税税前扣除。

不超过规定比例计提的准备金，准予在企业所得税税前扣除。已实现税前扣除的准备金如发生清算、退还，应按规定补征企业所得税。

六、投资资产损失申报

企业投资资产发生损失[①]，按规定的程序和要求向主管税务机关申报后方能在税前扣除。未经申报的损失，不得在税前扣除。企业实际资产损失，应当在其实际发生且会计上已作损失处理的年度申报扣除；法定资产损失，会计上已作损失处理的年度申报扣除。

企业资产损失按其申报内容和要求的不同，分为清单申报和专项申报两种申报形式。其中，属于市场公平交易原则等原因的资产损失，采用清单申请，企业可按会计核算科目进行归类、汇总，有关会计核算资料和纳税资料留存备查；除清单申报以外的资产损失，采用专项申报，企业应逐项（或逐笔）报送申请报告。企业无法准确判别是否属于清单申报扣除的资产损失，可以采取专项申报的形式申报扣除。

在企业所得税汇算清缴阶段，资产损失涉及"资产损失税前扣除及纳税调整明细表"（A105090）、"特殊行业准备金及纳税调整明细表"（A105120）、"纳税调整项目明细表"（A105000）、主表（A100000）等表格。

① 投资资产发生损失的政策依据：《财政部 国家税务总局关于企业资产损失税前扣除政策的通知》（财税〔2009〕57号）、《国家税务总局关于发布〈企业资产损失所得税税前扣除管理办法〉的公告》（国家税务总局公告2011年第25号）、《国家税务总局关于商业零售企业存货损失税前扣除问题的公告》（国家税务总局公告2014年第3号）、《国家税务总局关于企业所得税资产损失资料留存备查有关事项的公告》（国家税务总局公告2018年第15号）、《国家税务总局关于取消20项税务证明事项的公告》（国家税务总局公告2018年第65号）。

第七章

基金退出

“退出”是投资基金“募”“投”“管”“退”流程的最后一个环节。基金退出包括投资端退出和募资端退出。基金投资端退出，即退出所投项目，退出途径包括转让、减资、清算等方式。基金募资端退出则指向基金合伙人，具体表现为转让合伙权益、退伙；如果合伙人全部退伙，基金需要清算。我们以主流的合伙型基金为模板介绍基金在退出阶段的财税处理（见图7-1）。

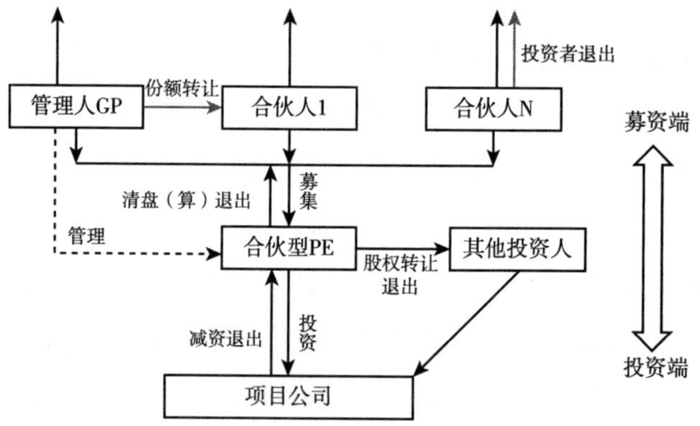

图7-1　合伙型基金退出财税业务

第一节｜基金投资端退出

基金退出所投项目主要有减资退出和转让股权退出方式。基金的退出方式会影响到基金该类工商实体面临的法律问题。同时，基金退出符合条件的，投资人可享受创投企业税收优惠。

一、基金退出法律问题

基金退出的方式采用减持还是股权转让，又或者是其他方式，哪种方式有利不能一概而论。通常来说，机构投资者或者上市公司大股东将持有的股票卖出（减持），会产生大量的卖单，大量卖单会使股票下跌，并且减持可能意味着机构投资者或者上市公司大股东获利出货，或者不看好公司后续的发展，认为现阶段市场对于公司的估值较高，选择减持出场。因此，减持在股票市场是利空，对于非上市公司减持直接结果就是会减少公司注册资本。同时，减资需要经过特定的程序，应当自作出减少注册资本决议之日起十日内通知债权人，并于三十日内在报纸上公告；债权人自接到通知书之日起三十日内，未接到通知书的自公告之日起四十五日内，有权要求公司清偿债务或者提供相应的担保。而股东依法将自己的股东权益有偿转让给他人，使他人取得股权不需经过这个程序。

对于基金退出的监管规则，《登记备案办法》第三十五条明确指出，基金减持、转让被投企业股权不属于赎回（退出）。该办法的这条封闭运作规定针对基金投资者的要求有效保障了基金出资架构、出资额的稳定，与投资者不经过特别程序不得退出所投经营实体的组织法不谋而合，也贯彻了股权基金的整个经营期。

因此，对于被投资方而言，采用股权转让是比较便捷和经济的方式，股权基金的退出同理。上市公司+PE模式设立的产业（并购）基金可采用独立在境内、外资本市场IPO，由上市公司或其他大型企业集团并购退出，由目标公司管理层收购、基金清盘等方式退出。通常，基金股权转让时，上市公司可能提前和投资公司合作进行战略投资项目孵化，待成熟后收购项目的股权；也可能收购投资公司持有本公司的股权。

【案例7-1】基金投资端退出。

江苏立霸实业股份有限公司（以下简称“江苏立霸”）2019年11月26日与上海临芯投资管理有限公司、河南资产管理有限公司签署了《嘉兴君励投资合伙企业（有限合伙）合伙协议》，共同投资名为“嘉兴君励投资合伙企业（有限合伙）”的私募股权投资基金（以下简称“嘉兴君励”）[①]。该基金总规模为人民币14 220万元。普通合伙人（执行事务合伙人、创投、股权基金管理人）为上海临芯投资管理有限公司，认缴60万元（0.42%）。LP为江苏立霸、河南资产管理有限公司：江苏立霸用自有资金出资人民币9 108万元（64.05%），河南资产管理有限公司认缴5 052万元（35.53%）。基金存续期

① 巨潮资讯网：《江苏立霸实业股份有限公司关于投资设立股权投资基金及有限合伙企业的公告》（公告编号：2019-046）。

限：5年，可延长2年。

同时，江苏立霸与深圳中微电高科技投资有限公司（普通合伙人）、河南资产管理有限公司签署了《上海俊合商务咨询合伙企业（有限合伙）合伙协议》，共同设立名为上海鋆赫商务咨询合伙企业（有限合伙）。该合伙企业规模9 200万元，深圳中微电高科技投资有限公司、江苏立霸、河南资产管理有限公司分别持有份额0.42%、64.05%、35.53%。

江苏立霸于2019年12月9日召开的第八届董事会第二十三次会议审议通过了《关于公司拟对外投资及提供财务资助暨关联交易的议案》，同意江苏立霸作为有限合伙人之一的嘉兴君励投资于国内半导体设备企业拓荆科技股份有限公司（以下简称“拓荆科技”）。拓荆科技于2022年4月20日首次公开发行股票并在上海证券交易所科创板上市。江苏立霸参与设立的股权投资基金嘉兴君励持有拓荆科技7 012 105股股份，占其发行后股份总数的5.54%。

2023年5月15日，江苏立霸披露《江苏立霸实业股份有限公司关于股权投资业务参投基金退出部分投资项目的公告》（公告编号：2023–027），嘉兴君励通过询价转让的方式退出了拓荆科技的部分股权，实际转让数量为2 874 975股，询价转让价格为352元/股。基金本次退出投资项目情况如表7–1所示。

表7–1　基金本次退出投资项目情况

名称	转让前持股数量（股）	转让前持股比例（%）	询价转让数量	询价转让比例（%）	转让后持股数量（股）	转让后持股比例（%）
嘉兴君励投资合伙企业（有限合伙）	7 012 105	5.54	2 874 975	2.27	4 137 130	3.27

按照江苏立霸对嘉兴君励的出资份额64.05%计算，嘉兴君励对本次出售股权所得按照合伙协议约定条款进行了分配，江苏立霸于2023年5月12日收到了分配金额528 892 073.85元，扣除江苏立霸出资基金的成本91 080 000元后，江苏立霸需确认投资收益437 812 073.85元。

二、基金退出享受创投企业税收优惠一般要求

如前所述，基金退出一般采用股权转让。基金转让投资项目股权的税务处理前述

几章已经介绍过，对合伙企业从事股权（票）、期货等交易取得的所得，应全部纳入合伙企业生产经营所得，依法征收个人所得税。

目前，我国对于创业投资企业税收优惠主要针对该类企业的募资端和投资端：在募资端，投资人可以其对投资对象投资额的70%抵扣该创业投资企业（从合伙型创投企业分得）的应纳税所得额；投资端的，被投对象应为符合条件的未上市中小高新技术企业和初创型科技企业。基金退出所投项目，募资端投资人享受税收优惠政策有如下注意点。

（一）创业投资企业应符合的条件

享受规定税收政策的创业投资企业，应同时符合以下条件：

1.符合《创业投资企业管理暂行办法》（发展改革委等10部门令第39号，以下简称《创投办法》）规定或者《私募监管暂行办法》（中国证券监督管理委员会令第105号）关于创业投资基金的特别规定，按照上述规定完成备案且规范运作。

按照《创投办法》规定的条件和程序完成备案，经备案管理部门年度检查核实，投资运作符合《创投办法》的有关规定。

2.在中国境内（不含港、澳、台地区）注册成立、实行查账征收的居民企业或合伙创投企业，且不属于被投资初创科技型企业的发起人；接受投资后2年内，创业投资企业及其关联方持有被投资初创科技型企业的股权比例合计应低于50%。

（二）被投资对象应符合的条件

创投企业对被投资对象有一定的要求：

1.投资方式、投资对象、基金架构限制

从创投企业现有税收优惠来看，投资方式限于股权投资方式（直接投资），对以资管计划作为LP设置的多层嵌套架构的投资人能否穿透享受税收优惠并未提及。

2.投资对象应符合的要求

创投企业主要鼓励初创、科小企业，因此对接受投资时点的投资对象有规模上的要求，并对其接受投资后的发展给予了适当的宽容。

（1）投资对象为初创科技型企业，应同时符合以下条件：

①在中国境内（不包括港、澳、台地区）注册成立、实行查账征收的居民企业；

②接受投资时，从业人数不超过300人，其中具有大学本科以上学历的从业人数不低于30%；资产总额和年销售收入均不超过5 000万元；

③接受投资时，投资对象设立时间不超过5年（60个月）；

④接受投资时以及接受投资后2年内，投资对象未在境内外证券交易所上市；

⑤接受投资当年及下一纳税年度，研发费用总额[①]占成本费用支出的比例不低于20%。

投资对象为初创型科技企业的，要注意前述第④点、第⑤点，如果初创科技型企业能在接受投资2年后上市，可以享受该税收优惠。

（2）未上市中小高新技术企业。

中小高新技术企业主要是指年销售额和资产总额均不超过2亿元、从业人数不超过500人的高新技术企业。高新技术企业是指按《高新技术企业认定管理办法》（国科发火〔2016〕32号）、《高新技术企业认定管理工作指引》（国科发火〔2016〕195号）经省级高新技术企业认定管理机构认定，施行查账征收的企业。

中小企业接受创业投资之后，经认定符合高新技术企业标准的，应自其被认定为高新技术企业的年度起，计算创业投资企业的投资期限。该期限内中小企业接受创业投资后，企业规模超过中小企业标准，但仍符合高新技术企业标准的，不影响创业投资企业享受有关税收优惠。

三、基金退出享受创投企业税收优惠特别要求

以主流的合伙型基金为例，基金退出所投项目除符合前述条件以外，其向投资人分配所得时，还需要注意以下几点：

（一）持有投资对象的股权满2年

基金对投资对象的年限限制要求满2年（24个月，下同）。投资年限限制指的是投资人投资到基金的投资年限，以及投资对象接受基金投资并完成工商变更登记日期。

合伙创投企业的合伙人对创投企业，以及创业投资企业对投资对象（初创科技型企业、未上市中小高新技术企业）的投资额均以实缴投资额确定。其中，投资对象为未上市中小高新技术企业要满足投资人投资到基金的年限以及投资对象接受基金投资的年限满“2年”的限制，即双重“2年”的限制。投资对象为初创科技型企业的，仅要求创业投资企业对其投资、完成工商变更登记满2年。

---

① 研发费用口径按照《财政部 国家税务总局 科技部关于完善研究开发费用税前加计扣除政策的通知》（财税〔2015〕119号）等规定执行。

（二）考虑合伙人所得税汇算清缴时点

主流基金采用合伙企业组织形式需要特别关注所得税汇算清缴，这里的汇算清缴是针对合伙企业的合伙人而言。因此，会涉及合伙人两处所得税汇算清缴的时点。

1.个人合伙人经营所得汇算清缴

《国家税务总局关于个人所得税自行纳税申报有关问题的公告》（国家税务总局公告2018年第62号）第二条第二款，纳税人取得经营所得，按年计算个人所得税，由纳税人在月度或季度终了后15日内，向经营管理所在地主管税务机关办理预缴纳税申报缴纳个税，并报送"个人所得税经营所得纳税申报表（a表）"。纳税人在取得经营所得的次年3月31日前，向税务机关办理汇算清缴。因此，每年3月底便成为合伙企业个人合伙人办理在中国境内取得经营所得，且实行查账征收的个人所得税汇算清缴的截止日。

投资者应向企业实际经营管理所在地主管税务机关申报缴纳个人所得税。投资者从合伙企业取得的生产经营所得，由合伙企业向企业实际经营管理所在地主管税务机关申报缴纳投资者应纳的个人所得税，并将个人所得税申报表抄送投资者。投资者兴办两个或两个以上企业的，应分别向企业实际经营管理所在地主管税务机关预缴税款。

在取得所得的次年3月31日前，向经营管理所在地主管税务机关办理汇算清缴。从两处以上取得经营所得的，选择向其中一处经营管理所在地主管税务机关办理年度汇总申报。

2.法人合伙人企业所得税汇算清缴

合伙企业生产经营所得和其他所得采取"先分后税"的原则，合伙企业采用先分后税是以每一个合伙人为纳税义务人：合伙企业合伙人是自然人的，缴纳个人所得税；合伙人是法人和其他组织的，缴纳企业所得税。在合伙企业个人合伙人完成汇算清缴之后，合伙企业将当年实现的利润分配划分给法人合伙人。合伙型基金的法人合伙人应自年度终了之日起五个月内，向税务机关报送年度企业所得税纳税申报表，进行企业所得税汇算清缴。

合伙企业、法人合伙人、个人合伙人的会计期间均为1月1日至12月31日。合伙企业个人合伙人在次年经营所得汇算清缴的截止日（3月31日）天然早于法人合伙人的企业所得税汇算清缴截止日（5月31日），从而有效保证了法人合伙人在个人合伙人经营所得汇算清缴终了后2个月内，能够将分摊到的利润及时并入企业所得进行申报纳税。

值得一提的是，个人合伙人进行个人经营所得汇算清缴时，合伙企业应尽到代为申报的义务；而法人合伙人则是对通过合伙企业分摊到的利润进行企业所得税汇算清缴。因此，基金投资端退出时点必然会对合伙人造成影响，尤其是合伙型基金（管理人）没有尽到信息披露义务，上层的合伙人可能并不清楚本企业（合伙人）应分摊的利润，进而会增加合伙人的税务风险。

四、基金退出所投项目投资人如何享受税收优惠

《财政部 税务总局关于创业投资企业和天使投资个人有关税收政策的通知》（财税〔2018〕55号）等文对创业投资企业采取股权投资方式直接投资于初创科技型企业（未上市中小高新技术企业）满2年，投资人可以按照投资额的70%在股权持有满2年的当年抵扣该创业投资企业的应纳税所得额。此处的“满2年”并不是指会计期间，而是股权持有时间满24个月。相较而言，投资对象为未上市高新技术企业对投资人的限制较多，而初创科技型企业的仅对基金实体有年限要求。以1月1日至12月31日为报告期间，基金在被投企业年结前、后退出项目，投资人以其对投资对象投资额的比例抵扣其分得的应纳税所得额，可分为以下情况：

第一种，基金在被投企业年结前退出项目（投资人未满2年），即投资人在年结前投资年限未符合要求，该时段退出相当于投资者在年结前（当年汇算清缴期间）已无投资额，自然不可享受限定条件的投资额抵扣税收政策；如果基金在报告期部分退出项目，可就未退出的部分享受优惠（未退出部分的，按第二种情况享受税收优惠）。

第二种，基金在被投对象年结后退出项目（投资人满2年），即投资人在年结前已符合年限要求，该阶段退出所投项目，又分为个人经营所得汇算清缴之前满24个月、未满24个月的情形。

（一）基金退出一：个人经营所得汇算清缴之前满24个月

基金在该时段退出所投项目，笔者认为投资人（个人合伙人、法人合伙人）均可享受创投企业税收优惠，我们以下面的案例进行说明。

【案例7-2】果果科技有限公司与基金管理公司X成立了有限合伙创投

企业甲，双方各出资80%、20%，同时约定按9∶1比例分成。2021年2月1日企业甲投资1 000万元到初创科技型企业雁税科技公司，企业甲按整体基金核算。从2021年2月到2022年2月、2023年2月，正好满24个月。2023年3月13日，有限合伙创投企业甲将持有的雁税科技公司股权转让，股权转让所得2 000万元。2023年个人合伙人经营所得汇算清缴，果果科技有限公司从有限合伙创投企业甲合伙企业分回收益1 800万元，果果科技有限公司分回1 800万元对应能抵扣的金额为1 000×80%（合伙人出资比例）×70%，也就是说能抵560万元，余下的1 240万元（1 800万元–560万元）并入企业所得于2023年5月31日之前申报缴纳企业所得税。

如果该名合伙人是自然人合伙人，这个560万元可在当年个人经营所得汇算清缴中抵扣。

（二）基金退出二：个人经营所得汇算清缴之前未满24个月

个人经营所得汇算清缴之前未满24个月，即个人所得税经营所得汇算清缴后，投资人才符合24个月的持有期。此时基金退出所投项目，个人合伙人需在次年度个人经营所得汇算清缴享受。这种情况主要影响法人合伙人，也分为两类情形。

情形1：基金退出发生在个人合伙人经营所得汇算清缴之后、法人合伙人企业所得税汇算清缴之前。

【案例7–3】果果科技有限公司与基金管理公司X成立了有限合伙创投企业甲，双方各出资80%、20%，同时约定按9∶1比例分成。2021年4月3日，企业甲投资1 000万元到初创科技型企业雁税科技公司，按整体基金核算。2023年5月12日，有限合伙创投企业甲将持有的雁税科技公司股权转让，股权转让所得2 000万元。2023年果果科技有限公司从有限合伙创投企业甲合伙分回收益1 800万元。果果科技有限公司对应能抵扣的投资额为560万元，余下的1 240万元并入企业所得于2023年5月31日之前计算缴纳企业所得税。

情形2：基金退出发生在企业法人所得税汇算清缴之后，法人合伙人需在次年企业所得税汇算清缴时才能进行申报抵扣。

【案例7–4】果果科技有限公司与基金管理公司X成立了有限合伙创投企业甲，双方各出资80%、20%，同时约定按9：1比例分成。2021年6月3日，企业甲投资1 000万元到初创科技型企业雁税科技公司，按整体基金核算。2023年6月30日，有限合伙创投企业甲将持有的雁税科技公司股权转让，股权转让所得2 000万元，果果科技有限公司从有限合伙创投企业甲分回收益1 800万元。

果果科技有限公司在2023年5月31日以后确认从基金分回1 800万元，对应能抵扣投资额为560万元，余下的1 240万元并入本企业所得于2024年5月31日之前计算缴纳企业所得税。

五、基金减持、反向挂钩与税收优惠

常见的基金投资端退出方式有公司上市（新三板挂牌）、定向增发后退出、兼并和收购、股权回购、股权转让、清算退出。鉴于基金本身封闭运作的监管要求，基金投资端退出并不意味着投资人退出。基金在投资端退出所投项目时，有限合伙企业（基金）这个经营实体如产生所得，须按先分后税的原则穿透到投资人缴税，符合条件的，可享受创业投资企业税收优惠。

（一）限售期对基金减持影响

和其他股东一样，私募基金减持IPO前持有的股份也须遵守限售期规定。

1. 私募基金一般情况下作为财务投资人，锁定期为自公司完成首次公开发行并上市之日起12个月。

2. 如私募基金为发行人的第一大股东或实际控制人，或私募基金与实际控制人存在关联关系或一致行动关系的，其股份将被认定为实际控制人支配的股份，锁定期为IPO完成之日起36个月。

3. 如公司申报IPO时被认定为无实际控制人的，则股东需按持股比例从高到低依次承诺自上市之日起锁定36个月，直至锁定股份的总数不低于发行前股份总数的51%。但私募基金持股比例不足5%或属于符合一定条件的创业投资基金的除外。

4. 私募基金突击入股会影响锁定期。

2021年2月5日，中国证监会发布了《监管规则适用指引——关于申请首发上市企业股东信息披露》，延长“突击入股”的认定时间标准；统一“突击入股”适用不同的规则的问题。具体来说，在IPO申报前6个月内从控股股东或实际控制人处受让的股份，应比照控股股东或实际控制人所持股份进行锁定（即自上市之日起锁定3年）；IPO申报前12个月内产生的新增股东无论通过增资扩股还是股份受让取得的新增股份均应自取得之日起锁定36个月。

鉴于锁定期越长，其退出期间也随之延长，业内人士建议PE基金避免在IPO申报前6个月内从控股股东、实际控制人处受让股份，呼吁PE基金投资应更多地关注被投企业的长期价值，避免短期套利的投机行为。

5.创投基金的投资人存在被委派至被投上市公司担任董事的情形的，该类董事需作出承诺，其通过创投基金间接投资于该上市公司的股份应当穿透计算并承诺遵守董监高关于减持股份的限制，例如离职后半年内不得转让股份，任职期间（或提前离职的，截至就任时确定的任期内和任期届满后6个月）每年转让的股份不得超过其截至上年度末所持有本公司股份总数的25%。

（二）股权基金的减持规则

私募基金所持股份在限售期结束后，可以通过集中竞价、大宗交易或协议转让方式减持。其中，集中竞价指买卖双方通过交易市场竞价交易系统申报购买或出售意向，交易系统按照“价格优先、时间优先”原则，对价格匹配的买卖双方进行撮合的交易模式，即常见的通过证券账户“零售”股份，如最常见的“炒股”；大宗交易指达到规定的最低限额的证券单笔买卖申报，买卖双方经过协议达成一致并经交易所确定成交的交易模式，即“批量”采购股份，受让方更多希望在折价购买公司股份后，待较高价位进行出售从而获利；协议转让指在转让股份比例超过5%，或同一控制下转让等规定情形时，出让方和受让方依据协议向沪深交易所法律部申请转让股份的交易模式，此时交易的股份数量往往更大，更常适用于受让方拟对公司进行长期投资，或拟通过交易获得公司控制权的情形。

私募基金通过上述方式进行减持时，需注意若私募基金减持其持有的公司首次公开发行前发行的股份，或上市公司非公开发行的股份，或私募基金持有上市公司大于5%股份。根据2017年5月证监会发布的《上市公司股东、董监高减持股份的若干规定》及相关交易所配套规则，上市公司大股东或特定股东，需遵守一系列减持限制，具体限制内容如下：

1.大股东减持或者特定股东减持，采取集中竞价交易方式的，在任意连续90日内，减持股份的总数不得超过公司股份总数的1%。股东通过集中竞价交易减持上市公司非公开发行股份的，除遵守前述规定外，在股份限制转让期间届满后12个月内，减持数量还不得超过其持有的该次非公开发行股份的百分之五十。

2.大股东减持或者特定股东减持，采取大宗交易方式的，在任意连续90日内，减持股份的总数不得超过公司股份总数的2%。

3.大股东减持或者特定股东减持，采取协议转让方式的，单个受让方的受让比例不得低于公司股份总数的5%，转让价格下限比照大宗交易的规定执行，法律、行政法规、部门规章、规范性文件及交易所业务规则另有规定的除外。

股东为股权基金的，减持可不受上述规定限制。《上市公司创业投资基金股东减持股份的特别规定》（以下简称《规定》）第二条规定，在中国证券投资基金业协会（以下简称“基金业协会”）备案的创业投资基金，其所投资符合条件的企业上市后，通过证券交易所集中竞价交易减持其持有的发行人首次公开发行前发行的股份，适用下列比例限制：

（1）截至发行人首次公开发行上市日，投资期限不满36个月的，在3个月内减持股份的总数不得超过公司股份总数的1%；

（2）截至发行人首次公开发行上市日，投资期限在36个月以上但不满48个月的，在2个月内减持股份的总数不得超过公司股份总数的1%；

（3）截至发行人首次公开发行上市日，投资期限在48个月以上但不满60个月的，在1个月内减持股份的总数不得超过公司股份总数的1%。

截至发行人首次公开发行上市日，投资期限在60个月以上的，减持股份总数不再受比例限制。

投资期限自创业投资基金投资该首次公开发行企业金额累计达到300万元之日或者投资金额累计达到投资该首次公开发行企业总投资额50%之日开始计算。

（三）基金减持股份和反向挂钩申请

基金减持股份最初适用的对象并不是股权基金，而是创业投资基金，发展到创投股权基金也适用是有过程的。

2018年3月，证监会首发《规定》时，曾要求仅私募创业投资基金可以适用特殊减持规则，其他类型的基金，比如私募股权投资基金如需适用的，需先备案为创业投资基金；且同时对创投基金的投资范围、投资方式、对创投企业投资金额占对外投资金额的权重等进行了明确的限制。

2020年3月6日，《规定》修订后，基金减持政策除上述符合要求的创投基金以外，对在基金业协会备案的私募股权投资基金，不再设置“创投”属性门槛。参照该规定执行，很大程度上缓解私募股权投资基金、创业投资基金在基金业协会备案时属于同一类别，实操中二者难以明确区分的困境。

2022年6月20日，基金业协会根据修订的《规定》，发布《私募投资基金反向挂钩政策申请业务办理》，规定符合一定投资期限的可以适用减持节奏与投资反向挂钩的政策，进一步落实创业投资基金（私募股权）股东减持股份的程序处理。

反向挂钩指的是创投基金持有的首发前股份锁定期满后的解禁期与其投资期限负相关，即基金投资期限越长，减持节奏越快。反向挂钩有几个注意点：

1. 上市公司创业投资基金股东减持特别规定的股份为创投基金持有的上市公司首次公开发行前的股份，IPO上市后的股份不适用该特别规定。

2. 投资起止期限。

“投资期限”指被投企业上市前基金持有该被投企业股份的时间。

投资期开始日算需满足累计投资最低金额的要求，具体要求为自创业投资基金投资该首次公开发行企业金额累计达到300万元之日或者投资金额累计达到投资该首次公开发行企业总投资额50%之日开始计算。

终止日为该被投企业首次公开发行上市之日止。

（四）减持、反向挂钩和创投企业税收优惠

根据《财政部 国家税务总局关于将国家自主创新示范区有关税收试点政策推广到全国范围实施的通知》（财税〔2015〕116号）、《关于创业投资企业和天使投资个人有关税收政策的通知》（财税〔2018〕55号）等文要求，投资对象为初创科技型创投企业的，接受投资时以及接受投资后2年内未在境内外证券交易所上市，投资对象为未上市中小高新技术企业的，并无要求。对于投资对象是否上市这个问题，监管规则其实有要求。

2018年10月，中国证券投资基金业协会更新并发布《有关私募投资基金“业务类型/基金类型”和“产品类型”的说明》指出，创业投资基金主要向处于各阶段的未上市成长性企业进行股权投资的基金，新三板挂牌企业视为未上市；对于市场所称“成长基金”，如果不涉及沪深交易上市公司定向增发股票投资的，按照创业投资基金备案；如果涉及上市公司定向增发的，按照私募股权投资基金“上市公司定增基金”备案。新三板精选层平移北交所之后，该规则略微放宽：在新三板基础上，增加所投资公司上市后基金所持股份的未转让及其配售部分和所投资公司在北京证券交易所上市后基金增持部分两类情形。《登记备案办法》颁布后，创业投资基金延续前述

投资范围。

从上述文件可知，创投股权基金在被投企业上市后可通过集中竞价、大宗交易或协议转让方式进行减持。原则上，私募基金减持需遵守在任意连续90日内，通过集中竞价减持比例不超过公司股份总数的1%，通过大宗交易减持比例不超过公司股份总数的2%，及其他相关限制。为鼓励创业创新、支持初创科技型企业发展，如果基金投资“早”或所投企业满足“中小”或“高新”的条件时，该私募基金可以适用反向挂钩政策，以缩短90日的减持周期。

基金业协会的反向挂钩与上市公司股权创投基金股东减持规则本身一脉相承，创投基金投资范围针对未上市成长性企业进行股权投资（新三板挂牌企业视为未上市企业），所投资企业上市后基金所持股份的未转让部分及其配售部分也在此列。被投企业为中小高新技术企业的，并无何时首发上市要求，而投资对象为初创科技型企业的，创投企业税收优惠要求接受投资时以及接受投资后两年内未在境内外证券交易所上市。在被投对象IPO，且创投基金对被投对象的投资期限符合《规定》要求，此时基金减持如果提出反向挂钩申请，创投基金的投资人完全有可能符合享受投资额抵扣的条件，从而达到创投基金、基金投资人、投资对象三者利益的平衡点。

第二节 | 基金募资端退出

与基金退出所投项目不同，基金募资端退出指向基金合伙人，具体表现为合伙人转让合伙权益、退伙。合伙人全部退伙，基金需要清盘（算）。

一、合伙人转让合伙份额和退伙监管规则、法律问题

合伙型基金中，管理人主要依据《合伙企业法》设立有限合伙私募股权基金。《合伙企业法》以“财产份额”代表合伙人在合伙组织中所享有的经济利益，有限合伙私募股权基金的资产是所有合伙人财产份额的集合，合伙人按照出资或约定比例享有合伙财产，投资者在不违背协议约定并履行法定程序后，可自由转让其财产份额。有限合伙私募股权基金的份额转让往往与合伙企业的入伙、退伙程序密切相关。

实务中，不少合伙型私募基金会对入伙、退伙事宜作出限制性约定，因而投资者在转让基金份额时还应当结合合伙协议的入伙条款、退伙条款，确保份额转让和条款约定相一致。

（一）合伙人退伙、转让份额规定

1. 合伙人转让份额

除合伙协议另有约定外，合伙人向合伙人以外的人转让其在合伙企业中的全部或者部分财产份额时，须经其他合伙人一致同意。合伙人之间转让在合伙企业中的全部或者部分财产份额时，应当通知其他合伙人。

合伙人向合伙人以外的人转让其在合伙企业中的财产份额的，在同等条件下，其他合伙人有优先购买权；但是，合伙协议另有约定的除外。

合伙人以外的人依法受让合伙人在合伙企业中的财产份额的，经修改合伙协议即成为合伙企业的合伙人，依照《合伙企业法》和修改后的合伙协议享有权利，履行义务。

有限合伙人可以按照合伙协议的约定向合伙人以外的人转让其在有限合伙企业中的财产份额，但应当提前三十日通知其他合伙人。

2. 合伙人退伙

合伙型企业的除名退伙、当然退伙在基金中很少存在。通常，退伙、转让份额事项由合伙人在成立基金时通过合同进行约定。同时，合伙企业法对合伙人提出退伙的情形作出了规定。按照《合伙企业法》第四十五条规定，合伙协议约定合伙期限的，在合伙企业存续期间，有下列情形之一的，合伙人可以退伙：

（1）合伙协议约定的退伙事由出现；

（2）经全体合伙人一致同意；

（3）发生合伙人难以继续参加合伙的事由；

（4）其他合伙人严重违反合伙协议约定的义务。

合伙协议未约定合伙期限的，合伙人在不给合伙企业事务执行造成不利影响的情况下，可以退伙，但应当提前三十日通知其他合伙人。

合伙人退伙，其他合伙人应当与该退伙人按照退伙时的合伙企业财产状况进行结算，退还退伙人的财产份额。退伙人在合伙企业中财产份额的退还办法，由合伙协议约定或者由全体合伙人决定，可以退还货币，也可以退还实物。退伙人对给合伙企业造成的损失负有赔偿责任的，相应扣减其应当赔偿的数额。退伙时有未了结的合伙企业事务的，待该事务了结后进行结算。退伙人对基于其退伙前的原因发生的合伙企业债务，承担无限连带责任。合伙人退伙时，合伙企业财产少于合伙企业债务的，退伙人应当依照《合伙企业法》第三十三条第一款的规定分担亏损。

（二）监管规则

合伙人转让基金份额需要关注监管规则对基金运作、受让方的相关要求：

1. 基金应当封闭运作，除非有规定情形，合伙人不得赎回或者退出

基金业协会发布的《私募投资基金备案须知（2019版）》第一条第（十一）项规定，私募股权投资基金（含创业投资基金）和私募资产配置基金应当封闭运作，备案完成后不得开放认／申购（认缴）和赎回（退出），基金封闭运作期间的分红、退出投资项目减资、对违约投资者除名或替换以及基金份额转让不在此列。依据该规定，私募股权基金的份额持有人有权依法将其基金份额转让给其他合格投资人。

《登记备案办法》对合伙人可赎回或者退出的除外情况作出了规定，私募股权基金备案完成后，投资者不得赎回或者退出。有下列情形之一的，不属于前述赎回或者退出：

（1）基金封闭运作期间的分红；

（2）进行基金份额转让；

（3）投资者减少尚未实缴的认缴出资；

（4）对有违约或者法定情形的投资者除名、替换或者退出；

（5）退出投资项目减资；

（6）中国证监会、协会规定的其他情形。

私募股权基金开放认购、申购或者认缴，应当符合中国证监会和协会的相关要求。

2. 基金合同对转让份额有无限制

根据《基金法》第九十二条第（八）项规定，非公开募集基金，应当制定并签订基金合同；基金合同应当包括基金份额的认购、赎回或者转让的程序和方式。《合同指引3号》相关规定也指出，合伙型基金的合伙协议应列明合伙人入伙、退伙、合伙权益转让的条件、程序及相关责任，及有限合伙人和普通合伙人相互转变程序。

通常，基金合同中对基金份额转让的限制，若无明显违反法律、行政法规强制性规定的情形，投资者在进行份额转让事宜时均应当遵守基金合同的相关约定。

3. 基金份额受让人要符合合格投资者要求

投资者转让基金份额的，基金份额受让后投资者人数应当符合规定要求。公司型和合伙型私募基金份额转让后的投资者人数仍需要满足《公司法》《合伙企业法》的约束，即不得超过50人这一限制（股份制公司不超过200人）。同时，受让人应当符

合合格投资者要求。

受让人需要符合《私募投资基金募集行为管理办法》第十五条规定的募集程序“特定对象确定——投资者适当性匹配——基金风险揭示——合格投资者确认——投资冷静期——回访确认”。具体到份额转让情形，其程序一般为“签署合格投资者承诺函——进行风险承受能力评估——签署基本信息表——风险承受能力与购买基金的匹配性——风险揭示——份额转让协议/入伙协议/基金合同——资金划转——冷静期——份额受让成功”。

4. 基金份额不得拆分转让

任何机构和个人不得为规避合格投资者标准，募集以私募基金份额或其收益权为投资标的的金融产品，或者将私募基金份额或其收益权进行非法拆分转让，变相突破合格投资者标准。募集机构应当确保投资者已知悉私募基金转让的条件。投资者应当以书面方式承诺其为自己购买私募基金，任何机构和个人不得以非法拆分转让为目的购买私募基金。

【案例7-5】合伙人退伙。

湖北楚天智能交通股份有限公司（以下简称“楚天智能”）全资子公司湖北楚天高速投资有限责任公司（以下简称“楚天高速”）2018年8月使用自有资金人民币2 500万元参与投资宁波卓辉创胜股权投资合伙企业（有限合伙）[①]（以下简称“卓辉创胜”）。

基金规模为人民币14 220万元。普通合伙人（执行事务合伙人，创投、股权基金管理人）为宁波梅山保税港区晓富嘉辉股权投资管理合伙企业（有限合伙），持有0.02%份额。LP为宁波梅山保税港区嘉展股权投资合伙企业（有限合伙）、楚天高速，分别持有份额49.98%、50%。各合伙人均以人民币现金出资。

基金存续期：自基金设立日起五年，前一年为项目投资期，后四年为项目退出期，经全体合伙人一致同意可延期。

2022年8月16日，楚天智能披露《湖北楚天智能交通股份有限公司关于全资子公司拟退出股权投资基金的公告》（公告编号：2022-027）称，为有

① 巨潮资讯网：《湖北楚天智能交通股份有限公司关于全资子公司参与投资股权投资基金的公告》（公告编号：2018-045）。

效控制投资风险，经审慎考虑，并与基金全体合伙人协商一致，楚天高速拟通过减资方式提前退出卓辉创胜，退出金额为楚天高速全部实缴出资2 500万元。扣除楚天高速已收回的投资款1 875万元[①]，卓辉创胜尚需向楚天高速支付625万元。

二、合伙人转让合伙权益和退伙是否一致

一直以来，财税界对于合伙人转让合伙权益或退伙存有是否一致的争议。这种争议分为以下三类观点：

观点1认为：合伙人转让合伙权益或退伙是不同的，前者是计算财产转让所得等于转让收入额减除财产原值和合理费用后的余额，而后者还可以扣除被投资企业未分配利润等投资者留存收益中所分配金额。

观点2认为：合伙人转让合伙权益或退伙实质都是“财产转让”行为，即把转让和退伙合二为一。

观点3认为：合伙人转让合伙权益或退伙在合伙人结算、涉税处理相同，但这不妨碍它们是不同的法律行为这个事实。

笔者赞成观点3。退伙、合伙人转让权益看似都需要做退伙结算，但两者有很大不同。

退伙是指在合伙企业存续期间，合伙人因一定的法律事实（自愿退伙、法定退伙）退出合伙企业，从而消灭合伙人资格的法律行为。通俗理解，退伙是退伙人向合伙企业退还在合伙企业中的财产份额，退伙的交易对象是退伙人与合伙企业。

转让合伙权益，看似退伙人有“财产转让”行为，甚至有时退伙和入伙同时发生，涉及的程序与退伙也有所不同。转让合伙权益首先是退伙人进行退伙清算，其次才是新合伙人认购合伙企业的份额。可以说，退伙、份额转让在合伙企业议事规则、监管规则大相径庭，不能相提并论。

三、合伙人转让合伙权益、退伙的涉税处理

旧个人所得税税制下，有关合伙人转让合伙权益和退伙的问题一直存有争议，直

---

① 公司2018年8月21日在上海证券交易所网站（www.sse.com.cn）发布的《关于全资子公司参与投资股权投资基金的公告》（公告编号2018-045），2021年8月，本基金完成首次分配，向有限合伙人分配投资款3 500万元。按实缴出资比例，投资公司收到分配投资款1 875万元。

到2018年《个人所得税法》修正。根据《个人所得税法实施条例》的规定，个人转让其持有合伙企业的财产份额，应按“财产转让所得”项目计算缴纳个人所得税才予以最终明确。然而，这个“财产转让所得”的应纳税所得额应如何进行确认的这个实务问题并未予以明确。

针对“财产转让所得”的应纳税所得额如何计算这个问题，其实很早就有地方税务局看到了合伙人转让权益份额的实质，提出创设性建议，甚至有出台参考价值的规定。比如，广东省广州市地方税务局发布的《个人所得税若干征税业务指引（2010年）》（穗地税函〔2010〕141号）第四条“关于个人独资企业和合伙企业投资者转让财产份额如何征税问题”规定：“个人独资企业和合伙企业投资者转让其在企业财产份额，应以其转让收入额减除财产原值和合理费用后的余额为应纳税所得额，按照‘财产转让所得’项目适用20%税率缴纳个人所得税。对合伙企业投资者退伙时分得的财产份额，比照前款规定计征‘财产转让所得’项目个人所得税，但在计算投资者应纳税所得额时，可扣除被投资企业未分配利润等投资者留存收益中所分配金额。”

2020年11月，有纳税人向深圳市税务局12366提问“合伙企业发生合伙人退出或者合伙份额转让，如何缴税个人所得税”这个问题。这是继《个人所得税法》修正后，地方税务局对退伙、合伙份额转让的理解，范围虽有限，大体公允地解决了“财产份额转让”应纳税所得额如何计算的问题，也为大家所接受：

> 根据《中华人民共和国合伙企业法》（以下简称《合伙企业法》）的规定，普通投资人对合伙企业债务承担无限连带责任，有限合伙人以其认缴出资额为限承担责任。合伙企业的投资者进行投资，其持有的是合伙企业份额，而不是企业股份，其体现的是原合伙人退伙、新合伙人入伙的形式。因此，一是合伙人退伙，应就归属到该合伙人当年度未缴纳经营所得的未分配利润部分，征收“经营所得”项目的个人所得税。二是合伙人将其投资份额转让，从合伙企业层面，应对合伙人进行退伙清算就其清算所得征收“经营所得”项目的个人所得税；从合伙人层面，应就新合伙人取得原合伙人的份额，所支付的溢价部分，征收原合伙人的“财产转让所得”项目的个人所得税。

归纳上述回答，对于个人合伙人份额转让涉税其实分为三步：

第一步，合伙人退伙前，应对其当年度未缴纳经营所得的未分配利润部分，征收

“经营所得”项目的个人所得税。

第二步，合伙人退伙结算按“经营所得”缴纳个人所得税。

第三步，合伙人就其合伙企业份额以转让份额收到价款减除份额历史成本、已税金额后，如为正数，按“财产转让所得”缴纳个人所得税。

关于“财产份额转让”的应纳税所得额如何计算的问题可见案例7–6。

【案例7–6】2020年2月18日，自然人张三、李四、王五分别投资500万元、300万元、200万元人民币设立甲合伙企业（份额比例为5∶3∶2）。该年8月，合伙企业投资A有限公司900万元，持有其50%股份。2023年甲合伙企业存在如下事项：

（1）A有限公司以前年度的未分配利润为150万元（未宣告股息红利分派）;

（2）甲合伙企业以前年度的留存利润为300万元；

（3）当年甲合伙企业经营所得为12.5万元；

（4）2023年1月18日，合伙人张三拟将其所持有的合伙企业50%财产份额全部转让给自然人赵六，转让价为750万元。

请计算合伙人张三需要缴纳多少个人所得税。

解析：

第一步：合伙人张三退伙前，应对其当年度未缴纳经营所得的未分配利润部分按5%—35%的税率缴纳“经营所得”项目的个人所得税，征收“经营所得”项目的个人所得税：

12.5×50%×5%=0.3125（万元）

第二步，合伙人张三退伙清算按“经营所得”缴纳个人所得税。

根据财税〔2000〕91号规定，合伙企业每一纳税年度的收入总额减除成本、费用以及损失后的余额，作为投资者个人的生产经营所得，比照《个人所得税法》的“经营所得”应税项目，适用5%—35%的五级超额累进税率，计算征收个人所得税。假设张三退伙清算所得为80万元，应纳个人所得税为21.45（80×35%–6.55）万元。

第三步，张三将份额转让给赵六按“财产转让所得”缴纳个人所得税：

应纳税所得额=（750–500–150–6.25–80）×20%=2.75（万元）

第八章

基金清盘（算）

私募基金清盘（算）是终止基金与管理人、投资人、被投资项目的法律关系，对基金财产进行清点、核实、处理的过程，也是终止私募基金必经的法律程序。私募基金清盘（算）需要严格按照基金业协会规定，完成基金财产归集与分配、发布清算公告及制作清算报告等工作，并在基金业协会完成信息报送工作。

通常情况下，企业终止经营活动退出市场，需要经历决议解散、清算分配和注销登记三个主要过程。按照《公司法》等规定，公司正式终止前，须依法宣告解散、成立清算组进行清算、清理公司财产、清缴税款、清理债权债务、支付职工工资、社会保险费用等，待公司清算结束后，应制作清算报告并办理注销公司登记，公告公司终止。股权基金要完成工商注销，也得遵循这个流程。

第一节｜基金清盘（算）事由

一、解散事由

企业因解散、被宣告破产或者其他法定事由需要终止的，应当依法向登记机关申请注销登记。经登记机关注销登记，企业终止。企业注销依法须经批准的，应当经批准后向登记机关申请注销登记。

（一）自愿解散

自愿解散指基于公司股东会或者股东大会、非公司企业法人出资人（主管部分）、合伙企业合伙人、个人独资企业投资人、农民专业合作社（联合社）成员大会或者成员代表大会、个体工商户经营者，或者分支机构隶属企业（单位）的意愿进行解散。公司解散情形包括：公司章程规定的营业期限届满或者公司章程规定的其他解散事由出现；股东会或者股东大会决议解散；因公司合并或者分立需要解散等。合伙企业解散情形出现：全体合伙人决定解散；合伙协议约定的解散事由出现；合伙期限届满，合伙人决定不再经营等。

（二）强制解散

强制解散指非依公司或股东自己的意愿，而是基于政府有关机关的决定命令或法院的裁决而发生的解散，通常分为行政决定解散与司法判决解散。行政决定解散，公司因其行为违反了法律法规而损害了社会公共利益或公共秩序从而被行政主管机关依职权责令解散的情形，包括依法被吊销营业执照、责令关闭或者被撤销。司法判决解散，因公司经营管理发生严重困难，继续存续会使股东利益受到重大损失，通过其他途径不能解决的，持有公司全部股东表决权百分之十以上的股东向人民法院提起解散公司诉讼，请求人民法院解散。

（三）破产

企业被宣告破产是指根据《企业破产法》等规定，企业不能清偿到期债务，并且资产不足以清偿全部债务或者明显缺乏清偿能力的，经人民法院审查属实，企业没有进行和解或重整，被人民法院宣告破产。

二、基金清算事由

私募基金有三种组织形式，契约型、公司型和有限合伙型。私募基金的清算首先需要适用相关组织形式的清算法律、法规规定。

（一）基金合同约定

《基金法》第八十条有下列情形之一的，基金合同终止：

1.基金合同期限届满而未延期；

2.基金份额持有人大会决定终止；

3.基金管理人、基金托管人职责终止，在六个月内没有新基金管理人、新基金托管人承接；

4.基金合同约定的其他情形。

（二）公司型基金清算

公司清算是公司解散后，依照法定程序，对公司财产和债权债务关系，进行清理、处分和分配，以了解其债权债务关系，从而消灭法人资格的法律行为。公司清算必须结清其作为独立纳税人的所有税务事项。公司除因合并、分离而解散外，企业原因引起的解散，均须经过清算程序。新《公司法》对公司合意解散、强制解散的情况作出归纳：

1.依据新《公司法》第二百二十九条第一款规定，公司因下列原因解散：

（1）公司章程规定的营业期限届满或者公司章程规定的其他解散事由出现；

（2）股东会决议解散；

（3）因公司合并或者分立需要解散；

（4）依法被吊销营业执照、责令关闭或者被撤销；

（5）人民法院依照该法第二百三十一条的规定予以解散。

2.公司有新《公司法》第二百二十九条第一款第（一）项、第（二）项情形，且尚未向股东分配财产的，可以通过修改公司章程或者经股东会决议而存续。

依照前款规定修改公司章程或者经股东会决议，有限责任公司须经持有三分之二以上表决权的股东通过，股份有限公司须经出席股东会会议的股东所持表决权的三分之二以上通过。

3.依据新《公司法》第二百三十一条规定，公司经营管理发生严重困难，继续存续会使股东利益受到重大损失，通过其他途径不能解决的，持有公司百分之十以上表决权的股东，可以请求人民法院解散公司。

（三）合伙型基金清算

合伙企业有以下情形之一的，应当清算：

1.合伙期限届满，合伙人决定不再经营；

2.合伙协议约定的解散事由出现；

3.全体合伙人决定解散；

4.合伙人已不具备法定人数满三十天；

5.合伙协议约定的合伙目的已经实现或者无法实现；

6.依法被吊销营业执照、责令关闭或者被撤销；

7.法律、行政法规规定的其他原因。

（四）基金业协会AMBERS系统基金清算原因

实践中，基金清算原因主要有：

1.本基金存续期满且不展期；

2.本基金展期协议期满，结束运作；

3.本基金存续期间，所有投资者全部赎回；

4. 本基金触发合同约定清算条件（包括止损机制等），导致本基金提前终止；

5. 依基金合同约定，基金合同当事人协商一致决定终止；

6. 份额持有人大会、股东大会、合伙人会议通过，决定终止；

7. 法律、行政法规、中国证监会和协会规定的其他情形。

第二节 基金清盘（算）程序

实践中，基金清算包括基金内部清算（包括向基金业协会提出清盘操作）和企业工商层面的清算。在基金内部清算、企业工商层面清算、注销都走完，私募基金才算真正意义上的清算完成。以下为基金清算的步骤（见图8-1）。

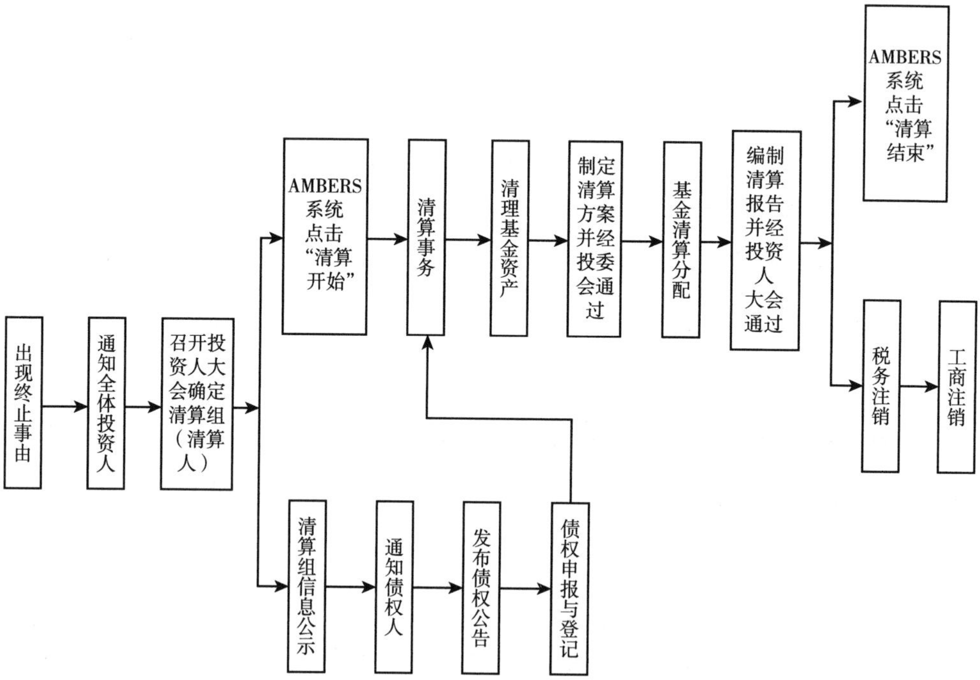

图8-1 基金清盘（算）流程

一、清算流程

（一）决定清盘

根据《基金法》以及相关法律法规规定，决议基金清算。此处需要注意三阶段日期：基金终止日、清算开始日以及清算截止日。

基金终止日为基金存续期届满当日，或基金份额持有人大会决议确定的日期。清算开始日期为基金合同或清算报告中约定的清算开始日期，可以是基金终止日当日，也可以按基金合同约定确定此后的某一日期。清算截止日期为基金完成清算并将清算款全部支付给投资者的日期。

（二）成立清算组（清算人）

股权基金应当在解散事由出现之日起15日内成立清算组（清算人），负责清理公司的财产和债权债务。有限责任公司的清算组由公司股东组成（公司股东为法人的，可指派相关人员参与清算），股份有限公司的清算组由董事或者股东大会确定的人员组成；出现解散事由之后的日期确定，合伙企业亦有相同规定。逾期不成立清算组进行清算的，债权人可以申请人民法院指定有关人员组成清算组进行清算。

基金清算组（清算人）一般由管理人和托管人担任，公司型和有限合伙型私募基金还要遵守《公司法》《合伙企业法》等规定。契约型基金的清算组应包括管理人与托管人。合伙型基金与公司型基金可以按照合伙协议与公司章程约定组成清算人的主要工作负责基金资产的保管、清理、估值、变现和分配，可以依法进行必要的民事活动。

实践中，基金合伙协议中所约定的清算人通常为普通合伙人。如果管理人不为清算人（外部委托），在清算过程中，管理人要积极履行投资运作过程中基金业协会要求的信息披露和填报义务。对于合伙型基金，我们建议管理人提前确认根据基金合同是否已经能够确认清算人。如果不能，则建议在解散前发起清算人的指定程序，以免在《合伙企业法》规定的清算人指定期限内无法完成清算人确认而被另行指定。

（三）发布清算组信息和债权人公告

公司清算组应当自成立之日起十日内通知债权人，并于六十日内公告。债权人应当自接到通知书之日起三十日内，未接到通知书的自公告之日起四十五日内，向清算组申报其债权。

合伙企业清算人自被确定之日起十日内将合伙企业解散事项通知债权人，并于六十日内发布债权人公告。债权人应当自接到通知书之日起三十日内，未接到通知书的自公告之日起四十五日内，向清算人申报债权。

非公司企业法人发布债权人公告的，可通过报纸或国家企业信用信息公示系统发布。

基金管理人在基金清算时，应制作基金产品清算报告，根据基金合同约定通过发送邮件、官方完整发布等形式发送给投资者，同时抄送托管人。

（四）开展清算活动

清算组负责清理公司财产，分别编制资产负债表和财产清单；处理与清算有关的公司未了结的业务；缴纳行政机关、司法机关的罚款和罚金；向海关和税务机关清缴所欠税款以及清算过程中产生的税款并办理相关手续，包括滞纳金、罚款、缴纳减免税货物提前解除海关监管需补缴税款以及提交相关需补办许可证件，办理企业所得税注销清算、办理土地增值税清算、结清出口退（免）税款、缴销发票和税控设备等；存在涉税违法行为的纳税人应当接受处罚缴纳罚款；清理债权、债务；处理公司清偿债务后的剩余财产等，代表企业参加民事诉讼活动；办理分支机构注销登记；处理对外投资、股权出质等。

（五）分配剩余财产

清算组（清算人）在清理公司财产、编制资产负债表和财产清单后，应当制定清算方案，并报股东会、股东大会或者人民法院确认。公司财产在分别支付清算费用、职工的工资、社会保险费用和法定补偿金，缴纳所欠税款，清偿公司债务后的剩余财产，有限责任公司按照股东的出资比例分配，股份有限公司按照股东持有的股份比例分配。清算期间，公司存续，但不得开展与清算无关的经营活动。公司财产在未依照前款规定清偿前，不得分配给股东。

清算组在清理公司财产、编制资产负债表和财产清单时，发现公司财产不足清偿债务的，可以与债权人协商制作有关债务清偿方案。若债权人对债务清偿方案不予确认或者人民法院不予认可，清算组可依法向人民法院申请破产。

私募证券基金、股权基金完成清算，剩余基金财产可以以货币资金方式分配给投资者，或者经投资者同意，以实物资产方式分配给投资者。

（六）制作清算报告

清算组（清算人）在清算结束后，应制作清算报告，报股东会、股东大会或者人民法院确认，并报送公司登记机关，申请注销公司登记，公告公司终止。

申报与公告完成后，管理人制作基金清算报告，主要包括基金的基本情况、清算原因、相关清算时点、清算过程、资产归集处置情况、资金分配安排、清算结果等。如果基金合同有详细约定，须按基金合同的约定进行，并将清算报告发给托管人、外部服务机构等清算协调人。托管人一般以清算报告作为托管账户销户申请及基金资产划拨的依据，且清算报告和分配方案或需由托管人等其他方审核通过。

在出具清算报告之后，清算人需要在基金业协会“资产管理业务综合报送平台”完成基金产品的清算备案。

二、基金业协会清算操作

依据《登记备案办法》规定，私募基金合同终止的，私募基金管理人应当按照基金合同约定，及时对私募基金进行清算，自私募基金清算完成之日起10个工作日内向协会报送清算报告等信息。一定期限内无法完成清算[①]的，还应当自清算开始之日起10个工作日内向协会报送清算承诺函、清算公告等信息。

2023年11月29日，官网发布的《私募投资基金清算业务办理》（中国证券投资基金业协会官网[②]）规定，基金合同终止后，管理人应及时在“资产管理业务综合报送平台”中办理清算备案，以真正终止其对基金的管理职责。按照基金业协会要求，管理人需要完成上传清算报告、更新投资者信息，填写基金清算情况表，盖章并上传清算承诺函，填写系统中其他清算信息，包括基金基本情况、清算原因、清算开始日、截止日以及清算次数、清算组构成等工作，相关资料保存期限自基金清算终止之日起不得少于10年。

管理人可通过点击产品备案目录中“基金清算”进入产品清算申请页面（见图8-2）。

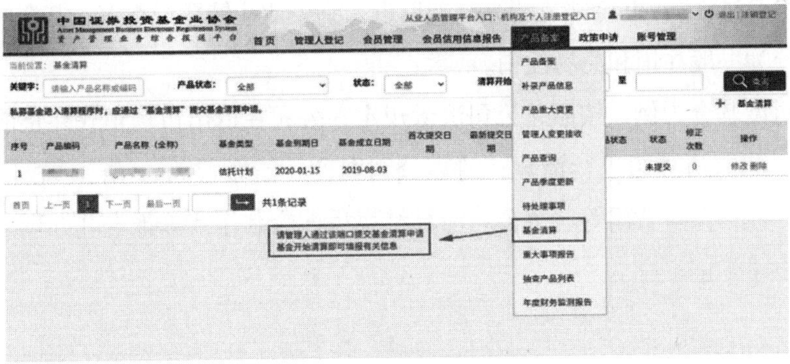

图8-2　产品清算申请页面

① 《登记备案办法》第五十七条规定的“一定期限内无法完成清算的”是指私募股权基金开始清算但预计3个月内无法完成清算。

② 见：https://www.amac.org.cn/fwdt/wyb/jgdjhcpbeian/smjjglrdjhcpba/fwzn/202206/t20220624_19647.html。

1. 基金清算申请页面

管理人可点击页面上方右侧绿色“+”按钮，发起产品的清算申请。

2. 基金清算填报页面

基金清算分为“清算开始”和“清算结束”两种类型。若基金清算开始后，管理人预计清算程序可在3个月内完结，则直接勾选“清算结束”选项，提交基金清算的相关文件；否则勾选“清算开始”选项先行提交基金开始清算时的有关信息，待基金完成清算后，再次点击“基金清算”按钮，补充提交本基金其他清算信息。

管理人提交的“清算开始”申请，均由系统自动办理通过。一经通过无法修改，提醒管理人谨慎填报。

已备案的公司型或者合伙型私募股权基金，经投资者和私募基金管理人协商一致解除委托管理关系，作为非基金形式的公司或者合伙企业继续运作的，应当及时变更名称和经营范围，不得保留“基金”或者其他误导性字样，私募基金管理人不得担任其股东或者合伙人。自变更之日起10个工作日内，私募基金管理人应当向协会提请办理基金注销。作为非基金形式存续的公司或者合伙企业不得以基金形式继续运作，不得再次委托私募基金管理人管理，不得再次提请备案为私募基金。

第三节 | 基金注销

通常情况下，企业终止经营活动退出市场，需要经历决议解散、清算分配和注销登记三个主要过程①。基金完成清算分配后进入到企业注销登记程序。基金的企业注销登记程序分为一般注销和简易注销。

以公司型基金为例，按照《公司法》规定，公司在退出市场正式终止前，须依法宣告解散、成立清算组进行清算，清理公司财产、清缴税款、清理债权债务，支付职工工资、社会保险费用等，待公司清算结束后，应制作清算报告并办理注销公司登记，公告公司终止。

① 详见《企业注销指引（2021年修订）》。2023年12月23日，为进一步落实国务院完善企业（含农民专业合作社、个体工商户，下同）退出制度的工作要求，为企业依法退出市场提供操作性更强的行政指导，市场监管总局、海关总署、税务总局依据《中华人民共和国公司法》《市场主体登记管理条例》等法律法规的规定，对《企业注销指引（2021年修订）》进行了修订，形成2023年版《企业注销指引（2023年修订）》。

一、一般注销

（一）申请注销税务登记

纳税人向税务部门申请办理注销时，税务部门进行税务注销预检，检查纳税人是否存在未办结事项。

1.未办理过涉税事宜的纳税人，主动到税务部门办理清税的，税务部门可根据纳税人提供的营业执照即时出具清税文书。

2.符合容缺即时办理条件的纳税人，在办理税务注销时，资料齐全的，税务部门即时出具清税文书；若资料不齐，可在作出承诺后，税务部门即时出具清税文书。纳税人应按承诺的时限补齐资料并办结相关事项。具体条件是：

（1）办理过涉税事宜但未领用发票（含代开发票）、无欠税（滞纳金）及罚款的纳税人，主动到税务部门办理清税的；

（2）未处于税务检查状态、无欠税（滞纳金）及罚款、已缴销增值税专用发票及税控设备，且符合下列情形之一的纳税人：

①纳税信用级别为A级和B级的纳税人；

②控股母公司纳税信用级别为A级的M级纳税人；

③省级人民政府引进人才或经省级以上行业协会等机构认定的行业领军人才等创办的企业；

④未纳入纳税信用级别评价的定期定额个体工商户；

⑤未达到增值税纳税起征点的纳税人。

3.不符合承诺制容缺即时办理条件的（或虽符合承诺制容缺即时办理条件但纳税人不愿意承诺的），税务部门向纳税人出具《税务事项通知书》（告知未结事项），纳税人先行办理完毕各项未结事项后，方可申请办理税务注销。

4.经人民法院裁定宣告破产的企业，管理人持人民法院终结破产程序裁定书申请税务注销的，税务部门即时出具清税文书。

5.纳税人办理税务注销前，无须向税务机关提出终止“委托扣款协议书”申请。税务机关办结税务注销后，委托扣款协议自动终止。

6.注意事项。对于存在依法应在税务注销前办理完毕但未办结的涉税事项的，企业应办理完毕后再申请注销。对于存在未办结涉税事项且不符合承诺制容缺即时办理条件的，税务机关不予注销。例如，持有股权、股票等权益性投资、债权性投资或者土地使用权、房产等资产未依法清算缴税的；合伙企业、个人独资企业未依法清算缴纳个人所得税的，出口退税企业未结清出口退（免）税款等情形的不予注销。

（二）申请注销企业登记

申请注销企业登记。清算组向登记机关提交注销登记申请书，注销决议或者决定、经确认的清算报告和清税证明等相关材料申请注销登记。登记机关和税务机关已共享企业清税信息的，企业无须提交纸质清税证明文书；领取了纸质营业执照正副本的，缴回营业执照副本，营业执照遗失的，可通过国家信用信息公示系统或公开发行的报纸发布营业执照作废声明。国有独资公司申请注销登记，还应当提交国有资产监督管理机构的决定，其中，国务院确定的重要的国有独资公司，还应当提交本级人民政府的批准文件复印件。仅通过报纸发布债权人公告的，需要提交依法刊登公告的报纸报样。企业申请注销登记前，应当依法办理分支机构注销登记，并处理对外投资的企业转让或注销事宜。

（三）申请注销社会保险登记

企业应当自办理企业注销登记之日起30日内，向原社会保险登记机构提交注销社会保险登记申请和其他有关注销文件，办理注销社会保险登记手续。企业应当结清欠缴的社会保险费、滞纳金、罚款后，办理注销社会保险登记。

（四）申请办理海关报关单位备案注销

涉及海关报关相关业务的企业，可通过国际贸易“单一窗口”[①]“互联网+海关”[②]等方式向海关提交报关单位注销申请，也可通过市场监管部门与海关联网的注销“一网”服务平台提交注销申请。对于已在海关备案，存在欠税（含滞纳金）、罚款及其他应办结的海关手续的报关单位，应当在注销前办结海关有关手续。报关单位备案注销后，向市场监管部门申请注销企业登记。

二、简易注销

根据深化商事制度的要求，以及工商税务信息合作的精神，对符合条件的企业实行简易注销程序，完善市场退出机制。

---

① 见：http：//www.singlewindow.cn。

② 见：http：//online.customs.gov.cn。

（一）适用简易程序的企业范围

根据《国家工商行政管理总局关于全面推进企业简易注销登记改革的指导意见》（工商企注字〔2016〕253号）规定，自2017年3月1日起，在全国范围内全面实行企业简易注销登记改革。

1.适用对象

企业属于有限责任公司、非公司企业法人、个人独资企业、合伙企业。未发生债权债务或已将债权债务清偿完结的企业（上市股份有限公司除外）。企业在申请简易注销登记时，不应存在未结清偿费用、职工工资、社会保险费用、法定补偿金、应纳税税款（滞纳金、罚款）等债权债务。

符合规定情形，不属于不适用情形的，由企业自主选择适用一般注销程序或简易注销程序。

2.不适用情形

企业有下列情形之一的，不适用简易注销程序：

法律、行政法规或者国务院决定规定在注销登记前须经批准的；被吊销营业执照、责令关闭、撤销；在经营异常名录或者市场监督管理严重违法失信名单中；存在股权（财产份额）被冻结、出质或者动产抵押，或者对其他企业存在投资；尚持有股权、股票等权益性投资、债权性投资或者土地使用权、房产等资产的；未依法办理所得税清算申报或有清算所得未缴纳所得税的；正在被立案调查或者采取行政强制，正在诉讼或仲裁程序中；受到罚款等行政处罚尚未执行完毕；不适用简易注销登记的其他情形。

企业存在“被列入企业经营异常名录”“存在股权（财产份额）被冻结、出质或者动产抵押等情形”“企业所属的非法人分支机构未办注销登记的”等三种不适用简易注销登记程序的情形，无须撤销简易注销公示，待异常状态消失后可再次依程序公示申请简易注销登记。对于承诺书文字、形式填写不规范的，市场监管部门在企业补正后予以受理简易注销申请，无须重新公示。

符合市场监管部门简易注销条件，未办理过涉税事宜，办理过涉税事宜但未领用发票（含代开发票）、无欠税（滞纳金）及罚款且没有其他未办结涉税事项的纳税，免予到税务部门办理清税证明，可直接向市场监管部门申请简易注销。

（二）办理流程

1.符合适用条件的企业登录注销“一网”服务平台或国家企业信用信息公示系统（简易注销公告）专栏，主动向社会公告拟申请简易注销登记及全体投资人承诺等信息，公示期为20日。

2.公示期内，有关利害关系人及相关政府部门可以通过国家企业信用信息公示系统（简易注销公告）专栏“异议留言”功能提出异议并简要陈述理由。超过公示期，公示系统不再接受异议。

3.税务部门通过信息共享获取市场监管部门推送的拟申请简易注销登记信息后，应按照规定的程序和要求，查询税务信息系统核实相关涉税、涉及社会保险费情况，对经查询系统显示为以下情形的纳税人，税务部门不提出异议：一是未办理过涉税事宜的纳税人；二是办理过涉税事宜但未领用发票（含代开发票）、无欠税（滞纳金）及罚款且没有其他未办结涉税事项的纳税人；三是查询时已办结缴销发票、结清应纳税款等清税手续的纳税人；四是无欠缴社会保险费、滞纳金、罚款。

4.公示期届满后，公示期内无异议的，企业可以在公示期满之日起20日内向登记机关办理简易注销登记。期满未办理的，登记机关可根据实际情况予以延长时限，宽展期最长不超过30日，即企业最晚应当在公示期满之日起50日内办理简易注销登记。企业在公示后，不得从事与注销无关的生产经营活动。

【案例8–1】2016年10月，马应龙药业集团股份有限公司（以下简称“马应龙药业”）全资子公司武汉马应龙网络投资有限公司（以下简称“马应龙网投”）与武汉硚龙医疗产业投资基金合伙企业（有限合伙），控股子公司湖北高投鑫龙投资管理有限公司（以下简称“高投鑫龙”）、湖北高龙健康产业投资基金合伙企业（有限合伙）（以下简称“高龙基金”），武汉同道和科技合伙企业（有限合伙）（以下简称“同道和”）等参与出资设立武汉硚龙医疗产业投资基金合伙企业（有限合伙）①。基金规模6 000万元，全部为现金出资且实缴到位。基金定向投资于武汉小马奔腾医疗科技有限公司（以下简称“小马医疗”），投资总额5 500万元。

马应龙药业2022年3月26日披露《马应龙药业集团股份有限公司关于产

① 《关于参与出资设立武汉硚龙互联网医疗产业基金暨关联交易公告》（临2016–023）。

业投资基金清算注销的公告》（临2022–008）。以下为清算前合伙人出资情况（见表8–1）。

表8–1 清算前合伙人出资情况

序号	合伙人名称及姓名	类别	出资额（万元）	占比（%）
1	湖北高投鑫龙投资管理有限公司	普通合伙人	50	0.83
2	武汉马应龙网络投资有限公司	劣后级有限合伙人	1 650	27.50
3	武汉市硚口国有资产经营有限公司	优先级有限合伙人	1 000	16.67
4	中建投信托股份有限公司	优先级有限合伙人	1 000	16.67
5	湖北高龙健康产业投资基金合伙企业（有限合伙）	劣后级有限合伙人	1 000	16.67
6	武汉同道和科技合伙企业（有限合伙）	劣后级有限合伙人	800	13.33
7	中国风险投资有限公司	劣后级有限合伙人	500	8.33
合计			6 000	100

基金清算及注销情况：截至2021年12月31日，硚龙基金资产总额5 735.96万元，其中包括小马医疗5 500万元长期股权投资和货币资金235.96万元。

具体清算方案为：

1.持有的货币资金清算。高投鑫龙收回50万元现金，马应龙网投收回185.96万元现金。

2.持有的小马医疗股权清算。马应龙网投受让武汉市硚口国有资产经营有限公司、中建投信托股份有限公司、高龙基金所持基金份额，受让价格分别为1 061.08万元、1 078万元和1 060万元，上述转让价格为交易双方协商确定。马应龙网投、同道和、中国风险投资有限公司再以转股方式清算，马应龙网投、同道和、中国风险投资有限公司所持基金份额分别转为对应的小马医疗股权4 200万股、800万股和500万股。

本次清算完成后，马应龙药业对小马医疗的持股比例由72.93%增加至76.90%。

2022年3月24日，基金收到武汉市硚口区行政审批局出具的《登记通知书》，同意对基金注销申请准予登记，基金注销工作完成。

第四节｜基金清算会计、税务处理

一、企业清算业务会计处理

企业清算是指企业按章程规定解散以及由于破产或其他原因宣布终止经营后，对企业的财产、债权债务进行全面清查，并进行收取债权、清偿债务和分配剩余财产的经济活动。企业的清算，按清算的性质和原因，可以分为普通清算和破产清算两种类型。

普通清算又称“解散清算”，是指对因经营期满或者其他经营方面的原因，导致不宜或不能继续经营而自愿或被迫解散的企业所进行的清算。

企业由于经营管理不善造成严重亏损，不能清偿到期债务而依法宣告破产时，必须经过破产清算这一处理程序。破产清算属于司法清算，要依照法律规定组织清算组进行清算，主要是将有限的财产在企业外部各债权人之间进行分配。

（一）普通清算

按企业规定的经营期限是否届满和企业终止法人资格的程度不同，普通清算又可分为非完全解散清算和完全解散清算。非完全解散清算又称“产权转让清算”，是指对因营业期满或其他原因，由合营一方将其所拥有的产权转让给另一方经营的解散企业所进行的清算。完全解散清算是指对宣告解散并且各方都不再继续经营的企业所进行的清算。

1.企业清算原因

企业清算的原因主要有以下几种：企业的经营期限届满，投资方无意继续经营；股东会决议将企业的产权转让给其他组织，导致企业合并、分立或者变更，该企业不再以独立核算的形式存在；企业发生严重亏损，无力继续经营；投资一方或各方不履行协议、合同、章程规定的义务，致使企业无法继续经营。

无论是上述哪种原因，都会使企业解体失去法人资格，而清算是企业解体过程中最重要的业务事项，针对不同的清算原因，清算会计在进行核算时应区别对待。

2. 企业清算会计的特点

清算会计是对被宣告解散企业各项清算业务进行反映和监督，向有关债权人、投资人、政府及其有关部门披露企业的财务状况、清算过程和结果等会计信息的一种专门会计。它属于财务会计的范畴，是财务会计的一个分支。但是由于企业进入清算后，会计核算中的会计主体、持续经营、会计分期的基本前提发生了变化，因而在会计对象、会计目标、会计假设前提等方面都有别于财务会计，成为会计理论的一个特殊领域。

（1）会计对象。

清算企业由于终止了正常的经营活动，其会计对象不再是生产经营过程中的资金运动，而是企业在清算过程中债权的回收、债务的清偿、财产的处理、各项损益和费用的发生以及剩余财产的分配等资金运动。

（2）会计目标。

清算会计的目标尽管仍然是向企业外部提供信息，但信息的使用者除企业的债权人、投资人、政府及其有关部门和社会公众外，还包括管理破产案件的法院，其提供的会计信息内容不是注重企业财务状况和经营成果，而主要是清算企业债务偿还和清算财产处理。

（3）会计假设前期。

进入清算程序的企业，失去了一些传统财务会计假设存在的条件，一是会计主体发生了变化，如破产企业，在企业宣告破产后失去了法人资格，其会计主体的地位自然就不存在了。二是否定了传统财务会计的持续经营假设和会计分期假设。清算会计是以终止经营为前提，从企业被宣告解散之日到清算终了为清算会计期间，且其长短具有不确定性。

（4）计量属性。

会计原则在会计假设前提发生变化的情况下，企业的清算会计核算依旧遵循传统财务会计的大部分会计核算原则和会计信息质量要求，如会计信息应当与财务会计报告使用者的经济决策相关、清晰明了、具有可比性等。在失去会计分期、持续经营假设的前提下，清算会计不符合权责发生制、历史成本等要求，终止经营的假设决定了清算企业必须以收付实现制为基础进行会计确认、计量和报告；资产在按实际成本计价的同时，更应注重以现实价格来计价，即按可变现价值来计价；对于发生的各项支出，按收益性支出原则，均作为清算期间的支出。

3. 企业清算会计工作主要内容

清算组人员在进行清算会计核算时，应了解企业清算的原因及背景，区分不同类型的企业，根据企业清算的特点对会计核算进行适当调整，通过复式记账方法在特定的清算会计账户加以记录，并按股东会、债权人等信息使用者的要求加以报告，达到既能反映企业清算过程的财务状况，又有利于管理部门对企业清算进行有效控制的目的。

普通清算会计不同于破产清算会计，破产清算会计通常需要设置破产清算会计科目并建立新的账户体系，按照会计科目核算内容将旧账中的账户余额直接转入或合并计算转入新账户，注销旧账户。

（1）基本账户。

普通清算会计可以不另立账簿，在企业原有账簿中进行，一般需增设“清算费用”和“清算损益”两个基本账户。

清算费用：用于专门核算企业清算期间的各项费用成本。其内容包括：清算机构成员的工资报酬、公告费用、咨询费用和办公费用、诉讼费用及清算过程中必须支付的其他的清算费用。这些费用从现有财产中优先支付。“清算费用”账户借方登记清算期间的各项清算费用；清算结束时，将其全部发生额从该账户的贷方转入清算损益的借方，本账户无余额。

清算损益：属损益类账户，专门核算企业清算期间所实现的各项收益和损失。“清算损益”账户的贷方反映企业的清算收益，其内容包括清算中发生的财产盘盈、财产重估收益、财产变现的收益和无法偿还的债务等；该账户的借方反映企业的清算损失，其内容包括清算发生的财产盘亏，包括损失财产、变现损失和无法收回的债权；期末余额可能在贷方也可能在借方，再将余额转入未分配利润账户。清算结束时，该账户无余额。

（2）普通清算会计主要核算内容。

普通清算会计主要核算内容如下：

①全面清查财产，编制清查后的资产负债表。

企业清算开始时，应全面清查企业所拥有的全部资产，编制清查后的财产盘点表，并根据清查结果进行账务处理。比如，将无法收回的应收款和存货、固定资产的盘亏列为损失记入“清算损益”账户借方；将无法支付的应付款和存货、固定资产的盘盈记入“清算损益”账户贷方等。

在对清查财产全部进行账务处理后，编制清查后的资产负债表。

②核算和监督财产物资的处置、债权的回收、债务的偿付以及清算费用的支付和结转。

A.收回债权、处置财产。

当清算组收回各种应收款时，应按实际收取的金额，借记“银行存款”等账户，贷记“应收款”“应收票据”等账户。对于不能收回的应收款，按核销的金额记入“清算损益”账户。当清算组变卖各项实物资产、转让无形资产所有权时，应按实际变卖收入和收取的增值税（变卖存货时），借记“银行存款”等账户，按各项资产的账面价值，贷记“固定资产”“原材料”“产成品”“应交税费”等账户，并按变卖收入与所变卖的资产账面价值的差额，借记或贷记“清算损益”。特别指出的是，对于变卖的资产，应按收入计算缴纳各项税金，如出售固定资产、无形资产时应缴增值税，同时还有城建税及教育费附加等。

B.偿付债务、支付清算费用。

用取得的清算收入偿付企业的借款和各种应付款并缴纳税金时，借记“短期借款”“应付账款”“应付职工薪酬”“应交税费”等账户，贷记“银行存款”等账户。清算费用要从企业现有财产中优先支付。

支付的清算期间的各项清算费用，全部归集在“清算费用”账户的借方。清算结束时，将其全部发生额从该账户的贷方转入清算损益的借方，本账户无余额。

值得注意的是，当企业资不抵债无清算财产偿付债务时，应转入破产清算。

③计算清算损益。

编制清算损益表和清算结束日的资产负债表将清算企业各项清算损益登账并结账，计算出“清算损益”账户余额，贷方余额为清算净收益。

按有关规定，企业清算净收益应视同利润，按25%计算缴纳企业所得税。计提和缴纳企业所得税后，将税后的清算净收益结转入“利润分配——未分配利润”科目账户。清算组依据清算结果，编制清算损益表和清算结束日的资产负债表。清算损益表大致结构：一是清算收益，包括出售固定资产、存货等各项资产的净收益，无法支付的应付款收益等；二是清算损失，包括坏账损失、固定资产、存货等各项资产盘存净损失，出售固定资产、存货等各项资产的净损失，应交税费和借款利息及各项清算费用；三是清算净收益，清算净收益=清算收益－清算损失；四是税后净收益，税后净收益=清算净收益－所得税。

④归还投资各方资本，分配剩余财产并结平各账户。在清算企业有清算净收益时，应按投资比例计算各投资方应收回的投资和分配剩余财产。要特别指出的是，普通清算由于一般要进行剩余财产分配，就必须编制剩余财产分配表，用来提供清算企业在清偿完债务后，剩余财产分配的会计信息。清算结束时结平各账户，通常借记“股本”“盈余公积”“利润分配——未分配利润”等账户，贷记“银行存款”账户。

【案例8-2】M企业清算时有应收账款32万元，收回26万元，有6万元已不能收回。有办公设备账面价值4万元，作价2.5万元卖掉，支付欠员工工资5 300元。请作出该企业清算会计分录。

解析：

借：银行存款　　260 000

　　清算损益　　60 000

　　贷：应收账款　　320 000

借：银行存款　　25 000

　　清算损益　　17 876.11

　　贷：固定资产　　40 000

　　　　应交税费——应交增值税（销项税额）　　2 876.11

借：应交税费——应交增值税（销项税额）　　2 876.11

　　贷：银行存款　　2 876.11

借：清算费用　　5 300

　　贷：银行存款　　5 300

借：清算损益　　5 300

　　贷：清算费用　　5 300

最后结余银行存款276 823.89元，清算损益–83 176.11元，无所得，不要缴清算所得税。股东分配剩余财产276 823.89元，扣除累积盈余公积和未分配利润部分后，与初始出资额比较，确定财产转让所得或损失。

注销清算后应报送“中华人民共和国企业清算所得税申报表”“资产处置损益明细表”“负债清偿损益明细表”和“剩余财产计算和分配明细表”。

股东分配剩余财产，若是法人股东，减除相当于盈余和未分配利润，再扣除股权计税基础后确认财产转让所得或损失，并入应纳税所得额征企业所得税。自然人股东扣除股权计税基础后，全部应该征收个人所得税，包括盈余和未分配利润。

（二）破产清算

2016年12月20日，为进一步规范企业破产清算的会计处理，财政部根据《中华人民共和国会计法》和《中华人民共和国企业破产法》，制定了《企业破产清算有关会计处理规定》（财会〔2016〕23号）。该规定适用于经法院宣告破产处于破产清算期间的企业法人（以下简称“破产企业”）。以下为破产清算会计处理的主要内容：

会计主体为用于经法院宣告破产处于破产清算期间的企业法人，不包括法院裁定进入重整和解程序的企业。报表的编制人为破产企业，并由破产管理人签章。

破产企业会计确认、计量和报告以非持续经营为前提。破产清算期间适用财会〔2016〕23号规定。

破产企业应当按照该规定编制清算财务报表，向法院、债权人会议等报表使用者反映破产企业在破产清算过程中的财务状况、清算损益、现金流量变动和债务偿付状况。

破产企业的财务报表包括清算资产负债表、清算损益表、清算现金流量表、债务清偿表及相关附注。

二、企业清算业务税务处理

企业清算的所得税处理，是指企业在不再持续经营，发生结束自身业务、处置资产、偿还债务以及向所有者分配剩余财产等经济行为时，对清算所得、清算所得税、股息分配等事项的处理。

（一）清算类型

按照出现解散事由出现之日规定时间内是否需要成立清算组进行清算（履行公司法规定的清算程序），可以将企业清算分为非重组型清算和重组型清算。

1. 非重组型清算

非重组型清算分为普通清算和破产清算。

出现新《公司法》第二百二十九条第一款第（一）项、第（二）项、第（四）项、第（五）项规定而解散的，应当在解散事由出现之日起十五日内成立清算组，开始清算。

企业法人不能清偿到期债务，并且资产不足以清偿全部债务或者明显缺乏清偿能力的，依照《破产法》规定清理债务。

2. 重组型清算

重组型清算出现在法律形式改变、企业合并、分立等事项[①]中。

---

① 新《公司法》第二百二十九条第一款第（三）项“因公司合并或者分立需要解散”，《财政部 国家税务总局关于企业重组业务企业所得税处理若干问题的通知》（财税〔2009〕59号）、《财政部 国家税务总局关于企业清算业务企业所得税处理若干问题的通知》（财税〔2009〕60号）对企业重组中需要视同清算的规定。

企业法律形式改变，是指企业注册名称、住所以及企业组织形式等的简单改变，但符合财税〔2009〕59号规定其他重组的类型除外。

企业由法人转变为个人独资企业、合伙企业等非法人组织，或将登记注册地转移至中华人民共和国境外（包括港澳台地区），应视同企业进行清算、分配，股东重新投资成立新企业。

企业发生其他法律形式简单改变的，可直接变更税务登记（不需要进行清算），除另有规定外，有关企业所得税纳税事项（包括亏损结转、税收优惠等权益和义务）由变更后企业承继，但因住所发生变化而不符合税收优惠条件的除外。

依据《税收征管法》第四十八条规定，纳税人有合并、分立情形的，应当向税务机关报告，并依法缴清税款。纳税人合并时未缴清税款的，应当由合并后的纳税人继续履行未履行的纳税义务；纳税人分立时未缴清税款的，分立后的纳税人对未履行的纳税义务应当承担连带责任。

（二）需要清算的企业

下列企业应进行清算的所得税处理：

1.按《公司法》《企业破产法》等规定需要进行清算的企业；

2.企业重组中需要按清算处理的企业。

（三）清算期

按照《关于企业清算业务企业所得税处理若干问题的通知》（财税〔2009〕60号）规定，企业依法清算时，应当以清算期间作为一个纳税年度。

（四）清算所得、清算所得税与剩余资产

企业清算不等于税法意义上的清算，税法意义上的企业清算通常包括两个层面的税务处理：一是企业在清算过程中对企业资产处置过程中所产生的企业层面的所得税后果；二是企业将剩余资产向股东分配过程中所产生的股东层面所得税后果。

1.企业清算的所得税处理包括的内容

企业清算的所得税处理包括以下内容：

（1）全部资产均应按可变现价值或交易价格，确认资产转让所得或损失；

（2）确认债权清理、债务清偿的所得或损失；

（3）改变持续经营核算原则，对预提或待摊性质的费用进行处理；

（4）依法弥补亏损，确定清算所得；

（5）计算并缴纳清算所得税；

（6）确定可向股东分配的剩余财产、应付股息等。

企业的全部资产可变现价值或交易价格，减除资产的计税基础、清算费用、相关税费，加上债务清偿损益等后的余额，为清算所得。企业应将整个清算期作为一个独立的纳税年度计算清算所得。清算所得乘以法定税率25%，计算应纳所得税额。

清算所得＝资产可变现价值或交易价格－资产的计税基础－清算费用－相关税费＋债务清偿损益＝资产处置损益＋负债清偿损益－清算费用－清算税金及附加＋其他所得或损失①

应纳税所得额＝清算所得－免税收入－不征税收入－其他免税所得－弥补以前年度亏损②

应纳所得税额＝应纳税所得额 × 适用税率（25%）

清算期间不属于正常的生产经营期间，一律适用基本税率25%，不能享受包括定期减免优惠、小型微利企业优惠税率、高新技术企业优惠税率等法定减免税优惠。我们以案例8–3说明清算所得税的计算过程。

【案例8–3】果果企业经营期限届满，该公司股东会作出终止企业经营的决议，适用税率为25%。终止实际生产经营之日的资产负债表如表8–2所示。

---

① 资产可变现价值或交易价格＝货币资金＋清理债权的可收回金额＋存货的可变现价值＋固定资产的可变现价值＋非实物资产的可变现价值

资产处置损益＝企业的全部资产可变现价值或交易价格－资产的计税基础

负债清偿损益＝企业的全部负债的清偿金额－负债的计税基础

清算费用是指纳税人清算过程中发生的与清算业务有关的费用支出，包括清算组组成人员的报酬，清算财产的管理、变卖及分配所需的评估费、咨询费等费用，清算过程中支付的诉讼费用、仲裁费用及公告费用，以及为维护债权人和股东的合法权益支付的其他费用。

清算税金及附加是指纳税人清算过程中发生的除企业所得税和允许抵扣的增值税以外的各项税金及其附加，包括在清算期间因处理资产、负债而产生的印花税、土地增值税、教育费附加等税费，不包括以前年度欠税。

② 免税收入是指纳税人清算过程中取得的按税收规定免税收入。

不征税收入是指纳税人清算过程中取得的按税收规定不征税收入。

其他免税所得是指纳税人清算过程中取得的按税收规定免税的所得。

弥补以前年度亏损是指纳税人按税收规定可在税前弥补的以前纳税年度尚未弥补的亏损额。

表 8–2　　终止实际生产经营之日的资产负债表　　单位：万元

资产项目	资产账面价值	资产计税基础	资产可变现机制 / 交易价格
资产	6 380	6 200	6 350
负债	5 200	5 050	4 490
所有者权益	1 180		

果果企业在清算期内支付清算费用200万元，支付职工安置费、法定补偿金210万元。清算过程中发生的相关税费为35万元，以前年度可以弥补的亏损52万元。假定免税收入、不征税收入以及其他免税所得为零。求果果企业的清算所得、应纳税所得额以及应纳所得税额。

解析：

资产处置损益=全部资产可变现价值或交易价格–资产的计税基础=6 350–6 200 = 150（万元）

负债清偿损益=全部负债的清偿金额–负债的计税基础=4 490–5 050 = –560（万元）

企业清算所得=资产处置损益+负债清偿损益–清算费用–清算税金及附加+其他所得或支出=150+560–200–210–35=265（万元）

应纳税所得额=企业清算所得–免税收入–不征税收入–其他免税所得–弥补以前年度亏损=265–52=213（万元）

应纳所得税额=应纳税所得额 × 适用税率 = 213 × 25%=53.25（万元）

2. 计算可向所有者分配的剩余资产

企业全部资产的可变现价值或交易价格减除清算费用，职工的工资、社会保险费用和法定补偿金，结清清算所得税、以前年度欠税等税款，清偿企业债务，按规定计算可以向所有者分配的剩余资产。

剩余资产=资产可变现价值或交易价格–清算费用–职工工资–社会保险费用–法定补偿金–清算税金及附加–清算所得税额–以前年度欠税–其他债务

3. 向股东分配剩余资产

私募基金完成清算，剩余基金财产可以货币资金方式分配给投资者，或者经投资者同意，以实物资产方式分配给投资者。可分配给企业的股东的剩余财产范围内，应当划分股息所得和股东投资转让所得或损失两部分。

（1）法人股东分得剩余资产处理。

根据财税〔2009〕60号文第五条第二款的规定，被清算企业的股东分得的剩余资产的金额，其中相当于被清算企业累计未分配利润和累计盈余公积中按该股东所占股份比例计算的部分，应确认为股息所得；剩余资产减除股息所得后的余额，超过或低于股东投资成本的部分，应确认为股东的投资转让所得或损失。被清算企业的股东（法人股东）从被清算企业分得的资产应按可变现价值或实际交易价格确定计税基础。

（2）个人股东分得剩余资产。

按照《国家税务总局关于个人终止投资经营收回款项征收个人所得税问题的公告》（国家税务总局公告2011年第41号）的规定，个人因各种原因终止投资、联营、经营合作等行为，从被投资企业或合作项目、被投资企业的其他投资者以及合作项目的经营合作人取得股权转让收入、违约金、补偿金、赔偿金及以其他名目收回的款项等，均属于个人所得税应税收入，应按照“财产转让所得”项目适用的规定计算缴纳个人所得税。

应纳税所得额计算公式如下：

应纳税所得额=个人取得的股权转让收入、违约金、补偿金、赔偿金计以其他名目收回款项合计数-原实际出资额（投入额）及相关税费

我们以案例8-4说明剩余资产分配问题。

【案例8-4】续**【案例8-3】**果果企业的股东为甲公司和乙个人，各持股70%和30%，初始投资成本为560万元和240万元。果果企业的所有者权益如表8-3所示。

表8-3　果果企业的所有者权益　单位：万元

所有者权益	金额
实收资本	800
资本公积	70
盈余公积	0
未分配利润	310
合计	1 180

解析：

果果企业可以向股东分配的剩余财产=资产可变现价值或交易价格－清算费用－职工工资－社会保险费用－法定补偿金－清算税金及附加－清算所得税额－以前年度欠税额－其他债务= 6 350–200–210–35–53.25–4 490=1 361.75（万元）。

果果企业留存收益金额为469.75（310+213×75%）万元。

甲公司股息所得=469.75×70%=328.825（万元），法人股东免征企业所得税。

甲公司的投资转让所得=（1 361.75－469.75）×70% –560 = 64.4（万元）。

甲公司股权转让缴纳企业所得税=64.4×25%=16.1（万元）。

乙个人股息红利=469.75×30%=140.925（万元），应缴个人所得税=140.925×20%=28.185（万元）。

乙个人投资转让所得=（1 361.75–469.75）×30%–240 =27.6（万元），应缴个人所得税=27.6×20%=5.52（万元）。

乙个人缴个人所得税=28.185+5.52=33.705（万元）。

（五）合伙型基金清算个人所得税处理

主流基金采用合伙型，合伙型基金清算需按合伙企业相关规定进行处理。根据《关于个人独资企业和合伙企业投资者征收个人所得税的规定》（财税〔2000〕91号）第十六条规定，企业进行清算时，投资者应当在注销工商登记之前，向主管税务机关结清有关税务事宜。企业的清算所得应当视为年度生产经营所得，由投资者依法缴纳个人所得税。

清算所得是指企业清算时的全部资产或者财产的公允价值扣除各项清算费用、损失、负债、以前年度留存的利润后，超过实缴资本的部分。

值得一提的是，“以前年度留存的利润”作为发生当年的经营所得，个人已经按经营所得缴纳了个人所得税，法人企业合伙人已经通过填报“合伙企业法人合伙人应分得的应纳税所得额”确认所得纳税，并将会计核算的差异进行了纳税调整，因此在计算分配给合伙人清算所得时需要扣除这部分已税的部分（税基）。

【案例8-5】合伙企业甲企业由A企业、自然人B设立，注册资本5 000万元（已实缴），合伙人A持有甲公司份额60%，合伙人B持有甲公司40%份额。以前年度留存利润为1 000万元，属于合伙人A有150万元，合伙人B有850万元。

清算当年产生5 000万元收入，成本费用4 850万元。A公司账面价值和计税基础3 000万元，B合伙人账面价值和计税基础2 000万元。清算时，合伙企业资产账面价值和计税基础8 000万元（公允价值9 000万元），负债1 500万元，清算费用等400万元。

请问甲企业清算，合伙人清算分配所得是多少？

解析：

（1）清算前。

甲合伙企业先对清算当年的经营所得150（5 000–4 850）万元进行汇算清缴，再将整个清算期作为一个独立的纳税年度计算清算所得，按先分后税办法由合伙人分配申报缴税。

（2）清算时。

甲合伙企业清算所得=资产9 000–负债所得1 500–清算费用等400–以前年度留存利润1 000–实缴成本5 000=1 100（万元）

甲合伙企业可以向合伙人分配的剩余资产=资产公允价值9 000–负债1 500–清算费用等400=7 100（万元）

①合伙人A公司获得分配资产=以前年度留存的利润150+（可分配的剩余资产7 100–以前年度留存的利润1 000）×60%=3 810（万元）

合伙人A公司清算分配所得=3 810–实缴资本3 000–以前年度留存的利润150=660（万元）

②合伙人B个人获得分配资产=以前年度留存的利润850+（可分配的剩余资产7 100–以前年度留存的利润1 000）×40%=3 290（万元）

合伙人B个人清算分配所得=3 290–实缴资本2 000–以前年度留存的利润850=440（万元）

（六）其他税种

企业清算除了涉及企业所得税之外，还涉及增值税、土地增值税、契税、印花税以及个人所得税等其他税种。

1. 增值税

企业清算时要进行财产的清理、债务的清偿和剩余财产的分配等行为。清算处置资产时，如企业存有存货，需要对存货做盘点，根据实际盘点情况按《增值税暂行条例》及其相关规定按适用税率缴纳增值税。根据《财政部 国家税务总局关于增值税若干政策的通知》(财税〔2005〕165号)第六条规定，一般纳税人注销时，其存货不做进项税额转出处理，其留抵税额也不予以退税。

根据财税〔2016〕36号的规定，在企业清算过程中，清算企业处置不动产，包括房屋、建筑物、构筑物以及地面附着物，按“销售不动产”项目缴纳增值税。转让土地使用权的行为，应当按“转让无形资产”项目缴纳增值税。处置2016年4月30日前取得(不含自建)的不动产、土地使用权时，按照财税〔2016〕14号、财税〔2016〕47号的规定，以全部收入减去不动产或土地使用权的购置或受让原价后的余额计算缴纳增值税。

清算企业的剩余财产中涉及转让的专利权、商标权等权利资产的所有权、使用权属转让无形资产税目时(不含土地使用权)，以转让取得收入为计税基础计算缴纳增值税。

2. 土地增值税

在企业的清算中，对清算企业处置房屋、建筑物、构筑物以及地面附着物及转让土地使用权取得的收入，应当依法缴纳土地增值税。如果清算企业的剩余财产中涉及以房地产向股东分配时，应当依法缴纳土地增值税。

3. 契税

根据《契税法》第一条规定，在中华人民共和国境内转移土地、房屋权属，承受的单位和个人为契税的纳税人，应当依照该法规定缴纳契税。该法第二条规定，所称转移土地、房屋权属，是指下列行为：

(1) 土地使用权出让；

(2) 土地使用权转让，包括出售、赠与、互换；

(3) 房屋买卖、赠与、互换。

前述“(2) 土地使用权转让”，不包括土地承包经营权和土地经营权的转移。以作价投资(入股)、偿还债务、划转、奖励等方式转移土地、房屋权属的，应当依照该法规定征收契税。

企业重组清算交易中涉及征收契税的交易，以承受人作为纳税人缴纳契税。

4.个人所得税

在企业清算中，如果股东属于个人股东还可能就该等个人股东回收投资的所得缴纳个人所得税。

在企业清算过程中通常存在向职工清偿欠发工资、与职工解除劳动合同而支付的一次性补偿金、生活补助费和其他补助费用等，以及按照国家和地方政府规定的比例补缴住房公积金、医疗保险费、基本养老保险费、失业保险费等情况，该类情况需要具体问题具体分析：

（1）依据《国家税务总局关于个人因解除劳动合同取得经济补偿金征收俱所得税问题的通知》（国税发〔1999〕178号，现已全文废止）的规定，对于个人因解除劳动合同而取得一次性经济补偿收入，应按“工资、薪金所得”项目计征个人所得税。《财政部 国家税务总局关于个人与用人单位解除劳动关系取得的一次性补偿收入征免个人所得税问题的通知》（财税〔2001〕157号）规定：“个人因与用人单位解除劳动关系而取得的一次性补偿收入（包括用人单位发放的经济补偿金、生活补助费和其他补助费用），其收入在当地上年职工平均工资3倍数额以内的部分，免征个人所得税；超过的部分按照《国家税务总局关于个人因解除劳动合同取得经济补偿金征收个人所得税问题的通知》（国税发〔1999〕178号）的有关规定，计算征收个人所得税。”

上述两号文在新《个人所得税法》修正后，被《财政部 国家税务总局关于个人所得税法修改后有关优惠政策衔接问题的通知》（财税〔2018〕164号）替代：个人与用人单位解除劳动关系取得一次性补偿收入（包括用人单位发放的经济补偿金、生活补助费和其他补助费），在当地上年职工平均工资3倍数额以内的部分，免征个人所得税；超过3倍数额的部分，不并入当年综合所得，单独适用综合所得税率表，计算纳税。

（2）如果企业宣告破产，按《财政部 国家税务总局关于个人与用人单位解除劳动关系取得的一次性补偿收入征免个人所得税问题的通知》（财税〔2001〕157号）第三条规定，企业依照国家有关法律规定宣告破产，企业职工从该破产企业取得的一次性安置费收入，免征个人所得税。

5.印花税

根据《印花税法》[1]第一条规定，在中华人民共和国境内书立应税凭证、进行证券交易的单位和个人，为印花税的纳税人，应当依照该法规定缴纳印花税。该法第二条规定，该法所称应税凭证，是指该法所附“印花税税目税率表”列明的合同、产权转移书据和营业账簿。

通常，在企业清算中，清算企业处置资产时往往会涉及经济合同、产权转移书据，应当依法缴纳印花税。

三、企业清算所得税申报表填报

（一）清算所得税申报的基本规定

企业清算所得依据的是《企业所得税法》及其实施条例、《财政部 国家税务总局关于企业清算业务企业所得税处理若干问题的通知》（财税〔2009〕60号）、《国家税务总局关于印发〈中华人民共和国企业清算所得税申报表〉的通知》（国税函〔2009〕388号）以及相关税收法规、规范性文件。

根据《国家税务总局关于企业清算所得税有关问题的通知》（国税函〔2009〕684号）规定，企业清算时，应当以整个清算期间作为一个纳税年度，依法计算清算所得及其应纳所得税。企业应当自清算结束之日起15日内，向主管税务机关报送企业清算所得税纳税申报表，结清税款。

进入清算期的企业应对清算事项报主管税务机关备案。企业未按照规定的期限办理纳税申报或者未按照规定期限缴纳税款的，应根据《税收征管法》的相关规定加收滞纳金。

（二）企业清算所得税申报表及其填报

“中华人民共和国企业清算所得税申报表”适用于按税收规定进行清算、缴纳企业所得税的居民企业纳税人。“中华人民共和国企业清算所得税申报表”的主表由附表一及附表二的相关信息自动计算带出主表第1行和第2行，其他项目手工录入或依据逻辑关系自动计算。附表一、附表二及主表保存成功后，方能填报附表三。

---

① 2021年6月10日，中华人民共和国第十三届全国人民代表大会常务委员会第二十九次会议通过《中华人民共和国印花税法》，并予公布，自2022年7月1日起施行。

1. 中华人民共和国企业清算所得税申报表（主表）（见表8–4）

表 8–4　　中华人民共和国企业清算所得税申报表

清算期间：　　年　月　日至　　年　月　日

纳税人名称：

纳税人识别号：□□□□□□□□□□□□□□□□□　　金额单位：元（列至角分）

类别	行次	项目	金额
应纳税所得额计算	1	资产处置损益（填附表一）	
	2	负债清偿损益（填附表二）	
	3	清算费用	
	4	清算税金及附加	
	5	其他所得或支出	
	6	清算所得（1+2–3–4+5）	
	7	免税收入	
	8	不征税收入	
	9	其他免税所得	
	10	弥补以前年度亏损	
	11	应纳税所得额（6–7–8–9–10）	
应纳所得税额计算	12	税率（25%）	
	13	应纳所得税额（11 × 12）	
应补（退）所得税额计算	14	减（免）企业所得税额	
	15	境外应补所得税额	
	16	境内外实际应纳所得税额（13–14+15）	
	17	以前纳税年度应补（退）所得税额	
	18	其中：清算期已预缴税款实际应补（退）所得税额（16+17）	

纳税人盖章： 清算组盖章： 经办人签字： 申报日期： 年　月　日	代理申报中介机构盖章： 经办人签字及执业证件号码： 代理申报日期： 年　月　日	主管税务机关 受理专用章： 受理人签字： 受理日期： 年　月　日

2. 资产处置损益明细表及其填报

“资产处置损益明细表”（附表一）如表8-5所示。

表 8-5 资产处置损益明细表

填报时间：　　年　　月　　日　　　　金额单位：元（列至角分）

行次	项目	账面价值	计税基础	可变现价值或交易价格	资产处置损益
		(1)	(2)	(3)	(4)=(3)-(2)
1	货币资金				
2	短期投资*				
3	交易性金融资产#				
4	应收票据				
5	应收账款				
6	预付账款				
7	应收利息				
8	应收股利				
9	应收补贴款*				
10	其他应收款				
11	存货				
12	待摊费用*				
13	一年内到期的非流动资产				
14	其他流动资产				
15	可供出售金融资产#				
16	持有至到期投资#				
17	长期应收款#				
18	长期股权投资				
19	长期债权投资*				
20	投资性房地产#				
21	固定资产				
22	在建工程				
23	工程物资				
24	固定资产清理				
25	生物资产#				
26	油气资产#				
27	无形资产				
28	开发支出#				
29	商誉#				
30	长期待摊费用				
31	其他非流动资产				
32	总计				

经办人签字：　　　　　　　　纳税人盖章：

3. 负债清偿损益明细表及其填报

“负债清偿损益明细表”（附表二）如表8-6所示。

表 8-6　负债清偿损益明细表

填报时间：　年　月　日　　金额单位：元（列至角分）

行次	项目	账面价值	计税基础	清偿金额	负债清偿损益
		（1）	（2）	（3）	（4）=（2）-（3）
1	短期借款				
2	交易性金融负债#				
3	应付票据				
4	应付账款				
5	预收账款				
6	应付职工薪酬#				
7	应付工资*				
8	应付福利费*				
9	应交税费				
10	应付利息				
11	应付股利				
12	其他应交款*				
13	其他应付款				
14	预提费用*				
15	一年内到期的非流动负债				
16	其他流动负债				
17	长期借款				
18	应付债券				
19	长期应付款				
20	专项应付款				
21	预计负债#				
22	其他非流动负债				
23	总计				

经办人签字：　　纳税人盖章：

4.剩余财产计算和分配明细表及其填报说明

“剩余财产计算和分配明细表”（附表三）如表8–7所示。

表 8–7　　　　　　　　剩余财产计算和分配明细表

填报时间：　　年　　月　　日

纳税人名称：

纳税人识别号：□□□□□□□□□□□□□□□□□□　　　　金额单位：元（列至角分）

<table>
<tr><th>类别</th><th>行次</th><th colspan="2">项目</th><th colspan="3">金额</th></tr>
<tr><td rowspan="12">剩余财产计算</td><td>1</td><td colspan="2">资产可变现价值或交易价格</td><td colspan="3"></td></tr>
<tr><td>2</td><td colspan="2">清算费用</td><td colspan="3"></td></tr>
<tr><td>3</td><td colspan="2">职工工资</td><td colspan="3"></td></tr>
<tr><td>4</td><td colspan="2">社会保险费用</td><td colspan="3"></td></tr>
<tr><td>5</td><td colspan="2">法定补偿金</td><td colspan="3"></td></tr>
<tr><td>6</td><td colspan="2">清算税金及附加</td><td colspan="3"></td></tr>
<tr><td>7</td><td colspan="2">清算所得税额</td><td colspan="3"></td></tr>
<tr><td>8</td><td colspan="2">以前年度欠税额</td><td colspan="3"></td></tr>
<tr><td>9</td><td colspan="2">其他债务</td><td colspan="3"></td></tr>
<tr><td>10</td><td colspan="2">剩余财产（1–2–…–9）</td><td colspan="3"></td></tr>
<tr><td>11</td><td colspan="2">其中：累计盈余公积</td><td colspan="3"></td></tr>
<tr><td>12</td><td colspan="2">累计未分配利润</td><td colspan="3"></td></tr>
<tr><td rowspan="6">剩余财产分配</td><td></td><td>股东名称</td><td>持有清算企业权益性投资比例（%）</td><td>投资额</td><td>分配的财产金额</td><td>其中：确认为股息金额</td></tr>
<tr><td>13</td><td>（1）</td><td></td><td></td><td></td><td></td></tr>
<tr><td>14</td><td>（2）</td><td></td><td></td><td></td><td></td></tr>
<tr><td>15</td><td>（3）</td><td></td><td></td><td></td><td></td></tr>
<tr><td>16</td><td>…</td><td></td><td></td><td></td><td></td></tr>
<tr><td>17</td><td>…</td><td></td><td></td><td></td><td></td></tr>
</table>

经办人签字：　　　　　　　　　　　　　　纳税人盖章：

第九章

基金税收专题和难点、争议

本章分为两部分：前半部分（第一节至第五节）为基金税收专题，介绍私募基金关联交易暨财税合规、合同现金流分配和应纳税所得额差异、S基金规则，以及时下热门的非交易过户涉税问题；后半部分（第六节）介绍基金税收难点和争议。

第一节 | 私募基金关联交易财税规则暨合规管理

为了规范私募投资基金业务，保护投资者合法权益，促进行业健康发展，中国证券投资基金业协会将《私募投资基金管理人登记和基金备案办法（试行）》修订为《登记备案办法》，经协会理事会审议通过于2023年2月24日发布，自2023年5月1日起施行。纵观此次《登记备案办法》修订的亮点之一，聚焦体现对私募投资基金持续合规和事中事后管理的理念，而私募基金持续合格问题，尤其是基金关联交易合规问题历来是监管机构较为关注的部分。经此次修订，私募基金关联交易也由之前碎片化规定正式成为《登记备案办法》的条款。

一、私募基金关联方与关联关系

根据《私募投资基金备案须知》[①]规定，私募投资基金的关联交易是指基金与管理人、投资者、管理人管理的私募投资基金、同一实际控制人控制下的其他管理人管理的私募投资基金，或者与前述主体有其他重大利害关系的关联方发生的交易行为。鉴于管理人在基金管理中所起作用，基金关联交易大致可以分为以下三种类型。

① 2023年9月28日，基金业协会发布《私募投资基金备案指引》及配套材料清单。《私募投资基金备案须知》《备案关注要点》及《备案材料清单（2020年3月发布）》同时废止。

（一）出资持股型

出资持股型是指与基金管理人存在子公司（持股5%以上的金融机构、上市公司及持股20%以上的其他企业）、分支机构，以及受同一控股股东/实际控制人控制的金融机构、私募基金管理人、投资类企业、投资咨询及金融服务企业等。

（二）利益输送型

利益输送型指的是管理人利用管理基金的自身优势，在基金运营过程中的高风险、市场信息不对等因素，不平等对待投资者，将投资机会介绍他人，或者将自己造成的损失转嫁给投资人；以及其他与私募基金管理人有特殊关系，可能影响私募基金管理人利益的法人或者其他组织。因人员、股权、协议安排、业务合作等实际可能存在关联关系的相关方，应当按照实质重于形式原则进行披露。

（三）业务冲突型

业务冲突型指的是曾经从事或者正在从事民间借贷、担保、保理、典当、融资租赁、网络信贷信息中介、众筹、场外配资、民间融资、小额理财、小额借贷、P2P、P2B、房地产开发、交易平台等业务。

管理人的出资人从事（过）冲突业务对登记备案产生影响各有不同。这些业务与私募基金的属性相冲突，会影响机构登记为基金管理人。

二、准则对私募基金关联关系和关联交易的判定

对于基金关联方的界定，《企业会计准则第36号——关联方披露》（以下简称“36号准则”）给出的定义是，一方控制、共同控制另一方或对另一方施加重大影响，以及两方或两方以上同受一方控制、共同控制或重大影响的，构成关联方。在判断是否存在关联方关系时，私募基金尤其应当遵守实质重于形式的原则。

36号准则对关联方的范围进行了具体阐释，规定以该企业的母公司，企业的子公司，受同一母公司控制的其他企业，对企业实施共同控制的投资方，对企业施加重大影响的投资方，该企业的合营企业，该企业的联营企业，该企业的主要投资者个人及与其关系密切的家庭成员，该企业或其母公司的关键管理人员及与其关系密切的家庭成员，该企业主要投资者个人、关键管理人员或与其关系密切的家庭成员控制、共同控制或施加重大影响的其他企业等十类正列举情况作为关联关系。

同时，准则指出以下几类不属于关联关系情况：

1.仅与企业存在企业发生日常往来的资金提供者、公用事业部门、政府部门和机构。

2.与该企业发生大量交易而存在经济依存关系的单个客户、供应商、特许商、经销商或代理商，与该企业共同控制合营企业的合营者，不构成企业的关联方。

3.仅仅同受国家控制而不存在其他关联方关系的企业，不构成关联方。

三、税法对私募基金关联关系和关联交易的判定

对于关联关系和关联交易，《国家税务总局关于完善关联申报和同期资料管理有关事项的公告》（国家税务总局公告2016年第42号，以下简称“42号公告”）规定，企业与其他企业、组织或者个人具有下列关系之一的，构成该公告所称关联关系：

1.一方直接或者间接持有另一方的股份总和达到25%以上；双方直接或者间接同为第三方所持有的股份达到25%以上。

2.双方存在持股关系或者同为第三方持股，虽持股比例未达到42号公告第二条第一项规定，但双方之间借贷资金总额占任一方实收资本比例达到50%以上，或者一方全部借贷资金总额的10%以上由另一方担保（与独立金融机构之间的借贷或者担保除外）。

3.双方存在持股关系或者同为第三方持股，虽持股比例未达到42号公告第二条第一项规定，但一方的生产经营活动必须由另一方提供专利权、非专利技术、商标权、著作权等特许权才能正常进行。

4.双方存在持股关系或者同为第三方持股，虽持股比例未达到42号公告第二条第一项规定，但一方的购买、销售、接受劳务、提供劳务等经营活动由另一方控制。控制是指一方有权决定另一方的财务和经营政策，并能据以从另一方的经营活动中获取利益。

5.一方半数以上董事或者半数以上高级管理人员（包括上市公司董事会秘书、经理、副经理、财务负责人和公司章程规定的其他人员）由另一方任命或者委派，或者同时担任另一方的董事或者高级管理人员；或者双方各自半数以上董事或者半数以上高级管理人员同为第三方任命或者委派。

6.具有夫妻、直系血亲、兄弟姐妹以及其他抚养、赡养关系的两个自然人分别与双方具有42号公告第二条第一项至第五项关系之一。

7.双方在实质上具有其他共同利益。

除42号公告第二条第二项规定外，上述关联关系年度内发生变化的，关联关系按

照实际存续期间认定。上述具有关系方发生的交易类型主要包括：

1.有形资产使用权或者所有权的转让。有形资产包括商品、产品、房屋建筑物、交通工具、机器设备、工具器具等。

2.金融资产的转让。金融资产包括应收账款、应收票据、其他应收款项、股权投资、债权投资和衍生金融工具形成的资产等。

3.无形资产使用权或者所有权的转让。无形资产包括专利权、非专利技术、商业秘密、商标权、品牌、客户名单、销售渠道、特许经营权、政府许可、著作权等。

4.资金融通。资金包括各类长短期借贷资金（含集团资金池）、担保费、各类应计息预付款和延期收付款等。

5.劳务交易。劳务包括市场调查、营销策划、代理、设计、咨询、行政管理、技术服务、合约研发、维修、法律服务、财务管理、审计、招聘、培训、集中采购等。仅因国家持股或者由国有资产管理部门委派董事、高级管理人员而存在前述关系的，不构成税法上的关联关系。

四、规范核算、依法纳税，保护投资者合法权益

从以上内容可以看出，会计、税法、监管规则对基金与其关联方关联交易并不完全禁止，只是三者的出发点有所不同，聚焦到关联方交易定价也各有相应要求。

（一）准则对私募基金关联交易的态度

准则对私募基金关联交易规定比较全面，可以涵盖所有与基金、管理人等主体有关情形。准则对关联方关联交易的界定主要是以关联方之间转移资源、劳务或义务的行为，而不论是否收取价款，具体到管理人关联交易，包括购买或销售商品、购买或销售商品以外的其他资产、提供或接受劳务、担保、提供资金（贷款或股权投资）、租赁、代理、关键管理人员薪酬等业务。然而，准则的这个关联关系在如今基金运用范围上有所限缩。

2020年2月10日，基金业协会上线“《私募投资基金备案须知》相关问题解读”课程。该课程提及，对于双GP模式中GP与管理人分离要求的关联关系宜以符合关联方会计准则或存在员工的关联关系（如由管理人的高管及其他关键岗位人员出资的情形）作为指导意见。2023年5月1日起施行的《登记备案办法》规定：对于私募基金管理人设立合伙型基金，应当担任执行事务合伙人，或者管理人与执行事务合伙人存在控制关系或者受同一控股股东、实际控制人控制（“强关联关系”），不得通过委托

其他私募基金管理人等方式规避该办法关于私募基金管理人的相关规定。

（二）税法对私募基金关联交易的态度

对于关联交易管控的要点主要在于基金关联方之间的价格是否与第三方市场价格接近或相似，在符合税法的前提下，采用合适的定价策略，确保合理的利润水平。

税法对关联方、关联关系界定主要源自《企业所得税法》特别纳税调整对企业控股、人员、业务、利益等而制定相关规定。出于实施反避税目的，税务机关对纳税人特定纳税事项所作的税务调整，即“特别纳税调整”，包括针对纳税人转让定价、资本弱化、避税港避税及其他避税情况所进行的税务调整。企业所得税特别纳税调整以没有关联关系的交易各方，按照公平成交价格和营业常规进行业务往来遵循的原则，也就是独立交易原则，按照可比非受控价格法、再销售价格法、成本加成法、利润分割法等合理方法进行调整。

目前，对于股权基金当中的合伙型基金，除财税〔2000〕91号第十一条第一款有规定，“企业与其关联企业之间的业务往来，应当按照独立企业之间的业务往来收取或者支付价款、费用。不按照独立企业之间的业务往来收取或者支付价款、费用，而减少其应纳税所得额的，主管税务机关有权进行合理调整”，以及《个人所得税法实施条例》第一百二十三条规定，“企业与其关联方之间的业务往来，不符合独立交易原则，或者企业实施其他不具有合理商业目的安排的，税务机关有权在该业务发生的纳税年度起10年内，进行纳税调整”，并无针对性的反避税条款，不排除会参照适用《企业所得税法》。

（三）监管规则对私募基金关联交易的态度

监管规则也讲求定价公允，但与税法要求的独立交易原则出发点不同，其旨在通过规范基金、基金管理人等关联方的交易，防范利益输送等违规行为造成侵害投资者，保障投资人的权益，促进行业发展。结合已生效的《登记备案办法》等相关文件，对基金关联交易的规范大致有如下要求：

1. 私募基金管理人应当建立健全关联交易管理制度，在基金合同中明确约定关联交易的识别认定、交易决策、对价确定、信息披露和回避等机制。关联交易应当遵循投资者利益优先、平等自愿、等价有偿的原则，不得隐瞒关联关系，不得利用关联关系从事不正当交易和利益输送等违法违规活动。

私募股权基金管理人应当在经审计的私募股权基金年度财务报告中对关联交易进

行披露。

2.关联方涉冲突业务的，不禁止申请机构申请管理人登记，但审核会更谨慎。依据《登记备案办法》规定，私募基金管理人的股东、合伙人、实际控制人最近5年内不得从事过冲突业务；对于从事冲突业务的，其直接或者间接持有的私募基金管理人的股权或者财产份额合计不得高于25%。

私募基金管理人从事小额贷款、融资租赁、商业保理、融资担保、互联网金融、典当等冲突业务的关联方，应当提供相关主管部门批复文件。

第二节｜合伙型基金合同约定现金流分配

私募基金的收益分配是商业谈判内容中最重要的部分。除非合伙协议另有明确约定，合伙企业可分配收入包括每一投资项目的项目处置收入、投资运营收入、临时投资收入和其他现金收入。合伙企业将前述收入扣除为支付相关税费、债务、合伙企业费用和其他义务（包括为已经发生的和将来可能发生的该等税费、债务、合伙企业费用和其他义务进行合理的预留）所需的适当的金额后可供分配的部分。

实务中，有限合伙人优先选择在普通合伙人开始提取收益分成之前优先向有限合伙人返还所有认缴出资，这种分配方法称为“瀑布式收益分配模式”（Distribution Waterfall）。在该模式下，私募基金实行“即退即分”，项目投资退出的资金先返还至基金投资者，当投资者收回全部投资本金后，再按照约定的门槛收益率（如有）向资金投资者分配门槛收益，即一旦取得可分配收入可立即进行分配。

一、相关术语

与分配瀑布有关的术语如下：

1. 优先收益率

优先收益率又称为“门槛收益率”（Hurdle Rate），一般是LP与GP之间自由协商约定的一个区间值。这个区间值在6%—12%，通常为8%左右。设置了门槛收益率的私募股权基金，在向全体基金投资者返还投资本金后，按照约定好的门槛收益率计算门槛收益。优先回报率（门槛收益率）一般与内部收益率相关联。

门槛收益=投资本金 × 门槛收益率

2. 内部收益率

内部收益率（Internal Rate of Return，IRR）是资金流入现值总额与资金流出现值总额相等、净现值等于零时的折现率。这是一项投资渴望达到的报酬率，一般来说，该指标越大越好。

在瀑布式收益分配模式下，如果内部收益率大于优先收益率，GP将获得业绩提成。如果内部收益率小于优先收益率，则基金项目收益扣除出资额后的净收益全部属于LP，GP没有业绩提成。

在分配给GP业绩提成之前，需将优先收益先分配给投资者，计算公式一般为：

LP获得的优先收益＝出资额×优先收益率

3. 追赶机制

追赶机制（Catch-up）又称追赶收益、追赶条款。一般而言，追赶机制由LP与GP于私募股权有限合伙协议（LPA）中明确约定，是指在向基金投资者分配投资本金及门槛收益之后，将剩余收益先行向GP分配，直到GP所获基金总利润的分配达到约定的比例（例如20%）为止。如果基金以后还有剩余收益，则剩余部分将按照约定的利润分成比例进行分配。

实务中，LPA中设置了追赶机制目的主要在于激励基金管理人，只有当基金项目的净收益达到LP的门槛收益时，GP才有权获得这部分的业绩提成，从项目获得足够多的收益。

4. 超额收益

超额收益（Carry）属于扣除了门槛收益后的剩余收益。超额收益通常是按照事先约定好的业绩分成比例分配给投资者和基金管理人，实践中较为常见的分配比例是超额收益中的20%分配给GP，剩下的80%将按照LP各自实缴比例进行分配，俗称“二八机制”“二八模式”。

5. 回拨机制

回拨机制（Claw-back）又称“收益提成追回机制”，是在基金清算或其他约定时点，对已经分配的收益进行重新计算分配。如果LP没有获得全部出资返还，或实际获得的收益率低于门槛收益率，又或者收益分配比例不符合基金合同的约定，比如GP实际收到的超额收益超过了合同约定的基金总利润的比例，GP需要将已经分得的部分或全部业绩报酬返还至基金资产，并分配给LP。

二、美国模式和欧洲模式

基金收益分配活动中逐渐形成了两类主流的分配模式：美国模式、欧洲模式。

美国模式（Deal-by-deal、American Distribution Waterfall）收益分配比较灵活，不

要求所有投资成本回收后再进行分配，可以就基金每个投资项目退出的投资收益在合伙人之间进行分配。如果符合约定条件，GP可在该项目退出收益中收取超额收益，因此又称为“按项目分配模式”。

欧洲模式（Whole of Fund、European Distribution Waterfall）要求项目收益优先返还基金投资者所有投入本金，超额收益部分按照协议约定在基金管理人（GP）和基金合伙人（LP）之间分配，故又称为“本金优先返还模式”。

在美国模式下，作为GP的基金管理人无须等到所有项目投资完成，或返还投资人的全部投资本金后再进行收益分配，而是允许在单个投资项目收益达到约定条件便可进行收益分配，这种分配方式可以让GP较早取得业绩提成，对于GP管理团队而言有较好的激励作用。但在这一模式下，作为LP的投资人收回累计实缴出资的速度要慢于欧洲模式，尤其当后续投资项目出现亏损触发执行“回拨机制”往往会带来额外的税务成本。

与美国模式相比，欧洲模式更为强调对LP的利益保护。该模式下，在取得可分配收入时需要优先返还合伙人的实缴出资后才开始计算给GP的超额收益，对于LP而言，能更加安全地依照条款约定获得现金回报。但对于GP来说，这一模式下获取超额收益的要求则相对严格，激励效果有限。从实践来看，欧洲模式由于能较好保障投资者利益这一特点，被大部分私募股权基金的LP所青睐，这一模式也是我国当下人民币私募股权基金的主流做法。

三、瀑布式收益分配规则

传统瀑布式收益分配模式下，基金项目收益的分配顺序一般为“返还出资额→优先收益（门槛收益）→追赶收益（如有）→超额收益”四个轮次。实务中，不少基金项目的收益分配并不完全遵循这一顺序，甚至每一轮次LP、GP是否分配，分配的先后顺序等细节也有所差异，可有不同的分配规则。

四、回拨机制、超额收益的场景

通常，回拨机制运用情景如下：

第一步，优先返还LP实缴资本，向LP分配直至其收回实缴出资额本金。

第二步，GP实缴资本返还，向GP分配直至其收回实缴出资额本金。

第三步，LP优先回报分配，向LP进行分配，直至其优先回报达到投资协议约定的门槛收益。

第四步，GP优先回报分配，向GP进行分配，直至其优先回报达到投资协议约定的门槛收益。

第五步，超额收益分配（分段）。举例来说，LP和GP之间可事先约定，基金内部收益率未达到15%的，则超额收益80%向所有LP分配，所有LP之间按照其实缴出资比例进行分配，剩余20%向GP分配；若内部收益率超过15%的，就内部收益率15%以内的超额收益首先在完成前述分配后，超过内部收益率15%部分的30%向GP分配，其余70%向LP分配。

在上述环节的基础上加入回拨机制。LPA会要求GP获得的前述超额收益的一定比例（例如20%）及其孳息需留存在合伙企业账户，用以保证GP向LP按照合伙协议“回拨机制”的约定履行回拨支付义务。

回拨机制发生阶段、财税处理详见本书第三章第二节“超额管理费”中的“回拨机制发生阶段”，此处不再赘述。

五、基金合同约定的现金流分配问题

前述章节提及超额管理费增值税纳税义务的争议问题，该类争议之所以会成为焦点，很大程度在于传统筹划分离了管理费和超额管理费，单独将“超额管理费”作为对GP在基金利润业绩报酬“投资收益”的分配。究其根源，这是由基金约定的合同现金流对LP、GP以及本金、收益的分配顺位不同，造成合同约定现金流分配和税法应纳税所得额的差异。

但是，该类差异能否平移至基金净利润，并将管理人从基金取得的超额管理费视为“投资收益”，进而规避该类收入的增值税纳税义务呢？笔者认为不能。

第一，管理人不以出资承担投资对应的风险。

从基金监管角度看，发起设立的GP集普通合伙人、执行合伙事务于一身，但从基金管理人出资份额比例及其分配收益的顺序来看，这个超额管理费更倾向于以专业知识以及管理经验来承担类似于劣后级份额持有人的责任，激励管理人获取固定管理费以外的浮动管理费，而不是像其他LP（SLP除外）一样以出资额承担投资对应的风险。因此，我们说管理人获得的超额管理费是基金分配的收益，这与其他投资人相比是不合适的。

第二，超额管理费应计入当期损益。

按照《资产管理产品相关会计处理规定》（财会〔2022〕14号）第四条第一款、第二款规定，资管产品管理人对超额管理费会计处理有按权责发生制原则计入资管产品当期损益的规定："关于其他主要交易的会计处理资产管理产品当期实现的利息等收入和发生的托管费、销售服务费、投资顾问费等费用，无论款项是否收付，均应当计入当期损益。资产管理产品的管理人收取管理人报酬的，资产管理产品应当按照权责发生制原则，在管理人提供相关服务的期间，将当期发生的管理人报酬计入当期损益。"

这份文件的会计处理针对的是资管产品管理人收取管理人报酬（含超额管理费）的会计确认，虽不能直接适用于股权基金管理人超额管理费，作为独立于管理人财产的股权基金，和资管产品一样都属于单独的会计主体（基金产品），有明确存续期限，可以参照适用该文对于管理人超额管理费的会计处理。

第三，参考年度所得整体核算方式税前扣除基金管理费、业绩报酬。

依据《财政部 税务总局 发展改革委 证监会关于创业投资企业个人合伙人所得税政策问题的通知》（财税〔2019〕8号）等文规定，创业投资企业选择按单一投资基金模式核算，基金支付管理人的管理费、业绩报酬，自然人合伙人无法扣除，且该核算选用三年不得变更。这也从侧面反映出，在年度所得整体核算的基金会计主体角度下，基金支付给管理人的超额管理费与管理费一样，也是作为成本费用在合伙企业税前列支，而不是分配给投资者的投资收益。

第四，合同约定现金流分配不等于应纳税所得额分配。

现今的合伙协议约定一定程度上打破了基金利润资金分配流向：GP劣后于LP获得收益，这类收益通常是要通过投资本金返还，优先回报分配，基金管理人投资最低回报，最后有剩余的，超额收益才由GP和LP按业绩分成（通常为2∶8）。但是，该类基金合同约定对本金、收益的分配顺序只是改变了现金流分配的顺序，并未改变合伙企业"先分后税"的所得税纳税规则，即"收入能够覆盖成本费用就有所得"的计税规则。

在复杂架构下，基金合伙协议已约定对合伙人现金流分配顺序。从母基金角度，底层子基金（合伙企业）对外投资项目部分退出时，子基金是先返还投资者本金，后分配收益（可能并没有产生收益），导致子基金（合伙企业）并不能够对上层母基金（合伙企业）进行收益分配。但是，按照"先分后税"的计税规则，子基金退出底层项目，按收入与成本费用配比原则，基金层面已产生了盈利。经过纳税调整，基金有所得，向上分摊如果还是盈利的，基金的合伙人就有所得税的纳税义务。

【案例9-1】2015年1月，甲基金募集10亿元设立乙、丙、丁三个子基金（5∶3∶2）。2021年11月，乙基金从底层项目1、项目2退出收回6.2亿元

（对项目1、项目2共投入4.5亿元）。不考虑基金管理费等成本费用。请比较“先分后税”计税规则和基金合同约定现金流分配对合伙人所得税的影响（见图9–1）。

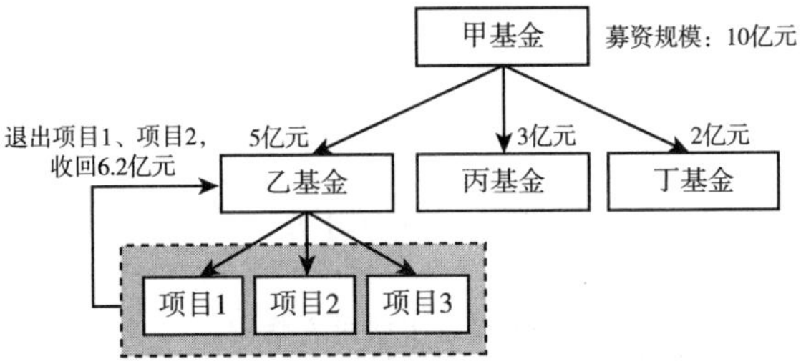

图9–1　基金合同约定现金流分配、应纳税所得额差异

解析：

从“先分后税”的计税规则来说，乙基金从底层项目退出有所得1.7（6.2–4.5）亿元。因此，甲基金的合伙人有所得税的纳税义务。

从基金与合伙人协议约定的分配角度，基金退出底层项目的6.2亿元按约定需要先返还对基金合伙人本金（10亿元）后有余额的，才是合伙人的收益。从现金流分配角度，6.2亿元不够返还投资人的本金，未产生收益。

六、合同约定现金流分配还原应纳税所得法

国内股权基金实务界曾提出，合伙型基金可考虑采用应分配现金流还原应纳税所得的做法来解决其与应纳税所得额的差异问题，即在每次收益分配或年度终了时，根据各合伙人应当分配的现金流情况，将各合伙人获取的现金流中所属的基金应税所得部分予以还原，并基于每个合伙人还原后分得的应税所得结果占基金本期全部应税所得的比例，来确定每个合伙人的应税所得比例。

（一）合同约定现金流分配还原应纳税所得法优点

该类做法能比较快捷地计算企业应纳税所得额与现金流分配的金额差异，并（或可）实现税会差异的调整。我们以案例9–2来说明合同现金流分配的情况。

【案例9–2】2016年1月，某有限合伙型基金由GP和LP各出资0.05亿元、4.95亿元设立。该基金分别向A、B项目投资2亿元、3亿元。协议约定，基金收回的项目款项，扣除有限合伙型基金层面相应成本后，先分给LP本

金和必要回报，年化回报率8%，有剩余再归还GP本金。最后还有剩余，剩余收益按8∶2比例分配。

2021年末基金退出项目A，收回3.5亿元，假设相关成本费用0.1亿元。2022年退出B项目收回6亿元，假设相关成本费用0.2亿元。请计算合伙企业层面的应纳税所得额，以及如何按协议约定分配。

解析：

（1）2021年退出项目A情况（见表9–1）。

表9–1　　2021年退出项目A情况　　单位：亿元

	第一年		备注
合伙人类型	LP（4.95）	GP（0.05）	
可分配收入	3.5		
基金费用	0.1		
可分配资金	3.4		
还本	3.4	0	LP有1.55未还本 GP有0.05未还本
IRR	0		
剩余资金分配	0		
分得利益	0	0	第一年未有剩余现金分配流入
应纳税所得额	1.4（3.5–2–0.1）		
应税所得额分配（2∶8）	1.12	0.28	

2021年按合同现金流分配规则，可分配资金为3.4亿元，剩余资金分配为0。

按分配顺序，LP未能完全还本，GP本金、收益均未收回，但合伙企业应纳税所得额为1.4亿元，合伙人需要缴所得税。

（2）2022年退出项目B情况（见表9–2）。

表9–2　　2022年退出项目B情况　　单位：亿元

	第二年		备注
合伙人类型	LP	GP	
可分配收入	6		
基金费用	0.2		

续表

	第二年		备注
可分配资金	5.8		
还本	1.55	0.05	2022年LP、GP全部还本
IRR	0.792	0	0.792（4.95×8%×2）
剩余资金分配	3.408		
分得利益	2.7264	0.6816	2022年分得3.408
应纳税所得额	2.008（6–3–0.792–0.2）		
应税所得额分配（2∶8）	1.6064	0.4016	

2022年按合同现金流分配规则，可分配资金为5.8亿元，剩余资金分配为3.408亿元。

按分配顺序，LP、GP本金、收益均收回，应纳税所得额为2.008亿元需要缴所得税。

总体来说，退出项目A、项目B，合伙人剩余资金分配一共实现3.408亿元，应纳税所得额也是3.408亿元（见表9–3）。

表9–3　合同现金流分配还原　单位：亿元

年份	现金流分配	应纳税所得额
2021	0	1.4
2022	3.408	2.008
合计	3.408	3.408

（二）合同约定现金流分配还原应纳税所得法缺点

基金合同约定的现金流分配和应纳税所得的分摊并不是同一个概念：基金合同约定的收益分配趋向于可供分配的现金流；而经营所得、应纳税所得都是税收概念。现金流分配基础上还原应纳税所得只是一种理想的做法，它忽略了以下因素：

1.会计利润、经营所得、可供分配现金流的差异

将会计利润、经营所得、可供分配现金流这三者进行比较，我们可以看出：

（1）合伙企业以每一个合伙人作为纳税义务人，合伙企业的投资者按照合伙企业的全部经营所得和合伙协议约定的分配比例确定应纳税所得额。因此，合伙企业的经营所得其实就是全部投资人的经营所得，即合伙企业的应纳税所得额。

合伙企业（基金）应纳税所得额的计算，是在合伙企业（基金）利润总额基础上进行纳税调整计算得出，一般在“个人所得税经营所得纳税申报表（b表）”进行。根据个人所得税税收文件规定，计算个人合伙人经营所得个人所得税分三步：第一步是计算合伙人从合伙企业划分的经营所得；第二步是在合伙人经营所得基础上减除合伙人可以扣除费用后，计算合伙人应纳税所得额；第三步是乘以适用税率计算个人应纳税额。

（2）可供分配现金流既不是基金的会计利润，也不是应纳税所得额，更多趋向于按照本金为先、收益为后的顺序，可向投资人分配的现金流。

基金合同的现金流分配来自可供分配收入与所有支出项的余额。基金合同约定的可供分配收入，包括每一投资项目的项目处置收入、投资运营收入、临时投资收入和其他现金收入。基金将前述收入扣除为支付相关税费、债务、合伙企业费用和其他义务（包括为已经发生的和将来可能发生的该等税费、债务、合伙企业费用和其他义务进行合理的预留）后可供分配的部分，即为可供分配资金（可供分配现金流）。

2.应纳税所得额、现金流分配的差异

市场上常见的股权投资合伙协议对收益及利润分配进行了约定，但这种分配实际上是一种基于款项回收的现金流分配规则，本身与会计利润、经营所得的分配有较大差异。

以合伙基金退出所投项目取得收益为例。根据合伙协议的约定，退出项目获取的可分配现金应当作为首先返还各个合伙人的投资本金。此时，如果出现可供分配的资金低于合伙人实缴出资额的情况，即可供现金流分配尚未产生收益，但税务认为基金已经实现利润，应划分到合伙人由其缴纳所得税。应当说，应纳税所得额、现金流分配的这种天然差异，导致合伙人在基金退出本金未能返还情况下，需要就基金盈利“分得”的经营所得缴税，这无形中使得合伙人的纳税义务提前。

3.没有考虑允许扣除的个人费用及其他扣除

合伙企业合伙人以全部生产经营所得和其他所得按照约定、协商、实缴、平摊的顺位比例确定应纳税所得额。“合伙人的分配比例”在填表时，指的是“个人所得税经营所得纳税申报表（a表）”第6行“个人所得税经营所得纳税申报表（b表）”第40行的“合伙企业个人合伙人分配比例（%）”。

个人合伙人以合伙企业的应纳税所得额乘以该个人合伙人分配比例，扣除该合伙人个人费用及其他扣除的余额，计算得出应纳税所得额。法人合伙人直接以合伙企业应纳税所得乘以该法人合伙人分配比例后并入其自身所得计算缴纳企业所得税。很明显，现金流量分配还原法考虑的仅是合伙企业层面各个合伙人应纳税所得的总量，并未考虑个人合伙人允许扣除的个人费用及其他扣除这层因素，该类还原法是不完整的。

【案例9-3】果果企业有甲、乙、丙、丁四名普通合伙人。2023年1—9月，收入总额为5 500万元，支付成本等费用3 800万元，甲领取工资300万元，乙、丙、丁分成为500万元、200万元、150万元。合伙人按约定均分收益。请问，甲、乙、丙、丁各自的应纳税所得额为多少（合伙人均为自然人，无工资薪金所得）。

解析：

合伙企业会计利润=5 500–3 800–300–500–200–150=550（万元）

合伙企业生产经营活动的应纳税所得额=550+300+500+200+150=1 700（万元）

甲、乙、丙、丁取得来源于合伙企业的经营所得，分别为：

①甲来源于合伙企业的经营所得额=137.5+300=437.5（万元）

甲经营所得占合伙企业应纳税所得额的比例为437.5÷1 700×100%≈25.74%

甲应纳税所得额为437.5–4.5=433（万元）

②乙来源于合伙企业的经营所得额=137.5+500=637.5（万元）

乙经营所得占合伙企业应纳税所得额的比例为637.5÷1 700×100%=37.5%

乙应纳税所得额为637.5–4.5=633（万元）

③丙来源于合伙企业的经营所得额=137.5+200=337.5（万元）

丙经营所得占合伙企业应纳税所得额的比例为337.5÷1 700×100%≈19.85%

丙应纳税所得额为337.5–4.5=333（万元）

④丁来源于合伙企业的经营所得额=137.5+150=287.5（万元）

丁经营所得占合伙企业应纳税所得额的比例为287.5÷1 700×100%≈16.91%

丁应纳税所得额为287.5–4.5=283（万元）

4.不适用于单一投资基金计算缴纳个人所得税

可供分配现金流是基金对投资人退出项目时返还出资额、优先收益（门槛收益）、追赶收益（如有）、超额收益四个轮次的分配。合同现金流分配侧重于基金整体而言，按照基金合同约定对LP、GP按收益顺序，并不仅仅考虑个人合伙人。该类现金流分配与基金选择适用单一投资基金核算对个人合伙人从基金分得股权转让所得、股息红利所得缴纳个人所得税，并无关联。

第三节｜S基金规则及涉税

股权基金作为一类专业的投资形式，在投资策略上，其基本策略分为PSD：P（Primary）表述为“一级投资”或称为“新成立基金”；S（Secondary）意为“二级投资”，或更通俗一点的说法是“二手份额”；D（Direct Investment）表面意思为直接投资项目，更深沉的意思是“跟投”“追加型投资”。其中，S基金和基金份额转让相关，但并不完全，严格来说S基金属于基金退出的方式之一。

一、S基金定义

S基金即“Secondary Fund”，表示该基金是一款专注于私募股权二级市场的基金，是通过买入二手份额或投资项目组合在实现溢价后出售获利的一种基金投资方式。S基金的投资组合种类丰富，既可以是基金中LP的二手份额，也可以是基金的投资项目组合。

对基金买方来说，接盘成熟型基金能锁定既有增值收益，实现灵活调整资产配置。对基金卖方而言，转让基金份额、进行基金投资项目组合，可将优质基金份额或资产包变现，以实现多元化资产配置，缩短项目的投资周期，有效规避J曲线效应，提高资金流动性等优势。因此，出售、接盘S基金对买卖双方来说都是不错的选择。

二、S基金交易模式

S基金交易有以下三类交易模式：

（一）份额交易模式

份额交易模式下，S基金原份额被转让，不更换管理人。在认缴制下，该模式可转让认缴未实缴份额，以及转让部分份额（见图9-2）。

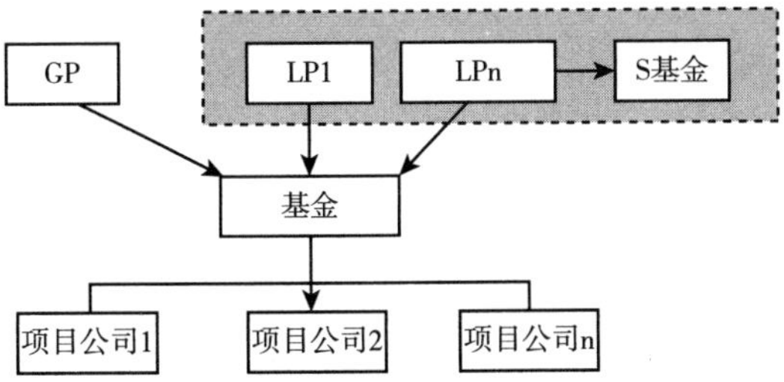

图9-2　份额交易模式

（二）投资组合交易模式

投资组合交易模式下，S基金直接收购其他基金持有的投资组合，实现其他基金投资组合全部或部分股权的转让。这种模式最直接表现就是，直接收购其他基金持有的单项目或投资组合，实现底层标的资产全部或部分股权的转让（见图9-3）。

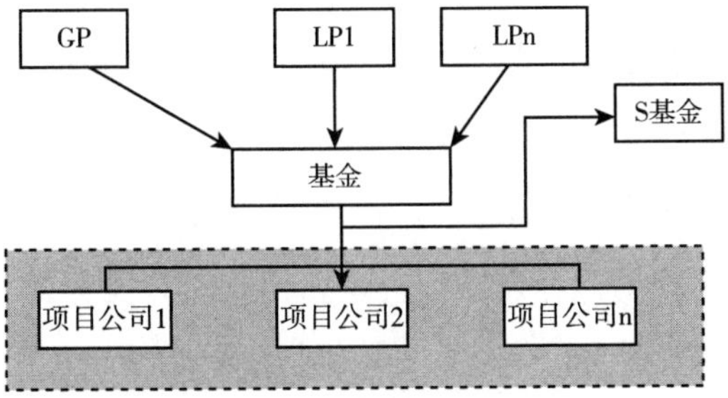

图9-3　投资组合交易模式

按是否保留卖方基金管理团队，该模式又分为两类：

1.管理层保留式交易，也被称为复合式交易，是指在买方购买基金的投资组合时，买方将对投资组合的管理事务交由原基金的管理团队，通常也称GP-LED S基金交易。该等交易往往需要GP和买方共同协商推动。

2.管理层未保留交易，也通常为末端交易，主要适用于即将到期或者已经到期的私募基金，原管理层继续保留管理意义不大。

（三）重组交易模式

重组交易模式，顾名思义是对即将到期的基金进行结构性重组，通过成立一只新的基金用于收购原基金的资产，继续原有的投资活动。常见的衍生模式，如重组基金、接续基金（见图9-4）。

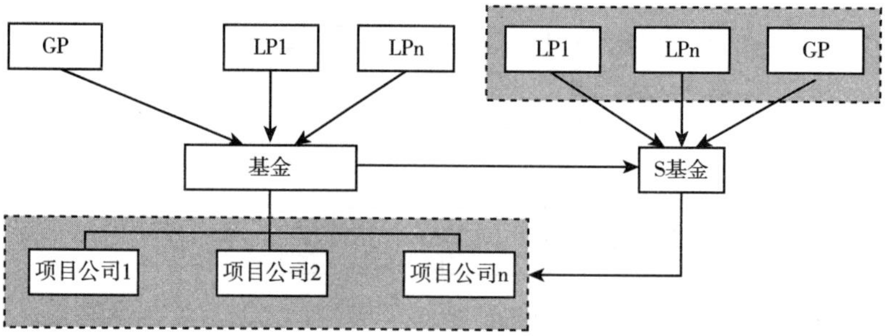

图9-4 重组交易模式

三、S基金的监管要求

S基金作为股权基金的一类投资策略，本身需要符合监管要求：

（一）S基金接续者的适当性问题

以合伙企业、契约等非法人形式，通过汇集多数投资者的资金直接或者间接投资于基金的，私募基金管理人或者私募基金销售机构应当穿透核查最终投资者是否为合格投资者，并合并计算投资者人数。但是，符合规定要求的投资者投资私募基金的，不再穿透核查最终投资者是否为合格投资者和合并计算投资者人数。上述要求对S基金的接续者同样适用。以下为私募基金合格投资者要求规定：

1. 私募基金应当向合格投资者募集，单只私募基金的投资者人数累计不得超过《基金法》《公司法》《合伙企业法》等法律规定的特定数量。投资者转让基金份额的，受让人应当为合格投资者，且基金份额受让后，投资者人数应当符合规定要求。

2. 私募基金的合格投资者是指具备相应风险识别能力和风险承担能力，投资于单只私募基金的金额不低于规定金额且符合相关标准的自然人个人、法人和其他组织。下列投资者视为合格投资者：

（1）社会保障基金、企业年金等养老基金，慈善基金等社会公益基金；

（2）依法设立并在基金业协会备案的投资计划；

（3）投资于所管理私募基金的私募基金管理人及其从业人员；

（4）中国证监会规定的其他投资者。

（二）国资背景合伙型基金份额转让

S基金在涉及国有资产转让这个问题时较为敏感。这里提个问题：《企业国有资产交易监督管理办法》（国资委 财政部令第32号）的国有及国有控股、国有实际控制企业是否包括“合伙企业”？国有企业转让企业产权，其中的“企业”是否包括“合伙企业”？

国资委、财政部令第32号所称国有及国有控股企业、国有实际控制企业包括：

1.政府部门、机构、事业单位出资设立的国有独资企业（公司），以及前述单位、企业直接或间接合计持股为100%的国有全资企业；

2.前述单位、企业单独或共同出资，合计拥有产（股）权比例超过50%，且其中之一为最大股东的企业；

3.前述两条所列企业对外出资，拥有股权比例超过50%的各级子企业；

4.政府部门、机构、事业单位、单一国有及国有控股企业直接或间接持股比例未超过50%，但为第一大股东，并且通过股东协议、公司章程、董事会决议或者其他协议安排能够对其实际支配的企业。

2018年底，国资委网站做出类似回复，明确“《企业国有资产交易监督管理办法》（国资委 财政部令第32号）第4条是针对公司制企业中的国有及国有控股、国有实际控制等情形进行分类，合伙企业中合伙人的权益和义务应以合伙协议中的约定为依据”。

2019年5月24日，国务院国资委在其网站互动交流栏目，就“国有企业转让有限合伙企业财产份额是否适用32号文？”这一问题做了回复，明确“《企业国有资产交易监督管理办法》（国资委 财政部令第32号）适用范围是依据《中华人民共和国公司法》设立的公司制企业。国有企业转让有限合伙企业份额的监督管理另行规定”。

有限合伙企业程序性登记事项上，国有资产监督管理委员会2020年1月发布《有限合伙企业国有权益登记暂行规定》（国资发产权规〔2020〕2号）以加强对有限合伙企业国有权益登记管理，及时、准确、全面反映有限合伙企业国有权益状况。从2024年三、四月开始，全国各地的市场监督管理部门已经跟国有资产监督管理委员会产权局联网，在新设立或者变更的时候，有涉及国资的，需要进行登记；登记完成之后会推送给工商部门，工商部门收到国有资产监督管理委员会产权局的登记信息之后，才可以受理新设或者变更。整套流程相当于在工商系统中增加了一项比对信息的模块。私募股权基金在办理工商股转的时候，如企业有国资股东，需要就工商部门系统和国资委国有资产产权备案系统进行数据比对，比对确认无误后才能办理工商变更，即本次股权基金的份额转让不涉及国有资本，但股东里有涉及国有资本也需要比对完之后才能办理工商登记。该要求具体可以参照国家市场监督管理总局2024年1月10日发布的《防范和查处假冒企业登记违法行为规定》第七条[①]规定。

（三）有限合伙型基金份额转让的法律问题

有限合伙私募股权基金的份额转让往往与合伙企业的入伙、退伙程序密切相关，实务中不少合伙型私募基金会对入伙、退伙事宜作出限制性约定。因而投资者在转让基金份额时还应当结合合伙协议的入伙条款、退伙条款，确保份额转让和条款约定相一致。

《合伙企业法》对主流基金份额时间、程序作出了规定，S基金转让需要注意如下问题：

除合伙协议另有约定外，合伙人向合伙人以外的人转让其在合伙企业中的全部或者部分财产份额时，须经其他合伙人一致同意。合伙人之间转让在合伙企业中的全部或者部分财产份额时，应当通知其他合伙人。有限合伙人可以按照合伙协议的约定向合伙人以外的人转让其在有限合伙企业中的财产份额，但应当提前三十日通知其他合伙人。

涉及合伙人优先购买权，《合伙企业法》第二十三条有这样的规定，合伙人向合伙人以外的人转让其在合伙企业中的财产份额的，在同等条件下，其他合伙人有优先购买权；但是，合伙协议另有约定的除外。

四、S基金涉税

S基金交易按投资对象分，可以是基金层面份额的转让，可以是底层所投非上市企业的股权转让，又或者是更为复杂的模式。目前，我国股权投资基金架构主要为合伙型基金。

根据现行税法，合伙型基金转让项目获得收益，如果转让的是股票，基金有增值税纳税义务；如果是股份，基金不缴增值税。所得税方面，遵循先分后税的原则，法人合伙人需要缴纳25%的企业所得税；自然人涉及5%—35%的个人所得税（符合条件按照20%缴税）。

合伙型基金的投资人转让基金份额，按照“财产转让所得”项目适用的规定计算

---

① 市场监督管理部门与国有资产监督管理等部门建立国有企业登记信息与产权登记信息共享机制。登记机关在办理国有企业登记时，应当按照有关规定，通过信息化等方式，查验比对国有企业登记信息与产权登记信息。信息查验比对不一致，不符合有关登记申请规定的，登记机关不予登记，并出具不予登记通知书。国务院有关部门对主管范围内企业的产权登记另有规定的，依照其规定。

缴纳个人所得税。法人投资者退出合伙企业，应纳税所得额为转让收入减去投资成本，以及应分得的利润并入法人企业应纳税所得额，缴纳企业所得税。

上述仅是常规涉税事项。实务中，合伙型基金转让份额或是转让被投项目股权（股票）并非那么简单的事情。有限合伙企业涉税本身有不少争议的地方，尤其在基金多层嵌套情况下，这些疑问在S基金转让时依然会存在。有限合伙企业的税收问题详见本章第六节“二、合伙型基金”。

第四节｜非交易过户在私募基金退出渠道中的应用

大家对“非交易过户”并不陌生。“非交易过户”全名为“证券非交易过户”，顾名思义就是不通过场内或场外交易的形式，使证券的所有权在出让人和受让人之间的过户。近年来，该类场内证券直接过户模式在资本市场如雨后春笋般应运而生的同时也伴随着诸多争议。

一、非交易过户包括哪些形式

依据《证券非交易过户业务实施细则（适用于继承、捐赠等情形）》（以下简称《细则》）规定，非交易过户业务包括以下几类情形：继承所涉证券过户，捐赠所涉证券过户，依法进行的财产分割所涉证券过户（暂仅指离婚情形），法人资格丧失所涉证券过户，私募资产管理所涉证券过户，中国证监会认定的其他情形。

其中，法人资格丧失所涉证券过户、私募资产管理所涉证券过户在资本市场比较常见，也是我们认为有涉税争议的地方。证券是指登记在中国证券登记结算有限责任公司（以下简称“中证登”）开立的证券账户（不含开放式基金账户）中的股票（不含非流通股）、存托凭证、债券、基金等在证券交易所、全国中小企业股份转让系统交易的证券品种。私募基金退出采用非现金分配机制主要指的也是股票分配这种形式。

二、场内交易股票非交易过户的主要形式：私募资产管理所涉证券过户

2022年7月8日，证监会发布《证监会启动私募股权创投基金向投资者实物分配股票试点 支持私募基金加大服务实体经济力度》（以下简称“试点政策”）。结合实践，私募基金退出采用现金分配是主流方式，非现金是例外情况。根据《细则》规定，符合私募资产管理所涉证券过户的股票应当为无限售条件的流通股。

试点政策主要针对私募股权基金、创业投资基金退出时非现金分配机制，目的是拓宽私募股权创投基金退出渠道，促进投资、退出、再投资的良性循环，这个退出采用股票分配能否适用“私募资产管理所涉证券过户”还有待政策的进一步明确。因为就该业务底层逻辑规则来看，“私募资产管理所涉证券过户”路径目前仅特指投资者将金融资产委托给单一资产管理计划管理所涉证券过户的情形，也就是通过产品证券账户过户。比如，浙大网新（600797）2015年8月通过平安证券“平安——稳盈6号定向资产管理计划”在深圳证券交易所交易系统以竞价交易方式增持浙江众合科技股份有限公司，在到期日（2017年7月21日），浙大网新将该股票从定向资管账户转入普通证券账户[①]。

因此，在遇公司型、合伙型私募基金清算时，可能并不能直接适用该原则，而要通过“法人资格丧失”来完成非交易过户。

三、场内交易股票非交易过户的主要形式：法人资格丧失所涉证券过户

依据《细则》规定，“法人资格丧失”路径适用于法人实体、合伙企业。上市公司合伙型持股平台持有公司股票非交易过户到投资人名下就是采用“法人资格丧失”所涉证券过户的原则。“法人资格丧失”过户主要有两类情形：

1.上市公司持股平台将持有公司股票非交易过户到持股投资人名下。比如，2022年7月26日，有方科技（688159）的持股平台方星汇将持有该公司的无限售流通股股票通过证券非交易过户的方式登记至相应自然人股东名下[②]。

2.上市公司的股东（合伙企业）存续期届满，经全体合伙人同意解散清算，将合伙企业持有的上市公司股票以非交易过户形式直接划转至各合伙人的股票账户。比如，持有杭州新坐标科技股份有限公司（603040）5.5224%的股东上海欣雷在2021年1月完成清算注销，该企业的全体合伙人按照各自在该企业的实缴出资比例分配企业所持有的新坐标股份，合伙人按减持规定减持股份[③]。

值得一提的是，“法人资格丧失”原则下，适用“试点政策”的主体是私募股权创投基金，而有些企业虽冠以“基金”名义，其实从头至尾并不受基金业协会规制，

---

① 《浙大网新科技股份有限公司关于众合科技股票非交易过户的公告》（编号：2017-058）。

② 《深圳市有方科技股份有限公司关于公司股东完成证券非交易过户的公告》（公告编号：2022-034）。

③ 《杭州新坐标科技股份有限公司关于公司持股5%以上股东上海欣雷管理咨询合伙企业（有限合伙）清算注销后减持股份的说明公告》（公告编号：2021-005）。

让不规矩的基金享受私募股权创投基金退出的实物分配股票政策，没有法律依据。因此，一般公司型企业、合伙企业适用“试点政策”仍然要受到限制。

四、股票非交易过户业务规则与现行税法规定

股票非交易过户属于新生事物，现行税法并未直接对其作出相应的规定。

（一）私募资产管理所涉证券过户

私募资产管理所涉证券因采用投资人委托管理人进行管理的基金合同模式，私募资管产品的增值税以基金管理人为纳税人，这部分的所得税理论上需要扣缴。实际了解到的情况是谁也没有缴，这大概率也会造成非公开募集资产管理所涉证券过户时存在相同情况的涉税真空。好在私募资产管理产品要遵循《基金法》《私募条例》等规定，很大程度上受到监管机构的规制，不能随意操纵。

印花税方面，证券公司定向资产管理业务所涉证券划转和社保基金所持证券划转免收印花税。

（二）法人资格丧失所涉证券过户

按照《细则》规定，适用“法人资格丧失”需要提交“法人资格状态证明文件”：原法人已完成注销的，需提交登记机关出具的注销证明文件；法人未完成注销的，需提交证明法人已处于待注销状态的文件。而企业注销之前的清算使投资者获得了股票分配，在这个分配过程中，股票实实在在发生了所有权的转移被认为是有涉税风险的主要原因。

1. 企业清算层面

增值税方面，企业清算注销将股票分配给股东，通常采用无偿划转方式，属于增值税视同销售情形。根据《财政部 国家税务总局关于全面推开营业税改征增值税试点的通知》（财税〔2016〕36号），单位转让上市公司股票属于金融商品转让，需要按照卖出价减去买入价后的余额计算缴纳增值税。

所得税方面，根据《财政部 国家税务总局关于企业清算业务企业所得税处理若干问题的通知》（财税〔2009〕60号）第二条第（一）项规定，按《公司法》《企业破产法》等规定需要进行清算的企业，应进行清算所得税处理。

合伙企业清算阶段涉税也有相应规定。企业进行清算时，投资者应当在注销工商登记之前，向主管税务机关结清有关税务事宜。企业的清算所得应当视为年度生产经营所得，由投资者依法缴纳个人所得税。所称清算所得，是指企业清算时的全部资产

或者财产的公允价值扣除各项清算费用、损失、负债、以前年度留存的利润后，超过实缴资本的部分。

印花税方面，根据《印花税法》规定，办理股票过户的企业需要缴纳证券交易印花税。

2. 投资者层面

（1）法人投资者。

申请人申请办理过户业务时，要求申请人具备证券账户。根据《细则》规定，如果过入方不具备证券账户开立资格，这个过入方需向中证登申请开立证券账户，并承诺所开立证券账户仅用于《细则》规定的法人资格丧失等非交易过户情形受让证券，不得进行其他证券买卖，法律法规另有规定的除外。

目前，上市公司股东通过非交易过户取得股票，企业所得税方面并未有明确规定，不排除税务机关会以股票风险报酬转移为由征企业所得税。

（2）自然人投资者。

对于个人投资者通过非交易过户取得上市公司股票的业务，这部分其实有现行规定。

参照《中国证券登记结算有限责任公司深圳分公司证券非交易过户业务指南》①，拟过户股份属于个人转让上市公司限售股所得征收个人所得税相关通知所规定的应纳税范围的，申请人在办理过户申请时，需要提供主管税务机关出具的完税证明原件及复印件和《限售股转让所得个人所得税清算申报表》复印件。

（三）公司员工持股计划

还有一类非常特殊的非交易过户——基于员工持股计划到期解禁涉及非交易过户，即将员工持股计划持有的上市公司股票过户到董事、监事、高级管理人员个人账户。比如，金桥信息（603918）收到中证登出具的《过户登记确认书》，该公司回购专用证券账户中所持有的公司股票于2023年11月10日以非交易过户的方式过户至公司“上海金桥信息股份有限公司——2023年第二期员工持股计划”证券账户②。

---

① 《关于个人转让上市公司限售股所得征收个人所得税的通知》（财税〔2009〕167号）、《关于个人转让上市公司限售股所得征收个人所得税的补充通知》（财税〔2010〕70号）、《关于证券机构技术和制度准备完成后个人转让上市公司限售股有关个人所得税问题的通知》（财税〔2011〕108号）等相关文件的规定。

② 巨潮资讯网：《上海金桥信息股份有限公司关于2023年第二期员工持股计划完成股票非交易过户的公告》（公告编号：2023-099）。

员工持股计划非交易过户向中证登提交资料是有严格要求的。比如，涉及员工持股计划股票来源于上市公司回购本公司股票等情形，股票从上市公司回购专用证券账户过入员工持股计划证券账户的，需提交具有证券期货从业资格的会计师事务所出具的验资报告（转让价格为零除外）①；涉及员工持股计划变更、终止等情形，股票从员工持股计划证券账户过入员工个人普通证券账户或符合上市公司员工持股计划方案约定的其他证券账户的，还需提交员工持股计划股票过户明细说明②。

员工持股计划到期解禁所涉非交易过户，严格意义来说既无法人实体资格，又不属于基金业协会备案范围③，仅是上市公司开立员工持股计划证券账户为其办理股票非交易过户等业务提供便利，属于中证登结算规则的一部分，其过户的灵活性使其成为目前较为盛行的员工持股模式之一。

五、非交易过户引发涉税风险

实务中，有直接过户的合伙企业（合伙型基金），也不乏未经过清算程序直接过户股票给投资者的情况，更有甚者将公司迁址转换成合伙企业后利用非交易过户股票最后减持的，或者干脆直接迁址到洼地减持股票的筹划。

【案例9-4】同某顺持股平台疑似个人股票转让的非交易过户案例。

财联社2023年3月21日讯（记者：汪斌、刘科）同某顺的员工持股平台凯某奥被追缴超十亿元巨额税款。

凯某奥于2007年8月在上海宝山区成立，2020年3月迁往北京，次月从有限责任公司转为有限合伙企业，7月又以有限合伙企业的形式迁回上海。

财联社记者从同某顺获悉，2022年11月21日和12月5日，税务机关向凯某奥下发税务事项通知书和责令限期整改通知书，认为凯某奥“涉嫌在转换组织形式的过程中未申报缴纳相关税款”，责令其一次性征收所有股票（包括所有转换日尚未减持的股票，包括限售股）视同出售清算相关的税款。

---

① 《中国证券登记结算有限责任公司关于发布〈上市公司员工持股计划试点登记结算业务指引〉的通知》第十六条第（八）项。

② 《中国证券登记结算有限责任公司关于发布〈上市公司员工持股计划试点登记结算业务指引〉的通知》第十六条第（九）项。

③ 《私募基金备案案例公示》(【2021】第1期 总第1期）案例1—3明确，员工跟投平台备案为私募基金、一般有限合伙企业改造后备案为私募基金以及员工持股计划备案为私募基金，不属于私募基金备案范围，协会已不予备案。

税务部门依据的是《财政部 国家税务总局关于企业重组业务企业所得税处理若干问题的通知》（财税〔2009〕59号）第四条企业由法人转换为合伙企业等非法人组织应“视同企业进行清算、分配，股东重新投资成立新企业”的规定。凯某奥在企业组织形式转化过程中产生了所得税纳税义务。

【案例9-5】公司股票非交易过户后注销，后被稽查追税。

国家税务总局××市税务局第三稽查局税务事项通知书

×税三稽通〔2022〕21号

×××企业管理有限公司：（纳税人识别号：×××）

事由：你公司持有上市公司股份3 449.25万股无限售流通股股票（占公司总股本的9.77%）已通过证券非交易过户的方式登记至邵某女士、仇某先生、陈某荣先生、陈某斌先生及邵某先生名下，相关手续已办理完毕。你公司存在少缴企业所得税税款的情况。

现国家税务总局××市税务局第三稽查局通知申报，责令你公司限期15日到该局接受税务检查，缴纳应纳税款2021年企业所得税134 453 675.77元，详见税务稽查底稿。

依据：《中华人民共和国税收征收管理法》第二十五条，纳税人必须依照法律、行政法规规定或者税务机关依照法律、行政法规的规定确定的申报期限、申报内容如实办理纳税申报，报送纳税申报表、财务会计报表以及税务机关根据实际需要要求纳税人报送的其他纳税资料。

扣缴义务人必须依照法律、行政法规规定或者税务机关依照法律、行政法规的规定确定的申报期限、申报内容如实报送代扣代缴、代收代缴税款报告表以及税务机关根据实际需要要求扣缴义务人报送的其他有关资料。

根据《国家税务总局关于企业所得税核定征收有关问题的公告》2012年第27号规定：第一条专门从事股权（股票）投资业务的企业，不得核定征收企业所得税。

根据《中华人民共和国企业所得税法》第一条在中华人民共和国境内，企业和其他取得收入的组织（以下统称“企业”）为企业所得税的纳税人，依照本法的规定缴纳企业所得税。第四条企业所得税的税率为25%。

通知内容：根据《中华人民共和国税收征收管理法》第三十八条的规定，现责成你单位自收到本通知书之日起30日内向税务机关国家税务总局

××市税务局第三稽查局缴纳应纳2021年度企业所得税税款134 453 675.77元。鉴于你单位已注销登记，应纳2021年度企业所得税税款134 453 675.77元按股东投资比例向原股东邵某、陈某荣、陈某斌、仇某、邵某5人追缴。

请在税务稽查底稿被查对象（当事人）陈述意见一栏内签署你单位意见后，寄回国家税务总局××市税务局第三稽查局。

如同税务机关在纳税上有争议，必须先依照本通知的期限缴纳税款及滞纳金或者提供相应的担保，然后可自上述款项缴清或者提供相应的担保被税务机关确认之日起六十日内依法向税务机关国家税务总局××市税务局申请行政复议，或者自收到本通知之日起六个月依法向人民法院起诉。

国家税务总局××市税务局第三稽查局

2022年7月15日

第五节 | 私募股权创投基金退出向投资者实物分配股票试点

为完善私募股权基金、创业投资基金（以下简称“私募股权创投基金”）非现金分配机制，拓宽私募股权创投基金退出渠道，促进投资——退出——再投资良性循环，2022年7月8日，证监会启动私募股权创投基金向投资者实物分配股票试点工作（见图9–5）。

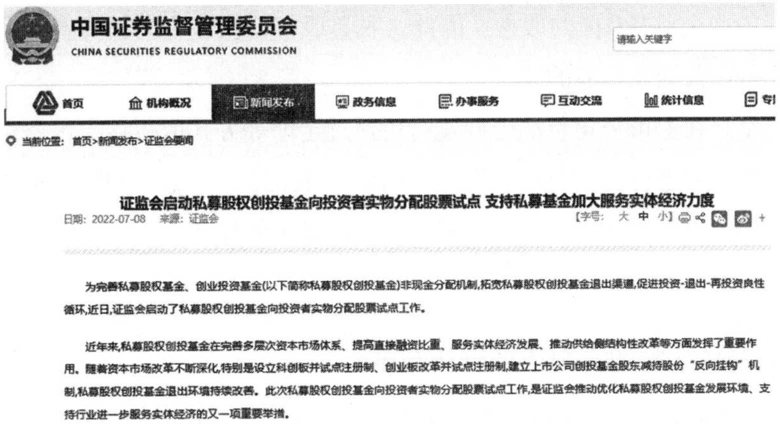
中国证券监督管理委员会
CHINA SECURITIES REGULATORY COMMISSION
请输入关键字
首页 机构概况 新闻发布 政务信息 办事服务 互动交流 统计信息
当前位置：首页>新闻发布>证监会要闻

证监会启动私募股权创投基金向投资者实物分配股票试点 支持私募基金加大服务实体经济力度

日期：2022-07-08 来源：证监会 【字号： 大 中 小】

为完善私募股权基金、创业投资基金(以下简称私募股权创投基金)非现金分配机制,拓宽私募股权创投基金退出渠道,促进投资-退出-再投资良性循环,近日,证监会启动了私募股权创投基金向投资者实物分配股票试点工作。

近年来,私募股权创投基金在完善多层次资本市场体系、提高直接融资比重、服务实体经济发展、推动供给侧结构性改革等方面发挥了重要作用。随着资本市场改革不断深化,特别是设立科创板并试点注册制、创业板改革并试点注册制,建立上市公司创投基金股东减持股份“反向挂钩”机制,私募股权创投基金退出环境持续改善。此次私募股权创投基金向投资者实物分配股票试点工作,是证监会推动优化私募股权创投基金发展环境、支持行业进一步服务实体经济的又一项重要举措。

图9–5 证监会启动私募股权创投基金向投资者实物分配股票试点

私募股权创投基金向投资者实物分配股票，是指私募基金管理人与投资者约定，将私募股权创投基金持有的上市公司首次公开发行前的股份通过非交易过户方式向投资者（份额持有人）进行分配的一种安排。从境外市场看，私募基金在被投企业上市后向投资者实物分配股票是较为常见的制度安排。这一安排有利于兼顾投资者差异化需求，进一步优化私募股权创投基金退出环境，促进行业长期健康发展，更好地发挥其对实体经济和创新创业的支持作用。

一、业务规则

该业务主要针对私募股权基金、创业投资基金退出时的股票分配机制，目的是拓宽私募股权创投基金退出渠道，促进投资——退出——再投资的良性循环。

二、几类人不得参与分配

有几类人和情形不得参与试点：

上市公司控股股东、实际控制人、第一大股东（含一致行动人），持有上市公司股份尚未解除限售，持有上市公司股份依照有关规则或者承诺不得减持，持有上市公司股份涉及质押、冻结、司法拍卖，或者存在违法违规行为等情形的，不得参与试点。投资者是该上市公司的实际控制人、控股股东、第一大股东（含一致行动人），是该上市公司董事、监事、高级管理人员，或者不具备证券市场投资资格。

有意向参与试点且符合条件的私募基金管理人可在充分论证的基础上向基金业协会提出试点申请及具体操作方案。

三、分配标的

分配标的为企业IPO前的股份。因此，私募股权创投基金向投资者分配的须是所持上市公司首次公开发行前的股份。

另外，基金在上市公司首次公开发行后通过定增等方式取得该上市公司的股份则不得用于向投资者进行实物分配。因该举措可能导致同一基金不同阶段和方式取得同一上市公司的股份，会在一定程度增加试点机制适用的复杂性。期待证监会后续对此做进一步的明确。

四、实物分配股票试点申请操作方案

2022年9月7日，基金业协会发布《关于接收私募股权创投基金向投资者实物分配股票试点申请材料的通知》，明确符合条件的意向申请管理人的操作方案应包括但不限于以下内容（见图9-6）：

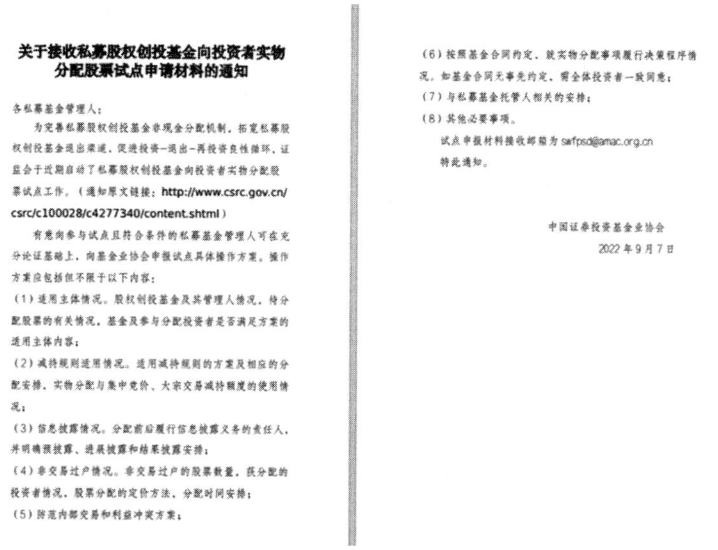

关于接收私募股权创投基金向投资者实物分配股票试点申请材料的通知

各私募基金管理人：

为完善私募股权创投基金非现金分配机制，拓宽私募股权创投基金退出渠道，促进投资—退出—再投资良性循环，证监会于近期启动了私募股权创投基金向投资者实物分配股票试点工作。（通知原文链接：http://www.csrc.gov.cn/csrc/c100028/c4277340/content.shtml）

有意向参与试点且符合条件的私募基金管理人可在充分论证基础上，向基金业协会申报试点具体操作方案。操作方案应包括但不限于以下内容：

（1）适用主体情况。股权创投基金及其管理人情况，待分配股票的有关情况，基金及参与分配投资者是否满足方案的适用主体内容；

（2）减持规则适用情况。适用减持规则的方案及相应的分配安排，实物分配与集中竞价、大宗交易减持额度的使用情况；

（3）信息披露情况。分配前后履行信息披露义务的责任人，并明确预披露、进展披露和结果披露安排；

（4）非交易过户情况。非交易过户的股票数量，获分配的投资者情况，股票分配的定价方法，分配时间安排；

（5）防范内部交易和利益冲突方案；

（6）按照基金合同约定，就实物分配事项履行决策程序情况。如基金合同无事先约定，需全体投资者一致同意；

（7）与私募基金托管人相关的安排；

（8）其他必要事项。

试点申报材料接收邮箱为 swfpsd@amac.org.cn

特此通知。

中国证券投资基金业协会

2022 年 9 月 7 日

图9–6　关于接收私募股权创投基金向投资者实物分配股票试点申请材料的通知

（1）适用主体情况。股权创投基金及其管理人情况，待分配股票的有关情况，基金及参与分配投资者是否满足方案的适用主体内容。

（2）减持规则适用情况[①]。适用减持规则的方案及相应的分配安排，实物分配与集中竞价、大宗交易减持额度的使用情况。

（3）信息披露情况。分配前后履行信息披露义务的责任人，并明确预披露、进展披露和结果披露安排。

（4）非交易过户情况。非交易过户的股票数量，获分配的投资者情况，股票分配的定价方法，分配时间安排。

（5）防范内部交易和利益冲突方案。

（6）按照基金合同约定，就实物分配事项履行决策程序情况。如基金合同无事先约定，需全体投资者一致同意。

（7）与私募基金托管人相关的安排。

（8）其他必要事项。

需要关注前述操作方案有关减持规则、信息披露，以及非交易过户的要求。其中，“非交易过户”仅是对业务的监管要求，该业务退出采用股票分配能否适用“私募资产管理所涉证券过户”还有待政策的进一步明确；对于涉及该业务的企业（合伙

① 适用《上市公司股东、董监高减持股份的若干规定》《上市公司创业投资基金股东减持股份的特别规定（2020年修订）》等有关减持规定。

型基金）未提及相关涉税要求，也未有明确的前置性规定，在涉及该类业务的“法人实体丧失业务”难免会有涉税争议和风险。相关问题已在本章第四节“五、非交易过户引发涉税风险”介绍过，本节不再赘述。

五、试点业务初期进展情况

以下为证监会宣布试点开始到第一家企业试点的过程：

1. 2022年7月8日，证监会官网发布《证监会启动私募股权创投基金向投资者实物分配股票试点 支持私募基金加大服务实体经济力度》，宣布私募基金实物分配股票试点工作正式启动。

2. 2022年9月7日，基金业协会发布《关于接收私募股权创投基金向投资者实物分配股票试点申请材料的通知》，明确私募股权创投企业向投资者实物分配股票试点申请需向协会提交的材料内容。

3. 2022年10月14日，证监会官网发布“证监会原则同意开展私募股权创投基金向投资者实物分配股票首单试点”，原则同意上海临理对所持有的澜起科技股票给LP进行实物分配股票试点申请工作（见图9–7）。

中国证券监督管理委员会
CHINA SECURITIES REGULATORY COMMISSION

首页 机构概况 新闻发布 政务信息 办事服务 互动交流 统计信息

当前位置：首页>新闻发布>证监会要闻

证监会原则同意开展私募股权创投基金向投资者实物分配股票首单试点

日期：2022-10-14 来源：证监会 【字号：大 中 小】

为拓宽私募股权基金、创业投资基金（以下简称私募股权创投基金）退出渠道，促进投资-退出-再投资良性循环，平滑私募股权创投基金退出对二级市场的影响，今年7月，证监会启动了私募股权创投基金向投资者实物分配股票试点工作。试点启动以来，行业机构积极响应。行业机构表示，私募股权创投基金向投资者实物分配股票，有利于兼顾投资者差异化减持需求，避免集中减持造成市场波动，丰富私募股权创投基金退出渠道，进一步优化私募股权创投基金退出环境，促进行业长期健康发展。

日前，证监会已原则同意上海临理投资合伙企业（有限合伙）的实物分配股票试点申请。申请人将按照有关法律法规和证监会关于私募基金实物分配股票试点的要求，履行相应程序和信息披露义务，适时向投资者分配股票。其他符合条件的私募股权创投基金实物分配股票试点申请也正在积极有序推进过程中。

下一步，证监会将推动私募股权创投基金实物分配股票试点工作有序开展，及时总结评估试点情况，逐步扩大试点范围，持续推进完善私募股权创投基金退出机制，更好地发挥私募股权创投基金对实体经济和创新创业的支持作用。

图9–7 证监会原则同意开展私募股权创投基金向投资者实物分配股票首单试点

4. 2023年1月31日，澜起科技发布《澜起科技股份有限公司关于股东拟进行股票实物分配的提示性公告》（公告编号：2023–008），上海临理计划将其持有的公司股份不超过7307780股向其投资者进行股票实物分配，并以非交易过户的方式登记至上海临理部分合伙人名下（见图9–8）。

澜起科技股份有限公司
关于股东拟进行股票实物分配的提示性公告

图9-8　澜起科技股份有限公司关于股东拟进行股票实物分配的提示性公告

第六节｜基金税收难点、争议

我国的基金税制随着股权投资业务的发展，已经发生了翻天覆地的变化。在涉及基金税收难点和争议时，笔者也不是故意设置阅读的障碍，只是希望各位读者在学习私募基金募投管退财税问题时，对哪些事项涉税有明确规定，哪些是难点，哪些又是争议点，哪些需要和税务机关进行沟通才能解决等问题有个大概的了解。

本节按基金产品类型进行论述。

一、契约型基金

私募契约型基金属于资管产品范畴。在增值税方面，依据财税〔2016〕36号、财税〔2017〕56号等文的规定，其运营过程中取得的增值税应税收入应由基金管理人作为纳税人，按照3%征收率缴纳增值税。

所得税上，我国对于证券投资基金相关减免税政策，从税务局角度来说仅针对公募证券投资基金：

（1）对基金取得的股票的股息、红利收入，债券的利息收入、储蓄存款利息收入，由上市公司、发行债券的企业和银行在向基金支付上述收入时代扣代缴20%的个人所得税；对投资者（包括个人和机构投资者）从基金分配中取得的收入，暂不征收个人所得税和企业所得税。

（2）证券投资基金从上市公司取得的股息、红利所得，按照股息、红利差异化通知规定计征个人所得税。

（3）对证券投资基金从证券市场中取得的收入，包括买卖股票、债券的差价收入，股权的股息、红利收入，债券的利息收入及其他收入，暂不征收企业所得税。

（4）对投资者从证券投资基金分配中取得的收入，暂不征收企业所得税。

其中，法人投资人需要就私募证券基金取得的投资收益缴纳企业所得税，在实际操作中仍存在一定的不确定性。

国家税务总局北京市税务局2019年11月11日发布《企业所得税实务操作政策指引（第一期）》，在“二、税收优惠”“（一）免税收入”中的“2.证券投资基金分红免税问题”中提出私募证券基金分红的问题，可作为参考：

> 2.证券投资基金分红免税问题
>
> 2012年修订后的《基金法》（从2013年6月1日起施行）将证券投资基金分为公开募集基金和非公开募集基金，公开募集基金简称公募基金，非公开募集基金简称私募基金，而修订前的《基金法》不包括私募基金。按照《财政部 国家税务总局关于企业所得税若干优惠政策的通知》（财税〔2008〕1号，以下简称财税〔2008〕1号）第二条第（二）项的规定，对投资者从证券投资基金分配中取得的收入，暂不征收企业所得税。
>
> **问：**对投资者从私募基金分配中取得的收入能否享受暂不征收企业所得税的税收优惠？
>
> **答：**考虑到一是财税〔2008〕1号出台时，是针对原《基金法》中规定的公募基金给予免税，政策出台时不包括私募基金；二是私募基金操作方式灵活，受监管程度低，且其投资者多为高净值人群，不适用于社会普通大众，大众参与度低，因此从优惠取向和维护社会公平的角度，不应对投资者从私募基金取得的分红适用免税政策。因此，对投资者从私募基金取得的分红暂不享受免税政策。

北京税务局比较客观分析了私募证券基金的投资对象，投资者多为高净值人群，不适用于社会普通大众，大众参与度低、受监管程度低的情况。仍有不少人认为该指引过于抠字眼，机械解读了2012年版《基金法》关于证券投资基金分配取得的收入暂不征收企业所得税的适用对象。因此，我们建议税务总局对此能予以明确，并发布相关公告。

二、合伙型基金

目前，大多数国家均将合伙企业直接视为税收穿透实体。税收穿透主要是指企业取得的任何性质的收入，企业层面不改变收入的性质，而是直接映射至投资者。比如，合伙企业持有股票取得的股息收入，等同于投资者取得股息收入；合伙企业买卖股票取得资本利得性质的收入，等同于投资者取得资本利得收入。

（一）合伙企业“先分后税”的计税规则

合伙型基金采用合伙企业组织架构。合伙企业以每一个合伙人为纳税义务人。合伙企业生产经营所得和其他所得采取“先分后税”的原则，所称生产经营所得和其他所得，包括合伙企业分配给所有合伙人的所得和企业当年留存的所得（利润）。合伙企业所得“先分后税”的“分”指的是在合伙企业层面归集、计算应划分给合伙人的应纳税所得额。合伙企业所得“先分后税”的“税”指的是纳税主体：合伙人如果是个人合伙人，缴纳个人所得税；合伙人如果是法人或其他组织的，缴纳企业所得税。

我国合伙企业税制对基金持有项目公司股权获得的利息、股息和红利穿透到各个合伙人缴税，采取了不同的政策：

（1）合伙企业以每一个合伙人为纳税义务人；合伙企业每一纳税年度的收入总额减除成本、费用以及损失后的余额，作为投资者个人的生产经营所得，比照《个人所得税法》的“经营所得”应税项目，适用5%—35%的五级超额累进税率，计算征收个人所得税。

（2）合伙企业对外投资分回的利息或者股息、红利，不并入企业的收入，而应单独作为投资者个人取得的利息、股息、红利所得，按“利息、股息、红利所得”应税项目计算缴纳个人所得税。

底层的项目公司向基金分配收益，基金的个人合伙人单独按“利息、股息、红利所得”缴个人所得税；而基金的法人合伙人将其并入基金实体的所得，按“经营所得”缴税。由此，引出第一个难点：基金取得分红收益，为何划分到不同的合伙人，这个所得的属性会有两种标准？

（二）合伙企业计税基础

一直以来，合伙税制中存在两类计税基础：合伙人资本权益的外部计税基础（Outside basis）和合伙企业持有财产的内部计税基础（Inside basis）。外部计税基础是合伙人在向合伙企业投入合伙资本将获得的资本权益，内部计税基础是合伙企业获得投入财产时以及持续经营过程中，这些财产具有的计税基础。

一般情况下，合伙企业投入、持续经营财产的内部计税基础和合伙人资本权益的外部计税基础是相等的，但随着合伙企业层面的收入或所得、扣除或者损失等权益穿透划分给合伙人时，合伙人在资本权益上的计税基础也将做相应调整。然而，税法只认可历史成本的外部计税基础，不承认内部计税基础。由此，引出以下连锁问题：

1.合伙企业已税的“留存收益中应分配金额”或“留存收益中可分配金额”对于合伙人来说，是否应该相应垫高合伙人投资的计税基础？

比如，由自然人A、公司B设立甲基金（1 100万元，其中自然人A出资100万元）。该基金投了一家拟上市公司定向增发的股票，上市后基金持有的股权（暂不考虑其他合伙人的权益份额）变成了价值5 000万元。解禁后，自然人A以500万元出售份额给自然人C，后来自然人C转让份额取得1 000万元。问自然人C转让份额的计税基础是多少？

这个案例里，自然人A的个人所得应该是400（500–100）万元。合伙人自然人C转让时，有些税务机关认为会倾向税基为900（1 000–100）万元，而不是500（1 000–500）万元。税法通常认可历史成本，但合伙企业又没有调整外部计税基础和外部计税基础的机制（规定），这样的结果就导致了重复征税，毫无疑问既不公平也不合理。这也是有些学者提出要对合伙企业持有资产和合伙人持有合伙份额的税基相互联动调整的原因所在。

2.有关合伙人退伙和合伙人权益份额转让的涉税问题。合伙人权益份额转让较之合伙人退伙的退伙结算、缴清税款退出企业，还有将其份额转让给其他投资者这个步骤。财税界一直认为合伙人权益份额转让应当按“财产转让所得”缴税。那么，合伙人退伙涉税是否是转让合伙权益涉税的前提和基础，这点税务总局的政策并未明确。

3.底层的项目公司对基金分红（送、转股）、基金实际获得收益，基金的投资人需不需要纳税？

公司以税后利润，在弥补以前年度亏损、提取法定公积金及任意公积金后，将剩余利润以现金或股票的方式，按股东持股比例或按公司章程规定的办法进行分红派息。一般来说，公司可以派发现金、派发新股（送红股）、以公司盈余公积金转增股本等形式实施分红派息。其中，以盈余公积、未分配利润派发红股属于股息、红利所得，以资本公积转增股本属于“转股”。

项目公司对合伙企业（合伙型基金）分红、送转股有争议的问题，主要体现在以下两方面：

（1）合伙企业作为股东接受公司分红（送转股），要不要征税。

公司制企业分红减免的对象为法人股东、自然人股东。公司型企业向法人股东分红符合条件的，有免税优惠；上市公司（挂牌公司）向个人股东送、转股符合条件的，可以适用股息红利差别化政策。合伙企业的合伙人间接持有项目公司的股权，公司对合伙企业分红、送转股的，则无这样的规定。

①针对法人股东的税收优惠有：

被投资企业将股权（票）溢价所形成的资本公积转为股本，根据《国家税务总局关于贯彻落实企业所得税法若干税收问题的通知》（国税函〔2010〕79号）规定，不作为投资方企业的股息、红利收入，投资方企业也不得增加该项长期投资的计税基础。

根据《中华人民共和国企业所得税法》第二十六条第（二）项规定，企业的“符合条件的居民企业之间的股息、红利等权益性投资收益”为免税收入。符合条件的居民企业之间的股息、红利等权益性投资收益，是指居民企业直接投资于其他居民企业取得的投资收益。《企业所得税法》第二十六条第（二）项和第（三）项所称股息、红利等权益性投资收益，不包括连续持有居民企业公开发行并上市流通的股票不足12个月取得的投资收益。

②针对个人股东的优惠政策如表9-4所示。

表9-4　个人股东所得税收优惠

序号	内容	依据
1	一、股份制企业用资本公积金转增股本不属于股息、红利性质的分配，对个人取得的转增股本数额，不作为个人所得，不征收个人所得税 二、股份制企业用盈余公积金派发红股属于股息、红利性质的分配，对个人取得的红股数额，应作为个人所得征税	《国家税务总局关于股份制企业转增股本和派发红股征免个人所得税的通知》（国税发〔1997〕198号）
2	“资本公积金”是指股份制企业股票溢价发行收入所形成的资本公积金。将此转增股本由个人取得的数额，不作为应税所得征收个人所得税。而与此不相符合的其他资本公积金分配个人所得部分，应当依法征收个人所得税	《国家税务总局关于原城市信用社在转制为城市合作银行过程中个人股增值所得应纳个人所得税的批复》（国税函〔1998〕289号）

续表

序号	内容	依据
3	青岛路邦石油化工有限公司将从税后利润中提取的法定公积金和任意公积金转增注册资本，实际上是该公司将盈余公积金向股东分配了股息、红利，股东再以分得的股息、红利增加注册资本。因此，依据《国家税务总局关于股份制企业转增股本和派发红股征免个人所得税的通知》（国税发〔1997〕198号）精神，对属于个人股东分得再投入公司（转增注册资本）的部分应按照“利息、股息、红利所得”项目征收个人所得税，税款由股份有限公司在有关部门批准增资、公司股东会决议通过后代扣代缴	《国家税务总局关于盈余公积金转增注册资本征收个人所得税问题的批复》（国税函〔1998〕333号）
4	对个人持有的上市公司限售股，解禁后取得的股息红利，按照本通知规定计算纳税，持股时间自解禁日起计算；解禁前取得的股息红利继续暂减按50%计入应纳税所得额，适用20%的税率计征个人所得税 所称限售股，是指财税〔2009〕167号文件和财税〔2010〕70号文件规定的限售股	《财政部 国家税务总局 证监会关于实施上市公司股息红利差别化个人所得税政策有关问题的通知》（财税〔2012〕85号）
5	个人和证券投资基金从全国股份转让系统挂牌的原STAQ、NET系统挂牌公司（简称两网公司）取得的股息红利所得，按照本通知规定计征个人所得税；从全国股份转让系统挂牌的退市公司取得的股息红利所得，按照财税〔2012〕85号文件的有关规定计征个人所得税	《财政部 国家税务总局 证监会关于实施全国中小企业股份转让系统挂牌公司股息红利差别化个人所得税政策有关问题的通知》（财税〔2014〕48号）、《财政部 税务总局 证监会关于继续实施全国中小企业股份转让系统挂牌公司股息红利差别化个人所得税政策的公告》（财政部 税务总局 证监会公告2019年第78号） 更新文：《财政部 税务总局 关于延续实施全国中小企业股份转让系统挂牌公司股息红利差别化个人所得税政策的公告》（财政部 税务总局公告2024年第8号）
6	个人从公开发行和转让市场取得的上市公司股票，持股期限超过1年的，股息红利所得暂免征收个人所得税。个人从公开发行和转让市场取得的上市公司股票，持股期限在1个月以内（含1个月）的，其股息红利所得全额计入应纳税所得额；持股期限在1个月以上至1年（含1年）的，暂减按50%计入应纳税所得额；上述所得统一适用20%的税率计征个人所得税 全国中小企业股份转让系统挂牌公司股息红利差别化个人所得税政策，按照本通知规定执行	《财政部 国家税务总局 证监会关于上市公司股息红利差别化个人所得税政策有关问题的通知》（财税〔2015〕101号）、《财政部 税务总局 证监会关于继续实施全国中小企业股份转让系统挂牌公司股息红利差别化个人所得税政策的公告》（财政部、税务总局、证监会公告2019年第78号） 更新文：《财政部 税务总局关于延续实施全国中小企业股份转让系统挂牌公司股息红利差别化个人所得税政策的公告》（财政部 税务总局公告2024年第8号）

续表

序号	内容	依据
7	自2016年1月1日起，全国范围内的中小高新技术企业以未分配利润、盈余公积、资本公积向个人股东转增股本时，个人股东一次缴纳个人所得税确有困难的，可根据实际情况自行制定分期缴税计划，在不超过5个公历年度内（含）分期缴纳，并将有关资料报主管税务机关备案 个人股东获得转增的股本，应按照“利息、股息、红利所得”项目，适用20%税率征收个人所得税 上市中小高新技术企业或在全国中小企业股份转让系统挂牌的中小高新技术企业向个人股东转增股本，股东应纳的个人所得税，继续按照现行有关股息红利差别化个人所得税政策执行，不适用本通知规定的分期纳税政策	《财政部 国家税务总局关于将国家自主创新示范区有关税收试点政策推广到全国范围实施的通知》（财税〔2015〕116号）、《国家税务总局关于股权奖励和转增股本个人所得税征管问题的公告》（国家税务总局公告2015年第80号）

笔者认为，合伙企业作为上市公司的股东接受公司分红（送转股）的，按照《国家税务总局关于〈关于个人独资企业和合伙企业投资者征收个人所得税的规定〉执行口径的通知》（国税函〔2001〕84号）规定，对于合伙企业对外投资分回利息、股息、红利所得，不并入企业的收入，应单独作为投资者个人取得的利息、股息、红利所得，按“利息、股息、红利所得”应税项目计算缴纳个人所得税。

（2）合伙企业作为股东接受项目公司分红、送转股缴税了，要不要垫高合伙人投资的计税成本。

公司将股票溢价以外的资本公积、留存收益转增股本征免税，是因为税法认为股东在送转股过程中有所得，相当于以资本公积（股本溢价除外）、留存收益向股东分配了股息、红利，股东再以分得的股息、红利增加注册资本，个人股东缴税后会垫高投资的计税依据。而符合条件的居民企业之间的股息、红利等权益性投资收益是免税收入，法人的免税是真正的免税。

如前所述，上市公司（挂牌公司）对个人股东分红（送转股）有减免税、公司扣缴的规定，对法人股东符合条件的，给与免税的优惠。实务中，上市公司对合伙企业股东进行利润分配及转增股本其实并未扣缴所得税，而是将分红直接分配给该类股东自行缴纳税款。但笔者认为，分红（送转股）的部分无论是免税、公司扣缴，还是投资者自己缴纳，都应该相应垫高合伙企业投资人的投资成本（外部计税基础）。

【案例9-6】2023年6月，西部超导材料科技股份有限公司于上交所披露《西部超导材料科技股份有限公司2022年年度权益分派实施公告》（公告编号：2023-020），分配2022年利润及转增股本。方案以权益分派实施前的公司总股本464 046 069股为基数，每股派发现金红利1元（含税），以资本公积金向全体股东每股转增0.4股，共计派发现金红利464 046 069元，转增185 618 428股，本次分配后总股本为649 664 497股。以下为扣税说明：

（1）对于持有公司无限售条件流通股的自然人股东及证券投资基金，根据《关于实施上市公司股息红利差别化个人所得税政策有关问题的通知》（财税〔2012〕85号）及《关于上市公司股息红利差别化个人所得税政策有关问题的通知》（财税〔2015〕101号）有关规定，个人（包括证券投资基金）从公开发行和转让市场取得的上市公司股票，持股期限（从公开发行和转让市场取得上市公司股票之日至转让交割该股票之日前一日的持有时间）超过1年的，其股息红利所得暂免征收个人所得税，每股实际派发现金红利人民币1元；持股1年以内（含1年）的，本公司暂不扣缴个人所得税，每股实际派发现金红利人民币1元，待其转让股票时，中国结算上海分公司根据其持股期限计算应纳税额，由证券公司等股份托管机构从其资金账户中扣收并划付中国结算上海分公司，中国结算上海分公司于次月5个工作日内划付本公司，本公司在收到税款当月的法定申报期内向主管税务机关申报缴纳。

具体实际税负为：股东的持股期限在1个月以内（含1个月）的，其股息红利所得全额计入应纳税所得额，实际税负为20%；持股期限在1个月以上至1年（含1年）的，暂减按50%计入应纳税所得额，实际税负为10%；持股期限超过1年的，其股息红利所得暂免征收个人所得税。

（2）对于合格境外机构投资者（QFII）股东，公司将根据《国家税务总局关于中国居民企业向QFII支付股息、红利、利息代扣代缴企业所得税有关问题的通知》（国税函〔2009〕47号）的规定，按照10%的税率统一代扣代缴企业所得税，税后每股实际派发现金红利0.9元。如该类股东取得股息、红利收入需要享受税收协定（安排）待遇或其他的税收优惠政策，可按照规定在取得股息、红利后自行向主管税务机关提出申请。

（3）对于香港市场投资者（包括企业和个人）通过“沪股通”持有本公司股票的，其股息红利将由公司通过中国证券登记结算有限责任公司上海分公司按股票名义持有人账户以人民币派发，扣税根据《财政部 国家税务

总局 证监会关于沪港股票市场交易互联互通机制试点有关税收政策的通知》（财税〔2014〕81号）执行，公司按照10%的税率代扣所得税，税后每股实际派发现金红利0.9元。如相关股东认为其取得的股息、红利收入需要享受税收协定（安排）待遇的，可按照规定在取得股息、红利后自行向主管税务机关提出申请。

（4）对于其他机构投资者和法人股东，公司将不代扣代缴企业所得税，其现金红利所得税由其自行缴纳，实际派发现金红利为税前每股1元。

（5）根据《国家税务总局关于股份制企业转增股本和派发红股免征个人所得税的通知》（国税发〔1997〕198号）、《国家税务总局关于贯彻落实企业所得税法若干税问题的通知》（国税函〔2010〕79号），本次转增股本的来源均为股票溢价发行收入所形成的资本公积金，不涉及扣税情形。

（三）合伙企业纳税义务和纳税地点

合伙企业纳税义务是合伙企业层面有盈利就需要穿透到合伙人缴税。这个纳税义务的问题经常会和纳税地点有交集，甚至混淆。在《关于个人独资企业和合伙企业投资者征收个人所得税的规定》（财税〔2000〕91号）出台的早期，出现过个别地方主管税务机关要求法人合伙人在合伙企业注册地税务局缴纳企业所得税的争议。如此产生一问：合伙企业有所得要穿透到合伙人纳税，穿透至合伙人缴税是不是意味着纳税的地点也穿透了？

纳税义务和纳税地点显然不能画等号。依据财税〔2000〕91号规定，投资者从合伙企业取得的生产经营所得，由合伙企业向企业实际经营管理所在地主管税务机关申报缴纳投资者应纳的个人所得税，这是对个人合伙人的规定。对于法人合伙人，则是合伙企业将收益划分至法人，由法人自行向其注册所在地的主管税务机关申报。

（四）合伙企业份额转让纳税地点

个人合伙人转让合伙企业份额在2018年《个人所得税法》修正后的一段时间曾引起争议，该争议源于一起真实的税务案例，导致个人合伙人份额转让地、合伙企业所在地、扣缴义务人所在地税务机关均无法确定个人合伙人份额转让的纳税地点。

个人转让合伙企业“份额”在所得属性上属于“财产转让所得”。根据《国家税务总局关于发布〈股权转让所得个人所得税管理办法（试行）〉的公告》（国家税务总局公告2014年第67号）第十九条规定，个人股权转让所得个人所得税以被投资企业所在地税务机关为主管税务机关。然而，国家税务总局公告2014年第67号明确强调不适用合伙企业，即个人合伙份额转让不适用个人股权转让所得个人所得税以被投企业所在为纳税地点的规定。

最终，依据《税收征管法实施细则》第十三条“扣缴义务人应当自扣缴义务发生之日起30日内，向所在地的主管税务机关申报办理扣缴税款登记”的规定，兼顾考虑《个人所得税法》关于扣缴义务人的法定义务，业界达成这样的共识：“个人股东股权转让所得个人所得税以发生股权变更企业所在地税务机关为主管税务机关属于特殊规定，而合伙企业不适用该特殊规定，应在扣缴义务人所在地的主管税务机关申报办理扣缴税款登记，解缴税款。”①

（五）合伙企业亏损对合伙人的影响程度

合伙型基金作为所得税的纳税虚体，在民商事活动中是独立的经营实体，要领取营业执照，有相关从业人员和经营场所，要独立核算企业取得收入与成本费用。合伙企业每一纳税年度的收入总额减除成本、费用以及损失后的余额大于零时，表明合伙企业有盈利，这个盈利要穿透到投资者缴税；小于零，则表明合伙企业亏损。合伙企业亏损，穿透后对个人合伙人、法人合伙人抵减成本的效果是不同的。

1.合伙企业产生亏损时，合伙企业取得利息、股息、红利，对于不同类型合伙人来说，该类型收入在合伙企业层面能否得到抵减的情况并不相同。对于法人合伙人，先在合伙企业实体层面归集、计算应分配至各合伙人的应纳税所得额。合伙企业亏损，法人不用缴税。针对个人合伙人则要穿透至个人合伙人直接按利息、股息、红利所得缴税。如果个人合伙人在合伙企业亏损结转年限5年内无法获得足够的“经营所得”，相比法人合伙人已抵减的这部分成本来说，个人合伙人就企业亏损部分的抵减是不充分的。

2.基金退出时，合伙企业如果依然存在亏损的情况，法人投资者可以按照国家税务总局公告2011年第25号、国家税务总局公告2018年第15号等文的资产损失税前扣除办法确认投资损失。个人合伙人无法转嫁损失，且一旦超过合伙企业亏损弥补结转期，个人合伙人的损失则无途径挽回。

---

① 蔡桂如，许华鑫，2017，《关于企业向个人支付“合伙企业份额”转让款——个税纳税地点的浅析》。

【案例9-7】2021年3月1日，甲基金（有限合伙）由乙资产管理有限公司（GP）、丙企业和丁自然人共同设立：乙公司出资60万元，丙企业出资3 960万元，丁出资1 980万元。甲基金委托一般纳税人戊基金管理公司管理基金。甲基金将募集资金作为股权出资，投资于中国境内注册成立的果果公司，取得股权比例为5%。2023年，甲基金取得被投资项目公司分配股息330万元，本年度无其他项目。基金层面共发生成本费用为180万元，以前年度亏损30万元，普通合伙人不参与分配。请计算除管理人以外的各合伙人应缴税金额。

解析：

甲基金所得为股息收入，不缴纳增值税。合伙人为合伙企业，适用合伙企业所得税规定，在合伙企业层面本身无所得税的影响，在合伙企业层面核算合伙企业的生产经营所得，合伙人根据先分后税的原则，分配至投资人层面，根据投资者类型不同，按照个人所得税或企业所得税规定缴纳相应所得税。

合伙企业层面利润=330–180–30=120（万元）

合伙人丙企业获得股息收入缴纳企业所得税=（330–180–30）×2÷3×25%=20（万元）

对外投资分回的利息或者股息、红利，不并入企业的收入，应单独作为投资者个人取得的利息、股息、红利所得，按“利息、股息、红利所得”应税项目计算缴纳个人所得税。

利息、股息、红利对个人合伙人是单独纳税：330×1÷3=110（万元）

丁自然人个人所得税=330×1÷3×20%=22（万元）

法人合伙人以合伙企业分得的所得纳税：120×2÷3×25%=20（万元）

合伙企业将应纳税所得额划分给法人投资者之前已经扣除了合伙企业费用和以前年度亏损共计140（210×2÷3）万元，剩余的70（210×1÷3）万元需要自然人在以后年度以划分到的经营所得弥补（2023年只有股息红利，没有经营所得）。

（六）单一投资基金核算方式

在我国，享受税收优惠的创投企业分为两类：一类是按发展改革委备案的创业投资企业，另一类是按《私募监管暂行办法》备案的创业投资基金。该政策依据来源于

《创业投资企业管理暂行办法》（发展改革委等10部门令第39号，以下简称《创投办法》）或者《私募监管暂行办法》（中国证券监督管理委员会令第105号）关于创业投资企业（基金）的有关规定，并按照上述规定完成备案且规范运作的合伙制创业投资企业（基金）。在税收优惠政策的适用上，企业向发展改革委备案与基金业协会备案并不冲突，且两者处于相互独立的状态。

创投企业选择采用单一投资基金核算方式时，从应纳税额及税后现金流来看，确实比年度所得整体核算有优势。然而，这种优势是在企业（基金）整体有盈余，且平均分布于项目各期的前提下。实际情况是企业（基金）在投资早期亏损的情况多，选用单一投资基金核算会出现一些情况：

1.单一投资基金核算方式仅适用创投企业的个人合伙人从该基金应分得的股权转让所得和股息红利所得；该模式下，基金支付管理人的管理费、业绩报酬，自然人合伙人无法扣除，且该核算选用三年不得变更；单一投资基金的股权转让所得，按一个纳税年度内不同投资项目的所得和损失相互抵减后的余额计算，余额大于或等于零的，即确认为该基金的年度股权转让所得；余额小于零的，该基金年度股权转让所得按零计算且不能跨年结转。

2.与年度所得整体核算一样，选择单一投资基金核算如符合《财政部 税务总局关于创业投资企业和天使投资个人有关税收政策的通知》（财税〔2018〕55号）规定条件的，创投企业个人合伙人可以按照被转让项目对应投资额的70%抵扣其应从基金年度股权转让所得中分得的份额后再计算其应纳税额；不同的是，当期不足抵扣的，按规定不得向以后年度结转抵扣。

单一投资基金核算方向的选择主要影响有限合伙型创投企业的个人合伙人，会影响其出资额充分抵扣与否，进而可少缴税（很多情况下，单一投资基金核算对个人合伙人不是很有利），对法人合伙人以其对投资对象投资额70%抵扣从创投企业分得所得不产生影响，在两种核算方式下，法人合伙人税负相同。严格来说，选择按单一投资基金核算并不属于税收优惠。

（七）创投企业税收优惠的执行问题

就创投企业税收优惠的执行，有部分机构反映，某些主管税务部门要求，只有创投机构当年进行实际的分配金额才能就合格投资金额进行70%抵扣，如果只产生留存收益而未实际分配则不得抵扣。我们以合伙企业分配的是应纳税所得额来说明这个问题。

【案例9-8】2023年甲创投合伙企业实现应纳税所得额100万元，法人投资者投资额70%为35万元，法人企业A分摊到50万元（简化计算，整体核算，无其他纳税调整事项）。

情况1：企业A会计平时确认20万元所得；

情况2：企业A会计平时确认60万元所得。

请问在情况1、情况2下，2023年法人企业A应纳税所得额为多少？

解析：

情况1处理如表9-5所示。

表9-5 情况1处理

法人利润总额	15万元	
法人合伙人分摊所得额	50万元	
纳税调整（A105000表格41行）	会计确认20万元，纳税调增30万元	
纳税调整后所得（主表19行）	45万元	投资额抵扣数35万元
应纳税所得抵扣（A107030）	35万元	投资额实际抵扣35万元

法人企业A应纳税所得额为10（45-35）万元。

情况2处理如表9-6所示。

表9-6 情况2处理

法人利润总额	15万元	
法人合伙人分摊所得额	50万元	
纳税调整（A105000表格41行）	会计确认60万元，纳税调减10万元	
纳税调整后所得（主表19行）	5万元	投资额抵扣数35万元
应纳税所得抵扣（A107030）	5万元	投资额实际抵扣5万元

法人企业A应纳税所得额为0（30万元以后年度结转抵扣）。

对于合伙制创投企业当年不实际分配也能就投资金额70%抵扣分得的应纳税所得额问题，笔者归纳如下：

（1）合伙企业有应纳税所得，投资者就应当缴税。合伙企业的“分”强调的是“划分”“分摊”的意思，合伙企业的“税”就是穿透指向的对象（合伙人）纳税。合伙企业将计算出的所得划分给该名法人合伙人，该法人缴税后即可调增投资的计税基础；合伙企业实际分配所得时，需调减该法人合伙人投资的计税基础。应当说，这种调增、调减均是合伙企业对持续经营财产所获收益向合伙人分配所得的调整，并非直接由法人合伙人自身的税会差异造成。

合伙企业向合伙人划分所得、实际分配所得，对合伙人资本权益进行联动调整，其实就是在对该外部计税基础调增、调减。比如，合伙企业甲实现300万元应纳税所得额，应分给法人合伙人乙150万元，乙应将150万元并入其自身所得缴税企业所得税。如果该甲合伙企业实际只向合伙人乙分配100万元，乙也是按150万元缴纳企业所得税；未分配50万则会形成甲合伙企业未分配利润，以后甲将剩余的50万元分配给乙企业时，乙就该笔所得不缴纳企业所得税。

法人合伙人企业所得税填报上，合伙企业向对法人合伙人划分所得，这个所得要填入法人企业企业所得税汇算清缴附表A105000的第41行第2列“税收金额”。

（2）法人合伙人按照对投资对象投资额70%抵扣从合伙创投企业分得的应纳税所得额，是有严格要求的。

合伙企业要有应纳税所得额可分，即合伙企业有盈利，无盈利则无法划分给合伙人，我们从企业所得税汇算清缴表格A107030第9行“本年从有限合伙创投企业应分得的应纳税所得额”也能看出，该数值是法人合伙人从合伙企业划分、分摊的金额，而不是实际分配的金额。同时，合伙创投企业采用股权投资于符合条件的投资对象要满足两年的要求，时间未到，即便合伙企业有盈利，合伙人也无法以其分得的应纳税所得额抵扣投资额70%。

（3）法人企业应纳税所得要经过会计利润→纳税调整后所得→应纳税所得额。法人合伙人以对其投资对象投资额的70%抵扣该合伙人从合伙创投企业分得的应纳税所得额，是以该投资额70%抵扣分摊到的应纳税所得额：这个分摊到的所得，第一步需要并入到法人企业的所得，即第一步要归集A105000第41行的税收金额得出纳税调整后所得；第二步，在纳税调整后所得基础上减去抵扣的金额（A107030）；第三步，计征企业所得税。

在第二步的抵扣环节，影响A107030表第13行“本年实际抵扣应分得的应纳税所得额”的其实是该表第9行第1列“本年从有限合伙创投企业应分得的应纳税所得额”、第12行第1列“本年可抵扣投资额”、与表A100000主表“纳税调整后所得－所得减免－弥补以前年度亏损”（A100000第19行－第20行－第21行。2017年版企业所得税汇算清缴表修订生效后，该处填报说明改为“表A100000第24行－第25行－第26行”）三者孰小的金额，而不是合伙企业向该法人实际分配的应纳税所得额。

该类事件反映的其实是创业投资企业税收优惠政策执行层面的问题。有限合伙制基金如遇该等情形，望能反馈至税务总局对该政策的适用条件予以进一步明确。

（八）合伙企业印花税争议

作为印花税纳税义务人的合伙企业，有几处需要特别引起重视：

第一，合伙型基金募集阶段是否按资金账簿印花税“实收资本”“资本公积”合计金额的万分之二点五征收印花税问题。目前，湖北、厦门、福建、广州税务局建议征收，税务总局、北京、安徽、江苏、山西、深圳不建议征收。企业如果遇到该类印花税问题，建议咨询当地主管税务机关。

第二，合伙型基金投资阶段，基金获得股权的方式对印花税缴纳有很大影响。基金受让项目公司股东的股权按“产权转移书据”印花税缴税；合伙型基金如果通过项目公司定向增发获得公司股权，印花税由项目公司按“资金账簿”印花税缴税。

第三，合伙型基金退出阶段转让项目公司股权，按照“产权转移书据”（证券交易印花税）缴纳印花税。

第四，合伙企业份额转让是否按照“产权转移书据”缴税的问题。不少基层税务机关对合伙基金份额转让与和持公司股权转让一样的观点，虽然2018年更新的《个人所得税法实施条例》已经对股权和合伙企业财产份额[①]有明确区分，建议合伙型投资机构涉及份额转让时咨询当地主管税务机关。

三、协议约定现金流分配、应纳税所得额

实务中，有提出采用合伙型基金协议约定现金流分配顺序来规避GP取得附加收益产生的所得税纳税义务。

合同现金流分配观点认为：基金仅有少量项目退出时，基于合伙协议约定所有现金流仅用于向LP返还本金，GP在此情形下未收取任何投资收益；而在基金运作后期已开始分配超额收益的情况下，GP将取得超过其出资比例对应的基金利润，同时各LP实际分得的基金利润可能低于按照出资比例计算的利润。在所得税上，基金层面

① 《中华人民共和国个人所得税法实施条例》第六条第一款第（八）项：财产转让所得，是指个人转让有价证券、股权、合伙企业中的财产份额、不动产、机器设备、车船以及其他财产取得的所得。

有可能早期因部分项目退出导致当年在税法层面各合伙人产生应纳税所得，而实际上GP可能连本金也未能收回，从而导致合同现金流分配与税法层面应纳税所得的错配。

有关基金现金流分配、应纳税所得额的论述详见本章第二节“合伙型基金合同约定现金流分配”，此处不再赘述。

四、基金架构与税收要素

2000年，我国合伙企业所得税制建立之初可能并未考虑到该类架构会用在以后的股权基金上。随着基金业务发展及平行基金、联结基金、伞式基金等复杂嵌套的组织架构出现，对合伙企业税收要素的影响越来越大，甚至还将在一定时期存在。

2023年5月23日，中国税务报刊登一则报道——《防范异地设立及多层嵌套合伙企业的涉税风险》[①]，该报道提及合伙企业当前比较突出的四类涉税问题：（1）变相利用“税收洼地”逃避缴纳税款；（2）“异地设立+多层嵌套”规避税收监管；（3）“先分后税”规定演变为“不分不税”；（4）混淆所得后随意将股息并入收入抵减亏损。

应当说，在单层合伙企业架构下，底层项目公司向基金分配收益，基金层面有盈利就需要穿透至合伙人缴税。但是，在复杂结构下，这种“穿透”模式已发生了很大的变化，极大影响了合伙企业的税收要素，也增加了合伙人的涉税风险。

（一）所得定性

单层架构下，底层项目公司向基金分配收益，对于个人合伙人是直接穿透按“利息、股息、红利所得”缴个人所得税；对于法人合伙人，则需要在合伙企业层面归集后减去成本费用后的余额按照“经营所得”缴税。认为多层合伙架构会改变个人合伙人取得股息红利所得的收入属性的原因有如下几点：

1. 合伙企业的会计主体

合伙企业作为一个独立的民商事主体，要领取营业执照，有相关从业人员和经营场所，需要独立核算属于合伙企业自身收入总额、成本、费用以及损失等。底层公司对合伙企业分配收益、合伙企业转让股权的资本利得等收入，都要纳入合伙企业这个会计主体层面进行核算，这是合伙企业作为会计主体最基本的特点。合伙企业的会计主体取得的所得，包括但不限于利息股息红利、股权转让所得。

---

① 叶翩，郭明超，2023，《防范异地设立及多层嵌套合伙企业的涉税风险》，《中国税务报》5月23日。

2. 合伙企业的计税规则

对于合伙企业这个会计主体来说，投资收益、股权转让所得、经营所得都是这个主体的经营获利行为，这些所得对于合伙企业来说并无差别，差别在于这个主体的会计和税务规则不同而已。

合伙企业经营所得和其他所得采用“先分后税”的原则，合伙人如果是法人或其他组织的，缴纳企业所得税；合伙人如果是个人合伙人，缴纳个人所得税。同时，合伙企业对外投资分回的利息或者股息、红利，不并入企业的收入，单独作为投资者个人取得的利息、股息、红利所得，按“利息、股息、红利所得”应税项目计算缴纳个人所得税。

在单层合伙企业架构下，底层项目公司向合伙企业分配收益，合伙企业取得股息红利要直接穿透至个人合伙人缴税。然而，在复杂结构下，这种多层架构会改变个人合伙人所得属性的计税规则。

复杂架构下，合伙企业既是独立的会计主体，又是经营实体，负责核算属于合伙企业的会计利润，合伙企业的纳税义务则需要在合伙企业会计利润基础上经过纳税调整、穿透到合伙人缴税。本层合伙企业所得来源于其取得底层合伙企业分配的股息红利、股权转让所得，以及合伙企业自身的经营所得，这些收入、所得对于本层合伙企业来说，都属于本层合伙企业的经营获利。本层以其取得的收入总额减除成本、费用以及损失后的余额往上层进行应纳税所得额分摊，各层合伙企业取得的股息红利等所得以此类推、循环往复。这就是为何在复杂架构下，底层公司往上分配的股息红利所得不能直接穿透至顶层按个人合伙人“利息、股息、红利所得”20%缴税，而是需要先在各层合伙企业实体层面归集、计算应分配各合伙人的应纳税所得额，各层合伙将分摊的应纳税所得额经过层层传递到顶层按个人合伙人“经营所得”缴税的根本原因所在。

（二）纳税义务

对于各层合伙企业应纳税所得额层层分配传递的方式，有老师认为应在各层企业实际分配应纳税所得额才是纳税义务产生的标志。该类观点源于《个人所得税法》第二条第一款第（五）项、第十二条第一款，《国家税务总局关于个人所得税自行纳税申报有关问题的公告》（国家税务总局公告2018年第62号）第二条第二款等相关的规定，对纳税人经营所得的纳税义务均使用了“取得”二字，笔者对此观点不置可否。这个“取得”“获得”之意用在个人综合所得、分类所得可作为纳税义务产生的标志，但用在“经营所得”上并不完全适合。

1.简单架构下，个人所得税经营所得施行的是“先分后税”，这个“分”主流观点有“划分”“分摊”的意思；“税”则是指向纳税的对象。用笔者自己的话概况“先分后税”就是“合伙人“取得”“获得”的是合伙企业计算分摊给合伙人的应纳所得额；合伙人分摊到了这个属于自身权益的所得，因而这部分所得税纳税义务也由其承担。

2.笔者认为，复杂架构下顶层个人合伙人“取得”经营所得的完整理解也应该是“分摊”“划分”。

我们可以假设，底层合伙企业有盈利不向上层实际分配，那么，上层、上上层直到顶层的纳税人都将分配不到所得，即每一层合伙企业都有应纳税所得，都不分配就不用缴税了吗？答案是否定的。

项目公司向合伙企业分配所得，底层合伙企业获取该所得先在实体层面归集，以其取得的收入总额减除成本、费用以及损失后有余额，为应纳税所得额。本层有应纳税所得额应向上层合伙企业分摊（划分）；各层合伙企业将本层分摊到的应纳税所得额经过层层传递到顶层，个人合伙人以分摊（划分）到的所得按“经营所得”缴税。多层合伙企业嵌套的情况下，由最后分摊到的企业作为扣缴义务人，此处的“分配”仍然不是实际分配，而是当年该企业有应纳税所得额的余额，产生了所得税纳税义务。

3.在复杂架构下，各层合伙企业向上穿透分摊应纳税所得额时，需要依靠合伙企业之间的合作、信赖。该类因信息披露不及时，或者干脆就是底层合伙企业减持项目公司股票、上层合伙企业注销等类似利用信息传递差“不分不税”的操作，随着金税工程的发展，会极大地增加顶层合伙人被追溯的涉税风险。

（三）纳税地点

单层结构下，投资者从合伙企业取得的经营所得，由合伙企业向企业实际经营管理所在地主管税务机关申报缴纳投资者应纳的个人所得税，并将个人所得税申报表抄送投资者。法人合伙人由其向法人注册所在地的主管税务机关申报缴税。

复杂架构加上各地税源博弈，以及合伙企业纳税虚体的特点，纳税义务的穿透、纳税地点的问题，又一次显现了出来。按现行政策，合伙企业当年有应纳税所得，无论是否进行了分配，都要由合伙企业对合伙人按应分得比例扣缴个人所得税。实务中，通常以接近顶层合伙人的那一层合伙企业所在地税务机关作为纳税地点，申报缴纳投资者应纳的个人所得税。不过这个“土办法”并未成文，有待税务总局发文明确。

（四）扣缴义务、纳税义务

简单架构下，投资者从合伙企业取得的生产经营所得，由合伙企业向企业实际经营管理所在地主管税务机关申报缴纳投资者应纳的个人所得税，这种扣缴的理念在2018年《个人所得税法》修正后已不再符合实际情况：自2019年1月1日开始，合伙型私募基金个人合伙人个人所得税缴纳转为自行申报、管理人代为申报等模式；预缴纳税申报和汇算清缴的纳税地点为经营管理所在地税务机关；存在两处以上地方取得经营所得的，选择其中一处进行年度汇总申报。

合伙企业有所得时由投资者个人或者企业代为向主管税务机关申报缴纳税款，在合伙企业层层嵌套情况下发生改变，合伙企业可能有所得，也可能未实际分配收益，顶层的合伙人对于下层合伙企业以及该层往下的合伙企业收益分配情况并不知晓。一旦税务机关穿透追溯，顶层合伙人极可能会被追缴税款。

【案例9-9】2018年1月8日，上海临港新片区注册成立的A公司、中国公民王某、某资产管理公司（GP），以及其他合伙人在该地共同注册成立了甲合伙型私募股权投资基金（以下简称“甲合伙企业”）。合伙协议约定，A公司（有限合伙人）出资9 150万元，按80%分配利润、承担亏损，并能控制甲合伙企业，作为长期股权投资成本法核算；王某出资1 500万元，占实缴出资额的10%，按10%分配利润。

2018年9月，甲合伙企业（按60%）、自然人李某（按5%）和其他合伙人在深圳前海设立乙合伙企业，并向未上市的中小高新技术企业B公司、初创科技型企业C公司和D公司进行投资（均作为交易性金融资产核算）。股权穿透情况如图9-9所示。

股息、红利等权益性投资收益，除国务院财政、税务主管部门另有规定外，按照被投资方作出利润分配决定的日期确认收入的实现。已知2020年乙合伙企业有以前年度亏损-100万元。2021年乙分得1 100万元投资收益（在弥补亏损期内）；2022年乙合伙企业分得700万元，向其投资者实际分配500万元。暂不考虑各层合伙企业取得的其他收入、成本费用。请分析2022年投资人李某、王某、A公司分得应纳税所得额为多少。

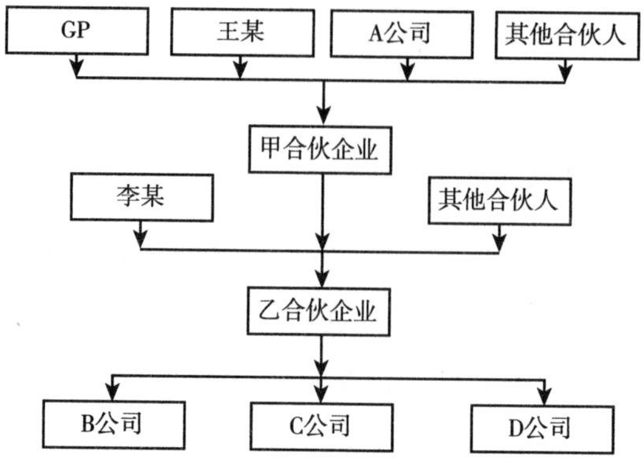

图9-9　甲合伙企业股权投资图

解析：纳税调整后所得与利润分配表如表9-7所示。

表9-7　　纳税调整后所得与利润分配表　　单位：万元

年份	第一层合伙企业		第二层合伙企业		
	乙合伙企业纳税调整后所得（以前年度亏损-100）	李某（5%）	甲合伙企业纳税调整后所得（60%）	王某（10%）	A公司（80%）
2020	-100	0	0	0	0
2021	1 000	50	600	60	480
2022	700	35	420	42	336
	分配500	25	300	30	240

2022年：

①第一层合伙企业，乙合伙企业实现所得700万元，李某应确认所得35万元，甲合伙企业实现所得420万元。

根据合伙协议，乙合伙企业实际分配500万元，李某实际分配到25万元（500万元×5%），李某无须重复纳税。李某缴纳税额可由乙合伙企业代为申报。

甲合伙企业实现所得420万元穿透到上层合伙人缴税。

②第二层合伙企业，甲合伙企业实现所得420万元，实际分配300万元（500万元×60%）。

王某确认所得42万元，实际分配到30万元，同理不需重复纳税，王某可由甲合伙企业代为申报。

A公司分摊到所得336万元，实际分配240万元，纳税调增96万元。

五、会计核算

我国基金的核算制度并不完善，并无专门针对合伙企业的会计核算规则。行业有相应指引，实用性并不强。实务中，不同的合伙制私募基金、管理人、托管人没有统一、规范的会计核算方法指导，导致其会计处理具有较大的灵活性、不确定性。

核算健全的合伙型基金会倾向采用企业会计准则，一方面，基金投资运营过程中形成的诸如利息、股息、红利，公允价值变动，资产减值损失等会计与税法的天然差异，以及基金股权投资估值方法匮乏等情况，给该类基金的核算工作带来不小的压力。另一方面，基金采用简化处理方式，虽可规避税会差异及投资估值的问题，这种采用历史成本核算，用实际实现的利息股息红利、不考虑资产减值的核算方法，并不能客观反映基金投资净值的变化，也失去了基金财务报表提供会计信息的目的。

六、衍生问题

私募基金业务监管规则形成较晚，股权基金多采用有限合伙型组织结构，税法对此规定不完善导致不少涉及该类业务的涉税处理并无统一的规定。企业如果涉及该类型业务，要注意和主管税务机关的沟通。

（一）国资设立基金、转让基金份额

国有企业发起设立私募基金，目前仍具有比较广泛的现实需求和市场影响。国有企业作为发起方选择不同的基金组织形式，会受不同的法律规制。在合伙型基金中，国有企业作为普通合伙人发起设立合伙型私募基金，可能面临法律上的障碍。根据《合伙企业法》的规定，国有独资公司、国有企业不得成为普通合伙人。鉴于《合伙企业法》并未就“国有企业”的内涵和外延作出明确界定，实践中，具有国资成分的企业（国资成分为100%的企业）担任普通合伙人的情况在工商登记部门/基金业协会及证监会也有获得认可的先例。因此，国有企业如果拟作为普通合伙人发起设立合伙型基金，除了要与拟注册地的工商登记部门确认注册程序是否存在障碍外，也需要与该国有企业的国资主管机关事先沟通确认，以免违反国有企业监管的相关规定。

根据《企业国有资产交易监督管理办法》（国务院国资委 财政部令第32号）第六十六条的规定，国有私募基金属于政府引导基金，对外转让所持有的被投公司股权有可能获得额外的豁免而无须履行资产评估及备案和进场交易程序。

有关国有企业份额转让事宜，按照2016年出台的《企业国有资产交易监督管理办

法》规定要求，国有企业为公司型基金的份额持有人时，其份额转让需要履行审批、评估、进场等国资交易程序，具体事宜按照国资监管机构制定的管理制度执行。但是对于合伙型基金和契约型基金而言，国有企业为份额持有人时，其份额转让是否需要依照32号令要求履行国资交易程序，当下并没有明确的法律规定[①]。我们建议国有企业在进行具体的项目交易之前，与相关国资监管部门进行充分的事先沟通。

（二）基金选址

合伙企业从法律上讲，是依照《合伙企业法》在中国境内设立的，由各合伙人订立合伙协议，共同出资、合伙经营、共享收益、共担风险，并对合伙企业债务承担无限连带责任的营利性组织。有限合伙企业由普通合伙人和有限合伙人组成，普通合伙人对合伙企业债务承担无限连带责任，有限合伙人以其认缴的出资额为限对合伙企业债务承担责任。目前，该类有限合伙架构主要运用于律师事务所、会计师事务所等专业服务机构、员工持股平台，股权投资基金采用这种架构，除了合伙企业灵活、税负低以外，也有外部客观因素的影响。

1. 合伙企业的人合

有限合伙企业由于普通合伙人负责合伙的经营管理，不设专门的管理机构，没有庞大的管理系统，成本相比公司制企业低。有限合伙企业的设立、决策和解散等程序比较灵活，主要遵循《合伙企业法》，通过合伙协议约定，不必像公司那样经过一系列烦琐的法定程序，这种聚散灵活的经营方式决定了合伙在激烈的市场竞争中具有适应性强、灵活多变的能力。

2. 税负

有限合伙企业最关键的，也是最具吸引力的是可以合法地规避双重赋税。公司制企业向个人股东分配股利，需要在税后利润基础上，经过弥补以前年度亏损、提取法定公积金后才能向股东分配股利；个人股东取得股利需要按“利息、股息、红利所得”缴纳个人所得税，综合下来个人股东承担了40%的税负（法人股东符合条件的，免税）。采用合伙企业架构则不存在这样的问题。合伙企业就取得的所得穿透到合伙人缴税，个人合伙人缴纳个人所得税，法人合伙人缴纳企业所得税。

3. 税收优惠、全方位配套措施

基金选址要考虑多方因素，尤其是以下两点：

---

① 国务院国资委官网在2018年、2019年、2022年三次“问答选登”明确答复32号令规范的对象是公司制企业，合伙型企业不包括在内。

其一，税收优惠。

我国国内各地政府为了开拓税源、吸引优质私募基金落户，纷纷给予税收优惠政策，热点地区包括上海、深圳、广东、浙江、江苏、天津及部分中西部地区等。原则上，在满足一定条件后（如注册资本、实缴资本要求等），相关实体即可享受相关优惠政策。扶持的内容主要包括落户奖励、高管奖励、租金补贴及人才引进等相关的配套保障性措施。

目前，以地方税收优惠及其留存部分返还为主的补贴面临很多问题。政策明令禁止地方不得出台与税收相关的返还、奖励，诸如某些园区招商政策出台以产业扶持金一类名目的补贴。按《税收征管法》第三条第二款“任何机关、单位和个人不得违反法律、行政法规的规定，擅自作出税收开征、停征以及减税、免税、退税、补税和其他同税收法律、行政法规相抵触的决定”，以及《国务院关于税收等优惠政策相关事项的通知》（国发〔2015〕25号）第四条“各地区、各部门今后制定出台新的优惠政策，除法律、行政法规已有规定事项外，涉及税收或中央批准设立的非税收入的，应报国务院批准后执行；其他由地方政府和相关部门批准后执行，其中安排支出一般不得与企业缴纳的税收或非税收入挂钩”等法律、政策文件的规定，该类补贴资金属于违反国家税收法律法规和政策的规定。因此，投资机构若涉及该等补贴、税收返还，需慎重考量。

其二，全方位配套建设。

落户奖励等政策并不是单独颁布的，很多是从促进地方经济角度出发颁布的招商、整体经济规划要求。比如，工业园区、基金小镇。

随着私募基金行业不断发展壮大，各地基金小镇入驻规模和数量日益增长。根据数据统计，2022年基金小镇数量共121个，其中国家级基金小镇5个，省市级金融小镇有116个。这些基金小镇对基金的入驻要求、投资类型、优惠政策、地理位置、投资方向做出规划要求，对促进地方经济起到了推动作用。

（三）非交易过户业务规则

非交易过户仅是沪、深股票市场对于证券场内的业务交易直接进行过户的模式，这种证券市场非交易过户业务规则对我国合伙税制提出了一定的挑战。公司制企业迁址转换成合伙企业，然后利用非交易过户达成减持股票的情况在如今的税收制度下有几个问题：

1.股票非交易过户、合伙企业注销，按照《财政部 国家税务总局关于印发

〈关于个人独资企业和合伙企业投资者征收个人所得税的规定〉的通知》（财税〔2000〕91号）第十六条规定，合伙企业的清算所得应当视为年度生产经营所得，由投资者依法缴纳个人所得税。利用证券市场非交易过户，不少投资人其实并没有缴清税款。

2.公司制企业由法人转变为个人独资企业、合伙企业等非法人组织，或将登记注册地转移至中华人民共和国境外（包括港澳台地区），按《财政部 国家税务总局关于企业重组业务企业所得税处理若干问题的通知》（财税〔2009〕59号）第四条第（一）项规定，应视同企业进行清算、分配，股东重新投资成立新企业。企业的全部资产以及股东投资的计税基础均应以公允价值为基础确定。

3.公司迁址然后转变为合伙企业，合伙企业非交易过户股票给股东后注销，按照当时《企业注销指引（2021年修订）》规定，合伙企业注销依法终止纳税义务的纳税人，应当在向市场监督管理机关或者其他机关办理注销登记之前申报办理清税注销。由于合伙制持股平台办理经营期间并无领取发票等经营行为，有业内人士猜测，该类筹划可能利用了符合市场监管部门简易注销程序[①]，通过证券市场非交易的法人实体灭失的过户规则实现了个人投资者股票的直接过户。

合伙企业工商注销之前的清税事项要求在《企业注销指引（2021年修订）》修订后得到了明确。为进一步落实国务院完善企业（含农民专业合作社、个体工商户，下同）退出制度的工作要求，为企业依法退出市场提供操作性更强的行政指导，2023年12月21日，市场监管总局、海关总署、税务总局依据《公司法》《市场主体登记管理条例》等法律法规的规定，对《企业注销指引（2021年修订）》进行了修订，形成《企业注销指引（2023年修订）》。

该修订指出，合伙企业和个人独资企业进行清算时，投资者应当在注销登记前，向主管税务机关结清有关税务事宜。同时，在申请税务注销登记时增加“（6）注意事项”，对于存在未办结涉税事项且不符合承诺制容缺即时办理条件的，税务机关不予注销。例如，持有股权、股票等权益性投资、债权性投资或土地使用权、房产等资产未依法清算缴税的，合伙企业、个人独资企业未依法清算缴纳个人所得税的，出口退税企业未结清出口退（免）税款等情形的不予注销。

---

① 未办理过涉税事宜，办理过涉税事宜但未领用发票（含代开发票）、无欠税（滞纳金）及罚款且没有其他未办结涉税事项的纳税人，免予到税务部门办理清税证明，可直接向市场监管部门申请简易注销。

（四）无法享受的税收优惠

公司制企业的投资者对目标公司股权投资方式均为直接投资、直接持有。通过合伙企业这类中间体间接获得公司股权，导致投资者无论是法人还是自然人个人，面对合伙企业这个经营上的实体、所得税纳税的虚体时，相关在公司法人实体架构下能够享受的税收优惠均无法穿透。

1.根据我国《企业所得税法》，企业投资上市公司取得的股息、红利等权益性投资收益若符合条件，可以适用免税政策。免税收入的股息、红利等权益性投资收益，不包括企业连续持有居民企业公开发行并上市流通的股票不足12个月取得的投资收益。

2.合伙企业投资持有挂牌企业股票，合伙企业个人合伙人不得享受股息红利差别化税收优惠；合伙企业投资持有上市公司股票，个人合伙人持有该类股票也无法享受股息红利差别化税收优惠。

3.合伙企业个人合伙人转让上市公司股票不能穿透享受暂免所得税优惠①，合伙企业个人合伙人转让新三板挂牌公司非原始股不能穿透享受该类所得税收优惠②。

4.合伙型基金投资符合规定条件的，可享受创业投资企业税收优惠，其法人合伙人、个人合伙人可以符合条件的投资额抵扣其分得的所得。如果合伙企业与目标公司中间再嵌套其他主体，将会直接影响该税收优惠。

（五）企业重组特殊性税务处理

企业重组符合一定的条件的，企业所得税可采用特殊性税务处理，从而起到递延纳税的效果。采用特殊性税务处理时，资产发生转移的一方均无须确认转让的应纳税所得额，而接受资产的一方是按原有计税基础确定。比如，甲企业以发行股份、货币资金收购乙企业的股份，被收购乙企业的股东取得收购企业甲企业股权的计税基础，是以被收购股权的原有计税基础确定；而收购方甲企业取得乙企业股权的计税基础，以被收购股权的原有计税基础确定。

---

①《财政部 国家税务总局关于个人转让股票所得继续暂免征收个人所得税的通知》（财税字〔1998〕61号），对个人转让上市公司股票取得的所得继续暂免征收个人所得税。

②《财政部 税务总局 证监会关于个人转让全国中小企业股份转让系统挂牌公司股票有关个人所得税政策的通知》（财税〔2018〕137号）区分原始股和非原始股。原始股是指个人在新三板挂牌公司挂牌前取得的股票，以及在该公司挂牌前和挂牌后又上述股票孳生的送、转股。个人股东转让非原始股暂免征个人所得税政策。

股权基金作为现代投资方式之一，在企业IPO、上市公司并购、重组中发挥的作用越来越大。然而，在涉及被投资公司的股权收购、资产收购、合并、分立、债务重组等企业重组中，该类型的基金（主要是合伙型基金）因为组织架构的问题，通常被排除在财税〔2009〕59号等文企业所得税特殊性税务处理的税收优惠政策之外。

（六）非货币性资产投资递延纳税

非货币性资产投资的问题其实不属于基金范畴，而是一般合伙企业的涉税问题。按照《私募投资基金登记备案办法》规定，无论投资者投资基金，还是基金投资项目，要求是以货币资产出资，创投基金还不得使用杠杆融资（但国家另有规定的除外）。考虑到基金通常作为财务投资者参与企业生产经营活动，有必要了解目标企业的其他投资者、投资活动，笔者在此提一下合伙企业投资的涉税问题。

非货币性资产投资递延纳税政策按照《财政部 国家税务总局关于非货币性资产投资企业所得税政策问题的通知》（财税〔2014〕116号）规定，适用对象是居民企业投资居民企业，居民企业投资合伙企业不适用5年分期递延纳税政策，也不适用于合伙企业投资居民企业的情况。

个人以非货币资产投资合伙企业是否可以适用非货币性投资递延纳税这个问题存在争议。个人以非货币性资产投资，取得被投对象的份额，按《财政部 国家税务总局关于个人非货币性资产投资有关个人所得税政策的通知》（财税〔2015〕41号）表述为“股权”，该文似乎排除了对合伙企业投资的适用。有纳税人提问厦门税务局：“个人以非货币性资产投资于合伙企业，如果符合财税〔2015〕41号规定的条件，是否可以按照财税〔2015〕41号的规定在不超过5个公历年度内（含）分期缴纳个人所得税？”厦门税务局（2020-10-27）答复：“个人以非货币性资产投资合伙企业的，在上级部门没有具体明确前，可以适用财税〔2015〕41号……”

因此，如遇个人以非货币性资产投资合伙企业，建议咨询当地主管税务机关。

（七）股权激励之持股平台

持股平台，即员工持股平台，是公司安置部分股东、受股权激励的核心员工股份，属于股权激励的另类形式。请注意，本书所指持股平台为私募基金所投项目的持股平台，即（拟）上市公司的持股平台。

私募基金管理人也可实施股权激励，但对其投资者出资稳定性有时间性限制要求。根据《登记备案办法》第二十条第二款第（三）项规定，私募基金管理人实施员工股权激励，未改变实际控制人地位，管理人的控股股东、实际控制人、普通合伙人所持有的股权、财产份额或者实际控制权，自登记或者变更登记之日起3年内可以转让。

目前，（拟）上市公司的员工持股平台主要形式为公司制持股平台、有限合伙制持股平台和金融产品等。实务中，有限合伙制持股平台比较常见。

有限合伙型员工持股平台除去有激励核心员工效果以外，最主要可防止平台股东持股一旦发生变化，不会对主体公司股权结构产生影响，可以减少主体公司股东变动，从而保证公司股权的稳定性。有限合伙型持股平台除去不能享受公司制企业股东可穿透享受的税收优惠以外，员工持股平台的个人合伙人不能如同直接持有公司股份那样可递延至转让该股权时纳税。按《财政部 国家税务总局关于完善股权激励和技术入股有关所得税政策的通知》（财税〔2016〕101号）规定，递延纳税规定仅适用于非上市公司制企业对员工的直接股权激励，受益对象也是员工个人，而非合伙制持股平台——没有政策规定通过持股平台获得股权激励的对象可以穿透享受递延纳税的税收优惠。实务中，不排除个别合伙企业通过递延纳税的备案。

（八）股份代持

股权代持又称委托持股、隐名投资或假名出资，是指实际出资人与他人约定，以他人名义代实际出资人履行股东权利义务的一种股权或股份处置方式。股份代持上，显名股东仅是名义上的股东。

隐名股东出资让名义股东成为法定意义上的股权持有者引起的出资与持有错位，进而导致“鸠占鹊巢”的股权确认纠纷比比皆是。2013年至2020年，北京三中院实体审理的103件案中，股东资格确认纠纷就占到了案件总数的39.8%。股权代持纠纷案通常分为三类：第一类是名义股东未经授权擅自出让代持股权，隐名股东主张权利，受让人诉请转让合同继续履行；第二类是隐名股东以自己名义出让股权，名义股东不配合办理股权变更工商登记，受让人以出让人无权出让股权为由主张股权转让协议无效；第三类是名义股东以股权转让形式实现隐名持股，受让人受让股权后，仍由出让股东作为公司工商登记股东，此时非常容易出现“一股二卖”的风险。

除去以上提到的法律风险，股份代持对于上市公司来说，会使得自然人股东难以实现股份流通。虽然司法机关对股份代持不禁止，无论新三板还是IPO，代持是绝对不允许触碰的底线，也是证监会要求必须清理的问题。对于代持问题的解决，一般是还原代持股份，也就是将显名股东股份还原到实际出资人名下。然而，解除代持时股权转让价格通常设定为零元或者按低价转让等。对于该转让行为，很可能被税务机关按照《股权转让所得个人所得税管理办法（试行）》（国家税务总局公告2014年第67号）的规定核定征收股权转让收入。控股股东或实际控制人如存在未能按要求履行该纳税义务，则很可能导致证监会认为在申报期内有重大违法行为，进而导致发行人不符合IPO条件。解决完代持各类问题还没有完，控股股东或实际控制人还需要出具承诺书，承诺如果因代持行为导致发行人股权出现纠纷，给发行人带来损失的，要承担相应责任。

我国私募基金对股份代持问题有明确的禁止性规定，并已上升到行政法规的级别：私募基金管理人的股东、实际控制人、合伙人不得虚假出资、抽逃出资、委托他人或者接受他人委托出资，不得向为他人代持的投资者募集或者转让，向不特定对象宣传推介。因此，私募基金管理人、基金产品要特别留意股权代持，特别涉及团队跟投事宜时，不要碰这个禁区。

我国关于代持的税收规定并不多，相关涉税处理倾向于根据经济实体的法律形式，即针对显名股东进行课税。

1.《国家税务总局关于企业转让上市公司限售股有关所得税问题的公告》（国家税务总局公告2011年第39号）第二条有这样的规定：因股权分置改革造成原由个人出资而由企业代持有的限售股，企业转让代个人持有的限售股征税问题。

（1）企业转让上述限售股取得的收入，应作为企业应税收入计算纳税。

上述限售股转让收入扣除限售股原值和合理税费后的余额为该限售股转让所得。企业未能提供完整、真实的限售股原值凭证，不能准确计算该限售股原值的，主管税务机关一律按该限售股转让收入的15%，核定为该限售股原值和合理税费。

依照本条规定完成纳税义务后的限售股转让收入余额转付给实际所有人时不再纳税。

（2）依法院判决、裁定等原因，通过证券登记结算公司，企业将其代持的个人限售股直接变更到实际所有人名下的，不视同转让限售股。

2.国家税务总局厦门市税务局关于市十三届政协四次会议第1112号提案办理情况答复的函。

国家税务总局厦门市税务局关于市十三届政协四次会议第1112号提案办理情况答复的函

尊敬的周永伟先生：

《关于降低厦门股权代持关系下实际出资人双重税负的提案》（市十三届政协四次会议第1112号）收悉，该件由我局独办。现将办理情况答复如下：

一、办理工作背景

我局高度重视上述提案，在提案办理过程中，注重加强调查研究，深入了解当前股权代持关系实质，梳理分析股权代持关系税收政策。

二、办理情况

（一）关于显名股东纳税义务的认定

根据《中华人民共和国税收征收管理法实施细则》第三条第二款规定：“纳税人应当依照税收法律、行政法规的规定履行纳税义务；其签订的合同、协议等与税收法律、行政法规相抵触的，一律无效。”显名股东作为登记在股东名册上的股东，可以依股东名册主张行使股东权利，依据《中华人民共和国企业所得税法》《中华人民共和国个人所得税法》，是符合税法规定的转让股权和取得投资收益的纳税人，其取得股息红利所得、股权转让所得，应当依法履行纳税义务。

《公司注册资本登记管理规定》（国家工商行政管理总局令第64号）第八条“股东或者发起人必须以自己的名义出资”，明确了行政管理的方式是要求股东以自己的名义出资。而《最高人民法院关于适用若干问题的规定（三）》第二十五条的相关规定，仅说明人民法院认可代持合同具有法律效力，规范的是代持当事人内部的民事法律关系，不属于对《公司注册资本登记管理规定》中关于股东出资规定的调整或变化。

（二）关于隐名股东纳税义务的认定

1.隐名股东为自然人的情形。《中华人民共和国个人所得税法》第二条，明确了应当缴纳个人所得税的九种所得，显名股东将取得的税后股息红利所得、股权转让所得，转付给隐名股东（自然人），不属于法律规定应当缴纳个人所得税的所得。

2.隐名股东为企业的情形。《中华人民共和国企业所得税法》第六条规定，企业以货币形式和非货币形式从各种来源取得的收入，为收入总额，包括其他收入；第七条、第二十六条，分别列明了法定的不征税收入和免税收入。据此，隐名股东（企业）从显名股东取得基于代持合同关系产生的所得，不属于法定的不征税收入和免税收入，应当按照《企业所得税法》规定缴纳企业所得税。

（三）其他

关于显名股东（企业）取得股息红利后，转付给隐名股东（企业），隐名股东（企业）是否能够适用“符合条件的居民企业之间的股息、红利等权益性投资收益为免税收入”的问题，由于隐名股东（企业）和显名股东（企业）之间并未构成股权投资关系，隐名股东（企业）从显名股东（企业）取得的收入不符合股息、红利所得的定义，税法也未规定可以“穿透”作为隐名股东（企业）取得权益性投资收益对其免税。

关于提案提到的《国家税务总局关于企业转让上市公司限售股有关所得税问题的公告》（国家税务总局公告2011年第39号），其适用情形仅限于限售股。

三、下一步工作思路

今后，我局将持续做好税收服务工作，严格落实各项税收优惠政策，同时，关于股权代持的税收管理方面的问题，我局也将积极向国家税务总局反映。

衷心感谢您对税收工作的关心和支持。

（九）基金能否享受六税两费税收优惠

按《关于进一步落实支持个体工商户发展个人所得税优惠政策有关事项的公告》（国家税务总局公告2023年第12号）规定，自2023年1月1日至2027年12月31日，对增值税小规模纳税人、小型微利企业和个体工商户减半征收资源税（不含水资源税）、城市维护建设税、房产税、城镇土地使用税、印花税（不含证券交易印花税）、耕地占用税和教育费附加、地方教育附加。

股权基金天然排除个体工商户，有限合伙型基金（管理人）中的小规模纳税人符合条件的，可以享受六税两费减免的税收优惠。公司型基金符合小型微利企业条件的，也可以享受该类税收优惠。

七、对基金税收的若干建议

前述私募基金税收难点、争议，有些有解决方案，有些无解，有些需要税务总局予以明确，有些就是明确了以目前的征管条件来说暂时无法施行。因此，笔者归纳出可以解决的几点建议，以供大家学习、参考和借鉴。

（一）明确私募契约型基金分红免税与否

实务中，契约型基金、信托计划和资管计划等三类资管产品增值税已明确按财税

〔2017〕56号等文规定处理，企业所得税一直处于空白。鉴于私募契约型基金非公开发行，且投资者大都为高净值人士，对取得该类基金分红的法人投资者不征所得税显然不甚合理。

考虑到私募契约型基金与资管产品的业务有相通之处，笔者建议参照《财政部 国家税务总局关于信贷资产证券化有关税收政策问题的通知》(财税〔2006〕5号)第三条第（二）、（四）项规定进行处理：（1）由投资机构在对项目收益在取得当年向机构投资者分配的部分，在运行环节暂不征收企业所得税；（2）在对信托项目收益暂不征收企业所得税期间，机构投资者从信托项目分配获得的收益，应当在机构投资者环节按照权责发生制的原则确认应税收入，按照企业所得税的政策规定计算缴纳企业所得税；（3）在取得当年未向机构投机者分配的部分，再由受托机构按企业所得税的政策规定申报缴纳企业所得税；（4）对在运行环节已经完税的信托项目收益，再分配给机构投资者时，对机构投资者按现行有关取得税后收益的企业所得税政策规定处理。

建议对私募基金运行环节暂不征企业所得税，管理人在基金产品收益取得当年向法人投资者分配，由法人投资者从产品分配取得的收益缴纳企业所得税；基金管理人在项目收益取得当年未向法人投资者分配的部分，由基金管理人申报缴纳企业所得税。该类措施可能会加重管理人的税收负担，但对目前愈演愈烈的信托产品（契约型产品）反避税会产生一定的规制作用。

（二）统一基金内、外部计税基础

有限合伙型基金在计税规则上存在的问题很大程度源于外部计税基础和内部计税基础的不一致。

法人实体企业投资人投入资本权益和投入的财产在持续经营过程中获得的利益是一致的。由于公司型企业对法人投资人分配符合要求的，为免税收入，对个人股东分配收益则采取扣缴的政策，但投资者无论是免税还是应税，均需调增投资的计税基础。

与公司税制类似，合伙税制中也存在两个计税基础：合伙人资本权益的外部计税基础和合伙企业持有财产的内部计税基础。此处，合伙人在向合伙企业投入合伙资本后将获得一个资本权益，该资本权益的计税基础被称为外部计税基础，而合伙企业获得投入财产时以及持续经营过程中这些财产形成的计税基础则被称为内部计税基础。一般情况下，合伙企业的内部计税基础和合伙人外部计税基础是相等的，但随着合伙企业层面的收入或所得、扣除或者损失等权益穿透划分给合伙人时，合伙人在资本权益上的计税基础也应做相应调整。然而，税法对合伙企业内部计税基础并不认可，从而导致合伙人在退伙、份额转让过程中重复征税的问题。我们建议能明确统一股权基金，尤其是合伙人权益的外部计税基础，并进行适时的调整。

（三）明确合伙型基金按应纳税所得额缴税

税法对合伙企业应纳税所得额“先分后税”原则与实务当中LPA约定的收益分配有很大差异，LPA约定的收益分配在业内被称为“现金流分配”。该等“现金流分配”始于合伙企业收入包括每一投资项目的项目处置收入、投资运营收入、临时投资收入和其他现金收入，扣除为支付相关税费、债务、合伙企业费用和其他义务（包括为已经发生的和将来可能发生的该等税费、债务、合伙企业费用和其他义务进行合理的预留）所需的适当的金额后可供分配的部分，经过投资本金返还、优先回报分配、基金管理人投资最低回报、绩效分成，从而实现对LP、GP的分配。

从上述表述可以看出，基金的合同现金流带有明显的收益分配顺序，尤其照顾优先级LP。这种收益分配的顺位原则导致基金层面可能因前期部分项目退出，在税法层面各合伙人实现了应纳税所得，但基于合伙协议约定所有现金流仅用于向LP返还本金，GP实际未能收取投资收益。而GP开始分配超额收益的情况下，取得现金流超过其分配比例对应的基金利润，各LP实际分配基金利润则可能低于按照出资比例计算的利润，从而出现现金流分配与应税所得错配的情况。

应当说，如今基金合同约定对本金、收益分配顺位改变的只是现金流分配的顺序，并未改变合伙企业“先分后税”所得税的纳税规则。目前，该现金流分配以优先收回全部成本的欧洲模式居多。该类现金流分配约定直接按现金流先回本，后分配收益的思路，纳税人很大程度会存在涉税的风险。因此，我们建议能给予投资型企业纳税方面更多的指导，明确按有限合伙型基金应纳税所得额缴税，这既是企业合法经营、规范运作要求，也是优化股权投资的资本架构，促进社会和谐发展的使命、责任。

（四）明确多层基金架构按“经营所得”征个人所得税

在前述章节笔者提及我国合伙企业税制采用的是集合与实体相结合的理论，该类理论对于个人合伙人取得“经营所得”按照“实体”先在合伙企业实体层面归集、计算应分配各合伙人的应纳税所得额，允许其扣除成本、费用及损失等；对于个人合伙人取得“利息、股息、红利所得”按集合理论，不进行任何扣除，直接穿透合伙企业至合伙人缴税。

目前，投资者个人取得的“利息、股息、红利所得”在多层嵌套合伙企业是否予以实施，存在不同理解。多层架构下，底层项目公司将利息、股息、红利收益向第一层基金分配，经过第一层基金归集计算后往上层传递、划分给顶层合伙人，这种层层嵌套的架构设置改变了单层结构对个人合伙人“利息、股息、红利所得”的缴税规则，因为每一层合伙企业既是独立的商事主体，也是独立的会计主体，需要按照实体的“经营所得”对本层企业收入进行归集，减去成本费用后往上层合伙企业进行分摊。

合伙企业“经营所得”经过层层传递分摊的情况改变了顶层个人合伙人取得该类所得的属性，不能简单地穿透到个人合伙人按20%缴个人所得税。建议税务总局能明确多层基金架构按“经营所得”征个人所得税的规定。

（五）延长基金亏损弥补年限

合伙税制对合伙人取得所得区别对待的情况会影响到合伙企业亏损弥补的方式。在简单架构的基金中，该类情况尤为明显。

（1）合伙企业出现亏损不等于合伙人无所得。合伙企业出现亏损时，法人合伙人无须分配，不需缴所得税，个人合伙人则不然。个人合伙人取得利息、股息、红利不计入合伙型基金的收入总额，单独按“利息、股息、红利所得”缴纳20%个人所得税。

（2）该类合伙企业亏损弥补的问题在其退出时依然存在。合伙企业退出出现亏损时，法人投资者可按照《国家税务总局关于发布〈企业资产损失所得税税前扣除管理办法〉的公告》（国家税务总局公告2011年第25号）等规定确认投资资产的损失，个人合伙人则无法消化这部分损失。

合伙企业出现年度亏损，允许用该企业下一年度的生产经营所得弥补，下一年度所得不足弥补的，允许逐年延续弥补（最长不得超过5年）。实务中，不少股权投资基金（创投基金）早期亏损大于盈利，后期更面临退出难的问题。个人合伙人取得项目公司权益性投资收益，经营期一直无“经营所得”。基金退出时，如果仍然存在亏损，个人合伙人无形中会丧失该部分成本费用的扣除机会。因此，我们建议是否可以适当延长该类合伙企业亏损弥补的年限，参照企业所得税亏损结转年限特殊类型的8年、10年、13年规定，统一按基金行业惯例7—10年期或者按基金合同约定的期限给以亏损弥补，最大限度地让利个人合伙人，降低基金亏损对个人合伙人的影响程度。

（六）重申创投企业税收优惠的适用条件

有部分纳税人对创投企业税收优惠政策有误解，以至于实践中会时不时运用国税函〔2001〕84号文，强调股息红利单独按20%征个人所得税，却忽视了该文本身的局限性。国税函〔2001〕84号文规定的个人合伙人“利息、股息、红利所得”20%政策比较早，当时主要运用于自然人合伙、专业合伙事务所，这号文似乎并没有考虑该类经济组织架构以后会发展到投资类企业的态势。

2019年1月10日，税务总局联合财政部、发展改革委、证监会共同发布《关于创业投资企业个人合伙人所得税政策问题的通知》（财税〔2019〕8号）[①]，该文规定对创投企业选择按单一投资基金核算的，其个人合伙人从该基金应分得的股权转让所得和股息红利所得，按照20%税率计算缴纳个人所得税，而创投企业选择按年度所得整体核算的，其个人合伙人应从创投企业取得的所得，按照“经营所得”项目5%—35%的超额累进税率计算缴纳个人所得税。财税〔2019〕8号这号文业已成为创业投资企业个人合伙人分得股权转让所得和股息红利所得，可以按20%计算缴税个人所得税的先决条件。

同时，投资类企业个人合伙人取得“利息、股息、红利所得”按20%计税规则缴税是有备案要求的。目前来看，这类备案不适用于多层合伙企业架构，尤其是嵌套架构的合伙企业。我们希望，税务总局能重申投资类企业个人合伙人“利息、股息、红利所得”按20%征税的条件；如果不符合要求，则不建议退回按国税函〔2001〕84号适用“利息、股息、红利所得”缴纳个人所得税，应按“经营所得”缴税。

（七）构建合伙企业反避税规则

我国对资本交易涉及的各环节、各领域的反避税规则主要集中于《企业所得税法》，并形成了完整的特别纳税调整机制。特别纳税调整是指针对纳税人的转让定价、资本弱化、成本分摊、受控外国企业及其他避税行为等特定纳税事项而赋予税务主管当局对其进行特别调整的权利。因此，基金实体尤其是公司型基金如果涉及该类避税安排，可起到很好的规制效果。合伙企业则不然。

实务中，各类合伙性质的平台通常会将机构建立在税收洼地。该类型的洼地主要

---

① 2023年8月21日，财政部、税务总局、国家发展改革委、中国证监会四部门联合发布《关于延续实施创业投资企业个人合伙人所得税政策的公告》（财政部 税务总局 国家发展改革委 中国证监会公告2023年第24号），本公告执行至2027年12月31日。

是对独资合伙企业权益性投资的投资者个人所得税核定征收，极易沦为阴阳合同、隐瞒收入、虚列费用、转移利润等行为的藏污纳垢之所。作为现代企业新型组织形式，合伙制企业对生产经营所得和其他所得采取的是“先分后税”原则，法人合伙人缴企业所得税，个人合伙人缴个人所得税。如果再对平台个人所得以低税率核定征收，会非常具有吸引力。《关于权益性投资经营所得个人所得税征收管理的公告》（财政部 税务总局公告2021年第41号）规定，2022年1月1日开始，对于直接、间接持有股权、股票、合伙企业财产份额等权益性投资的独资合伙企业，一律适用查账征收方式计征个人所得税。企业所得税方面，对于平台的合伙人，早在《国家税务总局关于企业所得税核定征收有关问题的公告》（国家税务总局公告2012年第27号）就规定，专门从事股权（股票）投资业务的企业，不得核定征收企业所得税。至此，合伙企业合伙人核定征收的税筹之路基本堵死。

随着股权投资的发展，近几年出现利用交易市场规则规避纳税的新型避税手法，比如非交易过户与其他避税手法配套使用。针对不同属地合伙企业多地设立、层层嵌套的问题，税务总局多年来一直致力于探索制定合伙企业“分配传递表”，利用各层合伙企业申报数据还原各层企业的分配、申报、纳税情况，只是该类利用交易规则、监管制度与合伙税制之间发展不均衡的避税安排显然“魔高一丈”，也超脱了数据的监管。我们呼吁对该类合伙企业的新型投资方式能予以重视，明确合伙企业注销前清算的重要性，尽早建立起投资类合伙企业的反避税规则，以避免合伙企业注销后投资人被追究行政责任的情况（严重的可能触发刑事责任）。

第四篇　基金跨境

基金跨境投资是相当复杂的经济活动，需要发展改革委、外汇、商务、金融监管等各部门的相互配合。我国对于基金跨境投资其实并没有统一的法律规定，有关境外基金投资境内、境内基金境外投资更多散落于各地发布的招商引资、促进对外投资办法。基金跨境投资包括境外投资者投资境内和境内投资者投资境外两部分，即通常所说的“境内投资者”和“境外投资者”。下图为本单元的知识导图。

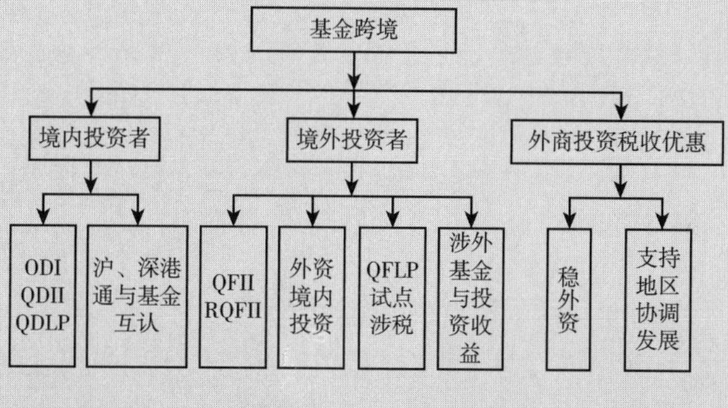

基金跨境投资知识导图

第十章

境内投资者

境内投资机构募集资金投资于境外市场的方式主要有ODI、QDII和QDLP三类：ODI，英文全称为“Overseas Direct Investment”，即境外直接投资；QDII是“Qualified Domestic Institutional Investor”的首字母缩写，直译为合格境内机构投资者；QDLP，即“Qualified Domestic Limited Partner”，合格境内有限合伙人制度。

在QDLP出现以前，资金出境进行境外投资的方式主要通过ODI及QDII。受到各种条件限制，ODI、QDII并未成为境内投资人境外投资私募基金的主要渠道。除去投资渠道的不同，ODI、QDII和QDLP在投资范围、标的、备案方式方面，也有着显著的差别：

（1）ODI主要由境内企业投资于境外一级市场的项目投资，这种境外投资需要履行核准备案手续。

（2）QDII由商业银行、信托公司、证券公司、基金管理公司、保险机构和全国社保基金等特定机构对境外证券产品[①]进行投资。获得QDII资格的机构发行产品不同，QDII产品分为基金、资产管理产品、理财产品等。

（3）QDLP由投资主体管理企业以采用公司制、合伙制、契约型等私募基金形式对境外一级、二级市场投资。投资标的为非上市企业的股权和债券、境外上市企业非公开发行和交易的股票和债券、境外证券市场、境外股权投资基金和证券投资基金、境外大宗商品与金融衍生品以及经国家有关部门批准的其他领域。目前，我国QDLP的施行采取区域试点，并未推广至全国，并且投资管理企业（基金管理人）和投资试点企业（基金）都需要进行批准方可进行境外投资。

① 普通股、优先股、存托凭证等权益类证券；银行存款、可转让存单、短期政府债券等货币市场工具；政府债券、公司债券、可转化债券等固定收益类证券，以及基金、金融衍生品和中国证监会许可的其他金融工具。

第一节 | ODI

ODI，即境外直接投资，是指中华人民共和国境内企业直接或通过其控制的境外企业，以投入资产、权益或提供融资、担保等方式，获得境外所有权、控制权、经营管理权及其他相关权益的投资活动。与ODI相反的是FDI[①]，即外国直接投资。ODI通常出现在以境内公司作为股东，全资或部分控股中国香港或者海外其他国家新成立的一家公司，也就是境外并购公司。

一、ODI监管规则

根据现行法律规定，ODI主要涉及发展改革部门、商务部门/金融监管部门和外汇主管部门、人民银行的监管[②]。

（一）发展改革部门

国家发展改革委于2017年12月26日发布《企业境外投资管理办法》（国家发展和改革委员会令第11号，以下简称“11号令”）。涉及敏感类项目的ODI需经国家发展改革委核准，未涉及敏感类项目的ODI，如为投资主体直接开展，根据投资主体是中央管理企业（含中央管理金融企业）还是地方企业，以及投资额不同，分别向国家发展改革委或投资主体注册地的省级发展改革委进行备案。

11号令同时规定了以下内容：境内投资主体无论是否属于金融机构，其开展境外投资都将受到发展改革委部门的监管；11号令还首次将境内企业以及拥有中国国籍的境内自然人通过其控制的境外企业或港澳台企业对境外的投资行为纳入监管范围；就境内企业通过其控制的境外企业或港澳台企业开展境外投资是否需要到发展改革部门办理核准/备案手续的问题。

2018年1月31日、2018年2月9日，国家发展改革委先后发布《境外投资敏感行业目录（2018年版）》（发改外资〔2018〕251号）和《国家发展改革委关于发布企业境外投资管理办法配套格式文本（2018年版）的通知》（发改外资〔2018〕252号），

① 按照国际货币基金组织的定义，FDI是指一国的投资者将资本用于他国的生产或经营，并掌握一定经营控制权的投资行为。

② 参考竞天公诚律师事务所，2021年1月版《中国私募股权基金募集与运营法律实务指南（私募股权篇）》“基金的跨境投资”（P57—P59）。

为境外投资项目备案/核准提供了详细的操作指引。同年6月5日，国家发展改革委在全国境外投资管理和服务网络系统上发布了《境外投资常见问题解答》，对11号令中的一些模糊内容予以了进一步的解释和说明。

（二）商务部门/金融监管部门

2014年9月6日，商务部颁布的《境外投资管理办法》（商务部令2014年第3号），规定涉及敏感国家和地区或敏感行业的ODI须经商务部核准，未涉及敏感国家和地区或敏感行业的ODI则需向商务部或省级商委进行备案。但是，由商务主管部门负责核准/备案的境外投资项目不包括境内金融企业开展的境外投资项目，金融企业由其主管金融监管部门依据其相关规定开展境外投资的审批手续。

（三）外汇主管部门

2009年7月13日，国家外汇管理局发布《境内机构境外直接投资外汇管理规定》（汇发〔2009〕30号），国家外汇管理局及其分支机构对境内机构境外直接投资的外汇收支、外汇登记实施监督管理。

2014年7月4日，国家外汇管理局发布《关于境内居民通过特殊目的公司境外投融资及返程投资外汇管理有关问题的通知》（汇发〔2014〕37号，以下简称“37号文”），该文件旨在加强对跨境资金交易的监管，防范潜在风险，并为合法合规的资金交易提供更明确的规则。37号文适用于所有通过特殊目的公司在境外持股或融资的中国境内自然人，主要包括企业创始人股东、其他中国籍自然人股东、已行权的员工股权激励持有人三类。2015年6月1日后，外汇登记权限已下放到企业注册地银行。

2015年2月28日，国家外汇管理局颁布《关于进一步简化和改进直接投资外汇管理政策的通知》（汇发〔2015〕13号）规定，自2015年6月1日起，取消了境内企业境外直接投资的外汇登记核准，改为“银行办理、外管监督”的模式。

2017年1月26日，国家外汇管理局发布《关于进一步推进外汇管理改革完善真实合规性审核的通知》（汇发〔2017〕3号）。根据该通知，境内机构办理境外直接投资登记和资金汇出手续时，除应按规定提交相关审核材料外，还应向银行说明投资资金来源与资金用途（使用计划）情况，提供董事会决议（或合伙人决议）、合同或其他真实性证明材料。

（四）其他

2016年12月6日，国家发展改革委、商务部、人民银行、外汇管理局四部门在

《发展改革委等四部门就当前对外投资形势下加强对外投资监管答记者问》中指出，监管部门密切关注在房地产、酒店、影城、娱乐业、体育俱乐部等领域出现的一些非理性对外投资的倾向，以及大额非主业投资、有限合伙企业对外投资、“母小子大”“快设快出”等类型对外投资中存在的风险隐患。

2016年12月28日，人民银行发布《金融机构大额交易和可疑交易报告管理办法（2016年修订）》（中国人民银行令〔2016〕3号）；2018年7月26日，发布该管理办法的修订版以进一步提升金融机构可疑交易报告的有效性。

2017年8月4日，国务院办公厅发布《关于进一步引导和规范境外投资方向的指导意见》（国办发〔2017〕74号），将境外投资项目划分为鼓励开展、限制开展和禁止开展三类。

2018年1月18日，商务部、中国人民银行、国资委、原银监会、证监会、原保监会、外汇管理局七部委联合发布《对外投资备案（核准）报告暂行办法》（商合发〔2018〕24号），旨在促进商务、金融、国资等主管部门依各自职能依法开展境内投资主体对外投资备案（核准）报告等工作，按照“横向协作、纵向联动”的原则，形成监管合力。

二、ODI备案

境外投资（ODI）备案主要涉及商务部、发展改革委和外汇局三个部门。

（一）ODI备案部门

发展改革委立项：向发展改革委部门申请项目，报送项目信息，境内投资人签署各项所需法律文件，待发展改革委部门核准或备案，发放核准文件或备案通知书。

商务部审批发证：商务部门核准或备案，发放“企业境外投资证书”，企业应在收到证书2年在境外开展投资。

外汇管理局备案：在银行完成外汇登记，银行作为外汇管理部门的代理机构，进行外汇审核。投资金额500万美金以上的，需向外汇管理部门汇报。外汇管理部门审核后，向境内企业发放“境外直接投资外汇登记证”。

整个流程耗时将近2—3个月，办理成功后会得到两份分别由商务部和发展改革委核准颁发的证书：“企业境外投资证书”和《境外投资项目备案通知书》。

（二）申请企业条件

申请ODI备案对企业有如下要求：

1.境内公司成立满一年以上（成立时间不满一年的企业，无法提供完整的经审计的财务报表的，一般无法通过审批部门的核准或备案）；

2.最近一年独立第三方会计事务所出具的审计报告不能出现亏损；

3.净资产回报率高于5%，净资产回报（收益）率=净利润 ÷ 所有者权益 ×100%；

4.资产负债率低于70%，资产负债率=负债总额 ÷ 资产总额 ×100%；

5.股东背景、资金来源必须真实、合法。

（三）敏感项目核准申报

2018年6月5日，国家发展改革委在发布的《境外投资常见问题解答》进一步说明：如涉及敏感类项目投资，则需要履行核准手续；如不涉及敏感类项目投资，需要分两种情况：（1）境内企业直接投入资产、权益或提供融资、担保，则需要履行备案手续；（2）境内企业不投入资产、权益或提供融资、担保，则中方投资额3亿美元以上需要提交大额非敏感类项目情况报告表，3亿美元以下无须提交。境外投资核准或备案申报分类如表10-1所示。

表10-1　　境外投资核准或备案申报分类

<table>
<tr><th>申请企业</th><th>投资额＜3亿美元</th><th>3亿美元≤投资额＜10亿美元</th><th>投资额≥10亿美元</th><th>敏感项目</th></tr>
<tr><td>中央企业</td><td>报国家发展改革委备案</td><td>报国家发展改革委备案</td><td>报国家发展改革委核准</td><td rowspan="3">不分限额，报国家发展改革委核准；其中：
1.投资额20亿美元及以上的，由国家发展改革委提出审核意见报国务院核准
2.地方企业报省级发展改革委部门，提出审核意见后报国家发展改革委
3.中央企业直接报国家发展改革委</td></tr>
<tr><td rowspan="2">地方企业</td><td rowspan="2">省级发展改革委备案</td><td>由省级发展改革委转报</td><td>由省级发展改革委转报</td></tr>
<tr><td>国家发展改革委备案</td><td>国家发展改革委核准</td></tr>
</table>

第二节｜QDII

QDII，即合格境内机构投资者，是指在当前人民币资本项目下不可兑换、资本市场开放度不高的情况下，经我国有关部门批准在中华人民共和国境内募集资金，运用所募集的部分或者全部资金（外汇或兑换成外汇）以资产组合方式进行境外证券投资管理的境内金融机构，也称为代客境外理财类。QDII制度通过管制资格认定、投资规模、投资范围和资金汇出汇入来管控资本的流出，在人民币资本项目尚未实现可自由兑换的情况下，用这种方式来开放我国的证券市场。QDII制度不仅拓宽了投资者的投资渠道，同时也增加了国家对资本流出额度的灵活性管控，它与合格境外机构投资者制度（QFII制度）是我国平衡资本“进”“出”双渠道流动的重要创新机制。

我国对QDII投资有税收优惠，笔者以案例10-1进行说明。

【案例10-1】2023年8月30日，华夏基金管理公司披露《华夏恒生互联网科技业交易型开放式指数证券投资基金（QDII）2023年中期报告》，以下为报告主要内容及涉税情况：

1.基金管理人：华夏基金管理有限公司

2.基金托管人：中国建设银行股份有限公司

3.基金基本情况

华夏恒生互联网科技业交易型开放式指数证券投资基金（QDII）（以下简称“本基金”）已获中国证券监督管理委员会（以下简称“中国证监会”）证监许可〔2020〕3536号《关于准予华夏恒生互联网科技业交易型开放式指数证券投资基金（QDII）注册的批复》，由华夏基金管理有限公司依照《中华人民共和国证券投资基金法》《公开募集证券投资基金销售机构监督管理办法》《公开募集证券投资基金运作管理办法》《华夏恒生互联网科技业交易型开放式指数证券投资基金（QDII）基金合同》及其他有关法律法规负责公开募集。本基金为交易型开放式，存续期限为不定期。

本基金于2021年1月18日至2021年1月20日募集7 555 480 000元（不含认购资金利息），业经安永华明会计师事务所（特殊普通合伙）安永华明（2021）验字第60739337_A08号验资报告予以验证。经向中国证监会备案，《华夏恒生互联网科技业交易型开放式指数证券投资基金（QDII）基金合同》于2021年1月26日正式生效，基金合同生效日的基金份额总额为7 555 480 000份基金份额。本基金的基金管理人为华夏基金管理有限公司，基金托管人为中国建设银行股份有限公司，境外资产托管人为摩根大通银行。

本基金主要投资于标的指数成份股、备选成份股。基金在境内市场投资工具包括债券、资产支持证券、货币市场工具（含同业存单、债券回购等）、银行存款以及法律法规或中国证监会允许基金投资的其他金融工具。基金在境外可投资于已与中国证监会签署双边监管合作谅解备忘录的国家或地区证券监管机构登记注册的公募基金（包括开放式基金和交易型开放式指数基金（ETF）；已与中国证监会签署双边监管合作谅解备忘录的国家或地区证券市场挂牌交易的普通股、优先股、全球存托凭证和美国存托凭证、房地产信托凭证；政府债券、公司债券、可转换债券、住房按揭支持证券、资产支持证券等固定收益投资工具；银行存款、可转让存单、银行承兑汇票、银行票据、商业票据、回购协议、短期华夏恒生互联网科技业交易型开放式指数证券投资基金（QDII）2023年中期报告政府债券等货币市场工具；与固定收益、股权、信用、商品指数、基金等标的物挂钩的结构性投资产品；远期合约、互换及经中国证监会认可的境外交易所上市交易的权证、期权、期货等金融衍生产品；以及法律法规或中国证监会允许基金投资的其他金融工具，但须符合中国证监会相关规定。

4.税项

根据财税〔2004〕78号《关于证券投资基金税收政策的通知》、财税〔2005〕103号《关于股权分置试点改革有关税收政策问题的通知》、财税〔2008〕1号《关于企业所得税若干优惠政策的通知》、财税〔2012〕85号《关于实施上市公司股息红利差别化个人所得税政策有关问题的通知》、财税〔2014〕81号《关于沪港股票市场交易互联互通机制试点有关税收政策的通知》、财税〔2015〕101号《关于上市公司股息红利差别化个人所得税政策有关问题的通知》、财税〔2015〕125号《财政部 国家税务总局 证监会关于内地与香港基金互认有关税收政策的通知》、财税〔2016〕36号《关于全面推开营业税改征增值税试点的通知》、财税〔2016〕46号《财政部 国家税务总局关于进一步明确全面推开营改增试点金融业有关政策的通知》、财税〔2016〕70号《财政部 国家税务总局关于金融机构同业往来等增值税政策的补充通知》、财税〔2016〕127号《财政部 国家税务总局 证监会关于深港股票市场交易互联互通机制试点有关税收政策的通知》、财税〔2016〕140号《关于明确金融房地产开发 教育辅助服务等增值税政策的通知》、财税〔2017〕2号《关于资管产品增值税政策有关问题的补充通知》、财税〔2017〕56号《关于资管产品增值税有关问题的通知》、财税〔2017〕90号《关于租入固定资产进项税额抵扣等增值税政策的通知》及其他相关财税法规和实务操作，主要税项列示如下：

（1）以发行基金方式募集资金不属于增值税征收范围，不征收增值税。

（2）资管产品运营过程中发生的增值税应税行为，以资管产品管理人为增值税纳税人。资管产品管理人运营资管产品过程中发生的增值税应税行为，暂适用简易计税方法，按照3%的征收率缴纳增值税。

（3）基金买卖股票、债券的差价收入免征增值税，暂不征收企业所得税。

（4）存款利息收入不征收增值税。

（5）国债、地方政府债利息收入，金融同业往来利息收入免征增值税。

（6）对基金取得的债券的利息收入及其他收入，暂不征收企业所得税。

（7）基金作为流通股股东在股权分置改革过程中收到由非流通股股东支付的股份、现金等对价暂免征收印花税、企业所得税和个人所得税。

（8）对基金在境内取得的股票的股息、红利收入，由上市公司在向基金派发股息、红利收入时代扣代缴20%的个人所得税，暂不征收企业所得税。基金在境内从上市公司分配取得的股息红利所得，持股期限在1个月以内（含1个月）的，全额计入应纳税所得额，持股期限在1个月以上至1年（含1年）的，减按50%计入应纳税所得额，持股期限超过1年的，暂免征收个人所得税。

对基金通过沪港通/深港通投资香港联交所上市H股取得的股息红利，H股公司应向中国证券登记结算有限责任公司（以下简称“中国结算”）提出申请，由中国结算向H股公司提供内地个人投资者名册，H股公司按照20%的税率代扣个人所得税。基金通过沪港通/深港通投资香港联交所上市的非H股取得的股息红利，由中国结算按照20%的税率代扣个人所得税。对香港市场投资者取得的股息、红利收入按照10%的税率代扣所得税。

（9）基金在境内卖出股票按0.1%的税率缴纳股票交易印花税，买入股票不征收股票交易印花税。基金通过沪港通/深港通买卖、继承、赠与联交所上市股票，按照香港特别行政区现行税法规定缴纳印花税。

（10）基金在境外证券交易所进行交易或取得的源自境外证券市场的收益，其涉及的税收政策，按照相关国家或地区税收法律和法规执行。

（11）本基金分别按实际缴纳的增值税额的7%、3%、2%缴纳城市维护建设税、教育费附加和地方教育附加。

第三节｜ QDLP

QDLP，即合格境内有限合伙人制度，指在境内面向合格境内有限合伙人募集资金，再将募集所得的资金在其获批的外汇额度内对境外一级、二级市场等标的进行投资。我国QDLP实行地方试点制度，只有履行试点地区的申请程序、符合试点地区关于QDLP管理企业及基金设立的资质及条件并经联审会议通过的企业才能够开展相关业务。

一、QDLP试点政策

自2012年上海率先开展合格境内有限合伙人试点以来，QDLP试点已经实施并经历了十多年发展。截至目前，天津、深圳（QDIE）、青岛、北京、海南、重庆、江苏、广东等试点城市（省）先后获得了QDLP试点额度并且发布了试点工作实施办法。

深圳（QDIE）与上海、北京等地QDLP试点企业主要采取基金的形式实际展业的略有不同。深圳QDIE允许证券期货经营机构等金融机构参与设立境外投资主体，QDIE境外投资主体除私募基金外，还能以资产管理产品的形式开展境外投资。因此，业内将各地试点QDLP和深圳QDIE统称为“QDLP”。以下为我国QDLP试点进程情况（见表10–2）。

表10–2　我国QDLP试点进程及相关政策文件

时间	城市	政策
2012年4月	上海先行试点	《关于本市开展合格境内有限合伙人试点工作的实施办法》（沪金融办〔2012〕101号）①
2014年	天津	《关于本市开展境外投资基金试点工作的试行办法》（津发改财金〔2014〕749号）
2014年	深圳，QDIE制度	《深圳市人民政府办公厅转发市金融办关于开展合格境内投资者境外投资试点工作的暂行办法》（深府办函〔2014〕161号）②

① 上海2017年QDLP修订《关于本市开展合格境内有限合伙人试点工作的实施办法》（沪金融办〔2017〕12号）。

② 深圳2021年QDIE监管进入全新期：《深圳市开展合格境内投资者境外投资试点工作的管理办法》（深金监规〔2021〕2号）。

续表

时间	城市	政策
2015年	青岛	《青岛市开展合格境内有限合伙人试点工作暂行办法》（青岛办字〔2015〕9号）[①]
2019年	北京	《北京市关于开展合格境内有限合伙人境外投资试点工作的暂行办法》《北京市关于开展合格境内有限合伙人境外投资试点工作的实施细则》
2021年4月	海南	《海南省开展合格境内有限合伙人（QDLP）境外投资试点工作暂行办法》
2021年6月	重庆	《重庆市合格境内有限合伙人对外投资试点工作暂行办法》
2021年8月	江苏	《江苏省合格境内有限合伙人对外投资试点工作暂行办法》《江苏省合格境内有限合伙人对外投资试点工作实施细则》
2021年10月	广东	《广东省开展合格境内有限合伙人境外投资试点工作暂行办法》

二、QDLP试点特点

我国QDLP早期试点的地方，诸如上海等地并未要求管理人登记和产品备案。随着2014年《私募监管暂行办法》的颁布，之后更新试点的地区要求管理人登记、产品备案。

（一）联席审核

试点工作在国家有关部门指导下，建立试点联审工作机制。试点联审工作成员单位包括金融监管局、市场监管局、中国人民银行营业管理部、国家外汇管理局地方管理部门等机构。试点联审工作在有关部门指导下开展，试点联审工作办公室设在当地金融监管局。

以北京QDLP试点为例。由市金融监管局作为试点联审工作办公室，负责试点联审工作的日常事务，牵头组织试点工作的推进、日常管理和风险防范工作；负责试点申请资料及其他相关文件的受理，组织试点联审工作相关成员单位审核申请材料。市

① 青岛QDLP于2021年更新：《青岛市开展合格境内有限合伙人（QDLP）境外投资试点工作指引》（青金组办字〔2021〕3号）。

场监管局负责协调指导试点企业登记注册工作。中国人民银行营业管理部、国家外汇管理局北京外汇管理部负责监管所涉外汇登记、账户开立、资金汇兑、人民币跨境交易等事宜。试点联审工作各成员单位根据各自职责负责推进相关试点工作。

（二）协会登记备案

试点基金管理企业（基金管理人）和试点基金应当经中国证券投资基金业协会登记或备案，个别地区还有特别的要求。比如江苏省规定，存续经营的内资试点基金管理企业，应已在中国证券投资基金业协会登记为私募基金管理人，且已在中国证券投资基金业协会完成至少一只私募基金的备案；新设试点基金管理企业应在市场主体登记注册完成后到中国证券投资基金业协会进行登记并发起设立试点基金，新设试点基金在中国证券投资基金业协会完成备案后5个工作日内，应将备案提交的相关材料同步报送联席会议办公室，并抄送外汇局江苏省分局和江苏证监局。

（三）投资额度管理

QDLP对外投资要受到额度管理的限制。这种额度管理体现在对额度的使用者对象以及额度使用时间的限制。

1.额度申请使用者一般是试点管理企业（QDLP基金管理人），或者以基金的名义申请，也可以两者兼有。

比如，天津QDLP[①]规定由于日后续约或追加投资导致境外投资基金企业受批额度不足，境外投资基金管理企业须重新向市发展改革委申请追加额度或新设境外投资基金企业。

2.额度使用时间限制。

有些地区对外投资额度有使用时间的规定，超过时间不使用会被取消试点资格。

比如海南QDLP试点政策规定[②]，如无特殊原因，试点基金管理企业在获取试点资格和额度11个月内未使用额度的，省金融监管部门会告知对于一年内未使用额度的试点基金管理企业，并有权取消其试点资格并收回全部试点额度；如需开展业务，需要重新申请试点资格和试点额度。因日后续约或追加投资导致基金获批额度不足的，试点基金管理企业应重新申请追加额度。

---

① 《关于本市开展境外投资基金试点工作的试行办法》（津发改财金〔2014〕749号）第三十三条。

② 《海南省开展合格境内有限合伙人（QDLP）境外投资试点工作暂行办法》第四十条。

深圳QDLP[①]也规定境外投资额度应当在获批之日起12个月内使用，逾期未使用之额度失效。

（四）境内托管机构

境外投资主体按照《基金法》《私募监管暂行办法》《证券期货经营机构私募资产管理业务管理办法》等有关规定办理托管。试点基金管理企业境内募资，必须委托一家在行政辖区内具有托管资格的金融机构作为试点基金的境内托管人，并作为独立第三方监控资金使用情况。试点基金管理企业也可以委托境外金融机构进行托管。

（五）设置行政管理人

QDLP试点是相当复杂的过程，对基金管理人和基金都是极大的挑战。因此，各地试点政策允许QDLP管理人委托行政管理人负责境外投资主体后台行政管理。行政管理人作为为境外投资基金管理企业提供产品估值、会计记账、投资监督、过户代理等一系列专业的后台运营外包服务的国内独立第三方机构，应具备以下条件：

（1）配备专门从事基金行政管理业务的部门或团队，并有足够熟悉境外基金行政管理业务的专职人员。

（2）有完善的内部稽核监控制度和风险控制制度。

（3）最近三年未受到监管机构的重大处罚，无重大事项正在接受司法部门、监管机构的立案调查。

行政管理人应履行的职责包括但不限于：

（1）依照境外投资主体的估值政策和流程计算基金的资产净值，并定期向投资者发布权益的资产净值。

（2）维护境外投资主体的财务账簿和记录，并可提供完整的境外投资主体执行的交易记录。

（3）维护与境外投资主体交易有关的、支持主体的资产净值计算的所有文件。

（4）提供与权益的发行、转移和赎回有关的登记及过户代理服务并执行相关操作。

（5）依法监督境外投资基金管理企业的投资运作，确保境外投资主体按照有关法律法规、相关协议约定的投资目标和限制进行管理；如发现投资指令或资金汇出汇入

---

① 《深圳市开展合格境内投资者境外投资试点工作的管理办法》（深金监规〔2021〕2号）第九条第（二）项。

违法、违规，应及时向市金融办报告。

（6）依照有关反洗钱政策和程序，核实投资者的身份。

第四节｜“沪港通”“深港通”及基金互认机制

内地与香港股票市场交易互联互通机制（以下简称“互联互通机制”），是指上海证券交易所、深圳证券交易所分别和香港联合交易所有限公司建立技术连接，使内地和中国香港投资者可以通过当地证券公司或经纪商买卖规定范围内的对方交易所上市的股票。简单来说，即内地和中国香港投资者可以互相买卖在对方交易所上市的符合一定条件的部分股票。内地与中国香港股票市场交易互联互通机制包括沪港股票市场交易互联互通机制（以下简称“沪港通”）和深港股票市场交易互联互通机制（以下简称“深港通”）。

基金互认是指允许境外注册并受当地监管机构监管的基金向本地居民公开销售。所称内地基金，是指中国证监会根据《基金法》注册的公开募集证券投资基金。所称香港基金，是指香港证监会根据香港法律认可公开销售的单位信托、互惠基金或者其他形式的集体投资计划。所称买卖基金份额，包括申购与赎回、交易。基金管理人、基金代理机构、相关证券登记结算机构以及上市公司和发行债券的企业，应依照法律法规积极配合税务机关做好基金互认税收的扣缴申报、征管及纳税服务工作。

一、内地与香港股票市场交易互联互通机制

2014年8月，中国证监会出台深圳资本市场改革创新15条力挺深圳发展。其中，在沪港通积累一定试点经验的基础上，支持深、港交易所探索新的合作形式。

2014年9月5日，证监会明确表示，在“沪港通”试点取得经验的基础上，证监会支持深港两地交易所进一步加强合作，深化合作的方式和内容，共同促进两地资本市场的发展。

2014年11月17日，“沪港通”正式启动，市场将目光转向“深港通”和“基金互认”。香港财经事务及库务局原局长陈家强于11月10日表示，“深港通”会是“下一步”。

国务院前总理李克强2015年1月5日在深圳考察时表示，沪港通后应该有深港通。如果说2014年开通的沪港通是国内资本市场开放的重要一步，那么有望在2015年推出的深港通将成为A股市场国际化的加速器。

2015年，随着沪港通的运行走上正轨，深港通、QFII和RQFII大扩容以及A股有望纳入国际指数等系列开放举措，都将加速A股国际化进程。

2016年8月16日，李克强总理在国务院常务会议上明确表示，深港通相关准备工作已基本就绪，国务院已批准《深港通实施方案》。

2016年11月15日，深交所、中国结算深圳分公司联合发出通知称，为确保“深港通”业务顺利推出，深交所联合中国结算深圳分公司、香港联交所、香港结算定于2016年11月19日组织全网测试，模拟“深港通”业务开通首日（交易业务启动）运行场景。

经过两年多的筹备，深港通终于落地，中国证监会与香港证监会发布联合公告于2016年12月5日正式启动深港通。中国证监会、香港证监会已订立监管合作安排和程序，及时妥善处理运行过程中出现的重大或突发事件。

深港通主要制度安排参照沪港通，遵循两地市场现行的交易结算法律法规和运行模式，主要有以下五方面要点：一是交易结算活动遵守交易结算发生地市场的规定及业务规则。上市公司继续受上市地上市规则及其他规定的监管。二是中国结算、香港结算采取直连的跨境结算方式，相互成为对方的结算参与人。三是投资范围限于两地监管机构和交易所协商确定的股票。四是对跨境投资实行每日额度管理，并进行实时监控。两地监管机构可根据市场情况对投资额度进行调整。五是港股通投资者仅限于机构投资者及证券账户、资金账户余额合计不低于50万元的个人投资者。

那么，沪港通下的港股通和深港通下的港股通标的范围有什么不同？

港股通标的范围是恒生综合大型股指数的成份股、恒生综合中型股指数的成份股，以及同时在香港联合交易所、上海证券交易所上市的A+H股公司股票。深港通下的港股通股票范围是在现行沪港通下的港股通标的基础上，新增恒生综合小型股指数的成份股（选取其中市值50亿元港币及以上的股票），以及同时在香港联合交易所、深圳证券交易所上市的A+H股公司股票。

二、互联互通机制试点及QFII、RQFII的政策意义

深港通复制了沪港通试点取得的成功经验，是境内交易所再度与香港交易所建立的连接机制。启动深港通是内地与香港金融市场互联互通的又一重大举措，具有多方面积极意义。

一是有利于投资者更好地共享两地经济发展成果。将进一步扩大内地与香港股票市场互联互通的投资标的范围和额度，满足投资者多样化的跨境投资以及风险管理需求。

二是有利于促进内地资本市场开放和改革，进一步学习借鉴香港比较成熟的发展

经验。可吸引更多境外长期资金进入A股市场，改善A股市场投资者结构，促进经济转型升级。

三是有利于深化内地与香港金融合作。将进一步发挥深港区位优势，促进内地与香港经济、金融的有序发展。

四是有利于巩固和提升香港作为国际金融中心的地位，有利于推动人民币国际化。

在沪港通开通试点之时，2014年10月31日，财政部税政司、国家税务总局政策法规司、证监会会计部有关负责人就财税〔2014〕79号、财税〔2014〕81号沪港通试点及QFII、RQFII有关税收政策问题答记者问。以下为具体内容：

1.问：什么是沪港通？

答：沪港通是指上海证券交易所（上交所）和香港联合交易所有限公司（香港联交所）建立技术连接，使内地和香港投资者可以通过当地证券公司或经纪商买卖规定范围内的对方交易所上市的股票。沪港通包括沪股通和港股通两部分。沪股通是指香港投资者委托香港经纪商，经由香港联交所设立的证券交易服务公司，向上交所进行申报，买卖规定范围内的上交所上市的股票。港股通是指内地投资者委托内地证券公司，经由上交所设立的证券交易服务公司，向香港联交所进行申报，买卖规定范围内的香港联交所上市的股票。经国务院批准，沪港通正式启动时间为2014年11月17日。

沪港通的制度要点包括：一是相关交易结算活动遵守交易结算发生地的监管规定及业务规则。二是中国证券登记结算有限责任公司（以下简称“中国结算”）、香港中央结算有限公司（以下简称“香港结算”）互为结算参与人，分别在对方开立证券账户，依法提供名义持有人服务。境内投资者不登记于香港联交所上市公司的股东名册，而是通过中国结算享有香港联交所上市股票的实际权益；同样，香港市场投资者也不登记于上交所上市公司的股东名册，而是通过香港结算享有上交所上市股票的实际权益。三是投资标的。试点初期，沪股通的股票范围是上交所上证180指数、上证380指数的成份股，以及同时在上交所、香港联交所上市的A+H股公司股票；港股通的股票范围是香港联交所恒生综合大型股指数、恒生综合中型股指数的成份股和同时在香港联交所、上交所上市的A+H股公司股票。四是实行投资额度管理。试点初期，沪股通总额度为3 000亿元人民币，每日额度为130亿元人民币；港股通总额度为2 500亿元人民币，每日额度为105亿元人民币。五是实行投资者适当性管理。试点初期，参与港股通的境内投资者限于机构投资者以及证券账户和资金账户余额合计不低于人民币50万元的个人投资者；对参与沪股通的香港投资者不设准入条件。

2. 问：为什么要出台沪港通税收政策？

答：沪港通是加强内地与香港资本市场联系、推动资本市场双向开放的有益尝试，是我国资本市场对外开放的重要内容。由于沪港通涉及内地与香港企业投资者和个人投资者，涉及股票转让所得和股息红利等不同所得来源，涉及现行内地企业所得税、个人所得税、营业税、证券（股票）交易印花税政策，以及《内地和香港特别行政区关于对所得避免双重征税和防止偷漏税的安排》（以下简称"内地和香港税收安排"）等一系列税收法律法规的相关规定，政策内容十分具体，为支持沪港通试点的顺利开展，便于纳税人和税务机关遵照执行，财政部、国家税务总局和证监会对沪港通涉及的税收政策问题作了认真研究，总体上在现行税法框架内明确相关税收政策，同时根据税法授权在某些方面作出特殊政策安排，经国务院批准后公布实施。

3. 问：此次出台的沪港通税收政策的主要内容是什么？

答：沪港通试点中涉及的税收政策问题，主要包括双方投资者（包括企业和个人投资者）股票转让差价所得的所得税、营业税、股息红利所得税以及证券（股票）交易印花税问题。此次出台的政策内容主要包括：

（1）对内地个人通过沪港通投资港股的转让差价所得，自2014年11月17日起至2017年11月16日止，三年内暂免征收个人所得税。

（2）对香港市场投资者（包括企业和个人）通过沪港通投资上交所上市A股的转让差价所得，自2014年11月17日起，暂免征收企业所得税和个人所得税。

（3）对香港市场投资者（包括单位和个人）通过沪港通买卖上交所上市A股的差价收入，自2014年11月17日起，暂免征收营业税。

（4）自2014年11月17日起，香港市场投资者通过沪港通买卖、继承、赠与上交所上市A股，按内地现行税制规定缴纳证券（股票）交易印花税。内地投资者通过沪港通买卖、继承、赠与联交所上市股票，按照香港特别行政区现行税法规定缴纳印花税。

（5）对内地企业投资港股的转让差价所得、内地企业和个人投资港股的股息红利所得以及香港市场投资者（包括企业和个人）投资上交所上市A股的股息红利所得，应分别按照我国《企业所得税法》《个人所得税法》以及内地和香港税收安排、我国与其他国家签订的税收协定的相关规定征税。

4.问：为什么对内地个人买卖港股差价三年内暂免征税？

答：对内地个人买卖港股差价三年内暂免征收个人所得税属于此次沪港通税收政策的优惠措施之一。主要考虑沪港通尚处于启动试点阶段，为吸引内地个人赴港投资，推动沪港通的开展，在税收政策方面给予适当优惠。免税期限暂定三年，未来根据我国资本市场发展和开放的总体情况等综合因素再统筹研究。

5.问：为什么对香港市场投资者（包括企业和个人）买卖A股的差价暂免征收所得税？

答：按照现行税收政策规定，对个人转让从二级市场取得的上交所、深交所上市公司股票的差价所得，暂免征收个人所得税。根据内地和香港税收安排以及我国与多数国家签订的税收协定的有关规定，对非居民的股份转让所得除少数情况外，基本是不征所得税的。考虑到香港市场投资者按内地和香港税收安排或其他税收协定申请免税待遇程序复杂，耗时较长，为减轻纳税人和税务机关的执行成本，从政策上明确了免税待遇。

6.问：为什么对QFII、RQFII取得股票等权益性投资资产转让所得暂免征收所得税？

答：除沪港通外，目前境外投资者已通过QFII、RQFII投资境内证券市场。按照现行税法规定，QFII、RQFII取得我国股票等权益性投资资产的转让所得，应缴纳企业所得税。考虑到QFII、RQFII和沪港通在交易性质和经济实质上的类似性，在税收政策方面宜通盘考虑，否则容易造成税收政策不公平，甚至引发避税问题。因此，在对沪港通机制下的香港市场投资者暂免征收股票转让差价所得税的同时，对QFII和RQFII取得的股票等权益性投资资产转让所得一并给予免税待遇。

7.问：为什么对香港市场投资者（包括单位和个人）通过沪港通买卖上交所上市A股的差价收入暂免征收营业税？

答：按照我国现行税收政策规定，对个人（包括个体工商户及其他个人）从事有价证券买卖业务取得的收入暂免征收营业税。对单位买卖股票，则以卖出价减去买入价后的余额作为营业额，按照5%的税率计征营业税。

对香港市场单位投资者通过沪港通买卖上交所上市A股的差价收入，自2014年11月17日起暂免征收营业税。主要考虑：一是目前对QFII在境内从事证券买卖业务是免征营业税的，对香港市场单位投资者通过沪港通直接买卖上交所上市A股免征营业税，在政策上更为公平；二是对香港市场个人投资者按现行政策规定是免征营业税的，由于香港结算无法区分实际投资者是单位还是个人，单独对单位投资者征税难以操作。

8.问：对证券（股票）交易印花税征税办法的具体考虑是什么？

答：为了维护双方经济利益，体现对等原则，同时方便税收征管操作，在税收管辖权上，沪港通以交易标的物属地为标准，确定应适用的税法规定。沪股通的交易标的物在上交所上市，因此按照内地税法缴纳证券（股票）交易印花税。港股通的交易标的物在香港联交所上市，因此按照香港特别行政区税法缴纳印花税。为了方便税收征管和纳税人，沪股通证券（股票）交易印花税由香港结算代收后转交中国结算，港股通印花税由中国结算代收后转交香港结算或香港联交所，然后按照各自税款缴纳方式上缴税务机关。

9.问：为什么对香港市场投资者取得的股息红利按10%的税率征税，对香港个人取得的股息红利为什么不实行差别化税收政策？

答：按照内地和香港税收安排，一方对另一方居民（包括企业和个人）从本地获得的股息可以征税，但所征税款一般不应超过股息总额的10%。按照我国现行《企业所得税法》及其实施条例规定，在中国境内未设立机构、场所或者虽设立机构、场所但取得的所得与其所设机构、场所没有实际联系的非居民企业，其来源于中国境内的股息、红利所得，按10%的税率缴纳企业所得税。根据以上规定，同时考虑到由于香港证券结算体制的原因，香港结算无法区分实际投资者是企业还是个人，因此，此次出台的沪港通试点税收政策规定，对香港市场投资者（包括企业和个人）投资上交所上市A股取得的股息红利所得，按照10%的税率征收所得税。同时，对于香港市场投资者中属于其他国家税收居民且其所在国与中国签订的税收协定规定股息红利所得税率低于10%的，该国居民可按程序向上市公司主管税务机关提出享受税收协定待遇的申请。

由于香港结算无法区分实际投资者是企业还是个人，因此，对香港个人投资A股的股息红利无法执行现行股息红利差别化税收政策。如果未来香港证券结算体制发生变化，香港结算能够区分实际投资者身份，及不同投资者的持股时间，对香港个人投资A股的股息红利所得可按差别化税收政策执行。

10.问：沪港通税收政策公布后，有关部门应做好哪些工作？

答：沪港通税收政策的实施涉及面较广，关系广大个人和机构投资者的切身利益，各有关部门要密切配合、通力协作，加强政策宣传与辅导，优化纳税服务，提供技术保障。上市公司、证券登记结算公司及证券公司等做好相关的技术支持和人员培训，积极配合税务机关做好沪港通有关税收的征收管理工作，确保政策平稳实施。

三、“沪港通”“深港通”税务规定

“沪港通”“深港通”涉税规定[①]如下所示：

（一）“沪港通”涉税

1.关于内地投资者通过沪港通投资香港联合交易所有限公司（以下简称“香港联交所”）上市股票的所得税问题

（1）内地投资者通过沪港通投资香港联交所上市股票的转让差价所得税。

对内地个人投资者通过沪港通投资香港联交所上市股票取得的转让差价所得，暂免征收个人所得税[②]。

---

① “沪港通”“深港通”涉税依据：

1.《财政部 国家税务总局 证监会关于沪港股票市场交易互联互通机制试点有关税收政策的通知》（财税〔2014〕81号）；

2.《财政部 国家税务总局 证监会关于深港股票市场交易互联互通机制试点有关税收政策的通知》（财税〔2016〕127号）；

3.财政部、国家税务总局、证监会发布《关于继续执行沪港股票市场互联互通机制有关个人所得税政策的通知》（财税〔2017〕78号）；

4.《财政部 税务总局 证监会关于继续执行沪港、深港股票市场交易互联互通机制和内地与香港基金互认有关个人所得税政策的公告》（财政部 税务总局 证监会公告2019年第93号）；

5.《财政部 税务总局关于延续实施有关个人所得税优惠政策的公告》（财政部 税务总局公告2023年第2号）；

6.《财政部 税务总局 中国证监会关于延续实施沪港、深港股票市场交易互联互通机制和内地与香港基金互认有关个人所得税政策的公告》（财政部 税务总局 中国证监会公告2023年第23号）。

② 2014年11月17日起至2017年11月16日暂免征收个人所得税，更新至财政部、税务总局公告2023年第23号。

对内地企业投资者通过沪港通投资香港联交所上市股票取得的转让差价所得，计入其收入总额，依法征收企业所得税。

（2）内地投资者通过沪港通投资香港联交所上市股票的股息红利所得税。

对内地个人投资者通过沪港通投资香港联交所上市H股取得的股息红利，H股公司应向中国证券登记结算有限责任公司（以下简称“中国结算”）提出申请，由中国结算向H股公司提供内地个人投资者名册，H股公司按照20%的税率代扣个人所得税。内地个人投资者通过沪港通投资香港联交所上市的非H股取得的股息红利，由中国结算按照20%的税率代扣个人所得税。个人投资者在国外已缴纳的预提税，可持有效扣税凭证到中国结算的主管税务机关申请税收抵免。

对内地证券投资基金通过沪港通投资香港联交所上市股票取得的股息红利所得，按照上述规定计征个人所得税。

对内地企业投资者通过沪港通投资香港联交所上市股票取得的股息红利所得，计入其收入总额，依法计征企业所得税。其中，内地居民企业连续持有H股满12个月取得的股息红利所得，依法免征企业所得税。香港联交所上市H股公司应向中国结算提出申请，由中国结算向H股公司提供内地企业投资者名册，H股公司对内地企业投资者不代扣股息红利所得税款，应纳税款由企业自行申报缴纳。内地企业投资者自行申报缴纳企业所得税时，对香港联交所非H股上市公司已代扣代缴的股息红利所得税，可依法申请税收抵免。

2. 关于香港市场投资者通过沪港通投资上海证券交易所（以下简称“上交所”）上市A股的所得税问题

对香港市场投资者（包括企业和个人）投资上交所上市A股取得的转让差价所得，暂免征收所得税。

对香港市场投资者（包括企业和个人）投资上交所上市A股取得的股息红利所得，在香港中央结算有限公司（以下简称“香港结算”）不具备向中国结算提供投资者的身份及持股时间等明细数据的条件之前，暂不执行按持股时间实行差别化征税政策，由上市公司按照10%的税率代扣所得税，并向其主管税务机关办理扣缴申报。对于香港投资者中属于其他国家税收居民且其所在国与中国签订的税收协定规定股息红利所得税率低于10%的，企业或个人可以自行或委托代扣代缴义务人，向上市公司主管税务机关提出享受税收协定待遇的申请，主管税务机关审核后，应按已征税款和根据税收协定税率计算的应纳税款的差额予以退税。

3. 关于内地和香港市场投资者通过沪港通买卖股票的增值税问题

对香港市场投资者（包括单位和个人）通过沪港通买卖上交所上市A股取得的差价收入，暂免征收营业税。

对内地个人投资者通过沪港通买卖香港联交所上市股票取得的差价收入，按现行政策规定暂免征收营业税。

对内地单位投资者通过沪港通买卖香港联交所上市股票取得的差价收入，按现行政策规定征免营业税。

营改增后，前述免营业税的，按照财税〔2016〕36号等文，免增值税。

4. 关于内地和香港市场投资者通过沪港通转让股票的证券（股票）交易印花税问题

香港市场投资者通过沪港通买卖、继承、赠与上交所上市A股[①]，按照内地现行税制规定缴纳证券（股票）交易印花税。内地投资者通过沪港通买卖、继承、赠与联交所上市股票，按照香港特别行政区现行税法规定缴纳印花税。中国结算和香港结算可互相代收上述税款。

（二）"深港通"涉税

1. 关于内地投资者通过香港联交所上市股票的所得税问题

（1）内地投资者通过深港通投资香港联交所上市股票的转让差价所得税。

对内地个人投资者通过深港通投资香港联交所上市股票取得的转让差价所得，暂免征收个人所得税[②]。

对内地企业投资者通过深港通投资香港联交所上市股票取得的转让差价所得，计入其收入总额，依法征收企业所得税。

（2）关于内地投资者通过深港通投资香港联交所上市股票的股息红利所得税。

对内地个人投资者通过深港通投资香港联交所上市H股取得的股息红利，H股公司应向中国证券登记结算有限责任公司（以下简称"中国结算"）提出申请，由中国结算向H股公司提供内地个人投资者名册，H股公司按照20%的税率代扣个人所得税。内地个人投资者通过深港通投资香港联交所上市的非H股取得的股息红利，由中国结

① 《财政部 国家税务总局 证监会关于沪港股票市场交易互联互通机制试点有关税收政策的通知》（财税〔2014〕81号）第四条规定。

② 自2016年12月5日起至2019年12月4日止，暂免征收个人所得税，更新至财政部、税务总局、中国证监会公告2023年第23号，至2027年12月31日继续暂免征收个人所得税。

算按照20%的税率代扣个人所得税。个人投资者在国外已缴纳的预提税，可持有效扣税凭证到中国结算的主管税务机关申请税收抵免。

对内地证券投资基金通过深港通投资香港联交所上市股票取得的股息红利所得，按照上述规定计征个人所得税。

对内地企业投资者通过深港通投资香港联交所上市股票取得的股息红利所得，计入其收入总额，依法计征企业所得税。其中，内地居民企业连续持有H股满12个月取得的股息红利所得，依法免征企业所得税。香港联交所上市H股公司应向中国结算提出申请，由中国结算向H股公司提供内地企业投资者名册，H股公司对内地企业投资者不代扣股息红利所得税款，应纳税款由企业自行申报缴纳。内地企业投资者自行申报缴纳企业所得税时，对香港联交所非H股上市公司已代扣代缴的股息红利所得税，可依法申请税收抵免。

2. 关于香港市场投资者通过深港通投资深圳证券交易所（以下简称“深交所”）上市A股的所得税问题

对香港市场投资者（包括企业和个人）投资深交所上市A股取得的转让差价所得，暂免征收所得税。

对香港市场投资者（包括企业和个人）投资深交所上市A股取得的股息红利所得，在香港中央结算有限公司（以下简称“香港结算”）不具备向中国结算提供投资者的身份及持股时间等明细数据的条件之前，暂不执行按持股时间实行差别化征税政策，由上市公司按照10%的税率代扣所得税，并向其主管税务机关办理扣缴申报。对于香港投资者中属于其他国家税收居民且其所在国与中国签订的税收协定规定股息红利所得税率低于10%的，企业或个人可以自行或委托代扣代缴义务人，向上市公司主管税务机关提出享受税收协定待遇退还多缴税款的申请，主管税务机关查实后，对符合退税条件的，应按已征税款和根据税收协定税率计算的应纳税款的差额予以退税。

3. 关于内地和香港市场投资者通过深港通买卖股票的增值税问题

对香港市场投资者（包括单位和个人）通过深港通买卖深交所上市A股取得的差价收入，在营改增试点期间免征增值税。

对内地个人投资者通过深港通买卖香港联交所上市股票取得的差价收入，在营改增试点期间免征增值税。

对内地单位投资者通过深港通买卖香港联交所上市股票取得的差价收入，在营改增试点期间按现行政策规定征免增值税。

营改增后，按照财税〔2016〕36号等文，免增值税。

4.关于内地和香港市场投资者通过深港通转让股票的证券（股票）交易印花税问题

香港市场投资者通过深港通买卖、继承、赠与深交所上市A股，自2016年12月5日起，按照内地现行税制规定缴纳证券（股票）交易印花税。内地投资者通过深港通买卖、继承、赠与香港联交所上市股票，按照香港特别行政区现行税法规定缴纳印花税。中国结算和香港结算可互相代收上述税款。

5.关于香港市场投资者通过沪股通和深股通参与股票担保卖空的证券（股票）交易印花税问题

对香港市场投资者通过沪股通和深股通参与股票担保卖空涉及的股票借入、归还，暂免征收证券（股票）交易印花税。

（三）"沪港通""深港通"涉税规定汇总表

"沪港通""深港通"涉税规定汇总表见表10-3。

表10-3　"沪港通""深港通"涉税汇总表

投资途径	投资者类型		所得税		增值税	印花税
			转让价差	股息、红利		
沪港通	个人投资者	内地投资者	至2027年12月31日，继续暂免	H股：20%，H股公司代扣代缴 非H股：20%，中国结算代扣代缴；国外已缴预提税可抵免	自2016年5月1日起，免征	按香港法律执行
		香港投资者	自2014年11月17日起，暂免	香港结算不具备向中国结算提供投资者身份、持股时间等之前，暂不执行持股时间差异化征税政策10%，上市公司代扣代缴；投资者享受低于10%的协定税率的，可自行或委托代理人申请享受，并就差额予以退税		按照内地现行税制规定缴纳证券（股票）交易印花税
	企业投资者	内地投资者	25%	＜12个月，25%；≥12个月，免征；H股公司不代扣，企业投资者自行申报缴纳，对非H股上市公司已代扣代缴税款可抵免		按香港法律执行
		香港投资者	自2014年11月17日起，暂免	香港结算不具备向中国结算提供投资者身份、持股时间等之前，暂不执行持股时间差异化征税政策10%，上市公司代扣代缴；投资者享受低于10%的协定税率的，可自行或委托代理人申请享受，并就差额予以退税		按照内地现行税制规定缴纳证券（股票）交易印花税

续表

<table>
<tr><th rowspan="2">投资途径</th><th rowspan="2" colspan="2">投资者类型</th><th colspan="2">所得税</th><th rowspan="2">增值税</th><th rowspan="2">印花税</th></tr>
<tr><th>转让价差</th><th>股息、红利</th></tr>
<tr><td rowspan="4">深港通</td><td rowspan="2">个人投资者</td><td>内地投资者</td><td>至2027年12月31日，继续暂免</td><td>H股：20%，H股公司代扣代缴
非H股：20%，中国结算代扣代缴；国外已缴预提税可抵免</td><td rowspan="4">自2016年5月1日起，免征</td><td>按香港法律执行</td></tr>
<tr><td>香港投资者</td><td>自2016年12月5日起，暂免</td><td>香港结算不具备向中国结算提供投资者身份、持股时间等之前，暂不执行持股时间差异化征税政策，10%，上市公司代扣代缴；投资者享受低于10%的协定税率的，可自行或委托代理人申请享受，并就差额予以退税</td><td>按照内地现行税制规定缴纳证券（股票）交易印花税</td></tr>
<tr><td rowspan="2">企业投资者</td><td>内地投资者</td><td>25%</td><td><12个月，25%；≥12个月，免征；H股公司不代扣，企业投资者自行申报缴纳，对非H股上市公司已代扣代缴税款可抵免</td><td>按香港法律执行</td></tr>
<tr><td>香港投资者</td><td>自2016年12月5日起，暂免</td><td>香港结算不具备向中国结算提供投资者身份、持股时间等之前，暂不执行持股时间差异化征税政策，10%，上市公司代扣代缴；投资者享受低于10%的协定税率的，可自行或委托代理人申请享受，并就差额予以退税</td><td>按照内地现行税制规定缴纳证券（股票）交易印花税</td></tr>
</table>

四、内地与香港基金互认有关税收政策

2022年6月28日，中国证券监督管理委员会、香港证券及期货事务监察委员会联合公告，决定批准两地交易所正式将符合条件的ETF纳入互联互通机制，并于2022年7月4日正式开始。交易型开放式基金（ETF）正式纳入内地与香港股票市场交易互联互通机制，标志着两地资本市场深化合作、进一步落实高水平对外开放的又一重大举措顺利落地。

在税收上，财政部、国家税务总局、证监会早在2015年12月14日发布《财政部 国家税务总局 证监会关于内地与香港基金互认有关税收政策的通知》（财税

〔2015〕125号），此后对基金互认税收政策[①]进行了更新。以下为具体规定：

（一）关于内地投资者通过基金互认买卖香港基金份额的所得税问题

对内地个人投资者通过基金互认买卖香港基金份额取得的转让差价所得，暂免征收个人所得税[②]。对内地企业投资者通过基金互认买卖香港基金份额取得的转让差价所得，计入其收入总额，依法征收企业所得税。

内地个人投资者通过基金互认从香港基金分配取得的收益，由该香港基金在内地的代理人按照20%的税率代扣代缴个人所得税。

所称代理人是指依法取得中国证监会核准的公募基金管理资格或托管资格，根据香港基金管理人的委托，代为办理该香港基金内地事务的机构。

对内地企业投资者通过基金互认从香港基金分配取得的收益，计入其收入总额，依法征收企业所得税。

（二）关于香港市场投资者通过基金互认买卖内地基金份额的所得税问题

对香港市场投资者（包括企业和个人）通过基金互认买卖内地基金份额取得的转让差价所得，暂免征收所得税。

对香港市场投资者（包括企业和个人）通过基金互认从内地基金分配取得的收益，由内地上市公司向该内地基金分配股息红利时，对香港市场投资者按照10%的税率代扣所得税；或发行债券的企业向该内地基金分配利息时，对香港市场投资者按照

---

① 基金互认税收政策：

1.《财政部 国家税务总局 证监会关于内地与香港基金互认有关税收政策的通知》（财税〔2015〕125号）；

2.《财政部 税务总局 证监会关于继续执行内地与香港基金互认有关个人所得税政策的通知》（财税〔2018〕154号）；

3.《财政部 税务总局 证监会关于继续执行沪港、深港股票市场交易互联互通机制和内地与香港基金互认有关个人所得税政策的公告》（财政部 税务总局 证监会公告2019年第93号）；

4.《财政部 税务总局 证监会关于交易型开放式基金纳入内地与香港股票市场交易互联互通机制后适用税收政策问题的公告》（财政部 税务总局 证监会公告2022年第24号）；

5.《财政部 税务总局关于延续实施有关个人所得税优惠政策的公告》（财政部 税务总局公告2023年第2号）；

6.《财政部 税务总局 中国证监会关于延续实施沪港、深港股票市场交易互联互通机制和内地与香港基金互认有关个人所得税政策的公告》（财政部 税务总局 中国证监会公告2023年第23号）。

② 自2015年12月18日起至2018年12月17日止，暂免征收个人所得税；更新至财政部、税务总局、中国证监会公告2023年第23号，至2027年12月31日继续暂免征收个人所得税。

7%的税率代扣所得税，并由内地上市公司或发行债券的企业向其主管税务机关办理扣缴申报。该内地基金向投资者分配收益时，不再扣缴所得税。

内地基金管理人应当向相关证券登记结算机构提供内地基金的香港市场投资者的相关信息。

（三）关于内地投资者通过基金互认买卖香港基金份额和香港市场投资者买卖内地基金份额的增值税问题

对香港市场投资者（包括单位和个人）通过基金互认买卖内地基金份额取得的差价收入，暂免征收营业税。

对内地个人投资者通过基金互认买卖香港基金份额取得的差价收入，按现行政策规定暂免征收营业税。

对内地单位投资者通过基金互认买卖香港基金份额取得的差价收入，按现行政策规定征免营业税。

营改增以后，前述差价收入免征增值税。

（四）关于内地投资者通过基金互认买卖香港基金份额和香港市场投资者通过基金互认买卖内地基金份额的印花税问题

对香港市场投资者通过基金互认买卖、继承、赠与内地基金份额，按照内地现行税制规定，暂不征收印花税[①]。

对内地投资者通过基金互认买卖、继承、赠与香港基金份额，按照香港特别行政区现行印花税税法规定执行。

---

① 《财政部 税务总局关于印花税法实施后有关优惠政策衔接问题的公告》（财政部 税务总局公告2022年第23号）施行后，该规定自2022年7月1日起废止。前述投资者买卖基金免征或暂不征印花税文件的废止，不是开始对买卖基金征收印花税的意思。根据《中华人民共和国印花税法》的规定，该法所称证券交易，是指转让在依法设立的证券交易所、国务院批准的其他全国性证券交易场所交易的股票和以股票为基础的存托凭证，即《印花税法》明确，自2022年7月1日起，证券交易印花税只对股票和以股票为基础的存托凭证征收，买卖基金以法定的形式明确不征收印花税。

第十一章

境外投资者

我国的境外资本投资境内二级市场主要以QFII、RQFII为主。股权投资方面受到外资准入以及结汇政策影响，境外投资者入境股权投资经过多年演变，如今的格局主要以QFLP（Qualified Foreign Limited Partner）试点方式进行，即合格境外有限合伙人。随着我国私募法规配套措施的完善，预计QFLP地方试点会进一步深化、发展。

第一节｜QFII、RQFII

为一定程度上解决在我国外汇管制和人民币未完全实现自由兑换的跨境资本投资活动，鼓励境外资本投资境内，我国逐步推出了QFII（合格境外机构投资者）、RQFII（人民币合格境外投资者）和“沪港通”等业务，有限度地开放资本市场，加速人民币国际化的措施。

一、境外合格投资者

QFII（Qualified Foreign Institutional Investors）是“合格境外机构投资者”的英文简称，是指符合规定的条件，经中国证券监督管理委员会批准投资于中国证券市场，并取得国家外汇管理局额度批准的中国境外基金管理机构、保险公司、证券公司以及其他资产管理机构。简言之，QFII制度是指外国专业投资机构到境内投资的资格认定制度。

相对应的，RQFII（RMB Qualified Foreign Institutional Investors）是指“人民币合格境外投资者”，它是指经中国证监会批准，在国家外汇管理局批准的投资额度内，给予合格境外机构投资者（如基金公司、券商）以来自境外的人民币资金（离岸人民币）投资中国证券市场。

2020年9月25日，证监会、人民银行、国家外汇管理局公布《合格境外机构投资者和人民币合格境外机构投资者境内证券期货投资管理办法》，规范合格境外机构投资者和人民币合格境外机构投资者在境内证券期货市场的投资行为，并将合格境外机构投资者和人民币合格境外机构投资者统称“合格境外投资者”。

QFII、RQFII属于私募基金天然的合格投资者。按私募基金的监管规则，国务院金融监督管理部门监管的机构依法发行的资产管理产品、合格境外机构投资者、人民币合格境外机构投资者，视为《私募监管暂行办法》规定的合格投资者，不再穿透核查最终投资者、合并计算人数。

二、境外合格投资者增值税、企业所得税、印花税

在税收方面，对于境外合格投资者，国家给予该类投资者诸多税收优惠。

（一）增值税

根据财税〔2016〕36号附件3《营改增试点过渡政策规定》第一条“下列项目免征增值税”第（二十二）项“下列金融商品转让收入”第1点规定：“合格境外投资者（QFII）委托境内公司在我国从事证券买卖业务。”因此，QFII和RQFII委托境内公司在我国从事证券买卖业务取得的差价收入免征增值税。

（二）股息、红利等权益性投资收益

1. QFII取得来源于中国境内的股息、红利和利息收入，应当按照《企业所得税法》规定缴纳10%的企业所得税。如果是股息、红利，则由派发股息、红利的企业代扣代缴；如果是利息，则由企业在支付或到期支付时代扣代缴。

依据：《国家税务总局关于中国居民企业向QFII支付股息、红利、利息代扣代缴企业所得税有关问题的通知》（国税函〔2009〕47号）。

值得一提的是，RQFII属于一种QFII使用离岸人民币资金进行投资，其交易性质和经济实质具有类似性。因此，对于RQFII有关股息的税收政策依然适用国税函〔2009〕47号文。

2. 自2014年11月17日起，对合格境外机构投资者（简称“QFII”）、人民币合格境外机构投资者（RQFII）取得来源于中国境内的股票等权益性投资资产转让所得，暂免征收企业所得税。在2014年11月17日之前，QFII和RQFII取得的上述所得应依法征收企业所得税。

本通知适用于在中国境内未设立机构、场所，或者在中国境内虽设立机构、场所，但取得的上述所得与其所设机构、场所没有实际联系的QFII、RQFII。

依据：《财政部 国家税务总局 证监会关于QFII和RQFII取得中国境内的股票等权益性投资资产转让所得暂免征收企业所得税问题的通知》（财税〔2014〕79号）。

3.对合格境外机构投资者（QFII）、人民币合格境外机构投资者（RQFII）转让创新企业CDR取得的差价所得和持有创新企业CDR取得的股息红利所得，视同转让或持有据以发行创新企业CDR的基础股票取得的权益性资产转让所得和股息红利所得征免企业所得税。

依据：《财政部 税务总局 证监会关于创新企业境内发行存托凭证试点阶段有关税收政策的公告》（财政部 税务总局 证监会公告2019年第52号）①。

（三）印花税

我国对于QFII和RQFII的印花税并没有出台特别的政策，应同境内投资者一样的待遇，按照《印花税法》规定，证券交易印花税对证券交易的出让方征收。在上海证券交易所、深圳证券交易所转让创新企业CDR，按照实际成交金额，由出让方按1‰的税率缴纳证券交易印花税。

我们来看一则QFII、RQFII投资境内优先股涉税的案例。

【案例11-1】九州通医药集团股份有限公司（600998，以下简称“九州通”）2023年11月14日于上交所发布《九州通医药集团股份有限公司向特定对象发行优先股募集说明书（注册稿）》，向特定对象发行种类为附单次跳息安排的固定股息率、可累积、不参与、不设回售条款、不可转换的优先股。本次拟发行的优先股总数不超过2 050万股，募集资金总额不超过人民币205 000万元，具体数额由股东大会授权董事会根据监管要求和市场条件等情况在上述额度范围内确定（以下为整理稿）。

发行优先股相关会计处理根据财政部颁发的《企业会计准则第22号——金融工具确认和计量》（财会〔2017〕7号）和《企业会计准则第37号——金融工具列报（2017年修订）》（财会〔2017〕14号）等要求以及本次优先股发行方案，本次发行的优先股将作为权益工具核算，优先股股息作为税后利润分配处理，于所得税后支付。

---

① 2023年8月21日，财政部、税务总局、中国证监会发布了《关于继续实施创新企业境内发行存托凭证试点阶段有关税收政策的公告》（财政部 税务总局 中国证监会公告2023年第22号）。

本次优先股的投资者应遵守我国现行有关税务方面的法律、法规及国家税务总局有关规范性文件的规定。由于优先股涉及的投资者种类可能较多，对于未提及的优先股投资者，按照其相关规定进行税务处理。

（一）优先股交易与转让

1.印花税

根据财政部《关于转让优先股有关证券（股票）交易印花税政策的通知》（财税〔2014〕46号），在上海证券交易所、深圳证券交易所、全国中小企业股份转让系统买卖、继承、赠与优先股所书立的股权转让书据，均依书立时实际成交金额，由出让方按1‰的税率计算缴纳证券（股票）交易印花税。

2.增值税

（1）个人、证券投资基金、合格境外机构投资者（QFII）及人民币合格境外投资者（RQFII）。

根据《财政部 国家税务总局关于全面推开营业税改征增值税试点的通知》（财税〔2016〕36号）规定，自2016年5月1日起，在全国范围内全面推开营业税改征增值税（“营改增”）试点，建筑业、房地产业、金融业、生活服务业等全部营业税纳税人，纳入试点范围，由缴纳营业税改为缴纳增值税。

根据上述规定，下列金融商品转让收入免征增值税：

1）个人从事金融商品转让业务；

2）证券投资基金（封闭式证券投资基金，开放式证券投资基金）管理人运用基金买卖股票、债券；

3）合格境外投资者（QFII）委托境内公司在我国从事证券买卖业务。

根据财政部、国家税务总局《关于金融机构同业往来等增值税政策的补充通知》（财税〔2016〕70号）的相关规定，人民币合格境外投资者（RQFII）委托境内公司在我国从事证券买卖业务，以及经人民银行认可的境外机构投资银行间本币市场取得的金融商品转让收入免征增值税。

（2）社会保障基金。

根据财政部、国家税务总局《关于营业税改征增值税试点若干政策的通知》（财税〔2016〕39号）规定，全国社会保障基金理事会、全国社会保障基金投资管理人运用全国社会保障基金买卖证券投资基金、股票、债券取得的金融商品转让收入，免征增值税。

（3）其他投资者。

根据《财政部 国家税务总局关于全面推开营业税改征增值税试点的通知》（财税〔2016〕36号）规定，其他投资者从事外汇、有价证券、非货物期货和其他金融商品所有权等金融商品转让，基金、信托、理财产品等各类资产管理产品和各种金融衍生品等其他金融商品转让，缴纳增值税，增值税税率为6%。

相关税收法律法规对其他投资者从事有价证券买卖业务缴纳增值税另有规定的，从其规定。

3.所得税

（1）个人、证券投资基金及社会保障基金、QFII及RQFII根据财政部、国家税务总局《关于个人转让股票所得继续暂免征收个人所得税的通知》（财税字〔1998〕61号）和财政部、国家税务总局、中国证监会《关于个人转让上市公司限售股所得征收个人所得税有关问题的通知》（财税〔2009〕167号），个人转让除限售股以外的上市公司股票取得的所得继续暂免征收个人所得税。

根据财政部、国家税务总局《关于证券投资基金税收政策的通知》（财税〔2004〕78号），自2004年1月1日起，对证券投资基金（封闭式证券投资基金、开放式证券投资基金）管理人运用基金买卖股票、债券的差价收入，继续免征企业所得税。

根据《财政部 国家税务总局关于全国社会保障基金有关企业所得税问题的通知》（财税〔2008〕136号）的规定，对社保基金理事会、社保基金投资管理人管理的社保基金银行存款利息收入，社保基金从证券市场中取得的收入，包括买卖证券投资基金、股票、债券的差价收入，证券投资基金红利收入，股票的股息、红利收入，债券的利息收入及产业投资基金收益、信托投资收益等其他投资收入，作为企业所得税不征税收入。

根据《关于QFII和RQFII取得中国境内的股票等权益性投资资产转让所得暂免征收企业所得税问题的通知》（财税〔2014〕79号）的规定，自2014年11月17日起，对在中国境内未设立机构、场所，或者在中国境内虽设立机构、场所，但取得的股票等权益性投资资产转让所得与其所设机构、场所没有实际联系的QFII、RQFII取得来源于中国境内的股票等权益性投资资产转让所得，暂免征收企业所得税。

（2）其他投资者。

根据《企业所得税法》（主席令第六十三号）及《企业所得税法实施条例》（国务院令第512号），其他投资者转让股权等财产获得的差价收入应缴纳企业所得税。相关税收法律法规对其他投资者转让股权缴纳企业所得税另有规定的，从其规定。

（二）优先股股息发放

目前尚无针对优先股股息发放的所得税税务规定，由于本次发行的优先股所支付的股利采用税后列支的方式，因此参考普通股分红的所得税税务规定：

1.个人及证券投资基金所得税相关规定

根据财政部、国家税务总局、中国证监会《关于实施上市公司股息红利差别化个人所得税政策有关问题的通知》（财税〔2012〕85号）、《关于上市公司股息红利差别化个人所得税政策有关问题的通知》（财税〔2015〕101号）及《中国证券登记结算有限责任公司关于落实上市公司股息红利差别化个人所得税政策的通知》的规定，持股期限超过1年的，股息红利所得暂免征收个人所得税；持股期限在1个月以内（含1个月）的，其股息红利所得全额计入应纳税所得额；持股期限在1个月以上至1年（含1年）的，暂减按50%计入应纳税所得额；上述所得统一适用20%的税率计征个人所得税。

因此，根据上述规定，对于个人投资者而言：如持股期限在1个月以内（含1个月）的，实际税负为20%；持股期限在1个月以上至1年（含1年）的，实际税负为10%；持股期限超过1年的，实际税负为0。

上市公司派发股息红利时，对个人持股1年以内（含1年）的，上市公司暂不扣缴个人所得税；待个人转让股票时，证券登记结算公司根据其持股期限计算应纳税额，由证券公司等股份托管机构从个人资金账户中扣收并划付证券登记结算公司，证券登记结算公司应于次月5个工作日内划付上市公司，上市公司在收到税款当月的法定申报期内向主管税务机关申报缴纳。

证券投资基金从上市公司取得的股息红利所得，按照上述规定计征个人所得税。

2.企业法人投资者所得税相关规定

根据《中华人民共和国企业所得税法》（主席令第六十三号）的规定，符合条件的居民企业之间的股息、红利等权益性投资收益为免税收入。另外，根据《中华人民共和国企业所得税法实施条例》（国务院令第512号），上述所称股息、红利等权益性投资收益，不包括连续持有居民企业公开发行并上市流通的股票不足12个月取得的投资收益。

3.合格境外机构投资者（QFII）所得税相关规定

根据《关于中国居民企业向QFII支付股息、红利、利息代扣代缴企业所得税有关问题的通知》（国税函〔2009〕47号）的规定，QFII取得来源于中国境内的股息、红利和利息收入，应当按照《企业所得税法》规定缴纳10%的企业所得税。

如果是股息、红利，则由派发股息、红利的企业代扣代缴；如果是利息，则由企业在支付或到期支付时代扣代缴。QFII取得股息、红利和利息收入，需要享受税收协定（安排）待遇的，可向主管税务机关提出申请，主管税务机关审核无误后按照税收协定的规定执行；涉及退税的，应及时予以办理。

4.社保基金所得税相关规定

根据《财政部 国家税务总局关于全国社会保障基金有关企业所得税问题的通知》（财税〔2008〕136号）的规定，对社保基金理事会、社保基金投资管理人管理的社保基金银行存款利息收入，社保基金从证券市场中取得的收入，包括证券投资基金红利收入，股票的股息、红利收入，债券的利息收入及产业投资基金收益、信托投资收益等其他投资收入，作为企业所得税不征税收入。而对社保基金投资管理人、社保基金托管人从事社保基金管理活动取得的收入，依照税法的规定征收企业所得税。

5.其他投资者所得税相关规定

除上述提及的投资者外，其他投资者取得优先股股息将按照相关规定进行处理。

（三）优先股赎回

优先股赎回环节参照优先股转让环节适用的相关税收政策。若未来财政、税务等相关政府部门对优先股回购出台专门的税务法规，则按照相关规定执行。

三、境外合格投资者受益所有人判定及其考量因素

"受益所有人"是税收协定股息、利息和特许权使用费等条款中非常重要的概念。受益所有人是指对所得或所得据以产生的权利或财产具有所有权和支配权的人。只有取得缔约国一方所得的缔约国另一方居民在具有该所得受益所有人身份的情况下，才能在来源国享受协定规定的优惠税率，否则将按来源国的国内法进行征税（10%）。因此，是否属于"受益所有人"成为判定享受税收协定税收优惠待遇的关键。

受益所有人判定及其考量因素有以下几方面：

1. 受益所有人享受协定税率的问题

根据有关税收协定股息条款规定，凡税收协定缔约对方税收居民直接拥有支付股息的中国居民公司一定比例以上资本（一般为25%或10%）的，该对方税收居民取得的股息可按税收协定规定税率征税。该对方税收居民需要享受该税收协定待遇的，应同时符合以下条件：

（1）取得股息的该对方税收居民根据税收协定规定应限于公司；

（2）在该中国居民公司的全部所有者权益和有表决权股份中，该对方税收居民直接拥有的比例均符合规定比例；

（3）该对方税收居民直接拥有该中国居民公司的资本比例，在取得股息前连续12个月以内任何时候均符合税收协定规定的比例。

2. 判定受益所有人的不利因素

一般来说，下列因素不利于对申请人"受益所有人"身份的判定：

（1）申请人有义务在收到所得的12个月内将所得的50%以上支付给第三国（地区）居民，"有义务"包括约定义务和虽未约定义务但已形成支付事实的情形。

（2）申请人从事的经营活动不构成实质性经营活动。实质性经营活动包括具有实质性的制造、经销、管理等活动。申请人从事的经营活动是否具有实质性，应根据其实际履行的功能及承担的风险进行判定。

（3）缔约对方国家（地区）对有关所得不征税或免税，或征税但实际税率极低。如缔约对方为BVI等低税率地区或避税地。

（4）在利息据以产生和支付的贷款合同之外，存在债权人与第三人之间在数额、利率和签订时间等方面相近的其他贷款或存款合同。

（5）在特许权使用费据以产生和支付的版权、专利、技术等使用权转让合同之

外，存在申请人与第三人之间在有关版权、专利、技术等的使用权或所有权方面的转让合同。

3.扩大条款

申请人从中国取得的所得为股息时，申请人虽不符合“受益所有人”条件，直接或间接持有申请人100%股份的人（以下简称“控股人”）符合条件，并且属于以下两种情形之一，应认为申请人具有“受益所有人”身份：

（1）控股人与申请人同为所属居民国（地区）居民。

（2）控股人虽不为申请人所属居民国（地区）居民，但该人和间接持股的中间层均为符合条件的人。

“符合条件的人”是指该人从中国取得的所得为股息时根据中国与其所属居民国（地区）签署的税收协定可享受的税收协定待遇和申请人可享受的税收协定待遇相同或更为优惠。

4.安全港条款

下列申请人从中国取得的所得为股息时，可不根据国家税务总局公告2018年第9号第二条规定的因素进行综合分析，直接判定申请人具有“受益所有人”身份：

（1）缔约对方政府。

（2）缔约对方居民且在缔约对方上市的公司。

（3）缔约对方居民个人。

申请人被第（1）至第（3）中的一人或多人直接或间接持有100%股份，且间接持有股份情形下的中间层为中国居民或缔约对方居民。

5.委托投资情况下认定受益所有人

代理人或指定收款人等（以下统称“代理人”）不属于“受益所有人”。申请人通过代理人代为收取所得的，无论代理人是否属于缔约对方居民，都不应据此影响对申请人“受益所有人”身份的判定。

股东基于持有股份取得股息，债权人基于持有债权取得利息，特许权授予人基于授予特许权取得特许权使用费，不属于本条所称的“代为收取所得”。

受益所有人判定及其考虑因素的文件：

①《国家税务总局关于执行税收协定股息条款有关问题的通知》（税函〔2009〕81号）。

②《国家税务总局关于如何理解和认定税收协定中“受益所有人”的通知》（国税函〔2009〕601号），根据2018年2月3日《国家税务总局关于税收协定中“受益所

有人”有关问题的公告》(国家税务总局公告2018年第9号),本文自2018年4月1日起废止。

③《国家税务总局关于认定税收协定中“受益所有人”的公告》(国家税务总局公告2012年第30号),根据2018年2月3日《国家税务总局关于税收协定中“受益所有人”有关问题的公告》(国家税务总局公告2018年第9号),本文自2018年4月1日起废止。

④《国家税务总局关于湖北等省市国家税务局执行内地与香港税收安排股息条款涉及受益所有人案例的处理意见》(税总函〔2013〕165号)。

⑤《国家税务总局关于委托投资情况下认定受益所有人问题的公告》(国家税务总局公告2014年第24号)。

⑥《国家税务总局关于税收协定中“受益所有人”有关问题的公告》(国家税务总局公告2018年第9号)。

四、境外合格投资者委托投资判定“受益所有人”

2019年12月,国家税务总局组织编写了《税收协定执行案例集》,旨在借鉴典型案例,提高对税收协定的理解。该书收录的案例涉及居民、常设机构、股息、利息、特许权使用费、财产收益、教师和研究人员等多个条款,覆盖条款范围较广;既有不符合享受协定待遇条件而补缴税款的案例,也有经核查排除协定滥用风险允许享受协定待遇的案例,即并非“补税的案例才是好案例”。笔者摘选出合格境外投资者委托投资判定“受益所有人”案例:

案例十九 委托投资判定“受益所有人”

一、案例概要

非居民企业A是一家经中国证监会批准的合格境外机构投资者(QFII),通过资产管理经纪人投资于境内B公司(中国香港上市)发行的H股。由于B公司在派发股息时已统一为非居民股东代扣代缴了10%的预提所得税,因此非居民企业A按照《国家税务总局关于委托投资情况下认定受益所有人问题的公告》(国家税务总局公告2014年第24号,以下简称“24号公告”)的相关规定办理补充享受税收协定待遇退税申请。主管税务机关经深入调查、论证分析,认为非居民企业A符合委托投资情况下的“受益所有人”身份,可以享受税收协定待遇，同意非居民企业A的退税申请。

二、相关事实

（一）投资链条图示及说明

非居民企业A注册成立于阿联酋，负责制定具体的H股投资决策，指定J投资银行（托管人）及J投资银行香港分行（托管银行），负责具体H股委托投资事宜。J投资银行是一家全球知名的投资金融机构，经所在国政府许可主要从事证券基金、资产管理、资金以及证券托管等业务。集团股权结构如图11-1所示。

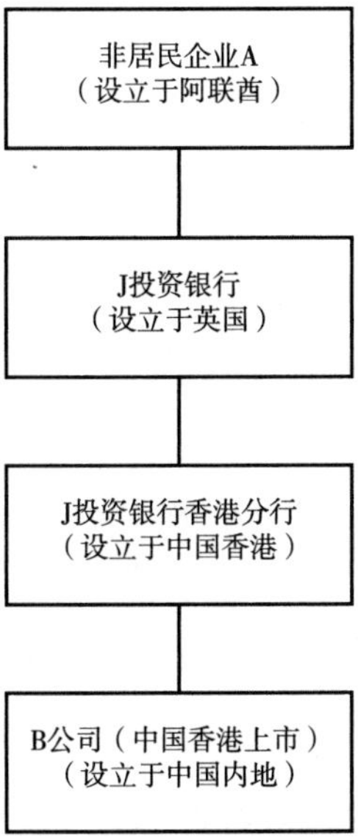

图11-1　集团股权结构

（二）审核及适用依据

1.中阿税收协定相关规定

根据中阿税收协定第十条第三款规定，如果股息的受益所有人是缔约国另一方政府、其政府机构，或为该缔约国另一方政府直接或间接全部拥有资本的其他实体，则股息应仅在该缔约国另一方征税。根据非居民企业A提供关于某投资局改组中的相关条文，该非居民企业A为国家所有并受其监管的公共机构。

2.非居民纳税人享受税收协定待遇及退税相关规定

根据《国家税务总局关于发布〈非居民纳税人享受税收协定待遇管理

办法〉的公告》(国家税务总局公告2015年第60号)第十四条规定，非居民纳税人可享受但未享受协定待遇，且因未享受协定待遇而多缴税款的，可在税收征管法规定期限内自行或通过扣缴义务人向主管税务机关要求退还，同时提交本办法第七条规定的报告表和资料及补充享受协定待遇的情况说明。

经过审核，企业提供的备案资料齐全，税收居民身份证明符合规定，申报所得类型准确，适用协定条款正确，税款计算正确。《税收征管法》第五十一条规定的退税期限为纳税人自结算缴纳税款之日起三年内。通过企业提供的申报表和税收缴款书，非居民企业A于2016年4月申请享受税收协定待遇退税，期限符合要求。

3.委托投资“受益所有人”相关规定

根据24号公告第二条规定，非居民通过委托投资取得投资收益提出享受税收协定待遇申请的，应向税务机关提供以下资料：

(1)投资链条各方(包括该非居民、投资管理人或投资经理、各级托管人、证券公司等)签署的与投资相关的合同或协议，以及能够说明投资业务的其他资料，资料内容应包括委托投资本金来源和组成情况以及各方收取费用或取得所得的约定。

企业提供了非居民企业A与J投资银行的全球托管协议以及托管费用协议。根据该协议，在委托投资期间，H股的投资决策具体由非居民企业A制定，J投资银行按照非居民企业A的投资指示买卖B公司在香港上市的H股。J投资银行负责具体H股的持有和接受托管事宜，根据托管协议收取佣金，受托资金的投资收益和风险全部由非居民企业A取得和承担。J投资银行将受托资金独立于其自有资金进行专项管理，且J投资银行的账目中按照每一个客户设置单独的资金账户，集合客户的投资资金，按照客户指示进行具体H股的交易操作。企业还提供了J投资银行与J投资银行香港分行的次托管协议以及收费标准。上述两项材料都证明J投资银行和J投资银行香港分行所收取的费用均为单独收取，与非居民企业A取得的股息无关。同时，企业还提供了该非居民企业A官网公布的年度总结，证明了其资金全部来源于政府的预算盈余。

(2)投资收益和其他所得逐级返回至该非居民企业A的信息和凭据以及对所得类型认定与划分的说明资料。

①投资收益回流路径一：B公司支付给J投资银行香港分行。

企业提供了派息公告和中华人民共和国税收通用缴款书，B公司宣告并向股份登记的名义持有人香港中央结算有限公司支付股息，在支付股息时为其股东代扣代缴了10%的企业所得税。所有通过中央结算及交收系统交易的投资者持有的港交所股票（包括H股），均由香港中央结算有限公司作为名义持有人。香港中央结算有限公司在向J投资银行香港分行的客户支付相关股息时，通过中央结算及交收系统将相关股息在J投资银行香港分行持有的账户中进行结算。J投资银行香港分行收到中央结算及交收系统终端生成的电子扣税凭证“享有法定权利的投资报告”，显示J投资银行香港分行的客户在派发股息日持有的某一股票收到的股息红利的金额。

②投资收益回流路径二：J投资银行香港分行支付给J投资银行。

企业提供了J投资银行香港分行证券交易信息，J投资银行香港分行在收到B公司股息分红时支付给J投资银行。该支付通过电子形式，并有环球银行间财务通信系统（SWIFT）代码进行支持，可以证明上述情况说明的股息流向。

③投资收益回流路径三：J投资银行支付给非居民企业A。

企业提供了J投资银行股息派发凭证（该凭证显示了股息派发日的持股数量、每股派息、股息总额、扣缴税额及税后金额）和非居民企业A从B公司取得股息的税单，证明从B公司取得的股息收入已计入非居民企业A的账户。J投资银行收到J投资银行香港分行支付的股息红利后，立即支付给非居民企业A。

三、处理过程

综上所述，通过对投资各链条以及股息回流各环节的分析可见，非居民企业A委托投资B公司，B公司派发的股息在逐级返回至该非居民企业A的过程中，所得性质未发生改变，且所有凭据证明该股息实际返回至非居民企业A，可以认定非居民企业A为该笔所得的“受益所有人”，能够享受中阿税收协定相应条款规定的待遇。

根据《国家税务总局关于中国居民企业向境外H股非居民企业股东派发股息代扣代缴企业所得税有关问题的通知》（国税函〔2008〕897号）的规定，中国居民企业向境外H股非居民企业股东派发2008年及以后年度股息时，统一按10%的税率代扣代缴企业所得税。非居民企业股东在获得股息之后，可以自行或通过委托代理人或代扣代缴义务人，向主管税务机关提出享受税收协定（安排）待遇的申请，提供证明自己为符合税收协定（安排）规定的受益所有人的资料。主管税务机关审核无误后，应就已征税款和根据税收协定（安排）规定税率计算的应纳税款的差额予以退税。

由于B公司在分配H股股息时已经为非居民企业A代扣代缴10%的预提所得税145万元，因此非居民企业A委托代理人向主管税务机关提出享受税收协定待遇的申请，并就已征税款和根据税收协定规定税率计算的应纳税款的差额申请退税，也就是将145万元税款全部办理退税。

四、案例点评

委托投资情形下“受益所有人”的认定业务涉及非居民企业、投资管理人、各级托管人等多个主体，业务更为复杂，需要更多的资料和信息凭据来支持认定。同时在执行24号公告的相关规定时，税务机关应该按照实质重于形式的原则，结合具体案例的实际情况和业务实质进行分析和判断，对申请人的真实性、准确性和客观性等情况进行审慎核实。

第二节 | 外商境内投资

2019年3月15日，全国人民代表大会常务委员会正式公布《中华人民共和国外商投资法》(以下简称《外商投资法》)，该法律已于2020年1月1日起生效。《外商投资法》的颁布和施行，是中国外商投资法律监管体系的一次重大变革。2019年12月26日，国务院公布《中华人民共和国外商投资法实施条例》(以下简称《外商投资法实施条例》)。《外商投资法实施条例》是《外商投资法》的配套行政法规，旨在明确和细化法律的有关规定、增强制度的可操作性，保障《外商投资法》的有效实施。

外资入境投资包括以下几个层次：

一、准入前国民待遇加负面清单管理制

在新型外商投资监管体系下，我国对外商投资实行准入前国民待遇加负面清单管理制度。

（一）准入前国民待遇

准入前国民待遇是指在投资准入阶段给予外国投资者及其投资不低于中国投资者

及其投资的待遇。准入前国民待遇的实现方式就是将国民待遇义务的适用范围从投资准入后的阶段（投资的管理、经营、运营、出售和其他处置）扩大到投资准入的阶段（投资的设立、取得、扩大）；准入前给予国民待遇并不意味着准入后不实行国民待遇，而是将国民待遇义务的适用范围从准入后扩大到准入前。

（二）负面清单

负面清单是指国家规定在特定领域对外商投资实施的准入特别管理措施，即《外商投资准入特别管理措施（负面清单）（2020年版）》（以下简称《负面清单》）。2020年版的《负面清单》中列明了科学研究和技术服务业、教育、文化、体育和娱乐业等12个领域共33项特别管理措施。根据《负面清单》的说明，《负面清单》统一列出股权要求、高管要求等外商投资准入方面的特别管理措施。外商投资企业在中国境内投资，应符合《负面清单》的有关规定。有关主管部门在依法履行职责过程中，对境外投资者拟投资《负面清单》内领域，但不符合《负面清单》规定的，不予办理许可、企业登记注册等相关事项；涉及固定资产投资项目核准的，不予办理相关核准事项。投资有股权要求的领域，不得设立外商投资合伙企业。

《外商投资准入特别管理措施（负面清单）（2021年版）》已于2021年9月18日国家发展和改革委员会第18次委务会议审议通过和商务部审签，并经党中央、国务院同意，予以发布，自2022年1月1日起施行。

2024年9月6日，国家发展改革委、商务部发布《外商投资准入特别管理措施（负面清单）（2024年版）》，自2024年11月1日起施行。与2021年版相比，2024年版全国外资准入负面清单限制措施由31条减至29条，删除了“出版物印刷须由中方控股”，以及“禁止投资中药饮片的蒸、炒、炙、煅等炮制技术的应用及中成药保密处方产品的生产”2个条目，制造业领域外资准入限制措施实现“清零”。对负面清单之外的领域，按照内外资一致原则管理，给予外商投资企业国民待遇。

二、鼓励外商投资产业目录

为落实外商投资法及其实施条例，根据国民经济和社会发展需要，鼓励和引导外国投资者在特定行业、领域、地区投资，国家发展和改革委员会和商务部制定的《鼓励外商投资产业目录（2022年版）》于2022年7月29日国家发展和改革委员会第22次委务会议审议通过和商务部审签，并经国务院同意，2022年10月26日予以发布，自2023年1月1日起施行。

三、外商投资企业外汇资本金结汇政策

我国外商投资企业外汇资本金结汇政策经历了结汇所得人民币不得用于境内股权投资、松绑到逐步放开的阶段。以下为具体政策：

1.《国家外汇管理局综合司关于完善外商投资企业外汇资本金支付结汇管理有关业务操作问题的通知》（汇综发〔2008〕142号）：外商投资企业资本金结汇所得人民币资金应当在政府审批部门批准的经营范围内使用，除另有规定外，结汇所得人民币不得用于境内股权投资。

2.《国家外汇管理局关于在部分地区开展外商投资企业外汇资本金结汇管理方式改革试点有关问题的通知》（汇综发〔2014〕36号）：在试点区域内，允许外商投资企业外汇资本金意愿结汇；在项目真实合规基础上，可直接结汇划入被投资企业进行投资。外汇资本金股权投资开始松绑。

3.《国家外汇管理局关于改革外商投资企业外汇资本金结汇管理方式的通知》（汇发〔2015〕19号）：在全面推行意愿结汇制度的同时，提出了外商投资企业以结汇资金开展境内股权投资的便利化政策，明确一般外商投资企业可以进行境内股权投资。汇发〔2015〕19号文对非投资为主业的一般性外商投资公司通过资本金结汇资金进行境内股权投资已经进行了规定，但实践中上述公司以资本金结汇用于境内股权投资仍然存在诸多障碍。

4.《国家外汇管理局关于改革和规范资本项目结汇管理政策的通知》（汇发〔2016〕16号）：国家外汇管理局在汇发〔2015〕19号文的基础上，进一步扩大了意愿结汇适用的机构主体、资金来源和范围，同时进一步明确了结汇资金使用的管理。

5.《国家外汇管理局关于进一步促进跨境贸易投资便利化的通知》（汇发〔2019〕28号）：取消非投资性外商投资企业资本金境内股权投资限制，在投资性外商投资企业（外商投资性公司、外商投资创业投资企业和外商投资股权投资企业）可以依法依规以资本金开展境内股权投资的基础上，允许非投资性外商投资企业在不违反现行《外商投资准入特别管理措施（负面清单）》且境内所投项目真实、合规的前提下，依法以资本金进行境内股权投资。

6.《国家外汇管理局关于进一步深化改革 促进跨境贸易投资便利化的通知》（汇发〔2023〕28号）：为进一步便利外商投资企业外汇收支，将原资产变现账户调整为资本项目结算账户，账户内资金可自主结汇使用。这些资金主要包括外商直接投资及

境内再投资、境外直接投资的境内股权出让方接收股权转让对价资金，以及境内企业境外上市募集的外汇资金。下一步，国家外汇局将结合企业需求，有序推动更多资金收支纳入该账户，便利企业资金使用。

四、投资基金管理机构

按管理的投资基金类型，将管理外资基金的机构分为证券投资基金管理机构和股权投资基金管理机构。

（一）证券投资基金管理机构

外商独资私募证券基金管理机构，英文简称WFOE PFM，全称为“Wholly Foreign Owned Enterprise Private Securities Investment Fund Management Institution”，即外商独资私募证券投资基金管理人，可通过在中国境内设立外商独资企业（即“WFOE”），并以该外商独资企业登记成为境内私募证券基金管理人的形式进行境内投资。外资私募证券投资基金管理企业，需于外商投资准入阶段先取得商务主管部门核准，再进行后续工商设立登记，并根据基金业协会《私募基金登记备案相关问题解答（十）》的有关要求，于协会进行管理人登记。

2016年6月30日，中国证券投资基金业协会颁布《私募基金登记备案相关问题解答（十）》第一问：“第八轮中美战略与经济对话政策成果中包括欢迎符合条件的外商独资和合资企业申请登记成为私募证券基金管理机构，按规定开展包括二级市场证券交易在内的私募证券基金管理业务。请问，外商独资和合资私募证券基金管理机构申请登记成为私募证券基金管理人有何要求？”（解答如下）

根据第七轮、第八轮中美战略与经济对话以及第七次中英经济财金对话达成的政策成果，经中国证监会同意，外商独资和合资私募证券基金管理机构在中国境内开展私募证券基金管理业务，应当在中国证券投资基金业协会登记为私募证券基金管理人，并应当符合以下条件：

（一）该私募证券基金管理机构为在中国境内设立的公司；

（二）该私募证券基金管理机构的境外股东为所在国家或者地区金融监管当局批准或者许可的金融机构，且境外股东所在国家或者地区的证券监管机构已与中国证监会或者中国证监会认可的其他机构签订证券监管合作谅解备忘录；

（三）该私募证券基金管理机构及其境外股东最近三年没有受到监管机构和司法机构的重大处罚。

有境外实际控制人的私募证券基金管理机构，该境外实际控制人也应当符合上述第（二）、（三）项条件。

外商独资和合资私募证券基金管理机构开展私募证券投资基金业务，除应当符合《证券投资基金法》《私募投资基金监督管理暂行办法》《私募投资基金管理人登记和基金备案办法（试行）》及其他法律法规规定外，还应当遵守以下规定：

（一）资本金及其结汇所得人民币资金的使用，应当符合国家外汇管理部门的相关规定；

（二）在境内从事证券及期货交易，应当独立进行投资决策，不得通过境外机构或者境外系统下达交易指令。中国证监会另有规定的除外。

2023年5月1日生效施行的《登记备案办法》第十四条（一）至（五）项保留了前述设立外资私募证券投资基金管理人在境内设立公司、境外股东，以及3年内机构、境外股东未受重大处罚等要求。

（二）股权投资基金管理机构

外资创业投资管理企业、外资股权投资管理企业，需依照有关法律法规完成工商登记及外商投资备案，根据中国证券投资基金业协会的《登记备案办法》进行私募基金管理人登记。在考虑PE/VC基金架构时，应充分考虑外资背景投资人可能对PE/VC基金产生的影响，设计合适的架构，如采用平行基金架构等方式，降低因国资背景投资人及外资背景投资人的特殊身份对PE/VC基金造成的影响。

外资参与中国境内股权投资主要有四条路径：一般外商投资企业（FIE）、外商投资性公司（FIHC）、外商投资创业投资企业（FIVCE）和外商投资股权投资企业（QFLP）。准确来说，FIHC和FIVCE并不属于私募基金管理人业务范畴，为厘清外资进入中国股权投资的路径，业内通常将其与QFLP放在一起介绍。

1. 一般外商投资企业（FIE）、外商投资性公司（FIHC）

外商投资性公司是指外国投资者在中国以独资或与中国投资者合资的形式设立的从事直接投资的公司。FIHC开始于2004年，关于FIHC的规定主要见于商务部《关于外商投资举办投资性公司的规定》(2015年修正)。

FIHC对股东资产总额以及实业投资方面要求较高，功能不局限于股权投资，还可以从事租赁业务、财务公司业务，以及为所投资企业提供采购、销售、融资、担保等服务。所以更适合在境内有实业投资的大型跨国公司，在实操过程中专业投资机构很少采用这一模式。

在外汇的19号文、28号文全面推行意愿结汇制度，并放开一般外商投资企业境内股权投资之后，FIHC存在的意义已经不大。尤其是在《外商投资法》实施后，外商投资的信息报告制度取代原有审批、备案和联合年报制度，对外商投资实行准入前国民待遇加负面清单管理制度，FIHC已不适应市场需求。

2.外商投资创业投资企业(FIVCE)

有关外商投资创业投资企业(FIVCE，Foreign-invested Venture Capital Enterprise)比较正式的监管政策于2003年1月30日发布，2003年3月1日实施《外商投资创业投资企业管理规定》(对外贸易经济合作部 科学技术部 国家工商行政管理总局 国家税务总局 外汇管理局令2003年第2号，以下简称《管理规定》)。2015年根据《商务部关于修改部分规章和规范性文件的决定》进行了修正。

FIVCE的门槛比较高，要求有必备投资者，且限于向未上市高新技术企业进行股权投资。由于实操上存有诸多不便之处，FIVCE并未成为外资机构境内股权投资的主流模式。随着2009年《外国企业或者个人在中国境内设立合伙企业管理办法》(国务院令第567号)颁布，境外PE/VC机构得以使用有限合伙企业这一组织形式来设立基金。

2011年1月4日，国家税务总局发布《国家税务总局关于公布全文失效废止、部分条款失效废止的税收规范性文件目录的公告》(国家税务总局公告2011年第2号)，《国家税务总局关于外商投资创业投资公司缴纳企业所得税有关税收问题的通知》(国税发〔2003〕61号)第一条、第二条、第三条第一款、第二款第一句失效，使得依据《管理规定》制定国税发〔2003〕61号的非法人制FIVCE外国投资者有关在我国设立机构场所的条款被废止。

2020年11月29日，国务院废止《外国企业或者个人在中国境内设立合伙企业管理办法》(国务院令第567号)，参见《国务院关于修改和废止部分行政法规的决定》(国务院令第732号)。

因此，对于境外PE/VC机构，无论从组织形式还是税收角度来说，FIVCE都不再是一类理想的人民币PE/VC投资路径。

3. 合格境外有限合伙人（QFLP）

2006年修订的《中华人民共和国合伙企业法》首次引入了有限合伙企业这一组织形式，该法也为外国投资者在中国境内参与设立合伙企业提供了制度依据。

由于对外商投资和外汇的严格管控，在上海2011年初开启合格境外有限合伙人（Qualified Foreign Limited Partner，以下简称“QFLP”）试点项目之前，外国PE/VC机构难以真正利用有限合伙企业这一组织形式来参与人民币PE/VC基金的设立。QFLP试点项目为境外PE/VC机构打开了以有限合伙企业形式在中国境内参与设立人民币PE/VC基金的大门，也展现出比传统的FIVCE和境外基金更显而易见的优势。除上海外，北京、天津、深圳、青岛、重庆、贵州（贵阳综合保税区）、福建平潭、珠海、广州、苏州、厦门、海南、辽宁自由贸易试验区沈阳片区等地均已经出台相关的QFLP试点政策。

2019年4月，广州市地方金融监督管理局发布了《广州市促进外商投资股权投资类企业集聚发展工作指引》（穗金融〔2019〕11号，以下简称《广州QFLP指引》），《广州QFLP指引》明确试点企业适用境内股权投资企业和外商投资企业的相关规定，而暂未规定与其他地区QFLP试点政策类似的针对试点企业的额外要求[①]（如试点企业的股东/合伙人资质要求、管理团队的投资经验要求等）。

2021年1月29日，经市政府同意，深圳市地方金融监管局在原《深圳市外商投资股权投资企业试点办法》（深金规〔2017〕1号）基础上，修订形成《深圳市外商投资股权投资企业试点办法》（深金监规〔2021〕1号）。2024年1月5日，深圳市地方金融监督管理局印发《深圳市合格境外有限合伙人试点办法》（深金监规〔2024〕1号），自发布起施行，有效期3年，原《深圳市外商投资股权投资企业试点办法》（深金监规〔2021〕1号）同时废止。

实践中，QFLP基金已成为境外投资人参与境内私募股权基金的主要方式。

4. 外商投资性公司（FIHC）、外商投资创业投资企业（FIVCE）和合格境外有限合伙人（QFLP）比对

外商投资性公司（FIHC）、外商投资创业投资企业（FIVCE）和合格境外有限合伙人（QFLP）比对[②]如表11-1所示。

---

① 也有业内人士认为《私募监管暂行办法》珠玉在前，可不再另行制定。

② 来源于国浩律师事务所《QFLP基金起源与政策》。

表 11-1　外商投资性公司、外商投资创业投资企业和合格境外有限合伙人

	外商投资性公司FIHC	外商投资创业投资企业FIVCE	合格境外有限合伙人QFLP
股东条件	外国投资者：申请前一年资产总额≥4亿美元，在中国境内已设立FIE，实缴注册资本>1 000万美元，或在中国境内已设立≥10个FIE，实缴注册资本>3 000万美元 中国投资者：申请前一年资产总额≥1亿元人民币	申请前三年管理的资本总额≥1亿美元，且其中≥5 000万美元已用于创业投资 或：必备投资者为中国投资者情况下，在申请前三年其管理的资本累计≥1亿元人民币，且其中≥5 000万元人民币已用于创业投资	管理人股东和LP各个试点地区有差异
股东出资	按照章程的规定按期缴付，申请认定地区总部： 已缴付注册资本≥1亿美元，或已缴付注册资本≥5 000万美元，申请前一年其所投资企业资产总额≥30亿元人民币，且利润总额≥1亿元人民币	公司制FIVCE：必备投资者对创投企业的认缴出资及实际出资≥认缴出资总额及实际出资总额的30% 非法人制FIVCE：必备投资者对FIVCE的认缴出资及实际出资≥认缴出资总额及实际出资总额的1%，且对FIVCE的债务承担连带责任	LP需要符合合格投资者要求，具体金额各试点区域有差异

第三节 | QFLP试点政策

QFLP（Qualified Foreign Limited Partner，即合格境外有限合伙人）是指境外投资者参与投资设立的，以非公开方式向境外投资者募集资金，投资于境内非公开交易的企业股权的企业。QFLP试点项目为境外PE/VC机构打开了以有限合伙企业形式在中国境内参与设立人民币PE/VC基金的大门，也展现出比FIVCE和境外基金更显而易见的优势。

一、QFLP试点情况

从QFLP试点政策发布的时间点看，我国QFLP试点大致分为三个阶段：

第一阶段：2010—2011年。

上海、北京、天津、重庆、深圳等地陆续启动QFLP试点。

第二阶段：2017—2018年。

2014年开始，基金业协会对基金管理人基金监管提出登记备案要求。2017年开始，

贵州、平潭、珠海等地开始QFLP试点。

第三阶段：2020年至今。

QFLP试点地区迅速扩大，截至2021年底，我国QFLP试点已经扩大到24个地区，也是在该年，深圳、北京和珠海均出台了QFLP试点政策更新版。表11–2所示为早期我国QFLP试点进程情况。

表11–2 我国QFLP试点进程及相关政策文件

时间	城市	政策
2012年	上海	《关于本市开展外商投资股权投资企业试点工作的实施办法》（沪金融办通〔2010〕38号），《关于本市开展外商投资股权投资企业试点工作的若干意见》（沪府办〔2010〕17号）
2011年	北京	《关于本市开展股权投资基金及其管理企业做好利用外资工作试点的暂行办法》（京政办函〔2011〕16号）①
2011年	天津	《关于本市开展外商投资股权投资企业及其管理机构试点工作的暂行办法》（津发改财金〔2011〕1206号） 《关于本市开展外商投资股权投资企业及其管理机构试点工作的暂行办法的实施细则》（津发改财金〔2011〕1207号）
2011年	重庆	《重庆市关于开展外商投资股权投资企业试点工作的意见》（渝办发〔2011〕132号）
2012年	深圳	《关于本市开展外商投资股权投资企业试点工作的暂行办法》（深府金发〔2012〕12号）②
2017年	贵州	《贵州省关于开展外商投资股权投资企业试点工作的暂行办法》（黔府办发〔2017〕59号）
2018年	平潭	《开展外商投资股权投资企业试点工作的实施办法》（岚综管办〔2018〕50号）
2018年	珠海	《珠海市外商投资股权投资企业试点管理暂行办法》（珠金〔2018〕247号）③
2019年	广州	《广州市促进外商投资股权投资类企业集聚发展工作指引》（穗金融〔2019〕11号）

① 北京2021年QFLP更新：《关于本市开展合格境外一下各位合伙人试点的暂行办法》（2021年4月28日）。

② 2017年和2021年（2.0和3.0版本）：《深圳市外商投资股权投资企业试点办法》（深金规〔2017〕1号）、《深圳市外商投资股权投资企业试点办法》（深金监规〔2021〕1号）。2024年（4.0版本）：《深圳市合格境外有限合伙人试点办法》（深金监规〔2024〕1号）。

③ 珠海2021年QFLP更新：《珠海市外商投资股权投资类企业试点办法》（珠金〔2021〕52号）。

续表

时间	城市	政策
2019年	青岛	《青岛市促进外商投资股权投资企业发展工作指引（试行）》（青金监字〔2019〕125号）
2020年	烟台	《中国（山东）自由贸易试验区烟台片区发展外商投资股权投资企业工作指引（试行）》（烟开〔2020〕26号）
2020年	厦门	《促进外商投资股权投资基金发展工作指引（试行）》（厦金管〔2020〕87号）
2020年	苏州	《苏州工业园区外商投资股权投资企业试点办法》（苏园管规字〔2020〕2号）
2020年	佛山	《佛山市引导和促进外商投资股权投资类企业集聚发展的工作指引（试行）》（佛金融〔2020〕33号）
2020年	海南	《海南省关于开展合格境外有限合伙人（QFLP）境内股权投资暂行办法》（琼金监函〔2020〕186号）
2020年	沈阳	《中国（辽宁）自由贸易试验区沈阳片区外商投资股权投资类企业试点管理暂行办法》（沈自贸委发〔2020〕14号）
2020年	济南	《济南市促进外商投资股权投资类企业发展工作指引（试行）》（济金监字〔2020〕97号）[①]
2021年	广西	《中国（广西）自由贸易试验区南宁片区促进外商投资股权投资类企业发展暂行办法》（南自贸管委规〔2021〕2号）
2021年	河北雄安	《河北雄安新区外商投资股权投资类企业试点暂行办法》（雄安办字〔2021〕26号）
2021年	宁波	《宁波市外商投资股权投资企业试点工作实施办法（试行）》（甬金管〔2021〕30号）
2021年	无锡	《无锡市外商投资股权投资企业试点办法》（锡金监规〔2021〕1号）
2021年	南京	《自贸试验区南京片区开展合格境外有限合伙人试点暂行办法》（宁金监发〔2021〕63号）
2021年	东莞	《东莞市外商投资股权投资类企业试点管理暂行办法》（东金〔2021〕74号）
2021年	杭州	《杭州市合格境外有限合伙人试点暂行办法》（杭金管发〔2021〕55号）
2021年	嘉善	《嘉善县外商投资股权投资企业试点操作细则（试行）》（善政办发〔2021〕47号）

① 济南2022年QFLP更新：《济南市外商投资股权投资类企业试点工作指引》（济金监字〔2022〕70号）。

二、QFLP试点特点

QFLP出台之时，基金业协会还没有形成整套规则，早期上海、北京、天津这些城市并不要求管理人登记和产品备案。在2014年8月21日后，QFLP纳入管理人登记、产品备案要求。

（一）地方联席审核，工商注册登记

申请企业需要向地方金融办递交规定的相关材料。金融办初审通过后，一般由地方金融办主导，并由多个相关监管部门，如市级商务主管部门、市市场监督管理部门、市发展改革委员会、市外汇局等组成的联席会议（或工作小组）试点资格进行审核，联席会议（或工作小组）审核通过后，方可启动相关实体的工商设立登记程序。联席会议（工作小组）审查通过后出具业务资格文件，办理外商投资企业批准；审查不通过的，联席会议（或工作小组）将以书面形式通知申请企业。申请企业凭资格文件前往工商部门办理注册登记手续，取得营业执照后，凭工商登记材料办理外汇登记、外商投资企业信息报告等外汇管理手续。

除上海外，北京、天津、深圳、青岛、重庆、贵州（贵阳综合保税区）、福建平潭、珠海、广州、苏州、厦门、海南、辽宁自由贸易试验区沈阳片区等地均已经出台相关的QFLP试点政策，内容基本要求大同小异。除符合外商投资准入的大原则前提下，各地要求管理人、管理人管理的QFLP基金在当地办理工商登记注册手续。

（二）办理私募基金管理人登记及基金备案

根据《私募监管暂行办法》《登记备案办法》规定，设立在中国境内的各类私募基金管理人（包括中国境内的外商投资私募基金管理机构）应当根据基金业协会的规定向基金业协会申请登记并将其管理的私募基金备案在其名下。私募基金管理人需通过基金业协会的资产管理业务综合报送平台进行私募基金管理人登记和基金备案。

（三）间接投资外资属性的问题

2020年1月1日起生效的《外商投资法》规定明确外国投资者间接在中国境内进行的投资活动属于外商投资，但并未明确间接投资的定义和具体方式。加之QFLP基金地区试点，未拓展至全国，导致QFLP基金投资属性不明，尚待外商投资主管部门在实操中的认定或出台具体的规定。

外商投资合伙企业境内投资，按照《商务部关于外商投资管理工作有关问题的通

知》（商资函〔2011〕72号）规定，以投资为主要业务的外商投资合伙企业视同境外投资者，其境内投资应当遵守外商投资的法律、行政法规、规章。但是，在QFLP基金管理企业仅向境内投资者（业内称其为“准内资模式”）募集人民币资金，由境外PE/VC机构设立一个外商投资企业作为境内基金的普通合伙人的情形下，该基金是否应被视为境外投资者进而在对外投资时适用外商投资产业准入政策限制曾一度存在争议。以最早试点QFLP的上海来说，按上海获准试点政策的外商投资股权投资管理企业可使用外汇资金对其发起设立的股权投资企业出资，金额不超过所募集资金总额度的5%，该部分出资不影响所投资股权投资企业的原有属性[①]。同样的问题，国家发展改革委2012年4月在其向上海市发展改革委下发的《国家发展改革委办公厅关于外资股权投资企业有关问题的复函》（发改办外资〔2012〕1023号）曾明确答复，针对黑石QFLP基金及该类普通合伙人是外资、有限合伙人是内资的有限合伙制股权投资企业，仍应按照外资政策法规进行管理，其投资项目仍然适用《外商投资准入特别管理措施（负面清单）》的规定。

（四）结汇

QFLP基金的审批是前置性的，QFLP基金设立后可直接在托管银行或开户行办理结汇，从而可以在相对较短时间内将境外投资人的外汇出资兑换成人民币来进行投资。

汇发〔2015〕19号文、汇发〔2016〕16号到汇发〔2019〕28号文，逐步取消了非投资性外商投资企业资本金境内股权投资限制，允许非投资性外商投资企业在不违反现行《外商投资准入特别管理措施（负面清单）》且境内所投项目真实、合规的前提下，依法以资本金进行境内股权投资。

汇发〔2019〕28号文给一般FIE提供了一条投资的道路，但与QFLP一站式结汇到被投资企业相比，QFLP更具有灵活性，也逐渐成为外商境内投资的主流方式。

第四节｜QFLP涉税

一、QFLP基金的三种类型

境外私募股权投资基金在境内设立人民币股权投资基金通常采用公司制模式、有

---

① 《关于本市开展外商投资股权投资企业试点工作的实施办法》（沪金融办通〔2010〕38号）第二十四条。

限合伙模式。其中，有限合伙型是主流。上海市人民政府官方网站2020年4月刊登的一篇文章提及，上海市金融监管局相关工作人员表示上海《关于本市开展外商投资股权投资企业试点工作的实施办法》已由原来的“外资管外资”模式，扩展到“外资管内资”模式和“内资管外资”模式。按照外资机构对基金的控制的程度，基金可分为以下几类类型：

（一）第一类，外资（GP）管外资（LP）

外资管外资模式下，境外PE或者VC机构在境内设立外商独资企业作为基金的普通合伙人（GP）或者管理人，向境外投资者募集外币资金（见图11-2）。

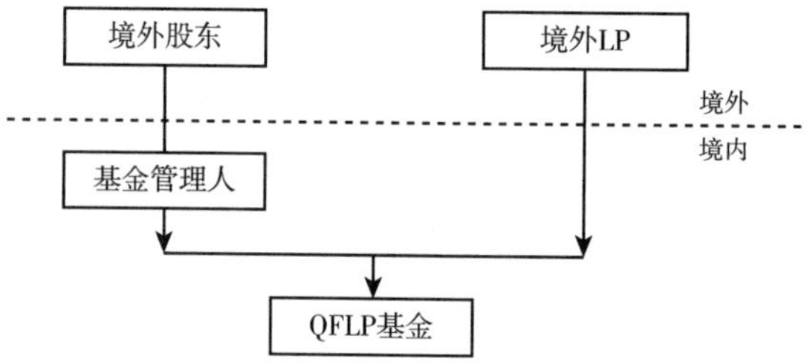

图11-2　外资管外资

（二）第二类，外资（GP）管内资（LP）

外资（GP）管内资（LP）模式，又称为“FIE GP”模式。该模式下，外资成分来源于普通合伙人或者管理人，QFLP基金以境外普通合伙人作为基金管理人，向境内合格投资者募集资金（见图11-3）。

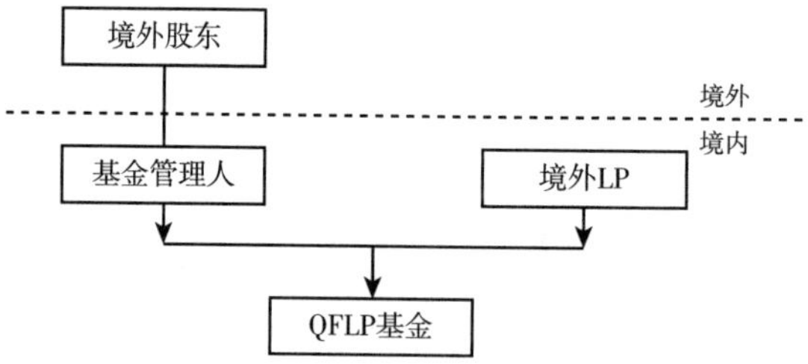

图11-3　外资管内资

（三）第三类，内资（GP）管外资（LP）

内资管外资模式下，境内普通合伙人受托管理QFLP基金，向合格境外有限合伙人募集资金。通常情况下，境内发起人需要满足相应的资质要求（见图11-4）。

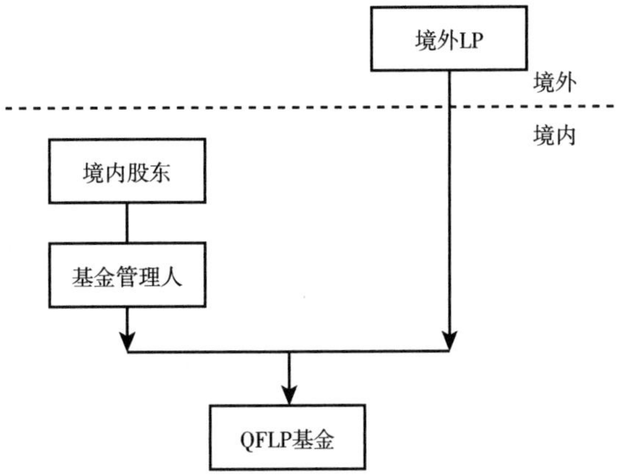

图11-4 内资管外资

实务中，最为常见的是，境外股东在境内发起设立基金，管理的LP既有境内合伙人、也有境外合伙人（见图11-5）。

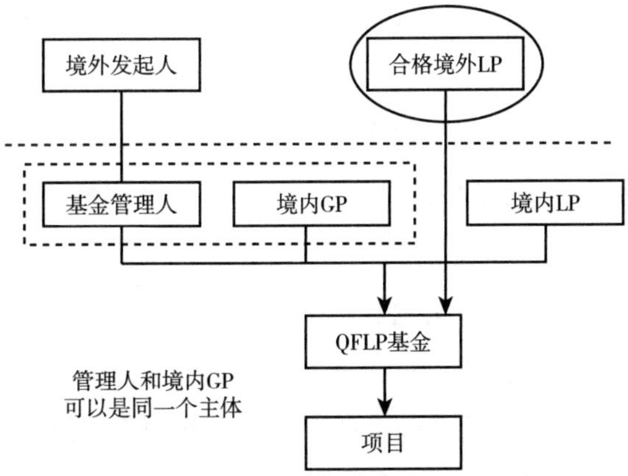

图11-5 内资管外资升级模式

二、QFLP涉税

如图11-5所示，在合伙企业税制尚待完善，以及境外合格投资者跨境投资的背景下，外商投资有限合伙企业境外投资人需要面对极为复杂的税务环境。QFLP基金以合伙企业形式设立，在基金层面通常可作为透明体经营所得按先分后税的原则缴税。

（一）居民合伙人涉税

境内法人合伙人从基金分得的所得，不区分所得性质，一律并入该法人合伙人的企业所得税应纳税所得计算缴纳企业所得税，一般税率为25%。

境内个人合伙人取得QFLP基金财产转让所得，原则上按照“经营所得”缴纳个人所得税；从QFLP基金分得的股息、红利等权益性投资收益，原则上按照20%缴纳个人所得税。前述个人合伙人取得所得的涉税情况仅适用单层合伙型基金的个人合伙人。在多层嵌套情况下，个人合伙人取得该类所得不得穿透，仍按照5%—35%“经营所得”缴纳个人所得税。

QFLP基金符合创投企业税收优惠条件的，可选择按单一投资基金核算方法对其个人合伙人从该基金应分得的股权转让所得和股息红利所得，按照20%税率计算缴纳个人所得税。QFLP基金不符合条件的，则需按整体核算方式，按照“经营所得”项目5%—35%的超额累进税率计算缴纳个人所得税。

（二）非居民合伙人涉税

我国对非居民企业所得采用所得来源地原则进行管辖，即以“常设机构”来判定我国是否有征税权。对于非居民企业是否构成常设机构，我们可以从以下两点进行把握：

第一，外管外（内）模式下，非居民普通合伙人为法人时，其所得应按照税收协定中的“营业利润”条款，计算缴纳企业所得税。非居民普通合伙人为自然人的情况下，其取得的所得一般被视为经营所得按5%—35%的超额累进税率计算缴纳个人所得税；如果该非居民普通合伙人为税收协定缔约对方的税收居民，则可适用税收协定中“独立个人劳务”或者“营业利润”条款有关规定[①]。

第二，内管外模式下，作为普通合伙人的境内基金管理公司（GP）本身属于居民企业，以其取得的所得应按照25%的适用税率计缴企业所得税。基金向境外有限合伙人分配股息、红利、股权转让所得各类消极所得时需代扣代缴预提所得税，符合税收协定条件的，可享受协定待遇。如果非居民有限合伙人被判定为境内设立机构场所，适用前述非居民普通合伙人相关规定。

（三）归纳

我们将QFLP基金合伙人涉税情况归纳出如下表格（见表11-3）。

---

① 根据《财政部 税务总局关于非居民个人和无住所居民个人有关个人所得税政策的公告》（财政部 税务总局公告2019年第35号）第四条第（二）项“关于无住所个人适用独立个人劳务或者营业利润条款的规定”。

表 11-3　　　　　　　　QFLP 基金合伙人涉税情况

<table>
<tr><th rowspan="3">投资者类型</th><th colspan="2">境内</th><th colspan="3">境外</th></tr>
<tr><th rowspan="2">法人</th><th rowspan="2">个人</th><th rowspan="2">个人</th><th colspan="2">法人</th></tr>
<tr><th>GP</th><th>LP</th></tr>
<tr><td>QFLP生产经营所得</td><td>25%企业所得税</td><td>比照“经营所得”计征个人所得税（5%—35%）</td><td>营业利润（协定待遇）</td><td>构成机构场所按营业利润</td><td rowspan="3">不构成机构、场所（有争议），10%预提所得税（协定税率）</td></tr>
<tr><td>QFLP对外投资取得的股息、红利所得</td><td>25%企业所得税</td><td>按照“利息、股息、红利所得”计征个人所得税</td><td>与前同（协定待遇）</td><td rowspan="2">构成机构场所，但不属于营业利润，10%预提所得税（协定税率）</td></tr>
<tr><td>QFLP转让目标公司股权转让所得</td><td>25%企业所得税</td><td>按照“财产转让所得”计征个人所得税</td><td>有争议</td></tr>
</table>

三、QFLP涉税存在问题

由于我国私募基金起步较晚，底层业务规则与税法规定严重不衔接，以至于遗留下一些问题，亟待税务总局予以明确和解决。

（一）境内QFLP（GP）或可构成境外合伙人在境内的常设机构

一直以来，业界对LP在境内是否构成常设机构这个问题存有很大的争议。有限合伙人不执行合伙事务，这一点是各国合伙企业民商法遵循的基本原则。如果GP或QFLP被认为境外LP在境内代理人进而构成常设机构，会对其取得的境内被投企业所得产生或多或少的税负影响，即便LP从基金取得所得为消极所得（利息、股息、红利所得、股权转让所得）。不少业内人士认为，仅凭合伙协议或其他安排，将LP拥有的诸如投资、担保等保护性权益视为其执行合伙事务进而判定为常设机构，是否存在有失公允和偏颇的问题。

《企业所得税法》施行之前，正是《关于外商投资创业投资公司缴纳企业所得税有关税收问题的通知》（国税发〔2003〕61号，下称“61号文”）生效执行期间。61号文第三条对当时外商投资创业投资公司有这样的规定：“非法人创投企业投资各方采取分别申报缴纳企业所得税的，对外方投资者应按在我国境内设立机构、场所的外国公司，计算缴纳企业所得税。但非法人创投企业没有设立创投经营管理机构，不直接从事创业投资管理、咨询等业务，而是将其日常投资经营权授予一家创业投资管理企业或另一家创投企业进行管理运作的，对此类创投企业的外方，按在我国境内没有设立机构、场所的外国企业，申报缴纳企业所得税。”[①]该条款前半句“按在我国境内设立机构、场所的外国公司”的处理规定已废止。同时，该条款后半句“将其日常投资经营权授予一家创业投资管理企业或另一家创投企业进行管理运作的”规定是否适用目前《私募监管暂行办法》对股权基金的要求，以及《企业所得税法》施行之后的情况，税法并未明确，但从现有QFLP基金底层业务的角度，笔者认为境内QFLP(GP)或可构成境外合伙人在境内的常设机构。

与早期61号文按照外商投资创业投资企业管理规定不同，2012年证券投资基金法修订、2014年基金业协会登记备案制度逐步完善，对境外机构在境内募资的规范性要求这个大的背景之下，QFLP基金性质上虽属外资，相关监管其实与内资无异：

1.管理人备案QFLP需要在境内试点所在地进行工商注册，主流的内管外QFLP基金实则已属于外商投资企业范畴：基金为公司制（WOFE）时，外商独资企业按《公司法》在企业所得税法层面被界定为居民企业缴纳企业所得税；在基金为合伙制（JV）时，按《外商投资法》外商投资企业的组织形式、组织机构及其活动准则，适用《合伙企业法》等法律的规定。

2.QFLP基金的管理人须到基金业协会进行备案，外资投资人在试点区域设立股权投资企业和股权投资管理企业，也参照执行该地试点规定，即“QFLP基金管理人+产品底层业务”的运作模式并不按照61号文由具有独立代理性质的受托管理企业进行运作。

实际情况是，注册登记后的QFLP基金管理人可直接发起设立QFLP基金，或接受外部管理QFLP基金；外部受托管理基金的，GP须与管理人有强关联关系。在日常经营管理过程中，除投决会需要共同表决事项以外，几乎所有的合伙企业事务都由管理人在主持。比如，基金管理人依据合伙人协议规定的投资管理程序运作有限合伙企业资产，代表有限合伙企业进行投资谈判签约并完成投资交易，对投资组合公司进行跟进式管理……这样的监管规则、业务逻辑，早已打破该类企业“独立代理人”的情形，极大可能促使QFLP基金（GP）构成境外合伙人在境内的常设机构，成为地方税务机关对境外LP收紧口径的依据。

---

① 2011年1月4日，国家税务总局发布《国家税务总局关于公布全文失效废止、部分条款失效废止的税收规范性文件目录的公告》（国家税务总局公告2011年第2号），国税发〔2003〕61号第三条第一款、第二款第一句失效。

（二）税收透明体问题

基金支付给境外合伙人（非居民企业）的收益，非居民企业有税收协定的，可适用协定税率。那么问题来了：这个协定税率是否也可以穿透合伙企业至合伙人呢？

税收协定对外资成分的合伙机构能否穿透的问题，可以参考《国家税务总局关于税收协定执行若干问题的公告》（国家税务总局公告2018年第11号，简称“11号公告”）第五条“有关合伙企业及其他类似实体”适用税收协定的规定，按以下原则执行：

1.依照中国法律在中国境内成立的合伙企业，其合伙人为税收协定缔约对方居民的，该合伙人在中国负有纳税义务的所得被缔约对方视为其居民的所得的部分，可以在中国享受协定待遇。

2.依照外国（地区）法律成立的合伙企业，其实际管理机构不在中国境内，但在中国境内设立机构、场所的，或者在中国境内未设立机构、场所，但有来源于中国境内所得的，是中国企业所得税的非居民企业纳税人。除税收协定另有规定的以外，只有当该合伙企业是缔约对方居民的情况下，其在中国负有纳税义务的所得才能享受协定待遇。此处“税收协定另有规定的情况”是指，在签订税收协定前提下，根据缔约对方国内法，在这个合伙企业取得的所得被视为合伙人取得所得时，缔约对方居民合伙人应就其从合伙企业取得所得中分得的相应份额享受协定待遇。大多数国家对合伙企业施行穿透征税的规定。

11号公告在一定程度上确立了符合条件的非居民合伙人对中国负有纳税义务取得的所得，给予协定待遇可穿透享受的规定。然而，该公告对于非居民企业所得性质如何定性，在转让合伙企业份额时应如何判定，以及在非穿透模式下如何认定，均并未给出进一步的明确规定，由此也给跨境交易留下不小隐患。

（三）境外合伙人可否享受非居民企业免税优惠

有鉴于QFLP架构本身的复杂性以及各地经济发展需要，目前QFLP试点政策并未能推广至全国，基金、基金境外投资者在面临跨境涉税时，或多或少存在未明确规定的地方。

一方面，境内QFLP构成境外LP在境内固定场所被视为常设机构，LP取得的该类超额收益，则与该机构、场所有实际联系的境内和境外所得均为来源于中国境内的所得，适用税率为25%税率缴纳企业所得税，税负可能影响较大。另一方面，如果

QFLP被认为构成LP在境内常设机构，按照企业所得税法规定，向境外投资者分配权益性收益，可能符合在中国境内设立机构、场所的非居民企业投资人从居民企业取得与该机构、场所有实际联系的股息、红利等权益性投资收益而免税。前述优惠，税法并未提及。

希望税务总局能尽快出台QFLP相应的税法政策规范其涉税，这样符合条件的QFLP机构境外投资人也可以享受相应税收优惠待遇。

（四）境外合伙人可否享受创业投资企业税收优惠

按国内税法，基金投资于未上市中小高新技术企业、初创科技型企业，符合条件时，其投资者可以其投资额按一定比例抵扣从有限合伙制创业投资企业分得的应纳税所得额。

目前，施行QFLP试点地区中，仅广州2019年发布的《关于印发〈广州市促进外商投资股权投资类企业集聚发展工作指引〉的通知》（穗金融〔2019〕11号）明确对于有限合伙制创业投资企业的各个合伙人可按照财税〔2018〕55号文享受税收优惠；符合要求的，还可选择按单一投资基金核算。以下为《关于印发〈广州市促进外商投资股权投资类企业集聚发展工作指引〉的通知》（穗金融〔2019〕11号）第四条有关外商投资股权投资类企业税收政策的规定：

四、外商投资股权投资类企业税收政策

我市对外商投资股权投资类企业实行国家统一规定的税收政策，以下供参考，具体以国家相关规定为准。

（一）根据《财政部 国家税务总局关于创业投资企业和天使投资个人有关税收政策的通知》（财税〔2018〕55号），公司制外商投资创业投资企业采取股权投资方式直接投资于种子期、初创期科技型企业（以下简称“初创科技型企业”）满24个月的，可按照投资额的70%在股权持有满2年的当年抵扣该公司制外商投资创业投资企业的应纳税所得额。

（二）根据《财政部 国家税务总局关于合伙企业合伙人所得税问题的通知》（财税〔2008〕159号），合伙制外商投资股权（创业）投资企业，按照“先分后税”原则对合伙人征收所得税。

根据财税〔2018〕55号文，有限合伙制创业投资企业（以下简称“合伙创投企业”）采取股权投资方式直接投资于初创科技型企业满24个月的，其法人合伙人可按照对初创科技型企业投资额的70%抵扣法人合伙人从合伙创投企业分得的所得，个人合伙人可按照对初创科技型企业投资额的70%抵扣个人合伙人从合伙创投企业分得的经营所得。

根据《财政部 税务总局 发展改革委 证监会关于创业投资企业个人合伙人所得税政策问题的通知》（财税〔2019〕8号），对于依法登记备案的外商投资创业投资企业，可选择按单一投资基金核算，其个人合伙人从该基金取得的股权转让和股息红利所得，按20%税率缴纳个人所得税；或选择按创业投资企业年度所得整体核算，其个人合伙人从企业所得按5%—35%超额累进税率计算个人所得税。

（三）非居民企业从外商投资股权投资类企业的所得缴纳企业所得税，按照《中华人民共和国企业所得税法实施条例》（国务院令〔2007〕512号）、《国家税务总局关于非居民企业所得税源扣缴有关问题的公告》（国家税务总局公告2017年第37号）规定执行。

实务操作中，广州的境外投资者是否可以投资额70%抵扣其从QFLP基金（创业投资企业）分得的应纳税所得额这个情况不得而知。据了解，其他QFLP试点地区的境外LP是否施行该优惠政策仍然存在不确定的地方。笔者以为，既然认可QFLP外商投资地位，承认其受《公司法》《合伙企业法》等法律法规规范，也理应给予其与内资国民企业同等的税收优惠待遇。考虑到QFLP或将成为境外资本进入境内股权投资的主流方式，希望税务总局能尽早明确QFLP基金投资人税收优惠政策。

第五节｜合伙型涉外基金就投资收益如何享受税收协定待遇

国际税收领域一直存有几个相当难解的疑问。由于股权投资基金通常采用合伙企业组织架构，合伙企业跨境涉税自然就成为涉外基金面临的问题。我们先来看这几个问题：

第一个问题是，合伙企业能否构成境外合伙人在中国境内的常设机构？

第二个问题是，境外LP从合伙企业取得的投资收益所得按照哪种类型的所得征税？

第三个问题是，合伙企业能否享受税收协定优惠待遇？

一、非居民企业所得来源地管辖权

“常设机构”是国际税收里面一个非常敏感的词汇。现行的税法通常以外国企业是否在该国设有常设机构作为对非居民营业所得是否征税的依据，即该国的税收管辖权。税收管辖权是一国政府在征税方面的主权，它表现在一国政府有权决定对哪些人征税、征何种税、征多少税及如何征税等方面。根据行使征税权力的原则和税收管辖范围、内容的不同，目前世界上的税收管辖权分为三类：收入来源地管辖权（又称地域管辖权），居民管辖权（大多数国家采用），公民管辖权（又称国籍税收管辖权）。

以我国税法为例。根据《企业所得税法》第二条规定，企业分为居民企业和非居民企业：所称居民企业，是指依法在中国境内成立，或者依照外国（地区）法律成立但实际管理机构在中国境内的企业；该法所称非居民企业，是指依照外国（地区）法律成立且实际管理机构不在中国境内，但在中国境内设立机构、场所的，或者在中国境内未设立机构、场所，但有来源于中国境内所得的企业。《企业所得税法》对非居民企业的要求是依照外国（地区）法律成立的企业，且实际管理机构不在境内，如果两者有一条不满足即为居民企业。

主权国家处理相互间税收分配关系的税收协定（尤其OECD范本）遵循的基本原则是居民管辖权原则，也就是一国政府对本国居民来自世界范围的全部所得和财产行使征税权。为了使得所得税的征收不至于影响跨国积极投资和国际贸易，使跨国营业所得不由一个国家独享征税权，兼顾到收入来源国和投资国双方利益，我国对非居民企业所得采用的是所得来源地管辖，也就是由收入来源国有限制地征税——这个原则的核心就是确定跨国收入或者是所得的来源地。

我们可以将常设机构狭义地理解为机构、场所。所称机构、场所，是指在中国境内从事生产经营活动的机构、场所，包括：

（1）管理机构、营业机构、办事机构；

（2）工厂、农场、开采自然资源的场所；

（3）提供劳务的场所；

（4）从事建筑、安装、装配、修理、勘探等工程作业的场所；

（5）其他从事生产经营活动的机构、场所。

非居民企业委托营业代理人在中国境内从事生产经营活动的，包括委托单位或者个人经常代其签订合同，或者储存、交付货物等，这个营业代理人也视为非居民企业在中国境内设立的机构、场所。

因此，对于非居民企业和机构、场所的关系，我们可以把握以下几点：

第一，看非居民企业取得的所得和其在境内设立的机构、场所是否有实际联系。

非居民企业在中国境内设立机构、场所的，应当就其所设机构、场所取得的来源于中国境内的所得，以及发生在中国境外但与其所设机构、场所有实际联系的所得，缴纳企业所得税（25%）。非居民企业在中国境内未设立机构、场所的，或者虽设立机构、场所但取得的所得与其所设机构、场所没有实际联系的，应当就其来源于中国境内的所得缴纳企业所得税，非居民企业取得按照该规定的所得，适用税率为20%，实际减按10%（有税收协定适用协定税率）。

第二，对外国投资者在中国境内是否构成机构、场所以外，还要考虑是否构成“营业利润”，也就是看其所得的性质是积极所得还是消极所得。

外国投资者在中国境内的有限合伙企业构成税法上的机构、场所，境内的有限合伙企业从事了积极的贸易或营业，比如制造、销售货物等活动，则构成“营业所得”，应执行25%适用税率。如果其从事的仅仅是单纯的、消极的股权投资活动，那么不应认为属于积极生产经营所得，也就不构成“营业利润”，不应按照居民企业执行25%税率。

第三，看有限合伙的外国投资者身份是普通合伙人还是有限合伙人。如果属于普通合伙人或者普通合伙人委托其他创业投资管理企业或另一家创投企业进行管理运作（构成代理人），则境内的有限合伙企业构成机构、场所。如果属于有限合伙人，并且不参与有限合伙企业的经营管理，境内的有限合伙企业通常不构成机构、场所。

二、合伙企业及其他类似实体适用税收协定的问题

合伙企业适用税收协定是个非常复杂的问题，不仅要看合伙企业设立的方式，也得看这个境外合伙人（合伙企业）是否属于税收协定缔约对方居民。根据《国家税务总局关于税收协定执行若干问题的公告》（国家税务总局公告2018年第11号）第五条规定，合伙企业适用税收协定有两类情况：

第一类，依照中国法律在中国境内成立的合伙企业，其合伙人为税收协定缔约对方居民的，该合伙人在中国负有纳税义务的所得被缔约对方视为其居民的所得的部分，可以在中国享受协定待遇。

第二类，依照外国（地区）法律成立的合伙企业，其实际管理机构不在中国境内，但在中国境内设立机构、场所的，或者在中国境内未设立机构、场所，但有来源

于中国境内所得的，是中国企业所得税的非居民企业纳税人。除税收协定另有规定的以外，只有当该合伙企业是缔约对方居民的情况下，其在中国负有纳税义务的所得才能享受协定待遇。

（一）合伙企业设立在境内

现行政策下，我国的合伙企业采取的是“先分后税”的原则，即合伙企业自身不缴纳所得税，而是将合伙企业的生产经营所得和其他所得按相关规定计算至每个合伙人名下，由合伙人作为纳税主体计算各自的应税所得并相应缴税。因此，我国的合伙企业并非独立的纳税实体。合伙企业“税收透明体”的特性适用于绝大多数国家。

境内设立合伙型基金的情况与我国各地的QFLP试点情形非常相似，也符合《国家税务总局关于税收协定执行若干问题的公告》（国家税务总局公告2018年第11号）第五条第一款所述情形：依照中国法律在中国境内成立的合伙企业，其合伙人为税收协定缔约对方居民的，该合伙人在中国负有纳税义务的所得被缔约对方视为其居民的所得的部分，可以在中国享受协定待遇。我们以下案例说明合伙企业如何享受协定待遇这个问题。

【案例11-2】一家卢森堡的甲公司作为LP在深圳前海设立合伙型基金乙，乙基金投资于中国境内的果果企业。如果果果公司对乙合伙企业分配股息红利所得，问境外LP甲公司可否享受税收协定待遇。境内设立合伙企业如图11-6所示。

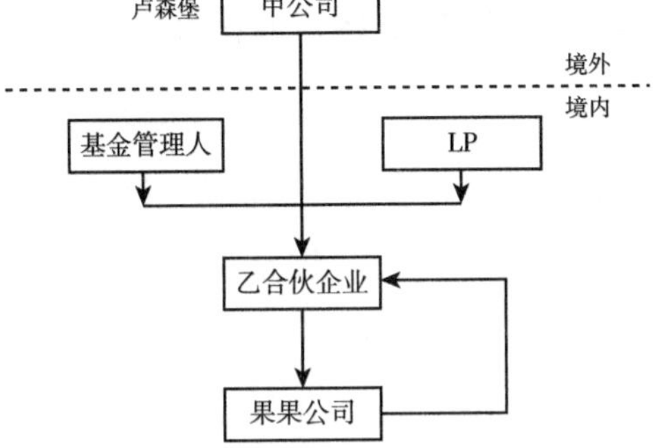

图11-6　境内合伙企业

分析：

对于境内设立合伙企业的境外合伙人享受税收协定的问题，国家税务总局公告2018年第11号第五条第一款其实有两层含义：

第一层，合伙人为税收协定缔约对方居民，即该合伙人属于税收协定适用的范围。

第二层，合伙企业分配取得的所得被与我国缔约的对方国视为该合伙人取得，也就是被对方缔约国的国内法视为合伙人取得了所得，相当于缔约对方国内法将我国境内的合伙企业视作税收透明体。此时，该合伙人在我国负有纳税义务的所得就可在我国享受协定待遇。反之，缔约对方国内法将我国境内的合伙企业不视为税收透明体时，通常也不能将该合伙企业取得的所得视为由其非居民合伙人取得，该合伙人也就不能在我国享受协定待遇。

因此，卢森堡甲公司可以享受协定待遇。

（二）合伙企业设立在境外

依照中国法律、行政法规成立的个人独资企业、合伙企业不适用企业所得税法。境外设立的合伙企业不属于依照中国法律法规成立的合伙企业，即不属于我国企业所得税法适用排除的范围。因此，境外设立的合伙企业应适用我国企业所得税的相关规定。我们可以下案例进行说明：

【案例11-3】一家卢森堡甲公司与其他人合伙设立合伙企业乙并投资于中国境内的果果企业。如果甲公司从合伙企业取得股息红利所得，可否享受税收协定待遇。境外设立合伙企业如图11-7所示。

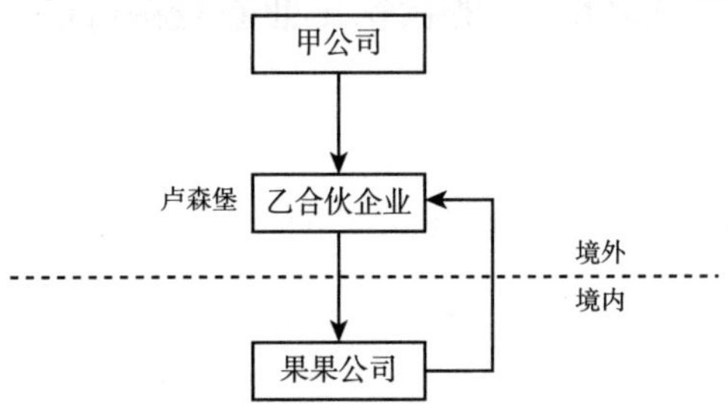

图11-7　境外合伙企业

分析：

国家税务总局公告2018年第11号第五条第（二）项规定，乙合伙企业是按照卢森堡法律成立的合伙企业，其实际管理机构不在中国境内，但在中国境内设立机构、场所的，或者在中国境内未设立机构、场所，但有来源于中国境内所得的，属于中国企业所得税的非居民企业纳税人。

此处，乙合伙企业是中国企业所得税的非居民纳税人。乙合伙企业在中国负有纳税义务要享受协定待遇，除去税收协定另有规定的情况以外，根据《非居民纳税人享受税收协定待遇管理办法》（国家税务总局公告2015年第60号）第七条报送的由缔约对方税务主管当局开具的税收居民身份证明，证明其根据缔约对方国内法，因住所、居所、成立地、管理机构所在地或其他类似标准，在缔约对方负有纳税义务。

然而，国际上很多国家通常将合伙企业视为税收透明体，也就是说，这类境外合伙企业通常难以在居民国出具该合伙企业为该国税收居民的证明。根据卢森堡国内法，合伙企业并非其税收居民，则合伙企业乙不能适用税收协定，也不能以其居民合伙人也就是甲公司的名义在我国享受协定待遇。

因此，乙合伙企业取得来源于中国境内的股息红利所得享受不了协定待遇，应由果果公司对外支付时按照10%税率为其在国内代扣代缴企业所得税。

三、税收协定执行案例

笔者选出与本节内容有关的《税收协定执行案例集》案例二、案例四，以供大家学习参考：

案例二 境外成立的合伙企业享受税收协定待遇

一、案例概要

设立在法国的某合伙企业取得来自中国境内的股息，享受中法税收协定股息条款优惠待遇，按照5%的优惠税率缴纳企业所得税。税务机关经深入调查、取证分析，认为该合伙企业符合中法税收协定第四条有关规定，可以享受协定待遇。

二、相关事实

境内A公司是一家成立于2001年的外商投资企业，股权结构如图11-8所示。

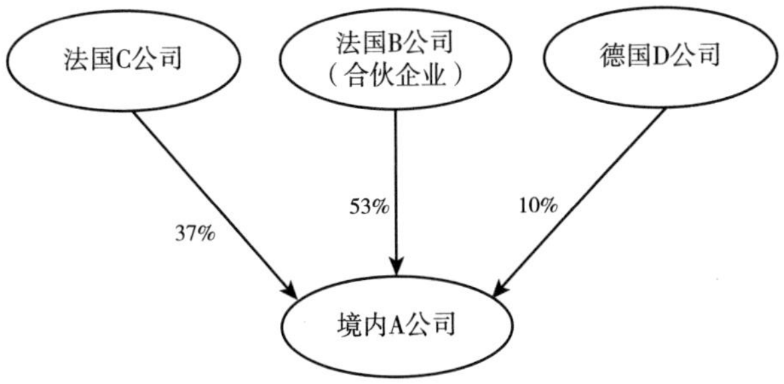

图11-8　A公司股权结构

2017年，A公司作出利润分配决议：将累计未分配利润中的一部分按照持股比例分配给三个股东，其中法国B公司分得2 700余万元。B公司于2017年11月申报享受股息条款协定待遇，并按照5%的税率缴纳了企业所得税130余万元。

三、处理过程

主管税务机关按照《国家税务总局关于发布〈非居民纳税人享受税收协定待遇管理办法〉的公告》（国家税务总局公告2015年第60号，以下简称“60号公告”）的规定，对B公司享受协定待遇开展了后续管理，重点核实了以下三个方面：

（一）B公司的税收居民身份

B公司填报了“非居民纳税人税收居民身份信息报告表（企业适用）”“非居民纳税人享受税收协定待遇情况报告表（企业所得税A表）”，递交了法国税务主管当局出具的2016年度税收居民身份证明，境内A公司进行利润分配的董事会决议以及60号公告第七条要求的其他相关资料。经审核，上述形式要件符合规定。

（二）股息所得享受协定优惠需满足的持股条件

根据中法税收协定股息条款规定，如果股息“受益所有人”是法国居民，在其是公司并直接拥有支付股息的公司至少25%资本的情况下，中国所征税款不应超过股息总额的5%。主管税务机关结合境内A公司的外商投资企业批准证书、验资报告以及金税三期系统中关于A公司的基本信息进行分析，认为B公司持有境内A公司股权比例超过25%，且在取得上述股息前连续12个月以内没有发生股权变动，符合中法税收协定股息条款关于持股比例及时间的要求。

（三）合伙企业享受协定待遇资格

B公司提交的商业登记资料显示，该企业注册形式为“简单两合公司”（Societe en Commandite Simple）。经税务机关询问，B公司表示根据法国有关法律规定，其是一家法国合伙企业。作为合伙企业，B公司能否享受协定待遇是税务机关后续管理审核的重点。

中法税收协定第四条第四款第（二）项规定：“一项所得、利润或收益：1.如果是通过在缔约国一方设立的合伙企业、团体或其他类似实体从缔约国另一方取得；2.并且在该缔约国一方的税收法律中被视为该合伙企业、团体或其他类似实体的所得；应有资格享受本协定的待遇，前提是该合伙企业、团体或其他类似实体是该缔约国一方居民，且满足本协定规定的任何其他条件，不论该所得在缔约国另一方的税收法律中是否被视为该合伙企业、团体或其他类似实体的所得。”根据上述规定，税务机关认为B公司如果是符合中法税收协定规定的法国居民，应有资格享受协定待遇。

税务机关认真审核了B公司报送的协定待遇资料。根据B公司“非居民纳税人税收居民身份信息报告表（企业适用）”第3栏显示，法国判断税收居民身份的依据是法国一般税法，法国税务主管当局根据相关规定于2016年为B公司出具了居民身份证明，证明其在2016年度是法国税收居民。另根据法国国内法规定，B公司负有公司所得税纳税义务。B公司提供的2015—2017年公司所得申报表显示，根据法国公司所得税参股免税的规定，B公司在2015年底前取得来自全球的股息应税部分为5%，2016年及以后取得的来自法国及欧盟持股在95%以上的公司的股息应税部分为1%，其他子公司（包括中国子公司）的股息应税部分为5%。B公司按照规定计算出其取得的股息收入，并填写了公司所得税申报表2058A表。此外，B公司还提交了经法国公证部门公证的办公场所证明、商业登记证书和雇员劳动合同等资料。

综合以上情况，根据中法税收协定和《国家税务总局关于税收协定执行若干问题的公告》（国家税务总局公告2018年第11号，以下简称“11号公告”）的有关规定，税务机关认为B公司根据法国国内法，在法国负有纳税义务，属于法国税收居民，具有享受协定待遇的资格。同时，经过分析，税务机关认定B公司具有股息所得“受益所有人”身份，符合享受协定待遇的条件。

四、案例点评

依照外国（地区）法律成立的合伙企业取得来自我国的所得可否享受协定待遇是近几年遇到的新问题。11号公告对此作出了明确规定，即除税收协定（安排）另有规定外，只有当境外合伙企业在其设立国被视为税收实体时，才可享受协定待遇。实践中，合伙企业能否享受协定待遇，其“税收实体”认定是关键，税务机关在审核纳税人报送的备案资料时，应关注该纳税人是否根据其国内法，因住所、居所、成立地、管理机构所在地或其他类似标准，在其居民国负有纳税义务。如果根据缔约对方国内法，合伙企业不符合上述条件，则即使缔约对方税务主管当局以享受协定待遇为目的为其开具了税收居民身份证明，也不能充分证明该合伙企业是税收协定意义上的缔约对方居民，因而此合伙企业也就不具有享受协定待遇的资格。

案例四 境外合伙企业主张适用间接转让“安全港”

一、案例概要

境外G合伙企业间接转让中国境内企业股权，自行判断符合《国家税务总局关于非居民企业间接转让财产企业所得税若干问题的公告》（国家税务总局公告2015年第7号，以下简称“7号公告”）第五条的规定，即“在非居民企业直接持有并转让中国应税财产的情况下，按照可适用的税收协定或安排的规定，该项财产转让所得在中国可以免予缴纳企业所得税”，因此，G企业向税务机关主张相关股权转让所得在境内不缴纳企业所得税。

经过主管税务机关深入调查，判定该企业在直接持有并转让境内企业股权的情况下，不符合享受税收协定待遇条件，因此，该项间接股权转让所得不能适用7号公告第五条规定。

二、相关事实

N公司是注册在卢森堡的公司，该公司通过美国G企业及其下属的开曼群岛及中国香港公司进行海外投资。G企业为合伙制的基金平台，在美国不构成纳税实体。N公司为G企业有限合伙人，占有G企业99.8%的权益。股权结构如图11–9所示。

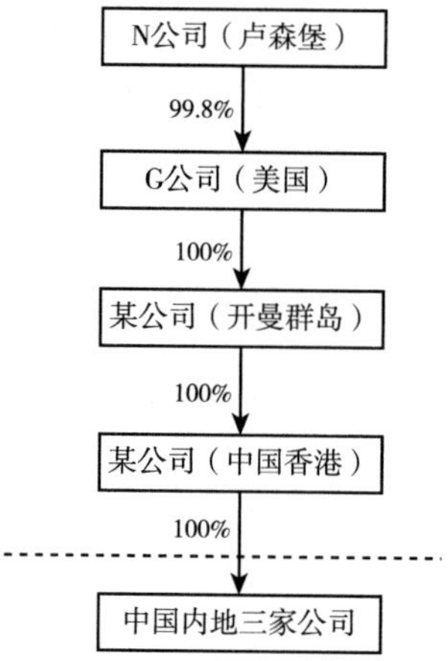

图11-9　N公司股权结构

2018年，G企业签署协议将持有的开曼群岛某公司5.05%的股权转让，从而间接转让三家中国境内企业5.05%股权。由于G企业在美国不构成纳税实体，此项转让所得由N公司在卢森堡承担纳税义务，企业认为，应由N公司申请享受中卢税收协定待遇，对该笔间接股权转让所得免于在中国缴纳企业所得税。其理由如下：

第一，参照执行中法税收协定关于透明体的特殊规定。

根据2014年生效的中法税收协定第四条第四款第（五）项规定："一项所得、利润或收益：1.如果是通过在缔约国双方之外的国家设立的合伙企业、团体或其他类似实体从缔约国一方取得；2.并且在缔约国另一方和该实体设立地国家的税收法律中被视为该合伙企业、团体或其他类似实体的受益人、合伙人、成员或参与者的所得。应有资格享受本协定的待遇，就像是该合伙企业、团体或其他类似实体中作为该缔约国另一方居民的受益人、合伙人、成员或参与者直接取得一样，前提是该受益人、合伙人、成员或参与者是该缔约国另一方居民，且满足本协定规定的任何其他条件，不论该所得在该缔约国一方的税收法律中是否被视为该受益人、合伙人、成员或参与者的所得，但条件是该合伙企业、团体或其他类似实体的设立地国家与缔约国双方签有包括旨在防止偷漏税的信息交换条款的协议。"

企业主张，借鉴中法税收协定条款精神，中美和美卢签订的税收协定均包含信息交换条款，因此N公司可以就本次交易享受中卢税收协定待遇。

第二，该项股权转让所得不在美国而在卢森堡缴税。

1.从美国税法角度

G企业是一家在美国注册的有限合伙企业，根据美国国内税收法规第701条规定，“合伙企业不缴纳本章规定的所得税”。即有限合伙企业默认为非税收实体，有限合伙企业的合伙人就其在合伙企业中的权益纳税。

同时，美国税法规定，合伙企业可以主动选择成为美国税收居民企业，但如果合伙企业不主动做该选择，将默认适用上述规定。

企业提供了美国1065类申报表，证明企业勾选的是国内有限合伙企业（Domestic Limited Partnership），没有选择成为美国税收居民企业。同时，该表还显示，N公司是一家卢森堡企业，作为G企业的合伙人，拥有G企业99.8%的损益所有权。

2.从卢森堡税法角度

N公司是一家私营有限责任公司，依据卢森堡法律于2012年注册成立并有效存续。N公司由位于卢森堡的董事会及管理层负责经营管理，其实际管理机构所在地位于公司所在地。N公司在卢森堡主管税务机关登记为居民企业纳税人，每年在卢森堡申报企业所得税。

1967年，卢森堡颁发的《收入所得税法案》（修订版）第159条第1款A-1列出了被视为不透明的国内企业和税收居民企业的情况，第175条列示了被视为税收可穿透实体的情况。根据该法案，G企业应被视为可穿透实体，其资产和负债应被认为是直接由N公司按份额持有。在任何一个财政年度内，G企业所产生的任何收入或损失都直接由N公司在同一财政年度内直接承担，不管G企业是否决定有效地分配这些收入。N公司通过G企业实现的收入/亏损对于N公司计税基础的影响，应根据卢森堡国内税收法规来确定，同时也受限于卢森堡和该收入来源地之间签订的双边税收协定的规定。

综上所述，G企业的设立国家（即美国）与中国和卢森堡分别签订了包含信息交换条款的税收协定，且该项所得不在美国而在卢森堡缴纳税款，因而企业认为，N公司可以就该项所得享受中卢税收协定待遇。

三、处理过程

主管税务机关审核了企业提供的相关资料，并分别查阅了中美、中卢税收协定，对企业的主张提出质疑：

第一，美国G合伙企业在直接持有并转让境内公司股权的情况下，不能适用中美税收协定。根据《国家税务总局关于税收协定执行若干问题的公告》（国家税务总局公告2018年第11号，以下简称“11号公告”）第五条第（二）项规定，依照外国（地区）法律成立的合伙企业，其实际管理机构不在中国境内，但在中国境内设立机构、场所的，或者在中国境内未设立机构、场所，但有来源于中国境内所得的，是中国企业所得税的非居民企业纳税人。除税收协定另有规定的以外，只有当该合伙企业是缔约对方居民的情况下，其在中国负有纳税义务的所得才能享受协定待遇。合伙企业G不是美国税收居民，因此，其在中国负有纳税义务的所得不能享受中美协定待遇。

第二，卢森堡N公司作为合伙人，在美国G合伙企业直接持有并转让境内公司股权的情况下，其从G企业分得的所得不能适用中卢税收协定。根据中卢协定财产收益条款规定，缔约国一方居民转让一个公司财产股份的股票取得的收益，当该公司的财产不是主要直接或者间接由位于缔约国一方的不动产所组成，且该项股票又相当于缔约国一方居民公司25%以下的股权时，应仅在转让者为其居民的缔约国征税。其中，根据第四条第一款规定，“缔约国一方居民”一语是指按照该缔约国法律，由于住所、居所、总机构（实际管理机构）所在地，或者其他类似的标准，在该缔约国负有纳税义务的人。在此股权转让中，间接转让中国境内股权的企业为在美国注册成立的G企业，不是卢森堡居民，且中卢税收协定中没有类似中法税收协定关于透明体的特殊条款，因此不能适用中卢税收协定。

综上两点，主管税务机关判定，美国合伙企业G在直接持有并转让境内企业股权的情况下，无论是卢森堡公司N，还是美国合伙企业G均不得享受税收协定待遇，不符合7号公告第五条规定。经综合调查，该交易应按照7号公告规定重新定性为直接转让中国境内企业股权，并最终在中国缴纳企业所得税700万元。

四、案例点评

7号公告的适用前提之一，是重新定性为直接转让后不会因协定的适用而免于在我国缴纳企业所得税。因此，判断非居民纳税人能否享受协定待遇至关重要。境外合伙企业适用税收协定问题也是一个比较复杂的领域。11号公告既明确了依照外国（地区）法律成立的合伙企业适用我国企业所得税法的问题，也明确了适用税收协定的一般原则。税务机关应严格按照具体协定条款及其执行解释落实好相关政策，在维护纳税人权益的同时，防止纳税人不当享受税收协定待遇，损害我国税收利益。

第十二章

与外商投资有关的税收优惠

为积极推动外商投资股权投资类企业境内投资，我国出台了一系列吸引外商投资的优惠政策，有些属于支持区域协同发展型外资政策，有些属于维稳型外资政策。这些优惠政策大体可以分为几类：

第一类，将投资的产业纳入鼓励类产业目录和鼓励外商投资产业目录，享受企业所得税收优惠。

第二类，对于股权投资管理人才可按相关规定申请认定高层次人才，符合条件的可享受人才落户、购车购房、配偶就业、子女入学、医疗和住房保障等人才引进相关保障性政策。

第三类，各市（县）人民政府和产业园区管委会按相关规定给予外商投资股权投资类企业扶持政策，提高外资在华开展股权投资、风险投资便利性。

第一节 | 与外商投资有关的税收优惠

为深入贯彻落实党中央、国务院关于稳外贸稳外资工作决策部署，便利纳税人及时了解相关税收政策措施，2024年1月16日，国家税务总局对现行有效的稳外贸稳外资税收支持政策和征管服务举措进行了梳理，编写形成了《稳外贸稳外资税收政策指引〔修订版〕》。该政策指引共包括51项内容，分为稳外贸政策和稳外资政策两大领域。笔者整理出其中与外商投资有关的税收政策。

一、鼓励外商投资税收政策

鼓励外商投资这部分税收政策倾向于境外资本入境进行股权投资，对合资、外资企业有一定借鉴意义。

1. 境外投资者以分配利润直接投资暂不征收预提所得税

根据《财政部 税务总局 国家发展改革委 商务部关于扩大境外投资者以分配利润直接投资暂不征收预提所得税政策适用范围的通知》（财税〔2018〕102号）、《国家税务总局关于扩大境外投资者以分配利润直接投资暂不征收预提所得税政策适用范围有关问题的公告》（国家税务总局公告2018年第53号）规定，自2018年1月1日起，境外投资者从中国境内居民企业分配的利润用于境内直接投资，符合规定条件的暂不征收预提所得税。

2. 符合条件的非居民纳税人享受协定待遇

非居民纳税人可以按照中华人民共和国政府签署的避免双重征税协定和国际运输协定税收条款规定，减轻或者免除按照国内税收法律规定应当履行的企业所得税、个人所得税纳税义务。

非居民纳税人需要享受内地与香港、澳门特别行政区签署的避免双重征税安排待遇的，按照《国家税务总局关于发布〈非居民纳税人享受协定待遇管理办法〉的公告》（国家税务总局公告2019年第35号）执行。

3. 中外合作办学免征增值税

自2018年7月25日起，境外教育机构与境内从事学历教育的学校开展中外合作办学，提供学历教育服务取得的收入免征增值税[①]。

中外合作办学是指中外教育机构按照《中华人民共和国中外合作办学条例》（国务院令第372号）的有关规定，合作举办的以中国公民为主要招生对象的教育教学活动。前述“学历教育”“从事学历教育的学校”“提供学历教育服务取得的收入”的范围，按照《营业税改征增值税试点过渡政策的规定》（财税〔2016〕36号文件附件3）第一条第（八）项的有关规定执行。

4. 台湾航运公司从事海峡两岸海上直航业务免征增值税

台湾航运公司从事海峡两岸海上直航业务在大陆取得的运输收入，免征增值税[②]。

台湾航运公司是指取得交通运输部颁发的“台湾海峡两岸间水路运输许可证”且该许可证上注明的公司登记地址在台湾的航运公司。

---

① 根据《国家税务总局关于明确中外合作办学等若干增值税征管问题的公告》（国家税务总局公告2018年第42号）第一条。

② 《财政部 国家税务总局关于全面推开营业税改征增值税试点的通知》（财税〔2016〕36号）附件3《营业税改征增值税试点过渡政策的规定》第一条第（十七）项。

5. 台湾航运公司从事海峡两岸海上直航业务免征企业所得税

自2008年12月15日起，对台湾航运公司从事海峡两岸海上直航业务取得的来源于大陆的所得，免征企业所得税①。

台湾航运公司是指取得交通运输部颁发的“台湾海峡两岸间水路运输许可证”且上述许可证上注明的公司登记地址在台湾的航运公司。享受政策的台湾航运公司应当按照企业所得税法实施条例的有关规定，单独核算其从事上述业务在大陆取得的收入和发生的成本、费用；未单独核算的，不得享受免征企业所得税政策。

6. 台湾航空公司从事海峡两岸空中直航业务免征增值税

台湾航空公司从事海峡两岸空中直航业务在大陆取得的运输收入，免征增值税②。

台湾航空公司是指取得中国民用航空局颁发的“经营许可”或者依据《海峡两岸空运协议》和《海峡两岸空运补充协议》规定，批准经营两岸旅客、货物和邮件不定期（包机）运输业务，且公司登记地址在台湾的航空公司。

7. 台湾航空公司从事海峡两岸空中直航业务免征企业所得税

自2009年6月25日起，对台湾航空公司从事海峡两岸空中直航业务取得的来源于大陆的所得，免征企业所得税③。

台湾航空公司，是指取得中国民用航空局颁发的“经营许可”或依据《海峡两岸空运协议》和《海峡两岸空运补充协议》规定，批准经营两岸旅客、货物和邮件不定期（包机）运输业务，且公司登记地址在台湾的航空公司。

享受政策的台湾航空公司应当按照企业所得税法实施条例的有关规定，单独核算其从事上述业务在大陆取得的收入和发生的成本、费用；未单独核算的，不得享受免征企业所得税政策。

二、支持金融市场对外开放税收政策

支持金融市场对外开放税收政策主要针对的是境外合格投资者进入我国证券市场投资的税收优惠。

---

①《财政部 国家税务总局关于海峡两岸海上直航营业税和企业所得税政策的通知》（财税〔2009〕4号）第二条、第三条。

②《财政部 国家税务总局关于全面推开营业税改征增值税试点的通知》（财税〔2016〕36号）附件3《营业税改征增值税试点过渡政策的规定》第一条第（十七）项。

③《财政部 国家税务总局关于海峡两岸空中直航营业税和企业所得税政策的通知》（财税〔2010〕63号）第二条、第三条。

1.QFII和RQFII委托境内公司在我国从事证券买卖业务免征增值税

QFII及RQFII委托境内公司在我国从事证券买卖业务，免征增值税。

政策依据：

（1）《财政部 国家税务总局关于全面推开营业税改征增值税试点的通知》（财税〔2016〕36号）附件3《营业税改征增值税试点过渡政策的规定》第一条第（二十二）项。

（2）《财政部 国家税务总局关于金融机构同业往来等增值税政策的补充通知》（财税〔2016〕70号）第四条第一款。

2. QFII和RQFII取得中国境内的股票等权益性投资资产转让所得暂免征收企业所得税

自2014年11月17日起，对QFII、RQFII取得来源于中国境内的股票等权益性投资资产转让所得，暂免征收企业所得税。

上述政策适用于在中国境内未设立机构、场所，或者在中国境内虽设立机构、场所，但取得的上述所得与其所设机构、场所没有实际联系的QFII、RQFII。

政策依据：

《财政部 国家税务总局 证监会关于QFII和RQFII取得中国境内的股票等权益性投资资产转让所得暂免征收企业所得税问题的通知》（财税〔2014〕79号）。

3.QFII和RQFII取得创新企业CDR转让差价收入暂免征收增值税

对QFII及RQFII委托境内公司转让创新企业CDR取得的差价收入，暂免征收增值税。

创新企业CDR是指符合《国务院办公厅转发证监会关于开展创新企业境内发行股票或存托凭证试点若干意见的通知》（国办发〔2018〕21号）规定的试点企业，以境外股票为基础证券，由存托人签发并在中国境内发行，代表境外基础证券权益的证券。

政策依据：

（1）《财政部 税务总局 证监会关于创新企业境内发行存托凭证试点阶段有关税收政策的公告》（财政部 税务总局 证监会公告2019年第52号）第三条第4点、第五条第1点。

（2）《财政部 税务总局 中国证监会关于继续实施创新企业境内发行存托凭证试点阶段有关税收政策的公告》（财政部 税务总局 中国证监会公告2023年第22号）第

三条第4点、第五条。

4.QFII和RQFII取得创新企业CDR转让差价所得和股息红利所得征免企业所得税

对QFII及RQFII转让创新企业CDR取得的差价所得和持有创新企业CDR取得的股息红利所得，视同转让或持有据以发行创新企业CDR的基础股票取得的权益性资产转让所得和股息红利所得征免企业所得税。

创新企业CDR是指符合《国务院办公厅转发证监会关于开展创新企业境内发行股票或存托凭证试点若干意见的通知》（国办发〔2018〕21号）规定的试点企业，以境外股票为基础证券，由存托人签发并在中国境内发行，代表境外基础证券权益的证券。

政策依据：

（1）《财政部 税务总局 证监会关于创新企业境内发行存托凭证试点阶段有关税收政策的公告》（财政部 税务总局 证监会公告2019年第52号）第二条第3点、第五条第1点。

（2）《财政部 税务总局 中国证监会关于继续实施创新企业境内发行存托凭证试点阶段有关税收政策的公告》（财政部 税务总局 中国证监会公告2023年第22号）第二条第3点、第五条。

5.境外机构投资银行间本币市场取得的金融商品转让收入免征增值税

经人民银行认可的境外机构投资银行间本币市场取得的金融商品转让收入，免征增值税。银行间本币市场包括货币市场、债券市场以及衍生品市场。

政策依据：

（1）《财政部 国家税务总局关于全面推开营业税改征增值税试点的通知》（财税〔2016〕36号）附件3《营业税改征增值税试点过渡政策的规定》第一条第（二十二）项。

（2）《财政部 国家税务总局关于金融机构同业往来等增值税政策的补充通知》（财税〔2016〕70号）第四条。

6.境外机构投资境内债券利息收入暂免征收增值税

2018年11月7日至2025年12月31日，对境外机构投资境内债券市场取得的债券利息收入暂免征收增值税。

政策依据：

（1）《财政部 税务总局关于境外机构投资境内债券市场企业所得税增值税政策的通知》（财税〔2018〕108号）。

（2）《财政部 税务总局关于延续境外机构投资境内债券市场企业所得税、增值税政策的公告》（财政部 税务总局公告2021年第34号）。

7. 境外机构投资境内债券利息收入暂免征收企业所得税

自2018年11月7日起至2025年12月31日止，对境外机构投资境内债券市场取得的债券利息收入暂免征收企业所得税。

暂免征收企业所得税的范围不包括境外机构在境内设立的机构、场所取得的与该机构、场所有实际联系的债券利息。

政策依据：

（1）《财政部 税务总局关于境外机构投资境内债券市场企业所得税增值税政策的通知》（财税〔2018〕108号）。

（2）《财政部 税务总局关于延续境外机构投资境内债券市场企业所得税、增值税政策的公告》（财政部 税务总局公告2021年第34号）。

8. 香港市场投资者投资上交所上市A股取得的转让差价免征增值税

香港市场投资者（包括单位和个人）通过沪港通买卖上海证券交易所上市A股取得的转让差价收入，在营改增试点期间免征增值税。

政策依据：

《财政部 国家税务总局关于全面推开营业税改征增值税试点的通知》（财税〔2016〕36号）附件3《营业税改征增值税试点过渡政策的规定》第一条第（二十二）项。

9. 香港市场投资者投资上交所上市A股取得的转让差价所得暂免征收所得税

香港市场投资者（包括企业和个人）通过沪港通投资上交所上市A股取得的转让差价所得，暂免征收所得税。

政策依据：

《财政部 国家税务总局 证监会关于沪港股票市场交易互联互通机制试点有关税收政策的通知》（财税〔2014〕81号）第二条第1点。

10. 香港市场投资者投资上交所上市A股取得的股息红利所得税政策

对香港市场投资者（包括企业和个人）投资上交所上市A股取得的股息红利所得，在香港中央结算有限公司不具备向中国证券登记结算有限责任公司提供投资者的身份及持股时间等明细数据的条件之前，暂不执行按持股时间实行差别化征税政策，由上市公司按照10%的税率代扣所得税，并向其主管税务机关办理扣缴申报。

对于香港投资者中属于其他国家税收居民且其所在国与中国签订的税收协定规定股息红利所得税率低于10%的，企业或个人可以自行或委托代扣代缴义务人，向上市公司主管税务机关提出享受税收协定待遇的申请，主管税务机关审核后，应按已征税款和根据税收协定税率计算的应纳税款的差额予以退税。

政策依据：

《财政部 国家税务总局 证监会关于沪港股票市场交易互联互通机制试点有关税收政策的通知》(财税〔2014〕81号)第二条第2点。

11. 香港市场投资者投资深交所上市A股取得的转让差价免征增值税

香港市场投资者（包括单位和个人）通过深港通买卖深交所上市A股取得的差价收入，在营改增试点期间免征增值税。

政策依据：

《财政部 国家税务总局 证监会关于深港股票市场交易互联互通机制试点有关税收政策的通知》(财税〔2016〕127号)第三条第1点。

12. 香港市场投资者投资深交所上市A股取得的转让差价所得暂免征收所得税

对香港市场投资者（包括企业和个人）投资深交所上市A股取得的转让差价所得，暂免征收所得税。

政策依据：

《财政部 国家税务总局 证监会关于深港股票市场交易互联互通机制试点有关税收政策的通知》(财税〔2016〕127号)第二条第1点。

13. 香港市场投资者投资深交所上市A股取得的股息红利所得税政策

对香港市场投资者（包括企业和个人）投资深交所上市A股取得的股息红利所得，在香港中央结算有限公司不具备向中国证券登记结算有限责任公司提供投资者的身份及持股时间等明细数据的条件之前，暂不执行按持股时间实行差别化征税政策，由上市公司按照10%的税率代扣所得税，并向其主管税务机关办理扣缴申报。

对于香港投资者中属于其他国家税收居民且其所在国与中国签订的税收协定规定股息红利所得税率低于10%的，企业或个人可以自行或委托代扣代缴义务人，向上市公司主管税务机关提出享受税收协定待遇退还多缴税款的申请，主管税务机关查实后，对符合退税条件的，应按已征税款和根据税收协定税率计算的应纳税款的差额予以退税。

政策依据：

《财政部 国家税务总局 证监会关于深港股票市场交易互联互通机制试点有关税收政策的通知》(财税〔2016〕127号)第二条第2点。

14. 香港市场投资者参与股票担保卖空涉及的股票借入、归还暂免征收证券（股票）交易印花税

香港市场投资者通过沪股通和深股通参与股票担保卖空涉及的股票借入、归还，暂免征收证券（股票）交易印花税。

政策依据：

《财政部 国家税务总局 证监会关于深港股票市场交易互联互通机制试点有关税收政策的通知》（财税〔2016〕127号）第五条。

15. 香港市场投资者买卖内地基金份额取得的转让差价免征增值税

香港市场投资者（包括单位和个人）通过基金互认买卖内地基金份额取得的转让差价收入，在营改增试点期间免征增值税。交易型开放式基金（ETF）纳入内地与香港股票市场交易互联互通机制后，适用上述税收政策。

政策依据：

（1）《财政部 国家税务总局关于全面推开营业税改征增值税试点的通知》（财税〔2016〕36号）附件3《营业税改征增值税试点过渡政策的规定》第一条第（二十二）项。

（2）《财政部 税务总局 证监会关于交易型开放式基金纳入内地与香港股票市场交易互联互通机制后适用税收政策问题的公告》（财政部 税务总局 证监会公告2022年第24号）。

16. 香港市场投资者买卖内地基金份额取得的转让差价所得暂免征收所得税

对香港市场投资者（包括企业和个人）通过基金互认买卖内地基金份额取得的转让差价所得，暂免征收所得税。交易型开放式基金（ETF）纳入内地与香港股票市场交易互联互通机制后，适用上述税收政策。

政策依据：

（1）《财政部 国家税务总局 证监会关于内地与香港基金互认有关税收政策的通知》（财税〔2015〕125号）第二条第1点。

（2）《财政部 税务总局 证监会关于交易型开放式基金纳入内地与香港股票市场交易互联互通机制后适用税收政策问题的公告》（财政部 税务总局 证监会公告2022年第24号）。

17. 香港市场投资者从内地基金分配取得收益所得税政策

对香港市场投资者（包括企业和个人）通过基金互认从内地基金分配取得的收

益，由内地上市公司向该内地基金分配股息红利时，对香港市场投资者按照10%的税率代扣所得税；或发行债券的企业向该内地基金分配利息时，对香港市场投资者按照7%的税率代扣所得税，并由内地上市公司或发行债券的企业向其主管税务机关办理扣缴申报。该内地基金向投资者分配收益时，不再扣缴所得税。交易型开放式基金（ETF）纳入内地与香港股票市场交易互联互通机制后，适用上述税收政策。

适用条件：

（1）香港市场投资者通过基金互认从内地基金分配取得收益。

（2）内地基金管理人应当向相关证券登记结算机构提供内地基金的香港市场投资者的相关信息。

政策依据：

（1）《财政部 国家税务总局 证监会关于内地与香港基金互认有关税收政策的通知》（财税〔2015〕125号）第二条第2点。

（2）《财政部 税务总局 证监会关于交易型开放式基金纳入内地与香港股票市场交易互联互通机制后适用税收政策问题的公告》（财政部 税务总局 证监会公告2022年第24号）。

18.境外机构投资者从事中国境内原油期货交易暂不征收企业所得税

对在中国境内未设立机构、场所的，或者虽设立机构、场所但取得的所得与其所设机构、场所没有实际联系的境外机构投资者（包括境外经纪机构），从事中国境内原油期货交易取得的所得（不含实物交割所得），暂不征收企业所得税。对境外经纪机构在境外为境外投资者提供中国境内原油期货经纪业务取得的佣金所得，不属于来源于中国境内的劳务所得，不征收企业所得税。

适用条件：

（1）境外机构投资者（包括境外经纪机构）从事中国境内原油期货交易。

（2）境外机构投资者（包括境外经纪机构）在中国境内未设立机构、场所，或者虽设立机构、场所但取得的所得与其所设机构、场所没有实际联系。

政策依据：

《财政部 税务总局 证监会关于支持原油等货物期货市场对外开放税收政策的通知》（财税〔2018〕21号）第一条。

19.境外个人投资者投资中国境内原油等货物期货品种取得的所得暂免征收个人所得税

2027年12月31日前，对境外个人投资者投资经国务院批准对外开放的中国境内原油等货物期货品种取得的所得，暂免征收个人所得税。

政策依据：

《财政部 税务总局 中国证监会关于延续实施支持原油等货物期货市场对外开放个人所得税政策的公告》（财政部 税务总局 中国证监会公告2023年第26号）。

第二节 | 支持区域协同发展税收政策

为深入实施区域协调发展战略、区域重大战略、主体功能区战略，优化重大生产力布局，构建优势互补、高质量发展的区域经济布局和国土空间体系，国家在支持民族地区发展、推动西部大开发战略、加强边境地区建设、特定区域方面出台了多项税费优惠政策。以下税收优惠如涉及外商投资的，应符合现行外商投资产业政策相关规定。

一、民族区域税收优惠

1.民族自治地方企业减征或免征属于地方分享的企业所得税

按照《中华人民共和国企业所得税法》第二十九条、《中华人民共和国企业所得税法实施条例》第九十四条规定，民族自治地方的自治机关对本民族自治地方的企业应缴纳的企业所得税中属于地方分享的部分，可以决定减征或者免征。自治州、自治县决定减征或者免征的，须报省、自治区、直辖市人民政府批准。

适用条件：

（1）自治州、自治县决定减征或者免征的，须报省、自治区、直辖市人民政府批准。

（2）对民族自治地方内国家限制和禁止行业的企业，不得减征或者免征企业所得税。

2.新疆困难地区新办企业定期减免企业所得税

2021年1月1日至2030年12月31日，对在新疆困难地区新办的属于《新疆困难地区重点鼓励发展产业企业所得税优惠目录》（以下简称《目录》）范围内的企业，自取得第一笔生产经营收入所属纳税年度起，第一年至第二年免征企业所得税，第三年至第五年减半征收企业所得税。

享受企业所得税定期减免税政策的企业，在减半期内，按照企业所得税25%的法定税率计算的应纳税额减半征税。

适用条件：

（1）新疆困难地区包括南疆三地州、其他脱贫县（原国家扶贫开发重点县）和边境县市。

（2）属于《目录》范围内的企业是指以《目录》中规定的产业项目为主营业务，其主营业务收入占企业收入总额60%以上的企业。

（3）第一笔生产经营收入，是指产业项目已建成并投入运营后所取得的第一笔收入。

（4）属于《新疆困难地区重点鼓励发展产业企业所得税优惠目录（试行）（2016版）》（以下简称《2016版目录》）范围内的企业，2020年12月31日前已经进入优惠期的，可按《财政部 国家税务总局关于新疆困难地区新办企业所得税优惠政策的通知》（财税〔2011〕53号）规定享受至优惠期满为止，如属于《目录》与《2016版目录》相同产业项目范围，可在剩余期限内按该通知规定享受至优惠期满为止；未进入优惠期的，不再享受财税〔2011〕53号，如属于《目录》与《2016版目录》相同产业项目范围，可视同新办企业按该通知规定享受相关税收优惠。

政策依据：

（1）《财政部 国家税务总局关于新疆困难地区新办企业所得税优惠政策的通知》（财税〔2011〕53号）。

（2）《财政部 国家税务总局 国家发展改革委 工业和信息化部关于完善新疆困难地区重点鼓励发展产业企业所得税优惠目录的通知》（财税〔2016〕85号）。

（3）《财政部 税务总局关于新疆困难地区及喀什、霍尔果斯两个特殊经济开发区新办企业所得税优惠政策的通知》（财税〔2021〕27号）。

（4）《财政部 税务总局 发展改革委 工业和信息化部关于印发新疆困难地区重点鼓励发展产业企业所得税优惠目录的通知》（财税〔2021〕42号）。

3.新疆喀什、霍尔果斯特殊经济开发区新办企业定期免征企业所得税

自2021年1月1日至2030年12月31日，对在新疆喀什、霍尔果斯两个特殊经济开发区内新办的属于《新疆困难地区重点鼓励发展产业企业所得税优惠目录》（以下简称《目录》）范围内的企业，自取得第一笔生产经营收入所属纳税年度起，五年内免征企业所得税。

适用条件：

（1）第一笔生产经营收入，是指产业项目已建成并投入运营后所取得的第一笔收入。

（2）属于《目录》范围内的企业是指以《目录》中规定的产业项目为主营业务，其主营业务收入占企业收入总额60%以上的企业。

（3）属于《2016版目录》范围内的企业，2020年12月31日前已经进入优惠期的，可按《财政部 国家税务总局关于新疆喀什霍尔果斯两个特殊经济开发区企业所得税优惠政策的通知》（财税〔2011〕112号）规定享受至优惠期满为止，如属于《目录》与《2016版目录》相同产业项目范围，可在剩余期限内按该通知规定享受至优惠期满为止；未进入优惠期的，不再享受财税〔2011〕112号文件规定的税收优惠，如属于《目录》与《2016版目录》相同产业项目范围，可视同新办企业按该通知规定享受相关税收优惠。

政策依据：

（1）《财政部 国家税务总局关于新疆喀什霍尔果斯两个特殊经济开发区企业所得税优惠政策的通知》（财税〔2011〕112号）。

（2）《财政部 国家税务总局 国家发展改革委 工业和信息化部关于完善新疆困难地区重点鼓励发展产业企业所得税优惠目录的通知》（财税〔2016〕85号）。

（3）《财政部 税务总局关于新疆困难地区及喀什、霍尔果斯两个特殊经济开发区新办企业所得税优惠政策的通知》（财税〔2021〕27号）。

（4）《财政部 税务总局 发展改革委 工业和信息化部关于印发新疆困难地区重点鼓励发展产业企业所得税优惠目录的通知》（财税〔2021〕42号）。

二、西部地区税收优惠

1. 设在西部地区的鼓励类产业企业减按15%的税率征收企业所得税

自2021年1月1日至2030年12月31日，对设在西部地区的鼓励类产业企业减按15%的税率征收企业所得税。

享受条件：

（1）鼓励类产业企业是指以《西部地区鼓励类产业目录》中规定的产业项目为主营业务，且其主营业务收入占企业收入总额60%以上的企业。

（2）西部地区包括内蒙古自治区、广西壮族自治区、重庆市、四川省、贵州省、云南省、西藏自治区、陕西省、甘肃省、青海省、宁夏回族自治区、新疆维吾尔自治区和新疆生产建设兵团。湖南省湘西土家族苗族自治州、湖北省恩施土家族苗族自治州、吉林省延边朝鲜族自治州和江西省赣州市，可以比照西部地区的企业所得税政策执行。

政策依据：

（1）《财政部 税务总局 国家发展改革委关于延续西部大开发企业所得税政策的公告》（财政部 税务总局 国家发展改革委公告2020年第23号）。

（2）《国家税务总局关于深入实施西部大开发战略有关企业所得税问题的公告》（国家税务总局公告2012年第12号）。

（3）《国家税务总局关于执行〈西部地区鼓励类产业目录〉有关企业所得税问题的公告》（国家税务总局公告2015年第14号）。

（4）《西部地区鼓励类产业目录（2020年本）》（国家发展和改革委员会令第40号）①。

2.探矿权、采矿权使用费减免

西部地区、国务院确定的边远贫困地区和海域从事矿产资源勘查开采活动的矿业权人或探矿权、采矿权申请人，可以申请探矿权、采矿权使用费的减缴或免缴。

探矿权、采矿权使用费的减免按以下幅度审批。

（1）探矿权使用费：第一个勘查年度可以免缴，第二至第三个勘查年度可以减缴50%；第四至第七个勘查年度可以减缴25%。

（2）采矿权使用费：矿山基建期和矿山投产第一年可以免缴，矿山投产第二至第三年可以减缴50%；第四至第七年可以减缴25%；矿山闭坑当年可以免缴。

享受条件：

（1）依照《中华人民共和国矿产资源法》及其配套法规取得探矿权、采矿权的矿业权人或探矿权、采矿权申请人，可以依照规定向探矿权、采矿权登记管理机关申请探矿权、采矿权使用费的减缴或免缴。

（2）在我国西部地区、国务院确定的边远贫困地区和海域从事符合下列条件的矿产资源勘查开采活动，可以申请探矿权、采矿权使用费的减免：①国家紧缺矿产资源的勘查、开发；②大中型矿山企业为寻找接替资源申请的勘查、开发；③运用新技术、新方法提高综合利用水平的（包括低品位、难选冶的矿产资源开发及老矿区尾矿利用）矿产资源开发；④国务院地质矿产主管部门和财政部门认定的其他情况。国家紧缺矿产资源由国土资源部确定并发布。

（3）探矿权、采矿权使用费的减免，实行两级审批制。国务院地质矿产主管部门审批登记、颁发勘查许可证、采矿许可证的探矿权、采矿权使用费的减免，由国务院地质

① 2024年10月12日，国家发展改革委第17次委务会通过《西部地区鼓励类产业目录（2025年本）》（国家发展和改革委员会令第28号），2024年11月27日予以公布，自2025年1月1日起施行，《西部地区鼓励类产业目录（2020年本）》同时废止。

矿产主管部门负责审批，并报国务院财政部门备案。省级地质矿产主管部门审批登记、颁发勘查许可证、采矿许可证和省级以下地质矿产主管部门审批登记颁发采矿许可证的探矿权、采矿权使用费的减免，由省级地质矿产主管部门负责审批。省级地质矿产主管部门应将探矿权、采矿权使用费的批准文件报送上级登记管理机关和财政部门备案。

政策依据：

《关于印发〈探矿权采矿权使用费减免办法〉的通知》（国土资发〔2000〕174号）。

3. 青藏铁路公司及其所属单位营业账簿免征印花税

依据《财政部 国家税务总局关于青藏铁路公司运营期间有关税收等政策问题的通知》（财税〔2007〕11号）、《财政部 税务总局关于印花税法实施后有关优惠政策衔接问题的公告》（财政部 税务总局公告2022年第23号）规定，对青藏铁路公司及其所属单位免征印花税，对合同其他各方当事人应缴纳的印花税照章征收。

4. 青藏铁路公司货物运输合同免征印花税

根据《财政部 国家税务总局关于青藏铁路公司运营期间有关税收等政策问题的通知》（财税〔2007〕11号）、《财政部 税务总局关于印花税法实施后有关优惠政策衔接问题的公告》（财政部 税务总局公告2022年第23号）规定，对青藏铁路公司签订的货物运输合同免征印花税，对合同其他各方当事人应缴纳的印花税照章征收。

5. 青藏铁路公司及其所属单位自采自用的砂、石等材料免征资源税

对青藏铁路公司及其所属单位自采自用的砂、石等材料免征资源税；对青藏铁路公司及其所属单位自采外销及其他单位和个人开采销售给青藏铁路公司及其所属单位的砂、石等材料照章征收资源税。

政策依据：

（1）《财政部 国家税务总局关于青藏铁路公司运营期间有关税收等政策问题的通知》（财税〔2007〕11号）。

（2）《财政部 税务总局关于继续执行的资源税优惠政策的公告》（财政部 税务总局公告2020年第32号）。

6. 青藏铁路公司及其所属单位承受土地、房屋权属用于办公及运输免征契税

对青藏铁路公司及其所属单位承受土地、房屋权属用于办公及运输主业的，免征契税；对于因其他用途承受的土地、房屋权属，应照章征收契税。

政策依据：

（1）《财政部 国家税务总局关于青藏铁路公司运营期间有关税收等政策问题的通知》（财税〔2007〕11号）。

（2）《财政部 税务总局关于契税法实施后有关优惠政策衔接问题的公告》（财政部 税务总局公告2021年第29号）。

7. 青藏铁路公司及其所属单位自用的房产免征房产税

《财政部 国家税务总局关于青藏铁路公司运营期间有关税收等政策问题的通知》（财税〔2007〕11号）第五条规定，对青藏铁路公司及其所属单位自用的房产免征房产税；对非自用的房产照章征收房产税。

8. 青藏铁路公司及其所属单位自用的土地免征城镇土地使用税

对青藏铁路公司及其所属单位自用的土地免征城镇土地使用税；对非自用的土地照章征收城镇土地使用税。

政策依据：

《财政部 国家税务总局关于青藏铁路公司运营期间有关税收等政策问题的通知》（财税〔2007〕11号）第五条。

三、边境地区税收优惠

1. 边销茶销售免征增值税

至2027年12月31日，对边销茶生产企业销售自产的边销茶及经销企业销售的边销茶免征增值税。

享受条件：

（1）边销茶是指以黑毛茶、老青茶、红茶末、绿茶为主要原料，经过发酵、蒸制、加压或者压碎、炒制，专门销往边疆少数民族地区的紧压茶。

（2）适用企业仅为边销茶的生产企业或经销企业，生产企业仅指列名企业。

政策依据：

（1）《财政部 税务总局关于继续执行边销茶增值税政策的公告》（财政部 税务总局公告2021年第4号）。

（2）《财政部 税务总局关于延续实施边销茶增值税政策的公告》（财政部 税务总局公告2023年第59号）。

2. 边民互市限额免征进口关税和进口环节税

边民通过互市贸易进口的生活用品，每人每日价值在人民币8 000元以下的，免征进口关税和进口环节税。

边民通过互市贸易进口的商品应以满足边民日常生活需要为目的，边民互市贸易进口税收优惠政策的适用范围仅限生活用品（不包括天然橡胶、木材、农药、化肥、农作物种子等)。在生活用品的范畴内，除国家禁止进口的商品不得通过边民互市免税进口外，其他不予免税商品已列入边民互市进口不予免税清单。

政策依据：

(1)《财政部 海关总署 国家税务总局关于促进边境贸易发展有关财税政策的通知》(财关税〔2008〕90号)。

(2)《财政部 海关总署 国家税务总局关于边民互市进出口商品不予免税清单的通知》(财关税〔2010〕18号)。

四、特定区域税收优惠

(一)中国(上海)自由贸易试验区临港新片区

1. 中国(上海)自由贸易试验区临港新片区免征增值税

根据《财政部 海关总署 税务总局关于中国(上海)自由贸易试验区临港新片区有关增值税政策的通知》(财税〔2021〕3号)规定，对注册在洋山特殊综合保税区内的企业，在洋山特殊综合保税区内提供交通运输服务、装卸搬运服务和仓储服务取得的收入，免征增值税。

交通运输服务、装卸搬运服务和仓储服务的具体范围，按照《销售服务、无形资产、不动产注释》(财税〔2016〕36号印发)执行。

该通知自2021年1月1日起执行。其中，该通知第二条执行时间至2024年12月31日。

2. 中国(上海)自由贸易试验区临港新片区内重点产业减征企业所得税

根据《财政部 国家税务总局关于中国(上海)自贸试验区临港新片区重点产业企业所得税政策的通知》(财税〔2020〕38号)规定，自2020年1月1日起，对中国(上海)自由贸易试验区临港新片区内从事集成电路、人工智能、生物医药、民用航空等关键领域核心环节相关产品(技术)业务，并开展实质性生产或研发活动的符合条件的法人企业，自设立之日起5年内减按15%的税率征收企业所得税。

2019年12月31日前已在新片区注册登记且从事《新片区集成电路、人工智能、生物医药、民用航空关键领域核心环节目录》(以下简称《目录》)所列业务的实质性生产或研发活动的符合条件的法人企业，可自2020年至该企业设立满5年期限内按照本政策执行。

上述所称“符合条件的法人企业”必须同时满足以下第(1)(2)项条件，以及第(3)项或第(4)项条件中任一子条件：

（1）自2020年1月1日起在新片区内注册登记（不包括从外区域迁入新片区的企业），主营业务为从事《目录》中相关领域环节实质性生产或研发活动的法人企业。实质性生产或研发活动是指企业拥有固定生产经营场所、固定工作人员，具备与生产或研发活动相匹配的软硬件支撑条件，并在此基础上开展相关业务。

（2）企业主要研发或销售产品中至少包含1项关键产品（技术）。

关键产品（技术）是指在集成电路、人工智能、生物医药、民用航空等重点领域产业链中起到重要作用或不可或缺的产品（技术）。

（3）企业投资主体条件：

①企业投资主体在国际细分市场影响力排名居于前列，技术实力居于业内前列；

②企业投资主体在国内细分市场居于领先地位，技术实力在业内领先。

（4）企业研发生产条件：

①企业拥有领军人才及核心团队骨干，在国内外相关领域长期从事科研生产工作；

②企业拥有关键核心技术，对其主要产品具备建立自主知识产权体系的能力；

③企业具备推进产业链核心供应商多元化，牵引国内产业升级能力；

④企业具备高端供给能力，核心技术指标达到国际前列或国内领先；

⑤企业研发成果（技术或产品）已被国际国内一线终端设备制造商采用或已经开展紧密实质性合作（包括资本、科研、项目等领域）；

⑥企业获得国家或省级政府科技或产业化专项资金、政府性投资基金或取得知名投融资机构投资。

3. 中国（上海）自由贸易试验区及临港新片区试点离岸贸易免征印花税

根据《财政部 税务总局关于在中国（上海）自由贸易试验区及临港新片区试点离岸贸易印花税优惠政策的通知》（财税〔2024〕8号）规定，自2024年4月1日起执行至2025年3月31日。对注册登记在中国（上海）自由贸易试验区及临港新片区的企业开展离岸转手买卖业务书立的买卖合同，免征印花税。

该通知所称离岸转手买卖是指居民企业从非居民企业购买货物，随后向另一非居民企业转售该货物，且该货物始终未实际进出我国关境的交易。

（二）海南自由贸易港[①]

1. 海南自由贸易港鼓励产业企业减按15%税率征收企业所得税

根据《财政部 税务总局关于海南自由贸易港企业所得税优惠政策的通知》（财税

① 2025年1月24日，财政部、税务总局发布《关于延续实施海南自由贸易港企业所得税优惠政策的通知》（财税〔2025〕3号），以下海南自由贸易港税收优惠政策期限延长至2027年12月31日。

〔2020〕31号）规定，2020年1月1日起执行至2024年12月31日，对注册在海南自由贸易港并实质性运营的鼓励类产业企业，减按15%的税率征收企业所得税。

享受条件：

（1）鼓励类产业企业是指以海南自由贸易港鼓励类产业目录中规定的产业项目为主营业务，且其主营业务收入占企业收入总额60%以上的企业。实质性运营是指企业的实际管理机构设在海南自由贸易港，并对企业生产经营、人员、账务、财产等实施实质性全面管理和控制。对不符合实质性运营的企业，不得享受优惠。

（2）海南自由贸易港鼓励类产业目录包括《产业结构调整指导目录（2019年本）》[①]、《鼓励外商投资产业目录（2019年版）》[②]和海南自由贸易港新增鼓励类产业目录。上述目录在该通知执行期限内修订的，自修订版实施之日起按新版本执行。

（3）对总机构设在海南自由贸易港的符合条件的企业，仅就其设在海南自由贸易港的总机构和分支机构的所得，适用15%税率；对总机构设在海南自由贸易港以外的企业，仅就其设在海南自由贸易港内的符合条件的分支机构的所得，适用15%税率。

2. 海南自由贸易港旅游业、现代服务业、高新技术产业企业新增境外直接投资取得的所得免征企业所得税

根据《财政部 税务总局关于海南自由贸易港企业所得税优惠政策的通知》（财税〔2020〕31号）、《关于印发〈海南自由贸易港旅游业、现代服务业、高新技术产业企业所得税优惠目录〉的通知》（财税〔2021〕14号）规定，2020年1月1日起执行至2024年12月31日，对在海南自由贸易港设立的旅游业、现代服务业、高新技术产业企业新增境外直接投资取得的所得，免征企业所得税。

享受条件：

（1）从境外新设分支机构取得的营业利润；或从持股比例超过20%（含）的境外子公司分回的，与新增境外直接投资相对应的股息所得。

---

① 2021年12月30日，国家发展改革委发布《关于修改〈产业结构调整指导目录（2019年本）〉的决定》，在本目录淘汰类“一、落后生产工艺装备”“（十八）其他”中增加第7项，内容为“虚拟货币‘挖矿’活动”，自2021年12月30日起施行，详见国家发展和改革委员会令第49号；2023年12月27日，国家发展和改革委员会发布《产业结构调整指导目录（2024年本）》（国家发展和改革委员会令第7号），《产业结构调整指导目录（2019年本）》自2024年2月1日起废止。

② 2020年12月27日，国家发展和改革委员会、商务部发布《鼓励外商投资产业目录（2020年版）》（国家发展和改革委员会 商务部令第38号），《鼓励外商投资产业目录（2019年版）》自2021年1月27日起废止；2022年10月26日，国家发展和改革委员会、商务部发布《鼓励外商投资产业目录（2022年版）》（国家发展和改革委员会 商务部令第52号），《鼓励外商投资产业目录（2020年版）》自2023年1月1日起废止。

（2）被投资国（地区）的企业所得税法定税率不低于5%。

（3）所称旅游业、现代服务业、高新技术产业，按照海南自由贸易港鼓励类产业目录执行。

3.海南自由贸易港企业固定资产及无形资产一次性扣除

根据《财政部 税务总局关于海南自由贸易港企业所得税优惠政策的通知》（财税〔2020〕31号）规定，2020年1月1日起执行至2024年12月31日，对在海南自由贸易港设立的企业，新购置（含自建、自行开发）固定资产或无形资产，单位价值不超过500万元（含）的，允许一次性计入当期成本费用在计算应纳税所得额时扣除，不再分年度计算折旧和摊销。固定资产是指除房屋、建筑物以外的固定资产。

4.海南自由贸易港企业固定资产及无形资产加速折旧、摊销

根据《财政部 税务总局关于海南自由贸易港企业所得税优惠政策的通知》（财税〔2020〕31号）规定，2020年1月1日起执行至2024年12月31日，新购置（含自建、自行开发）固定资产或无形资产，单位价值超过500万元的，可以缩短折旧、摊销年限或采取加速折旧、摊销的方法。

（三）广州南沙

1.广州南沙鼓励类产业企业减按15%税率征收企业所得税

根据《财政部 税务总局关于广州南沙企业所得税优惠政策的通知》（财税〔2022〕40号）规定，自2022年1月1日起执行至2026年12月31日，对设在南沙先行启动区符合条件的鼓励类产业企业，减按15%的税率征收企业所得税。

享受条件：

（1）以《广州南沙企业所得税优惠目录（2022版）》中规定的产业项目为主营业务，且其主营业务收入占收入总额60%以上。收入总额按照《中华人民共和国企业所得税法》第六条规定执行。

（2）开展实质性运营。对不符合实质性运营的企业，不得享受优惠。实质性运营是指企业的实际管理机构设在南沙先行启动区，并对企业生产经营、人员、账务、财产等实施实质性全面管理和控制。

（3）对总机构设在南沙先行启动区的企业，仅就其设在南沙先行启动区内符合规定条件的总机构和分支机构的所得适用15%税率；对总机构设在南沙先行启动区以外的企业，仅就其设在南沙先行启动区内符合规定条件的分支机构所得适用15%税率。

（4）南沙及南沙先行启动区的范围，按照《国务院关于印发广州南沙深化面向世界的粤港澳全面合作总体方案的通知》（国发〔2022〕13号）执行。

2. 广州南沙高新技术重点行业企业延长亏损结转年限

根据《财政部 税务总局关于广州南沙企业所得税优惠政策的通知》（财税〔2022〕40号）规定，2022年1月1日起执行至2026年12月31日，在南沙设立的高新技术重点行业企业，自2022年1月1日起，当年具备高新技术企业或科技型中小企业资格的，其具备资格年度之前8个年度发生的尚未弥补完的亏损，准予结转以后年度弥补，最长结转年限延长至13年。

享受条件：

（1）高新技术重点行业企业应以《广州南沙企业所得税优惠目录（2022版）》中规定的高新技术重点行业为主营业务，且其主营业务收入占收入总额60%以上。收入总额按照《中华人民共和国企业所得税法》第六条规定执行。

（2）高新技术企业是指按照《科技部 财政部 国家税务总局关于修订印发〈高新技术企业认定管理办法〉的通知》（国科发火〔2016〕32号）规定认定的高新技术企业；科技型中小企业是指按照《科技部 财政部 国家税务总局关于印发〈科技型中小企业评价办法〉的通知》（国科发政〔2017〕115号）规定取得科技型中小企业登记编号的企业。

（3）企业享受优惠政策的其他政策口径和管理要求，按照现行关于延长高新技术企业和科技型中小企业亏损结转年限企业所得税优惠政策的有关规定执行。

（4）南沙及南沙先行启动区的范围，按照《国务院关于印发广州南沙深化面向世界的粤港澳全面合作总体方案的通知》（国发〔2022〕13号）执行。

（四）横琴、平潭实验区

1. 横琴、平潭实验区企业销售货物免征增值税

根据《财政部 海关总署 国家税务总局关于横琴 平潭开发有关增值税和消费税政策的通知》（财税〔2014〕51号）规定，横琴、平潭各自的区内企业之间销售其在本区内的货物，免征增值税。

企业之间销售的用于其本区内商业性房地产开发项目的货物，以及按规定被取消退税或免税资格的企业销售的货物，应按规定征收增值税。

2. 横琴、平潭实验区企业销售货物免征消费税

根据《财政部 海关总署 国家税务总局关于横琴、平潭开发有关增值税和消费税

政策的通知》（财税〔2014〕51号）规定，横琴、平潭各自的区内企业之间销售其在本区内的货物，免征消费税。

企业之间销售的用于其本区内商业性房地产开发项目的货物，以及按规定被取消退税或免税资格的企业销售的货物，应按规定征收消费税。

3.福建平潭综合实验区鼓励类产业企业减按15%税率征收企业所得税

根据《财政部 税务总局关于延续福建平潭综合实验区企业所得税优惠政策的通知》（财税〔2021〕29号）规定，2021年1月1日起执行至2025年12月31日，对设在平潭综合实验区的符合条件的企业减按15%的税率征收企业所得税。

企业需符合的条件，是指以《平潭综合实验区企业所得税优惠目录（2021版）》中规定的产业项目为主营业务，且其主营业务收入占收入总额60%以上。收入总额按照《企业所得税法》第六条规定执行。

平潭综合实验区的范围按照国务院2011年11月批复的《平潭综合实验区总体发展规划》执行。

对总机构设在平潭综合实验区的企业，仅就其设在实验区内符合规定条件的总机构和分支机构的所得适用15%税率；对总机构设在实验区以外的企业，仅就其设在实验区内符合规定条件的分支机构所得适用15%税率。

（五）横琴粤澳深度合作区

1.横琴粤澳深度合作区企业固定资产及无形资产一次性扣除

按照《财政部 税务总局关于横琴粤澳深度合作区企业所得税优惠政策的通知》（财税〔2022〕19号）规定，自2021年1月1日起，对在横琴粤澳深度合作区设立的企业，新购置（含自建、自行开发）固定资产或无形资产，单位价值不超过500万元（含）的，允许一次性计入当期成本费用在计算应纳税所得额时扣除，不再分年度计算折旧和摊销。

享受条件：

（1）固定资产是指除房屋、建筑物以外的固定资产。

（2）横琴粤澳深度合作区的范围按照中共中央、国务院2021年印发的《横琴粤澳深度合作区建设总体方案》执行。

2.横琴粤澳深度合作区企业固定资产及无形资产加速折旧、摊销

根据《财政部 税务总局关于横琴粤澳深度合作区企业所得税优惠政策的通知》（财税〔2022〕19号）规定，自2021年1月1日起，对在横琴粤澳深度合作区设立的

企业，新购置（含自建、自行开发）固定资产或无形资产，单位价值超过500万元的，可以缩短折旧、摊销年限或采取加速折旧、摊销的方法。

固定资产是指除房屋、建筑物以外的固定资产。

横琴粤澳深度合作区的范围按照中共中央、国务院2021年印发的《横琴粤澳深度合作区建设总体方案》执行。

3.横琴粤澳深度合作区旅游业、现代服务业、高新技术产业企业新增境外直接投资取得的所得免征企业所得税

根据《财政部 税务总局关于横琴粤澳深度合作区企业所得税优惠政策的通知》（财税〔2022〕19号）规定，自2021年1月1日起，对在横琴粤澳深度合作区设立的旅游业、现代服务业、高新技术产业企业新增境外直接投资取得的所得，免征企业所得税。

享受条件：

（1）新增境外直接投资所得应当符合以下条件：①从境外新设分支机构取得的营业利润；或从持股比例超过20%（含）的境外子公司分回的，与新增境外直接投资相对应的股息所得。②被投资国（地区）的企业所得税法定税率不低于5%。

（2）旅游业、现代服务业、高新技术产业按照《横琴粤澳深度合作区企业所得税优惠目录（2021版）》中规定的旅游业、现代服务业、高新技术产业执行。

（3）横琴粤澳深度合作区的范围按照中共中央、国务院2021年印发的《横琴粤澳深度合作区建设总体方案》执行。

4.横琴粤澳深度合作区鼓励类产业企业减按15%税率征收企业所得税

根据《财政部 税务总局关于横琴粤澳深度合作区企业所得税优惠政策的通知》（财税〔2022〕19号）规定，自2021年1月1日起，对设在横琴粤澳深度合作区符合条件的产业企业，减按15%的税率征收企业所得税。

享受条件：

（1）以《横琴粤澳深度合作区企业所得税优惠目录（2021版）》中规定的产业项目为主营业务，且其主营业务收入占收入总额60%以上，收入总额按照《中华人民共和国企业所得税法》第六条规定执行。

（2）进行实质性运营，实质性运营是指企业的实际管理机构设在横琴粤澳深度合作区，并对企业生产经营、人员、账务、财产等实施实质性全面管理和控制；对不符合实质性运营的企业，不得享受优惠。

（3）对总机构设在横琴粤澳深度合作区的企业，仅就其设在合作区内符合规定条

件的总机构和分支机构的所得适用15%税率；对总机构设在合作区以外的企业，仅就其设在合作区内符合规定条件的分支机构所得适用15%税率。

（六）深圳前海深港现代服务业合作区、河套深港科技创新合作区深圳园区

1.前海深港现代服务业合作区全域企业减按15%税率征收企业所得税

2021年5月27日，财政部、税务总局发布的《关于延续深圳前海深港现代服务业合作区企业所得税优惠政策的通知》（财税〔2021〕30号）规定，延续深圳前海深港现代服务业合作区企业所得税政策：自2021年1月1日起执行至2025年12月31日，对设在前海深港现代服务业合作区的符合条件的企业减按15%的税率征收企业所得税。

2024年3月27日，财政部、税务总局发布《关于前海深港现代服务业合作区企业所得税优惠政策的通知》（财税〔2024〕13号），将财税〔2021〕30号规定的税收政策扩展至前海深港现代服务业合作区全域，合作区全域按照国务院2023年12月批复的《前海深港现代服务业合作区总体发展规划》执行。执行期限为2023年1月1日至2025年12月31日。

享受条件：

（1）企业需符合的条件是指以《前海深港现代服务业合作区企业所得税优惠目录（2021版）》中规定的产业项目为主营业务，且其主营业务收入占收入总额60%以上。收入总额按照《企业所得税法》第六条规定执行。

（2）前海深港现代服务业合作区全域按照国务院2023年12月批复的《前海深港现代服务业合作区总体发展规划》执行。

（3）对总机构设在前海深港现代服务业合作区的企业，仅就其合作区内符合规定条件的总机构和分支机构的所得适用15%税率；对总机构设在合作区以外的企业，仅就其设在合作区内符合规定条件的分支机构所得适用15%税率。

2.河套深港科技创新合作区深圳园区鼓励类产业企业减按15%征收企业所得税

自2023年1月1日起执行至2027年12月31日，对设在河套深港科技创新合作区深圳园区特定封闭区域（以下简称“深圳园区特定封闭区域”）符合条件的鼓励类产业企业，减按15%的税率征收企业所得税。

享受上述优惠政策的企业需符合以下条件：

（1）以《河套深港科技创新合作区深圳园区企业所得税优惠目录》（以下简称《目录》）中规定的产业目录为主营业务，且其主营业务收入占收入总额60%以上。

收入总额按照《中华人民共和国企业所得税法》第六条规定执行。

（2）开展实质性运营。对不符合实质性运营的企业，不得享受优惠。

实质性运营是指企业的实际管理机构设在深圳园区特定封闭区域内，并对企业生产经营、人员、账务、财产等实施实质性全面管理和控制。

对总机构设在深圳园区特定封闭区域内的企业，仅就其设在深圳园区特定封闭区域内符合本条规定条件的总机构和分支机构的所得适用15%税率；对总机构设在深圳园区特定封闭区域以外的企业，仅就其设在深圳园区特定封闭区域内符合本条规定条件的分支机构所得适用15%税率。具体征管办法按照税务总局有关规定执行。

该通知所称深圳园区特定封闭区域的范围，按照《国务院关于印发〈河套深港科技创新合作区深圳园区发展规划〉的通知》（国发〔2023〕12号）规定的福田保税区范围执行，东起皇岗口岸边、南沿深圳河、西至新洲河、北至绒花路。

政策依据：

《深圳市财政局 国家税务总局深圳市税务局转发财政部 税务总局关于河套深港科技创新合作区深圳园区企业所得税优惠政策的通知》（深财法〔2024〕2号）。

五、吸引境外人士税收优惠

1.外籍个人津补贴个人所得税选择专项附加扣除或者免税

自2019年1月1日起至2027年12月31日止，外籍个人符合居民个人条件的，可以选择享受个人所得税专项附加扣除，也可以选择按照有关规定享受住房补贴、语言训练费、子女教育费等津补贴免税优惠政策，但不得同时享受。

（1）符合居民个人条件的外籍个人是指在中国境内有住所，或者无住所而一个纳税年度内在中国境内居住累计满一百八十三天的外籍个人。

（2）上述有关外籍个人津补贴免税优惠政策具体规定包括《财政部 国家税务总局关于个人所得税若干政策问题的通知》（财税〔1994〕20号）、《国家税务总局关于外籍个人取得有关补贴征免个人所得税执行问题的通知》（国税发〔1997〕54号）和《财政部 国家税务总局关于外籍个人取得港澳地区住房等补贴征免个人所得税的通知》（财税〔2004〕29号）。

（3）外籍个人所得税专项附加扣除和津补贴免税优惠政策不得同时享受。外籍个人一经选择，在一个纳税年度内不得变更。

政策依据：

（1）《财政部 国家税务总局关于个人所得税若干政策问题的通知》（财税〔1994〕

20号）第二条第1点至第3点。

（2）《国家税务总局关于外籍个人取得有关补贴征免个人所得税执行问题的通知》（国税发〔1997〕54号）。

（3）《财政部 国家税务总局关于外籍个人取得港澳地区住房等补贴征免个人所得税的通知》（财税〔2004〕29号）。

（4）《财政部 税务总局关于个人所得税法修改后有关优惠政策衔接问题的通知》（财税〔2018〕164号）第七条第（一）项。

（5）《财政部 税务总局关于延续实施外籍个人津补贴等有关个人所得税优惠政策的公告》（财政部 税务总局公告2021年第43号）。

（6）《财政部 税务总局关于延续实施外籍个人有关津补贴个人所得税政策的公告》（财政部 税务总局公告2023年第29号）。

2.海南自由贸易港工作的高端紧缺人才和紧缺人才个人所得税超税负部分免征

2020年1月1日起执行至2024年12月31日，对在海南自由贸易港工作的高端人才和紧缺人才，其个人所得税实际税负超过15%的部分予以免征。

享受优惠政策的所得包括来源于海南自由贸易港的综合所得（包括工资薪金、劳务报酬、稿酬、特许权使用费四项所得）、经营所得以及经海南省认定的人才补贴性所得。

纳税人在海南省办理个人所得税年度汇算清缴时享受上述优惠政策。对享受上述优惠政策的高端人才和紧缺人才实行清单管理。

政策依据：

《财政部 税务总局关于海南自由贸易港高端紧缺人才个人所得税政策的通知》（财税〔2020〕32号）。

3.广州南沙工作的香港居民和澳门居民个人所得税超税负部分免征

根据《财政部 税务总局关于广州南沙个人所得税优惠政策的通知》（财税〔2022〕29号）规定，2022年1月1日至2026年12月31日，对在广州南沙工作的香港居民，其个人所得税税负超过香港税负的部分予以免征；对在广州南沙工作的澳门居民，其个人所得税税负超过澳门税负的部分予以免征。

享受条件：

（1）所得包括来源于广州南沙的综合所得（包括工资薪金、劳务报酬、稿酬、特许权使用费四项所得）、经营所得以及经地方政府认定的人才补贴性所得。

（2）纳税人在广州南沙办理个人所得税年度汇算清缴时享受上述优惠政策。

（3）实施范围是《广州南沙深化面向世界的粤港澳全面合作总体方案》规划的广州市南沙区全域。

4. 福建平潭综合实验区工作的台湾居民税负差额补贴免征个人所得税

福建省人民政府根据《国务院关于平潭综合实验区总体发展规划的批复》（国函〔2021〕142号）以及《平潭综合实验区总体发展规划》有关规定，按不超过大陆与台湾地区个人所得税负差额，给予在平潭综合实验区工作的台湾居民的补贴，免征个人所得税。

享受条件：

（1）在平潭综合实验区工作的台湾居民，应按照《个人所得税法》的有关规定，缴纳个人所得税。

（2）台湾居民是指持有“台湾居民来往大陆通行证”的个人。

（3）平潭综合实验区是指国务院2011年11月批复的《平潭综合实验区总体发展规划》规划的平潭综合实验区范围。

政策依据：

（1）《财政部 国家税务总局关于福建平潭综合实验区个人所得税优惠政策的通知》（财税〔2014〕24号）。

（2）《财政部 税务总局关于延长部分税收优惠政策执行期限的公告》（财政部 税务总局公告2021年第6号）。

5. 前海深港现代服务业合作区工作的香港居民个人所得税超税负部分免征

2023年1月1日起执行至2027年12月31日，对前海工作的香港居民，其个人所得税税负超过香港税负的部分予以免征。所得包括来源于前海的综合所得（包括工资薪金、劳务报酬、稿酬、特许权使用费四项所得）、经营所得以及经地方政府认定的人才补贴性所得。

纳税人在前海办理个人所得税年度汇算清缴时享受上述优惠政策。实施范围是《前海深港现代服务业合作区总体发展规划》中划定的前海深港现代服务业合作区。

政策依据：

《财政部 税务总局关于前海深港现代服务业合作区个人所得税优惠政策的通知》（财税〔2024〕12号）。

6. 河套深港科技创新合作区深圳园区工作的香港居民个人所得税超税负部分免征

自2023年1月1日起执行至2027年12月31日，对在深圳园区工作的香港居民，其个人所得税税负超过香港税负的部分予以免征。

前述香港居民所得包括来源于深圳园区的综合所得（包括工资薪金、劳务报酬、稿酬、特许权使用费四项所得）、经营所得以及经地方政府认定的人才补贴性所得。纳税人在深圳园区办理个人所得税年度汇算清缴时享受上述优惠政策。

该通知的实施范围是《河套深港科技创新合作区深圳园区发展规划》划定的深圳园区。

政策依据：

《财政部 税务总局关于河套深港科技创新合作区深圳园区个人所得税优惠政策的通知》（财税〔2024〕5号）。

7. 横琴粤澳深度合作区工作的境内外高端人才和紧缺人才个人所得税超税负部分免征

根据《财政部 税务总局关于横琴粤澳深度合作区个人所得税优惠政策的通知》（财税〔2022〕3号）规定，自2021年1月1日起至2025年12月31日，对在横琴粤澳深度合作区工作的境内外高端人才和紧缺人才，其个人所得税负超过15%的部分予以免征。

享受条件：

（1）对享受优惠政策的高端人才和紧缺人才实行清单管理。

（2）规定的所得包括来源于横琴粤澳深度合作区的综合所得（包括工资薪金、劳务报酬、稿酬、特许权使用费四项所得）、经营所得以及经地方政府认定的人才补贴性所得。

（3）按照清单管理办法列入人才清单的高端人才和紧缺人才在横琴粤澳深度合作区办理个人所得税年度汇算清缴时享受上述优惠政策。

（4）横琴粤澳深度合作区是指《横琴粤澳深度合作区建设总体方案》规划的横琴粤澳深度合作区范围。

8. 横琴粤澳深度合作区工作的澳门居民个人所得税超税负部分免征

根据《财政部 税务总局关于横琴粤澳深度合作区个人所得税优惠政策的通知》（财税〔2022〕3号）规定，自2021年1月1日起至2025年12月31日，对在横琴粤澳深度合作区工作的澳门居民，其个人所得税负超过澳门税负的部分予以免征。

享受条件：

（1）所得包括来源于横琴粤澳深度合作区的综合所得（包括工资薪金、劳务报酬、稿酬、特许权使用费四项所得）、经营所得以及经地方政府认定的人才补贴性所得。

（2）在横琴粤澳深度合作区工作的澳门居民，在横琴粤澳深度合作区办理个人所得税年度汇算清缴时享受上述优惠政策。

（3）横琴粤澳深度合作区是指《横琴粤澳深度合作区建设总体方案》规划的横琴粤澳深度合作区范围。

9. 粤港澳大湾区工作的境外高端人才和紧缺人才税负差额补贴免征个人所得税

根据《财政部 税务总局关于延续实施粤港澳大湾区个人所得税优惠政策的通知》（财税〔2023〕34号）规定，广东省、深圳市按中国内地与中国香港个人所得税税负差额，对在大湾区工作的境外（含港澳台，下同）高端人才和紧缺人才给予补贴，该补贴免征个人所得税。在大湾区工作的境外高端人才和紧缺人才的认定和补贴办法，按照广东省、深圳市的有关规定执行。

该通知执行至2027年12月31日，适用范围包括广东省广州市、深圳市、珠海市、佛山市、惠州市、东莞市、中山市、江门市和肇庆市等大湾区珠三角九市。

第五篇　基金申报

按征税对象分类，基金负担的税收主要为流转税、所得税、财产税和行为税。以下为本单元知识导图。

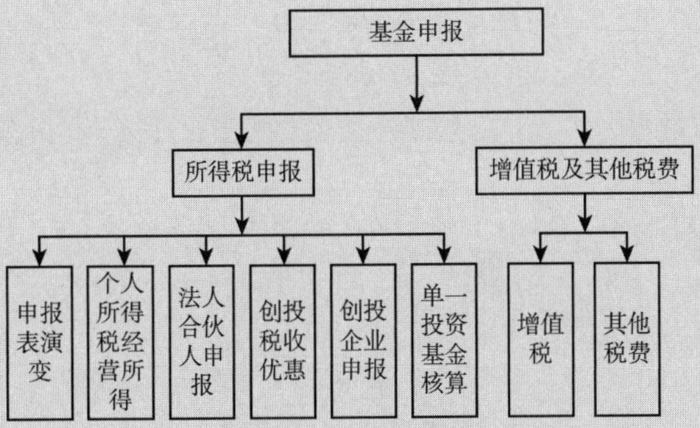

基金申报知识导图

第十三章

私募基金所得税申报

有限合伙制私募股权投资基金是由一名以上有限合伙人与一名以上普通合伙人签订契约，成立有限合伙企业进行投资，有限合伙人以其认缴的出资额为限对合伙企业债务承担责任；普通合伙人负责合伙企业投资、管理及重大事项的决策，并对合伙企业债务承担无限连带责任的一种私募股权投资的法律组织形式。涉税事项申报时，有限合伙型基金以该类组织为经营实体进行申报。

第一节｜申报表演变

一、合伙企业政策

合伙企业政策详见本书第四章第四节我国合伙税制政策演变。其中，核心政策如下所示：

1.《财政部 国家税务总局关于印发〈关于个人独资企业和合伙企业投资者征收个人所得税的规定〉的通知》（财税〔2000〕91号）；

2.《国家税务总局关于〈关于个人独资企业和合伙企业投资者征收个人所得税的规定〉执行口径的通知》（国税函〔2001〕84号）；

3.《财政部 国家税务总局关于调整个体工商户个人独资企业和合伙企业个人所得税税前扣除标准有关问题的通知》（财税〔2008〕65号）；

4.《财政部 国家税务总局关于合伙企业合伙人所得税问题的通知》（财税〔2008〕159号）；

5.《个体工商户个人所得税计税办法》（国家税务总局令第35号）；

6.《国家税务总局关于个体工商户、个人独资企业和合伙企业个人所得税问题的公告》（国家税务总局公告2014年第25号）。

（一）合伙企业申报表

合伙企业的投资者按照合伙企业的全部生产经营所得和合伙协议约定的分配比例确定应纳税所得额。其中，个人投资者缴纳个人所得税，法人投资者缴纳企业所得税。个人投资者经营所得申报表在《个人所得税法》修正后经过多次演变形成如下格局：

1. 2018年8月31日，中华人民共和国第十三届全国人民代表大会常务委员会第五次会议《关于修改〈中华人民共和国个人所得税法〉的决定》第七次修正，于2019年1月1日起施行。

2. 2018年12月19日，国家税务总局发布《国家税务总局关于全面实施新个人所得税法若干征管衔接问题的公告》（国家税务总局公告2018年第56号），贯彻落实新修改的新《个人所得税法》，全面实施新《个人所得税法》后扣缴义务人对居民个人工资、薪金所得，劳务报酬所得，稿酬所得，特许权使用费所得预扣预缴个人所得税的计算方法，对非居民个人上述四项所得扣缴个人所得税的计算方法。该公告自2019年1月1日起施行。

3. 为贯彻落实新修改的《个人所得税法》和《国务院关于印发个人所得税专项附加扣除暂行办法的通知》（国发〔2018〕41号），2018年12月21日，国家税务总局制定发布《个人所得税专项附加扣除操作办法（试行）》（国家税务总局公告2018年第60号），自2019年1月1日起施行。

4. 2019年1月31日，根据《个人所得税法》及其实施条例等相关税收法律法规规定，国家税务总局修订发布《国家税务总局关于修订个人所得税申报表的公告》（国家税务总局公告2019年第7号），保障综合与分类相结合的个人所得税制顺利实施。该申报表自2019年1月1日起施行。

该公告生效执行后，《国家税务总局关于发布个人所得税申报表的公告》（国家税务总局公告2013年第21号）附件1至附件5、《国家税务总局关于发布生产经营所得及减免税事项有关个人所得税申报表的公告》（国家税务总局公告2015年第28号）附件1至附件3、《国家税务总局关于全面实施新个人所得税法若干征管衔接问题的公告》（国家税务总局公告2018年第56号）附件1同时废止。

5. 2019年12月31日，为保障个人所得税综合所得汇算清缴顺利实施，国家税务总局修订发布《国家税务总局关于修订部分个人所得税申报表的公告》（国家税务总局公告2019年第46号）。该公告自2020年1月1日起施行。

其中，纳税人在办理2019年度个人所得税综合所得汇算清缴填写免税收入时，暂不附报“个人所得税减免税事项报告表”。《国家税务总局关于发布个人所得税申报表的公告》（国家税务总局公告2013年第21号）、《国家税务总局关于发布生产经营所得及减免税事项有关个人所得税申报表的公告》（国家税务总局公告2015年第28号）、《国家税务总局关于修订个人所得税申报表的公告》（国家税务总局公告2019年第7号）附件4以及附件5中的“个人所得税经营所得纳税申报表（a表）”同时废止。

6. 贯彻落实新发布的《国务院关于设立3岁以下婴幼儿照护个人所得税专项附加扣除的通知》（国发〔2022〕8号），保障3岁以下婴幼儿照护专项附加扣除政策顺利实施，2022年3月25日，国家税务总局修订发布《个人所得税专项附加扣除操作办法（试行）》（国家税务总局公告2022年第7号），自2022年1月1日起施行。

公告发布后，《国家税务总局关于发布〈个人所得税专项附加扣除操作办法（试行）〉的公告》（国家税务总局公告2018年第60号）、《国家税务总局关于修订个人所得税申报表的公告》（国家税务总局公告2019年第7号）附件2同时废止。

7. 2023年8月28日，国务院发布《关于提高个人所得税有关专项附加扣除标准的通知》（国发〔2023〕13号），提高3岁以下婴幼儿照护等三项个人所得税专项附加扣除标准。

2023年8月30日，国家税务总局发布《关于贯彻执行提高个人所得税有关专项附加扣除标准政策的公告》（国家税务总局公告2023年第14号）：对3岁以下婴幼儿照护、子女教育专项附加扣除标准，由每个婴幼儿（子女）每月1 000元提高到2 000元；赡养老人专项附加扣除标准，由每月2 000元提高到3 000元。其中，独生子女每月扣除3 000元，非独生子女与兄弟姐妹分摊每月3 000元的扣除额度，每人不超过1 500元。该公告自2023年1月1日起施行。

个人所得税专项附加扣除标准提高涉及的其他管理事项，按照《国务院关于印发个人所得税专项附加扣除暂行办法的通知》（国发〔2018〕41号）、《国家税务总局关于修订发布〈个人所得税专项附加扣除操作办法（试行）〉的公告》（国家税务总局公告2022年第7号）等有关规定执行。

8.合伙型基金以合伙企业为载体，合伙企业投资者生产经营所得采用国家税务总局公告2019年第7号、国家税务总局公告2019年第46号等个人所得税申报表（信息表、备案表、报告表）。

合伙企业自然人合伙人可以直接通过自然人税收管理系统WEB端办理自行纳税申报，或者由合伙企业的办税人员通过自然人税收管理系统扣缴客户端，帮助投资人代办经营所得申报，投资人或者其办税人员也可以前往被投资单位对应的办税服务厅进行申报。

（二）法人合伙人申报表

法人合伙人的企业所得税年度纳税申报表从2014年版到2017年版经历多次修订：

1.《国家税务总局关于发布〈中华人民共和国企业所得税年度纳税申报表（A类，2014年版）〉的公告》（国家税务总局公告2014年第63号）；

2.《国家税务总局关于修改企业所得税年度纳税申报表（A类，2014年版）部分申报表的公告》（国家税务总局公告2016年第3号）；

3.《国家税务总局关于发布〈中华人民共和国企业所得税年度纳税申报表（a类，2017年版）〉的公告》（国家税务总局公告2017年第54号）；

4.《国家税务总局关于修订〈中华人民共和国企业所得税年度纳税申报表（A类，2017年版）〉部分表单样式及填报说明的公告》（国家税务总局公告2018年第57号）；

5.《国家税务总局关于修订企业所得税年度纳税申报表有关问题的公告》（国家税务总局公告2019年第41号）①；

6.《国家税务总局关于修订企业所得税年度纳税申报表的公告》（国家税务总局公告2020年第24号）②；

7.《国家税务总局关于企业所得税年度汇算清缴有关事项的公告》（国家税务总局公告2021年第34号）③；

8.《国家税务总局关于企业得税年度纳税申报有关事项的公告》（国家税务总局公告2022年第27号）④；

9.《国家税务总局关于优化企业所得税年度纳税申报表的公告》（国家税务总局公告2025年第1号）⑤。

二、申报表架构

合伙企业以每一个合伙人为纳税义务人。合伙企业合伙人为自然人的，缴纳个人所得税；合伙人为法人和其他组织的，缴纳企业所得税。

合伙企业每一纳税年度的收入总额减除成本、费用以及损失后的余额，作为投资者个人的生产经营所得，比照《个人所得税法》的“经营所得”应税项目，适用

① 2017年版第二次修订。

② 2017年版第三次修订。

③ 2017年版第四次修订。

④ 2017年版第五次修订。

⑤ 2017年版第六次修订。

5%—35%的五级超额累进税率，计算征收个人所得税。合伙企业生产经营所得和其他所得采取“先分后税”的原则，具体应纳税所得额的计算按照《关于个人独资企业和合伙企业投资者征收个人所得税的规定》（财税〔2000〕91号）及《财政部 国家税务总局关于调整个体工商户个人独资企业和合伙企业个人所得税税前扣除标准有关问题的通知》（财税〔2008〕65号）的有关规定执行。

合伙企业的合伙人按照下列原则确定应纳税所得额：（1）合伙企业的合伙人以合伙企业的生产经营所得和其他所得，按照合伙协议约定的分配比例确定应纳税所得额；（2）合伙协议未约定或者约定不明确的，以全部生产经营所得和其他所得，按照合伙人协商决定的分配比例确定应纳税所得额；（3）协商不成的，以全部生产经营所得和其他所得，按照合伙人实缴出资比例确定应纳税所得额；（4）无法确定出资比例的，以全部生产经营所得和其他所得，按照合伙人数量平均计算每个合伙人的应纳税所得额。

前述所称生产经营所得和其他所得，包括企业分配给投资者个人的所得和企业当年留存的所得（利润）。

合伙企业对外投资分回的利息或者股息、红利，不并入企业的收入，而应单独作为投资者个人取得的利息、股息、红利所得，按“利息、股息、红利所得”应税项目计算缴纳个人所得税。以合伙企业名义对外投资分回利息或者股息、红利的，应按财税〔2000〕91号所附规定的第五条精神确定各个投资者的利息、股息、红利所得，分别按“利息、股息、红利所得”应税项目计算缴纳个人所得税。

（一）个人合伙人从合伙企业分得所得

1.经营所得

投资者从合伙企业取得的生产经营所得，由合伙企业向企业实际经营管理所在地主管税务机关申报缴纳投资者应纳的个人所得税，并将个人所得税申报表抄送投资者。自2019年1月1日起，新《个人所得税法》实施以后，经营所得个人所得税纳税义务人、法定申报主体是合伙人个人。自然人个人取得合伙企业股权转让所得，按照“经营所得”5%—35%缴纳个人所得税。

根据《国家税务总局关于个人所得税自行纳税申报有关问题的公告》（国家税务总局公告2018年第62号）第二条第二款，纳税人取得经营所得，按年计算个人所得税，由纳税人在月度或季度终了后15日内，向经营管理所在地主管税务机关办理预缴纳税申报，并报送“个人所得税经营所得纳税申报表（A表）”（见表13-1）。

表 13-1　　个人所得税经营所得纳税申报表（A表）[①]

税款所属期：　年　月　日至　年　月　日

纳税人姓名：

纳税人识别号：□□□□□□□□□□□□□□□□□□□□　　金额单位：人民币元（列至角分）

被投资单位信息		
名称		
纳税人识别号（统一社会信用代码）		□□□□□□□□□□□□□□□□□□□□

征收方式（单选）

□查账征收（据实预缴）　□查账征收（按上年应纳税所得额预缴）　□核定应税所得率征收

□核定应纳税所得额征收　□税务机关认可的其他方式＿＿＿＿＿＿＿＿

个人所得税计算

项目	行次	金额/比例
一、收入总额	1	
二、成本费用	2	
三、利润总额（第3行=第1行-第2行）	3	
四、弥补以前年度亏损	4	
五、应税所得率（%）	5	
六、合伙企业个人合伙人分配比例（%）	6	
七、允许扣除的个人费用及其他扣除（第7行=第8行+第9行+第14行）	7	
（一）投资者减除费用	8	
（二）专项扣除（第9行=第10行+第11行+第12行+第13行）	9	
1.基本养老保险费	10	
2.基本医疗保险费	11	
3.失业保险费	12	
4.住房公积金	13	
（三）依法确定的其他扣除（第14行=第15行+第16行+第17行）	14	
1.	15	
2.	16	
3.	17	
八、准予扣除的捐赠额（附报“个人所得税公益慈善事业捐赠扣除明细表”）	18	

① 国家税务总局公告2019年第46号附件3。

续表

项目	行次	金额/比例
九、应纳税所得额	19	
十、税率（%）	20	
十一、速算扣除数	21	
十二、应纳税额（第22行=第19行×第20行-第21行）	22	
十三、减免税额（附报“个人所得税减免税事项报告表”）	23	
十四、已缴税额	24	
十五、应补/退税额（第25行=第22行-第23行-第24行）	25	
备注		

谨声明：本表是根据国家税收法律法规及相关规定填报的，本人对填报内容（附带资料）的真实性、可靠性、完整性负责。

纳税人签字：　　年　　月　　日

经办人签字： 经办人身份证件类型： 经办人身份证件号码： 代理机构签章： 代理机构统一社会信用代码：	受理人： 受理税务机关（章）： 受理日期：　　年　　月　日

国家税务总局监制

在取得所得的次年3月31日前，向经营管理所在地主管税务机关办理汇算清缴，并报送“个人所得税经营所得纳税申报表（B表）”（见表13-2）；从两处以上取得经营所得的，选择向其中一处经营管理所在地主管税务机关办理年度汇总申报，并报送“个人所得税经营所得纳税申报表（C表）”（见表13-3）。

表 13-2　　个人所得税经营所得纳税申报表（B 表）①

税款所属期：　年　月　日至　年　月　日

纳税人姓名：

纳税人识别号：□□□□□□□□□□□□□□□□□□□□　　金额单位：人民币元（列至角分）

被投资单位信息	名称		纳税人识别号（统一社会信用代码）		
项目				行次	金额/比例
一、收入总额				1	
其中：国债利息收入				2	
二、成本费用（3=4+5+6+7+8+9+10）				3	
（一）营业成本				4	
（二）营业费用				5	
（三）管理费用				6	
（四）财务费用				7	
（五）税金				8	
（六）损失				9	
（七）其他支出				10	
三、利润总额（11=1-2-3）				11	
四、纳税调整增加额（12=13+27）				12	
（一）超过规定标准的扣除项目金额（13=14+15+16+17+18+19+20+21+22+23+24+25+26）				13	
1.职工福利费				14	
2.职工教育经费				15	
3.工会经费				16	
4.利息支出				17	
5.业务招待费				18	
6.广告费和业务宣传费				19	

① 国家税务总局公告2019年第7号附件5。

续表

项目	行次	金额/比例
7.教育和公益事业捐赠	20	
8.住房公积金	21	
9.社会保险费	22	
10.折旧费用	23	
11.无形资产摊销	24	
12.资产损失	25	
13.其他	26	
（二）不允许扣除的项目金额（27=28+29+30+31+32+33+34+35+36）	27	
1.个人所得税税款	28	
2.税收滞纳金	29	
3.罚金、罚款和被没收财物的损失	30	
4.不符合扣除规定的捐赠支出	31	
5.赞助支出	32	
6.用于个人和家庭的支出	33	
7.与取得生产经营收入无关的其他支出	34	
8.投资者工资薪金支出	35	
9.其他不允许扣除的支出	36	
五、纳税调整减少额	37	
六、纳税调整后所得（38=11+12−37）	38	
七、弥补以前年度亏损	39	
八、合伙企业个人合伙人分配比例（%）	40	
九、允许扣除的个人费用及其他扣除（41=42+43+48+55）	41	
（一）投资者减除费用	42	
（二）专项扣除（43=44+45+46+47）	43	
1.基本养老保险费	44	
2.基本医疗保险费	45	
3.失业保险费	46	
4.住房公积金	47	

续表

项目	行次	金额/比例
（三）专项附加扣除（48=49+50+51+52+53+54）	48	
1.子女教育	49	
2.继续教育	50	
3.大病医疗	51	
4.住房贷款利息	52	
5.住房租金	53	
6.赡养老人	54	
（四）依法确定的其他扣除（55=56+57+58+59）	55	
1. 商业健康保险	56	
2. 税延养老保险	57	
3.	58	
4.	59	
十、投资抵扣	60	
十一、准予扣除的个人捐赠支出	61	
十二、应纳税所得额（62=38-39-41-60-61）或［62=（38-39）×40-41-60-61］	62	
十三、税率（%）	63	
十四、速算扣除数	64	
十五、应纳税额（65=62×63-64）	65	
十六、减免税额（附报“个人所得税减免税事项报告表”）	66	
十七、已缴税额	67	
十八、应补/退税额（68=65-66-67）	68	

谨声明：本表是根据国家税收法律法规及相关规定填报的，是真实的、可靠的、完整的。

纳税人签字：　　年　　月　　日

经办人： 经办人身份证件号码： 代理机构签章： 代理机构统一社会信用代码：	受理人： 受理税务机关（章）： 受理日期：　　年　　月　　日

国家税务总局监制

表 13-3　　个人所得税经营所得纳税申报表（C 表）[①]

税款所属期：　年　月　日至　年　月　日

纳税人姓名：

纳税人识别号：□□□□□□□□□□□□□□□□□□□□□　　金额单位：人民币元（列至角分）

			单位名称	纳税人识别号（统一社会信用代码）	投资者应纳税所得额
被投资单位信息	汇总地				
	非汇总地	1			
		2			
		3			
		4			
		5			

项目	行次	金额/比例
一、投资者应纳税所得额合计	1	
二、应调整的个人费用及其他扣除（2=3+4+5+6）	2	
（一）投资者减除费用	3	
（二）专项扣除	4	
（三）专项附加扣除	5	
（四）依法确定的其他扣除	6	
三、应调整的其他项目	7	
四、调整后应纳税所得额（8=1+2+7）	8	
五、税率（%）	9	
六、速算扣除数	10	
七、应纳税额（11=8×9-10）	11	
八、减免税额（附报“个人所得税减免税事项报告表”）	12	
九、已缴税额	13	
十、应补/退税额（14=11-12-13）	14	

谨声明：本表是根据国家税收法律法规及相关规定填报的，是真实的、可靠的、完整的。

纳税人签字：　年　月　日

经办人： 经办人身份证件号码： 代理机构签章： 代理机构统一社会信用代码：	受理人： 受理税务机关（章）： 受理日期：　年　月　日

国家税务总局监制

2. 利息、股息、红利所得

自然人投资者从合伙企业分回的利息或者股息、红利，不并入企业收入，单独作为投资者个人取得的利息、股息、红利，按“利息、股息、红利所得”由合伙企业作为扣缴义务人申报“个人所得税扣缴申报表”（见表13-4）。

① 国家税务总局公告2019年第7号附件5。

表 13–4　　个人所得税扣缴申报表①

税款所属期：　年　月　日至　年　月　日

扣缴义务人名称：

扣缴义务人纳税人识别号（统一社会信用代码）：□□□□□□□□□□□□□□□□□□　　金额单位：人民币元（列至角分）

							本月（次）情况															累计情况											税款计算							
							收入额计算				专项扣除				其他扣除									累计专项附加扣除																
序号	姓名	身份证件类型	身份证件号码	纳税人识别号	是否为非居民个人	所得项目	收入	费用	免税收入	减除费用	基本养老保险费	基本医疗保险费	失业保险费	住房公积金	年金	商业健康保险	税延养老保险	财产原值	允许扣除的税费	其他	累计收入额	累计减除费用	累计专项扣除	子女教育	赡养老人	住房贷款利息	住房租金	继续教育	3岁以下婴幼儿照护	累计其他扣除	减按计税比例	准予扣除的捐赠额	应纳税所得额	税率/预扣率	速算扣除数	应纳税额	减免税额	已缴税额	应补/退税额	备注
1	2	3	4	5	6	7	8	9	10	11	12	13	14	15	16	17	18	19	20	21	22	23	24	25	26	27	28	29	30	31	32	33	34	35	36	37	38	39	40	41
会计合计																																								

① 国家税务总局公告2022年第7号附件2。

续表

							本月（次）情况														累计情况												税款计算							
							收入额计算				专项扣除				其他扣除									累计专项附加扣除																
序号	姓名	身份证件类型	身份证件号码	纳税人识别号	是否为非居民个人	所得项目	收入	费用	免税收入	减除费用	基本养老保险费	基本医疗保险费	失业保险费	住房公积金	年金	商业健康保险	税延养老保险	财产原值	允许扣除的税费	其他	累计收入额	累计减除费用	累计专项扣除	子女教育	赡养老人	住房贷款利息	住房租金	继续教育	3岁以下婴幼儿照护	累计其他扣除	减按计税比例	准予扣除的捐赠额	应纳税所得额	税率/预扣率	速算扣除数	应纳税额	减免税额	已缴税额	应补/退税额	备注

谨声明：本表是根据国家税收法律法规及相关规定填报的，是真实的、可靠的、完整的。

扣缴义务人（签章）：　　年　　月　　日

经办人签字： 经办人身份证件号码： 代理机构签章： 代理机构统一社会信用代码：	受理人： 受理税务机关（章）： 受理日期：年　月　日

国家税务总局监制

合伙企业未扣缴时，纳税人取得利息、股息、红利所得，应当在取得所得的次年6月30日前，按相关规定向主管税务机关办理纳税申报，并报送“个人所得税自行纳税申报表（A表）”（见表13-5）。

表 13-5　　　　个人所得税自行纳税申报表（A 表）[①]

税款所属期：　　年　　月　　日至　　年　　月　　日

纳税人姓名：

纳税人识别号：□□□□□□□□□□□□□□□□□□□□　　　　金额单位：人民币元（列至角分）

自行申报情形	□居民个人取得应税所得，扣缴义务人未扣缴税款 □非居民个人取得应税所得，扣缴义务人未扣缴税款 □非居民个人在中国境内从两处以上取得工资、薪金所得 □其他 ________	是否为非居民个人	□是□否	非居民个人本年度境内居住天数	□不超过90天 □超过90天不超过183天

序号	所得项目	收入额计算			减除费用	专项扣除				其他扣除			减按计税比例	准予扣除的捐赠额	税款计算							备注
		收入	费用	免税收入		基本养老保险费	基本医疗保险费	失业保险费	住房公积金	财产原值	允许扣除的税费	其他			应纳税所得额	税率	速算扣除数	应纳税额	减免税额	已缴税额	应补/退税额	
1	2	3	4	5	6	7	8	9	10	11	12	13	14	15	16	17	18	19	20	21	22	23

谨声明：本表是根据国家税收法律法规及相关规定填报的，是真实的、可靠的、完整的。

纳税人签字：　　年　　月　　日

经办人签字： 经办人身份证件号码： 代理机构签章： 代理机构统一社会信用代码：	受理人： 受理税务机关（章）： 受理日期：　　年　　月　　日

国家税务总局监制

3. 个人合伙人填报表格

个人合伙人取得所得（经营所得，股权转让所得，利息、股息、红利所得）不同，纳税方式也各有不同。以下为个人合伙人取得不同所得时需要填写的表格（见表13-6）。

① 国家税务总局公告2019年第7号附件3。

表 13-6 个人合伙人填写申报表格

所得形式	单一投资基金核算	年度所得整体核算	申报表填写
利息、股息、红利所得（20%）	20%，创业投资企业按次扣缴	20%，按次扣缴	全员全额扣缴申报："个人所得税扣缴申报表"
股权转让所得（5%—35%）	20%，创业投资企业按年扣缴（次年3月31日）	按月/按季预缴、年度汇缴，自行申报（管理人代为申报）	"个人所得税经营所得纳税申报表（A表）""个人所得税经营所得纳税申报表（B表）""个人所得税经营所得纳税申报表（C表）"
经营所得（其他形式所得）（5%—35%）	—	按月/按季预缴、年度汇缴、自行申报（管理人代为申报）	

除利息、股息、红利所得以及选择采用单一投资基金核算以外，自然人从合伙企业取得的所得按照"经营所得"适用5%—35%的五级超额累进税率计算缴纳个人所得税。

（二）法人合伙人从合伙企业分得所得

法人合伙人本年度的应纳税所得额不仅包括从合伙企业（合伙型基金）划分至该法人的应纳税所得，还包括其自身经营产生的应纳税所得额。因此，汇总计算后，由该法人在其所在地申报缴纳，填报企业所得税汇算清缴附表"纳税调整明细表"（A105000）第41栏（见表13-7）。如果该法人合伙人涉及创业投资企业税收优惠，填报企业所得税汇算清缴附表"抵扣应纳税所得额明细表"（A107030）（见表13-8）。

合伙企业的合伙人是法人和其他组织的，合伙人在计算其缴纳企业所得税时，不得用合伙企业的亏损抵减其盈利。

表 13-7 A105000 纳税调整项目明细表

行次	项目	账载金额	税收金额	调增金额	调减金额
		1	2	3	4
1	一、收入类调整项目（2+3+…8+10+11）	*	*		
2	（一）视同销售收入（填写A105010）	*			*
3	（二）未按权责发生制原则确认的收入（填写A105020）				
4	（三）投资收益（填写A105030）				

续表

行次	项目	账载金额	税收金额	调增金额	调减金额
		1	2	3	4
5	（四）按权益法核算长期股权投资对初始投资成本调整确认收益	*	*	*	
6	（五）交易性金融资产初始投资调整	*	*		*
7	（六）公允价值变动净损益		*		
8	（七）不征税收入	*	*		
9	其中：专项用途财政性资金（填写A105040）	*	*		
10	（八）销售折扣、折让和退回				
11	（九）其他				
12	二、扣除类调整项目（13+14+…24+26+27+28+29+30）	*	*		
13	（一）视同销售成本（填写A105010）	*		*	
14	（二）职工薪酬（填写A105050）				
15	（三）业务招待费支出				*
16	（四）广告费和业务宣传费支出（填写A105060）	*	*		
17	（五）捐赠支出（填写A105070）				
18	（六）利息支出				
19	（七）罚金、罚款和被没收财物的损失		*		*
20	（八）税收滞纳金、加收利息		*		*
21	（九）赞助支出		*		*
22	（十）与未实现融资收益相关在当期确认的财务费用				
23	（十一）佣金和手续费支出（保险企业填写A105060）				
24	（十二）不征税收入用于支出所形成的费用	*	*		*
25	其中：专项用途财政性资金用于支出所形成的费用（填写A105040）	*	*		*

续表

行次	项目	账载金额	税收金额	调增金额	调减金额
		1	2	3	4
26	（十三）跨期扣除项目				
27	（十四）与取得收入无关的支出		*		*
28	（十五）境外所得分摊的共同支出	*	*		*
29	（十六）党组织工作经费				
30	（十七）其他				
31	三、资产类调整项目（32+33+34+35）	*	*		
32	（一）资产折旧、摊销（填写A105080）				
33	（二）资产减值准备金		*		
34	（三）资产损失（填写A105090）	*	*		
35	（四）其他				
36	四、特殊事项调整项目（37+38+…+43）	*	*		
37	（一）企业重组及递延纳税事项（填写A105100）				
38	（二）政策性搬迁（填写A105110）	*	*		
39	（三）特殊行业准备金（39.1+39.2+39.4+39.5+39.6+39.7）	*	*		
39.1	1.保险公司保险保障基金				
39.2	2.保险公司准备金				
39.3	其中：已发生未报案未决赔款准备金				
39.4	3.证券行业准备金				
39.5	4.期货行业准备金				
39.6	5.中小企业融资（信用）担保机构准备金				
39.7	6.金融企业、小额贷款公司准备金（填写A105120）	*	*		

续表

行次	项目	账载金额	税收金额	调增金额	调减金额
		1	2	3	4
40	（四）房地产开发企业特定业务计算的纳税调整额（填写A105010）	*			
41	（五）合伙企业法人合伙人应分得的应纳税所得额				
42	（六）发行永续债利息支出				
43	（七）其他	*	*		
44	五、特别纳税调整应税所得	*	*		
45	六、其他	*	*		
46	合计（1+12+31+36+44+45）	*	*		

表 13-8　　A107030 抵扣应纳税所得额明细表

行次	项目	合计金额	投资于未上市中小高新技术企业	投资于种子期、初创期科技型企业
		1=2+3	2	3
一、创业投资企业直接投资按投资额一定比例抵扣应纳税所得额				
1	本年新增的符合条件的股权投资额			
2	税收规定的抵扣率	70%	70%	70%
3	本年新增的可抵扣的股权投资额（1×2）			
4	以前年度结转的尚未抵扣的股权投资余额		*	*
5	本年可抵扣的股权投资额（3+4）		*	*
6	本年可用于抵扣的应纳税所得额		*	*
7	本年实际抵扣应纳税所得额			
8	结转以后年度抵扣的股权投资余额		*	*
二、通过有限合伙制创业投资企业投资按一定比例抵扣分得的应纳税所得额				

续表

行次	项目	合计金额	投资于未上市中小高新技术企业	投资于种子期、初创期科技型企业
		1=2+3	2	3
9	本年从有限合伙创业投资企业应分得的应纳税所得额			
10	本年新增的可抵扣投资额			
11	以前年度结转的可抵扣投资额余额		*	*
12	本年可抵扣投资额（10+11）		*	*
13	本年实际抵扣应分得的应纳税所得额			
14	结转以后年度抵扣的投资额余额		*	*
三、抵扣应纳税所得额合计				
15	合计（7+13）			

第二节｜合伙型基金个人所得税经营所得申报

合伙型基金个人所得税经营所得应纳税额分三步：

第一步，合伙企业收入总额减除成本、费用以及损失后的余额进行调整、弥补以前年度亏损，计算得出合伙企业的应纳税所得额。

合伙企业应纳税所得额=收入总额-成本费用+纳税调整增加额-不允许扣除金额-纳税调整减少额-弥补以前年度亏损

第二步，合伙企业应纳税所得额乘以分配比例，减除个人费用及其他扣除、投资抵扣、捐赠支出，计算得出个人经营所得。

个人经营所得=合伙企业层面应纳税所得额×分配比例-个人费用和其他扣除-投资抵扣-捐赠支出

第三步，个人经营所得乘以适用税率减去速算扣除数，计算得出个人应纳税额。

个人应纳税额=个人经营所得×税率-速算扣除数

一、个人所得税经营所得申报逻辑

个人所得税经营所得申报有几大原则：

第一，个体工商户、个人独资企业负责人、合伙企业的个人合伙人取得合伙企业的所得缴纳个人所得税的，有“经营所得”和“利息、股息、红利所得”，并没有“工资、薪金所得”这个税目，业主（或者合伙人）每月领取的“工资”（以前称为“生计费”）实际含在经营所得里。因此，在合伙企业个人合伙人计算经营所得应纳税所得额时，合伙企业个人合伙人的工资薪金支出不能扣除。如果给投资人（或者合伙人）发放了工资薪金，在计算合伙企业合伙人的应纳税所得额时，须将合伙人的工资调增计算合伙企业的经营所得，然后由各个投资者按照经营所得计税办法计算个人所得税。

第二，合伙企业生产经营所得和其他所得采取“先分后税”的原则。所称生产经营所得和其他所得，包括合伙企业分配给所有合伙人的所得和企业当年留存的所得（利润）。其中，“企业当年留存的所得（利润）”属于税后的利润，该部分是合伙企业已税部分的金额，理解上类似于企业所得税税后所得。

第三，合伙企业以每一个合伙人为纳税义务人。合伙企业合伙人是自然人的，缴纳个人所得税；合伙人是法人和其他组织的，缴纳企业所得税。

合伙企业每一纳税年度的收入总额减除成本、费用以及损失后的余额，作为投资者个人的生产经营所得，比照《个人所得税法》的“经营所得”应税项目，适用5%—35%的五级超额累进税率，计算征收个人所得税。

值得一提的是，投资者个人从合伙企业取得的所得按照从“合伙实体”划分的生产经营所得，比照“经营所得”征收个人所得税。而个体工商户资产的税务处理，参照企业所得税相关法律、法规和政策规定执行，导致投资者个人经营所得在资产的税务处理方面一定程度上参照企业所得税相关规定执行。比如，适用企业会计准则的合伙型基金对于“公允价值变动损益”的调整。

第四，纳税人取得经营所得，按月或季预缴，按年计算个人所得税。

纳税人在月度或季度终了后15日内，向经营管理所在地主管税务机关办理预缴纳税申报缴纳个人所得税，并报送“个人所得税经营所得纳税申报表（A表）”。

在取得所得的次年3月31日前，向经营管理所在地主管税务机关办理汇算清缴，并报送“个人所得税经营所得纳税申报表（B表）”。从两处以上取得经营所得的，选择向其中一处经营管理所在地主管税务机关办理年度汇总申报，并报送“个人所得税经营所得纳税申报表（C表）”。

二、个人所得税经营所得预缴申报

“个人所得税经营所得纳税申报表（A表）”用于查账征收和核定征收的个体工商户业主、个人独资企业投资人、合伙企业个人合伙人、承包承租经营者个人以及其他从事生产、经营活动的个人在中国境内取得经营所得，办理个人所得税预缴纳税申报时，向税务机关报送。合伙企业有两个或者两个以上个人合伙人的，应分别填报本表。

填报“个人所得税经营所得纳税申报表（A表）”有以下注意点：

（1）纳税人在月度或季度申报时便可弥补以前年度亏损（第4行“弥补以前年度亏损”）。

（2）个人合伙人的专项扣除可扣除“三险一金”（第10行“基本养老保险费”、第1行“基本医疗保险费”、第12行“失业保险费”、第13行“住房公积金”）。

取得经营所得的个人，没有综合所得的，子女教育、继续教育、大病医疗、住房贷款利息或者住房租金、赡养老人，以及婴幼儿照护六项专项附加扣除无法在预缴实现；专项附加扣除在办理汇算清缴时扣除。

（3）“个人所得税经营所得纳税申报表（A表）”个人合伙人专项附加扣除第14—17行“依法确定的其他扣除”填写商业健康保险、税延养老保险以及其他按规定允许扣除项目的金额。

（4）个人合伙人预缴申报可填写“准予扣除的捐赠额”。填写按照税法及相关法规、政策规定，在税前扣除的捐赠额，按规定附报“个人所得税公益慈善事业捐赠扣除明细表”。

三、个人所得税经营所得汇算清缴

我们从“合伙企业个人所得税经营所得申报表（B表）”出发，阐述个人所得税年度经营所得的计算过程。

（一）合伙企业会计利润

合伙企业利润总额[①]（第11行）= 收入总额（第1行）– 国债利息收入（第2行）– 成本费用（第3行）

1. 具体内涵

“收入总额”填写本年度从事生产经营以及与生产经营有关的活动取得的货币形式和非货币形式的各项收入总金额，包括：销售货物收入、提供劳务收入、转让财产收入、利息收入、租金收入、接受捐赠收入、其他收入。

“国债利息收入”填写本年度已计入收入的因购买国债而取得的应予免税的利息金额。

“成本费用”填写本年度实际发生的成本、费用、税金、损失及其他支出的总额。

2. 利息、股息、红利所得是否需要剥离的问题

① B表11行“利润总额”。

合伙型基金从项目公司取得利息[①]、股息、红利所得[②]的填报方面，实务中有两类做法：

第一类，将利息、股息、红利所得剥离出收入总额申报缴税，即个人“利息、股息、红利所得”单独进行分类申报。

第二类，利息、股息、红利所得不剥离出收入总额，在实际分配时施行分类申报。

值得一提的是，将利息、股息、红利所得申报并入预缴或会使预缴多缴税，而这种情况预缴无法实现调整，只能通过个人所得税经营所得汇算清缴调整，有提议归入“合伙企业个人所得税经营所得申报表（B表）”表第37栏“纳税减少额”。

两类方法相比较，笔者建议采用第一类将个人利息、股息、红利所得剥离出收入总额的申报方法，收入总额按“经营所得”计算缴纳税款。

（二）合伙企业纳税调整后所得

合伙企业纳税调整后所得[③]（第38行）=利润总额（第11行）+纳税调整增加额（第12行）–纳税调整减少额（第37行）

1.表第12行“纳税调整增加额”（13+27）

（1）超过规定标准的扣除项目金额（13=14+15+16+17+18+19+20+21+22+23+24+25+26）

①表第14行“职工福利费”、第15行“职工教育经费支出”、第16行“工会经费”。

“职工福利费”“职工教育经费支出”“工会经费”按照《财政部 国家税务总局关于调整个体工商户个人独资企业和合伙企业个人所得税税前扣除标准有关问题的通知》（财税〔2008〕65号）第三条规定，个体工商户、个人独资企业和合伙企业拨缴的工会经费、发生的职工福利费、职工教育经费支出分别在工资薪金总额2%、14%、2.5%的标准内据实扣除。

②表第17行“利息支出”。

“利息支出”按照《个体工商户个人所得税计税办法》（国家税务总局令第35号）第二十五条规定，个体工商户在生产经营活动中发生的下列利息支出，准予扣除：“（一）向金融企业借款的利息支出；（二）向非金融企业和个人借款的利息支出，不

---

① 项目公司对合伙型基金的利息分配按照《企业所得税法实施条例》第十八条第二款规定处理：利息收入，按照合同约定的债务人应付利息的日期确认收入的实现。

② 项目公司对合伙型基金的股息、红利等权益性投资收益分配按《企业所得税法实施条例》第十七条第二款规定：股息、红利等权益性投资收益，除国务院财政、税务主管部门另有规定外，按照被投资方作出利润分配决定的日期确认收入的实现。

③ B表第38行“纳税调整后所得”。

超过按照金融企业同期同类贷款利率计算的数额的部分。”

③表第18行“业务招待费”、第19行“广告宣传费”。

“业务招待费”按照《财政部 国家税务总局关于调整个体工商户个人独资企业和合伙企业个人所得税税前扣除标准有关问题的通知》（财税〔2008〕65号）第五条规定，个体工商户、个人独资企业和合伙企业每一纳税年度发生的与其生产经营业务直接相关的业务招待费支出，按照发生额的60%扣除，但最高不得超过当年销售（营业）收入的5‰。

“广告宣传费”根据《财政部 国家税务总局关于调整个体工商户个人独资企业和合伙企业个人所得税税前扣除标准有关问题的通知》（财税〔2008〕65号）第四条规定，个体工商户、个人独资企业和合伙企业每一纳税年度发生的广告费和业务宣传费用不超过当年销售（营业）收入15%的部分，可据实扣除；超过部分，准予在以后纳税年度结转扣除。

④表第20行“教育和公益事业捐赠”。

表第20行“教育和公益事业捐赠”在个体工商户、个人独资企业及合伙企业表示的语境完全不同。合伙企业发生的公益捐赠支出，其个人投资者应当按照捐赠年度合伙企业的分配比例（个体工商户、个人独资企业分配比例为百分之百），计算归属于每一个自然人投资者的公益捐赠支出。

因此，个人投资者需要对合伙企业层面扣除的表第20行“教育和公益事业捐赠”进行调增还原，将其归属的合伙企业公益捐赠支出和本人需要在经营所得扣除的其他公益捐赠支出合并，填写在该表的第61行“准予扣除的个人捐赠支出”。

⑤表第21行“住房公积金”、第22行“社会保险费”。

“住房公积金”“社会保险费”按照国务院有关主管部门或者省级人民政府规定的范围和标准为从业人员缴纳的基本养老保险费、基本医疗保险费、失业保险费、生育保险费、工伤保险费和住房公积金，准予扣除。

该行填报商事主体（个体工商户、个人独资企业、合伙企业）为从业人员缴纳的补充养老保险费、补充医疗保险费，分别在不超过从业人员工资总额5%标准内的部分据实扣除；超过部分，不得扣除。

值得一提的是：第22行“社会保险费”不得填报商事主体为业主本人（合伙人）缴纳的社会保险费，为业主本人缴纳的社保费在表格后半部分“专项扣除”“依法确定的其他扣除”中扣除。

⑥表第23行“折旧费用”。

“折旧费用”按照《个体工商户个人所得税计税办法》（国家税务总局令第35号）第三十二条，个体工商户根据生产经营活动的需要租入固定资产支付的租赁费，按照以下方法扣除：以经营租赁方式租入固定资产发生的租赁费支出，按照租赁期限均匀扣除；以融资租赁方式租入固定资产发生的租赁费支出，按照规定构成融资租入固定资产价值的部分应当提取折旧费用，分期扣除。

⑦表第24行“无形资产摊销”。

按照《个体工商户个人所得税计税办法》（国家税务总局令第35号）第三十八条规定，个体工商户研究开发新产品、新技术、新工艺所发生的开发费用，以及研究开发新产品、新技术而购置单台价值在10万元以下的测试仪器和试验性装置的购置费准予直接扣除；单台价值在10万元以上（含10万元）的测试仪器和试验性装置，按固定资产管理，不得在当期直接扣除。

⑧表第25行“资产损失”。

按照《个体工商户个人所得税计税办法》（国家税务总局令第35号）第十二条规定，损失是指个体工商户在生产经营活动中发生的固定资产和存货的盘亏、毁损、报废损失，转让财产损失，坏账损失，自然灾害等不可抗力因素造成的损失以及其他损失。

个体工商户发生的损失，减除责任人赔偿和保险赔款后的余额，参照财政部、国家税务总局有关企业资产损失税前扣除的规定扣除。

个体工商户已经作为损失处理的资产，在以后纳税年度又全部收回或者部分收回时，应当计入收回当期的收入。

（2）表第27行“不允许扣除的项目金额”（27=28+29+30+31+32+33+34+35+36）。

不允许扣除的项目按照《个体工商户个人所得税计税办法》（国家税务总局令第35号）第十五条规定填写：第28行“个人所得税税款”、第29行“税收滞纳金”、第30行“罚金、罚款和被没收财物的损失”、第31行“不符合扣除规定的捐赠支出”、第32行“赞助支出”、第33行“用于个人和家庭的支出”、第34行“与取得生产经营收入无关的其他支出”、第35行“投资者工资薪金支出”、第36行“其他不允许扣除的支出”。

合伙型基金按照企业会计准则核算形成的会计和税法差异需要纳税调增的项目，比如，资产减值损失[①]、公允价值变动损益（借方累计发生额），笔者建议将该类纳税调增项填写在该表第36行“其他不允许扣除的支出”。

---

① 《企业所得税法》第十条第七项和《企业所得税法实施条例》第五十五条的规定，未经核定的准备金支出在计算应纳税所得额时不得扣除。未经核定的准备金支出，是指不符合国务院财政、税务主管部门规定的各项资产减值准备、风险准备等准备金支出。

2. 表第37行“纳税调增减少额”

纳税调增减少额填写合伙企业核算上未扣除，但税前允许扣除的项目，比如采用企业会计准则核算的合伙型基金对投资项目公允价值变动损益（贷方累计发生额）进行调减。

（三）合伙企业应纳税所得额

合伙企业应纳税所得额=纳税调整后所得（第38行）-弥补以前年度亏损（第39行）

企业的年度亏损允许用本企业下一年度的生产经营所得弥补，下一年度所得不足弥补的，允许逐年延续弥补，但最长不得超过5年。投资者兴办两个或两个以上企业的，企业的年度经营亏损不能跨企业弥补。

（四）个人所得税经营所得

个人合伙人经营所得[①]（第62行）=合伙企业应纳税所得额×合伙企业个人合伙人分配比例[②]（第40行）-允许扣除的个人费用及其他扣除（第41行）-投资抵扣（第60行）-准予扣除的个人捐赠支出（第61行）

1. 允许扣除的个人费用及其他扣除

允许扣除的个人费用及其他扣除（第41行）=投资者减除费用（第42行）+专项扣除（第43行）+专项附加扣除（第48行）+依法确定的其他扣除（第55行）

（1）表第42行“投资者减除费用”。

投资者减除费用从24 000元/年（2 000元/月）到统一按照60 000元/年（5 000元/月）执行。

2008年6月3日，《财政部 国家税务总局关于调整个体工商户个人独资企业和合伙企业个人所得税税前扣除标准有关问题的通知》（财税〔2008〕65号）第一条规定，自2008年3月1日起对个体工商户业主、个人独资企业和合伙企业投资者的生产经营所得依法计征个人所得税时，个体工商户业主、个人独资企业和合伙企业投资者本人的费用扣除标准统一确定为24 000元/年（2 000元/月）。

2011年7月29日，《财政部 国家税务总局关于调整个体工商户业主个人独资企业和合伙企业自然人投资者个人所得税费用扣除标准的通知》（财税〔2011〕62号）规

① B表第62行“应纳税所得额”。

② 分配比例按照协议约定、协商决定、实缴比例、平均计算原则确定。

定，2011年9月1日起修改为个体户业主的费用扣除标准为42 000元/年（3 500元/月）；个体户向其从业人员实际支付的合理的工资、薪金支出，允许在税前据实扣除。财税〔2008〕65号第一条停止执行。

2018年9月7日，《财政部 税务总局关于2018年第四季度个人所得税减除费用和税率适用问题的通知》（财税〔2018〕98号）第一条“关于工资、薪金所得适用减除费用和税率问题”规定：“对纳税人在2018年10月1日（含）后实际取得的工资、薪金所得，减除费用统一按照5 000元/月执行，并按照该通知所附个人所得税税率表一计算应纳税额。对纳税人在2018年9月30日（含）前实际取得的工资、薪金所得，减除费用按照税法修改前规定执行。”2018年10月1日起，个体户业主的费用扣除标准为42 000元/年（3 500元/月）停止执行。

（2）表43行“专项扣除”（43=44+45+46+47）。

表44行“基本养老保险费”、表45行“基本医疗保险费”、表46行“失业保险费”、表47行“住房公积金”，根据《个体工商户个人所得税计税办法》（国家税务总局令第35号）第二十二条的要求填写：

个体工商户按照国务院有关主管部门或者省级人民政府规定的范围和标准为其业主缴纳的基本养老保险费、基本医疗保险费、失业保险费、生育保险费、工伤保险费和住房公积金，准予扣除。

个体工商户业主本人缴纳的补充养老保险费、补充医疗保险费，以当地（地级市）上年度社会平均工资的3倍为计算基数，分别在不超过该计算基数5%标准内的部分据实扣除；超过部分，不得扣除。

（3）表48行“专项附加扣除”（48=49+50+51+52+53+54）。

专项附加扣除是指《个人所得税法》规定的子女教育、继续教育、大病医疗、住房贷款利息或者住房租金、赡养老人，以及婴幼儿照护共六项。

主要文件：

①2018年12月13日，国务院发布《国务院关于印发个人所得税专项附加扣除暂行办法的通知》（国发〔2018〕41号），《个人所得税法》修正后对专项附加扣除发布的最早的文件。该办法所称个人所得税专项附加扣除，是指《个人所得税法》规定的子女教育、继续教育、大病医疗、住房贷款利息或者住房租金、赡养老人共五项。

子女教育：纳税人的子女接受全日制学历教育的相关支出，按照每个子女每月1 000元的标准定额扣除。

继续教育：纳税人在中国境内接受学历（学位）继续教育的支出，在学历（学位）教育期间按照每月400元定额扣除。同一学历（学位）继续教育的扣除期限不能超过48个月。纳税人接受技能人员职业资格继续教育、专业技术人员职业资格继续教育的支出，在取得相关证书的当年，按照3 600元定额扣除。

大病医疗：在一个纳税年度内，纳税人发生的与基本医保相关的医药费用支出，扣除医保报销后个人负担（指医保目录范围内的自付部分）累计超过15 000元的部分，由纳税人在办理年度汇算清缴时，在80 000元限额内据实扣除。

住房贷款利息：纳税人本人或者配偶单独或者共同使用商业银行或者住房公积金个人住房贷款为本人或者其配偶购买中国境内住房，发生的首套住房贷款利息支出，在实际发生贷款利息的年度，按照每月1 000元的标准定额扣除，扣除期限最长不超过240个月。纳税人只能享受一次首套住房贷款的利息扣除。

住房租金，纳税人在主要工作城市没有自有住房而发生的住房租金支出，可以按照以下标准定额扣除：直辖市、省会（首府）城市、计划单列市以及国务院确定的其他城市，扣除标准为每月1 500元；除前述所列城市以外，市辖区户籍人口超过100万的城市，扣除标准为每月1 100元；市辖区户籍人口不超过100万的城市，扣除标准为每月800元。

纳税人的配偶在纳税人的主要工作城市有自有住房的，视同纳税人在主要工作城市有自有住房。市辖区户籍人口，以国家统计局公布的数据为准。

纳税人赡养一位及以上被赡养人的赡养支出，统一按照以下标准定额扣除：纳税人为独生子女的，按照每月2 000元标准定额扣除；纳税人为非独生子女的，由其与兄弟姐妹分摊每月2 000元的扣除额度，每人分摊的额度不能超过每月1 000元。可以由赡养人均摊或者约定分摊，也可以由被赡养人指定分摊。约定或者指定分摊的须签订书面分摊协议，指定分摊优先于约定分摊。具体分摊方式和额度在一个纳税年度内不能变更。

②2018年12月21日，国家税务总局发布了《个人所得税专项附加扣除操作办法（试行）》（国家税务总局公告2018年第60号），自2019年1月1日起施行。

③2022年3月19日，国务院发布《关于设立3岁以下婴幼儿照护个人所得税专项附加扣除的通知》（国发〔2022〕8号），明确婴幼儿照护个人所得税专项附加扣除相关事项，自2022年1月1日起施行。

④2022年3月25日，国家税务总局发布了《关于修订发布〈个人所得税专项附加扣除操作办法（试行）〉的公告》（国家税务总局公告2022年第7号），自2022年1月1日起施行。

《国家税务总局关于发布〈个人所得税专项附加扣除操作办法（试行）〉的公告》

（国家税务总局公告2018年第60号）、《国家税务总局关于修订个人所得税申报表的公告》（国家税务总局公告2019年第7号）附件2同时废止。

⑤为进一步减轻家庭生育养育和赡养老人的支出负担，依据《中华人民共和国个人所得税法》有关规定，2023年8月28日，国务院发布《国务院关于提高个人所得税有关专项附加扣除标准的通知》（国发〔2023〕13号），提高3岁以下婴幼儿照护等三项个人所得税专项附加扣除标准：婴幼儿照护专项附加扣除标准，由每个婴幼儿每月1 000元提高到2 000元；子女教育专项附加扣除标准，由每个子女每月1 000元提高到2 000元；赡养老人专项附加扣除标准，由每月2 000元提高到3 000元。其中，独生子女按照每月3 000元的标准定额扣除；非独生子女与兄弟姐妹分摊每月3 000元的扣除额度，每人分摊的额度不能超过每月1 500元。

⑥2023年8月30日，国家税务总局发布《关于贯彻执行提高个人所得税有关专项附加扣除标准政策的公告》（国家税务总局公告2023年第14号），个人所得税专项附加扣除标准提高涉及的其他管理事项，按照《国务院关于印发个人所得税专项附加扣除暂行办法的通知》（国发〔2018〕41号）、《国家税务总局关于修订发布〈个人所得税专项附加扣除操作办法（试行）〉的公告》（国家税务总局公告2022年第7号）等有关规定执行。该公告自2023年1月1日起施行。

（4）55行“依法确定的其他扣除”（55=56+57+58+59）。

表56行“商业健康保险”按照《关于推广实施商业健康保险个人所得税政策有关征管问题的公告》（国家税务总局公告2017年第17号）执行：自2017年7月1日起，在全国范围内对个人购买符合规定的商业健康保险产品的支出，允许在当年（月）计算应纳税所得额时予以税前扣除，扣除限额为2 400元/年（200元/月）。

表57行“税延养老保险”：按照财政部、税务总局联合发布的《关于在全国范围实施个人养老金个人所得税优惠政策的公告》（财政部 税务总局公告2024年第21号）规定，自2024年1月1日起，对个人养老金实施递延纳税优惠政策：在缴费环节，个人向个人养老金资金账户的缴费，按照12 000元/年的限额标准，在综合所得或经营所得中据实扣除；在投资环节，计入个人养老金资金账户的投资收益暂不征收个人所得税；在领取环节，个人领取的个人养老金，不并入综合所得，单独按照3%的税率计算缴纳个人所得税，其缴纳的税款计入“工资、薪金所得”项目。

税延型养老保险近年来备受关注，其试点政策的形成，大致可分为三个阶段：

第一阶段，试点开始阶段。《财政部 税务总局 人力资源社会保障部 中国银行保险监督管理委员会 证监会关于开展个人税收递延型商业养老保险试点的通知》（财税

〔2018〕22号)、《国家税务总局关于开展个人税收递延型商业养老保险试点有关征管问题的公告》(国家税务总局公告2018年第21号)规定，自2018年5月1日起，在上海市、福建省(含厦门市)和苏州工业园区实施个人税收递延型商业养老保险试点，试点期限暂定一年。

2019年6月13日，财政部、税务总局发布的《关于个人取得有关收入适用个人所得税应税所得项目的公告》(财政部 税务总局公告2019年第74号)第四条明确，个人按照财税〔2018〕22号文件规定领取的税收递延型商业养老保险的养老金收入，其中25%部分予以免税，其余75%部分按照10%的比例税率计算缴纳个人所得税，将个人领取的该项养老金收入所征税款由“其他所得”项目调整为计入综合所得中的“工资、薪金所得”项目，由保险机构代扣代缴后，在个人购买税延养老保险的机构所在地办理全员全额扣缴申报。该公告自2019年1月1日起执行。

第二阶段，试点扩围阶段。2022年11月3日，财政部、税务总局联合发布《关于个人养老金有关个人所得税政策的公告》(财政部 税务总局公告2022年第34号)，自2022年1月1日起，对个人养老金实施递延纳税优惠政策。在缴费环节，个人向个人养老金资金账户的缴费，按照12 000元/年的限额标准，在综合所得或经营所得中据实扣除；在投资环节，计入个人养老金资金账户的投资收益暂不征收个人所得税；在领取环节，个人领取的个人养老金，不并入综合所得，单独按照3%的税率计算缴纳个人所得税，其缴纳的税款计入“工资、薪金所得”项目。

按照《国务院办公厅关于推动个人养老金发展的意见》(国办发〔2022〕7号)有关要求，2022年11月个人养老金制度在36个城市(地区)先行实施。

第三阶段，全面推广阶段。为深入贯彻落实党的二十大和二十届二中、三中全会精神，加快发展多层次多支柱养老保险体系，2024年12月10日，人力资源社会保障部、财政部、国家税务总局、金融监管总局、中国证监会发布《关于全面实施个人养老金制度的通知》(人社部发〔2024〕87号)，规定自2024年12月15日起个人养老金税收优惠政策的实施范围从先行城市(地区)同步扩大到全国。2024年12月12日，根据人社部发〔2024〕87号，财政部、税务总局发布《关于在全国范围实施个人养老金个人所得税优惠政策的公告》(财政部 税务总局公告2024年第21号)，规定自2024年1月1日起，在全国范围实施个人养老金递延纳税优惠政策。

2.投资抵扣

表60行“投资抵扣”填写按照税法规定可以税前抵扣的投资金额。

合伙创业投资企业的个人合伙人符合享受优惠条件的，合伙创业投资企业应在投资初创科技型企业满2年的年度终了后3个月内，向合伙创业投资企业主管税务机关办理备案手续，备案时应报送“合伙创业投资企业个人所得税投资抵扣备案表”，同时将有关资料留存备查。

创业投资企业应在投资初创科技型企业满2年后的每个年度终了后3个月内，向合伙创业投资企业主管税务机关报送“合伙创业投资企业个人所得税投资抵扣情况表”。

个人合伙人在个人所得税年度申报时，应将当年允许抵扣的投资额填至“个人所得税生产经营所得纳税申报表（B表）”60栏“投资抵扣”。

3.准予扣除的个人捐赠支出

第61行“准予扣除的个人捐赠支出”填写本年度按照税法及相关法规、政策规定，可以在税前扣除的个人捐赠合计额。

个人通过中华人民共和国境内公益性社会组织、县级以上人民政府及其部门等国家机关，向教育、扶贫、济困等公益慈善事业的捐赠（以下简称“公益捐赠”），发生的公益捐赠支出，可以按照《个人所得税法》有关规定在计算应纳税所得额时扣除。所称境内公益性社会组织，包括依法设立或登记并按规定条件和程序取得公益性捐赠税前扣除资格的慈善组织、其他社会组织和群众团体。个人将其所得对教育、扶贫、济困等公益慈善事业进行捐赠，捐赠额未超过纳税人申报的应纳税所得额百分之三十的部分，可以从其应纳税所得额中扣除；国务院规定对公益慈善事业捐赠实行全额税前扣除的，从其规定。

根据《财政部 税务总局关于公益慈善事业捐赠个人所得税政策的公告》（财政部 税务总局公告2019年第99号）第二条规定，个人发生的公益捐赠支出金额，按照以下规定确定：捐赠货币性资产的，按照实际捐赠金额确定；捐赠股权、房产的，按照个人持有股权、房产的财产原值确定；捐赠除股权、房产以外的其他非货币性资产的，按照非货币性资产的市场价格确定。

根据《财政部 税务总局关于公益慈善事业捐赠个人所得税政策的公告》（财政部 税务总局公告2019年第99号）第三条规定，居民个人按照以下规定扣除公益捐赠支出：

（1）居民个人发生的公益捐赠支出可以在财产租赁所得、财产转让所得、利息股息红利所得、偶然所得（以下统称“分类所得”）、综合所得或者经营所得中扣除。在当期一个所得项目扣除不完的公益捐赠支出，可以按规定在其他所得项目中继续扣除。

（2）居民个人发生的公益捐赠支出，在综合所得、经营所得中扣除的，扣除限额分别为当年综合所得、当年经营所得应纳税所得额的百分之三十；在分类所得中扣除的，扣除限额为当月分类所得应纳税所得额的百分之三十。

（3）居民个人根据各项所得的收入、公益捐赠支出、适用税率等情况，自行决定在综合所得、分类所得、经营所得中扣除的公益捐赠支出的顺序。

在经营所得中扣除公益捐赠支出，应按以下规定处理：

（1）个体工商户发生的公益捐赠支出，在其经营所得中扣除。

（2）个人独资企业、合伙企业发生的公益捐赠支出，其个人投资者应当按照捐赠年度合伙企业的分配比例（个人独资企业分配比例为百分之百），计算归属于每一位个人投资者的公益捐赠支出，个人投资者应将其归属的个人独资企业、合伙企业公益捐赠支出和本人需要在经营所得扣除的其他公益捐赠支出合并，在其经营所得中扣除。

（3）在经营所得中扣除公益捐赠支出的，可以选择在预缴税款时扣除，也可以选择在汇算清缴时扣除。

（4）经营所得采取核定征收方式的，不扣除公益捐赠支出。

（五）个人应纳税额

个人应纳税额（65行）=个人合伙人个人所得税经营所得（62行）×税率（63行）–速算扣除数（64行）

表66行"减免税额"（附报"个人所得税减免税事项报告表"），详见表13-9。

表68行应补/退税额=个人应纳税额（65行）–减免税额（66行）–已缴税额（67行）

表 13-9　　个人所得税减免税事项报告表[①]

税款所属期：　年　月　日至　年　月　日

纳税人姓名：

纳税人识别号：□□□□□□□□□□□□□□□□□□□□-□□

扣缴义务人名称：

扣缴义务人纳税人识别号：□□□□□□□□□□□□□□□□□□□□　　金额单位：人民币元（列至角分）

减免税情况

编号	勾选	减免税事项	减免人数	免税收入	减免税额	备注
1	□	残疾、孤老、烈属减征个人所得税				
2	□	个人转让5年以上唯一住房免征个人所得税		—		
3	□	随军家属从事个体经营免征个人所得税		—		
4	□	军转干部从事个体经营免征个人所得税		—		

① 国家税务总局公告2019年第46号附件4。

续表

<table>
<tr><th colspan="9">减免税情况</th></tr>
<tr><th>编号</th><th>勾选</th><th colspan="3">减免税事项</th><th>减免人数</th><th>免税收入</th><th>减免税额</th><th>备注</th></tr>
<tr><td>5</td><td>□</td><td colspan="3">退役士兵从事个体经营免征个人所得税</td><td></td><td>—</td><td></td><td></td></tr>
<tr><td>6</td><td>□</td><td colspan="3">建档立卡贫困人口从事个体经营扣减个人所得税</td><td></td><td>—</td><td></td><td></td></tr>
<tr><td>7</td><td>□</td><td colspan="3">登记失业半年以上人员，零就业家庭、享受城市低保登记失业人员，毕业年度内高校毕业生从事个体经营扣减个人所得税</td><td></td><td>—</td><td></td><td></td></tr>
<tr><td>8</td><td>□</td><td colspan="3">取消农业税从事“四业”所得暂免征收个人所得税</td><td></td><td>—</td><td></td><td></td></tr>
<tr><td>9</td><td>□</td><td colspan="3">符合条件的房屋赠与免征个人所得税</td><td></td><td>—</td><td></td><td></td></tr>
<tr><td>10</td><td>□</td><td colspan="3">科技人员取得职务科技成果转化现金奖励</td><td></td><td></td><td>—</td><td></td></tr>
<tr><td>11</td><td>□</td><td colspan="3">外籍个人出差补贴、探亲费、语言训练费、子女教育费等津补贴</td><td></td><td></td><td>—</td><td></td></tr>
<tr><td>12</td><td>□</td><td rowspan="6">税收协定</td><td>股息</td><td>税收协定名称及条款：</td><td></td><td>—</td><td></td><td></td></tr>
<tr><td>13</td><td>□</td><td>利息</td><td>税收协定名称及条款：</td><td></td><td>—</td><td></td><td></td></tr>
<tr><td>14</td><td>□</td><td>特许权使用费</td><td>税收协定名称及条款：</td><td></td><td>—</td><td></td><td></td></tr>
<tr><td>15</td><td>□</td><td>财产收益</td><td>税收协定名称及条款：</td><td></td><td>—</td><td></td><td></td></tr>
<tr><td>16</td><td>□</td><td>受雇所得</td><td>税收协定名称及条款：</td><td></td><td>—</td><td></td><td></td></tr>
<tr><td>17</td><td>□</td><td>其他</td><td>税收协定名称及条款：</td><td></td><td>—</td><td></td><td></td></tr>
<tr><td>18</td><td rowspan="3">□</td><td rowspan="3">其他</td><td colspan="2">减免税事项名称及减免性质代码：</td><td></td><td></td><td></td><td></td></tr>
<tr><td>19</td><td colspan="2">减免税事项名称及减免性质代码：</td><td></td><td></td><td></td><td></td></tr>
<tr><td>20</td><td colspan="2">减免税事项名称及减免性质代码：</td><td></td><td></td><td></td><td></td></tr>
<tr><td colspan="5">合计</td><td></td><td></td><td></td><td></td></tr>
</table>

续表

减免税人员名单							
序号	姓名	纳税人识别号	减免税事项（编号或减免性质代码）	所得项目	免税收入	减免税额	备注

谨声明：本表是根据国家税收法律法规及相关规定填报的，本人（单位）对填报内容（附带资料）的真实性、可靠性、完整性负责。

纳税人或扣缴单位负责人签字：　　年　　月　　日

经办人签字： 经办人身份证件类型： 经办人身份证件号码： 代理机构签章： 代理机构统一社会信用代码：	受理人： 受理税务机关（章）： 受理日期：　　年　　月　　日

国家税务总局监制

四、国家税务总局对个人合伙人所得税申报疑难问题解答

私募有限合伙型基金的个人合伙人申报办法、纳税地点参照合伙企业自然人合伙人。取得经营所得的纳税人，需要在季或者月度终了后15日内办理预缴纳税申报，在次年3月31日前办理汇算清缴。《个人所得税法》修正后，自2019年1月1日开始，合伙型私募基金个人合伙人申报转为自行申报、管理人代为申报等模式。个人合伙人预缴纳税申报和汇算清缴的纳税地点为合伙企业经营管理所在地税务机关；存在两处以上地方取得经营所得的，选择其中一处进行年度汇总申报。

2019年3月22日，国家税务总局所得税司《国家税务总局最新解读诸多个人所得税疑难问题》的提问“5”“6”对个人合伙人所得税申报疑难问题做出解答。基金个人合伙人可作为参考。

5.按季申报的经营所得纳税人，4月如何办理经营所得个人所得税季度预缴申报？

答：纳税人主要有以下三种申报方式：

一是个体工商户业主（定期定额户除外，下同）、个人独资企业投资者和合伙企业自然人合伙人（以下简称“投资人”）可以直接通过自然人税收管理系统WEB端办理自行纳税申报；二是个体工商户、个人独资企业和合伙企业的办税人员可以通过自然人税收管理系统扣缴客户端，帮助投资人代办经营所得申报；三是投资人或者其办税人员可以前往被投资单位对应的办税服务厅进行申报。

6.网上完成经营所得个人所得税申报后，如何办理税款缴纳？

答：税款缴纳主要有以下几种方式：一是个人通过自然人税收管理系统WEB端办理自行纳税申报后，可以选择银联缴款、银行端凭证缴款，或者通过个人与税务局、银行签订的三方协议缴款。二是办税人员通过自然人税收管理系统扣缴客户端代投资人办理经营所得申报的，可以选择银联缴款、银行端凭证缴款或者投资人与税务局、银行签订的三方协议进行缴款；同时，也可以在办税人员代为申报后，由投资人登录自然人税收管理系统WEB端缴纳税款。

第三节 | 合伙型基金法人合伙人申报

合伙型基金的应纳税所得额要穿透至投资者纳税：合伙人如果是个人合伙人，缴纳个人所得税；合伙人如果是法人或其他组织的，缴纳企业所得税。合伙企业应纳税所得额乘以该法人合伙人分配比例计算得出归属于该法人合伙人的经营所得。

一、法人合伙人所得

（一）法人合伙人核算

法人合伙人持有合伙型基金份额采用企业会计准则的，会计确认有如下几类情况：

（1）能够对被投资方实施控制的权益性投资，应当根据《企业会计准则第2号——长期股权投资》（财会〔2014〕14号，以下简称“2号准则”）的规定采用成本法核算，并根据33号准则的规定编制合并财务报表。

（2）能够对被投资方实施共同控制或重大影响的权益性投资，根据2号准则的规定采用权益法核算。

（3）对于除能够对被投资方实施控制、共同控制或重大影响的权益性投资以外的金融资产投资，应当适用22号金融工具准则。其中，法人合伙人以公允价值计量且其变动计入当期损益的金融资产（交易性金融资产）对股权基金确认会计要素的，最为常见。

（二）法人合伙人企业所得税汇算清缴调整

合伙企业法人合伙人按照“先分后税”原则和《财政部 国家税务总局关于合伙企业合伙人所得税问题的通知》（财税〔2008〕159号）第四条规定计算的从合伙企业分得的应纳税所得额缴税。基金层面有盈利，合伙人就有纳税义务，法人合伙人亦如此。法人合伙人应缴纳的所得税以合伙企业分配的生产经营所得和其他所得来计算。由于法人企业预缴申报表采用简易申报，法人合伙人对于基金的净值估计确认的公允价值变动、资产减值损失等在预缴阶段无法实现调整，或许会增加法人企业预缴缴纳所得税，该类差异需要经过企业所得税汇算清缴予以调整。

（三）合伙企业亏损，法人合伙人不得以其盈利进行弥补

法人合伙人在计算其缴纳企业所得税时，不得用合伙企业的亏损抵减其盈利。同时，合伙企业亏损，也无法对法人合伙人进行分配，法人企业以其自身经营的所得缴纳企业所得税。

二、法人合伙人所得申报

法人合伙人作为独立的法人实体企业以其分得合伙型基金的所得并入该法人企业的收入总额，计算缴纳企业所得税。

（一）法人合伙人取得合伙型基金份额的初始计量、后续计量

法人合伙人持有基金确认交易性金融资产、长期股权投资（权益法）的初始投资差异、公允价值变动损益、资产减值损失形成的税会差异，可通过调整企业所得税汇算清缴附表“纳税调整项目明细表”（A105000）的第5行“投资收益”（交易性金融资产初始成本调增），第6行“按权益法核算长期股权投资对初始投资成本调整确认收益”（长期股权投资初始成本调减）、第7行“公允价值变动净损益”、第33行“资产减值准备金”实现税会差异调整。以下为法人合伙人对基金采用长期股权投资成本法、

权益法，以及交易性金融资产、投资减值损失确认，对应纳税调整项目如图13-1所示。

A105000　　　　　　　　纳税调整项目明细表

行次	项目	账载金额	税收金额	调增金额	调减金额
		1	2	3	4
1	一、收入类调整项目（2+3+…8+10+11）	*	*		
	……				
4	（三）投资收益（填写A105030）				
5	（四）按权益法核算长期股权投资对初始投资成本调整确认收益	*	*	*	
6	（五）交易性金融资产初始投资调整	*	*		*
7	（六）公允价值变动净损益		*		
	……				
12	二、扣除类调整项目（13+14+…24+26+27+28+29+30）	*	*		
	……				
31	三、资产类调整项目（32+33+34+35）	*	*		
33	（二）资产减值准备金		*		
34	（三）资产损失（填写A105090）	*	*		
36	四、特殊事项调整项目（37+38+…+43）	*	*		
	……				
41	（五）合伙企业法人合伙人应分得的应纳税所得额				
42	（六）发行永续债利息支出				
43	（七）其他	*	*		
44	五、特别纳税调整应税所得	*	*		
45	六、其他	*	*		
46	合计（1+12+31+36+44+45）	*	*		

图13-1　法人合伙人对交易性金融资产、长投权益法、资产减值准备金的纳税调整项目

（二）法人合伙人从合伙型基金分得的应纳税所得额

鉴于法人合伙人还有自身税会差异项目需要调整，对其从合伙型基金分回的所得建议单独填报“纳税调整项目明细表”（A105000）第41行“从合伙企业分得的应纳税所得额”（见表13-10）。

表13-10　　　　　　　　纳税调整项目

	预缴		汇算清缴		备注
长投成本法	—	—	—	—	无差异
长期权益法	会计确认	税务无法调	会计确认	未分摊需调整，分摊后无差异	填A105000第41行
交易性金融资产	会计确认	税务无法调	会计确认	与上同	填A105000第41行

从合伙企业分得的应纳税所得额填入企业所得税汇算清缴附表“纳税调整项目明细表”（A105000）第41行。第41行第1列“账载金额”填报合伙企业法人合伙人本年会计核算确认的对合伙企业的投资所得。第41行第2列“税收金额”填报纳税人从合伙企业分得的法人合伙人应纳税所得额。若第1列≤第2列，第3列“调增金额”填报第2–1列金额。若第1列>第2列，第4列“调减金额”填报第2–1列金额的绝对值（见图13–2）。

A105000　　　　纳税调整项目明细表

行次	项目	账载金额	税收金额	调增金额	调减金额
		1	2	3	4
1	一、收入类调整项目（2+3+…8+10+11）	*	*		
	……				
4	（三）投资收益（填写A105030）				
5	（四）按权益法核算长期股权投资对初始投资成本调整确认收益	*	*	*	
6	（五）交易性金融资产初始投资调整	*	*		*
7	（六）公允价值变动净损益		*		
	……				
12	二、扣除类调整项目（13+14+…24+26+27+28+29+30）	*	*		
	……				
31	三、资产类调整项目（32+33+34+35）	*	*		
33	（二）资产减值准备金		*		
34	（三）资产损失（填写A105090）	*	*		
36	四、特殊事项调整项目（37+38+…+43）	*	*		
	……				
41	（五）合伙企业法人合伙人应分得的应纳税所得额				
42	（六）发行永续债利息支出				
43	（七）其他	*	*		
44	五、特别纳税调整应税所得	*	*		
45	六、其他	*	*		
46	合计（1+12+31+36+44+45）	*	*		

图13–2　合伙企业法人合伙人应分得的应纳税所得额

以上是法人合伙人从合伙型基金分得的应纳税所得填报。如果投资者的投资对象为公司型基金，其对投资对象的税会差异处理（持有期、处置期）与普通公司对外投资事项一致，不通过填表A105000第41行实现，而是通过填报“投资收益纳税调整明细表”（A105030）实现；宣告分红符合免税条件的，填写“符合条件的居民企业之间的股息、红利等权益性投资收益优惠明细表”（A107011）、“免税、减计收入及加计扣除优惠明细表”（A107010）①。

① 2017年版企业所得税汇算清缴表第六次修订生效后，“免税、减计收入及加计扣除优惠明细表”（表A107010）取消，“免税、减计收入及加计扣除”项在主表22行根据相关行次计算结果填报。

合伙型基金实现收益、法人合伙人确认收益可能存在时间性差异，其调整可参见案例13-1。

【案例13-1】2023年6月，A合伙型基金盈利尚未向合伙人分派股利，法人合伙人果果企业按比例可分摊到300万元人民币。请问该年度法人合伙人企业所得税汇算清缴如何调整，试举例说明。

解析：基金实现收益，按比例分摊给法人合伙人的所得与基金法人合伙人确认的年度收益相等，无税会差异；如果不相等，会产生差异。该差异会有两类情形：法人合伙人在企业所得税汇算清缴从基金分得的应纳税所得额大于其会计确认金额，企业所得税纳税调增；如果小于，则调减。

情形1，基金实现收益分摊给法人合伙人300万元，法人当年确认了280万元，法人合伙人在企业所得税汇算清缴调增20万元。以后该法人实际收到分配的300万元则无须再缴纳企业所得税。

情形2，基金实现收益分摊给法人合伙人300万元，法人当年会计确认了320万元，法人合伙人在企业所得税汇算清缴调减20万元。以后基金向该法人分配已缴税的300万元，该法人则无须再缴企业所得税。

第四节 | 创业投资企业税收优惠

创业投资企业税收优惠针对创投企业募资端的投资者而言，可以其对投资对象投资额70%抵扣该创业投资企业（从有限合伙型创业投资企业分得）的应纳税所得。从创业投资企业发展来看，创业投资企业早期组织形式为公司制，随着苏州工业园、中关村国家自主创新示范区有限合伙制创业投资企业法人合伙人企业所得税试点成功，《财政部 国家税务总局关于将国家自主创新示范区有关税收试点政策推广到全国范围实施的通知》（财税〔2015〕116号）将创业投资企业税收优惠推广至全国范围；创投企业的目标投资对象上，从面向未上市中小高新技术企业①扩围到初创科技型企业；核算方式上，出现创投企业个人合伙人可选择按单一投资基金核算和年度所得整体核算。

① 所称中小高新技术企业，除应按照科技部、财政部、国家税务总局《高新技术企业认定管理办法》（国科发火〔2016〕32号）、《高新技术企业认定管理工作指引》（国科发火〔2016〕195号）的规定，取得高新技术企业资格以外，还应符合职工人数不超过500人，年销售（营业）额不超过2亿元，资产总额不超过2亿元的条件。

一、税收优惠政策的演变

（一）创业投资企业税收优惠

以下为创业投资企业税收优惠主要政策（见表13-11）。

表 13-11　　创业投资企业税收优惠主要政策

序号	发文时间	政策	政策适用	备注
1	2009-4-30	《国家税务总局关于实施创业投资企业所得税优惠问题的通知》（国税发〔2009〕87号）	公司制创业投资企业	
2	2012-8-1	《财政部 国家税务总局关于苏州工业园区有限合伙制创业投资企业法人合伙人企业所得税试点政策的通知》（财税〔2012〕67号）	有限合伙制创业投资企业法人合伙人	过渡政策
3	2013-9-29	《财政部 国家税务总局关于中关村国家自主创新示范区有限合伙制创业投资企业法人合伙人企业所得税试点政策的通知》（财税〔2013〕71号）	有限合伙制创业投资企业法人合伙人	过渡政策
4	2015-10-23	《财政部 国家税务总局关于将国家自主创新示范区有关税收试点政策推广到全国范围实施的通知》（财税〔2015〕116号）①	有限合伙制创业投资企业法人合伙人	
5	2017-4-28	《财政部 税务总局关于创业投资企业和天使投资个人有关税收试点政策的通知》（财税〔2017〕38号）②	公司制创业投资企业，有限合伙制创业投资企业个人合伙人、法人合伙人，天使投资个人	过渡政策
6	2018-5-14	《财政部 税务总局关于创业投资企业和天使投资个人有关税收政策的通知》（财税〔2018〕55号）③	公司制创业投资企业，有限合伙制创业投资企业个人合伙人、法人合伙人，天使投资个人	

① 《国家税务总局关于有限合伙制创业投资企业法人合伙人企业所得税有关问题的公告》（国家税务总局公告2015年第81号）。

② 《国家税务总局关于创业投资企业和天使投资个人税收试点政策有关问题的公告》（国家税务总局公告2017年第20号）。

③ 《国家税务总局关于创业投资企业和天使投资个人税收政策有关问题的公告》（国家税务总局公告2018年第43号）。

更新文：《财政部 税务总局关于实施小微企业普惠性税收减免政策的通知》（财税〔2019〕13号）、《财政部 税务总局关于延续执行创业投资企业和天使投资个人投资初创科技型企业有关政策条件的公告》（财政部 税务总局公告2022年第6号）、《财政部 税务总局关于延续执行创业投资企业和天使投资个人投资初创科技型企业有关政策条件的公告》（财政部 税务总局公告2023年第17号）。

（二）公司制创业投资企业税收优惠

公司型创业投资企业税收优惠政策如表13-12所示。

表13-12　　公司型创业投资企业税收优惠政策

序号	发文时间	政策	备注
1	2009-4-30	《国家税务总局关于实施创业投资企业所得税优惠问题的通知》（国税发〔2009〕87号）	
2	2018-5-14	《财政部 税务总局关于创业投资企业和天使投资个人有关税收政策的通知》（财税〔2018〕55号）、《国家税务总局关于创业投资企业和天使投资个人税收政策有关问题的公告》（国家税务总局公告2018年第43号）	
3	2020-12-29	《财政部 国家税务总局 发展改革委 证监会关于中关村国家自主创新示范区公司型创业投资企业有关企业所得税试点政策的通知》（财税〔2020〕63号）	2020年1月1日起开始试点实施
4	2021-9-8	《财政部 税务总局 发展改革委 证监会关于上海市浦东新区特定区域公司型创业投资企业有关企业所得税试点政策的通知》（财税〔2021〕53号）	2021年1月1日起开始试点实施
5	2023-10-31	《关于雄安新区公司型创业投资企业有关企业所得税试点政策的通知》（财税〔2023〕40号）	2023年1月1日起开始试点实施

二、创业投资企业税收优惠政策比对

（一）投资者

投资者以其对投资对象投资额的70%抵扣所得政策比对（见表13-13）。

表13-13　　投资者对投资对象投资额的70%抵扣所得政策比对

投资对象	未上市中小高新技术企业	初创科技型企业
政策依据	国税发〔2009〕87号、财税〔2015〕116号	财税〔2018〕55号、财税〔2019〕13号、财政部、税务总局公告2022年第6号、财政部、税务总局公告2023年第17号
投资主体	公司型创业投资企业、合伙型创业投资企业	公司型创业投资企业、合伙型创业投资企业
两个投资年限限制	两个	一个
投资方式	股权投资方式	股权投资方式，直接投资

续表

投资对象	未上市中小高新技术企业	初创科技型企业
享受优惠对象	限定为法人投资者（合伙人）	法人合伙人、个人投资者
是否为存量股权	未明确	增量股权
享受优惠内容	符合条件的，法人投资者（合伙人）可以按照其对中小高新技术企业投资额的70%，在股权持有满2年的当年抵扣该创业投资企业（从创业企业分得）的应纳税所得额；当年不足抵扣的，可以在以后纳税年度结转抵扣	公司制创业投资企业可以按照投资额的70%在股权持有满2年的当年抵扣该公司制创业投资企业的应纳税所得额；当年不足抵扣的，可以在以后纳税年度结转抵扣 有限合伙制创业投资企业（以下简称“合伙创业投资企业”）采取股权投资方式直接投资于初创科技型企业满2年的，该合伙创业投资企业的合伙人分别按以下方式处理： 法人合伙人可以按照对初创科技型企业投资额的70%抵扣法人合伙人从合伙创业投资企业分得的所得；当年不足抵扣的，可以在以后纳税年度结转抵扣 个人合伙人可以按照对初创科技型企业投资额的70%抵扣个人合伙人从合伙创业投资企业分得的经营所得；当年不足抵扣的，可以在以后纳税年度结转抵扣

投资年限限制指的是投资人投资到基金的投资年限满两年，以及投资对象接受基金投资并完成工商变更登记日期满两年。其中，投资人对创业投资出资以及创业投资企业对项目的投资，均为实缴投资。投资对象为未上市中小高新技术企业要满足两个“2年”的限制；而投资对象初创科技型企业的，仅要求创业投资企业对其投资、完成工商变更登记满两年。

有限合伙制创业投资企业的法人合伙人对未上市中小高新技术企业的投资额，按照有限合伙制创业投资企业对中小高新技术企业的投资额和合伙协议约定的法人合伙人占有限合伙制创业投资企业的出资比例计算确定。其中，有限合伙制创业投资企业对中小高新技术企业的投资额按实缴投资额计算；法人合伙人占有限合伙制创业投资企业的出资比例按法人合伙人对有限合伙制创业投资企业的实缴出资额占该有限合伙制创业投资企业的全部实缴出资额的比例计算。有限合伙制创业投资企业应纳税所得额的确定及分配，按照《财政部 国家税务总局关于合伙企业合伙人所得税问题的通知》（财税〔2008〕159号）相关规定执行。

合伙创投企业的合伙人对初创科技型企业的投资额，按照合伙创投企业对初创科技型企业的实缴投资额和合伙协议约定的合伙人占合伙创投企业的出资比例计算确定。合伙人从合伙创投企业分得的所得，按照《财政部 国家税务总局关于合伙企业合伙人所得税问题的通知》（财税〔2008〕159号）规定计算。

（二）投资对象

投资对象在投资时点、接受投资后需要符合的要求如表13–14所示。

表 13–14　　投资对象在投资时点、接受投资后需要达到的条件

投资对象	未上市中小高新技术企业	初创科技型企业
是否为居民企业	在《国家重点支持的高新技术领域》内，持续进行研究开发与技术成果转化，形成企业核心自主知识产权，并以此为基础开展经营活动，在中国境内（不包括港、澳、台地区）注册一年以上的居民企业。查账征收	在中国境内（不包括港、澳、台地区）注册成立、实行查账征收的居民企业
设立时间	—	接受投资时设立时间不超过5年（60个月）
投资时规模	年销售额和资产总额均不超过2亿元、从业人数不超过500人的高新技术企业	从业人数不超过300人，其中具有大学本科以上学历的从业人数不低于30%；资产总额和年销售收入均不超过5 000万元
研发费用占成本	高企自带	接受投资当年及下一纳税年度，研发费用总额占成本费用支出的比例不低于20%
接受投资后是否上市	未提及	接受投资时以及接受投资后2年内未在境内外证券交易所上市
投资比例限制	未明确	投资后2年内，创业投资企业及其关联方持有被投资初创科技型企业的股权比例合计应低于50%

（三）备案要求

投资者以投资额抵扣应纳税所得额（分得的应纳税所得额）备案要求如表13–15所示。

表 13-15　　投资者以投资额抵扣应纳税所得额备案要求

投资对象	未上市中小高新技术企业	初创科技型企业
抵扣时间点	满两个“2年”的年度	对目标企业投资后满2年
法人投资者是否合并计算	合并	合并
备案要求	1.创业投资企业法人合伙人符合享受优惠条件的，应在符合条件的年度终了后3个月内向其主管税务机关报送“有限合伙制创业投资企业法人合伙人应纳税所得额分配情况明细表”（附件1） 2.法人合伙人向其所在地主管税务机关备案享受投资抵扣应纳税所得额时，应提交“法人合伙人应纳税所得额抵扣情况明细表”（附件2）以及有限合伙制创业投资企业所在地主管税务机关受理后的“有限合伙制创业投资企业法人合伙人应纳税所得额分配情况明细表”，同时将《国家税务总局关于实施创业投资企业所得税优惠问题的通知》（国税发〔2009〕87号）规定报送的备案资料留存备查 3.备查留存资料按国家税务总局公告2018年第23号规定，不再要求创业投资企业向税务局报送，由其直接提供给法人合伙人留存备查（公司型创业投资企业直接按国家税务总局公告2018年第23号备案）	1.公司制创投企业和合伙企业法人合伙人在年度申报享受优惠，按照国家税务总局公告2018年第23号规定办理有关手续 2.合伙创投企业的法人合伙人符合享受优惠条件的，合伙创投企业应在投资初创科技型企业满2年的年度以及分配所得的年度终了后及时向法人合伙人提供“合伙创投企业法人合伙人所得分配情况明细表”（附件1） 3.合伙创业投资企业的个人合伙人符合享受优惠条件的，合伙创业投资企业应在投资初创科技型企业满2年的年度终了后3个月内，向合伙创业投资企业主管税务机关办理备案手续，备案时应报送“合伙创业投资企业个人所得税投资抵扣备案表”（附件2），同时将有关资料留存备查（备查资料同公司制创业投资企业） 合伙企业多次投资同一初创科技型企业的，应按年度分别备案 4.合伙创业投资企业应在投资初创科技型企业满2年后的每个年度终了后3个月内，向合伙创业投资企业主管税务机关报送“合伙创业投资企业个人所得税投资抵扣情况表”（附件3） 5.个人合伙人在个人所得税年度申报时，应将当年允许抵扣的投资额填至“个人所得税生产经营所得纳税申报表（B表）”“允许扣除的其他费用”栏，并同时标明“投资抵扣”字样

三、创业投资企业税收优惠政策备案

在税收优惠政策的适用上，基金业协会备案“创业投资基金”和发展改革委备案

“创业投资企业”并非对应关系，企业向发展改革委备案与基金业协会备案也不冲突，且两者处于相互独立的状态。因此，实务中或可存在两类并行的税收优惠备案情况。

（一）创业投资企业税收优惠申请备案渠道

享受税收政策条件的创业投资基金，由基金管理人于每年4月底前通过中国证监会政务服务平台“创投基金税收政策申请”模块提出申请，按照“享受税收政策的创业投资基金证明材料申请表”内容填写相关信息，扫描并上传“申请表”及证明材料。证监局根据基金管理人的申请材料、基金管理人注册地证监局（如涉及）和基金业协会的反馈意见，结合日常监管情况，对创业投资基金是否符合享受税收政策进行认定。

除了通过中国证监会政务平台申请（创投基金）以外，符合条件的创业投资企业还可以通过发展改革委“全国创业投资企业备案管理信息系统”登记拟新申报税收优惠有关信息。根据《创投办法》第二十七条规定，管理部门应当在每个会计年度结束后的5个月内，对创业投资企业及其管理顾问机构是否遵守该办法第二章、第三章各条款规定，进行年度检查，即发展改革委备案的创业投资企业有年检的要求。对未遵守该办法第二章、第三章各条款规定进行投资运作的，管理部门责令该创投企业在30个工作日内改正；未改正的，则取消备案，并在自取消备案之日起的3年内不予受理其重新备案申请。

（二）创业投资企业备案异同

1.共同之处

（1）企业组织形式。

创业投资企业、创投基金均按照《公司法》《合伙企业法》设立有限责任公司、股份有限公司或法律规定的其他企业组织形式开展股权投资业务。

（2）备案前置。

根据《创投办法》第三条规定，国家对创业投资企业实行备案管理。凡遵照该办法规定完成备案程序的创业投资企业，应当接受创业投资企业管理部门的监管，投资运作符合有关规定的可享受政策扶持。未遵照该办法规定完成备案程序的创业投资企业，不受创业投资企业管理部门的监管，不享受政策扶持。

基金业协会对享受国家财政税收扶持政策的创业投资基金采取区别于其他私募基金的差异化行业自律，并提供差异化会员服务。创投基金产品备案仍需由基金管理人进行基金备案，不进行产品备案，不得开展投资活动。

（3）投资者人数。

创业投资企业、创投基金采用组织形式、投资者人数要求大致相同。

按照《创投办法》要求，创业投资企业投资者不得超过200人。其中，以有限责任公司形式设立创业投资企业的，投资者人数不得超过50人。单个投资者对创业投资企业的投资不得低于规定金额的自然人个人、法人和其他组织。

公司型、合伙型基金人数方面，除单个个人合伙人出资要求大体相同以外，还需符合《私募条例》等监管要求规定。以合伙企业、契约等非法人形式，通过汇集多个投资者的资金直接或者间接投资于私募基金的，私募基金管理人或者私募基金销售机构应当穿透核查最终投资者是否为合格投资者，并合并计算投资者人数。但是，符合视为合格投资者投资私募基金的，不再穿透核查最终投资者是否为合格投资者和合并计算投资者人数。

（4）投资范围。

享受国家财政税收扶持政策的创业投资企业，其投资范围应当符合国家相关规定。创业投资企业投资对象仅限于未上市企业。但是，所投资的未上市企业上市后，创业投资企业所持股份的未转让部分及其配售部分不在此限。其他资金只能存放银行、购买国债或其他固定收益类的证券。

创业投资基金投资范围与前述发展改革委备案的创投企业基本相同，主要投资于未上市创业企业普通股或者依法可转换为普通股的优先股、可转换债券等权益类投资。

2.不同之处

（1）上位法。

创业投资企业的《创投办法》是由2005年11月15日国家发展改革委、科技部、财政部、商务部、中国人民银行、国家税务总局、国家工商行政管理总局、原中国银监会、中国证监会、国家外汇管理局制定并审议通过。该办法依据为《公司法》《中华人民共和国中小企业促进法》和国务院有关部门的职责分工，旨在促进创业投资企业发展，规范其投资运作，鼓励其增加对中小企业特别是中小高新技术企业的投资。

对创业投资基金的规定最早出自2014年8月21日的《私募监管暂行办法》第八章“关于创业投资基金的特别规定”。原则上，创投基金属于股权基金的大类。因为要设立企业架构，创投基金也要遵守《公司法》《合伙企业法》《国务院关于进一步促进资本市场健康发展的若干意见》等规定要求。

值得一提的是，有关股权基金是否适用《基金法》一直存有争议。《基金法》明确其调整范围包括私募证券基金，而投资人通过与管理人订立基金合同，将财产独立于其固有资产委托给管理人运作处分的行为也符合信托的特征和定义。从实践来看，在涉及该类诉讼争议参照适用《信托法》对相关法律问题进行分析并不存在障碍。2023年5月1日新的《登记备案办法》和2023年9月1日《私募条例》生效后，更强调了管理人从事私募基金活动应当遵循自愿、公平、诚实信用原则，维护投资者合法权益，不得损害国家利益、社会公共利益和他人合法权益，从而在信义义务角度达到和《信托法》异曲同工的效果。

（2）申请人、备案部门。

创业投资企业备案分为两级管理，在国家层面为国家发展改革委，在省级（含副省级城市）层面由同级人民政府确定，并在创业投资企业备案管理业务上接受国务院管理部门的指导。目前，绝大部分省市由当地发展改革委作为管理部门，也有部分省市由地方金融监管部门作为管理部门。创业投资企业备案由企业自身提起申请。创业投资企业备案通过后，创业投资企业资质有定期年检的要求。同时，发展改革委还通过不定期抽查（每季度对备案创业投资企业的抽查比例不低于10%），加强对备案创业投资企业的监管。

创业投资基金方面，管理人应当在募集完毕后的20个工作日内通过基金业协会的AMBERS系统申请创业投资基金备案，承诺函承诺已完成募集，承诺已知晓以私募投资基金名义从事非法集资所应承担的刑事、行政和自律后果。

（3）注册资本。

根据《创投办法》规定，创业投资企业实收资本不低于3 000万元人民币，或者首期实收资本不低于1 000万元人民币且全体投资者承诺在注册后的5年内补足不低于3 000万元人民币实收资本。

对于创业投资基金，创业投资基金实缴资本不低于3 000万元人民币，或者首期实缴资本不低于1 000万元人民币且全体投资者承诺在工商注册后5年内实缴资本不低于3 000万元人民币。新的《登记备案办法》生效后，基金业协会暂时保留对创投基金的差别化管理，并提出“私募股权基金不低于1 000万元人民币，其中创业投资基金备案时首期实缴资金不低于500万元人民币，但应当在基金合同中约定备案后6个月内完成符合前述初始募集规模最低要求的实缴出资”。

（4）合格投资者。

发展改革委备案的创业投资企业未提出合格投资者要求。

合格投资者要求出自《私募监管暂行办法》《私募投资基金募集行为管理办法》

等规定，合格投资者应当符合前述相关规定，具备相应风险识别能力和风险承担能力，单只私募投资基金的投资者人数累计不得超过《基金法》《公司法》《合伙企业法》等法律规定的特定数量。创投基金也应遵守该规定。

根据新《登记备案办法》规定，私募基金应当面向合格投资者通过非公开方式募集资金，私募基金管理人、基金销售机构应当履行投资者适当性义务，将适当的私募基金提供给具备风险识别能力和风险承担能力相匹配的投资者，并向投资者充分揭示风险；私募基金管理人及其股东、合伙人、实际控制人、关联方和基金销售机构，以及前述机构的工作人员不得以任何方式明示或者暗示基金预期收益率，不得承诺或者误导投资者投资本金不受损失或者限定损失金额和比例，或者承诺最低收益，即保本保收益；以合伙企业、契约等非法人形式投资私募基金的，除另有规定外，私募基金管理人、基金销售机构应当穿透核查最终投资者是否为合格投资者，并合并计算投资者人数。

（5）投资负面清单。

按照《创投办法》规定，创业投资企业不得从事担保业务和房地产业务，但是购买自用房地产除外。

创业投资基金投资范围方面，基金管理人不得直接或者间接将私募基金财产用于下列投资活动：

①借（存）贷、担保、明股实债等非私募基金投资活动，但是私募基金以股权投资为目的，按照合同约定为被投企业提供1年期限以内借款、担保除外；

②投向保理资产、融资租赁资产、典当资产等类信贷资产、股权或其收（受）益；

③从事承担无限责任的投资；

④法律、行政法规和中国证监会禁止的其他投资活动。

私募基金有前款第①项规定行为的，借款或者担保到期日不得晚于股权投资退出日，且借款或者担保余额不得超过该私募基金实缴金额的20%；中国证监会另有规定的除外。

（6）投资期。

《创投办法》明确规定创业投资企业可以事先确定有限的存续期限，但是最短不得短于7年。而私募基金应当约定明确的存续期，私募股权基金约定的存续期除另有规定外，不得少于5年，鼓励私募基金管理人设立存续期不少于7年的私募股权基金。

（三）创业投资企业（基金）备案情况比对

创业投资企业和创业投资基金备案情况比对如表13-16所示。

表 13–16　　创业投资企业和创业投资基金备案情况比对

	创业投资企业	创业投资基金
文件	《创投办法》	《私募条例》等
是否为居民企业	境内注册	境内以非公开方式募集设立
登记人	创业投资企业	基金管理人
备案管理	国务院管理部门、省级（含副省级城市）管理部门两级	基金业协会
投资方向	股权投资，以股权和优先股、可转换优先股等准股权方式对未上市企业进行投资	主要投资于未上市创业企业普通股或者依法可转换为普通股的优先股、可转换债券等权益
组织形式	有限责任公司、股份有限公司或法律规定的其他企业组织形式	相同
上位法	《公司法》《中小企业促进法》	《基金法》《公司法》《合伙企业法》《私募条例》等
注册资本要求	实收资本不低于3 000万元人民币，或者首期实收资本不低于1 000万元人民币且全体投资者承诺在注册后的5年内补足不低于3 000万元人民币实收资本	《私募基金监管问答——关于享受税收政策的创业投资基金标准及申请流程》：创业投资基金实缴资本不低于3 000万元人民币，或者首期实缴资本不低于1 000万元人民币且全体投资者承诺在工商注册后5年内实缴资本不低于3 000万元人民币 《登记备案办法》第三十三条规定，私募基金应当具有保障基本投资能力和抗风险能力的实缴募集资金规模 私募基金初始实缴募集资金规模除另有规定外应当符合《登记备案办法》要求
合格投资者	未提	具备相应风险识别能力和风险承担能力，投资于单只私募基金的金额不低于规定金额的自然人个人、法人和其他组织有豁免情形
出资方式	货币出资	货币出资
可否委托管理	以公司形式设立的创业投资企业，可以委托其他创业投资企业、创业投资管理顾问企业作为管理顾问机构，负责其投资管理业务	《私募投资基金备案指引第2号——私募股权、创业投资基金》，发起设立+外部委托模式

续表

	创业投资企业	创业投资基金
投资者人数	投资者不得超过200人。其中，以有限责任公司形式设立创业投资企业的，投资者人数不得超过50人。单个投资者对创业投资企业的投资不得低于100万元人民币	以合伙企业、契约等非法人形式，通过汇集多数投资者的资金直接或者间接投资于私募基金的，私募基金管理人或者私募基金销售机构应当穿透核查最终投资者是否为合格投资者，并合并计算投资者人数。但是，符合视为合格投资者（投资于所管理私募基金的私募基金管理人及其从业人员除外）的投资者投资私募基金的，不再穿透核查最终投资者是否为合格投资者和合并计算投资者人数
经营范围	创业投资企业的经营范围限于： （一）创业投资业务 （二）代理其他创业投资企业等机构或个人的创业投资业务 （三）创业投资咨询业务 （四）为创业企业提供创业管理服务业务 （五）参与设立创业投资企业与创业投资管理顾问机构	股权投资
高管要求	有至少3名具备2年以上创业投资或相关业务经验的高级管理人员承担投资管理责任	至少5名从业人员，其中法定代表人/执行事务合伙人（委派代表）、合规/风控负责人须具备基金从业资格
投资负面清单	创业投资企业不得从事担保业务和房地产业务，但是购买自用房地产除外	《关于加强私募投资基金监管的若干规定》第八条规定，私募基金管理人不得直接或者间接将私募基金财产用于下列投资活动： （一）借（存）贷、担保、明股实债等非私募基金投资活动，但是私募基金以股权投资为目的，按照合同约定为被投企业提供1年期限以内借款、担保除外 （二）投向保理资产、融资租赁资产、典当资产等类信贷资产、股权或其收（受）益权 （三）从事承担无限责任的投资 （四）法律、行政法规和中国证监会禁止的其他投资活动 私募基金有前款第（一）项规定行为的，借款或者担保到期日不得晚于股权投资退出日，且借款或者担保余额不得超过该私募基金实缴金额的20%；中国证监会另有规定的除外

续表

	创业投资企业	创业投资基金
单个项目金额要求	对单个企业的投资不得超过创业投资企业总资产的20%	《私募投资基金登记备案办法》第三十三条第二款第（三）项规定，投向单一标的的私募基金不低于2 000万元人民币
投资期	创业投资企业可以事先确定有限的存续期限，但是最短不得短于7年	《私募投资基金登记备案办法》规定：私募基金应当约定明确的存续期。私募股权基金约定的存续期除另有规定外，不得少于5年。鼓励私募基金管理人设立存续期不少于7年的私募股权基金
可否借款	可以在法律规定的范围内通过债权融资方式增强投资能力	按照合同约定为被投企业提供1年期限以内借款、担保，借款或者担保到期日不得晚于股权投资退出日，且借款或者担保余额不得超过该私募基金实缴金额的20%；中国证监会另有规定的除外

第五节 | 如何申报享受创业投资企业税收优惠

作为创业投资企业募资端的投资者可以按以下方式享受税收优惠：

公司制创业投资企业可以按照对未上市中小高新技术企业投资额的70%在股权持有满2年的当年抵扣该公司制创业投资企业的应纳税所得额；全国范围内的有限合伙制创业投资企业采取股权投资方式投资于未上市的中小高新技术企业满2年（24个月）的，该有限合伙制创业投资企业的法人合伙人可按照其对未上市中小高新技术企业投资额的70%抵扣该法人合伙人从该有限合伙制创业投资企业分得的应纳税所得额，当年不足抵扣的，可以在以后纳税年度结转抵扣。

公司制创业投资企业采取股权投资方式直接投资于初创科技型企业满2年（24个月，下同）的，可以按照投资额的70%在股权持有满2年的当年抵扣该公司制创业投资企业的应纳税所得额；当年不足抵扣的，可以在以后纳税年度结转抵扣。有限合伙制创业投资企业采取股权投资方式投资于初创科技型企业满2年（24个月）的，有限合伙制创业投资企业法人合伙人可以按照对初创科技型企业投资额的70%抵扣法人合伙人从合伙创业投资企业分得的所得，个人合伙人可以按照对初创科技型企业投资额的70%抵扣个人合伙人从合伙创业投资企业分得的经营所得；前述投资人当年不足抵扣的，可以在以后纳税年度结转抵扣。

天使投资个人采取股权投资方式直接投资于初创科技型企业满2年的，可以按照投资额的70%抵扣转让该初创科技型企业股权取得的应纳税所得额；当期不足抵扣的，可以在以后取得转让该初创科技型企业股权的应纳税所得额时结转抵扣。天使投资个人投资多个初创科技型企业的，对其中办理注销清算的初创科技型企业，天使投资个人对其投资额的70%尚未抵扣完的，可自注销清算之日起36个月内抵扣天使投资个人转让其他初创科技型企业股权取得的应纳税所得额。

一、创业投资企业税收优惠备案

我们以投资对象来划分创业投资企业备案需要提交的资料。

（一）投资对象为未上市中小高新技术企业

公司制创业投资企业和合伙创业投资企业法人合伙人在年度申报享受优惠时，备查留存资料按《企业所得税优惠政策事项办理办法》（国家税务总局公告2018年第23号）规定。有限合伙制创业投资企业法人合伙人符合享受优惠条件的，应在符合条件的年度终了后3个月内，向其主管税务机关报送“有限合伙制创业投资企业法人合伙人应纳税所得额分配情况明细表”（见表13-17）。

表13-17　有限合伙制创业投资企业法人合伙人应纳税所得额分配情况明细表[①]

所属期间：　年　月　日至　年　月　日　　　　单位：元

<table>
<tr><td>创业投资企业纳税人识别号</td><td>创业投资企业名称</td><td>主管税务机关</td><td colspan="5">本期新增符合优惠条件的实缴投资额合计（a）</td><td colspan="2">本期应纳税所得额（b）</td></tr>
<tr><td></td><td></td><td></td><td colspan="5"></td><td colspan="2"></td></tr>
<tr><td rowspan="2">法人合伙人纳税人识别号</td><td rowspan="2">法人合伙人企业名称</td><td rowspan="2">主管税务机关</td><td rowspan="2">实缴出资额</td><td rowspan="2">投资持有时间</td><td>实缴出资额占全部实缴出资额比例</td><td>本期新增符合优惠条件的投资额</td><td>本期新增可抵扣的投资额</td><td>应纳税所得额的分配比例</td><td>法人合伙人应分得的应纳税所得额</td></tr>
<tr><td>1</td><td>2=a×1</td><td>3=2×70%</td><td>4</td><td>5=b×4</td></tr>
<tr><td></td><td></td><td></td><td></td><td></td><td></td><td></td><td></td><td></td><td></td></tr>
<tr><td></td><td></td><td></td><td></td><td></td><td></td><td></td><td></td><td></td><td></td></tr>
<tr><td></td><td></td><td></td><td></td><td></td><td></td><td></td><td></td><td></td><td></td></tr>
</table>

① 国家税务总局公告2015年第81号附件1。

续表

被投资高新技术企业纳税人识别号	高新技术企业名称	投资日期	投资额	投资持有时间	投资年度职工人数	投资年度年销售（营业）额	投资年度资产总额	认定高新技术企业年度	是否已上市	上市日期	是否符合优惠条件

<table>
<tr><td rowspan="3">企业声明</td><td>我单位已知悉本事项全部相关政策和管理要求。此表是根据《中华人民共和国企业所得税法》及其实施条例和国家税收规定填报的，是真实、完整的，提交的资料真实、合法、有效。</td><td rowspan="3">税务机关回执</td><td>您单位于　　年　　月　　日向我机关提交本表及相关资料。我机关意见：　　　　。特此告知。</td></tr>
<tr><td>（企业公章）</td><td>（税务机关印章）</td></tr>
<tr><td>财务负责人：　　执行事务合伙人：
年　　月　　日</td><td>经办人：
年　　月　　日</td></tr>
</table>

法人合伙人向其所在地主管税务机关备案享受投资抵扣应纳税所得额时，应提交“法人合伙人应纳税所得额抵扣情况明细表”（见表13–18）以及有限合伙制创业投资企业所在地主管税务机关受理后的“有限合伙制创业投资企业法人合伙人应纳税所得额分配情况明细表”，同时将《国家税务总局关于实施创业投资企业所得税优惠问题的通知》（国税发〔2009〕87号）规定报送的备案资料留存备查。

表13–18　　法人合伙人应纳税所得额抵扣情况明细表[①]

法人合伙人纳税人识别号：　　　　　　法人合伙人企业名称：

所属期间：　　年　　月　　日至　　年　　月　　日　　　　　　　　单位：元

创业投资企业纳税人识别号	创业投资企业名称	主管税务机关	本期新增的可抵扣投资额	本期应分得的应纳税所得额	上期结转的可抵扣投资额	本期实际可抵扣投资额	结转下期可抵扣投资额
			1	2	3	4（若1+3＜2，则4=1+3；若1+3>2，则4=2）	5=1+3–4
					—	—	—
					—	—	—
					—	—	—
合计							

① 国家税务总局公告2015年第81号附件2。

续表

企业声明	我单位已知悉本事项全部相关政策和管理要求。此表是根据《中华人民共和国企业所得税法》及其实施条例和国家税收规定填报的，是真实、完整的，提交的资料真实、合法、有效。	
	（企业公章）	
	财务负责人：　　法定代表人（负责人）：　　年　月　日	
税务机关回执	您单位于　年　月　日向我机关提交本表及相关资料。 我机关意见：　　。 特此告知。	
	（税务机关印章）	
	经办人：　　年　月　日	

以下为具体留存备查资料：

（1）发展改革或证监部门出具的符合创业投资企业条件的年度证明材料；

（2）中小高新技术企业投资合同（协议）、章程、实际出资等相关材料；

（3）省、自治区、直辖市和计划单列市高新技术企业认定管理机构出具的中小高新技术企业有效的高新技术企业证书复印件（注明“与原件一致”，并加盖公章）；

（4）中小高新技术企业基本情况［包括企业职工人数、年销售（营业）额、资产总额、未上市等］说明；

（5）有限合伙制创业投资企业法人合伙人应纳税所得额分配情况明细表；

（6）法人合伙人应纳税所得额抵扣情况明细表。

其中，公司制创业投资企业准备资料（1）—（4）。有限合伙制创业投资企业准备资料（1）—（5），并提供给法人合伙人备案。

（二）投资对象为初创科技型企业

投资对象为初创科技型企业的，按照以下方法备案。

1.公司型创业投资企业、有限合伙制创投企业法人合伙人

公司制创业投资企业和合伙制创业投资企业法人合伙人在年度申报享受优惠时，按照《国家税务总局关于发布修订后的〈企业所得税优惠政策事项办理办法〉的公告》（国家税务总局公告2018年第23号）的规定办理有关手续。

合伙创业投资企业的法人合伙人符合享受优惠条件的，合伙创业投资企业应在投资初创科技型企业满2年的年度以及分配所得的年度终了后及时向法人合伙人提供“合伙创业投资企业法人合伙人所得分配情况明细表”（见表13-19）。

表 13–19　　　合伙创业投资企业法人合伙人所得分配情况明细表[①]

所属期间：　年　月　日至　年　月　日　　　　单位：%，人民币元（列至角分）

<table>
<tr><td>创业投资企业统一社会信用代码（纳税人识别号）</td><td>创业投资企业名称</td><td>主管税务机关</td><td colspan="5">本期新增符合优惠条件的实缴投资额合计（a）</td><td colspan="5">本期所得（b）</td></tr>
<tr><td></td><td></td><td></td><td colspan="5"></td><td colspan="5"></td></tr>
<tr><td rowspan="2">法人合伙人统一社会信用代码（纳税人识别号）</td><td rowspan="2">法人合伙人企业名称</td><td rowspan="2">主管税务机关</td><td rowspan="2">实缴出资额</td><td rowspan="2">投资时间</td><td>实缴出资额占全部实缴出资额比例</td><td colspan="2">本期新增符合优惠条件的投资额</td><td>本期新增可抵扣的投资额</td><td colspan="2">所得的分配比例</td><td colspan="2">法人合伙人应分得的所得</td></tr>
<tr><td>1</td><td colspan="2">2=a×1</td><td>3=2×70%</td><td colspan="2">4</td><td colspan="2">5=b×4</td></tr>
<tr><td></td><td></td><td></td><td></td><td></td><td></td><td colspan="2"></td><td></td><td colspan="2"></td><td colspan="2"></td></tr>
<tr><td></td><td></td><td></td><td></td><td></td><td></td><td colspan="2"></td><td></td><td colspan="2"></td><td colspan="2"></td></tr>
<tr><td></td><td></td><td></td><td></td><td></td><td></td><td colspan="2"></td><td></td><td colspan="2"></td><td colspan="2"></td></tr>
<tr><td>初创科技型企业统一社会信用代码（纳税人识别号）</td><td>初创科技型企业名称</td><td>主管税务机关</td><td>成立日期</td><td>接受投资日期</td><td>接受创业投资额</td><td>从业人数</td><td>具有大学本科以上学历的从业人数所占比例</td><td>资产总额</td><td>年销售收入</td><td>研发费用占成本费用比例</td><td>是否已上市</td><td>征收方式</td></tr>
<tr><td></td><td></td><td></td><td></td><td></td><td></td><td></td><td></td><td></td><td></td><td></td><td></td><td></td></tr>
<tr><td></td><td></td><td></td><td></td><td></td><td></td><td></td><td></td><td></td><td></td><td></td><td></td><td></td></tr>
<tr><td></td><td></td><td></td><td></td><td></td><td></td><td></td><td></td><td></td><td></td><td></td><td></td><td></td></tr>
<tr><td rowspan="3">企业声明</td><td colspan="12">我单位已知悉本事项全部相关政策和管理要求。此表是根据《中华人民共和国企业所得税法》及其实施条例和国家税收规定填报的，是真实、完整的，提供的资料真实、合法、有效。</td></tr>
<tr><td colspan="12">（企业公章）</td></tr>
<tr><td colspan="12">财务负责人：　　执行事务合伙人：　　年　月　日</td></tr>
</table>

① 国家税务总局公告2018年第43号附件1。

合伙创业投资企业应在投资初创科技型企业满2年的年度以及分配所得的年度终了后及时向法人合伙人提供本表作为留存备查资料。留存备查资料如下所示：

（1）发展改革或证监部门出具的符合创业投资企业条件的年度证明材料；

（2）初创科技型企业接受现金投资时的投资合同（协议）、章程、实际出资的相关证明材料；

（3）创业投资企业与其关联方持有初创科技型企业的股权比例的说明；

（4）被投资企业符合初创科技型企业条件的有关资料：

①接受投资时从业人数、资产总额、年销售收入和大学本科以上学历的从业人数比例的情况说明；

②接受投资时设立时间不超过5年的证明材料；

③接受投资时以及接受投资后2年内未在境内外证券交易所上市情况说明；

④研发费用总额占成本费用总额比例的情况说明。

（5）法人合伙人投资于合伙创投企业的出资时间、出资金额、出资比例及分配比例的相关证明材料、合伙创投企业主管税务机关受理后的“合伙创投企业法人合伙人所得分配情况明细表”。

公司型创业投资企业准备前述（1）—（4）资料，有限合伙制企业法人合伙人准备前述（1）—（5）资料。

2. 有限合伙制创投企业个人合伙人

有限合伙制创投企业个人合伙人备案如下：

（1）合伙制创业投资企业向主管税务机关备案、报送资料。

合伙创业投资企业的个人合伙人符合享受优惠条件的，合伙创业投资企业应在投资初创科技型企业满2年的年度终了后3个月内，向合伙创业投资企业主管税务机关办理备案手续，备案时应报送“合伙创业投资企业个人所得税投资抵扣备案表”（见表13-20），同时将有关资料留存备查（备查资料同公司制创业投资企业）。合伙企业多次投资同一初创科技型企业的，应按年度分别备案。

表 13-20　　合伙创业投资企业个人所得税投资抵扣备案表[①]

（________年度）

备案编号（主管税务机关填写）：　　　　单位：%，人民币元（列至角分）

合伙创业投资企业基本情况			
企业名称		纳税人识别号（统一社会信用代码）	
备案管理部门		备案时间	
联系人		联系电话	

对初创科技型企业投资情况

初创科技型企业名称	纳税人识别号	注册地	设立时间	投资日期	从业人数	本科以上学历人数占比	资产总额	年销售收入	研发费用总额占成本费用支出的比例	投资2年内与关联方合计持股比例是否超50%	投资额

① 国家税务总局公告2018年第43号附件2。

续表

谨声明：本人（单位）知悉并保证本表填报内容及所附证明材料真实、完整，并承担因资料虚假而产生的法律责任。 合伙创业投资企业印章：　　　　合伙创业投资企业负责人签章： 年　月　日

代理机构印章： 联系人： 填报日期：	主管税务机关印章： 受理人： 受理日期：

国家税务总局监制

合伙创业投资企业应在投资初创科技型企业满2年后的每个年度终了后3个月内，向合伙创业投资企业主管税务机关报送“合伙创业投资企业个人所得税投资抵扣情况表”（见表13-21）。

表 13-21　　合伙创业投资企业个人所得税投资抵扣情况表[①]

（______年度）

单位：%，人民币元（列至角分）

<table>
<tr><td colspan="11">合伙创业投资企业情况</td></tr>
<tr><td colspan="2">企业名称</td><td colspan="4"></td><td>纳税人识别号（统一社会信用代码）</td><td colspan="4"></td></tr>
<tr><td colspan="2">投资情况备案编号</td><td colspan="9"></td></tr>
<tr><td colspan="4">当年新增符合条件的投资额合计</td><td colspan="2"></td><td>新增可抵扣投资额</td><td colspan="4"></td></tr>
<tr><td colspan="11">个人合伙人相关情况</td></tr>
<tr><td>姓名</td><td>身份证件类型</td><td>身份证件号码</td><td>出资额</td><td>出资比例</td><td>分配比例</td><td>当年度分配的经营所得</td><td>结转上年可抵扣投资额</td><td>当年新增可抵扣投资额</td><td>当年实际抵扣投资额</td><td>结转抵扣投资额</td></tr>
<tr><td></td><td></td><td></td><td></td><td></td><td></td><td></td><td></td><td></td><td></td><td></td></tr>
<tr><td></td><td></td><td></td><td></td><td></td><td></td><td></td><td></td><td></td><td></td><td></td></tr>
<tr><td></td><td></td><td></td><td></td><td></td><td></td><td></td><td></td><td></td><td></td><td></td></tr>
<tr><td></td><td></td><td></td><td></td><td></td><td></td><td></td><td></td><td></td><td></td><td></td></tr>
</table>

① 国家税务总局公告2018年第43号附件3。

续表

谨声明：本人（单位）知悉并保证本表填报内容及所附证明材料真实、完整，并承担因资料虚假而产生的法律责任。

合伙创业投资企业印章：　　　　　　合伙创业投资企业负责人签章：

年　　月　　日

代理机构印章： 联系人： 填报日期：	主管税务机关印章： 受理人： 受理日期：

国家税务总局监制

（2）个人所得税经营所得纳税申报抵扣。

个人合伙人在个人所得税年度申报时，应将当年允许抵扣的投资额填至“个人所得税生产经营所得纳税申报表（B表）”“允许扣除的其他费用”栏，并同时标明“投资抵扣”字样。

纳税人在取得经营所得的次年3月31日前，向税务机关办理汇算清缴。

3.天使投资个人

（1）投资抵扣备案。

天使投资个人应在投资初创科技型企业满24个月的次月15日内，与初创科技型企业共同向初创科技型企业主管税务机关办理备案手续。备案时应报送《国家税务总局关于创业投资企业和天使投资个人税收政策有关问题的公告》（国家税务总局公告2018年第43号）规定的“天使投资个人所得税投资抵扣备案表”（附件4）。被投资企业符合初创科技型企业条件的有关资料留存企业备查，备查资料包括初创科技型企业接受现金投资时的投资合同（协议）、章程、实际出资的相关证明材料，以及被投资企业符合初创科技型企业条件的有关资料。多次投资同一初创科技型企业的，应分次备案。

（2）投资抵扣申报。

天使投资个人转让未上市的初创科技型企业股权，按照财税〔2018〕55号文规定享受投资抵扣税收优惠时，应于股权转让次月15日内，向主管税务机关报送《国家税务总局关于创业投资企业和天使投资个人税收政策有关问题的公告》（国家税务总局公告2018年第43号）中的“天使投资个人所得税投资抵扣情况表”（附件5）。同时，天使投资个人还应一并提供投资初创科技型企业后税务机关受理的“天使投资个人所得税投资抵扣备案表”。

其中，天使投资个人转让初创科技型企业股权需同时抵扣前36个月内投资其他注销清算初创科技型企业尚未抵扣完毕的投资额的，申报时应一并提供注销清算企业主管税务机关受理并注明注销清算等情况的“天使投资个人所得税投资抵扣备案表”，以及前期享受投资抵扣政策后税务机关受理的“天使投资个人所得税投资抵扣情况表”。

接受投资的初创科技型企业，应在天使投资个人转让股权纳税申报时，向扣缴义务人提供相关信息。

天使投资个人投资初创科技型企业满足投资抵扣税收优惠条件后，初创科技型企业在上海证券交易所、深圳证券交易所上市的，天使投资个人在转让初创科技型企业股票时，有尚未抵扣完毕的投资额的，应向证券机构所在地主管税务机关办理限售股转让税款清算，抵扣尚未抵扣完毕的投资额。清算时，应提供投资初创科技型企业后税务机关受理的“天使投资个人所得税投资抵扣备案表”和“天使投资个人所得税投资抵扣情况表”。

被投资企业发生个人股东变动或者个人股东所持股权变动的，应在次月15日内向主管税务机关报送含有股东变动信息的“个人所得税基础信息表（A表）”。对天使投资个人，应在备注栏标明“天使投资个人”字样。

天使投资个人转让股权时，扣缴义务人、天使投资个人应将当年允许抵扣的投资额填至“扣缴个人所得税报告表”或“个人所得税自行纳税申报表（A表）”“税前扣除项目”的“其他”栏，并同时标明“投资抵扣”字样。

天使投资个人投资的初创科技型企业注销清算的，应及时持“天使投资个人所得税投资抵扣备案表”到主管税务机关办理情况登记。

二、法人合伙人（股东）、个人合伙人申报

投资者可按以下方式进行申报抵扣。

（一）法人合伙人、法人股东

在合伙型基金年度汇算清缴有盈利时，法人合伙人以分得的应纳税所得额在其企业所得税汇算清缴时填写附表“纳税调整明细表”（A105000）第41行“合伙企业法人合伙人应分得的应纳税所得额”。

公司制企业、法人合伙人以其对投资对象（未上市中小高新技术企业、初创科技型企业）投资额的70%抵扣该创业投资企业（从有限合伙型创业投资企业分得的）应纳税所得额，填报企业所得税汇算清缴附表“抵扣应纳税所得额明细表”（A107030）（见图13-3）。

A107030　　抵扣应纳税所得额明细表

行次	项　　目	合计金额	投资于未上市中小高新技术企业	投资于种子期、初创期科技型企业
		1=2+3	2	3
一、创业投资企业直接投资按投资额一定比例抵扣应纳税所得额				
1	本年新增的符合条件的股权投资额			
2	税收规定的抵扣率	70%	70%	70%
3	本年新增的可抵扣的股权投资额(1×2)			
4	以前年度结转的尚未抵扣的股权投资余额		*	*
5	本年可抵扣的股权投资额(3+4)		*	*
6	本年可用于抵扣的应纳税所得额		*	*
7	本年实际抵扣应纳税所得额			
8	结转以后年度抵扣的股权投资余额		*	*
二、通过有限合伙制创业投资企业投资按一定比例抵扣分得的应纳税所得额				
9	本年从有限合伙创投企业应分得的应纳税所得额			
10	本年新增的可抵扣投资额			
11	以前年度结转的可抵扣投资额余额		*	*
12	本年可抵扣投资额(10+11)		*	*
13	本年实际抵扣应分得的应纳税所得额			
14	结转以后年度抵扣的投资额余额		*	*
三、抵扣应纳税所得额合计				
15	合计(7+13)			

图13-3　抵扣应纳税所得额明细表

（1）A107030抵扣应纳税额合计第15行（第13行+第7行）。

（2）表A107030第13行“本年实际抵扣应分得的应纳税所得额”填写本年法人合伙人享受优惠实际抵扣的投资额，本行第1列为第9行第1列“本年从有限合伙创投企业应分得的应纳税所得额”、第12行第1列“本年可抵扣投资额”、主表第19行、第20行、第21行[①]的三者孰小值。若金额小于零，则填报零。本行第1列=第2列+第3列。

（3）公司制创业投资企业以其对投资对象投资额70%抵扣该创投企业应纳税所得额的，在符合条件时，填报“抵扣应纳税所得额明细表”（A107030）。

表A107030第6行“本年可用于抵扣的应纳税所得额合计金额”：本行第1列填报表A100000第19-20-21行-本表第13行第1列“本年实际抵扣应分得的应纳税所得

① 2017年版企业所得税汇算清缴表修订生效后，该处填报说明改为“表A100000第24行—第25行—第26行”。

额”的金额，若金额小于零，则填报零。

表A107030第7行“本年实际抵扣应纳税所得额”：若第5行第1列≤第6行第1列，则本行第1列=第5行第1列；若第5行第1列＞第6行第1列，则本行第1列=第6行第1列。本行第1列=本行第2列+本行第3列。

（二）个人合伙人

个人合伙人经营所得需要经过预缴、汇算清缴。

第一步，合伙企业个人合伙人经营所得预缴取得的收入，包括但不限于合伙企业股权转让收入、合伙人退伙等收入。

在中国境内取得经营所得，办理个人所得税预缴纳税申报时，向税务机关报送“个人所得税经营所得纳税申报表（A表）”（见图13-4）。合伙企业有两个或者两个以上个人合伙人的，应分别填报本表。纳税人取得经营所得，应当在月度或者季度终了后15日内，向税务机关办理预缴纳税申报。

个人所得税经营所得纳税申报表（A表）

税款所属期：　　年　月　日至　　年　月　日

纳税人姓名：

纳税人识别号：　　　　　　　　　　　　　　　　金额单位：人民币元（列至角分）

被投资单位信息		
名称		
纳税人识别号（统一社会信用代码）		
征收方式（单选）		
□查账征收（据实预缴）　□查账征收（按上年应纳税所得额预缴）　□核定应税所得率征收 □核定应纳税所得额征收　□税务机关认可的其他方式＿＿＿＿		
个人所得税计算		
项目	行次	金额/比例
一、收入总额	1	
二、成本费用	2	
三、利润总额（第3行=第1行-第2行）	3	
四、弥补以前年度亏损	4	
五、应税所得率（%）	5	
六、合伙企业个人合伙人分配比例（%）	6	
七、允许扣除的个人费用及其他扣除（第7行=第8行+第9行+第14行）	7	
（一）投资者减除费用	8	
（二）专项扣除（第9行=第10行+第11行+第12行+第13行）	9	
1.基本养老保险费	10	
2.基本医疗保险费	11	
3.失业保险费	12	
4.住房公积金	13	
（三）依法确定的其他扣除（第14行=第15行+第16行+第17行）	14	
1.	15	
2.	16	
3.	17	
八、准予扣除的捐赠额（附报《个人所得税公益慈善事业捐赠扣除明细表》）	18	
九、应纳税所得额	19	
十、税率（%）	20	
十一、速算扣除数	21	
十二、应纳税额（第22行=第19行×第20行-第21行）	22	
十三、减免税额（附报《个人所得税减免税事项报告表》）	23	
十四、已缴税额	24	
十五、应补/退税额（第25行=第22行-第23行-第24行）	25	
备注		

图13-4　个人所得税经营所得预缴申报

第二步，个人合伙人在取得经营所得的次年3月31日前填报“个人所得税经营所得纳税申报表（B表）”（见图13-5）第60行“投资抵扣”。

个人所得税经营所得纳税申报表（B表）

税款所属期：　年　月　日至　年　月　日

纳税人姓名：

纳税人识别号：□□□□□□□□□□□□□□□□□□□□　金额单位：人民币元（列至角分）

被投资单位信息	名称		纳税人识别号（统一社会信用代码）	

项目	行次	金额/比例
一、收入总额	1	
其中：国债利息收入	2	
二、成本费用（3=4+5+6+7+8+9+10）	3	
（一）营业成本	4	
（二）营业费用	5	
（三）管理费用	6	
（四）财务费用	7	
（五）税金	8	
（六）损失	9	
（七）其他支出	10	
三、利润总额（11=1-2-3）	11	
四、纳税调整增加额（12=13+27）	12	
（一）超过规定标准的扣除项目金额（13=14+15+16+17+18+19+20+21+22+23+24+25+26）	13	
1.职工福利费	14	
2.职工教育经费	15	
3.工会经费	16	
4.利息支出	17	
5.业务招待费	18	
6.广告费和业务宣传费	19	
7.教育和公益事业捐赠	20	
8.住房公积金	21	
9.社会保险费	22	
10.折旧费用	23	
11.无形资产摊销	24	
12.资产损失	25	
13.其他	26	
（二）不允许扣除的项目金额（27=28+29+30+31+32+33+34+35+36）	27	
1.个人所得税税款	28	
2.税收滞纳金	29	
3.罚金、罚款和被没收财物的损失	30	
4.不符合扣除规定的捐赠支出	31	
5.赞助支出	32	
6.用于个人和家庭的支出	33	
7.与取得生产经营收入无关的其他支出	34	
8.投资者工资薪金支出	35	
9.其他不允许扣除的支出	36	
五、纳税调整减少额	37	
六、纳税调整后所得（38=11+12-37）	38	
七、弥补以前年度亏损	39	
八、合伙企业个人合伙人分配比例（%）	40	
九、允许扣除的个人费用及其他扣除（41=42+43+48+55）	41	
（一）投资者减除费用	42	
（二）专项扣除（43=44+45+46+47）	43	
1.基本养老保险费	44	
2.基本医疗保险费	45	
3.失业保险费	46	
4.住房公积金	47	
（三）专项附加扣除（48=49+50+51+52+53+54）	48	
1.子女教育	49	
2.继续教育	50	
3.大病医疗	51	
4.住房贷款利息	52	
5.住房租金	53	
6.赡养老人	54	
（四）依法确定的其他扣除（55=56+57+58+59）	55	
1. 商业健康保险	56	
2. 税延养老保险	57	
3.	58	
4.	59	
十、投资抵扣	60	
十一、准予扣除的个人捐赠支出	61	
十二、应纳税所得额（62=38-39-41-60-61）或[62=（38-39）×40-41-60-61]	62	
十三、税率（%）	63	
十四、速算扣除数	64	
十五、应纳税额（65=62×63-64）	65	
十六、减免税额（附报《个人所得税减免税事项报告表》）	66	
十七、已缴税额	67	
十八、应补/退税额（68=65-66-67）	68	

谨声明：本表是根据国家税收法律法规及相关规定填报的，是真实的、可靠的、完整的。

纳税人签字：　年　月　日

经办人： 经办人身份证件号码： 代理机构签章： 代理机构统一社会信用代码：	受理人： 受理税务机关（章）： 受理日期：　年　月　日

国家税务总局监制

图13-5　个人合伙人经营所得投资抵扣

【案例13-2】果果创业投资公司（以下简称“果果公司”）于2021年3月2日采取股权投资方式投资于未上市中小高新技术企业甲公司1 000万元（持股10%）。2023年，果果公司纳税调整后的应纳税所得额为580万元，无其他纳税调整事项。请填写果果企业2023年所得税汇算清缴相关附表。

解析：

2023年可抵扣的应纳税所得额=1 000×70%=700（万元）

2023年企业所得税汇算清缴果果企业实际抵扣的应税所得额为580万元，留下120万元以后抵扣。2023年应纳税所得额为0。

（1）填写“抵扣应纳税所得额明细表”（A107030）（见表13-22）。

表 13–22　A107030 抵扣应纳税所得额明细表　单位：元

行次	项目	合计金额	投资于未上市中小高新技术企业	投资于种子期、初创期科技型企业
		1=2+3	2	3
一、创业投资企业直接投资按投资额一定比例抵扣应纳税所得额				
1	本年新增的符合条件的股权投资额	10 000 000	10 000 000	0
2	税收规定的抵扣率	70%	70%	70%
3	本年新增的可抵扣的股权投资额（1×2）	7 000 000	7 000 000	0
4	以前年度结转的尚未抵扣的股权投资余额		*	*
5	本年可抵扣的股权投资额（3+4）	7 000 000	*	*
6	本年可用于抵扣的应纳税所得额	5 800 000	*	*
7	本年实际抵扣应纳税所得额	5 800 000	5 800 000	0
8	结转以后年度抵扣的股权投资余额	1 200 000	*	*
二、通过有限合伙制创业投资企业投资按一定比例抵扣分得的应纳税所得额				
	……			
三、抵扣应纳税所得额合计				
15	合计（7+13）	5 800 000	5 800 000	0

（2）填写主表（见表 13–23）。

表 13–23　A100000 中华人民共和国企业所得税年度纳税申报表（A 类）　单位：元

行次	类别	项目	金额
1	利润总额计算	一、营业收入（填写 A101010/101020/103000）	
		……	
10		二、营业利润（1–2–3–4–5–6–7+8+9）	
		……	
13		三、利润总额（10+11–12）	

续表

行次	类别	项目	金额
14	应纳税所得额计算	减：境外所得（填写A108010）	
15		加：纳税调整增加额（填写A105000）	
16		减：纳税调整减少额（填写A105000）	
17		减：免税、减计收入及加计扣除（填写A107010）	
18		加：境外应税所得抵减境内亏损（填写A108000）	
19		四、纳税调整后所得（13-14+15-16-17+18）	5 800 000
20		减：所得减免（填写A107020）	
21		减：弥补以前年度亏损（填写A106000）	
22		减：抵扣应纳税所得额（填写A107030）	5 800 000
23		五、应纳税所得额（19-20-21-22）	0
24	应纳税额计算	税率（25%）	25%
25		六、应纳所得税额（23×24）	0
26		减：减免所得税额（填写A107040）	0
27		减：抵免所得税额（填写A107050）	

【案例13-3】果果创投公司2020—2022年发生如下投资：

2020年3月2日采取股权投资方式投资于未上市中小高新技术企业A企业（注册资本6 000万元，持股20%）。2020年6月1日，该企业发起设立有限合伙型创投企业苹苹企业，实缴金额9 000万元占比30%。当年9月、11月，该合伙型创投企业投资于未上市中小高新技术企业B企业和初创科技型企业C企业。

果果创投公司2022年相关情况如下：

（1）合伙型创投企业从未上市高新技术B企业分得3 000万元，从初创科技型C企业分得5 000万元。

（2）当年果果企业纳税调整后所得为3 100万元。假设企业符合创业投资企业政策的各项要求，不存在以前年度结转抵扣，也无其他调整事项和以前年度亏损弥补。

请问果果创投企业如何填写企业所得税汇算清缴相关表格。

分析：

本题涉及公司投资架构如图13-6所示。

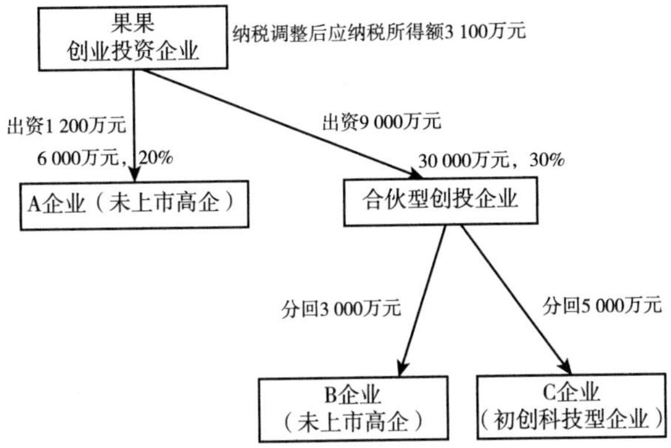

图13-6 投资架构

（1）有限合伙型创投企业。

果果企业通过合伙企业可抵扣投资额为30 000×30%×70%=6 300（万元）。

合伙企业分得的应纳税所得额为8 000万元。

果果企业通过合伙企业分得的应纳税所得额为8 000×30%=2 400(万元)。

表A107030第13行“本年实际抵扣应分得的应纳税所得额”：填写本年法人合伙人享受优惠实际抵扣的投资额，本行第1列为第9行第1列“本年从有限合伙创投企业应分得的应纳税所得额”、第12行第1列“本年可抵扣投资额”、主表第19-20-21行的三者孰小值。第13行“本年实际抵扣应分得的纳税所得额”：2 400万元，剩余3 900（6 300-2 400）万元结转以后年度抵扣。

（2）果果企业。

果果企业投资未上市中小高新技术企业A企业，可抵扣投资额为1 200×70%=840（万元）。

表A107030第6行“本年可用于抵扣的应纳税所得额合计金额”：本行第1列填报表A100000第19-20-21行-本表第13行第1列“本年实际抵扣应分得的应纳税所得额”的金额，表第6行“本年可抵扣应纳税所得额“填写700（3 100-2 400）万元，剩余140（840-700）万元结转以后年度抵扣。

（3）填表：

①“抵扣应纳税所得额明细表”（A107030）（见表13-24）。

表 13-24　　A107030 抵扣应纳税所得额明细表　　单位：元

行次	项目	合计金额	投资于未上市中小高新技术企业	投资于种子期、初创期科技型企业
		1=2+3	2	3
一、创业投资企业直接投资按投资额一定比例抵扣应纳税所得额				
1	本年新增的符合条件的股权投资额	12 000 000	12 000 000	0
2	税收规定的抵扣率	70%	70%	70%
3	本年新增的可抵扣的股权投资额（1×2）	8 400 000	8 400 000	
4	以前年度结转的尚未抵扣的股权投资余额		*	*
5	本年可抵扣的股权投资额（3+4）	8 400 000	*	*
6	本年可用于抵扣的应纳税所得额	7 000 000	*	*
7	本年实际抵扣应纳税所得额	7 000 000	7 000 000	0
8	结转以后年度抵扣的股权投资余额	1 400 000	*	*
二、通过有限合伙制创业投资企业投资按一定比例抵扣分得的应纳税所得额				
9	本年从有限合伙创投企业应分得的应纳税所得额	24 000 000	9 000 000	15 000 000
10	本年新增的可抵扣投资额	63 000 000	21 000 000	42 000 000
11	以前年度结转的可抵扣投资额余额		*	*
12	本年可抵扣投资额（10+11）	63 000 000	*	*
13	本年实际抵扣应分得的应纳税所得额	24 000 000	9 000 000	15 000 000
14	结转以后年度抵扣的投资额余额	39 000 000	*	*
三、抵扣应纳税所得额合计				
15	合计（7+13）	31 000 000	16 000 000	15 000 000

②主表（见表13–25）。

表13–25　A100000中华人民共和国企业所得税年度纳税申报表（A类）

单位：元

行次	类别	项目	金额
1	利润总额计算	一、营业收入（填写A101010/101020/103000）	
		……	
10		二、营业利润（1–2–3–4–5–6–7+8+9）	
		……	
13		三、利润总额（10+11–12）	
14	应纳税所得额计算	减：境外所得（填写A108010）	
15		加：纳税调整增加额（填写A105000）	
16		减：纳税调整减少额（填写A105000）	
17		减：免税、减计收入及加计扣除（填写A107010）	
18		加：境外应税所得抵减境内亏损（填写A108000）	
19		四、纳税调整后所得（13–14+15–16–17+18）	31 000 000
20		减：所得减免（填写A107020）	
21		减：弥补以前年度亏损（填写A106000）	
22		减：抵扣应纳税所得额（填写A107030）	31 000 000
23		五、应纳税所得额（19–20–21–22）	0
24	应纳税额计算	税率（25%）	25%
25		六、应纳所得税额（23×24）	0
26		减：减免所得税额（填写A107040）	0
27		减：抵免所得税额（填写A107050）	
28		七、应纳税额（25–26–27）	0
29		加：境外所得应纳所得税额（填写A108000）	
30		减：境外所得抵免所得税额（填写A108000）	
31		八、实际应纳所得税额（28+29–30）	0
32		减：本年累计实际已缴纳的所得税额	0
33		九、本年应补（退）所得税额（31–32）	0
34		其中：总机构分摊本年应补（退）所得税额（填写A109000）	
35		财政集中分配本年应补（退）所得税额（填写A109000）	
36		总机构主体生产经营部门分摊本年应补（退）所得税额（填写A109000）	

第六节 | 单一投资基金核算方式

创业投资企业选择按单一投资基金核算或者按创业投资企业年度所得整体核算是创业投资企业计税的核算方式之一。选择按单一投资基金核算的对象为个人合伙人来源于创业投资企业的“利息、股息、红利所得”或“财产转让所得”。单一投资基金核算文件的颁布有个插曲。

一、单一投资基金核算方式政策

2018年，国家税务总局稽查局检查中发现有些地方政府为发展地方经济，引进投资类企业，自行规定投资类合伙企业的自然人合伙人按照“利息、股息、红利所得”或“财产转让所得”项目征收个人所得税，税率适用20%，认为该做法违背了《中华人民共和国税收征收管理法》第三条的规定，应当予以纠正。然而，投资类企业也确实有按照20%纳税的强烈意愿，完全堵死似乎不符合当时的实际情况，更不利于经济的发展。

2019年1月10日，国家税务总局联合财政部、发展改革委、证监会共同发布《关于创业投资企业个人合伙人所得税政策问题的通知》（财税〔2019〕8号）①，该文规定对创业投资企业选择按单一投资基金核算的，其个人合伙人从该基金应分得的股权转让所得和股息红利所得，按照20%税率计算缴纳个人所得税，而创业投资企业选择按年度所得整体核算的，其个人合伙人应从创业投资企业取得的所得，按照“经营所得”项目5%—35%的超额累进税率计算缴纳个人所得税。

值得一提的是，企业备案成创业投资企业选择采用单一投资基金核算时，从应纳税额及税后现金流来看，确实比整体核算有优势。然而，这种优势是在基金整体有盈余，且平均分布于项目各期的前提下。实际情况是，基金在投资早期亏损的情况多，选用单一投资基金核算会出现一些情况：财税〔2019〕8号仅适用创业投资企业个人合伙人的股权转让所得和股息红利所得；单一投资基金模式下，基金支付管理人的管理费、业绩报酬，自然人合伙人无法扣除，且该核算选用三年不得变更；单一投资基金的股权转让所得，按一个纳税年度内不同投资项目的所得和损失相互抵减后的余额计算，余额大于或等于零的，即确认为该基金的年度股权转让所得，余额小于零的，

① 更新文件：财政部 税务总局 国家发展改革委 中国证监会公告2023年第24号。

该基金年度股权转让所得按零计算且不能跨年结转；选择单一投资基金核算如符合财税〔2018〕55号规定条件的，创业投资企业个人合伙人可以按照被转让项目对应投资额的70%抵扣其应从基金年度股权转让所得中分得的份额后再计算其应纳税额，当期不足抵扣的，按规定不得向以后年度结转抵扣。

单一投资基金核算方式的选择主要影响有限合伙型创业投资企业的个人合伙人，会影响其出资额充分抵扣与否，进而可少缴税（很多情况下，单一投资基金核算对个人合伙人不是很有利），对法人合伙人以其对投资对象投资额70%抵扣从创业投资企业分得所得不产生影响，在两种核算方式下，法人合伙人税负相同。

因此，严格来说选择按单一投资基金核算不属于税收优惠。

创业投资企业选择单一投资基金核算方式备案需要注意以下事项：

1.架构在创业投资企业税收政策之上选择按单一投资基金核算方式，是以向基金业协会、发展改革委备案为前提条件。选择按单一投资基金核算方式首先得是符合条件的创业投资企业，其次才是适用的对象，创业投资企业的个人合伙人。

2.创业投资企业选择按单一投资基金核算的，应当在按照完成发展改革委或者基金业协会备案的30日内，向主管税务机关进行核算方式备案；未按规定备案的，视同选择按创业投资企业年度所得整体核算。这个核算方式备案要求非常高，尤其不少创投基金在设立开初并不赚钱，若直接选择单一投资基金核算方式，可能会增加企业成本。

3.创业投资企业选择按单一投资基金核算或按创业投资企业年度所得整体核算后，3年内不能变更。创业投资企业选择一种核算方式满3年需要调整的，应当在满3年的次年1月31日前，重新向主管税务机关备案。

4.目前，创业投资企业税收系列政策（包括单一投资基金核算方式）均不适用于FOF，尤其是复杂的嵌套结构。

【案例13-4】2021年1月5日，甲创业投资基金（有限合伙）由乙资产管理有限公司（GP）、丙企业和丁自然人共同设立：乙公司出资为30万元，丙企业出资1 970万元，丁出资1 000万元。当月，甲基金将募集资金投资于中国境内注册成立的初创科技型企业（苹苹公司、果果公司）。2023年，甲基金取得项目公司分配股息、红利收入300万元，转让股权所得600万元。2023年发生管理费、其他费用85万元，以前年度亏损5万元。基金按LP出资比例分配，GP不参与上述收益分配。请计算并比较基金整体核算和单一投资基金核算模式下，投资者应缴所得税金额。

解析：

（1）整体核算。

法人合伙人丙公司的生产经营所得=（300+600−90）×2÷3=540（万元）

合伙创业投资企业采取股权投资方式直接投资于初创科技型企业满2年的法人合伙人丙公司可以其投资额1 379（1 970×70%）万元抵扣其从创投基金分得的应纳税所得额540万元，不足抵扣的839万元，可以在以后年度结转抵扣。

根据国税函〔2001〕84号规定，合伙企业对外投资分回的利息或者股息、红利，不并入企业的收入，而应单独作为投资者个人取得的利息、股息、红利所得，按“利息、股息、红利所得”应税项目计算缴纳个人所得税。

丁个人合伙人股息利息收入=300×1÷3=100（万元）

丁个人合伙人生产经营所得=（600−90）×1÷3=170（万元）

丁个人合伙人按照被转让项目对应投资额的700（1 000×70%）万元抵扣其从创业投资企业应分得的经营所得170万元后再计算其应纳税额；不足抵扣的，可以在以后年度结转抵扣。

自然人合伙人丁需要缴纳的个人所得税=100×20%=20（万元）

（2）选择按单一投资基金核算。

法人合伙人丙公司生产经营所得=（300+600−90）2÷3=540（万元）

投资于初创科技型企业满2年的法人合伙人丙公司以其投资额1 379（1 970×70%）万元抵扣其从创投基金分得的应纳税所得额540万元，不足抵扣的839万元，可以在以后年度结转抵扣。

合伙人丁自然人根据财税〔2019〕8号规定，创业投资企业选择按单一投资基金核算的，其个人合伙人从该基金应分得的股权转让所得和股息红利所得，按照20%税率计算缴纳个人所得税。

丁个人股权转让所得=600×1÷3=200（万元）

丁个人股息利息所得=300×1÷3=100（万元）

丁个人可以按照被转让项目对应投资700（1 000×70%）万元抵扣其从创投基金年度股权转让所得中分得的200万元后再计算其应纳税额，当期不足抵扣的，按规定不得结转抵扣。

丁个人合伙人缴纳个人所得税=100×20%=20（万元）

二、单一投资基金核算方式备案

创业投资企业选择按单一投资基金核算的，应当在按照完成发展改革委或者基金业协会备案的30日内，向主管税务机关进行核算方式备案；未按规定备案的，视同选择按创业投资企业年度所得整体核算。

（一）核算方式备案

完成发展改革委或者中基协备案后，向主管税务机关进行核算方式备案。以下为“合伙制创业投资企业单一投资基金核算方式备案表”（见表13–26）。

表 13–26　　合伙制创业投资企业单一投资基金核算方式备案表[①]

（____至____年度）

备案编号（主管税务机关填写）：

创投企业（基金）名称	
纳税人识别号（统一社会信用代码）	
创投企业（基金）备案管理机构	□发展改革部门　□证券监管部门
管理机构备案编号	
管理机构备案时间	
谨声明：本表是根据国家税收法律法规及相关规定填报的，是真实的、可靠的、完整的。 创投企业（基金）印章：　年　月　日	
经办人签字： 经办人身份证件号码： 代理机构签章： 代理机构统一社会信用代码：	受理人： 受理税务机关（章）： 受理日期：　年　月　日

国家税务总局监制

（二）完成股权转让所得扣缴申报

选择按单一投资基金核算的合伙制创业投资企业（含创投基金）按规定办理年度股权转让所得扣缴申报时，于次年3月31日前向主管税务机关报送如下表格（见表13–27）。

① 国家税务总局公告2019年第7号附件6。

表 13-27　单一投资基金核算的合伙制创业投资企业个人所得税扣缴申报表[1]

税款所属期：　　年　　月　　日至　　年　　月　　日

扣缴义务人名称：

扣缴义务人纳税人识别号（统一社会信用代码）：□□□□□□□□□□□□□□□□□□□□　　　　金额单位：人民币元（列至角分）

税务机关备案编号	

创投企业投资项目所得情况										
序号	被投资企业名称	被投资企业纳税人识别号（统一社会信用代码）	投资股权份数	转让股权份数	转让后股权份数	股权转让时间	股权转让收入	股权原值	合理费用	股权转让所得额
1	2	3	4	5	6	7	8	9	10	11
纳税年度内股权转让所得额合计										

创投企业个人合伙人所得分配情况																
序号	个人合伙人姓名	身份证件类型	身份证件号码	个人合伙人纳税人识别号	分配比例（%）	创投企业股权转让所得额	分配所得额	其中：投资初创科技型企业情况			应纳税所得额	税率	应纳税额	减免税额	已缴税额	应补/退税额
								创投企业符合条件的投资额	个人出资比例	当年按个人投资额70%计算的实际抵扣额						

① 国家税务总局公告2019年第7号附件7。

续表

12	13	14	15	16	17	18	19	20	21	22	23	24	25	26	27	28
合计												—				

谨声明：本表是根据国家税收法律法规及相关规定填报的，是真实的、可靠的、完整的。

创投企业（基金）印章：　　年　　月　　日

经办人签字： 经办人身份证件号码： 代理机构签章： 代理机构统一社会信用代码：	受理人： 受理税务机关（章）： 受理日期：　　年　　月　　日

国家税务总局监制

第十四章

私募基金增值税及其他税费申报

本章介绍私募基金的税费申报。按照私募基金是否具备经营实体，基金可以分为契约型基金和股权型基金。私募契约型基金主要涉及增值税；股权型基金和实体企业无差异，需要申报增值税、所得税、财产行为税等税费。

第一节｜增值税申报

一、增值税政策演变

自2016年5月1日起，在全国范围内全面推开营业税改征增值税（以下称“营改增”）试点，建筑业、房地产业、金融业、生活服务业等全部营业税纳税人，纳入试点范围，由缴纳营业税改为缴纳增值税，我国的增值税税制发生翻天覆地的变化[①]。我国增值税税制按规定层级分为以下几部分。

（一）行政法规

《中华人民共和国增值税暂行条例》是为征收增值税而发布的条例。目前，我国增值税最高位阶的法规属于2017修订版《中华人民共和国增值税暂行条例》：1993年12月13日，中华人民共和国国务院令第134号公布；2008年11月5日国务院第34次常务会议修订通过；根据2016年2月6日《国务院关于修改部分行政法规的决定》第一次修订；根据2017年11月19日《国务院关于废止〈中华人民共和

① 2019年11月27日，财政部、国家税务总局向社会公布了《中华人民共和国增值税法（征求意见稿）》，向全社会征集立法意见。2022年12月27日，《中华人民共和国增值税法（草案）》（以下简称“《草案》”）提请十三届全国人大常委会第三十八次会议首次审议。2023年8月28日，增值税法草案提请全国人大常委会会议二次审议。2024年12月25日，十四届全国人大常委会第十三次会议表决通过《中华人民共和国增值税法》，自2026年1月1日起施行。

国营业税暂行条例〉和修改〈中华人民共和国增值税暂行条例〉的决定》第二次修订。

（二）部门规章

1993年12月25日，财政部根据《中华人民共和国增值税暂行条例》制定《中华人民共和国增值税暂行条例实施细则》（财法字〔1993〕38号）。

2008年12月15日，财政部、国家税务总局根据《中华人民共和国增值税暂行条例》制定《中华人民共和国增值税暂行条例实施细则》（财政部 国家税务总局令2008年第50号），该细则自2009年1月1日起施行。

2011年10月28日，财政部发布《关于修改〈中华人民共和国增值税暂行条例实施细则〉和〈中华人民共和国营业税暂行条例实施细则〉的决定》（财政部令第65号），该细则第二十三条第三款自2011年11月1日起修改为："营业税起征点的幅度规定如下：（一）按期纳税的，为月营业额5 000—20 000元；（二）按次纳税的，为每次（日）营业额300—500元。"

2020年1月23日，财政部发文《关于公布废止和失效的财政规章和规范性文件目录（第十三批）的决定》（财政部令第103号），《中华人民共和国营业税暂行条例实施细则》废止。

（三）规范性文件

规范性文件分为几类：

1. 增值税一般纳税人登记管理

增值税一般纳税人登记管理如表14-1所示。

表14-1 增值税一般纳税人登记管理

时间	文件	备注
2010-04-07	《国家税务总局关于明确〈增值税一般纳税人资格认定管理办法〉若干条款处理意见的通知》（国税函〔2010〕139号）	根据2018年1月29日国家税务总局公告2018年第6号《国家税务总局关于增值税一般纳税人登记管理若干事项的公告》，本文自2018年2月1日起废止
2015-11-02	《国家税务总局关于"三证合一"登记制度改革涉及增值税一般纳税人管理有关事项的公告》（国家税务总局公告2015年第74号）	根据2018年1月29日《国家税务总局关于增值税一般纳税人登记管理若干事项的公告》（国家税务总局公告2018年第6号），本文自2018年2月1日起废止

续表

时间	文件	备注
2016-04-19	《国家税务总局关于全面推开营业税改征增值税试点有关税收征收管理事项的公告》(国家税务总局公告2016年第23号)	对试点纳税人试点前后增值税一般纳税人资格登记的“应税行为年应税销售额”、资格登记程序以及年应税销售额标准的适用、纳税人选择按照小规模纳税人纳税等政策适用做了详细的规定，自2016年5月1日起施行
2017-12-29	《增值税一般纳税人登记管理办法》(国家税务总局令第43号)	一般纳税人登记管理办法，自2018年2月1日起施行
2018-01-29	《国家税务总局关于增值税一般纳税人登记管理若干事项的公告》(国家税务总局公告2018年第6号)	明确增值税一般纳税人登记管理办法的相关执行口径

2. 增值税小规模纳税人普惠性减免

2019—2023年，增值税小规模纳税人的免税销售额、征收率（减按）有所变动。自2023年1月1日起，对月销售额10万元以下（含本数）的增值税小规模纳税人，免征增值税；增值税小规模纳税人适用3%征收率的应税销售收入，减按1%征收率征收增值税；适用3%预征率的预缴增值税项目，减按1%预征率预缴增值税。

（1）税基式减免。

增值税小规模纳税人税基式减免文件如表14-2所示。

表14-2　　增值税小规模纳税人税基式减免文件

序号	时间	月免税销售额	文号
1	2019.1.1—2021.12.31	10万元	财税〔2019〕13号
2	2021.4.1—2022.12.31	15万元	财政部 税务总局公告2021年第11号
3	2023.1.1—2023.12.31	10万元	财政部 税务总局公告2023年第1号
4	2023.12.31—2027.1.1	10万元	财政部 税务总局公告2023年第19号

《财政部 税务总局关于实施小微企业普惠性税收减免政策的通知》(财税〔2019〕13号)、《关于小规模纳税人免征增值税政策有关征管问题的公告》(国家税务总局公告2019年第4号）规定：2019年1月1日至2021年12月31日，对月销售额10万元以

下（含本数）的增值税小规模纳税人，免征增值税。

根据2021年3月31日《财政部 税务总局关于明确增值税小规模纳税人免征增值税政策的公告》（财政部 税务总局公告2021年第11号）、《国家税务总局关于小规模纳税人免征增值税征管问题的公告》（国家税务总局公告2021年第5号），自2021年4月1日至2022年12月31日，对月销售额15万元以下（含本数）的增值税小规模纳税人，免征增值税。

根据《财政部 税务总局关于明确增值税小规模纳税人减免增值税等政策的公告》（财政部 税务总局公告2023年第1号）、《关于增值税小规模纳税人减免增值税等政策有关征管事项的公告》（国家税务总局公告2023年第1号）规定：自2023年1月1日至2023年12月31日，对月销售额10万元以下（含本数）的增值税小规模纳税人，免征增值税。

2023年8月1日，《财政部 税务总局关于增值税小规模纳税人减免增值税政策的公告》（财政部 税务总局公告2023年第19号）将增值税小规模纳税人减免增值税等政策延期至2027年12月31日。

（2）税率式减免。

增值税小规模纳税人税率式减免文件如表14-3所示。

表14-3　增值税小规模纳税人税率性减免文件

序号	时间	征收率	文号
1	2020.3.1—2020.5.31	3%减按1%	财政部 税务总局公告2020年第13号
2	2020.6.1—2020.12.31	3%减按1%	财政部 税务总局公告2020年第24号
3	2021.1.1—2021.12.31	3%减按1%	财政部 税务总局公告2021年第7号
4	2022.1.1—2022.3.31	3%减按1%	财政部 税务总局公告2023年第15号
5	2022.4.1—2022.12.31	3%的免征	财政部 税务总局公告2023年第15号
6	2023.1.1—2023.12.31	3%减按1%	财政部 税务总局公告2023年第1号
7	2024.1.1—2027.12.31	3%减按1%	财政部 税务总局公告2023年第19号

增值税小规模纳税人，纳税义务发生时间在2020年3月1日至2022年3月31日，适用3%征收率的应税销售收入，减按1%征收率征收增值税，其中湖北省自2020年3月1日至2021年3月31日期间，适用3%征收率的应税收入，免征增

值税[①]。

根据《财政部 税务总局关于对增值税小规模纳税人免征增值税的公告》（财政部 税务总局公告2022年第15号）规定，自2022年4月1日至2022年12月31日，增值税小规模纳税人适用3%征收率的应税销售收入，免征增值税；适用3%预征率的预缴增值税项目，暂停预缴增值税。

根据《财政部 税务总局关于明确增值税小规模纳税人减免增值税等政策的公告》（财政部 税务总局公告2023年第1号）、《关于增值税小规模纳税人减免增值税等政策有关征管事项的公告》（国家税务总局公告2023年第1号）规定：自2023年1月1日至2023年12月31日，增值税小规模纳税人适用3%征收率的应税销售收入，减按1%征收率征收增值税；适用3%预征率的预缴增值税项目，减按1%预征率预缴增值税。

《财政部 税务总局关于增值税小规模纳税人减免增值税政策的公告》（财政部 税务总局公告2023年第19号）将增值税小规模纳税人减免增值税等政策延期至2027年12月31日。

3.税率等其他问题

有关一般纳税人税率调整的主要规定如下所示：

（1）《财政部 税务总局关于调整增值税税率的通知》（财税〔2018〕32号）；

（2）《财政部 税务总局关于统一增值税小规模纳税人标准的通知》（财税〔2018〕33号）；

（3）《财政部 税务总局 海关总署关于深化增值税改革有关政策的公告》（财政部 税务总局 海关总署公告2019年第39号）。

以下为整理的文件（见表14–4）。

① 《财政部 税务总局关于支持个体工商户复工复业增值税政策的公告》（财政部 税务总局公告2020年第13号）、《财政部 税务总局关于延长小规模纳税人减免增值税政策执行期限的公告》（财政部 税务总局公告2020年第24号）、《关于支持个体工商户复工复业等税收征收管理事项的公告》（国家税务总局公告2020年第5号）、《财政部 税务总局关于延续实施应对疫情部分税费优惠政策的公告》（财政部 税务总局公告2021年第7号）、《财政部 税务总局关于对增值税小规模纳税人免征增值税的公告》（财政部 税务总局公告2022年第15号）。

表 14-4　　一般纳税人税率调整主要文件

时间	文号	内容
2018-04-04	《财政部 税务总局关于调整增值税税率的通知》（财税〔2018〕32号）	原适用17%和11%税率的，税率分别调整为16%、10%，更新文:《财政部 税务总局 海关总署关于深化增值税改革有关政策的公告》（财政部 税务总局 海关总署公告2019年第39号）
	《财政部 税务总局关于统一增值税小规模纳税人标准的通知》（财税〔2018〕33号）	①按照深化增值税改革后续工作安排，结合财税〔2018〕32号及本文，针对政策调整涉及的征管操作问题，国家税务总局2018年4月20日发布了《国家税务总局关于统一小规模纳税人标准等若干增值税问题的公告》（国家税务总局公告2018年第18号），自2018年5月1日起施行 ②按照深化增值税改革后续工作安排，结合本文，国家税务总局公告2018年第18号及现行出口退（免）税有关规定，针对一般纳税人转登记为小规模纳税人（以下简称“转登记纳税人”）涉及的出口退（免）税问题，税务总局2018年4月22日制定了《国家税务总局关于统一小规模纳税人标准有关出口退（免）税问题的公告》（国家税务总局公告2018年第20号），自2018年5月1日起施行 ③2019年1月19日，根据《财政部 税务总局关于实施小微企业普惠性税收减免政策的通知》（财税〔2019〕13号），国家税务总局发布《国家税务总局关于小规模纳税人免征增值税政策有关征管问题的公告》（国家税务总局公告2019年第4号）规定：转登记日前连续12个月（以1个月为1个纳税期）或者连续4个季度（以1个季度为1个纳税期）累计销售额未超过500万元的一般纳税人，在2019年12月31日前，可选择转登记为小规模纳税人，自2019年1月1日起执行 ④《国家税务总局关于明确二手车经销等若干增值税征管问题的公告》（国家税务总局公告2020年第9号）：一般纳税人符合以下条件的，在2020年12月31日前，可选择转登记为小规模纳税人
2019-03-20	《财政部 税务总局 海关总署关于深化增值税改革有关政策的公告》（财政部 税务总局 海关总署公告2019年第39号）	2019年4月1日起，增值税一般纳税人（以下称“纳税人”）发生增值税应税销售行为或者进口货物，原适用16%税率的，税率调整为13%；原适用10%税率的，税率调整为9% 纳税人购进农产品，原适用10%扣除率的，扣除率调整为9%。纳税人购进用于生产或者委托加工13%税率货物的农产品，按照10%的扣除率计算进项税额 原适用16%税率且出口退税率为16%的出口货物劳务，出口退税率调整为13%；原适用10%税率且出口退税率为10%的出口货物、跨境应税行为，出口退税率调整为9%

如今，一般纳税人分为13%、9%、6%和0税率四档税率（见表14-5）。

表14-5　一般纳税人税率表

<table>
<tr><th>应税项目</th><th>具体内容</th><th>税率（%）</th></tr>
<tr><td rowspan="2">销售或者进口货物（另有列举的货物除外）</td><td>销售货物</td><td rowspan="4">13</td></tr>
<tr><td>不属于农产品征收范围：
①各种蔬菜罐头
②各种水果罐头、果脯、蜜饯、炒制的果仁、坚果、碾磨后的园艺植物（如胡椒粉、花椒粉等）
③以粮食为原料加工的速冻食品、方便面、副食品和各种熟食品，玉米浆、玉米皮、玉米纤维（又称喷浆玉米皮）和玉米蛋白粉
④农业生产者用自产的茶青再经筛分、风选、拣剔、碎块、干燥、匀堆等工序精制而成的精制茶，边销茶及掺对各种药物的茶和茶饮料
⑤熟制的水产品和各类水产品的罐头
⑥各种肉类罐头、肉类熟制品
⑦各种蛋类的罐头
⑧酸奶、奶酪、奶油，调制乳
⑨专业复烤厂烤制的复烤烟叶
⑩锯材，竹笋罐头
⑪中成药
⑫洗净毛、洗净绒
⑬饲料添加剂
⑭用于人类日常生活的各种类型包装的日用卫生用药（如卫生杀虫剂、驱虫剂、驱蚊剂、蚊香等）
⑮以农副产品为原料加工工业产品的机械、农用汽车、三轮运货车、机动渔船、森林砍伐机械、集材机械、农机零部件</td></tr>
<tr><td colspan="2">销售劳务</td></tr>
<tr><td colspan="2">有形动产租赁服务（属于现代服务）</td></tr>
<tr><td colspan="2">粮食等农产品、食用植物油、食用盐</td><td rowspan="8">9</td></tr>
<tr><td colspan="2">饲料、化肥、农药、农机、农膜</td></tr>
<tr><td colspan="2">图书、报纸、杂志、音像制品、电子出版物</td></tr>
<tr><td colspan="2">自来水、暖气、冷气、热水、煤气、石油液化气、天然气、二甲醚、沼气、居民用煤炭制品</td></tr>
<tr><td colspan="2">国务院固定的其他货物</td></tr>
<tr><td colspan="2">不动产租赁服务（属于现代服务）</td></tr>
<tr><td colspan="2">交通运输服务（陆路、水路、航空运输服务和管道运输服务）</td></tr>
<tr><td colspan="2">销售不动产（建筑物、构建物等）</td></tr>
</table>

续表

应税项目	具体内容	税率（%）
建筑服务（工程服务、安装服务、修缮服务、装饰服务和其他建筑服务）		9
转让土地使用权		
邮政服务（邮政普通服务、邮政特殊服务和其他邮政服务）		
基础电信服务		
销售无形资产（转让补充耕地指标、技术、商标、著作权、商誉、自然资源、其他权益性无形资产使用权或所有权）		6
增值电信服务		
金融服务（贷款服务、直接收费金融服务、保险服务和金融商品转让）		
现代服务（研发和技术服务、信息技术服务、文化创意服务、物流辅助服务、鉴证咨询服务、广播影视服务、商务辅助服务、其他现代服务）		
生活服务（文化体育服务、教育医疗服务、旅游娱乐服务、餐饮住宿服务、居民日常服务、其他生活服务）		
纳税人出口货物（国务院另有规定的除外）		0
境内单位和个人跨境销售国务院规定范围内的服务、无形资产		
销售货物、劳务，提供的跨境应税行为，符合免税条件的，免税；境内的单位和个人销售适用增值税零税率的服务或无形资产的，可以放弃适用增值税零税率，选择免税或按规定缴纳增值税 放弃适用增值税零税率后，36个月内不得再申请适用增值税零税率		

二、私募基金增值税

鉴于私募基金的组织形式，我国私募投资基金主要分为私募契约型基金、股权投资基金。私募证券投资基金基本采用契约型，股权基金主要为公司型基金、合伙型基金。

（一）股权基金增值税

作为法律主体，私募股权基金拥有独立于基金管理人的经营实体，可以单独缴纳相关税费。股权基金作为增值税纳税人时，在年应税销售额超过财政部、税务总局规定的小规模纳税人标准500万元时，应当向主管税务机关办理一般纳税人登记。

1.股权基金小规模纳税人

股权基金为小规模纳税人时，需要申报一张主表和一张附表：

（1）主表（见表14-6）。

表 14-6　　增值税及附加税费申报表

（小规模纳税人适用）

纳税人识别号（统一社会信用代码）：□□□□□□□□□□□□□□□□□□□□□□□□

纳税人名称：　　　　　　　　　　　　　　　　　　　　　金额单位：元（列至角分）

税款所属期：　年　月　日至　年　月　日　　　　　　　　填表日期：　年　月　日

	项目	栏次	本期数		本年累计	
			货物及劳务	服务、不动产和无形资产	货物及劳务	服务、不动产和无形资产
一、计税依据	（一）应征增值税不含税销售额（3%征收率）	1				
	增值税专用发票不含税销售额	2				
	其他增值税发票不含税销售额	3				
	（二）应征增值税不含税销售额（5%征收率）	4	—		—	
	增值税专用发票不含税销售额	5	—		—	
	其他增值税发票不含税销售额	6	—		—	
	（三）销售使用过的固定资产不含税销售额	7（7≥8）		—		—
	其中：其他增值税发票不含税销售额	8		—		—
	（四）免税销售额	9=10+11+12				
	其中：小微企业免税销售额	10				
	未达起征点销售额	11				
	其他免税销售额	12				
	（五）出口免税销售额	13（13≥14）				
	其中：其他增值税发票不含税销售额	14				
二、税款计算	本期应纳税额	15				
	本期应纳税额减征额	16				
	本期免税额	17				
	其中：小微企业免税额	18				
	未达起征点免税额	19				
	应纳税额合计	20=15-16				
	本期预缴税额	21			—	—
	本期应补（退）税额	22=20-21			—	—

续表

	项目	栏次	本期数		本年累计	
			货物及劳务	服务、不动产和无形资产	货物及劳务	服务、不动产和无形资产
三、附加税费	城市维护建设税本期应补（退）税额	23				
	教育费附加本期应补（退）费额	24				
	地方教育附加本期应补（退）费额	25				

声明：此表是根据国家税收法律法规及相关规定填写的，本人（单位）对填报内容（及附带资料）的真实性、可靠性、完整性负责。

纳税人（签章）：　　年　　月　　日

经办人： 经办人身份证号： 代理机构签章： 代理机构统一社会信用代码：	受理人： 受理税务机关（章）： 受理日期：　　年　　月　　日

（2）“增值税及附加税费申报表（小规模纳税人适用）附列资料（一）”（见表14–7）。

表 14–7　增值税及附加税费申报表（小规模纳税人适用）附列资料（一）

（服务、不动产和无形资产扣除项目明细）

税款所属期：　　年　　月　　日至　　年　　月　　日　　　　填表日期：　　年　　月　　日

纳税人名称（公章）：　　　　金额单位：元（列至角分）

应税行为（3%征收率）扣除额计算			
期初余额	本期发生额	本期扣除额	期末余额
1	2	3（3≤1+2之和，且3≤5）	4=1+2−3
应税行为（3%征收率）计税销售额计算			
全部含税收入（适用3%征收率）	本期扣除额	含税销售额	不含税销售额
5	6=3	7=5−6	8=7÷1.03
应税行为（5%征收率）扣除额计算			
期初余额	本期发生额	本期扣除额	期末余额
9	10	11（11≤9+10之和，且11≤13）	12=9+10−11
应税行为（5%征收率）计税销售额计算			
全部含税收入（适用5%征收率）	本期扣除额	含税销售额	不含税销售额
13	14=11	15=13−14	16=15÷1.05

2. 股权基金一般纳税人

股权基金为一般纳税人时需要填写以下几张表格：

（1）主表（见表14-8）。

表 14-8　　增值税及附加税费申报表

（一般纳税人适用）

根据国家税收法律法规及增值税相关规定制定本表。纳税人不论有无销售额，均应按税务机关核定的纳税期限填写本表，并向当地税务机关申报。

税款所属时间：自　年　月　日至　年　月　日　填表日期：　年　月　日　金额单位：元（列至角分）

纳税人识别号（统一社会信用代码）：□□□□□□□□□□□□□□□□□□□□□　所属行业：

纳税人名称：	法定代表人姓名	注册地址		生产经营地址	
开户银行及账号		登记注册类型		电话号码	

项目		栏次	一般项目		即征即退项目	
			本月数	本年累计	本月数	本年累计
销售额	（一）按适用税率计税销售额	1				
	其中：应税货物销售额	2				
	应税劳务销售额	3				
	纳税检查调整的销售额	4				
	（二）按简易办法计税销售额	5				
	其中：纳税检查调整的销售额	6				
	（三）免、抵、退办法出口销售额	7			—	—
	（四）免税销售额	8			—	—
	其中：免税货物销售额	9			—	—
	免税劳务销售额	10			—	—
税款计算	销项税额	11				
	进项税额	12				
	上期留抵税额	13				—
	进项税额转出	14				
	免、抵、退应退税额	15			—	—
	按适用税率计算的纳税检查应补缴税额	16			—	—
	应抵扣税额合计	17=12+13−14−15+16		—		—

续表

项目		栏次	一般项目		即征即退项目	
			本月数	本年累计	本月数	本年累计
税款计算	实际抵扣税额	18（如17＜11，则为17，否则为11）				
	应纳税额	19=11-18				
	期末留抵税额	20=17-18				—
	简易计税办法计算的应纳税额	21				
	按简易计税办法计算的纳税检查应补缴税额	22			—	—
	应纳税额减征额	23				
	应纳税额合计	24=19+21-23				
税款缴纳	期初未缴税额（多缴为负数）	25				
	实收出口开具专用缴款书退税额	26			—	—
	本期已缴税额	27=28+29+30+31				
	①分次预缴税额	28		—		—
	②出口开具专用缴款书预缴税额	29		—	—	—
	③本期缴纳上期应纳税额	30				
	④本期缴纳欠缴税额	31				
	期末未缴税额（多缴为负数）	32=24+25+26-27				
	其中：欠缴税额（≥0）	33=25+26-27		—		—
	本期应补（退）税额	34=24-28-29		—		—
	即征即退实际退税额	35	—	—		
	期初未缴查补税额	36			—	—
	本期入库查补税额	37			—	—
	期末未缴查补税额	38=16+22+36-37			—	—
附加税费	城市维护建设税本期应补（退）税额	39			—	—
	教育费附加本期应补（退）费额	40			—	—
	地方教育附加本期应补（退）费额	41			—	—

声明：此表是根据国家税收法律法规及相关规定填写的，本人（单位）对填报内容（及附带资料）的真实性、可靠性、完整性负责。

纳税人（签章）：　　　　年　　月　　日

经办人： 经办人身份证号： 代理机构签章： 代理机构统一社会信用代码：	受理人： 受理税务机关（章）： 受理日期：　　年　　月　　日

（2）“增值税及附加税费申报表附列资料（一）”（见表14–9）。

表 14–9

增值税及附加税费申报表附列资料（一）
（本期销售情况明细）

税款所属时间：　年　月　日至　年　月　日

纳税人名称：（公章）

金额单位：元（列至角分）

项目及栏次				开具增值税专用发票		开具其他发票		未开具发票		纳税检查调整		合计			服务、不动产和无形资产扣除项目本期实际扣除金额	扣除后	
				销售额	销项（应纳）税额	销售额	销项（应纳）税额	销售额	销项（应纳）税额	销售额	销项（应纳）税额	销售额	销项（应纳）税额	价税合计		含税（免税）销售额	销项（应纳）税额
				1	2	3	4	5	6	7	8	9=1+3+5+7	10=2+4+6+8	11=9+10	12	13=11−12	14=13÷（100%+税率或征收率）×税率或征收率
一、一般计税方法计税	全部征税项目	13%税率的货物及加工修理修配劳务	1											—	—	—	—

续表

一、一般计税方法计税	全部征税项目	13%税率的服务、不动产和无形资产	2														
		9%税率的货物及加工修理修配劳务	3											—	—	—	—
		9%税率的服务、不动产和无形资产	4														
		6%税率	5														
	其中：即征即退项目	即征即退货物及加工修理修配劳务	6	—	—	—	—	—	—	—	—			—	—	—	—
		即征即退服务、不动产和无形资产	7	—	—	—	—	—	—	—	—						
二、简易计税方法计税	全部征税项目	6%征收率	8							—	—			—	—	—	—

续表

二、简易计税方法计税	全部征税项目	5%征收率的货物及加工修理修配劳务	9a							—	—			—	—	—	—
		5%征收率的服务、不动产和无形资产	9b							—	—						
		4%征收率	10							—	—			—	—	—	—
		3%征收率的货物及加工修理修配劳务	11							—	—			—	—	—	—
		3%征收率的服务、不动产和无形资产	12							—	—						
		预征率%	13a							—	—						
		预征率%	13b							—	—						

续表

二、简易计税方法计税	全部征税项目	预征率%	13c							—	—						
	其中：即征即退项目	即征即退货物及加工修理修配劳务	14	—	—	—	—	—	—	—	—			—	—	—	—
		即征即退服务、不动产和无形资产	15	—	—	—	—	—	—	—	—						
三、免抵退税	货物及加工修理修配劳务		16	—	—		—		—	—	—		—	—	—	—	—
	服务、不动产和无形资产		17	—	—		—		—	—	—		—				—
四、免税	货物及加工修理修配劳务		18				—		—	—	—		—	—	—	—	—
	服务、不动产和无形资产		19	—	—		—		—	—	—		—				—

（3）“增值税及附加税费申报表附列资料（二）”（见表14–10）。

表14–10 增值税及附加税费申报表附列资料（二）
（本期进项税额明细）

税款所属时间： 年 月 日至 年 月 日

纳税人名称：（公章） 金额单位：元（列至角分）

一、申报抵扣的进项税额				
项目	栏次	份数	金额	税额
（一）认证相符的增值税专用发票	1=2+3			
其中：本期认证相符且本期申报抵扣	2			
前期认证相符且本期申报抵扣	3			
（二）其他扣税凭证	4=5+6+7+8a+8b			
其中：海关进口增值税专用缴款书	5			
农产品收购发票或者销售发票	6			
代扣代缴税收缴款凭证	7		—	
加计扣除农产品进项税额	8a	—	—	
其他	8b			
（三）本期用于购建不动产的扣税凭证	9			
（四）本期用于抵扣的旅客运输服务扣税凭证	10			
（五）外贸企业进项税额抵扣证明	11	—	—	
当期申报抵扣进项税额合计	12=1+4+11			

二、进项税额转出额		
项目	栏次	税额
本期进项税额转出额	13=14至23之和	
其中：免税项目用	14	
集体福利、个人消费	15	
非正常损失	16	
简易计税方法征税项目用	17	
免抵退税办法不得抵扣的进项税额	18	
纳税检查调减进项税额	19	
红字专用发票信息表注明的进项税额	20	
上期留抵税额抵减欠税	21	
上期留抵税额退税	22	
异常凭证转出进项税额	23a	
其他应作进项税额转出的情形	23b	

续表

三、待抵扣进项税额				
项目	栏次	份数	金额	税额
（一）认证相符的增值税专用发票	24	—	—	—
期初已认证相符但未申报抵扣	25			
本期认证相符且本期未申报抵扣	26			
期末已认证相符但未申报抵扣	27			
其中：按照税法规定不允许抵扣	28			
（二）其他扣税凭证	29=30至33之和			
其中：海关进口增值税专用缴款书	30			
农产品收购发票或者销售发票	31			
代扣代缴税收缴款凭证	32		—	
其他	33			
	34			
四、其他				
项目	栏次	份数	金额	税额
本期认证相符的增值税专用发票	35			
代扣代缴税额	36	—	—	

（4）“增值税及附加税费申报表附列资料（三）”（见表14-11）。

表 14-11　　增值税及附加税费申报表附列资料（三）
（服务、不动产和无形资产扣除项目明细）

税款所属时间：　年　月　日至　年　月　日

纳税人名称：（公章）　　　　金额单位：元（列至角分）

项目及栏次		本期服务、不动产和无形资产价税合计额（免税销售额）	期初余额	服务、不动产和无形资产扣除项目			
				本期发生额	本期应扣除金额	本期实际扣除金额	期末余额
		1	2	3	4=2+3	5（5≤1且5≤4）	6=4-5
13%税率的项目	1						
9%税率的项目	2						
6%税率的项目（不含金融商品转让）	3						
6%税率的金融商品转让项目	4						

续表

项目及栏次		本期服务、不动产和无形资产价税合计额（免税销售额）	期初余额	服务、不动产和无形资产扣除项目			
				本期发生额	本期应扣除金额	本期实际扣除金额	期末余额
		1	2	3	4=2+3	5（5≤1且5≤4）	6=4−5
5%征收率的项目	5						
3%征收率的项目	6						
免抵退税的项目	7						
免税的项目	8						

（5）“增值税及附加税费申报表附列资料（四）”（见表14–12）。

表 14–12　　增值税及附加税费申报表附列资料（四）
（税额抵减情况表）

税款所属时间：　年　月　日至　年　月　日

纳税人名称：（公章）　　　　金额单位：元（列至角分）

一、税额抵减情况

序号	抵减项目	期初余额	本期发生额	本期应抵减税额	本期实际抵减税额	期末余额
		1	2	3=1+2	4≤3	5=3−4
1	增值税税控系统专用设备费及技术维护费					
2	分支机构预征缴纳税款					
3	建筑服务预征缴纳税款					
4	销售不动产预征缴纳税款					
5	出租不动产预征缴纳税款					

二、加计抵减情况

序号	加计抵减项目	期初余额	本期发生额	本期调减额	本期可抵减额	本期实际抵减额	期末余额
		1	2	3	4=1+2−3	5	6=4−5
6	一般项目加计抵减额计算						
7	即征即退项目加计抵减额计算						
8	合计						

（6）“增值税减免税申报明细表”。

一般纳税人涉及减免税申报还需填列如下表格（见表14–13）。

表 14–13　　增值税减免税申报明细表

税款所属时间：自　　年　　月　　日至　　年　　月　　日

纳税人名称（公章）：　　　　　　　　　　　　金额单位：元（列至角分）

一、减税项目

减税性质代码及名称	栏次	期初余额	本期发生额	本期应抵减税额	本期实际抵减税额	期末余额
		1	2	3=1+2	4≤3	5=3–4
合计	1					
	2					
	3					
	4					
	5					
	6					

二、免税项目

免税性质代码及名称	栏次	免征增值税项目销售额	免税销售额扣除项目本期实际扣除金额	扣除后免税销售额	免税销售额对应的进项税额	免税额
		1	2	3=1–2	4	5
合 计	7					
出口免税	8		—	—	—	
其中：跨境服务	9		—	—	—	
	10				—	
	11				—	
	12				—	
	13				—	
	14				—	
	15				—	
	16				—	

（二）契约型基金增值税

私募契约型基金管理人从事的业务分为自营业务和基金产品运营业务：

（1）管理人开展业务采用的企业组织形式，可以是公司制，也可以是合伙制。根据企业规模的大小，管理人按照小规模纳税人或者是一般纳税人缴纳增值税。

（2）契约型产品比较常见的，包括基金公司发行的基金产品、信托公司的信托计划、银行提供的投资理财产品等。

私募契约型基金产品运营过程中发生的增值税应税行为，以基金管理人为纳税主体，并照章缴纳增值税。管理人运营基金产品符合条件的，暂按照3%简易计税缴纳增值税：基金管理人对于受托产品提供的管理服务应采用单独的会计实体对其进行核算，分别核算基金产品运营业务和管理人自营业务（其他业务）的销售额和增值税应纳税额；未分别核算的，基金产品运营业务不得按照3%缴纳增值税。

增值税一般纳税人发生财政部和国家税务总局规定的特定应税行为，适用简易计税方法计税，可向税务机关办理选择适用简易计税方法计算缴纳增值税备案。增值税一般纳税人生产销售特定的货物、提供特定应税行为，除管理人接受投资者委托或信托发生“资管产品运营业务”符合条件可采用简易计税以外，具体还包括以下情形：

（1）小型水力发电单位。

（2）砂、土、石料、砖、瓦、石灰等建筑材料生产企业。

（3）商品混凝土生产企业。

（4）生物制品生产企业。

（5）药品经营企业销售生物制品。

（6）自来水生产和销售企业。

（7）旧货经营单位。

（8）单采血浆站销售非临床用人体血液。

（9）寄售商店代销寄售商品。

（10）典当业销售死当物品。

（11）拍卖行。

（12）公共交通运输服务。

（13）有形动产租赁。

（14）经认定的动漫企业。

（15）电影放映服务。

（16）仓储服务。

（17）装卸搬运服务。

（18）收派服务。

（19）中外开采原油、天然气。

（20）房地产开发企业中的一般纳税人出租自行开发的房地产老项目。

（21）房地产开发企业中的一般纳税人销售自行开发的房地产老项目。

（22）公路经营企业收取试点前开工的高速公路通行费。

（23）销售2016年4月30日前取得的不动产。

（24）为建筑工程老项目提供的建筑服务。

（25）为甲供工程提供的建筑服务。

（26）以清包工方式提供的建筑服务。

（27）文化体育服务。

（28）转让2016年4月30日前取得的土地使用权。

（29）2016年4月30日前签订的不动产融资租赁合同，或以2016年4月30日前取得的不动产提供的融资租赁服务。

（30）农村信用社、村镇银行、农村资金互助社、由银行业机构全资发起设立的贷款公司、法人机构在县（县级市、区、旗）及县以下地区的农村合作银行和农村商业银行提供金融服务收入。

（31）提供劳务派遣服务。

（32）中国农业银行纳入“三农金融事业部”改革试点的各省、自治区、直辖市、计划单列市分行下辖的县域支行和新疆生产建设兵团分行下辖的县域支行（也称县事业部），提供农户贷款、农村企业和农村各类组织贷款取得的利息收入。

（33）提供人力资源外包服务。

（34）收取试点前开工的一级公路、二级公路、桥、闸通行费。

（35）出租2016年4月30日前取得的不动产。

（36）提供非学历教育服务。

（37）安全保护服务。

（38）提供物业服务的纳税人代收自来水水费。

（39）兽用药品经营企业销售兽用生物制品。

（40）非企业性单位中的一般纳税人提供的研发和技术服务、信息技术服务、鉴证咨询服务，以及销售技术、著作权等无形资产，以及符合营改增试点过渡政策规定的技术转让、技术开发和与之相关的技术咨询、技术服务。

（41）生产销售和批发、零售抗癌药品。

（42）教育辅助服务。

（43）销售电梯同时提供的安装服务。

（44）其他选择简易办法征收的事项。

私募证券基金管理人适用资管产品管理人简易计税办法时，需要注意以下几方面：

1. 管理人简易计税办理

纳税人报送资料如表14–14所示。

表 14–14　纳税人报送资料

序号	材料名称	数量	备注
1	增值税一般纳税人简易征收备案表	2份	
以下为条件报送资料			
一般纳税人选择简易办法征收备案事项说明		1份	
选择简易征收的产品、服务符合条件的证明材料，或者企业符合条件的证明材料		1份	

（1）办理渠道。

办理渠道：办税服务厅（场所）、电子税务局、移动终端、自助办税终端。

（2）办理时限。

资料齐全、符合法定形式、填写内容完整的，税务机关受理后即时办结。

（3）办理结果。

税务机关反馈“增值税一般纳税人简易征收备案表”。

（4）纳税人注意事项。

纳税人对报送材料的真实性和合法性承担责任。纳税人在资料完整且符合法定受理条件的前提下，最多只需要到税务机关跑一次，实行一次备案制。纳税人备案后提供其他适用或选择适用简易计税方法的建筑服务，不再备案。一般纳税人选择适用简易计税方法计税的，一经选择，36个月内不得变更。

纳税人兼营销售货物、劳务、服务、无形资产或者不动产，适用不同税率或者征收率的，应当分别核算适用不同税率或者征收率的销售额；未分别核算的，从高适用税率。专用于简易计税方法计税项目，免征增值税项目，集体福利或者个人消费的进项税额不得从销项税额中抵扣。

2. 简易计税申报

简易计税申报通过“增值税及附加税费申报表附列资料（三）”（服务、不动产和无形资产扣除项目明细）相关行次及“增值税及附加税费申报表附列资料（一）”（本期销售情况明细）相应行次的填报实现差额后征税。

【案例14–1】果果公司为2023年10月新成立的投资管理公司（私募证券基金公司，一般纳税人），2023年经营业务情况如下：（假设不考虑利息）

该年11月接受客户委托买卖股票，卖出价618万元，买入价为1 030万元；12月转让股票3 090万元，买入价为2 575万元。请问该机构2023年各期不含税销售额、应纳税额为多少，并简述增值税申报步骤。

解析：11月亏损103万元，不含税销售额：（618–1030）÷1.03=–400（万元）

12月盈余515（3 090–2 575）万元，不含税销售额为515÷1.03=500（万元）。

该司11月价差为–412万元，12月为515万元。全年整体盈余103万元，无负差出现。金融商品买卖情况如表14–15所示（含税金额：万元）。

表14–15 金融商品买卖情况

时间＼项目	卖出价	买入价	结余
2023年11月	618	1 030	–412
2023年12月	3 090	2 575	515
合计	3 708	3 605	103

（1）11月。

①“增值税及附加税费申报表附列资料（三）”（见表14–16）。

表14–16 增值税及附加税费申报表附列资料（三）（服务、不动产和无形资产扣除项目明细）

税款所属时间：2023年11月1日至2023年11月30日

纳税人名称：（公章）　　金额单位：元（列至角分）

项目及栏次		本期服务、不动产和无形资产价税合计额（免税销售额）	服务、不动产和无形资产扣除项目				
			期初余额	本期发生额	本期应扣除金额	本期实际扣除金额	期末余额
		1	2	3	4=2+3	5（5≤1且5≤4）	6=4–5
13%税率的项目	1						

续表

9%税率的项目	2						
……							
3%征收率的项目	6	6 180 000	0	10 300 000	10 300 000	6 180 000	4 120 000
免抵退税的项目	7						
……							

② “增值税及附加税费申报表附列资料（一）”（见表14-17）。

表 14-17　　增值税及附加税费申报表附列资料（一）
（本期销售情况明细）

税款所属时间：2023年11月1日至2023年11月30日

纳税人名称：（公章）　　金额单位：元（列至角分）

项目及栏次				……		合计			服务、不动产和无形资产扣除项目本期实际扣除金额	扣除后	
				……	……	销售额	销项（应纳）税额	价税合计		含税（免税）销售额	销项（应纳）税额
						9=1+3+5+7	10=2+4+6+8	11=9+10	12	13=11-12	14=13÷（100%+税率或征收率）×税率或征收率
一、一般计税方法计税		……									

续表

二、简易计税方法计税	全部征税项目	6%征收率	8	—	—			—	—	—	—
		5%征收率的货物及加工修理修配劳务	9a	—	—			—	—	—	—
		5%征收率的服务、不动产和无形资产	9b	—	—						
		4%征收率	10	—	—			—	—	—	—
		3%征收率的货物及加工修理修配劳务	11	—	—			—	—	—	—
		3%征收率的服务、不动产和无形资产	12	—	—	6 000 000	180 000	6 180 000	6 180 000	0	0
		……									

③主表（见表14–18）。

表 14–18　增值税及附加税费申报表
（一般纳税人适用）

金额单位：元（列至角分）

项目		栏次	一般项目		即征即退项目	
			本月数	本年累计	本月数	本年累计
销售额	（一）按适用税率计税销售额	1				
	……	2				
	（二）按简易办法计税销售额	5	6 000 000	6 000 000		
	其中：纳税检查调整的销售额	6				
	（三）免、抵、退办法出口销售额	7			—	—
	（四）免税销售额	8			—	—
	……					

续表

税款计算	销项税额	11				
	进项税额	12				
	上期留抵税额	13				—
	进项税额转出	14				
	免、抵、退应退税额	15			—	—
	按适用税率计算的纳税检查应补缴税额	16			—	—
	应抵扣税额合计	17=12+13-14-15+16		—		—
	实际抵扣税额	18（如17＜11，则为17，否则为11）				
	应纳税额	19=11-18				
	期末留抵税额	20=17-18				—
	简易计税办法计算的应纳税额	21	0	0		
	……				—	—
	应纳税额合计	24=19+21-23	0	0		
	……					

（2）12月。

①"增值税及附加税费申报表附列资料（三）"（见表14-19）。

表 14-19　　增值税纳税申报表附列资料（三）
（服务、不动产和无形资产扣除项目明细）

税款所属时间：2023年12月1日至2023年12月31日

纳税人名称：（公章）　　　　金额单位：元（列至角分）

项目及栏次		本期服务、不动产和无形资产价税合计额（免税销售额）	服务、不动产和无形资产扣除项目				
			期初余额	本期发生额	本期应扣除金额	本期实际扣除金额	期末余额
		1	2	3	4=2+3	5（5≤1且5≤4）	6=4-5
13%税率的项目	1						

续表

9%税率的项目	2						
……		……					
3%征收率的项目	6	30 900 000	4 120 000	25 750 000	29 870 000	29 870 000	0
免抵退税的项目	7						
……							

②“增值税及附加税费申报表附列资料（一）”（见表14-20）。

表 14-20　　增值税及附加税费申报表附列资料（一）
（本期销售情况明细）

税款所属时间：2023年12月1日至2023年12月31日

纳税人名称：（公章）　　金额单位：元（列至角分）

项目及栏次				……		合计			服务、不动产和无形资产扣除项目本期实际扣除金额	扣除后	
				……	……	销售额	销项（应纳）税额	价税合计		含税（免税）销售额	销项（应纳）税额
						9=1+3+5+7	10=2+4+6+8	11=9+10	12	13=11-12	14=13÷（100%+税率或征收率）×税率或征收率
一、一般计税方法计税		……									

续表

二、简易计税方法计税	全部征税项目	6%征收率	8	—	—			—	—	—	—
		5%征收率的货物及加工修理修配劳务	9a	—	—			—	—	—	—
		5%征收率的服务、不动产和无形资产	9b	—	—						
		4%征收率	10	—	—			—	—	—	—
		3%征收率的货物及加工修理修配劳务	11	—	—			—	—	—	—
		3%征收率的服务、不动产和无形资产	12	—	—	30 000 000	900 000	30 900 000	29 870 000	1 030 000	30 000
		预征率%	13a					—	—		
		……									

③主表（见表14–21）。

表 14–21　　增值税及附加税费申报表
（一般纳税人适用）

项目		栏次	一般项目		即征即退项目	
			本月数	本年累计	本月数	本年累计
销售额	（一）按适用税率计税销售额	1				
	……	2				
	（二）按简易办法计税销售额	5	30 000 000	36 000 000		
	其中：纳税检查调整的销售额	6				
	（三）免、抵、退办法出口销售额	7			—	—
	（四）免税销售额	8			—	—
	……					

续表

税款计算	销项税额	11				
	进项税额	12				
	上期留抵税额	13				—
	进项税额转出	14				
	免、抵、退应退税额	15			—	—
	按适用税率计算的纳税检查应补缴税额	16			—	—
	应抵扣税额合计	17=12+13−14−15+16		—		—
	实际抵扣税额	18（如17<11，则为17，否则为11）				
	应纳税额	19=11−18				
	期末留抵税额	20=17−18				—
	简易计税办法计算的应纳税额	21	30 000	30 000		
	……				—	—
	应纳税额合计	24=19+21−23	30 000	30 000		
	……					

第二节｜其他税费申报

本节介绍基金的城市维护建设税、教育费附加、地方教育附加等税费。

一、城市维护建设税、教育费附加、地方教育附加

城市维护建设税[①]、教育费附加、地方教育附加是以纳税人实际缴纳的增值税、消费税的税额为计税依据，依法征收的一种税。由于股权基金一般不涉及消费税应税项

① 《中华人民共和国城市维护建设税法》已由中华人民共和国第十三届全国人民代表大会常务委员会第二十一次会议于2020年8月11日通过，并予公布，自2021年9月1日起施行。

目，以实际缴纳增值税计算缴纳城市维护建设税、教育费附加和地方教育附加。

城市维护建设税税率如下：（1）纳税人所在地在市区的，税率为百分之七；（2）纳税人所在地在县城、镇的，税率为百分之五；（3）纳税人所在地不在市区、县城或者镇的，税率为百分之一。所称纳税人所在地，是指纳税人住所地或者与纳税人生产经营活动相关的其他地点，具体地点由省、自治区、直辖市确定。

教育费附加的统一税率为3%，地方教育附加的税率为2%。

城市维护建设税的应纳税额按照计税依据乘以具体适用税率计算。

（一）小规模纳税人

小规模纳税人申报城建税、教育费附加、地方教育附加填写“增值税及附加税费申报表（小规模纳税人适用）附列资料（二）”（见表14-22）。

表 14-22 增值税及附加税费申报表（小规模纳税人适用）附列资料（二）
（附加税费情况表）

税（费）款所属时间：　　年　　月　　日至　　年　　月　　日

纳税人名称：（公章）　　　　　　　　　　　　　　　　金额单位：元（列至角分）

税（费）种	计税（费）依据	税（费）率（%）	本期应纳税（费）额	本期减免税（费）额		增值税小规模纳税人“六税两费”减征政策		本期已缴税（费）额	本期应补（退）税（费）额
	增值税税额			减免性质代码	减免税（费）额	减征比例（%）	减征额		
	1	2	3=1×2	4	5	6	7=（3−5）×6	8	9=3−5−7−8
城市维护建设税									
教育费附加									
地方教育附加									
合计	—	—		—		—			

（二）一般纳税人

基金一般纳税人申报如表14-23所示。

表 14-23　　增值税及附加税费申报表附列资料（五）[1]
（附加税费情况表）

税（费）款所属时间：　　年　　月　　日至　　年　　月　　日

纳税人名称：（公章）　　　　　　　　　　　　金额单位：元（列至角分）

本期是否适用小微企业“六税两费”减免政策	□是　□否	减免政策适用主体	□个体工商户　□小型微利企业
		适用减免政策起止时间	年　月　至　年　月

税（费）种		计税（费）依据			税（费）率（%）	本期应纳税（费）额	本期减免税（费）额		小微企业“六税两费”减免政策		试点建设培育产教融合型企业		本期已缴税（费）额	本期应补（退）税（费）额
		增值税税额	增值税免抵税额	留抵退税本期扣除额			减免性质代码	减免税（费）额	减征比例（%）	减征额	减免性质代码	本期抵免金额		
		1	2	3	4	5=（1+2−3）×4	6	7	8	9=（5−7）×8	10	11	12	13=5−7−9−11−12
城市维护建设税	1										—	—		
教育费附加	2													
地方教育附加	3													
合计	4	—	—	—	—		—				—			

本期是否适用试点建设培育产教融合型企业抵免政策	□是 □否	当期新增投资额	5	
		上期留抵可抵免金额	6	
		结转下期可抵免金额	7	
可用于扣除的增值税留抵退税额使用情况		当期新增可用于扣除的留抵退税额	8	
		上期结存可用于扣除的留抵退税额	9	
		结转下期可用于扣除的留抵退税额	10	

① 国家税务总局公告2022年第3号附件2。

二、印花税

印花税是对在经济活动和经济交往中书立、领受具有法律效力的凭证的行为征收的一种税，其因采用在应税凭证上粘贴印花税票作为完税的标志而得名。印花税法是调整印花税征纳关系的法律规范的总称。《印花税法》已由中华人民共和国第十三届全国人民代表大会常务委员会第二十九次会议于2021年6月10日通过，并予公布，自2022年7月1日起施行。

2022年6月23日，国家知识产权局发布《关于终止代征印花税有关事宜的公告》（国家知识产权局公告第四八九号）明确，《印花税法》征收范围不包括“权利、许可证照”，国家知识产权局自2022年7月1日起终止印花税代征业务。

股权基金是独立的印花税纳税人。基金涉及印花税的税目主要为：股权转让收入的“产权转移书据”，基金募集阶段的营业账簿印花税；涉及证券交易业务的，还有证券交易印花税。

以下为《中华人民共和国印花税法》印花税税目税率表（见表14–24）。

表 14–24　　印花税税目税率表

	税目	税率	备注
经济合同	借款合同	借款金额的万分之零点五	指银行业金融机构、经国务院银行业监督管理机构批准设立的其他金融机构与借款人（不包括同业拆借）的借款合同
	融资租赁合同	租金的万分之零点五	
	买卖合同	价款的万分之三	指动产买卖合同（不包括个人书立的动产买卖合同）
	承揽合同	报酬的万分之三	
	建设工程合同	价款的万分之三	
	运输合同	运输费用的万分之三	指货运合同和多式联运合同（不包括管道运输合同）
	保管合同	保管费的千分之一	
	技术合同	价款、报酬或者使用费的万分之三	不包括专利权、专有技术使用权转让书据
	租赁合同	租金的千分之一	
	仓储合同	仓储费的千分之一	
	财产保险合同	保险费的千分之一	不包括再保险合同

续表

	税目	税率	备注
产权转移书据	土地使用权出让书据	价款的万分之五	转让包括买卖（出售）、继承、赠与、互换、分割
	土地使用权、房屋等建筑物和构筑物所有权转让（不包括土地承包经营权和土地经营权转移）	价款的万分之五	
	股权转让书据（不包括应缴纳证券交易印花税的）	价款的万分之五	
	商标专用权、著作权、专利权、专有技术使用权转让书据	价款的万分之三	
营业账簿	营业账簿	实收资本（股本）、资本公积合计金额的万分之二点五	
权利、许可证照			
证券交易	证券交易	成交金额的千分之一[①]	

三、土地增值税

土地增值税是对在我国境内转让国有土地使用权、地上建筑物及其附着物的单位和个人，以其转让房地产所取得的增值额为课税对象而征收的一种税。股权基金如果涉及转让国有土地使用权、地上建筑物及其附着物，需要缴纳土地增值税。

（一）土地增值税计算

土地增值税按照纳税人转让房地产所取得的增值额和《中华人民共和国土地增值

① 2023年8月27日，财政部、税务总局发布《关于减半征收证券交易印花税的公告》（财政部 税务总局公告2023年第39号），规定自2023年8月28日起，证券交易印花税实施减半征收。

税暂行条例》(国务院令第138号，以下简称《土地增值税暂行条例》)第七条规定的税率计算征收。

纳税人转让房地产所取得的收入减除《土地增值税暂行条例》第六条规定扣除项目金额后的余额，为增值额。

纳税人转让房地产所取得的收入，包括货币收入、实物收入和其他收入。

以下为计算增值额的扣除项目：

1.取得土地使用权所支付的金额；

2.开发土地的成本、费用；

3.新建房及配套设施的成本、费用，或者旧房及建筑物的评估价格；

4.与转让房地产有关的税金；

5.财政部规定的其他扣除项目。

土地增值税实行四级超率累进税率：

1.增值额未超过扣除项目金额50%的部分，税率为30%；

2.增值额超过扣除项目金额50%、未超过扣除项目金额100%的部分，税率为40%；

3.增值额超过扣除项目金额100%、未超过扣除项目金额200%的部分，税率为50%；

4.增值额超过扣除项目金额200%的部分，税率为60%。

（二）免税情形

有下列情形之一的，免征土地增值税：

1.纳税人建造普通标准住宅出售，增值额未超过扣除项目金额20%的；

2.因国家建设需要依法征用①、收回的房地产。

（三）纳税义务发生时点

纳税人应当自转让房地产合同签订之日起七日内向房地产所在地主管税务机关办理纳税申报，并在税务机关核定的期限内缴纳土地增值税。

土地增值税由税务机关征收。土地管理部门、房产管理部门应当向税务机关提供有关资料，并协助税务机关依法征收土地增值税。

---

① 2011年1月8日，根据《国务院关于废止和修改部分行政法规的决定》(国务院令第588号),《土地增值税暂行条例》第八条“征用”修改为“征收”。

四、契税

在中华人民共和国境内转移土地、房屋权属，承受的单位和个人为契税的纳税人，应当依照《契税法》[①]规定缴纳契税。该法所称转移土地、房屋权属，是指下列行为[②]：（1）土地使用权出让；（2）土地使用权转让，包括出售、赠与、互换；（3）房屋买卖、赠与、互换。前款土地使用权转让，不包括土地承包经营权和土地经营权的转移。

股权基金如果涉及承受土地、房屋权属，需要缴纳契税。

（一）契税申报

契税税率为百分之三至百分之五。契税的具体适用税率，由省、自治区、直辖市人民政府在前款规定的税率幅度内提出，报同级人民代表大会常务委员会决定，并报全国人民代表大会常务委员会和国务院备案。省、自治区、直辖市可以依照前款规定的程序对不同主体、不同地区、不同类型的住房的权属转移确定差别税率。

契税的应纳税额按照计税依据乘以具体适用税率计算。契税纳税义务人在申报时，应办理“财产和行为税税源信息报告”。

（二）免税情形

1.法定减免

有下列情形之一的，免征契税：

（1）国家机关、事业单位、社会团体、军事单位承受土地、房屋权属用于办公、教学、医疗、科研、军事设施；

（2）非营利性的学校、医疗机构、社会福利机构承受土地、房屋权属用于办公、教学、医疗、科研、养老、救助；

（3）承受荒山、荒地、荒滩土地使用权用于农、林、牧、渔业生产；

（4）婚姻关系存续期间夫妻之间变更土地、房屋权属；

（5）法定继承人通过继承承受土地、房屋权属；

（6）依照法律规定应当予以免税的外国驻华使馆、领事馆和国际组织驻华代表机

① 《中华人民共和国契税法》已由中华人民共和国第十三届全国人民代表大会常务委员会第二十一次会议于2020年8月11日通过并予公布，自2021年9月1日起施行。

② 《财政部 税务总局关于贯彻实施契税法若干事项执行口径的公告》（财政部 税务总局公告2021年第23号）第一条第一款。

构承受土地、房屋权属。

根据国民经济和社会发展的需要，国务院对居民住房需求保障、企业改制重组、灾后重建等情形可以规定免征或者减征契税，报全国人民代表大会常务委员会备案。

（7）《财政部 税务总局关于贯彻实施契税法若干事项执行口径的公告》（财政部 税务总局公告2021年第23号）第三条就规定“关于免税的具体情形”：

①享受契税免税优惠的非营利性的学校、医疗机构、社会福利机构，限于上述三类单位中依法登记为事业单位、社会团体、基金会、社会服务机构等的非营利法人和非营利组织。其中：

学校的具体范围为经县级以上人民政府或者其教育行政部门批准成立的大学、中学、小学、幼儿园，实施学历教育的职业教育学校、特殊教育学校、专门学校，以及经省级人民政府或者其人力资源和社会保障行政部门批准成立的技工院校。

医疗机构的具体范围为经县级以上人民政府卫生健康行政部门批准或者备案设立的医疗机构。

社会福利机构的具体范围为依法登记的养老服务机构、残疾人服务机构、儿童福利机构、救助管理机构、未成年人救助保护机构。

②享受契税免税优惠的土地、房屋用途具体如下：

用于办公的，限于办公室（楼）以及其他直接用于办公的土地、房屋。

用于教学的，限于教室（教学楼）以及其他直接用于教学的土地、房屋。

用于医疗的，限于门诊部以及其他直接用于医疗的土地、房屋。

用于科研的，限于科学试验的场所以及其他直接用于科研的土地、房屋。

用于军事设施的，限于直接用于《中华人民共和国军事设施保护法》规定的军事设施的土地、房屋。

用于养老的，限于直接用于为老年人提供养护、康复、托管等服务的土地、房屋。

用于救助的，限于直接为残疾人、未成年人、生活无着的流浪乞讨人员提供养护、康复、托管等服务的土地、房屋。

③纳税人符合减征或者免征契税规定的，应当按照规定进行申报。

2.确定减免

省、自治区、直辖市可以决定对下列情形免征或者减征契税[①]：

（1）因土地、房屋被县级以上人民政府征收、征用，重新承受土地、房屋权属；

---

① 《中华人民共和国契税法》第七条。

（2）因不可抗力灭失住房，重新承受住房权属。

前款规定的免征或者减征契税的具体办法，由省、自治区、直辖市人民政府提出，报同级人民代表大会常务委员会决定，并报全国人民代表大会常务委员会和国务院备案。

五、车辆购置税

在中华人民共和国境内购置汽车、有轨电车、汽车挂车、排气量超过一百五十毫升的摩托车（以下统称“应税车辆”）的单位和个人，为车辆购置税的纳税人，应当依照《中华人民共和国车辆购置税法》规定缴纳车辆购置税[①]。纳税人应当自购置应税车辆之日起60日内申报缴纳车辆购置税，纳税人购置应税车辆，应当向车登记地的主管税务机关申报缴纳车辆购置税。

“广州税局”公众号2024年7月15日发布《新电子税务局锦囊车辆购置税申报指引》（摘选“自行申报”）：

> 进入新电子税局后，根据纳税人登录方式及纳税人车辆购置信息，系统自动为纳税人分别适配申报模式，为购置人适配自行申报模式，为代办纳税人适配代办申报模式。
>
> 申报路径：【我要办税】—【税费申报及缴纳】—【综合申报】—【车辆购置税纳税申报】（见图14–1）。

图14–1　电子税务局“我要办税”界面

> 1.系统自动带出纳税人购置车辆应申报信息，勾选待申报的车辆信息（见图14–2）。

① 《中华人民共和国车辆购置税法》已由中华人民共和国第十三届全国人民代表大会常务委员会第七次会议于2018年12月29日通过并公布，自2019年7月1日起施行。

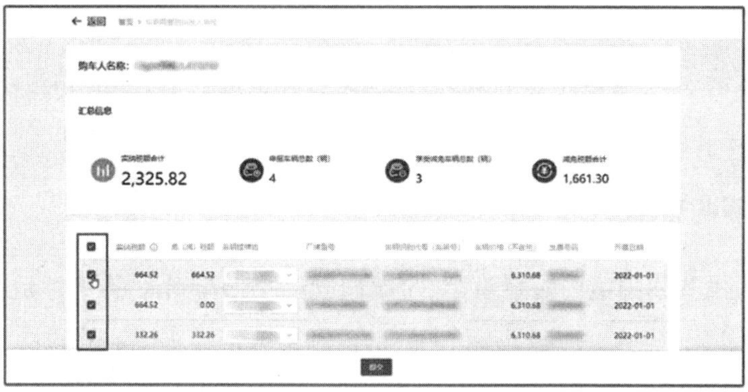

图 14-2　纳税人购置车辆应申报信息

2. 可点击车辆识别代号（车架号）和发票号码，查验车辆、发票信息（见图 14-3、图 14-4）。

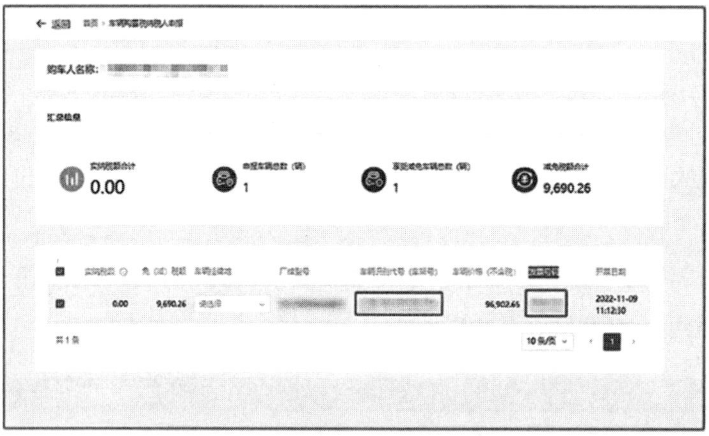

图 14-3　车辆识别代号（车架号）和发票号码

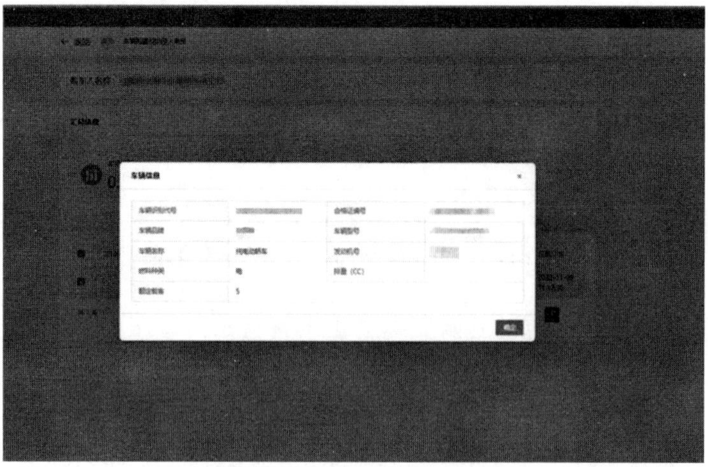

图 14-4　查验车辆、发票信息

3. 确认勾选车辆申报数据是否完整正确，点击【提交】进入申报（见图14–5）。

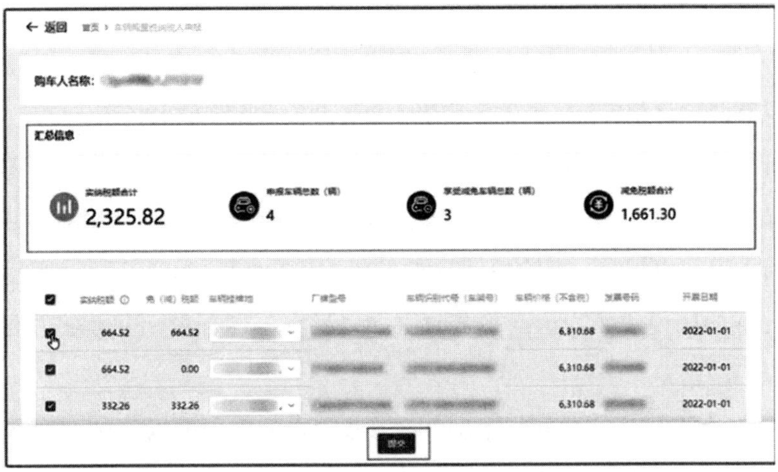

图14–5　确认勾选车辆申报数据是否完整正确

4. 系统返回申报成功界面，纳税人可以立即缴款，完成本次申报涉及的税费款缴纳，可以“下载完税证明”（见图14–6）。

图14–6　申报成功

六、房产税、城镇土地使用税

有关房产税、城镇土地使用税规定如下。

（一）房产税

根据《财政部 国家税务总局关于房产税和车船使用税几个业务问题的解释与规

定》（财税地字〔1987〕3号）第一条第一款规定，房屋是指有屋面和围护结构（有墙或两边有柱），能够遮风避雨，可供人们在其中生产、工作、学习、娱乐、居住或储藏物资的场所。“房产”是以房屋形态表现的财产，即房屋形态的财产是房产税征税对象。

房产税有两种计税方法，一种是从价计征，另一种是从租计征。

从价计征的应纳税额为房产计税余值乘以税率（1.2%）。其中，房产计税余值依照房产原值一次减除10%至30%的损耗价值以后的余额。具体减除幅度由省、自治区、直辖市人民政府规定，减除幅度只能在10%至30%以内。

从租计征的应税税额为房产租金收入乘以税率（12%），计征房产税的租金收入不含增值税。

《中华人民共和国房产税暂行条例》第五条规定了房产税减免有几类情况：

1.国家机关、人民团体、军队自用的房产；

2.由国家财政部门拨付事业经费的单位自用的房产；

3.宗教寺庙、公园、名胜古迹自用的房产；

4.个人所有非营业用房产；

5.经财政部批准免税的其他房产。

除条例第五条规定外，纳税人纳税确有困难的，可由省、自治区、直辖市人民政府确定，定期减征或者免征房产税。

《财政部 国家税务总局关于房产税若干具体问题的解释和暂行规定》[①]如下：

1.企业办的各类学校、医院、托儿所、幼儿园自用的房产，可以比照由国家财政部门拨付事业经费的单位自用的房产，免征房产税；

2.经有关部门鉴定，对毁损不堪居住的房屋和危险房屋，在停止使用后，可免征房产税；

3.凡在基建工地为基建服务的各种工棚、材料棚、休息棚和办公室、食堂、茶炉房等临时房屋，不论是施工企业自行建造或基建单位投资建造，在施工期间，免征房产税。但是在基建工程结束后，施工单位将这种临时性房屋交还或估价转让给基建单位的，应当从基建单位接收的次月起，依照规定征收房产税；

4.因房屋大修导致连续停用在半年以上的，在大修期间免征房产税，免征税额由

① 财税地字〔1986〕8号。

纳税人在申报缴纳房产税时自行计算扣除，并在申报附表或备注栏中作相应说明；

5.纳税单位与免税单位共同使用的房屋，按各自使用的部分划分，分别征收或免征房产税；

6.对军队空余房产租赁收入暂免征收房产税①；

7.对房地产开发企业建造的商品房，在出售前不征收房产税。但对出售前房地产开发企业已使用或出租、出借的商品房应按规定征收房产税②。

（二）城镇土地使用税

在城市、县城、建制镇、工矿区范围内使用土地的单位和个人，为城镇土地使用税（以下简称“土地使用税”）的纳税义务人（以下简称“纳税人”），应当依照《中华人民共和国城镇土地使用税暂行条例》③的规定缴纳土地使用税。土地使用税按年计算、分期缴纳。缴纳期限由省、自治区、直辖市人民政府确定。

城镇土地使用税应纳税额=单位税额 × 实际占用土地面积

下列土地免缴土地使用税④：

1.国家机关、人民团体、军队自用的土地；

2.由国家财政部门拨付事业经费的单位自用的土地；

3.宗教寺庙、公园、名胜古迹自用的土地；

4.市政街道、广场、绿化地带等公共用地；

5.直接用于农、林、牧、渔业的生产用地；

6.经批准开山填海整治的土地和改造的废弃土地，从使用的月份起免缴土地使用税五年至十年；

7.由财政部另行规定免税的能源、交通、水利设施用地和其他用地。

---

① 《财政部 国家税务总局关于暂免征收军队空余房产租赁收入营业税房产税的通知》（财税〔2004〕123号）。

② 《国家税务总局关于房产税、城镇土地使用税有关政策规定的通知》（国税发〔2003〕89号）。

③ 1988年9月27日中华人民共和国国务院令第17号发布，根据2006年12月31日《国务院关于修改〈中华人民共和国城镇土地使用税暂行条例〉的决定》第一次修改。根据2011年1月8日《国务院关于废止和修改部分行政法规的决定》第二次修改，根据2013年12月7日《国务院关于修改部分行政法规的决定》第三次修改，根据2019年3月2日《国务院关于修改部分行政法规的决定》第四次修改。

④ 《中华人民共和国城镇土地使用税暂行条例》第六条。

除该条例第六条规定外，纳税人缴纳土地使用税确有困难需要定期减免的，由县以上税务机关批准。

（三）房产税、城镇土地使用税两税申报

房产税、城镇土地使用税的征纳工作和地方经济政策有关。我们以江苏省税务局2023年10月16日发布的《2023税惠政策全解读㉑丨房土两税免征政策延续！ 10月这样申报享优惠》为例，展示纳税人如何通过电子税务局申报享受房地产、城镇土地使用税减免优惠。以下为具体申报步骤：

第一步：减免资格核验

办理房产税、城镇土地使用税纳税申报前，纳税人需通过电子税务局填报“困难减免资格核验”，由系统即时比对核验是否符合免税条件。

点击“我要办税”——“综合信息报告”——“税源信息报告”——“房产税城镇土地使用税税源信息采集”——“困难减免资格核验”，然后根据企业实际情况填写资格核验表（见图14–7、图14–8、图14–9）。

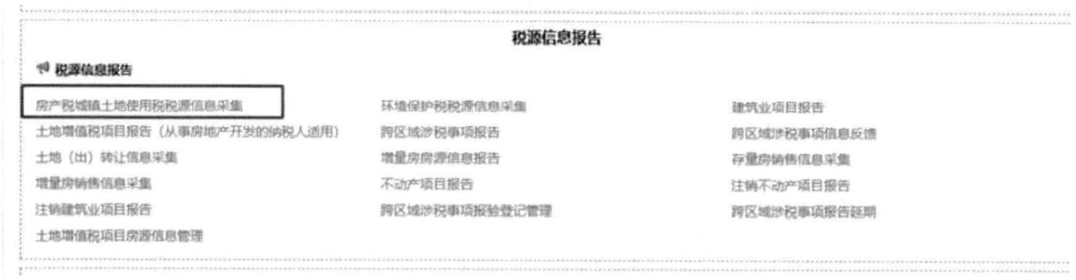

图14–7　税源信息报告

图14–8　业务功能

本纳税人符合的减免资格条件为：	
一、行业类型（只能选择其一）	
住宿餐饮行业	□
文体娱乐行业	□
交通运输行业	
其中：1.铁路运输业	□
2.道路运输业	□
3.水上运输业	□
4.航空运输业	□
5.管道运输业	□
6.多式联运和运输代理业	□
旅游行业	
其中：1.旅行社及相关服务	□
2.旅游景区管理	□
零售行业	□
仓储业	
其中：1.通用仓储	□
2.低温仓储	□
3.危险品仓储	□
4.谷物、棉花等农产品仓储	□
5.中药材仓储	□
6.其他仓储业	□
二、属于增值税小规模纳税人	是 □ 否 □

图 14-9　困难减免资格核验

纳税人提交资格核验表，核验通过后，系统将推送《税务事项通知书》（困难减免核准通知）。纳税人可进行查看、打印等操作。如未能及时查看该通知书，可通过电子税务局“互动中心”——“我的消息”——“我的提醒”模块查询该通知，进行打印等操作（见图 14-10）。

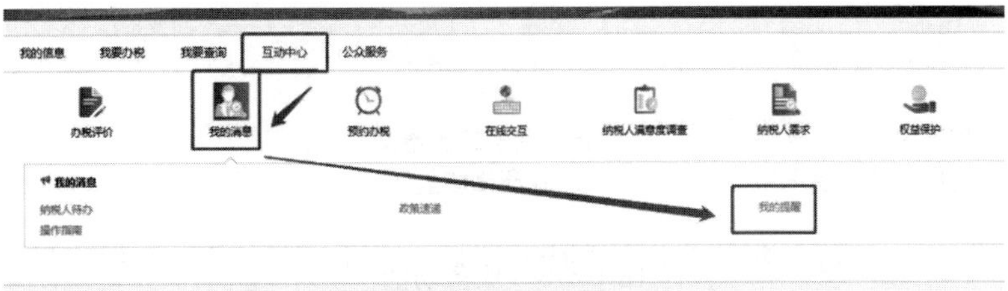

图 14-10　查看《税务事项通知书》

第二步：维护税源信息

纳税人提交的资格核验表通过审核后，需要在“房产税、城镇土地使用税税源维护”中修改增加减免税信息。

点击“我要办税”——“综合信息报告”——“税源信息报告”——“房产税城镇土地使用税税源信息采集”（见图14–11、图14–12）。

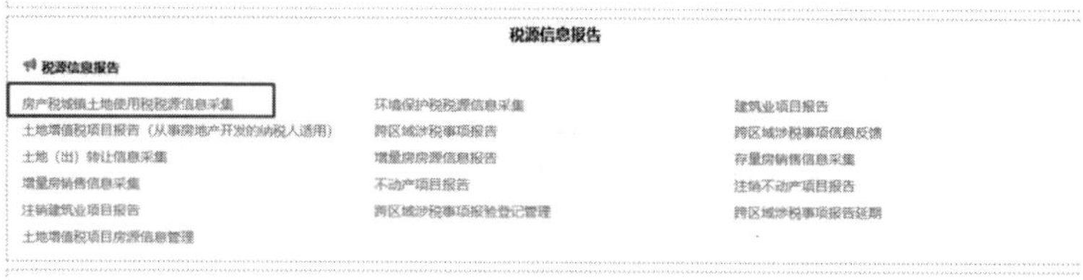

图14–11　税源信息报告

图14–12　业务功能

1. 房产税

查询已经登记的房产税税源明细信息，对需要申报减免的房产进行税源信息维护。点击“维护税源明细”按钮，增加减免税信息（见图14–13）。

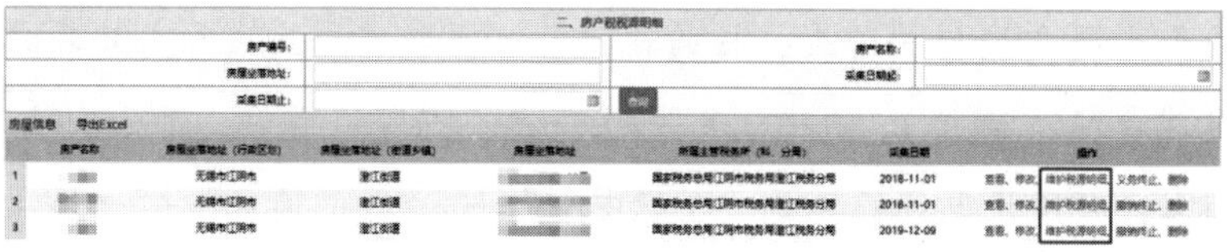

图14–13　房产税税源明细

房产税征收包含从价计征和从租计征两种情形。

情形一：从价计征房产税。

点击左上角“从价信息”，选中有效的房产信息，点击“变更”，通过“增行”添加“减免税信息”，核对无误后，点击“提交”，如出现提示信息框点击“确定”即可。

情形二：从租计征房产税。

按租金收入计征房产税的，纳税人在实际收取租金收入的次月进行纳税申报时，需要先在对应的房源信息中增加减免税信息，点击左上角“从租信息”，在“从租计征房产税税源明细表（从租房产采集）”模块新增出租房产及租金收入，并添加“减免税信息”，核对无误后点击“提交”（见图14–14）。

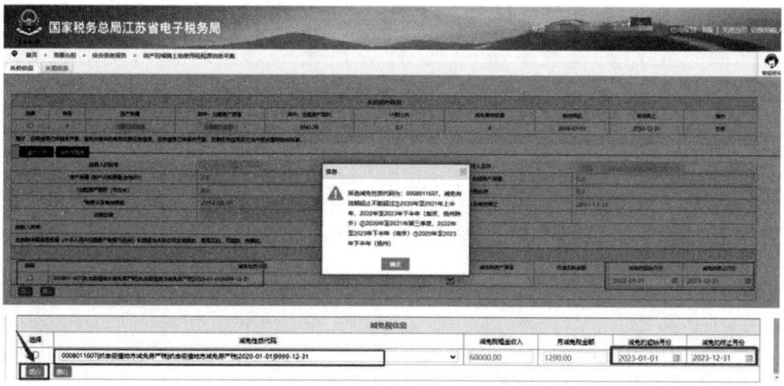

图14–14 房产税计征方式

温馨提示：

◆减免性质代码选择：0008011607，抗击疫情地方减免房产税；

◆减免有效期起止不能超过：①2020年至2021年上半年、2022年至2023年下半年（南京、扬州除外）；②2020年至2021年第三季度、2022年至2023年下半年（南京）；③2020年至2023年下半年（扬州）。

2.城镇土地使用税

查询已经登记的城镇土地使用税税源明细信息，对需要减免的土地进行税源明细维护，点击“维护税源明细”按钮，增加减免税信息（见图14–15）。

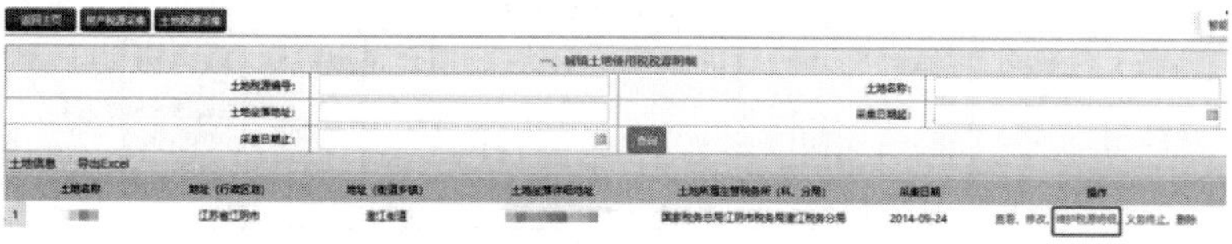

图14–15 查询已经登记的城镇土地使用税税源明细信息

选中有效的土地信息进行“变更”操作，添加“减免税信息”，核对无误后点击“提交”。

温馨提示：

◆减免性质代码选择：0010011607，抗击疫情地方减免城镇土地使用税；

◆减免有效期起止不能超过：①2020年至2021年上半年、2022年至2023年下半年（南京、扬州除外）；②2020年至2021年第三季度、2022年至2023年下半年（南京）；③2020年至2023年下半年（扬州）。

第三步：申报纳税

完成减免信息采集后，点击“我要办税”——“税费申报及缴纳”——“房产税城镇土地使用税申报”，进行房产税城镇土地使用税纳税申报。根据系统建议的填报顺序，先填写002减免税明细申报表，再填写001纳税申报表（见图14-16）。

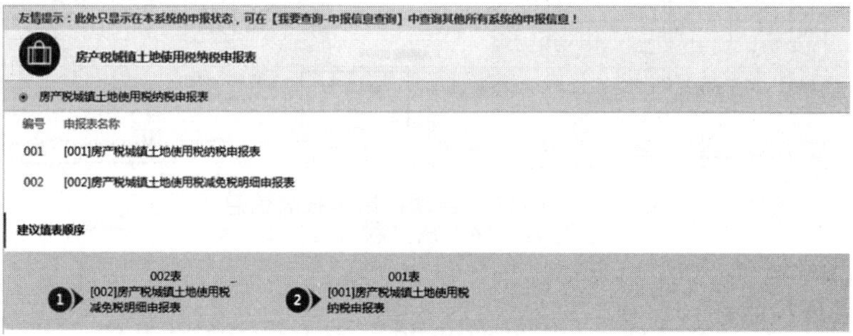

图14-16　房产税城镇土地使用税申报

减免税明细申报表中的信息根据税源采集信息自动得出，核对无误点击保存，如核对信息有误的，需进行税源信息维护（见图14-17）。

一、城镇土地使用税减免信息									
序号	土地编号	所属期起	所属期止	土地等级	税额标准	减免税面积	减免性质代码	减免项目名称	本期减免税额
1	•			四级土地（城市）	6		0010011607	抗击疫情地方减免城镇土地使用税	
合计		•	•	•	•		•	•	
二、房产税减免信息									
(一)从价计征房产税减免信息									
序号	房产编号	所属期起	所属期止	减免税房产原值	计税比例	税率	减免性质代码	减免项目名称	本期减免税额
1	•				0.70	1.2%	0008011607	抗击疫情地方减免房产税	
合计		•	•		•	•	•	•	

(二)从租计征房产税减免信息						
序号	房产编号	本期享受减免税租金收入	税率	减免性质代码	减免项目名称	本期减免税额
1	•		12%	0008011607	抗击疫情地方减免房产税	
合计			•	•	•	

图14-17　核对减免税信息

申报表中的数据根据房产税、城镇土地使用税税源采集信息和减免税申报表信息自动得出，困难减免的信息体现在报表的“本期减免税额”栏次，纳税人无须填写，核对“本期应补（退）税额”无误，“保存”报表，完成申报（见图14–18）。

一、城镇土地使用税													
本期是否适用增值税小规模纳税人减征政策（减免性质代码10049901）				□是 □否	本期适用增值税小规模纳税人减征政策起始时间			年 月		减征比例（%）			
					本期适用增值税小规模纳税人减征政策终止时间			年 月					
序号	土地编号	宗地号	土地等级	税额标准	土地总面积	所属期起	所属期止	本期应纳税额	本期减免税额	本期增值税小规模纳税人减征额	本期已缴税额	本期应补（退）税额	
1	*		四级土地（城市）	6	[illegible]	[illegible]	[illegible]	1485.9	1485.9	0	0	0	
合计	*	*	*	*	[illegible]	*	*	1485.9	1495.9	0	0	0	

二、房产税												
本期是否适用增值税小规模纳税人减征政策（减免性质代码08049901）				□是 □否	本期适用增值税小规模纳税人减征政策起始时间			年 月		减征比例（%）		
					本期适用增值税小规模纳税人减征政策终止时间			年 月				
（一）从价计征房产税												
序号	房产编号	房产原值	其中：出租房产原值	计税比例	税率	所属期起	所属期止	本期应纳税额	本期减免税额	本期增值税小规模纳税人减征额	本期已缴税额	本期应补（退）税额
1	*	[illegible]	0	0.70	0.0120	[illegible]	[illegible]	504.84	504.84	0	0	0
合计	*	*	*	*	*	*	*	504.84	504.84	0	0	0

（二）从租计征房产税							
序号	本期申报租金收入	税率	本期应纳税额	本期减免税额	本期增值税小规模纳税人减征额	本期已缴税额	本期应补（退）税额
1	[illegible]	0.1200	14400	7200	0	0	7200
合计	*	*	14400	7200	0	0	7200

图14–18　自动得出申报表信息

第三节｜“六税两费”减免及税源采集

基金如果符合增值税小规模纳税人、小型微利企业“六税两费”减免税收优惠条件的，可以按规定减免。增值税小规模纳税人、小型微利企业和个体工商户六税两费：在50%的税额幅度内减征资源税、城市维护建设税、房产税、城镇土地使用税、印花税（不含证券交易印花税）、耕地占用税和教育费附加、地方教育附加。以下为政策更新（见表14–25）。

表14–25　增值税小规模纳税人、小型微利企业和个体工商户“六税两费”减免

时间	有效期	文号
2022.3	2022年1月1日—2024年12月31日	财政部 税务总局公告2022年第10号①
2023.8	2023年1月1日—2027年12月31日	财政部 税务总局公告2023年第12号②

① 为确保纳税人能够及时、准确、便利享受减免优惠政策，2022年3月4日，国家税务总局制定发布《关于进一步实施小微企业“六税两费”减免政策有关征管问题的公告》（国家税务总局公告2022年第3号）。

② 2023年8月2日，国家税务总局发布《关于进一步落实支持个体工商户发展个人所得税优惠政策有关事项的公告》（国家税务总局公告2023年第12号），自2023年1月1日起施行，2027年12月31日终止执行。

一、政策减免内容

1. 享受主体

增值税小规模纳税人、小型微利企业和个体工商户。基金（管理人）如果符合要求的，也可享受该政策减免。

2. 优惠内容

自2023年1月1日至2027年12月31日，对增值税小规模纳税人、小型微利企业和个体工商户减半征收资源税（不含水资源税）、城市维护建设税、房产税、城镇土地使用税、印花税（不含证券交易印花税）、耕地占用税和教育费附加、地方教育附加。

增值税小规模纳税人、小型微利企业和个体工商户已依法享受资源税、城市维护建设税、房产税、城镇土地使用税、印花税、耕地占用税、教育费附加、地方教育附加等其他优惠政策的，可叠加享受此项优惠政策。

3. 享受条件

所称小型微利企业是指从事国家非限制和禁止行业，且同时符合年度应纳税所得额不超过300万元、从业人数不超过300人、资产总额不超过5 000万元三个条件的企业。

从业人数，包括与企业建立劳动关系的职工人数和企业接受的劳务派遣用工人数。所称从业人数和资产总额指标，应按企业全年的季度平均值确定。具体计算公式如下：

季度平均值=（季初值+季末值）÷2

全年季度平均值=全年各季度平均值之和 ÷4

年度中间开业或者终止经营活动的，以其实际经营期作为一个纳税年度确定上述相关指标。小型微利企业的判定以企业所得税年度汇算清缴结果为准。登记为增值税一般纳税人的新设立的企业，从事国家非限制和禁止行业，且同时符合申报期上月末从业人数不超过300人、资产总额不超过5 000万元两个条件的，可在首次办理汇算清缴前按照小型微利企业申报享受以上优惠政策。

4. 享受方式

纳税人自行申报享受减免优惠，不需额外提交资料。

二、减免信息采集、申报

纳税人为增值税一般纳税人时，小微企业“六税两费”申报中，城市维护建设税、教育费附加、地方教育附加在“增值税及附加税费申报表”附表直接填写，其他税费需要经过信息采集后才可申报。

（一）城市维护建设税、教育费附加、地方教育附加

城市维护建设税、教育费附加、地方教育附加在“增值税及附加税费申报表”附表依次填写附列资料表一、二、三、四、减免税申报明细表、主表、进入增值税及附加税费申报表附列资料（五）（附加税费情况表），即可在表中看到“本期是否适用小微企业‘六税两费’减征政策”字样，此时系统会自动判断纳税人是否是小微企业并自动选择相应选项，如系统无法判断，则纳税人自行选择填写。

【案例14-2】甲公司为私募证券投资基金管理人，符合财政部、税务总局公告2023年第12号要求。问是否可以叠加享受“六税两费”减半征收优惠政策？

解析：根据《财政部 税务总局关于进一步支持小微企业和个体工商户发展有关税费政策的公告》（财政部 税务总局公告2023年第12号）第四条规定，增值税小规模纳税人、小型微利企业和个体工商户已依法享受其他优惠政策的，可叠加享受“六税两费”减半征收优惠政策。甲公司符合小型微利企业条件的，可以享受“六税两费”减半征收优惠政策。

（二）城市维护建设税、教育费附加、地方教育费以外的其他税费减免

基金如符合《财政部 税务总局关于进一步支持小微企业和个体工商户发展有关税费政策的公告》（财政部 税务总局公告2023年第12号）规定要求，减半征收资源税（不含水资源税）、房产税、城镇土地使用税、印花税（不含证券交易印花税）、耕地占用税减免政策有关征管问题。按照《国家税务总局关于进一步落实支持个体工商户发展个人所得税优惠政策有关事项的公告》（国家税务总局公告2023年第12号）规定，进行申报前需要先进行税种的税源采集。

【**案例14-3**】如何采集申报资源税（不含水资源税）、房产税、城镇土地使用税、印花税（不含证券交易印花税）、耕地占用税。以印花税为例进行说明。

全国统一规范电子税务局（简称“新电子税局”）上线后可参照以下申报（节选自“厦门税务”公众号2024年8月12日发布的《电子税务局丨印花税申报热点问答》）：

纳税人登录电子税务局后，点击【我要办税】—【税费申报及缴纳】—【财产和行为税税源采集及合并申报】，进入印花税税源信息采集界面（见图14-19）。

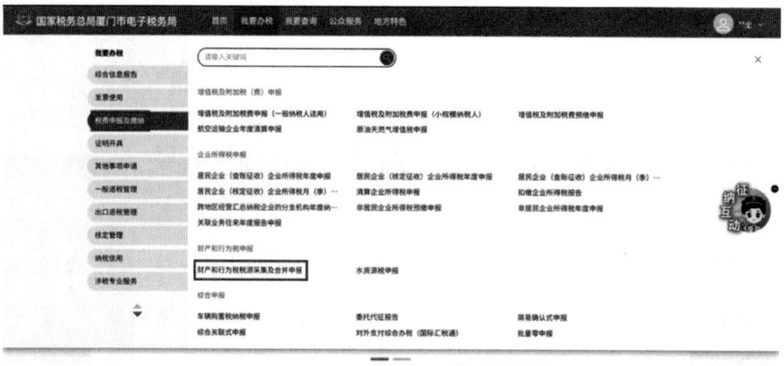

图14-19　电子税务局“我要办税”界面

纳税人也可以通过首页右上角搜索栏录入关键词进行查找，进入印花税税源信息采集界面（见图14-20）。

图14-20　印花税税源信息采集界面

点击进入后，有两种申报方式可进行选择，可以选择确认式申报新增税种“卡片”，也可以切换【填表式申报】。

方式一：确认式申报。

1.若未采集税源信息，在【财产和行为税税源采集及合并申报】界面，点击左侧【新增税种】卡片，选择印花税，点击【确定】。将鼠标移动至左侧卡片，点击【税源采集】进入税源采集界面（见图14–21、图14–22、图14–23）。

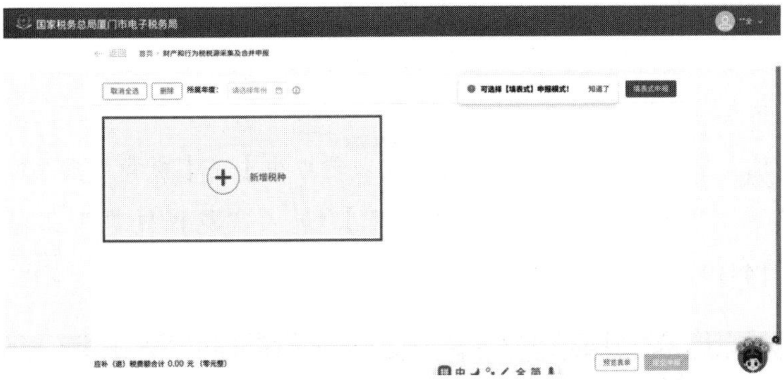

图14–21 “财产和行为税税源采集及合并申报”界面

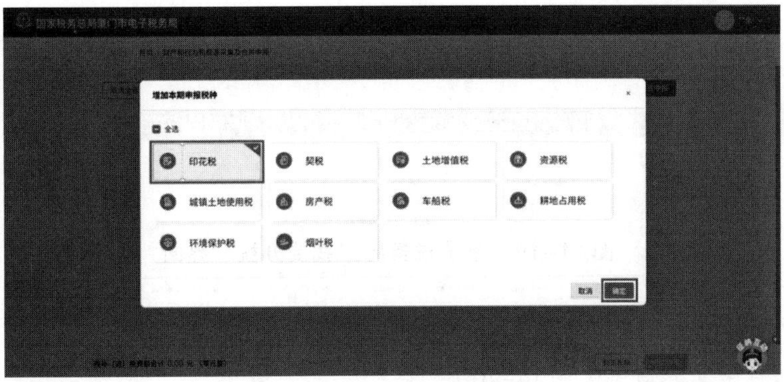

图14–22 选择印花税

图14–23 税源采集界面

2.如为按期申报的印花税税目，在申报期内系统自动带出已认定的印花税税目，直接选择【录入】；如为按次申报的印花税税目，在税源采集界面选择【新增税源】，录入税源基础信息，确认无误后点击【保存】。印花税税源采集成功后税源信息自动带出到印花税税源明细表，确认无误后点击【提交】（见图14-24、图14-25、图14-26、图14-27）。

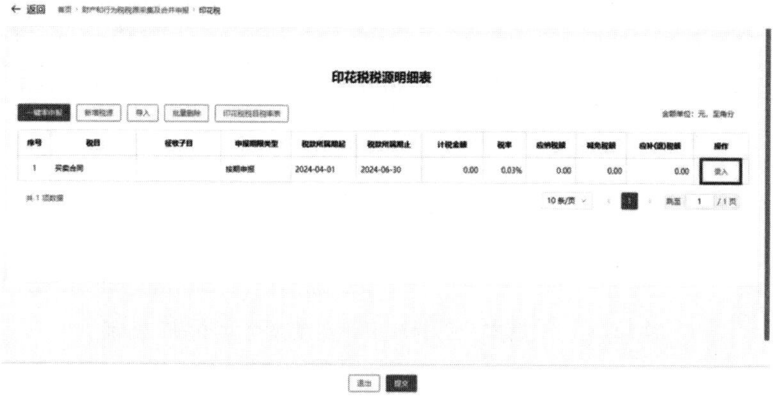

图14-24　录入界面

图14-25　新增税源

图14-26　录入税源基础信息

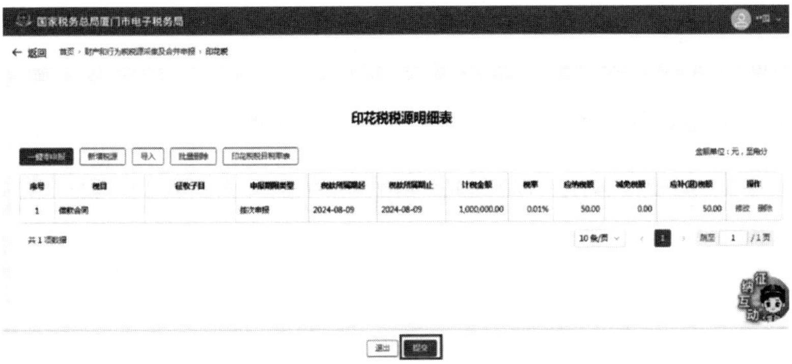

图 14-27　印花税税源明细表

3. 系统自动判断纳税人是否符合【普惠减免】，计算应纳税额、减免税额及应补（退）税额。纳税人确认无误后，点击【提交申报】，完成申报（见图 14-28、图 14-29）。

图 14-28　自动判断纳税人是否符合普惠减免

图 14-29　申报成功

方式二：填表式申报。

在【财产和行为税税源采集及合并申报】界面，右侧选择【填表式申报】(见图14-30)。

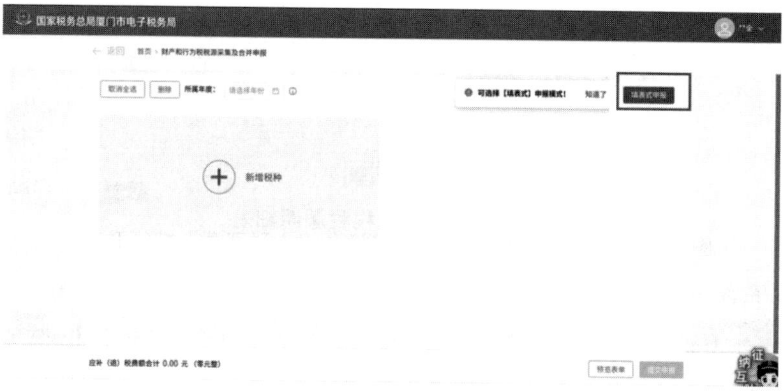

图14-30　填表式申报

1.如为按期申报的印花税税目，在申报期内系统自动带出已认定的印花税税目，直接选择【录入】；如为按次申报的印花税税目，在税源采集界面选择【新增税源】，录入税源基础信息，确认无误后保存即可(见图14-31)。

图14-31　新增税源

2.税源数据自动带入【财产和行为税纳税申报表】中，系统自动判断纳税人是否符合“六税两费”减征政策，计算应纳税额、减免税额和应补(退)税额，纳税人确认无误后即可【提交申报】(见图14-32、图14-33)。

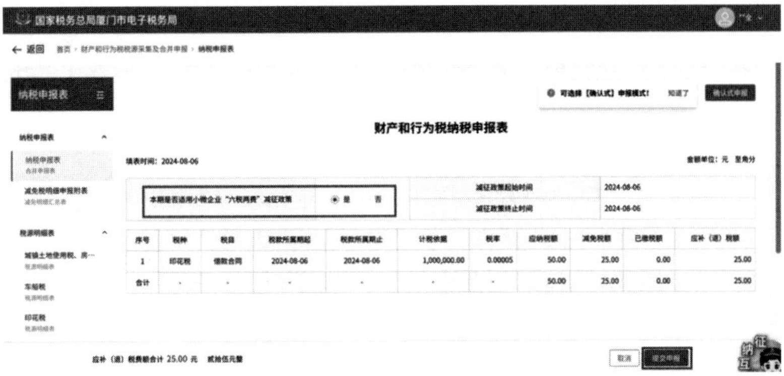

图 14-32　自动判断纳税人是否符合“六税两费”减征政策

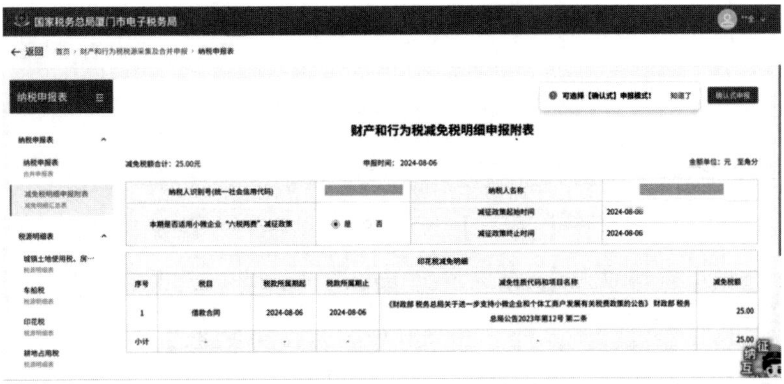

图 14-33　计算应纳税额、减免税额和应补（退）税额

第六篇　投资对赌

对赌协议，又称估值调整机制（Valuation Adjustment Mechanism，VAM）或“估值调整协议”，是指投资方与融资方在达成股权性融资协议时，为解决交易双方对目标公司未来发展的不确定性、信息不对称以及代理成本而设计的包含了股权回购、金钱补偿等对未来目标公司的估值进行调整的协议。下图为本单元的知识导图。

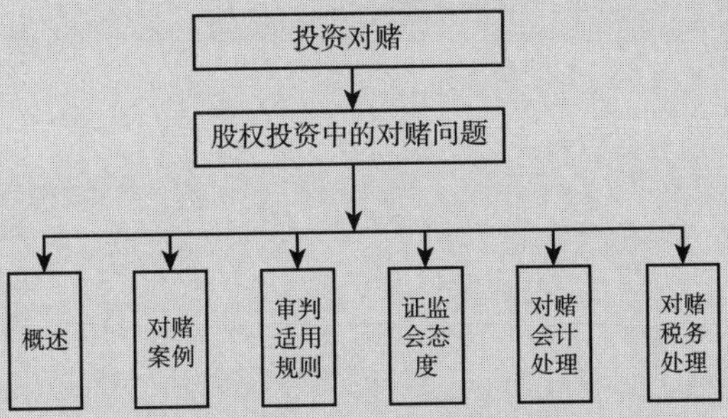

投资对赌知识导图

第十五章

股权投资中的对赌问题

在我国实践中，对赌主要有三类适用场景：一是上市公司重大资产重组交易中的业绩补偿；二是风险投资（Venture Capital，VC）、私募股权投资（Private Equity，PE）过程中的对赌；三是我国企业（不限于上市公司）并购海外标的时或有对价，又被称为“盈利支付机制”（Earn-Out）的安排。其中，VC/PE投资语境下的对赌引发了最主要的法律争议。

第一节 | 对赌协议概述

对赌协议最早发源于2002年至2004年摩根士丹利等境外基金投资蒙牛时设立的一项依业绩调整股权比例的安排，并经2004年蒙牛于香港联交所上市之招股说明书的描述而为公众所知。随后，永乐、太子奶等民营企业与境外投资者对赌失败的案件让这一术语广泛流传。

一、对赌分类

对赌协议其实并没有一个权威的明确分类，但根据股权投资、并购实践，可以分为以下几类：

1.按对赌主体不同，分为：投资方与目标公司股东对赌，投资方与目标公司对赌，投资方同时与目标公司及其股东对赌。

2.按对赌标的不同，分为：实现的净利润、销售（营业）额等财务业绩，市场份额、用户（客户）数等非财务业绩，上市时间、企业行为、管理层去向等其他事项。

3.按补偿方式的不同，分为：现金补偿，股权补偿，现金加股权的混合补偿，以及股权回购。在对赌协议中，对赌主体需要约定对赌失败后的补偿方式，一般有现金补偿、股份（票）补偿或现金及股份（股票）同时补偿。

4.按补偿义务人不同，分为：卖方补偿，买方补偿，其他第三方补偿。

常见的被补偿对象是股权收购方，个别案例由股权转让方，甚至有第三方承诺补偿。比如，2014年西部资源收购重庆开投集团持有的标的公司股权时，西部资源及其股东做出了收购标的公司的业绩承诺，以西部资源及其股东作为支付补偿方。

5.按被补偿对象不同，可分为向投资方补偿，向目标公司补偿（补利润），向目标公司管理层人员和员工补偿。

补偿义务人可以是卖方补偿，买方补偿，其他第三方补偿。在对赌触发且投资方“赌赢”时，接受补偿的对象可以是投资方，也可以是目标公司，甚至是目标公司管理人员。补偿目标公司，目标公司接受补偿会使投资者对目标公司持有份额上升，间接达到公司资本增值的效果。

2014年新宙邦收购海斯福100%股权，约定海斯福在利润补偿期满后，利润补偿期间四年累计实际完成的经审计的合并报表包含非经常性损益归属于母公司的净利润超过26 000万元，则新宙邦将对利润补偿期间在海斯福任职的管理层人员和员工进行现金奖励。

6.按补偿方向不同，分为：正向对赌、反向对赌。

正向对赌是或有对价的一种，常见于国内企业在进行海外并购的交易中。正向对赌时，对于各方约定，如果未来对赌标的达到约定的条件，投资方要追加一定支付对价。从财务角度来说，投资方的投资经过了最初的“预付”和后期的“追加”两次投资。

反向对赌是投融资双方在达成交易时，事先约定目标资产未来可以实现的盈利预期，双方以此为基础约定收购总价款。如果目标资产未来实现事先约定的盈利预期，则对赌结束；如果目标资产未来没有实现事先约定盈利预期，则出让方应向收购方返还约定金额的价款。也就是说，投资者经过最初的“付款”和资产出让方后期的“返还”出资。国内并购实务中最常见的方式是反向对赌。该对赌模式下，出让方后期需返还出资，而此前已缴个人所得税据悉基本无法退还，由此引发了诸多涉税争议。

7.按对赌主体承担责任的单双向不同，可以分为：单向对赌和双向对赌。

双向对赌一般常见的约定是，当目标公司未实现约定的目标时，融资方要给予投资方一定的货币补偿、股权利益或其他利益等；若目标公司实现了约定的目标，则投资方给予融资方一定的调整利益，如“蒙牛对赌案”。

目前，单向对赌的比例越来越大。单向对赌该类协议一般常见的约定是，当目标公司未实现约定的目标时，融资方要给予投资方一定的货币补偿、股权利益或其他利益等，若目标公司实现了约定的目标，则相互利益不调整。此种对赌协议更像是单向激励协议，相关案例如“海富对赌案”。

8.按对赌对象的基础资产不同，分为：增资型对赌和转让型对赌。

增资型对赌是指投资者在对目标公司进行增资时，通常以被投资公司的基础资产进行对赌，采用目标公司及资产的未来盈利能力或未来能否上市等作为对赌标的。该类型对赌财务上表现为投资者和被投资公司之间的资金往来。

转让型对赌是指在对目标公司或标的资产进行收购时，收购方以被收购公司或标的资产作为基础资产进行对赌，即以目标公司或标的资产的未来盈利能力作为对赌标的。转让型对赌财务上表现为投资者与被投资公司股东之间的资金往来。

9.按对赌协议的条款类型，分为估值调整条款和回购权条款。

“对赌协议”广义上来说是将一系列配套条款作为投资工具囊括在PE/VC投项合同之中，为投资方与融资方就“未来不确定的情形”做出约定，该系列配套条款可采取分期融资、控制权分配、创始人薪酬安排、棘轮条款、领售权、回购优先股等一系列特殊设计。前述几类划分方法只是解决的股权估值定价及相关财产性问题，即指出对赌协议的部分条款，并未能解决投资过程中的被投企业所有权问题。触发对赌情况下，投资者按对赌协议是否继续经营目标企业，可分为估值调整条款和回购权条款。

估值调整条款又称“业绩补偿条款”。在投资时，投资人和融资方约定未来一定期限内目标公司应实现的经营业绩，如果目标公司未能实现预期目标，则需要按照一定的标准和方式对投资者进行补偿。该条款的目的是投资方调整对企业的估值，不停止对目标公司的经营。

回购权条款是指投资人和融资方约定在一定条件下，投资人要求目标公司或股东等主体回购投资人所持目标公司的股权。触发回购的对赌模式下，投资方退出企业经营，融资方接手投资方之前收购的公司股份从而终结投资方对目标企业的投资关系。

实务中，股权基金回购权条款比较常见。投资者退出时的股权回购条款通常发生在目标公司未能成功实现IPO上市的情形下。严格来讲，退出阶段的股权回购可视为“对赌协议”，但称为“估值调整”还是比较勉强的。

以下为对赌协议类别的划分（见表15-1）。

表 15-1 对赌协议类别划分

序号	类别	对赌类型
1	对赌标的不同	财务业绩。如净利润、销售（营业）额、超额回报和利润率、坏账率和无风险资产率、利润增长率、销售（营业）增长率等
		非财务业绩。如门店（网点）数量、用户（客户）数、产量、市场份额等
		赌上市。公司通过境内或境外证券交易所（如境内主板、中小板、创业板、科创板及港交所等，境外纳斯达克、纽交所等）首次公开向投资者增发股票，以期募集用于企业发展资金的过程
		赌其他。目标公司取得某项重要资质、目标公司股权市场价格必须高于某个约定的价格、某项股权或资产并购的完成、技术目标等
2	对赌主体不同	投资方与目标公司股东对赌
		投资方与目标公司对赌
		同时与目标公司及其股东对赌
		投资方与目标公司股东及其第三方对赌，第三方与目标公司及其股东对赌
3	补偿方式的不同	现金补偿
		股权补偿
		现金加股权的混合补偿
		股权回购
4	补偿义务人	卖方补偿
		买方补偿
		第三方补偿
5	被补偿对象	向投资方补偿
		向目标公司补偿（补利润）
		向目标公司管理人员补偿
6	支付补偿方向	正向对赌
		反向对赌
7	对赌主体承担责任	单向对赌
		双向对赌
8	对赌对象的基础资产不同	增资型对赌
		收购型对赌
9	对赌协议条款类型	估值调整条款（业绩补偿条款）
		回购权条款

二、对赌的要素

实践中，对赌协议主要由对赌主体、对赌标的、对赌工具、对赌期间等几大要素构成。

（一）对赌的主体

对赌主体即参与对赌的各方，也就是谁和谁对赌的问题。对赌主体可以是投资方与目标公司股东对赌，投资方与目标公司对赌，投资方同时与目标公司及其股东对赌。其中，因投资方与目标公司原股东对赌不容易涉及违反资本维持原则的问题，不侵害公司债权人的利益，投资方选择与目标公司股东对赌成为最常见、最广泛、最主要的对赌主体。

与目标公司对赌，也并非绝对导致对赌协议的无效。通过“对赌第一案”和《九民纪要》的相关规定，大家逐渐意识到融资方融资难以及目标公司参与对赌的困境。目标公司参与的对赌最主要的关注点在于其在股权回购、现金补偿或权益调整时，不要违反资本维持原则，不要侵害公司债权人的利益。

与前述主体对赌的同时，也可以将管理层纳入对赌主体。将管理层也设为对赌主体，一方面可以将其利益与对赌业绩目标及相关指标挂钩，起到激励作用，有助于对赌协议的履行和对赌目标的实现；另一方面也有利于稳定公司核心管理人员和专业技术人员，敦促其履行勤勉忠实义务。

（二）对赌标的

对赌标的解决的是赌什么的问题，是合同当事人双方权利和义务共同指向的对象，对投融资的成败起着关键作用。对赌标的可以分为赌业绩、赌上市、赌其他三类，其中，业绩指标又分为财务指标和非财务指标。

（三）对赌的工具

对赌协议的作用是通过对赌工具的合理使用和有效配合实现的。对赌工具根据其作用可以分成多种类型：补偿性工具，股权退出型工具①，优先权工具、控制权调整工具、反稀释工具、支付工具及其他工具等。

---

① 股权退出型工具包括股权回购工具、股权领售工具、股转债工具等。

其中，补偿性工具又称补偿方式，是对赌失败后作为补偿代价最为常见的工具。补偿方式有货币补偿、股权补偿、现金+股权混合补偿，以及股权回购。

（四）补偿方、被补偿方

一般来说，补偿方、被补偿方与对赌主体是相对应的。谁和谁对赌，对赌失败后，做出承诺的一方就需要按约定方式向被补偿方进行补偿。

常见的补偿方、被补偿方由公司原股东/实控人向投资方（股权收购方）进行补偿，但也有个别案例第三方成为补偿方、股权转让方成为被补偿方。

（五）对赌的期间

股权投资基金终极目的就是通过被投资企业上市、并购或者管理层回购等方式退出，这是股权基金投资最为获利的一种方式。若目标企业能实现IPO退出，投资机构将会不遗余力促成交易的顺利完成。双方在对赌协议都会约定该类事项对赌有效的期间。企业IPO上市之前需要按照《监管规则适用指引——上市类第1号》第“1-2”提及“业绩补偿期限不得少于重组实施完毕后的三年”。因此，投资机构与目标公司股东、目标公司对赌期间至少为3年。

（六）业绩补偿及奖励的具体计算方法

有关业绩补偿的规定来源于证监会于2016年9月8日颁布的《上市公司重大资产重组管理办法》（2016年修订）（中国证券监督管理委员会令第127号）[①]。上市公司发生重大资产重组时，采取收益现值法、假设开发法等基于未来收益预期的方法对拟购买资产进行评估或者估值并作为定价参考依据的，上市公司应当在重大资产重组实施完毕后3年内的年度报告中单独披露相关资产的实际盈利数与利润预测数的差异情况，并由会计师事务所对此出具专项审核意见；交易对方应当与上市公司就相关资产实际盈利数不足利润预测数的情况签订明确可行的补偿协议。

根据《监管规则适用指引——上市类第1号》“1-2业绩补偿及奖励”第一条“业绩补偿”第二项“业绩补偿方式”规定，交易对方为上市公司控股股东、实际控制人或者其控制的关联人，应当以其获得的股份和现金进行业绩补偿。构成重组上市的，应当以拟购买资产的价格进行业绩补偿计算，且股份补偿不低于本次交易发行股份数量的90%。业绩补偿应当先以股份补偿，不足部分以现金补偿。

---

① 《上市公司重大资产重组管理办法》已经2023年2月17日中国证券监督管理委员会第2次委务会议修订。

交易对方以股份方式进行业绩补偿时，按照下列原则确定应补偿股份的数量及期限：

1.基本公式

（1）以收益现值法、假设开发法等基于未来收益预期的估值方法对拟购买资产进行评估或估值的，每年补偿的股份数量为：

当期补偿金额=（截至当期期末累积承诺净利润数-截至当期期末累积实现净利润数）÷补偿期限内各年的预测净利润数总和×拟购买资产交易作价-累积已补偿金额

当期应当补偿股份数量=当期补偿金额÷本次股份的发行价格

当期股份不足补偿的部分，应现金补偿。

采用现金流量法对拟购买资产进行评估或估值的，交易对方计算出现金流量对应的税后净利润数，并据此计算补偿股份数量。

此外，在补偿期限届满时，上市公司应当对拟购买资产进行减值测试，如：期末减值额÷拟购买资产交易作＞补偿期限内已补偿股份总数÷认购股份总数，则交易对方需另行补偿股份，补偿的股份数量为：

期末减值额÷每股发行价格-补偿期限内已补偿股份总数

（2）以市场法对拟购买资产进行评估或估值的，每年补偿的股份数量为：期末减值额÷每股发行价格-补偿期限内已补偿股份总数

当期股份不足补偿的部分，应现金补偿。

2.其他事项

按照前述第（1）（2）项的公式计算补偿股份数量时，遵照下列原则：

前述净利润数均应当以拟购买资产扣除非经常性损益后的利润数确定。

前述减值额为拟购买资产交易作价减去期末拟购买资产的评估值并扣除补偿期限内拟购买资产股东增资、减资、接受赠与以及利润分配的影响。会计师应当对减值测试出具专项审核意见，同时说明与本次评估选取重要参数的差异及合理性，上市公司董事会、独立董事及独立财务顾问应当对此发表意见。

在逐年补偿的情况下，在各年计算的补偿股份数量小于0时，按0取值，即已经补偿的股份不冲回。

拟购买资产为非股权资产的，补偿股份数量比照前述原则处理。

拟购买资产为房地产、矿业公司或房地产、矿业类资产的，上市公司董事会可以在补偿期限届满时，一次确定补偿股份数量，无须逐年计算。

3.上市公司董事会及独立董事应当关注拟购买资产折现率、预测期收益分布等其他评估参数取值的合理性，防止交易对方利用降低折现率、调整预测期收益分布等方式减轻股份补偿义务，并对此发表意见。独立财务顾问应当进行核查并发表意见。

三、对赌学说

对于对赌条款的观点、看法，早在《九民纪要》之前就已经存在。这些学说对我国对赌协议的法律定性、会计处理、税务处理产生了重要的影响。

1.射幸合同说

射幸合同是一种特殊的民事合同，其核心特征在于合同双方的权利和义务依赖于未来不确定事件的发生。这类合同的特点是，一方支付一定的代价换取某种机会或利益，而这种机会或利益的实现取决于某种偶然事件的发生。对照射幸合同的特性，对赌协议具备这些特点，符合射幸合同的要求。因此，该部分学者认为对赌协议与射幸合同在形式上十分相似，都是将未来不确定发生的事项作为合同的标的，合同约定的双方权利义务并非对等。他们从形式上分析对赌协议与射幸合同有很大的共通性，认为对赌协议属于射幸合同。

2.附条件合同说

附条件合同是指当事人在合同中特别规定一定的条件，以条件是否成就来决定合同效力的发生或消灭的合同。它以一定事实（所附条件）的发生为条件成就，而以所附事实的不发生，则为条件不成就。因为在签订合同时附有条件，如约定被投资企业的业绩目标，对赌协议中“赌注”内容，即达成某一业绩目标、通过IPO上市等，就是合同所附的条件。当条件成就时，“赌注”内容开始生效，被部分学者认为对赌协议属于附条件合同。

3.期权说

期权又称为选择权，是一种通常可交易的衍生金融工具，根据某项资产（如股权、股票指数或期货）在未来某一时间段的价格，确定期权交易中买家的权利和卖家的义务。在期权的交易时，购买期权的一方称作买方，而出售期权的一方则叫作卖方；买方即是权利的受让人，而卖方则是必须履行买方行使权利的义务人。期权的这类情形与对赌协议赋予投资人在未来某个时间有权按照某个特定价格要求公司、公司创始人、实控人给予金钱补偿、转让或者回购股份等权利非常相似。应当说，期权理论是在期权基础上衍生而来的一种衍生性金融工具理论，将其定义为对赌协议的法律定性还是略显牵强。

4. 合同担保说

合同担保从属于所担保的债务依存的主合同，即主债依存的合同。合同担保以主合同的存在为前提，因主合同的变更而变更，因主合同的消灭而消灭，因主合同的无效而无效。对赌协议中往往涉及原股东对投资方提供担保，承诺条件不成立时对投资方进行补偿。原股东对投资方的承诺具有担保的性质，担保目标公司能够实现一定的业绩或达到一定的要求；如果未实现，原股东要保障投资方的投资回报。因此，也有观点认为对赌协议是一种担保合同。

5. 合同变更说

合同的变更是指在合同成立以后，基于当事人的法律行为、法院或仲裁机构的裁判行为或法律规定，不改变合同主体而使合同内容发生变化的现象。合同变更并非消灭原合同、设立新合同，而仅仅是在原合同继续存续的基础上对原合同某些权利义务的内容作出修改，即变更后的合同与原合同在本质上具有“同一性”。对赌协议对交易双方触发对赌时，按照此前约定价格对公司、公司创始人、实控人给予金钱补偿、转让或者回购股份等，在某种程度上改变了合同履行的内容，达到了合同变更的结果。

纵观以上学说，对赌协议既非射幸合同，也非附条件合同，更非担保合同，即与我国《中华人民共和国民法典》（以下简称《民法典》）所列举的合同类型其实难以契合；因触发条件的确定性问题存在差异也无法归入期权合同的范畴，应属于“无名合同”[①]。实践中，一些法院会根据对赌协议的具体内容来确定双方之间的法律关系和纠纷案由，在对新型疑难的无名合同进行定性及解释时，更多地借助交易习惯、目的解释方法，适当地认可合同的法律渊源地位，充分尊重意思自治的私法原则。

第二节｜对赌判例

对赌协议是投资方与资产出让方（融资方）等在签订并购、融资协议时，对未来不确定事项达成的一种约定。这种不确定约定的特质就在于股权交易暂不完全确定，需要在对赌期限届满后依据对赌成功与否的标准，最后确定或者修正股权交易价值。因此，在对赌失败之时，这种信息不对称下的交易极易造成投资方和企业（股东）推诿、撕破脸，进而对簿公堂。在对赌面临法律纠纷时，需要对合同法与公司法统御下如何

① 余冬梅，2019，《对赌协议的法律性质与效力探析》，《法制与社会》第19期。

适用法律对合同效力作出判断，然而在合同法和公司法适用时又会出现不少的问题。

此类纠纷中，投资方往往作为原告，目标公司原股东或实际控制人（有时也包括目标公司）作为被告。投资者角度认为应以合同法作为评价“对赌协议”效力的基础依据认定对赌协议有效，被告则主张应以公司法作为评价“对赌协议”效力的基础依据，认定对赌协议无效。对赌协议的约定常常涉及是否侵害目标公司及其债权人的利益，是否违反资本维持原则、是否涉及“名为投资，实为借贷”等相关问题的判断。这些都是判断对赌协议效力时，合同法与公司法适用出现问题的原因所在。

笔者收集出早期对赌经典案例分享给大家，以下为案例概述。

一、业绩补偿型对赌案

（一）甘肃世恒案：对赌第一案

2007年11月，苏州工业园区海富投资有限公司（以下简称“海富公司”）与甘肃众星锌业有限公司（后更名为甘肃世恒有色资源再利用有限公司，以下简称“世恒公司”）、香港迪亚有限公司（以下简称“迪亚公司”）、陆某（世恒公司和迪亚公司的法定代表人，职务均为总经理）共同签订了《增资协议书》，同时约定对赌条款：海富投资现金出资2 000万元投资甘肃世恒，占甘肃世恒增资后注册资本的3.85%；如果2008年，甘肃世恒净利润低于3 000万元人民币，海富投资有权要求甘肃世恒予以补偿，如果甘肃世恒未履行补偿，海富投资有权要求香港迪亚（甘肃世恒法定代表人兼总经理陆某，香港迪亚的总经理）履行补偿义务。

甘肃世恒2008年净利润仅为26 858.13元。按照对赌协议条款约定，世恒公司需补偿海富投资1 998万元。双方协商无果，海富投资将甘肃世恒告上了法庭。该案经过一审、二审，官司最后打到最高院。兰州市中级人民法院（下称“兰州中院”）和甘肃省高级人民法院（下称“甘肃高院”）分别在2010年12月和2011年9月对此案作出了一审判决和二审判决。两次判决均认定对赌协议条款无效。甘肃高院认定海富投资的2 000万元中，已计入世恒公司注册资本的115万元外，其余1 885万元资金性质应属名为投资，实为借贷，并要求甘肃世恒返还这部分资金和利息。

二审判决下达后，甘肃世恒对甘肃高院的判决不服，向最高法提出再审申请，请求撤销二审判决，维持兰州中院的一审判决。2011年12月19日，最高法作出了“（2011）民申字第1522号”裁定书，受理了世恒公司的申请，提审了此案。2012年11月初，最高法民四庭对上述对赌协议案作出了判决，判决书显示，最高法对此案的事件部分，与一审、二审法院查明的事实一致，对在法律关系的认定上有所改变。

最高法认为，二审法院判决甘肃世恒、迪亚公司共同返还投资款及利息超出了海富投资的诉讼请求，是错误的。

海富公司作为企业法人，向世恒公司投资后与迪亚公司合资经营，故世恒公司为合资企业。世恒公司、海富投资、陆某在《增资协议书》中约定，如果世恒公司实际净利润低于3 000万元，则海富投资有权从世恒公司处获得补偿，并约定了计算公式。最高法认为，这一约定使得海富投资的投资可以获取相对固定的收益，该收益脱离了世恒公司的经营业绩，损害了世恒公司利益和公司债权人利益，一审法院、二审法院根据《公司法》第二十条和《中外企业合资经营企业法》第八条的规定认定《增资协议书》中的这部分条款无效是正确的。但是，二审法院认定海富投资18 852 283元的投资名为联营实为借贷，并判决甘肃世恒和迪亚公司向海富投资返还该笔投资，最高法认为，此处没有法律依据，予以纠正。

最高法认为，《增资协议书》中并无由陆某对海富投资进行补偿的约定，海富投资请求陆某进行补偿，没有合同依据。但是，在《增资协议书》中，迪亚公司对于海富投资的补偿承诺并不损害甘肃世恒及公司债权人的利益，不违反法律法规的禁止性规定，是当事人的真实意思表示，是有效的。

综合上述理由，最高法撤销甘肃高院对此案的二审判决，并判决迪亚公司向海富投资支付协议补偿款19 982 095元。

最高法对甘肃世恒案的判决否认了股东与公司之间损害公司及公司债权人利益的对赌条款的法律效力，但认可了股东与股东之间对赌条款的合法有效性，维护了作为投资者的海富投资的合法利益，在对赌界的具有标杆意义，也为以后日益增多的PE投资活动提供了一个法律样本。

（二）中国国际经济贸易仲裁委员会2014年某业绩补偿仲裁案

中国国际经济贸易仲裁委员会2014年某业绩补偿仲裁案（案例的数字、名称等相关信息作了修改）。

2011年3月，投资公司甲与目标公司乙及其唯一的股东丙签订了《增资协议》，甲向目标公司乙投资。《增资协议》约定：甲向目标公司乙投资2 000万元（1 200万元计入注册资本，其余计入资本公积），增资完成后，甲持有目标公司乙10%的股权，丙持有目标公司乙80%的股权。

业绩承诺条款的主要内容：目标公司乙在2011年度的税后净利润不低于1 200万

元人民币，若净利润低于上述标准，则乙、丙对甲进行现金补偿。

股权回购条款的主要内容：当目标公司乙任何一年净利润低于业绩承诺标准，丙要受让甲持有的目标公司股权，乙公司对受让义务承担无限连带责任。

进入2012年后，经审计，乙公司在2011年的净利润为750万元，没有完成约定目标。甲公司向国际经济贸易仲裁庭提起仲裁，要求乙公司和丙股东根据《增资协议》的约定进行业绩补偿和股权回购。仲裁庭作出裁决：

（1）认定投资人甲与目标公司乙、大股东丙之间的业绩补偿条款和股权回购条款合法有效；（2）目标公司乙未完成承诺的业绩，乙、丙应支付现金补偿；（3）丙应回购股权。

国际经济贸易仲裁庭作出了比“对赌第一案”更具参考价值的裁决，认定投资人甲与目标公司乙公司、大股东丙之间的股权回购条款合法有效，按照合同约定和仲裁请求应当是目标公司乙和大股东丙对股权回购款承担连带责任，却裁决股东丙应回购股权，并没有让目标公司乙对股权回购款承担连带责任。从仲裁的结果来看，对赌协议的合同效力和强制履行效力被分开判断，即对赌协议有效，并非能够履行，能否支持实际履行需要视具体案情是否符合法定履行条件来作出裁决。

（三）翟某伟、青海国科创业投资基金对赌合同纠纷

该案是继《九民纪要》之后处理业绩对赌合同纠纷较为成熟的判例。

2016年，国科基金向华信公司投资1 600万元。2016年9月，国科基金、周某民、翟某栋（甲方）与翟某伟（乙方，华信公司大股东、实控人）签订《补充协议》约定业绩承诺及估值调整：若公司经具有证券期货从业资格会计师事务所审计的2016年度实际净利润未达到最低承诺业绩20 000 000元的90%，则甲方有权要求乙方对甲方以其自有资金、现金分红或自筹资金进行补偿现金或股权方式补偿（择其一），并分别约定了2017年度、2018年度的业绩承诺及估值调整。华信公司未达业绩要求，乙方需要履行对赌协议，双方就协议履行产生争议进而诉讼。诉讼经一审、二审，最后诉至最高院①。

翟某伟申请再审称，本案应当适用《中华人民共和国合同法》（以下简称“《合同法》”）第五条、第一百一十四条有关公平原则及违约金调整原则对业绩补偿款进行调整，故依据《中华人民共和国民事诉讼法》第二百零七条第（六）项规定申请再审。经审查，翟某伟的再审事由不能成立。

---

① 中国裁判文书网，（2022）最高法民申418号。

以下为裁判要点：

（1）股权性融资协议的目的是解决交易双方对目标公司未来发展的不确定性、信息不对称以及代理成本而设计的包含了股权回购、金钱补偿等对未来目标公司的估值进行调整的协议，系资本市场正常的激励竞争行为，双方约定的补偿金计算方式是以年度净利润在预定的利润目标中的占比作为计算系数，体现了该种投资模式对实际控制人经营的激励功能，符合股权投资中股东之间对赌的一般商业惯例，不构成“明股实债”或显失公平的情形，依法不应适用公平原则对当事人约定的权利义务进行干预调整。虽然依据协议约定计算的三年业绩补偿款总额高出投资本金，但因该约定是双方自由协商的结果，融资方应承担该商业风险。

（2）股权性融资协议约定的业绩补偿款系针对目标公司未来三年经营的不确定性，对其利润进行估值，给实际控制人设定实现净利润目标的合同义务，该义务具有不确定性。因此，协议约定如果目标公司未达到既定业绩目标由实际控制人对投资方支付业绩补偿款本质上是合同义务所附条件，而不是一方不履行合同义务的违约责任，依法不应适用违约金调整的规定。

二、股权回购型对赌案

（一）上海瑞沨案

2011年3月6日，投资方上海瑞沨、上海嘉石公司等公司与目标公司江苏乐园公司及其原股东朱某起、连云港鼎发公司等共11方签订《乐园新材增资协议》（以下简称“主合同”），约定江苏乐园公司拟新增注册资本人民币20 700 000.09元，本次增资全部由朱某起、鼎发公司以外的其他投资者以货币形式缴纳，投资款共计人民币130 000 000元，其中上海瑞沨投资款为人民币30 000 000元，占公司增资后注册资本的5.64%。协议签署后，经各方协商一致，可以对本协议进行补充或修改，本协议的任何变更或补充须书面作出并经各方签署，否则无效。当日，上述11方签署《乐园新材增资协议之补充协议》（以下简称《补充协议一》），四方主体即上海瑞沨、朱某起、连云港鼎发公司及江苏乐园公司又签订《乐园新材增资协议的补充协议》（以下简称《补充协议二》）。

后因江苏乐园公司未能在2012年12月31日前取得证监会核准上市等原因触发对赌纠纷，上海瑞沨要求朱某起、连云港鼎发公司严格按照《补充协议二》之相关约定，按时足额支付股权回购价款。

一审法院认为，上海瑞沨与朱某起、鼎发公司以及乐园公司之间签订的《补充协议二》中关于固定利率股权回购的约定，系各方当事人真实意思表示，且未损害目标公司乐园公司的利益及公司债权人的利益，不违反法律法规的禁止性规定，应属合法有效。据此，一审法院判决朱某起、鼎发公司连带支付瑞沨投资股权回购款人民币40 346 666.67元以及自2013年4月22日起至判决生效之日止以30 000 000元人民币为本金按年利率20%计算的利息。

上诉人上海瑞沨不服原审判决，提出上诉请求依法对于原审判决第一项中的“至判决生效之日止”改判为“至判决实际给付之日止”。

二审法院认为，上海瑞沨诉求选择适用《补充协议二》之回购条款，经查实，该协议仅是上海瑞沨与鼎发公司、朱某起、乐园公司四方单独订立，一是违背了（主合同）《乐园新材增资协议》第8.1条之规定，二则亦损害了其他投资方基于本协议项下的权益，故应属无效，据此上海瑞沨的请求权基础应当限于《补充协议一》之回购条款。上海瑞沨上诉认为计息截止时间应为判决给付之日，并无相应的合同依据，原审判决计息至判决生效之日止，亦并无不当，应予维持。据此，二审法院驳回上诉人上海瑞沨股权投资合伙企业（有限合伙）的上诉；撤销上海市浦东新区人民法院（2013）浦民二（商）初字第1436号民事判决第一项，维持第二项，判决朱某起、连云港鼎发投资有限公司内支付上海瑞沨股权回购款项计人民币3 858万元及以投资额人民币3 000万元作为本金，自2014年1月1日起至本判决生效之日止、按照年利率20%所计利息。

当时对赌协议回购股权的效力主要还是看投资方与目标公司原股东。然而，我们应该看到，判断对赌协议效力不能仅仅依据对赌主体来判定投资方与目标公司原股东或实际控制人对赌的协议就一定有效，判断合同效力还要注意看对赌的具体内容是否涉及其他主体的利益，对赌主体是否能完全自主决定等因素。

（二）瀚霖案

2011年4月，山东瀚霖生物技术有限公司（以下简称“瀚霖公司”）作为甲方，北京冷杉投资中心（有限合伙）、福建国耀投资有限公司、强某延、孙某、许某欣作为乙方，曹某波作为丙方，三方共同签订了《增资协议书》及《补充协议书》。其中，《增资协议书》主要约定：强某延向瀚霖公司增资3 000万元，其中400万元作为瀚霖公司的新增注册资本，其余2 600万元作为瀚霖公司的资本公积金，强某延持有瀚霖公司0.86%的股权。《补充协议书》约定：曹某波承诺争取目标公司于2013年6月30

日前获准首次公开发行股票并在国内主板或创业板证券交易所上市；如果目标公司未能在2013年6月30日前完成合格IPO，强某延有权要求曹某波以现金方式购回强某延所持的目标公司股权，回购价格为强某延实际投资额再加上每年8%的内部收益率溢价，瀚霖公司为曹某波的回购提供连带责任担保。

2012年5月31日，强某延与曹某波签订了《股权转让协议》，约定强某延将持有的瀚霖公司股权转让给曹某波，按《补充协议书》约定的价格计算方式回购。股权转让协议签订后，曹某波未履行支付义务。

2014年5月14日，强某延向成都市中级人民法院提起诉讼，请求：1.曹某波支付强某延股权转让款37 791 360元，并自起诉之日起按银行逾期付款违约金的计算标准承担违约金；2.瀚霖公司对曹某波的付款承担连带清偿责任；3.案件诉讼费由曹某波、瀚霖公司承担。

一审败诉后，强某延向四川省高级人民法院提起上诉，并再次败诉。随后，强某延向最高人民法院提出再审。2015年12月9日，本案最高人民法院提审，并终于在2018年9月7日，强某延取得了最终的胜诉。

一审认定担保无效，理由：因强某延与曹某波均系瀚霖公司股东，且曹某波为公司法定代表人，基于此情形，强某延应当提交瀚霖公司为股东曹某波提供担保已经股东会决议通过的相关证据；结合强某延与曹某波的股东身份以及瀚霖公司并非为经营发展向公司以外的第三人提供担保的事实，该约定损害了公司、公司其他股东以及公司债权人的利益，应认定为无效。

二审认定担保无效，理由：瀚霖公司为曹某波回购强某延股权的股权转让款支付提供担保，其实质是不管瀚霖公司经营业绩如何，股东强某延均可以从瀚霖公司获取收益，该约定使得股东获益脱离了公司的经营业绩，背离了公司法法理精神，最终使得股东强某延规避了交易风险，将瀚霖公司可能存在的经营不善及业绩不佳的风险转嫁给瀚霖公司及其债权人，严重损害了瀚霖公司其他股东和债权人的合法利益，应当认定《增资协议书》《补充协议书》约定的瀚霖公司为曹某波回购强某延股权产生的责任承担担保责任无效。强某延签订《增资协议书》时是否具备瀚霖公司股东身份以及瀚霖公司提供担保是否经股东会决议，均不影响瀚霖公司提供担保行为的效力认定。

最高人民法院再审认定担保有效，并承担担保责任。理由：

（1）强某延已对瀚霖公司提供担保经过股东会决议尽到审慎注意和形式审查义务。《增资协议书》与《补充协议书》两份合同在内容上均有瀚霖公司内部已经履行完毕股东批准程序的记载，且协议书均由瀚霖公司盖章及其法定代表人签名。对于债权人强某延而言，增资扩股、股权回购、公司担保本身属于链条型的整体投资模式，基于《增资协议书》及《补充协议书》的上述表述，强某延有理由相信瀚霖公司已对包括提供担保在内的增资扩股一揽子事项通过股东会决议，曹某波已取得瀚霖公司授权代表公司对外签订担保条款，且瀚霖公司在本案审理中亦没有提交其他相反证据证明该公司未对担保事项通过股东会决议，故应当认定强某延对担保事项经过股东会决议已尽到审慎注意和形式审查义务，因而案涉《补充协议书》所约定担保条款对瀚霖公司已发生法律效力。

（2）强某延投资全部用于公司经营发展，瀚霖公司全体股东因而受益，故应当承担担保责任。《公司法》十六条之立法目的，系防止公司大股东滥用控制地位，出于个人需要、为其个人债务而由公司提供担保，从而损害公司及公司中小股东权益。本案中，案涉担保条款虽系曹某波代表瀚霖公司与强某延签订，但是3 000万元款项并未供曹某波个人投资或消费使用，亦并非完全出于曹某波个人需要，而是全部投入瀚霖公司资金账户，供瀚霖公司经营发展使用，有利于瀚霖公司提升持续盈利能力。这不仅符合公司新股东强某延的个人利益，也符合公司全体股东的利益，瀚霖公司本身是最终的受益者。即使确如瀚霖公司所述并未对担保事项进行股东会决议，但是该担保行为有利于瀚霖公司的自身经营发展需要，并未损害公司及公司中小股东权益，不违反《公司法》十六条之立法目的。因此，认定瀚霖公司承担担保责任，符合一般公平原则。

在该案中，从中级法院到最高人民法院认为股东之间的对赌没有损害到公司及债权人利益，没有违反公司法的强制性规定，应属有效。最高院认为，投资方的资金“全部投入瀚霖公司资金账户，供瀚霖公司经营发展使用，有利于瀚霖公司提升持续盈利能力。这不仅符合公司新股东强某延的个人利益，也符合公司全体股东的利益，瀚霖公司本身是最终的受益者”，进而采用“一般公平原则”认定公司以保证形式与投资方进行对赌有效。

（三）哈仲案

以下是哈尔滨仲裁委员会2018年度十大案例之一（案例名称、数字等相关信息作了修改）：

2016年7月，张某与阳光公司及其控股股东刘某签订《投资协议》约定：张某以1 500万元对阳光公司进行增资，取得增资后阳光公司30%的股权；如阳光公司2016

年度或2017年度实际净利润低于承诺业绩80%，张某有权要求刘某赎回其持有的阳光公司全部股权，赎回价格为投资价款附加每年10%的利率回报。由于经营问题，阳光公司2016年度及2017年度实际净利润均低于承诺业绩的80%，构成赎回条件。后因股权赎回发生争议，张某申请仲裁，请求裁决刘某向张某支付回赎价款本金及利息。

仲裁结果支持张某的仲裁请求。

仲裁评析：双方当事人就股权回赎约定的内容，是投融资双方在目标公司经营业绩尚未确定时就未来投融资风险的分配所做的预设安排，具有“对赌协议”的特征。目前，《公司法》并未禁止以投融资为目的向目标公司投资而设立的“对赌”条款的效力。本案投资协议中约定的股权回赎条款，实质是原股东向新股东支付后者所持股份的对价，赎回其原始持有股份的行为，赎回行为本身并不改变每一股份对应的资本，所以股东之间的赎回股权行为并未触及《公司法》有关强制性规定，故该投资协议有效，应当按照该协议中约定的条款支付全部回赎价格。

哈仲提示：一般情况下，融资企业本身不能作为股权回赎的主体，实践中一般由融资企业的实际控制人或其股东作为回赎主体。回赎主体的不同，会导致投资协议效力的不同。而股权回赎与资金借贷的本质区别，应当从投资的目的、是否有实际交易内容、是否共担风险及共享收益、是否必然回赎等角度来分析协议效力。

（四）江苏华工案

2011年7月6日，投资方江苏华工公司与目标公司扬州锻压机床集团有限公司（以下简称“扬锻公司”）及其11个股东共同签订了《增资扩股协议》，约定投资方以现金2 200万元人民币对公司出资，其中200万元作为注册资本，2 000万元列为公司资本公积金。同日，以上主体就增资的有关事宜达成《补充协议》约定：若扬锻公司在2014年12月31日前未能在境内资本市场上市等情况，投资方有权要求扬锻公司以现金形式回购投资方所持有的全部扬锻公司的股份；扬锻公司原股东对前述履行义务承担连带保证责任。

扬锻公司未能在约定的时间在境内资本市场上市，投资方要求扬锻公司以现金形式回购其持有的全部公司股份，并诉至法院。

扬州邗江区人民法院一审认为，案涉股权回购约定因违反《公司法》禁止性规定且违背公司资本维持和法人独立财产原则，损害了公司、公司其他股东和公司债权人的权益，故该股权回购约定当属无效。一审判决，驳回江苏华工诉讼请求。

扬州市中级人民法院二审认可一审裁判观点，维持一审判决。

江苏省高级人民法院再审，认为投资方与扬锻公司及其原股东签订的对赌协议有效[①]。再审法院理由：

（1）案涉协议约定的股权回购主体应认定为扬锻公司。

补充协议明确约定丙方（华工公司）有权要求乙方（扬锻公司）回购丙方所持有的全部乙方的股份，乙方应以现金形式收购，该款明确股权回购义务的承担主体为扬锻公司，未包括该公司股东。本协议生效后，乙方的违约行为导致华工公司发生任何损失，甲方（扬锻公司全体股东）、乙方承担连带责任，亦可印证合同约定的股权回购主体为扬锻公司，扬锻公司股东是对该公司的违约行为承担连带责任。进而，扬锻公司原股东不是回购主体。另，华工公司在合同约定的股权回购条件成就后，仅向扬锻公司致函要求该公司回购股权，而未向原扬锻公司股东提出回购要求。

因此，扬锻公司及全部股东对股权回购应当履行的法律程序及法律后果是清楚的，即扬锻公司及全部股东在约定的股权回购条款激活后，该公司应当履行法定程序办理工商变更登记，该公司全体股东负有履行过程中的协助义务及履行结果上的保证责任。

（2）扬锻公司新章程未对对赌协议作出变更。

该公司章程虽对公司回购股份作出原则性限制，但同时亦载明因符合该章程规定的事由，扬锻公司可以回购本公司股份，该规定与《补充协议》约定的股份回购并不存在冲突，即扬锻公司可在不违反《公司法》及公司章程关于股份回购强制性规定的情形下，通过履行法定手续和法定程序的方式合法回购华工公司持有的股份。故扬锻公司等关于公司章程对原对赌协议作出变更的辩解理由，不能成立。

（3）案涉对赌协议效力应认定有效。

案涉对赌协议中关于股份回购的条款内容，是当事人特别设立的保护投资人利益的条款，属于缔约过程中当事人对投资合作商业风险的安排，系各方当事人的真实意思表示。股份回购条款中关于股份回购价款约定为相对固定收益，但约定的年回报率为8%，与同期企业融资成本相比并不明显过高，不存在脱离目标公司正常经营下所应负担的经营成本及所能获得的经营业绩的企业正常经营规律。华工公司、扬锻公司及扬锻公司全体股东关于华工公司上述投资收益的约定，不违反国家法律、行政法规的禁止性规定，不存在《中华人民共和国合同法》第五十二条规定的合同无效的情形，亦不属于合同法所规定的格式合同或者格式条款，不存在显失公平的问题。扬锻

① （2019）苏民再62号。

公司及潘某虎等关于案涉对赌协议无效的辩解意见，本院不予采信。

（4）案涉对赌协议具备履行可能性。

对赌协议投资方在对赌协议中是扬锻公司的债权人，在对赌协议约定的股权回购情形出现时，当然有权要求公司及原股东承担相应的合同责任。在投资方投入资金后，成为目标公司的股东，但并不能因此否认其仍是公司债权人的地位。投资方基于公司股东的身份，应当遵守《公司法》的强制性规定，非依法定程序履行减资手续后退出，不能违法抽逃出资。而其基于公司债权人的身份，当然有权依据对赌协议的约定主张权利。《公司法》亦未禁止公司回购股东对资本公积享有的份额。案涉对赌协议无论是针对列入注册资本的注资部分还是列入资本公积金的注资部分的回购约定，均具备法律上的履行可能。

扬锻公司在投资方注资后，其资产得以增长，而且在事实上持续对股东分红，其债务承担能力相较于投资方注资之前得到明显提高。扬锻公司在持续正常经营，参考华工公司在扬锻公司所占股权比例及扬锻公司历年分红情况，案涉对赌协议约定的股份回购款项的支付不会导致扬锻公司资产的减损，亦不会损害扬锻公司对其他债务人的清偿能力，不会因该义务的履行构成对其他债权人债权实现的障碍。相反，华工公司在向扬锻集团公司注资后，同时具备该公司股东及该公司债权人的双重身份，如允许扬锻公司及原扬锻集团公司股东违反对赌协议的约定拒绝履行股份回购义务，则不仅损害华工公司作为债权人应享有的合法权益，也会对华工公司股东及该公司债权人的利益造成侵害，有违商事活动的诚实信用原则及公平原则。案涉对赌协议约定的股份回购条款具备事实上的履行可能。

（5）扬锻公司应承担责任的范围。

对赌条款激活，扬锻公司应当履行法定程序办理工商变更登记。因扬锻公司未在约定期限内履行股份回购义务，还应按照《补充协议》的约定按华工公司应得回购股权价款每日的0.5‰比率支付罚息《补充协议》约定。

扬锻公司的违约行为导致华工公司发生任何损失，扬锻公司及其股东承担连带责任。该协议经扬锻公司原全体股东签字。故扬锻公司原全体股东应对上述扬锻公司应承担的义务承担连带清偿责任。

该案被业内称为“华工案”，当时被很多人认为再审观点是对“对赌第一案”的颠覆：判决目标公司向投资者履行回购义务，原股东对该回购义务承担连带清偿责任，一时成为法律界、PE/VC界讨论的热点。

第三节 | 司法裁判对“对赌协议”的理解与审判适用规则

《全国法院民商事审判工作会议纪要》(以下简称《九民纪要》)公布之前，对赌这个问题，无论在理论界还是实务界争议非常大，对赌案件的司法裁判标准也不统一，容易出现同案不同判的现象。2019年11月14日，最高人民法院公布的《九民纪要》首次对对赌协议明确作出回应，人民法院在审理“对赌协议”纠纷案件时，不仅应当适用《合同法》的相关规定，还应当适用《公司法》的相关规定；既要坚持鼓励投资方对实体企业特别是科技创新企业投资原则，从而在一定程度上缓解企业融资难问题，又要贯彻资本维持原则和保护债权人合法权益原则，依法平衡投资方、公司债权人、公司之间的利益。

一、《九民纪要》对对赌问题的理解和审判适用规则

从以下几方面把握《九民纪要》精神：

1.投资方与目标公司股东或实控人对赌

对于投资方与目标公司的股东或者实际控制人订立的“对赌协议”，如无其他无效事由，认定有效并支持实际履行，实践中并无争议。

2.投资方与目标公司对赌

投资方与目标公司订立的“对赌协议”是否有效以及能否实际履行，存在争议。

实践中，PE/VC与融资方对赌的有两类最为典型的场景，这也是《九民纪要》着重介绍的两类对赌条款类型：一是目标公司未达到约定的财务业绩目标，融资方要给予投资机构现金补偿；二是目标公司IPO失败时，融资方按照约定回购投资机构的出资份额。对此，人民法院会从以下角度进行考量：

投资方与目标公司对赌时，投资方与目标公司订立的“对赌协议”在不存在法定无效事由的情况下[①]，目标公司仅以存在股权回购或者金钱补偿约定为由，主张“对赌协议”无效的，人民法院不予支持，但投资方主张实际履行的，人民法院应当审查是

① 法定无效事由：①《民法典》第一百四十四条规定，无民事行为能力人实施的民事法律行为无效。②《民法典》第一百四十六条规定，行为人与相对人以虚假的意思表示实施的民事法律行为无效。以虚假的意思表示隐藏的民事法律行为的效力，依照有关法律规定处理。③《民法典》第一百五十三条规定，违反法律、行政法规的强制性规定的民事法律行为无效。但是，该强制性规定不导致该民事法律行为无效的除外。④《民法典》第一百五十四条规定，行为人与相对人恶意串通，损害他人合法权益的民事法律行为无效。违背公序良俗的民事法律行为无效。

否符合《公司法》关于“股东不得抽逃出资”及股份回购的强制性规定，判决是否支持其诉讼请求。

（1）投资方请求目标公司回购股权的，人民法院应当依据《公司法》第三十五条[①]关于“股东不得抽逃出资”或者第一百四十二条[②]关于股份回购的强制性规定进行审查。经审查，目标公司未完成减资程序的，人民法院应当驳回其诉讼请求。

（2）投资方请求目标公司履行金钱补偿约定的，人民法院应当依据《公司法》第三十五条关于“股东不得抽逃出资”和第一百六十六条[③]关于利润分配的强制性规定进行审查。经审查，目标公司没有利润或者虽有利润但不足以补偿投资方的，人民法院应当驳回或者部分支持其诉讼请求。今后目标公司有利润时，投资方还可以依据该事实另行提起诉讼。

二、对赌协议的法律关系问题

归纳实践中的大量案例，我们可以从以下几方面来理解最高人民法院审理精神：最高人民法院的价值取向充分体现为意思自治与相关方利益保护的平衡精神；审理“对赌协议”纠纷案件，兼顾《合同法》《公司法》相关规定；对于对赌协议合同的效力，主要是适用合同效力相关条款；对于目标公司，主要涉及的是《公司法》的资本维持原则、股权回购相关条款。

（一）对赌协议的效力与合同法的关系

对赌协议属于合同，对其效力的判断需要借助《合同法》之外的其他法律规范来判断，但最终落脚点还应该是《合同法》。

《民法典》2021年1月1日起施行，《合同法》相关部分被收录进《民法典》的合同编。

（二）诉讼的支持与合同的可履行性

当事人一方不履行非金钱债务或者履行非金钱债务不符合约定的，对方可以请求履行，但是有下列情形之一的除外[④]：

---

① 新《公司法》第五十三条。

② 新《公司法》第一百六十二条。

③ 新《公司法》第二百一十条。

④《民法典》第五百八十条规定。

1.法律上或者事实上不能履行；

2.债务的标的不适于强制履行或者履行费用过高；

3.债权人在合理期限内未请求履行。

有前款规定的除外情形之一，致使不能实现合同目的的，人民法院或者仲裁机构可以根据当事人的请求终止合同权利义务关系，但是不影响违约责任的承担。

因此，在考虑对赌标的诉请能否被法院支持，不仅要看其合同的效力，也还要看判决时是否具备合同履行的条件。对赌协议纠纷中的此类问题主要发生在目标公司承担股权回购和/或现金补偿义务时的情况。当合同有效，且具备履行的条件时，才会得到法院的支持。如果不具备履行条件，法院依然会驳回诉讼请求。

（三）合同的可履行性与资本维持、债权人保护原则

对赌协议中的股权回购和/或现金补偿义务（主要是目标公司承担相应义务的时候）要得到支持，前提是必须遵守“资本维持原则”，不得损害公司“债权人利益”。

（四）对赌协议的效力与公平原则、风险共担原则

对赌纠纷中，常有融资方认为，对赌协议违反公平及风险共担原则，还有融资方认为对赌协议是名为投资实为借贷，存在保底条款等。这种情况最显著的就是对赌协议中的股权回购条款。以下为回购条款设计示范：

1.若20××年×月×日之前，目标公司未能实现在国内证券交易所首次公开发行A股并上市（以下简称“上市”），则甲方（大股东）承诺收购乙方（投资方）所持目标公司全部股权。收购价格按照本次增资价格人民币××××万元，并加收增资价格每年×%的收益回报确定，不足一年的按日计算，即股权收购价格=增资价格×（1+×%×增资到位日到收购日天数÷365）。

2.若发生甲方需履行第1条之股权收购承诺之情形，甲方应于20××年×月×日前，或者目标公司明确放弃国内A股上市计划之日起×日内，或证券监管部门未核准目标公司上市申请之日起×日内，将收购款项支付给乙方。股权收购款项支付时间以三者中最早到期者为准。

明股实债的法律问题如表15-2所示。

表 15-2　　明股实债的法律问题

序号	文件	内容
1	《中华人民共和国银行业监督管理法（修正）》	第十九条　未经国务院银行业监督管理机构批准，任何单位或者个人不得设立银行业金融机构或者从事银行业金融机构的业务活动
2	《中华人民共和国商业银行法（2015年修订）》	第三条　商业银行可以经营下列部分或者全部业务： （一）吸收公众存款；（二）发放短期、中期和长期贷款；（三）办理国内外结算；（四）办理票据承兑与贴现；（五）发行金融债券；（六）代理发行、代理兑付、承销政府债券；（七）买卖政府债券、金融债券；（八）从事同业拆借；（九）买卖、代理买卖外汇；（十）从事银行卡业务；（十一）提供信用证服务及担保；（十二）代理收付款项及代理保险业务；（十三）提供保管箱服务；（十四）经国务院银行业监督管理机构批准的其他业务 经营范围由商业银行章程规定，报国务院银行业监督管理机构批准。 商业银行经中国人民银行批准，可以经营结汇、售汇业务
3	《非法金融机构和非法金融业务活动取缔办法》（国务院令第247号）	第三条　本办法所称非法金融机构，是指未经中国人民银行批准，擅自设立从事或者主要从事吸收存款、发放贷款、办理结算、票据贴现、资金拆借、信托投资、金融租赁、融资担保、外汇买卖等金融业务活动的机构 非法金融机构的筹备组织，视为非法金融机构 第四条　本办法所称非法金融业务活动，是指未经中国人民银行批准，擅自从事的下列活动： （一）非法吸收公众存款或者变相吸收公众存款 （二）未经依法批准，以任何名义向社会不特定对象进行的非法集资 （三）非法发放贷款、办理结算、票据贴现、资金拆借、信托投资、金融租赁、融资担保、外汇买卖 （四）中国人民银行认定的其他非法金融业务活动 前款所称非法吸收公众存款，是指未经中国人民银行批准，向社会不特定对象吸收资金，出具凭证，承诺在一定期限内还本付息的活动；所称变相吸收公众存款，是指未经中国人民银行批准，不以吸收公众存款的名义，向社会不特定对象吸收资金，但承诺履行的义务与吸收公众存款性质相同的活动
4	《贷款通则》	第九条　信用贷款、担保贷款和票据贴现： 信用贷款，系指以借款人的信誉发放的贷款
5	《最高人民法院关于审理民间借贷案件适用法律若干问题的规定》（2021.1.1）	第十三条　具有下列情形之一的，人民法院应当认定民间借贷合同无效： （一）套取金融机构贷款转贷的 （二）以向其他营利法人借贷、向本单位职工集资，或者以向公众非法吸收存款等方式取得的资金转贷的 （三）未依法取得放贷资格的出借人，以营利为目的向社会不特定对象提供借款的 （四）出借人事先知道或者应当知道借款人借款用于违法犯罪活动仍然提供借款的 （五）违反法律、行政法规强制性规定的 （六）违背公序良俗的

续表

序号	文件	内容
6	《证券期货经营机构私募资产管理业务运作管理暂行规定》	第三条　证券期货经营机构及相关销售机构不得违规销售资产管理计划，不得存在不适当宣传、误导欺诈投资者以及以任何方式向投资者承诺本金不受损失或者承诺最低收益等行为，包括但不限于以下情形： （三）与投资者私下签订回购协议或承诺函等文件，直接或间接承诺保本保收益
7	《关于发布〈证券期货经营机构私募资产管理计划备案管理规范第4号——私募资产管理计划投资 房地产开发企业、项目〉的通知》	第五条第三项　本规范所称名股实债，是指投资回报不与被投资企业的经营业绩挂钩，不是根据企业的投资收益或亏损进行分配，而是向投资者提供保本保收益承诺，根据约定定期向投资者支付固定收益，并在满足特定条件后由被投资企业赎回股权或者偿还本息的投资方式，常见形式包括回购、第三方收购、对赌、定期分红等
8	《证券期货经营机构私募资产管理业务管理办法》	第三十九条　资产管理计划可以依法参与证券回购、融资融券、转融通以及中国证监会认可的其他业务。法律、行政法规和中国证监会另有规定的除外 证券期货经营机构可以依法设立资产管理计划在境内募集资金，投资于中国证监会认可的境外金融产品
9	《关于规范金融机构资产管理业务的指导意见》（银发〔2018〕106号）	第十三条　主营业务不包括资产管理业务的金融机构应当设立具有独立法人地位的资产管理子公司开展资产管理业务，强化法人风险隔离，暂不具备条件的可以设立专门的资产管理业务经营部门开展业务 金融机构不得为资产管理产品投资的非标准化债权类资产或者股权类资产提供任何直接或间接、显性或隐性的担保、回购等代为承担风险的承诺
10	《商业银行理财业务监督管理办法》	第四十九条　商业银行不得用自有资金购买本行发行的理财产品，不得为理财产品投资的非标准化债权类资产或权益类资产提供任何直接或间接、显性或隐性的担保或回购承诺，不得用本行信贷资金为本行理财产品提供融资和担保
11	《关于加强私募投资基金监管的若干规定》（中国证券监督管理委员会公告〔2020〕71号）	第八条　私募基金管理人不得直接或者间接将私募基金财产用于下列投资活动： （一）借（存）贷、担保、明股实债等非私募基金投资活动，但是私募基金以股权投资为目的，按照合同约定为被投企业提供1年期限以内借款、担保除外 （二）投向保理资产、融资租赁资产、典当资产等类信贷资产、股权或其收（受）益权 （三）从事承担无限责任的投资 （四）法律、行政法规和中国证监会禁止的其他投资活动 私募基金有前款第（一）项规定行为的，借款或者担保到期日不得晚于股权投资退出日，且借款或者担保余额不得超过该私募基金实缴金额的20%；中国证监会另有规定的除外
……	……	……

总体来说，股权回购条款的“对赌条款”在内容上隐含保底性质，容易与现行法律规定的合同无效情形相混淆，且无对应的法律条文予以规范。而名为投资实为借贷、保本保收益的借贷交易属于金融领域商业银行的专业贷款职能，作为准金融机构的私募基金管理人（私募基金）专门从事该业务，不仅触及了监管的禁区，也违反相关法律、法规的禁止性规定，从而影响到对赌协议的法律效力。然而，人民法院在对此类法律行为进行适度评判时[①]，仍然遵循了鼓励交易，尊重当事人意思自治，维护公共利益，保障商事交易的过程正义的原则，以此来确定“对赌条款”的法律效力。

（五）对赌协议中公司担保效力与担保规则

对赌协议中，有关公司提供的担保效力问题有以下注意点：

遵守新《公司法》第十五条第一款规定，公司向其他企业投资或者为他人提供担保，按照公司章程的规定，由董事会或者股东会、股东大会决议；公司章程对投资或者担保的总额及单项投资或者担保的数额有限额规定的，不得超过规定的限额。

同时，新《公司法》在此基础上提出对公司为公司股东或者实际控制人提供担保的特别规定。公司为公司股东或者实际控制人提供担保的，应当经股东会或者股东大会决议；提供担保的股东或者实际控制人支配的股东，不得参加前款规定事项的表决。该项表决由出席会议的其他股东所持表决权的过半数通过。

第四节｜证监会对对赌协议的态度

对赌协议的效力影响到了证监会对发行人要求的股权清晰、控股股东和受控股股东、实控人支配的发行人股份不存在重大权属纠纷[②]，导致公司IPO时存在股权稳定性的隐患。总体来说，证监会认可其合同的有效合法，但要求其拟定上市企业在IPO前清除对赌协议。

证监会对对赌协议的反馈意见主要包括[③]：

（1）审核对赌协议的出发点是拟定IPO公司的股权稳定性；

（2）关注发行人及相关股东之间是否曾存在对赌协议；

---

① 借用上海瑞沨案再审人民法院的观点。

② 《首次公开发行股票并上市管理办法》第十三条和《首次公开发现股票并在创业板上市管理办法》第十五条。

③ 姜新录，2020，《企业重组财税处理实务与案例》，北京：中国财政经济出版社。

（3）如果曾经有对赌协议，要求披露其签订实际、权利义务条款、违约责任等具体情况，并核查其是否合法有效、是否存在纠纷或潜在纠纷、是否均已清理完成、是否对发行人的股权结构产生不利影响，发行人目前的股权结构是否稳定。

（4）如对赌协议已经解除，还关注相关对赌协议的解除是否真实，是否是附条件的解除；

（5）对于存在PE（股权投资）股东的拟IPO公司，必问及对赌协议事宜。

尤其是第（5）点对投资机构影响较大，提醒发行人和投资机构引起关注。对于对赌协议，证监会也并非绝对要求清理不可。2023年2月17日，证监会发布《监管规则适用指引——发行类第4号》对“对赌协议”可以不清理的情形作出规定：

> 投资机构在投资发行人时约定对赌协议等类似安排的，保荐机构及发行人律师、申报会计师应当重点就以下事项核查并发表明确核查意见：一是发行人是否为对赌协议当事人；二是对赌协议是否存在可能导致公司控制权变化的约定；三是对赌协议是否与市值挂钩；四是对赌协议是否存在严重影响发行人持续经营能力或者其他严重影响投资者权益的情形。存在上述情形的，保荐机构、发行人律师、申报会计师应当审慎论证是否符合股权清晰稳定、会计处理规范等方面的要求，不符合相关要求的对赌协议原则上应在申报前清理。
>
> 发行人应当在招股说明书中披露对赌协议的具体内容、对发行人可能存在的影响等，并进行风险提示。

因此，投资机构在与拟定IPO的交易对手订立对赌协议时，应尽量避开前述提及的四类情形。以下为股份有限公司IPO之前对赌协议清理案例：

> **【案例15-1】**格兰康希通信科技（上海）股份有限公司科创板首次公开发行股票上市前对赌协议清理。
>
> 2023年7月，格兰康希通信科技（上海）股份有限公司首次公开发行股票并在科创板上市，对IPO之前融资情况签署对赌协议进行清理自发行人2016年8月A轮融资开始的每一轮股权融资给予投资人股东特殊权利安排[①]。

---

① 2023年7月13日，格兰康希通信科技（上海）股份有限公司披露《格兰康希通信科技（上海）股份有限公司首次公开发行股票并在科创板上市招股意向书附录》。

发行人及其实际控制人与投资人通过签署投资协议/增资协议、股东协议等协议对回购权、优先清算权、领售权（拖售权）、随售权（共售权）、反稀释权、优先分红权、优先认购权、一票否决权（保护性条款）、最优惠待遇等股东特殊权利进行了约定。

对赌协议终止情况：

2021年8月31日，发行人及实际控制人分别与潘某、上海鑫礽、姚某、英特尔成都、吕某斌、张江火炬、屈某军签署《格兰康希通信科技（上海）有限公司股东特殊权利条款（公司作为回购义务人）之终止协议》，对公司作为回购义务人的条款进行清理。

2022年6月30日，发行人全体股东及实际控制人签署《格兰康希通信科技（上海）股份有限公司股东特殊权利终止协议》，对股东特殊权利条款进行全面清理。

2022年12月7日，发行人及实际控制人与受让苏州华田宇股份的原股东海望投资和新增股东芮正投资、赵某颖、林某等方共同签署《格兰康希通信科技（上海）股份有限公司股东特殊权利终止协议之确认协议》，对《格兰康希通信科技（上海）股份有限公司股东特殊权利终止协议》进行确认。

根据发行人签署的上述《格兰康希通信科技（上海）有限公司股东特殊权利条款（公司作为回购义务人）之终止协议》《格兰康希通信科技（上海）股份有限公司股东特殊权利终止协议》《格兰康希通信科技（上海）股份有限公司股东特殊权利终止协议之确认协议》之具体内容：（1）涉及发行人作为义务人的回购条款，和其他可能导致发行人作为回购义务人的条款，已全部终止执行，且自始无效不可恢复，对各方均不具有法律约束力。据此，发行人已不再作为对赌协议当事人。（2）发行人实际控制人作为义务人的回购义务、赔偿责任、连带责任、保证条款，仅在发行人未上市的情况下可以“有条件”恢复效力，即在本次发行审核期间及发行人成功上市后，发行人的实际控制人均不涉及业绩补偿及回购等义务。据此，对赌协议不存在可能导致公司控制权变化的约定。（3）对赌协议均不与市值挂钩。（4）发行人不因对赌协议而涉及可能承担赔偿或连带责任的条款，亦不承担严格于现有法律法规及《公司章程》的义务。

清理后的对赌协议符合《上海证券交易所科创板股票发行上市审核问答（二）》的相关规定。

【案例15-2】石家庄尚太科技股份有限公司创业板首次公开发行股票上市前对赌协议清理。

2022年8月，北京市中伦律师事务所披露《北京市中伦律师事务所关于石家庄尚太科技股份有限公司首次公开发行股票并上市的补充法律意见书（五）》，对“问题一”的对赌协议发表意见。据申报材料，引入投资人股东（非实际控制人、员工的股东）时，投资人股东与发行人、发行人实际控制人及闵某益、杨某、尧某明等公司员工股东就投资人享有的特殊权利进行了约定，主要约定了特殊情形下的实际控制人及公司员工股东的业绩补偿义务，以及要求回购权、优先分配权和认购权、反稀释、共同出售权、共同投资、公司治理、平等待遇等权利。以下为对赌协议终止情况：

2021年4月，发行人、长江晨道等22名投资者、宁波尚跃以及欧阳永跃及11名公司核心员工签署《关于石家庄尚太科技股份有限公司股东特殊权利之终止协议》（以下简称《终止协议》），协议主要约定自公司向河北证监局提交辅导验收申请之日，终止上述相关投资者特殊权利条款；并约定，若公司向河北证监局提交辅导验收申请之日后发生如下任何一种情形，则本协议中约定终止的全部条款应立即恢复效力且自始有效：（1）公司提交辅导验收申请之日起六个月内未通过河北证监局的辅导验收；（2）公司通过辅导验收之日起六个月内未向中国证监会或证券交易所提交IPO申请材料；（3）公司向中国证监会或证券交易所提交IPO申请材料后，公司IPO申请出现不予受理、撤回、被否决、终止审查、不予注册或者未能完成发行等未能成功的情形。

2021年11月，发行人、长江晨道等22名投资者、宁波尚跃以及欧阳永跃及11名公司核心员工签署《终止协议之补充协议》，协议主要约定：（1）自该协议签署之日，《终止协议》约定终止的全部股东特殊权利条款中，涉及需要发行人承担相应义务和责任的条款全部无条件终止且自始无效，并在任何情况下均不再恢复其法律效力；（2）如《终止协议》约定终止的全部股东特殊权利条款中，涉及欧阳永跃及11名公司核心员工但不涉及需要公司直接承担相应义务和责任的条款可依据《终止协议》的相关约定恢复法律效力。相关权利方根据恢复效力的条款行使权利时，公司无须承担任何义务及法律责任，且相关权利方应当选择不会导致公司控制权变化、不会影响公司持续经营能力的方式行使等。

2022年5月，发行人投资人股东均出具《豁免函》，同意彻底终止其享有的全部股东特殊权利条款，豁免函的主要内容如下：①自豁免函签署之日，投资者与发行人及相关方签署的所有投资协议及/或股权转让协议中关于公司业绩补充法律意见书对赌、股权回购等全部股东特殊权利条款全部无条件终止且自始无效，并在任何情况下均不再恢复其法律效力，投资者不会再依据相关特殊权利条款要求义务方承担任何法律责任或者或有义务；②自豁免函签署之日，除享有《公司法》等相关法律、法规及《公司章程》中规定的股东权利外，投资者不享有其他特殊的股东权利；③自豁免函签署之日，投资者与发行人、实际控制人欧阳永跃及发行人股东之间不存在任何有效的或者包含效力恢复条款的对赌协议或特殊安排。

发行人全部外部投资人合计持有发行人7 998.79万股股份，持股比例41.0552%。

就前述事项，律师履行了包括但不限于如下核查程序：

1.查阅发行人的全套工商档案、发行人等相关方与投资者签署的投资协议及其补充协议、股权转让协议等协议；

2.查阅发行人股东填写的调查表，取得发行外部投资人股东就相关股权变动等事项出具的确认或说明，并就发行人历史上股权变动的相关情况，访谈发行人实际控制人及董事会秘书；

3.查阅安鹏智慧、招银朗曜、珠海尚颀同意业绩承诺方无须履行业绩补偿义务的文件；查阅发行人、宁波尚跃及全体股东于2021年4月签署的《终止协议》、于2021年11月签署的《终止协议之补充协议》、于2022年6月签署的《终止协议之补充协议（二）》以及关于签署前述协议相关的股东大会决议；

4.查阅长江晨道等全部外部投资者于2022年5月出具的《豁免函》，并取得部分投资者就出具《豁免函》履行的内部决策程序文件；

5.对发行人董事会秘书进行访谈，了解签署《终止协议》《终止协议之补充协议》的背景、目的，以及采取《豁免函》的方式清理对赌协议的原因。

律师对以下内容进行核查、发表意见：

1.发行人已说明投资人股东入股时的原因、过程以及相关协议中具体权利义务责任的约定，投资人股东入股的价格系根据当时的背景协商确定，价格公允。

2.发行人在历次对赌协议中均作为当事方，发行人已说明作为当事方的背景、原因以及承担的义务或责任，相关义务和责任条款系谈判商定，符合投资的一般惯例，具有合理性。

3.除2019年5月引入的投资人安鹏智慧、招银朗曜、珠海尚颀签署的相关对赌协议中约定的承诺业绩存在未达标的情况外，历次投资人股东入股时签署的对赌协议约定的特殊权利条款均没有触发，权利方未曾依据前述条款要求义务方承担法律责任，各方确认不存在纠纷或潜在纠纷；考虑到新冠疫情对公司2020年度业绩的负面影响，2019年5月引入的投资人安鹏智慧、招银朗曜、珠海尚颀均同意业绩承诺方无须履行补偿义务，三名投资人不会就业绩未达标事项向业绩承诺方主张权利或提出补偿诉求，并确认不存在纠纷或潜在纠纷。

4.发行人已详细披露了投资人股东与发行人、发行人实际控制人及闵某益、杨某、尧某明等公司员工股东就特殊情形下的业绩补偿义务及义务承担方，截至本补充法律意见书出具之日，该等条款已彻底终止且自始无效。

5.发行人历次对赌协议中的要求回购权、反稀释、股权转让限制等特殊权利条款的触发可能涉及公司股权变动，但鉴于该等条款历史上未曾触发且已彻底终止，因此相关条款不会影响发行人股权的清晰、稳定；除上述列举的条款外，各方未签署过其他涉及对赌协议或特殊安排的文件。

6.基于监管要求及上市审核的考虑，发行人、宁波尚跃及全体股东于2021年先后签署了《终止协议》及《终止协议之补充协议》；发行人历次投资协议中涉及需要发行人承担义务或责任的特殊权利条款均已彻底终止，且不存在恢复法律效力或附条件恢复的安排。

7.发行人历次投资协议中涉及需要发行人、欧阳永跃及11名公司核心员工承担义务或责任的特殊权利条款均已彻底终止，且不存在恢复法律效力或附条件恢复的安排；相关约定明确具体，满足发行人股权清晰、稳定性的要求，符合相关监管要求，不构成本次发行的障碍。

8.根据公司外部投资者较多的情况，采取豁免函的方式清理对赌协议具有可行性；相关投资者特殊权利条款已彻底清理，不存在未彻底清理的投资者特殊权利条款。

9.发行人历次投资协议中涉及对赌安排的特殊权利条款均已彻底终止，相关合同条款自始无效；《豁免函》对出具方具有法律效力，且无条件不可撤销。

10.《豁免函》属于外部投资人的单方民事法律行为，结合《豁免函》及《终止协议之补充协议（二）》的内容，发行人历次投资协议中涉及对赌安排的特殊权利条款已有效终止并已完全彻底清理。

11.发行人历次投资协议中涉及对赌安排的特殊权利条款已彻底清理，不存在影响发行人股权清晰、稳定的情形，符合《首发业务若干问题解答》“问题5对赌协议”的监管要求，各方不存在其他未披露可能引起发行人股权变动或业绩补偿的协议或安排，不构成本次发行的实质障碍。

第五节｜对赌会计处理

对赌机制（不包括回购权条款）在VC/PE项目中并不经常采用。对赌机制包括：对赌的内容、对赌内容未达成时向投资人补偿的义务人、补偿方式。在对赌条件未达成时，向投资人进行补偿的义务人包括创始股东、公司或者两者承担连带责任。

根据汉坤2022年度VC/PE项目分析报告近六年统计的数据，在其参与的VC/PE项目中，每年采用对赌条款的项目大约在4.5%—8.6%；在其2022年参与的有对赌条款的VC/PE项目中，对赌的内容绝大部分集中在公司是否能达到一定业绩标准，也有小部分项目对赌公司是否能在一定期限内取得非常重要的政府牌照。

一、对赌模式

实务中，投资方会以发行新股的方式与目标公司的股份进行交换，最常见的是上市公司发行股份加货币资金方式收购目标公司的股份，此时目标公司会有部分的个人股东进行股份转让，以及补充协议会涉及业绩对赌的约定。

对赌条款触发，按对赌主体进行划分，我们可以将其分为以下几类情况：

（一）投资方与目标公司股东或实控人对赌

投资方与目标公司股东或实控人对赌，分为增资入股和股份转让两类情形。

1.增资扩股

投资方向目标公司增资入股时，与原始股东进行对赌。在对赌条件未达成时，原始股东应向投资者进行现金补偿[①]、股权回购、以名义价格向投资人发行或转让股份[②]

① 可以由创始股东对投资人现金补偿，也可以由创始股东对目标公司现金补偿。

② 在VC/PE的对赌条款中更为常见。

等其他方式履行义务。增资入股下，投资人与原始股东对赌如图15-1所示。

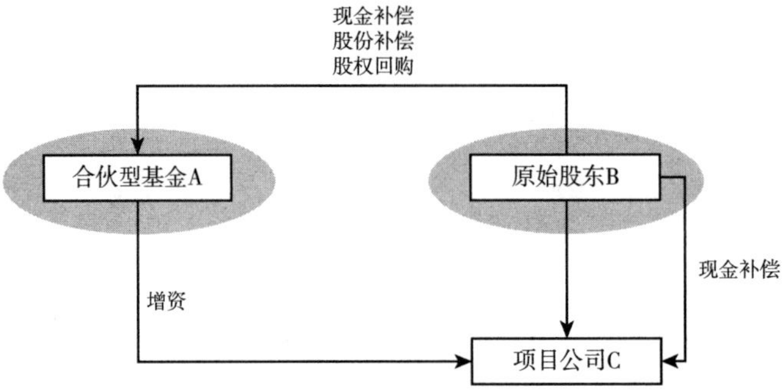

图15-1　投资方与原始股东对赌一

2.股权转让

投资方并购目标公司股权，原始股东将持有目标公司的股份转让给投资方；约定在目标公司对赌条件未达成时，原始股东应向投资者进行现金补偿、股权回购等。股权转让型对赌如图15-2所示。

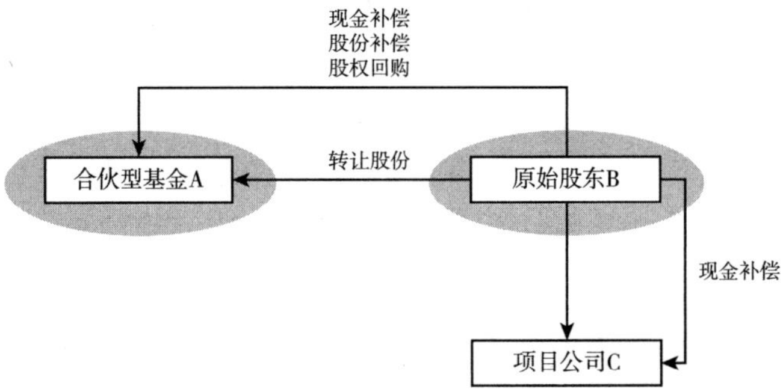

图15-2　投资方与原始股东对赌二

（二）投资方与目标公司对赌

投资方与目标公司对赌，协议的有效性判断情况比较复杂。

1.增资扩股

投资方增资入股被投企业，参照《九民纪要》的精神，在对赌条件触发时，目标公司的补偿方式主要包括：现金补偿、股份补偿、股权回购，调整投资人的优先股转换成普通股的转换价格[①]以及其他方式。同时，股权回购时，目标公司原始股东或可

① 这种方式出现在境外架构的VC/PE项目中。

与目标公司负连带责任[①]。原始股东与目标公司对赌如图15-3所示。

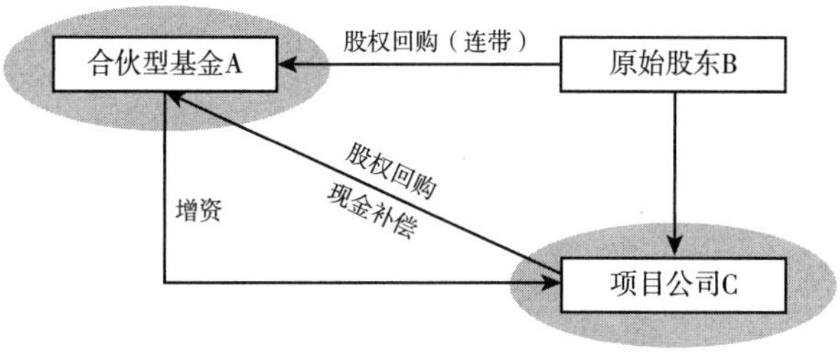

图15-3　投资方与目标公司对赌一

2.股权转让

投资方通过收购项目公司股东的股份达成并购目的，笔者认为，该类型对赌在触发对赌条款时，原则上应由股权转让方履行现金补偿、股份补偿、股份回购等补偿义务。如果以项目公司作为补偿义务人，由其履行减资程序，或者由其为原始股东股份转让的交易模式兜底都不甚合理，也与《公司法》相关要求相悖。实务中可能还未出现该类型案例，目前案例主要为增资型对赌（见图15-4）。

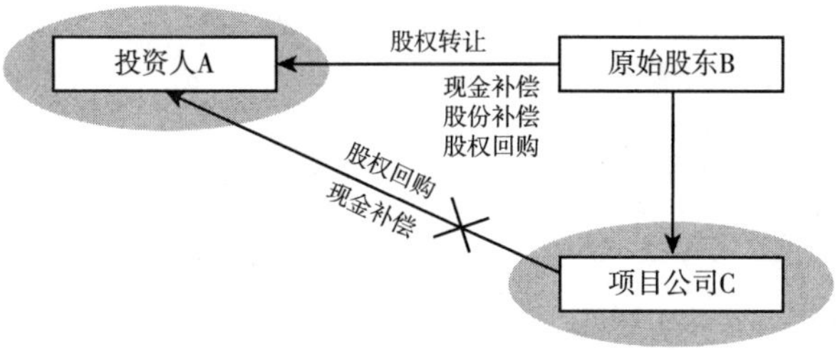

图15-4　投资方与目标公司对赌二

二、股份有限公司对赌协议案例

【案例15-3】埃夫特智能装备股份有限公司收购对赌案[②]。

2017年9月，埃夫特智能装备股份有限公司（以下简称“埃夫特”）向CERESA家族收购WFC（EFORT W.F.C.Holding S.p.A，注册资本为1 000万欧元，注册地为Corso Duca degliAbruzzi，意大利都灵市）100%股权。该项股权

① 参见江苏华工案。

② 2023年1月14日，埃夫特智能装备股份有限公司于巨潮资讯网披露《埃夫特智能装备股份有限公司关于被收购子公司对赌条款执行确认暨关联交易的公告》（公告编号：2023-001）。

收购的交易定价按照WFC 2016年、2017年、2018年和2019年四年预测净利润平均值的10倍计算。WFC预测其四年平均净利润为1 300万欧元，因此该项交易收购价格初步确认为1.3亿欧元。双方同意设置向下保底价为1.08亿欧元，向上封顶价为1.6亿欧元，即按照实际净利润计算得出的交易对价若低于1.08亿欧元，则仍需支付1.08亿欧元；若高于1.6亿欧元，支付1.6亿欧元。埃夫特已于交割日向CERESA家族支付了1.2亿欧元的股权转让对价。

2019年5月17日，埃夫特与CERESA家族签订《出售和购买修订协议》，约定交易定价由"WFC2016年、2017年、2018年和2019年四年经审计的调整后净利润平均值的10倍"修改为"WFC 2019年、2020年、2021年三年经审计的调整后净利润平均值的10倍"。

WFC2019年度、2020年度及2021年度经营业绩未达到收购协议约定的业绩情况，根据收购协议及修订协议的对赌调价机制，埃夫特已对收购对价确认公允价值变动收益1 200万欧元。

根据埃夫特与CERESA家族签订的《出售和购买协议》《出售和购买修订协议》约定，WFC在2019年度、2020年度及2021年度经营业绩未达到收购协议约定的业绩情况。

2023年1月，埃夫特拟与CERESA家族及Phinda Holding S.A.（以下简称"PHINDA"）就收购WFC的业绩对赌条款执行情况签署确认协议，CERESA家族及PHINDA拟向埃夫特现金支付1 200万欧元。

【案例15-4】温氏产投收购新大牧业股份之业绩对赌。

温氏食品集团股份有限公司2019年11月27日披露《关于全资子公司现金收购河南省新大牧业股份有限公司部分股份并对其增资的公告》（公告编号：2019-139），公司下属全资子公司温氏（深圳）股权投资管理有限公司（以下简称"温氏产投"）以现金人民币35 040.482 2万元购买河南省新大牧业股份有限公司（以下简称"新大牧业"）41.22%股份。同时，温氏产投对新大牧业增资人民币46 000万元，温氏产投通过股份转让和增资合计获得新大牧业5 720.49万股股份，占新大牧业总股本的比例为61.86%。截至2020年1月19日，新大牧业61.86%股权已过户至温氏产投名下，本次交易顺利完成。

温氏产投与新大牧业股东于2022年1月31日签署了《温氏（深圳）股权投资管理有限公司与河南省新大牧业股份有限公司及其股东之增资协议》，

合计对新大牧业现金增资14 566.21万元，实缴出资14 134.33万元，未缴部分放弃出资。其中温氏产投对新大牧业现金增资12 000万元，获得新大牧业2 555.68万股股份。

2022年增资完成后，温氏产投合计持有新大牧业8 276.17万股股份，占新大牧业总股本的比例为66.54%。截至2022年7月22日，新大牧业66.54%股权已过户至温氏产投名下。

1.业绩承诺内容

根据温氏产投与新大牧业公司及新大牧业核心管理团队及员工股东签署的《温氏（深圳）股权投资管理有限公司与河南省新大牧业股份有限公司及其股东之增资协议》，新大牧业核心管理团队人员及员工股东（以下简称“业绩承诺方”）承诺新大牧业在2020年至2022年三年（以下简称“业绩承诺期”）的扣除非经常性损益后的归属于新大牧业母公司所有者的累计净利润（以下简称“业绩承诺净利润”）不低于42 000万元。如在业绩承诺期满，业绩承诺净利润低于38 000万元的，则温氏产投有权要求业绩承诺方向温氏产投进行现金补偿或股份补偿。

现金补偿金额的计算公式为：现金补偿金额=本次交易增资款×（1-业绩承诺期累计实现净利润÷38 000万元）。

股份补偿的计算公式为：股份补偿比例=温氏产投本次增资金额对应的股比×（1-业绩承诺期累计实现净利润÷38 000万元）。

2.业绩承诺完成情况

致同会计师事务所（特殊普通合伙）对新大牧业2020—2022年度财务报表进行了审计，出具了《河南省新大牧业股份有限公司2020年度、2021年度、2022年度审计报告》（致同审字（2023）第440C000895号）。经审计，新大牧业2020—2022年三年的扣除非经常性损益后的归属于新大牧业母公司所有者的累计净利润为-32 724.23万元，未完成业绩承诺。

3.未完成业绩承诺的补偿安排

经各方协商一致确认，同意通过股份补偿的方式对原投资的估值进行调整：以业绩承诺方参与业绩承诺的股份数量总额为限，调增温氏产投股份比例。具体补偿方式为温氏产投以1元价格受让业绩承诺方持有的新大牧业2 693.76万股股份。

截至2023年4月6日，温氏产投与业绩承诺方已签署《温氏（深圳）股权投资管理有限公司与河南省新大牧业股份有限公司股东之补充协议》，拟于2023年4月完成股权转让并提交办理工商变更程序[①]。

【案例15-5】易华录收购国富瑞股权暨业绩对赌[②]。

2017年7月，北京易华录信息技术股份有限公司（以下简称“易华录”）以现金方式收购国富商通信息技术股份有限公司（以下简称“国富商通”）所持的国富瑞数据系统有限公司（以下简称“国富瑞”）的55.235 7%股权，股权转让价款为人民币52 000万元。

1.业绩承诺内容

国富商通承诺国富瑞2017年、2018年、2019年实际实现的经审计的净利润分别不低于6 800万元、8 200万元、10 000万元，即承诺期内承诺合计实现的净利润不低于25 000万元。

在业绩承诺期间内每一个会计年度结束后，易华录将在次年会计年度4月30日之前聘请具有证券、期货业务从业资格的审计机构对国富瑞当年实际实现的扣除非经常性损益后归属于母公司所有者的净利润情况出具专项审核意见，以确定在业绩承诺期间内国富瑞各年度的实际盈利数。

如在承诺期内，国富瑞任一年度末累计实现净利润数低于当年度末累计承诺净利润数，则国富商通应在各期专项审核意见出具后的30日内按照以下公式向易华录进行赔偿：

当期国富商通应向易华录的赔偿款=（截至当期期末累积承诺净利润数－截至当期期末累积实现净利润数）÷补偿期限内各年的预测净利润数总和×本次股权转让国富瑞预评估值×35.241 4%－前期已赔偿金额

2.国富瑞业绩承诺完成情况

致同会计师事务所（特殊普通合伙）对国富瑞2017年、2018年、2019年三年财务报表进行了审计并出具了无保留意见的审计报告，2017—2019年国富瑞实现的净利润分别为6 851.9万元、6 792.56万元、8 032.64万元，与承诺

① 2023年7月，温氏食品集团股份有限公司（以下简称“公司”）在深交所披露一则公告《温氏食品集团股份有限公司关于全资子公司收购河南省新大牧业股份有限公司部分股份之业绩对赌完成情况的公告》（公告编号：2023-37）。

② 2020年5月29日，易华录于深交所披露《北京易华录信息技术股份有限公司关于控股子公司2017—2019三年业绩对赌完成情况及业绩补偿情况的公告》（公告编号：2020-068）。

期内承诺合计实现的净利润相差3 322.9万元，未完成业绩承诺。

3.未完成业绩承诺的补偿安排

国富瑞三年业绩对赌期满，依据业绩补偿协议测算，国富瑞三年间产生总业绩补偿款4 409.74万元，其中2018年未完成业绩产生补偿款1 798.9万元、2019年未完成业绩产生补偿款2 610.84万元。截至2020年5月，易华录已收到业绩补偿款1 443.92万元，补偿款余额2 965.82万元，其中包括2018年剩余业绩补偿款354.98万元、2019年业绩补偿款2 610.84万元。

根据公司与国富商通签署的股权转让协议约定，易华录于2019年向中国国际经济贸易仲裁委员会提交了仲裁申请，并收到中国国际经济贸易仲裁委员会对本事项的《裁决书》，要求国富商通支付2018年业绩补偿余款、支付违约金780万元及易华录垫付的仲裁费67.82万元。

【案例15-6】利安隆新材料发行股份收购利安隆凯亚100%股份。

天津利安隆新材料股份有限公司（以下简称“利安隆”）2018年12月以发行有限售条件流通股25 010 420股购买韩某义、韩某睿、王某奎、梁某生持有的衡水凯亚化工有限公司（现已更名为“利安隆凯亚（河北）新材料有限公司）100%股权。标的资产交易总价由利安隆向交易对方发行股份的方式支付。经利安隆与交易对方共同协商，确定标的资产的交易价格为60 000万元①。

利安隆凯亚原股东韩某义、韩某睿、王某奎和梁某生承诺2019年、2020年、2021年利安隆凯亚合并报表中扣除非经常性损益后归属于母公司股东净利润分别不低于人民币5 000万元、6 000万元和7 000万元。若无法于预期期间完成本次发行股份购买资产交易，则盈利承诺年度相应顺延，对应顺延年度的承诺净利润应不低于标的资产的《资产评估报告》中确定的各年度盈利预测数。

致同会计师对利安隆凯亚2019年度财务报表进行了审计，并出具了致同专字（2020）第110ZA4139号审计报告，利安隆凯亚2019年度扣除非经常性损益后归属于母公司股东净利润为11 761.49万元，完成2019年业绩承诺。

① 巨潮资讯网2022年2月28日：《天津利安隆新材料股份有限公司关于全资子公司2019—2021三年业绩对赌完成的公告》（公告编号：2022-016）。

天职国际会计师事务所（特殊普通合伙）对利安隆凯亚2020年度财务报表进行了审计，并出具了天职业字〔2021〕6082号专项审计报告，利安隆凯亚2020年度扣除非经常性损益后归属于母公司股东净利润为15 058.93万元，2020年度业绩承诺已实现。

天职国际会计师事务所（特殊普通合伙）对利安隆凯亚2021年度财务报表进行了审计，并出具了天职业字〔2022〕5566号专项审计报告，利安隆凯亚2021年度扣除非经常性损益后归属于母公司股东净利润为19 140.26万元，2021年度业绩承诺已实现。

三、业绩对赌会计处理相关规定

（一）股权投资

股权投资包括以下几方面：

1.投资方能够对被投资单位实施控制的权益性投资，即对子公司投资。控制是指投资方拥有对被投资单位的权力，通过参与被投资单位的相关活动而享有可变回报，并且有能力运用对被投资单位的权力影响其回报金额。

企业合并形成的长期股权投资，应分别按同一控制下控股合并与非同一控制下控股合并确定其初始投资成本。

2.投资方与其他合营方一同对被投资单位实施共同控制且对被投资单位净资产享有权利的权益性投资，即对合营企业投资。共同控制是指按照相关约定对某项安排所共有的控制，并且该安排的相关活动必须经过分享控制权的参与方一致同意后才能决策。

3.投资方对被投资单位具有重大影响的权益性投资，即对联营企业投资。

重大影响是指对一个企业的财务和经营政策有参与决策的权力，但并不能够控制或者与其他方一起共同控制这些政策的制定。

实务中，较为常见的重大影响体现为在被投资单位的董事会或类似权力机构中派有代表，通过在被投资单位财务和经营决策制定过程中的发言权实施重大影响。投资方直接或通过子公司间接持有被投资单位20%以上但低于50%的表决权时，一般认为对被投资单位具有重大影响，除非有明确的证据表明该种情况下不能参与被投资单位的生产经营决策，不形成重大影响。在确定能否对被投资单位施加重大影响时，一方面应考虑投资方直接或间接持有被投资单位的表决权股份，同时要考虑投资方及其他方持有的当期可执行潜在表决权在假定转换为对被投资单位的股权后产生的影响，如被投资单位发行的当期可转换的认股权证、股份期权及可转换公司债券等的影响。

对于除能够对被投资方实施控制、共同控制或重大影响的权益性投资以外的金融资产投资，应当适用22号准则。

（二）或有对价

对赌协议常见于引入风险投资、企业并购等交易，这类带有业绩补偿、业绩对赌的业务在会计确认上属于股权投资或有对价的核算范围。或有对价通常指如果特定未来事项发生或满足特定条件，作为换取对被收购方的控制交易的一部分，收购方向被收购方原所有者转移额外资产或权益的义务。根据不同的交易主体及对赌安排，所涉及的会计处理及相关准则也各有不同。同时，投资协议中的对赌安排是随着金融工具准则、长投准则的修订不断完善和发展的。

1.或有对价的确认

（1）同一控制下企业合并方式形成的长期股权投资，初始投资时，应按照《企业会计准则第13号——或有事项》的规定，判断是否应就或有对价确认预计负债或者确认资产，以及应确认的金额；确认预计负债或资产的，该预计负债或资产金额与后续或有对价结算金额的差额不影响当期损益，而应当调整资本公积（资本溢价或股本溢价），资本公积（资本溢价或股本溢价）不足冲减的，调整留存收益。

（2）非同一控制下企业合并形成的长期股权投资的或有对价，参照企业合并准则的有关规定进行会计处理。购买方应当将业绩补偿条款产生的或有对价作为合并成本的一部分，按照其在购买日的公允价值计入企业合并成本，或有对价公允价值的后续变动计入当期损益[①]。

企业在非同一控制下的企业合并中确认的，该金融资产应当分类为以公允价值计量且其变动计入当期损益的金融资产，不得指定为以公允价值计量且其变动计入其他综合收益的金融资产[②]。

在非同一控制下的企业合并中，企业作为购买方确认的或有对价形成金融负债的，该金融负债应当按照以公允价值计量且其变动计入当期损益进行会计处理。

---

① 《监管规则适用指引——会计类2号》中“2-11业绩承诺期内修订业绩补偿条款的会计处理”。

② 2023年3月2日，财政部会计司金融工具准则实施问答“企业在非同一控制下的企业合并中确认的或有对价构成金融资产的，应当分类为何种金融资产？”的解答。

（3）购买联营企业、合营企业及其他金融资产相关或有对价。

在国际国内准则下，购买联营企业、合营企业及其他金融资产相关或有对价，与非同一控制下企业合并相关或有对价的会计处理一致，均采用“金融工具模式”。

2. 或有对价的计量属性

股权投资业绩补偿（回购承诺）或有对价是否属于嵌入衍生工具呢？

依据《企业会计准则第22号——金融工具确认和计量》（2017年修订）第五条规定，属于该准则范围并同时具备下列特征的金融工具或其他合同的，属于衍生工具：（1）其价值随特定利率、金融工具价格、商品价格、汇率、价格指数、费率指数、信用等级、信用指数或其他变量的变动而变动，变量为非金融变量的，该变量不应与合同的任何一方存在特定关系。（2）不要求初始净投资，或者与对市场因素变化预期有类似反应的其他合同相比，要求较少的初始净投资。（3）在未来某一日期结算。常见的衍生工具包括远期合同、期货合同、互换合同和期权合同等。

嵌入衍生工具[①]是指嵌入非衍生工具（即主合同）中的衍生工具。嵌入衍生工具与主合同构成混合合同。该嵌入衍生工具对混合合同的现金流量产生影响的方式，应当与单独存在的衍生工具类似，且该混合合同的全部或部分现金流量随特定利率、金融工具价格、商品价格、汇率、价格指数、费率指数、信用等级、信用指数或其他变量变动而变动，变量为非金融变量的，该变量不应与合同的任何一方存在特定关系。衍生工具如果附属于一项金融工具但根据合同规定可以独立于该金融工具进行转让，或者具有与该金融工具不同的交易对手方，则该衍生工具不是嵌入衍生工具，应当作为一项单独存在的衍生工具处理。

严格来说，投资方投入被投企业约定的业绩补偿与被投资企业实现的净利润、销售额、是否上市等对赌标的密切相关，不属于可独立的金融工具，或者虽然可以有不同交易对手，但交易的触发具有随机性，且不能独立于投资方、融资方、融资人的混同合同，因此很难按照准则将其界定为嵌入一项衍生工具。

当标的企业实际业绩未达到业绩承诺时，出售方需要按合同协议向购买方返还部分对价。对于购买方来说，不能只是简单将合同约定需返还的金额认定为金融资产的公允价值，此时既要考虑当期实际利润与当期承诺利润的差异，也要充分考虑未来剩余业绩承诺期的预期业绩达标情况，以及充分考虑交易对方的信用风险、货币的时间价值等，并在财务报表附注中做出相应披露。初始计量时，通常做简化处理将或有对

① 《企业会计准则第22号——金融工具确认和计量》（2017年修订）第二十三条。

价预计未来收到的公允价值（交易性金融资产或者负债）设定为0。

（三）监管规则适用指引——会计类第1号

2020年11月13日，证监会发布《监管规则适用指引——会计类第1号》（以下简称《1号指引》）对涉及资本市场执行会计准则的监管问答和其他指导性意见进行了系统梳理整合，原《上市公司执行企业会计准则监管问题解答》同步废止。《1号指引》包括交易事项背景及具体的会计问题、会计准则的相关规定、具体问题适用会计准则的意见或监管口径三部分。从内容上看，涉及股权投资、企业合并、股份支付、金融工具、收入、非经常性损益等26类、53个具体问题。以下介绍和股权投资或有对价相关的内容。

1.附回售条款的股权投资

对于附回售条款的股权投资，投资方除拥有与普通股股东一致的投票权及分红权等权利之外，还拥有一项回售权，例如投资方与被投资方约定，若被投资方未能满足特定目标，投资方有权要求按投资成本加年化10%收益（假设代表被投资方在市场上的借款利率水平）的对价将该股权回售给被投资方。该回售条款导致被投资方存在无法避免向投资方交付现金的合同义务。基于投资方对被投资方的持股比例和影响程度不同，区分为以下两种情形：

情形1：投资方持有被投资方股权比例为3%，对被投资方没有重大影响；

情形2：投资方持有被投资方股权比例为30%，对被投资方有重大影响。

现就上述两种情形下对被投资方和投资方的会计处理意见如下：

情形1：

从被投资方角度看，由于被投资方存在无法避免的向投资方交付现金的合同义务，应分类为金融负债进行会计处理。

从投资方角度看，投资方对被投资方没有重大影响，该项投资应适用金融工具准则。因该项投资不满足权益工具定义，合同现金流量特征不满足仅为对本金和以未偿付本金金额为基础的利息的支付，应分类为以公允价值计量且其变动计入当期损益的金融资产。

情形2：

被投资方的会计处理同情形1。

从投资方角度看，长期股权投资准则所规范的投资为权益性投资，因该准则中并没有对权益性投资进行定义，企业需要遵照实质重于形式的原则，结合相关事实和情况进行分析和判断。投资方应考虑该特殊股权投资附带的回售权以及回售权需满足的特定目标是否表明其风险和报酬特征明显不同于普通股。如果投资方实质上承担的风险和报酬与普通股股东明显不同，该项投资应当整体作为金融工具核算，相关会计处理同情形1。如果投资方承担的风险和报酬与普通股股东实质相同，因对被投资方具有重大影响，应分类为长期股权投资，回售权应视为一项嵌入衍生工具，并进行分拆处理。对投资方而言，持有上述附回售条款的股权投资期间所获得的股利，应按该股权投资的分类，适用具体会计准则规定进行处理。

2. 同一控制下企业合并同时购买少数股东权益的交易中，少数股东作出的业绩承诺

在同一控制下企业合并同时购买少数股东权益的交易中，对于少数股东作出的业绩承诺，在合并日的合并财务报表中，应当以公允价值进行初始确认并将其作为少数股东权益购买对价的一部分；在后续资产负债表日的合并财务报表中，若该或有对价属于一项金融工具，则应根据金融工具准则的相关规定，将其公允价值的后续变动计入当期损益。

3. 非同一控制下企业合并的或有对价

非同一控制下企业合并中的或有对价构成金融资产或金融负债的，应当以公允价值计量并将其变动计入当期损益；或有对价属于权益性质的，应作为权益性交易进行会计处理。

监管实践发现，部分公司在核算非同一控制下企业合并的或有对价时对准则的理解存在偏差和分歧。现就具体事项如何适用上述原则的意见如下：

（1）或有对价的公允价值。

购买方在购买日和后续资产负债表日确定或有对价的公允价值时，应当综合考虑标的企业未来业绩预测情况、或有对价支付方信用风险及偿付能力、其他方连带担保责任、货币时间价值等因素。涉及股份补偿的，或有对价的公允价值应当以根据协议确定的补偿股份数，乘以或有对价确认时该股份的市价（而非购买协议中约定的发行价格）计算，并同时考虑上述因素。

值得注意的是，或有对价公允价值的变化即使发生在购买日后12个月内，也不属于计量期间的调整事项，不应对购买日合并成本及商誉的金额进行调整。

（2）以自身股份结算的或有对价的后续计量。

非同一控制下企业合并形成的或有对价中，若购买方根据标的公司的业绩情况确定收回自身股份的数量，该或有对价在购买日不满足“固定换固定”的条件，不属于一项权益工具，而是属于一项金融资产。因此，购买方应当在购买日将该或有对价分

类为以公允价值计量且其变动计入损益的金融资产。随着标的公司实际业绩的确定，购买方能够确定当期应收回的自身股份的具体数量，则在当期资产负债表日，该或有对价满足“固定换固定”的条件，应将其重分类为权益工具（其他权益工具），以重分类日相关股份的公允价值计量，并不再核算相关股份的后续公允价值变动。在实际收到并注销股份时，终止确认上述其他权益工具，并相应调整股本和资本公积等。

（3）以标的公司少数股权结算的或有对价。

以标的公司少数股权结算的或有对价，在合并报表层面，同样适用上述会计处理原则。具体而言，当标的公司实际业绩确定时，将因或有对价确认的金融资产重分类为权益工具（其他权益工具），不再核算相关股份的后续公允价值变动；当购买方实际收到业绩承诺人补偿的标的公司少数股权时，应作为收购少数股东权益处理，即终止确认上述其他权益工具，并相应冲减少数股东权益，差额计入资本公积，资本公积不足冲减的，则冲减留存收益。

（4）向股权转让方以外的标的公司其他股东支付业绩补偿。

非同一控制下企业合并的业绩对赌安排中，购买方可能向标的公司的股权转让方以外的其他股东支付业绩补偿，且不是为了获取其他股东的商品或服务。尽管该业绩补偿安排中包括对非交易对手方的业绩承诺，但作为企业合并交易达成的条件，其实质是购买方为了获得标的公司股权而支付的对价，应作为企业合并的或有对价处理。

四、金融负债与权益工具的区分应用案例

2022年9月13日，财政部会计准则委员会网站发布一批金融负债与权益工具的区分应用案例（五个）。其中，案例1为金融负债与权益工具区分的应用案例，案例2—4为对赌协议下的股权回购会计处理，案例5为对赌协议下减资会计处理。

案例1：金融负债与权益工具的区分应用案例——投资者保护条款。

甲公司发行无固定到期日的中期票据，募集说明书中约定，在中期票据存续期内单独或同时发生下列应急事件时，应即刻启动投资者保护应急预案，召开持有人大会商议债权保护有关事宜：

1.本公司发生未能清偿到期债务的违约情况；

2.本公司发生超过净资产10%以上的重大损失，且足以影响到中期票据的按时、足额兑付；

3.本公司作出减资、合并、分立、解散或申请破产的决定；

4.其他可能引发投资者重大损失的事件。

发生以上情形的，持有人大会有权要求发行人回购或提供担保，发行人、发行人母公司、发行人下属子公司、债务融资工具清偿义务承继方等重要关联方没有表决权。持有人大会召集人应在会议表决截止日后第一个工作日将会议决议提交至发行人，并代表持有人及时就有关决议内容与发行人及其他有关机构进行沟通。持有人大会会议决议要求发行人回购或提供担保的，发行人应无条件接受。除上述外，不考虑其他情况。

分析：

本例中，如果甲公司（发行人）未能清偿到期债务、发生超过净资产10%以上重大损失且影响中期票据按时足额兑付、作出减资、合并、分立、解散或申请破产的决定以及发生其他可能引发投资者重大损失的事件等，将即刻启动投资者保护应急预案，召开持有人大会。由于未能清偿到期债务等应急事件的发生不由发行方控制，而上述应急事件一旦发生，按照募集说明书的约定，持有人大会有权要求发行人回购或提供担保，且发行人应无条件接受持有人大会的上述决议。因此，本例中，甲公司作为该中期票据的发行人，不能无条件地避免交付现金或其他金融资产的合同义务，应当将其确认为一项金融负债。

分析依据：

根据《企业会计准则第37号——金融工具列报》第十条等相关规定；参考《〈企业会计准则第37号——金融工具列报〉应用指南2018》第12页等相关内容。

案例2：金融负债与权益工具的区分应用案例——发行人作为合同一方承担的义务。

甲公司为中国境内注册的股份制企业（拟在境内上市），其控股股东为乙公司。2×21年1月1日，丙公司作为战略投资人向甲公司增资3亿元人民币，甲公司按照相关规定完成了注册资本变更等手续。增资后，丙公司持有甲公司20%的股权，乙公司仍然控制甲公司。除普通股外，甲公司无其他权益工具。甲、乙、丙公司签署的增资协议约定，如果甲公司未能在2×24年12月31日前完成首次公开募股（IPO），丙公司有权要求乙公司或乙公司指定的其他方以现金回购其持有的甲公司股权，回购价格为丙公司增资3亿元和按8%年化收益率及实际投资期限计算的收益之和。除上述外，不考虑其他情况。增资协议赋予丙公司的前述回售权属于持有人特征，即仅由丙公司享有，不能随股权转让。

分析：

本例中，2×21年1月1日，甲、乙、丙公司签署的增资协议约定，如果甲公司未能在2×24年12月31日前完成首次公开募股，丙公司有权要求乙公司或乙公司指定的其他方以现金回购其持有的甲公司股权。如果甲公司无法证明其不属于可能被乙公司指定的回购丙公司所持甲公司股权的其他方，则甲公司不能无条件地避免以现金回购自身权益工具的合同义务。因此，2×21年1月1日，甲公司应当根据收到的增资款确认股本和资本公积（股本溢价）；同时，按照回购所需支付金额的现值，将回购丙公司所持本公司股权的义务从权益重分类为一项金融负债。

乙公司承担的购买丙公司所持甲公司股权的义务，实质上为乙公司向丙公司签出的一项看跌期权，在乙公司个别报表层面应当将其确认为一项衍生金融负债，按照该看跌期权的公允价值计量。在乙公司合并报表层面，由于集团整体不能无条件地避免交付现金的合同义务，应当将丙公司的增资按照回购所需支付金额的现值确认为一项金融负债。

分析依据：

根据《企业会计准则第37号——金融工具列报》第十条、第十一条、第十二条、第十五条等相关规定；参考《〈企业会计准则第37号——金融工具列报〉应用指南2018》第12页、第23页至第25页、第29页等相关内容。

案例3：金融负债与权益工具的区分应用案例——补充协议导致发行人义务变化。

甲公司为中国境内注册的股份制企业（拟在境内上市），其控股股东为乙公司。2×21年1月1日，丙公司作为战略投资人向甲公司增资3亿元人民币，甲公司按照相关规定完成了注册资本变更等手续。增资后，丙公司持有甲公司20%的股权，乙公司仍然控制甲公司。除普通股外，甲公司无其他权益工具。甲、乙、丙公司签署的增资协议约定，如果甲公司未能在2×24年12月31日前完成首次公开募股（IPO），丙公司有权要求甲公司或乙公司以现金回购其持有的甲公司股权，回购价格为丙公司增资3亿元和按8%年化收益率及实际投资期限计算的收益之和。增资协议赋予丙公司的前述回售权属于持有人特征，即仅由丙公司享有，不能随股权转让。

为推进甲公司的上市进程，甲、乙、丙公司根据相关法律和监管规定，在首次公开募股申报前清理所有特殊权益，三方于2×21年6月30日签署补充协议，约定自补充协议签署之日起终止丙公司的上述回售权；如果甲公司在2×24年12月31日前未能完成首次公开募股，丙公司自2×25年1月1日起有权要求乙公司以现金购买其持有的甲公司股权，但无权向甲公司提出回购要求。除上述外，不考虑其他情况。

分析：

本例中，2×21年1月1日，甲、乙、丙公司签署的增资协议包含或有结算条款，且不属于“几乎不具有可能性”的情形，甲公司不能无条件地避免以现金回购自身权益工具的合同义务，因此，甲公司应当根据收到的增资款确认股本和资本公积（股本溢价）；同时，按照回购所需支付金额的现值，将回购丙公司所持本公司股权的义务从权益重分类为一项金融负债。根据2×21年6月30日签署的补充协议，乙公司承担的购买丙公司所持甲公司股权的义务实质上为乙公司向丙公司签出的一项看跌期权，在乙公司个别报表层面应当将其确认为一项衍生金融负债，按照该看跌期权的公允价值计量。在乙公司合并报表层面，由于集团整体不能无条件地避免交付现金的合同义务，应当将丙公司的增资按照回购所需支付金额的现值确认为一项金融负债。

2×21年6月30日，甲、乙、丙公司签署补充协议，甲公司的回购义务终止，即甲公司可以无条件地避免以现金回购自身权益工具的合同义务，因此，甲公司应当终止确认就该回购义务确认的金融负债，同时确认一项新的权益工具，并按照该权益工具在当日的公允价值计量，但不可追溯调整以前年度对丙公司增资的分类。由于签署补充协议的目的是使甲公司符合法律和监管规定，丙公司之所以愿意接受补充协议的条款，是因为其股东身份以及在促成甲公司完成首次公开募股后能够以股东身份享有相关成果，因此，该交易应当按照权益性交易处理，即新确认权益工具公允价值与终止确认金融负债账面价值的差额应当计入权益。在乙公司个别报表层面，应当继续将承担的购买甲公司股权的义务确认为一项衍生金融负债。在乙公司合并报表层面，应当继续将丙公司的增资确认为一项金融负债。

分析依据：

根据《企业会计准则第37号——金融工具列报》第十条、第十一条、第十二条、第十五条等相关规定；参考《〈企业会计准则第37号——金融工具列报〉应用指南2018》第12页、第23页至第25页、第29页。

案例4：金融负债与权益工具的区分应用案例——中止和恢复回售权。

甲公司为中国境内注册的股份制企业（拟在境内上市），其控股股东为乙公司。2×21年1月1日，丙公司作为战略投资人向甲公司增资3亿元人民币，甲公司按照相关规定完成了注册资本变更等手续。增资后，丙公司持有甲公司20%的股权，乙公司仍然控制甲公司。除普通股外，甲公司无其他权益工具。甲、乙、丙公司签署的增资协议约定，如果甲公司未能在2×24年12月31日前完成首次公开募股（IPO），丙公司有权要求甲公司以现金回购其持有的甲公司股权，回购价格为丙公司增资3亿元和按8%年化收益率及实际投资期限计算的收益之和。增资协议赋予丙公司的前述回售权属于持有人特征，即仅由丙公司享有，不能随股权转让。

为推进甲公司的上市进程，甲、乙、丙公司根据相关法律和监管规定，在首次公开募股申报前清理所有特殊权益，三方于2×21年6月30日签署补充协议，约定自补充协议签署之日起中止丙公司的上述回售权；如果甲公司在2×24年12月31日前未能完成首次公开募股，则于2×25年1月1日恢复该回售权。除上述外，不考虑其他情况。

分析：

本例中，虽然丙公司的回售权自补充协议签署之日起中止，但补充协议同时约定了恢复该项权利的条件，即甲公司未能按期完成首次公开募股，这与增资协议中“如果甲公司未能在2×24年12月31日前完成首次公开募股，丙公司有权要求甲公司以现金回购其持有的甲公司股权”的约定没有实质差别。按照上述约定，丙公司是否行使回售权以使甲公司承担以现金回购自身权益工具的义务，取决于发行人（甲公司）和持有人（丙公司）均不能控制的未来不确定事项（即甲公司在2×24年12月31日前完成首次公开募股）的发生或不发生，属于或有结算条款，且不属于“几乎不具有可能性”的情形，甲公司不能无条件地避免以现金回购自身权益工具的合同义务。

因此，在2×21年1月1日，甲公司应当根据收到的增资款确认股本和资本公积（股本溢价）；同时，按照回购所需支付金额的现值，将回购丙公司所持本公司股权的义务从权益重分类为一项金融负债。如果甲公司在2×24年12月31日前完成首次公开募股，丙公司丧失回售权，甲公司应当在上市日将丙公司的增资重分类为权益工具，按照当日金融负债的账面价值计量。

分析依据：

根据《企业会计准则第37号——金融工具列报》第十条、第十一条、第十二条等相关规定；参考《〈企业会计准则第37号——金融工具列报〉应用指南2018》第12页、第23页至第25页、第36页等相关内容。

案例5：金融负债与权益工具的区分应用案例——对减资程序的考虑。

甲公司为中国境内注册的股份制企业，其控股股东为乙公司。2×21年1月1日，丙公司作为战略投资人向甲公司增资3亿元人民币，甲公司按照相关规定完成了注册资本变更等手续。增资后，丙公司持有甲公司20%的股权，乙公司仍然控制甲公司。除普通股外，甲公司无其他权益工具。甲、乙、丙公司签署的增资协议约定，如果甲公司3年内营业收入年均增长率未达到10%，丙公司有权要求甲公司以现金回购其持有的甲公司股权，回购价格为丙公司增资3亿元和按8%年化收益率及实际投资期限计算的收益之和。增资协议赋予丙公司的前述回售权属于持有人特征，即仅由丙公司享有，不能随股权转让。按照相关法律规定，甲公司回购股份需要履行必要的减资程序。除上述外，不考虑其他情况。

分析：

本例中，丙公司有权要求甲公司以现金回购其持有的甲公司股权（即丙公司具有回售权），该回售权取决于发行人（甲公司）和持有人（丙公司）均不能控制的未来不确定事项（即甲公司3年内营业收入年均增长率未达到10%）的发生或不发生，属于或有结算条款，且不属于“几乎不具有可能性”的情形，甲公司不能无条件地避免以现金回购自身权益工具的合同义务。

虽然按照相关法律规定，甲公司回购股份需要履行必要的减资程序，但这只是甲公司履行合同义务的必要法律程序。“存在回购义务”与“履行回购义务”是两个不同的概念，对甲公司履行合同义务能力的限制，并不能解除甲公司就该金融工具所承担的合同义务，也不表明甲公司无须承担该金融工具的合同义务。

因此，在2×21年1月1日，甲公司应当根据收到的增资款确认股本和资本公积（股本溢价）；同时，按照回购所需支付金额的现值，将回购丙公司所持本公司股权的义务从权益重分类为一项金融负债。

分析依据：

根据《企业会计准则第37号——金融工具列报》第十条、第十一条、第十二条等相关规定；参考《〈企业会计准则第37号——金融工具列报〉应用指南2018》第12页、第23页至第25页等相关内容。

五、附有业绩补偿、回购条款的股权投资业务会计处理

私募基金通过对非上市企业进行权益性投资，投资后提供管理或服务实现增值，最终通过上市、并购等实现退出，获取比债权投资高出几倍甚至几十倍的投资回报。通常这类投资的协议往往附有业绩补偿条款，在被投资方业绩不达标的情况下，投资方可以获得一定的补偿，在不满足协议约定的条件下可要求被投资方的实际控制人回购其全部或部分投资。我们从投资人的角度，以案例15–7[①]对这类附有业绩补偿条款的投资业务做出会计处理。

【案例15–7】A股权投资基金2020年1月对C企业进行增资入股，增资金额为20 000万元，A增资后对C投资比例为30%（A方对C具有重大影响），股东B是C企业的实际控制人。

控股股东承诺C公司2020年至2022年会计年度实现扣除非经常性损益前后孰低的实际净利润应分别不低于人民币6 000万元、6 500万元、7 000万元，合计不低于19 500万元。如果任一年度业绩未达到承诺水平，投资方A可要求B以自有资金对A方予以现金补偿，具体补偿条款如下：

（1）C公司2020年净利润5 500万元，则B股东应当按如下公式进行现金补偿：

业绩补偿金额=投资款20 000万元×（1–5 500÷6 000）–截至当期期末前累积已补偿现金金额

（2）C公司2021年净利润6 000万元，则B股东应当按如下公式进行现金补偿：

业绩补偿金额=投资款20 000万元×（1–6 000÷6 500）–截至当期期末前累积已补偿现金金额

① 根据中国证券监督管理委员会会计司编写《上市公司执行企业会计准则案例解析2024》“I–07附有业绩补充条款的股权投资业务的会计处理”改编。

（3）C公司2022年净利润5 000万元，则B股东应当按如下公式进行现金补偿：

业绩补偿金额＝投资款20 000万元×（1–5 000÷7 000）–截至当期期末前累积已补偿现金金额

（4）如果C公司2022年12月31日前未提交发行上市申报材料并获受理，或者C公司2022年12月31日前没有完成挂牌上市，则投资方A有权选择在上述任何一种情况出现后要求股东B受让投资方A持有的全部或部分C公司投资，受让价格基于8%的年投资回报计算，具体计算如下：

受让价款=[20 000万元×(1+n×8%)– 购买日前A已分得的现金红利–A已经获得业绩补偿款]×A要求股东B受让的C公司股份数量÷A通过本次增资取得的C公司股份数量（n=3）。假设A不是投资性主体。

提问：

（1）投资方A方对目标公司C公司的投资应如何进行会计处理？

（2）当目标公司C业绩未达标时，A收到股东B支付的补偿款如何进行会计处理？

解析：

本案例投资协议涉及投资方A、目标公司C及B股东（实际控制人），根据投资协议条款，该协议可以理解为A与C的投资协议及A和B方之间的业绩补偿及股份回购协议。具体分析如下：

①投资方A与目标公司C之间的投资是债权投资还是股权投资？

根据《企业会计准则第37号——金融工具列报》(2017年修订）第十条的规定，对于金融负债和权益工具的区别，主要是从发行方的角度进行阐述的，并且一般认为发行方与持有方具有对应关系。本案例中投资方A根据补偿条款在目标公司C业绩不达标时可以获得一定的现金补偿，并且在C公司不能在规定时间内完成上市的条件下可以要求B股东方回购其全部或部分股份。

案例中的现金补偿和股份回购合同是A和C双方之间的协议，承担现金支付和回购义务的是实际控制人B而不是发行方C，C作为发行方没有交付现金及其他金融资产的合同义务，因此从发行方角度（C公司）可以视为权益工具。另外，从持有方角度来看，表面上在A公司前三年业绩不达标时获得现金补偿具有某些债权投资的特征，但是分析补偿具体条款和受让价格计算过程中可以看出，在业绩达标时，A也可作为股东享受超额收益的分配，因此A对C的投资属于股权投资。

②投资方A股权投资及业绩补偿的会计处理。

根据《企业会计准则第2号——长期股权投资（2014年修订）》的相关规定进行会计处理，本案例中投资方A对C具有重大影响，因此A对C的投资应作为对联营企业投资，按长投权益法核算，没有直接指定为以公允价值计量且其变动计入当期损益的金融资产①。

股东B对A的业绩补偿源于A向目标公司C增资，涉及股权交易可参考《〈企业会计准则第2号——长期股权投资（2014年修订）〉应用指南》中关于非同一控制下企业合并形成的长期股权投资的或有对价的相关规定。根据企业合并准则和金融工具准则的相关规定，A应收股东B的业绩补偿款是现金补偿，属于一项金融资产，并且其在特定日期产生的现金流量并非仅为对本金和利息的支持，因此应当分类为以公允价值计量且其变动计入当期损益的金融资产。

当投资人对该投资按长期股权投资核算时，如果目标公司的业绩未达标，很可能表明该长期股权投资存在减值迹象，A基金应在资产负债表日按照《企业会计准则第8号——资产减值》的相关规定对长期股权投资进行减值测试，根据测试结果进行相关的会计处理。

③股东B对投资方A回购承诺的会计处理。

根据协议规定，在一定条件下，投资方A可按照约定的公式计算的价款向股东B出售相关股权，属于卖出期权（put option），应作为一项衍生金融工具，并以公允价值计量且变动计入当期损益。

六、会计处理实务案例

【案例15-8】湖南新五丰收购天心种业等多家公司股权。

2022年4月，湖南新五丰股份有限公司（以下简称“新五丰”）通过发行股份及支付现金相结合的方式购买天心种业100%股权和200万元国有独

① 将股权投资直接指定为以公允价值计量且其变动计入当期损益的金融资产。根据《企业会计准则第2号——长期股权投资（2014年修订）》第三条相关规定，风险投资机构这类主体持有的股权投资可在初始确认时直接指定为以公允价值计量且其变动计入当期损益的金融资产。

享资本公积、沅江天心48.2%股权、衡东天心39%股权、荆州湘牧49%股权、临湘天心46.7%股权、湖南天翰100%股权、郴州下思田100%股权、新化久阳100%股权、衡东鑫邦100%股权、湖南天勤100%股权、龙山天翰100%股权。同时，新五丰拟向不超过35名符合条件的特定投资者，以询价的方式非公开发行人民币普通股（A股）募集配套资金不超过177 000万元①。

1.发行股份及支付现金购买资产方案

本次发行股份及支付现金购买的标的资产为天心种业100%股权和200万元国有独享资本公积、沅江天心48.2%股权、衡东天心39%股权、荆州湘牧49%股权、临湘天心46.7%股权、湖南天翰100%股权、郴州下思田100%股权、新化久阳100%股权、衡东鑫邦100%股权、湖南天勤100%股权、龙山天翰100%股权。

本次重组的交易对方包括：（1）现代农业集团、长城资管、华融资管、发展资本、信达资管、刘某书等24名自然人；（2）种业投资、湖南天圆；（3）西藏茶逸、西藏逸锦、新五丰基金、郴州湘牧、湖南绿代、曹某滔、许某英。

本次重组的交易对价合计2 207 682 449.27元，其中1 959 784 419.61元以发行股份方式支付，247 898 029.66元以现金方式支付。本次发行股份及支付现金购买资产中发行股份种类为人民币普通股（A股），面值为人民币1元。本次发行股份及支付现金购买资产中发行股份的上市地点为上交所。

本次发行股份及支付现金购买资产的发行对象为本次重组的全部交易对方，具体包括：

①现代农业集团、长城资管、华融资管、发展资本、信达资管、刘某书等24名自然人；

②种业投资、湖南天圆；

③西藏茶逸、西藏逸锦、新五丰基金、郴州湘牧、湖南绿代、曹某滔、许某英。

本次发行股份及支付现金购买资产中发行股份的价格为定价基准日前

---

① 巨潮资讯网2022年9月，《湖南启元律师事务所关于湖南新五丰股份有限公司发行股份及支付现金购买资产并募集配套资金暨关联交易之法律意见书》。

120个交易日新五丰股票交易均价的90%，即7.22元/股。

本次发行股份方式为非公开发行，本次发行股份数量根据下列公式计算：

向任一交易对方发行股份数量=新五丰应向其以发行股份方式支付对价金额 ÷ 股份发行价格。

依据上述计算公式计算所得发行股份数量的计算结果不是整数（精确到个位数）的，对于不足1股的余额交易对方应赠送给新五丰，计入该公司的资本公积。

按照上述计算方法，本次重组的发行股份部分的交易对价为195 978.44万元，发行股份的数量为271 438 269股。

2. 业绩承诺与补偿安排

本次重组的交易对方中，现代农业集团、长城资管、华融资管、发展资本、信达资管、刘某书等24名自然人、种业投资、湖南天圆为本次业绩承诺方和补偿义务人。

若本次重组所涉业绩承诺方所持目标公司股权在2022年12月31日前完成股权交割，则业绩承诺期间为2022—2024年度，若本次重组所涉业绩承诺方所持目标公司股权在2023年完成股权交割，则业绩承诺期间为2023—2025年度。

若本次重组所涉业绩承诺方所持目标公司股权在2022年12月31日前完成股权交割，则业绩承诺期间为2022—2024年度，业绩承诺期和业绩承诺情况如表15-3所示。

表15-3　业绩承诺期和业绩承诺情况

序号	目标公司	承诺净利润（归属于母公司股东扣除非经常性损益后的净利润）			
		2022年	2023年	2024年	累计业绩承诺
1	天心种业	2 003.81	21 045.68	18 145.51	41 195.00
2	沅江天心	–1 381.86	1 384.79	1 380.85	1 383.78
3	衡东天心	350.59	1 407.40	1 652.95	3 410.94
4	荆州湘牧	80.55	1 584.42	1 656.62	3 321.59
5	临湘天心	22.13	455.63	427.47	905.24

若本次重组所涉业绩承诺方所持目标公司股权在2023年完成股权交割，

则业绩承诺期间为2023—2025年度，目标公司在业绩承诺期间内承诺净利润总额将按照中国证监会的相关要求另行签订补充协议进行约定。

业绩补偿方式：

①在业绩承诺期间内，当目标公司截至当期期末累积实现净利润数额低于截至当期期末累积承诺净利润数额时（不含），业绩承诺方应当先以其通过本次重组获得的新五丰的股份对新五丰进行补偿，不足部分再以现金对新五丰进行补偿，应补偿股份数的计算方式如下：

天心种业：

当期补偿金额=（天心种业截至当期期末累积承诺净利润数－天心种业截至当期期末累积实现净利润数）×（拟购买资产交易作价–200万元由现代农业集团享有的国有独享资本公积）÷天心种业在业绩承诺期限内各年的累积净利润承诺数的总和－累积已补偿金额

天心种业4家子公司：

当期补偿金额=（目标公司截至当期期末累积承诺净利润数－目标公司截至当期期末累积实现净利润数）×目标公司100%股权交易作价÷目标公司在业绩承诺期限内各年的累积净利润承诺数的总和－累积已补偿金额

②当期应当补偿股份数量=当期补偿金额÷7.22元/股（小于或等于0时，按0取值，已补偿的股份不予冲回；数量应精确至个位数，如果存在小数，则舍去小数取整数，对不足1股的剩余对价由补偿义务人以现金支付）

③补偿义务人当期最终补偿股份数量=当期应当补偿股份数量×补偿义务人应承担的业绩承诺和补偿义务比例。对于业绩承诺方应当补偿的股份数，新五丰以人民币1元总价向业绩承诺方定向回购其应补偿的股份数量，并依法予以注销。

在业绩承诺期间届满时，在由新五丰聘请的具有执行证券、期货相关业务资格的会计师事务所对业绩承诺期间最后一个年度业绩承诺实现情况的《专项审核报告》出具后30日内，新五丰应当对拟购买资产进行减值测试，并由新五丰聘请具有执行证券、期货相关业务资格的会计师事务所出具减值测试报告。

除非法律有强制性规定，否则减值测试报告采取的估值方法应与《评估报告》保持一致。在减值测试报告出具后10个工作日内，完成资产减值补偿义务股份数计算工作。

若目标公司的期末减值＞已补偿股份总数 × 股份发行价格 + 已补偿现金总额，则业绩承诺方需以先股份、后现金的方式另行补偿，另行补偿的金额为：（目标公司的期末减值额 – 已补偿股份总数 × 股份发行价格 – 已补偿现金总额）× 业绩承诺和补偿义务比例，业绩承诺方另行补偿的股份数为：业绩承诺方另行补偿的金额 ÷ 7.22 元 / 股。

标的资产减值额为拟购买资产交易作价减去期末拟购买资产的评估值并扣除补偿期限内拟购买资产股东增资、减资、接受赠与以及利润分配的影响。

如目标公司于业绩承诺期内实际实现的净利润未达到承诺净利润，则由补偿义务人先以股份、不足部分再以现金方式向新五丰进行补偿。

现代农业集团承担的业绩承诺和补偿义务及资产减值补偿义务，以现代农业集团在本次重组中所获交易对价扣减200万元（由现代农业集团享有的200万元国有独享资本公积）为限。

长城资管、华融资管、发展资本、信达资管、湖南天圆、种业投资承担的业绩承诺和补偿义务及资产减值补偿义务按其在本次重组中取得的交易对价为限。

刘某书等24名自然人承担的业绩承诺和补偿义务及资产减值补偿义务按其在本次重组中取得的股份对价为限。

3. 业绩补偿、减值补偿义务的会计处理及依据

业绩承诺、减值补偿义务扣减200万元国有独享资本公积的具体原因，并说明相关会计处理及依据：

（1）业绩承诺、减值补偿义务扣减200万元国有独享资本公积的具体原因由于200万元国有独享资本公积的形成过程为国有资本金注入，考虑其形成过程和其特殊性，评估作价认定该200万元国有独享资本公积按照账面原值进行估值。

本次交易中，前述200万元国有独享资本公积的作价与其净资产账面价值一致，对于新五丰的净资产亦不构成影响。因此，前述200万元国有独享资本公积不纳入对赌范围，现代农业集团承担的业绩承诺和补偿义务及资产减值补偿义务，以现代农业集团在本次重组中所获交易对价并扣减200万元为限。

（2）相关会计处理及依据。

由于现代农业集团持有新五丰母公司湖南省粮油食品进出口集团有限公

司100%股权，同时持有被重组方天心种业公司的82.83%股权。因此，本次交易为同一控制下企业合并。

①购买日的会计处理及依据。

根据《企业会计准则第20号——企业合并》第六条，同一控制下的企业合并，合并方取得的净资产账面价值与支付的合并对价账面价值（或发行股份面值总额）的差额，应当调整资本公积。同时根据《〈企业会计准则第2号——长期股权投资（2014年修订）〉应用指南》，同一控制下企业合并方式形成的长期股权投资，初始投资时，应按照《企业会计准则第13号——或有事项》的规定，判断是否应就或有对价确认预计负债或者确认资产，以及应确认的金额；确认预计负债或资产的，该预计负债或资产金额与后续或有对价结算金额的差额不影响当期损益，而应当调整资本公积（资本溢价或股本溢价），资本公积（资本溢价或股本溢价）不足冲减的，调整留存收益。

在购买日，新五丰公司将取得的天心种业公司净资产账面价值与支付的合并对价账面价值的差额，调整资本公积。由于本次交易已对200万元国有独享资本公积作价折股，前述200万元国有独享资本公积的作价与其净资产账面价值一致，对新五丰的资本公积不构成影响，对于新五丰的净资产亦不构成影响。

②业绩承诺、减值补偿义务的会计处理及依据。

根据《〈企业会计准则第2号——长期股权投资（2014年修订）〉应用指南》规定，与同一控制下的企业合并相关的或有对价按权益性交易原则处理，预计负债或资产金额与后续或有对价结算金额的差额不影响当期损益，而应当调整资本公积（资本溢价或股本溢价），资本公积（资本溢价或股本溢价）不足冲减的，调整留存收益。

新五丰将在业绩承诺期满收到现代农业集团业绩补偿时，将其调整资本公积处理。上述200万元国有独享资本公积对于新五丰的资本公积不构成影响，对于其净资产亦不构成影响，其不参与承担的业绩承诺、不承担补偿义务及资产减值补偿义务。

4.上市公司2022年、2023年业绩承诺完成情况

天心种业公司2022年度扣除非经常性损益后的净利润为2 879.6万元，高于承诺数875.79万元，完成本年度业绩承诺。沅江天心公司2022年度扣

除非经常性损益后的净利润为–1 345.98万元，较承诺数减亏35.88万元，完成本年度业绩承诺。荆州湘牧公司2022年度扣除非经常性损益后的净利润为210.23万元，高于承诺数129.68万元，完成本年度业绩承诺。衡东天心公司2022年度扣除非经常性损益后的净利润为399.85万元，高于承诺数49.26万元，完成本年度业绩承诺。临湘天心公司2022年度扣除非经常性损益后的净利润为43.05万元，高于承诺数20.92万元，完成本年度业绩承诺。

2023年度，天心种业、沅江天心、衡东天心、荆州湘牧、临湘天心的承诺净利润（归属于母公司股东扣除非经常性损益后的净利润）分别为21 045.68万元、1 384.79万元、1 407.40万元、1 584.42万元、455.63万元，实际实现利润17 857.63万元、1 353.25万元、1 457.96万元、2 163.89万元、747.55万元。

沅江天心、衡东天心、荆州湘牧、临湘天心2022年至2023年累积业绩承诺已实现，无须对新五丰进行补偿。天心种业截至2023年末累积已实现净利润占累积承诺净利润的比例为89.97%，业绩承诺未完成，相关业绩承诺人需对新五丰进行补偿。新五丰将以1元对价回购各承诺方应补偿股份并予以注销。

【案例15-9】华鼎股份发行股份及支付现金购买通拓科技资产。

义乌华鼎锦纶股份有限公司（以下简称“华鼎锦纶”）通过发行股份及支付现金的方式，购买邹某元、廖某辉等20名股东持有的深圳市通拓科技有限公司（以下简称“通拓科技”）100%股权。本次交易对价总额为290 000万元，其中，以股份支付对价的金额为262 527.86万元，发行价格按照9.35元/股计算，发行股份数量为280 778 457股；现金支付金额为27 472.14万元[①]。

1.盈利预测承诺及业绩承诺补偿约定

2017年4月17日，华鼎锦纶与廖某辉、邹某元、深圳市通维投资合伙企业（有限合伙）签订了《业绩补偿协议》，具体约定如下：

① 巨潮资讯网2020年5月16日，《安信证券股份有限公司关于义乌华鼎锦纶股份有限公司发行股份及支付现金购买资产并募集配套资金2019年度持续督导意见暨持续督导总结报告》。

（1）业绩承诺。

标的公司股东廖某辉、邹某元和深圳市通维投资合伙企业（有限合伙）（以下简称“业绩承诺方”）承诺，标的公司2017年、2018年、2019年实现的扣除非经常性损益后归属于母公司股东的净利润分别不低于人民币2亿元、2.8亿元、3.92亿元。

（2）补偿条件及计算方式。

①如通拓科技在承诺期内未能实现承诺净利润，则廖某辉、邹某元及通维投资应在承诺期内各年度华鼎锦纶审计报告在指定媒体披露后的十个工作日内，向华鼎锦纶支付补偿。

②当期的补偿金额按照如下方式计算：

当期应补偿金额=（截至当期期末累积承诺净利润数-截至当期期末累积实现净利润数）÷承诺期内各年度承诺净利润之和×本次交易的总对价-已补偿金额；

净利润数应以扣除非经常性损益后的利润数确定。

交易各方同意，股份交割日后，华鼎锦纶和通拓科技应在承诺期内各会计年度结束后聘请具有证券期货业务资格的会计师事务所出具《专项审核报告》。业绩承诺期内每年的净利润实现数根据上述《专项审核报告》的结果确定。

（3）补偿的方式及实施。

①如廖某辉、邹某元及通维投资当期需向华鼎锦纶支付补偿，则先以廖某辉、邹某元及通维投资因本次交易取得的尚未出售的股份进行补偿，不足部分以现金补偿。具体补偿方式如下：

A.先由廖某辉、邹某元及通维投资当期应补偿股份数量的计算公式为：当期应补偿股份数量=当期应补偿金额÷本次发行的股份价格。

B.华鼎锦纶在承诺期内实施资本公积金转增股本或分配股票股利的，则应补偿股份数量相应调整为：廖某辉、邹某元及通维投资当期应补偿股份数量（调整后）=廖某辉、邹某元及通维投资当期应补偿股份数量（调整前）×（1+转增或送股比例）

C.廖某辉、邹某元及通维投资应按照本协议的约定，向证券登记结算机构发出将当期应补偿的股份划转至华鼎锦纶董事会设立的专门账户并对该等股份进行锁定的指令。当期应补偿的股份全部划转至专门账户后，由华鼎锦纶董事会负责办理华鼎锦纶以总价1元的价格向廖某辉、邹某元及通维投资定向回购并注销当期应补偿股份的具体手续。若上述应补偿股份回购并注销事宜因未获得华鼎锦纶股东大会审议通过或因未获得相关债权人认可等原因而无法实施的，则业绩承诺方承诺在上述情形发生后的2个月内，将该等股份向华鼎锦纶股东大会授权董事会确定的股权登记日登记在册的华鼎锦纶其他股东补偿，除业绩承诺方之外的其他股东按照股权登记日其持有的股份数量占扣除交易对方持有的股份数后华鼎锦纶的股本数量的比例获赠股份。

D.廖某辉、邹某元及通维投资优先以股份方式进行补偿后仍不足以补偿的部分，应由其以现金进行补偿，需补偿的现金的具体计算公式如下：当期应补偿现金金额=当期应补偿总金额－当期实际已补偿股份数量×发行价格。

如华鼎锦纶在承诺期内已向廖某辉、邹某元及通维投资分配现金股利，则对于其取得的现金股利，应作相应返还，计算公式为：廖某辉、邹某元及通维投资当期应返还金额=截至补偿前每股已获得的现金股利（以税后金额为准）×廖某辉、邹某元及通维投资当期应补偿股份数量（调整前）。

E.廖某辉、邹某元及通维投资需在收到华鼎锦纶要求支付现金补偿的书面通知之后30日内，将所需补偿的现金支付至华鼎锦纶指定的银行账户内。

F.廖某辉、邹某元及通维投资按照本次交易前其所持目标公司的股权比例，分别计算各自应向华鼎锦纶补偿股份的数量和现金补偿金额。

②减值测试的计算及实施。

A.在承诺期届满后六个月内，华鼎锦纶聘请各方一致认可的具有证券期货业务资格的会计师事务所对目标股权进行减值测试，并出具《减值测试报告》，华鼎锦纶董事会、独立董事及独立财务顾问应当对此发表意见。如：目标股权期末减值＞承诺期内已补偿股份总数×本次发行的股份价格+承诺期内已补偿现金，则廖某辉、邹某元及通维投资应对华鼎锦纶另行补偿。

补偿时，先以廖某辉、邹某元及通维投资因本次交易取得的尚未出售的股份进行补偿，不足的部分以现金补偿。

目标公司期末减值应补偿金额=期末减值额－承诺期内因实际利润未达承诺利润已支付的补偿额

目标公司期末减值应另行补偿股份数=（期末减值额-承诺期内已补偿现金金额）÷发行价格-承诺期内已补偿股份总数

减值额为目标公司交易作价减去期末目标公司的评估值并扣除补偿期限内目标公司增资、减资、接受赠与以及利润分配的影响。

B.廖某辉、邹某元及通维投资按照本次交易前其所持目标公司的股权比例分别计算各自应向华鼎锦纶另行补偿股份的数量和现金补偿金额。

③在各年计算的应补偿金额少于或等于0时，按0取值，即已经补偿的金额不冲回。计算结果如出现小数的，应舍去取整。

④廖某辉、邹某元及通维投资的业绩利润承诺补偿与标的资产减值补偿合计的上限不超过本次交易标的资产的交易对价。超出上述补偿上限的，无须再履行补偿义务。股份补偿上限为廖某辉、邹某元及通维投资在本次交易中取得的对价股份数（如果业绩承诺期内华鼎锦纶进行送股、资本公积金转增股本导致其持有的华鼎锦纶股份数量发生变化，则股份补偿上限相应调整）。

2.业绩承诺实现情况

（1）2017年度业绩实现情况。

根据北京兴华会计师事务所（特殊普通合伙）出具的《关于深圳市通拓科技有限公司2017年度业绩承诺完成情况专项审核报告》[（2018）京会兴专字第68000021号]，2017年通拓科技实现扣除非经常性损益后归属于母公司所有者的净利润金额为20 216.76万元，该数据大于业绩承诺方承诺的通拓科技2017年度净利润20 000万元。

（2）2018年度业绩实现情况。

根据北京兴华会计师事务所（特殊普通合伙）出具的《关于深圳市通拓科技有限公司2018年业绩承诺完成情况专项审核报告》[（2019）京会兴专字第68000009号],2018年通拓科技实现扣除非经常性损益后净利润为22 114.23万元，未能达到2018年扣除非经常性损益后净利润28 000万元的业绩承诺，完成率为78.98%。

（3）2019年度业绩实现情况。

北京兴华会计师事务所（特殊普通合伙）对公司2019年度财务报表进行审计，并出具了（2020）京会兴审字第68000058号保留意见审计报告。与通拓科技相关的保留意见如下：截至本审计报告日，由于受新冠疫情的影响，境外应收账款、境外其他应收款无法回函且无法实施实地访谈程序，存放在境外的存货无法实施监盘程序。

3.标的公司业绩未完成涉及的股份补偿事项

（1）2018年度业绩未完成涉及的股份补偿事项。

根据各方签署的《发行股份及支付现金购买资产之业绩补偿协议》的约定，经计算，标的公司未能完成业绩承诺对应的股份数量为20 164 026股，业绩承诺方各自应补偿数量如表15–4所示。

表15–4 业绩承诺方各自补偿数量

序号	业绩承诺方姓名/名称	所持标的公司股份比例（%）	取得上市公司股份（股）	应补偿股份数量（股）
1	廖某辉	18.68	57 946 078	5 666 677
2	邹某元	24.34	75 478 879	7 383 668
3	通维投资	23.45	72 721 260	7 113 681
合计		66.47	206 126 217	20 164 026

上述股份补偿涉及的回购事项已经2019年4月25日召开的公司第四届董事会第二十次会议和2019年5月16日召开的2018年年度股东大会审议通过，并于2019年8月5日完成回购，回购的股份20 164 026股已于2019年8月7日完成注销。

（2）2019年度业绩未完成涉及的股份补偿事项。

如审计报告所述，受境外新冠疫情的影响，审计机构无法对通拓科技境外应收账款、境外其他应收款，以及存放在境外的存货等项目获取充分、适当的审计证据，根据审计报告"形成保留意见的基础"所述事项，这些事项对通拓科技财务报表可能存在影响，故本期通拓科技业绩承诺完成情况和补偿金额尚无法确定。独立财务顾问将持续关注通拓科技业绩承诺实现情况，并督促各方切实履行《发行股份及支付现金购买资产之业绩补偿协议》的相关约定。

4. 2019年度业绩承诺实现及补偿情况

根据北京兴华会计师事务所（特殊普通合伙）出具的（2021）京会兴专字第68000030号《关于深圳通拓科技有限公司2019年度业绩承诺完成情况专项审核报告》，通拓科技2019年度实现的扣除非经常性损益后归属于母公司股东的净利润为28 705.19万元，未实现业绩承诺的净利润指标，具体如表15–5所示。

表15–5 通拓科技2019年度完成情况 单位：万元

项目	承诺数	实现数	差异	完成率
2019年度扣除非经常性损益的归属于母公司股东的净利润	39 200	28 705.19	−10 494.81	73.23%

根据业绩承诺方与华鼎锦纶签署的《发行股份及支付现金购买资产之业绩补偿协议》约定，业绩承诺方应向公司支付2019年度承诺业绩补偿金额为34 902.47万元，对应的股份补偿数量为37 328 847股（其中邹某元13 667 675股、廖某辉10 492 845股、通维投资13 168 327股）。

5. 2019年股东权益减值及补偿情况

根据北京兴华会计师事务所（特殊普通合伙）出具的（2021）京会兴专字第68000035号《关于2019年12月31日深圳通拓科技有限公司股东权益减值测试报告的审核报告》，截至2019年12月31日，通拓科技全部股东权益价值减值额为48 100万元，承诺期内业绩承诺应补偿金额合计为53 755.84万元，通拓科技股东权益价值期末减值额小于承诺期内应支付的业绩补偿金额，因此根据双方签署的《发行股份及支付现金购买资产之业绩补偿协议》的约定，业绩承诺方无须对华鼎锦纶另行补偿。

6. 2019年度业绩补偿实施方案

（1）股份回购注销事项。

根据华鼎锦纶与廖某辉、邹某元及通维投资签署的《发行股份及支付现金购买资产之业绩补偿协议》，经计算，业绩承诺方因通拓科技2019年度未完成业绩承诺共计应补偿的股份数量为37 328 847股。2021年8月，因业绩承诺方持有的华鼎锦纶股份已全部质押，且经济状况有限，无法立即解除质押，为了通拓科技的持续发展及团队的稳定性，同时保证业绩补偿承诺得到切实履行，华鼎锦纶与业绩承诺方签署《发行股份及支付现金购买资产之业绩补偿协议之补充协议》（以下简称“补充协议”），约定以分期三年回购注销其应补偿股份的方式使其履行相应补偿义务。

2022年8月3日，由于业绩承诺方在国信证券的股票质押合约已到期，业绩承诺方与质权人国信证券以及第三方签订《股权转让协议》，通过协议转让方式进行股票质押式回购交易违约处置。同时业绩承诺方向华鼎锦纶出具《承诺函》承诺：违约处置所得优先用于偿还国信证券质押债务，以便国信证券能够额外解除质押37 328 847股。质押解除后，业绩承诺方一次性履行业绩承诺补偿义务，办理注销手续。

为维护公司及广大中小股东的合法权益，华鼎锦纶拟以总价人民币1元的价格回购应补偿的股份37 328 847股，并将按照相关规定和程序，办理该部分股份的注销事项。

（2）现金分红返还情况。

2020年5月26日，华鼎锦纶召开2019年年度股东大会，审议通过《关于2019年度利润分配的预案》，公司2019年度不进行利润分配，故不存在须返还现金分红的情况。

7. 回购注销业绩补偿股份的会计处理

年报及前期公告显示，华鼎锦纶通过重大资产重组并购了跨境电商通拓科技，形成商誉7.6亿元。报告期内，因通拓科技未完成2019年度业绩承诺，华鼎锦纶回购并注销业绩承诺方持有的3 732.88万股，并确认业绩承诺补偿股份回购注销收益1.49亿元。华鼎锦纶补充披露回购注销业绩补偿股份的会计处理过程及对财务报表的影响，相关会计处理是否符合会计准则的规定[①]。

根据《企业会计准则第22号——金融工具确认和计量》，华鼎锦纶将该部分股份回购作为以公允价值计量且其变动计入当期损益的金融资产核算，在股份回购日按当日的公允价值确认交易性金融资产，同时计入营业外收入；在注销日对该交易性金融资产按当日的公允价值调整公允价值变动损益，并处置该交易性金融资产，同时冲减股本及资本公积。会计分录如下：

①华鼎锦纶于回购日确认股份回购义务：

借：库存股　　1

　　贷：其他应付款　　1

②根据回购日华鼎锦纶股价（每股4.01元）确认股份回购收益：

借：交易性金融资产 149 688 676.47（回购股数37 328 847×回购日股价4.01）

---

① 2023年6月15日，北京兴华会计师事务所（特殊普通合伙）于上交所公布《北京兴华会计师事务所（特殊普通合伙）关于义乌华鼎锦纶股份有限公司2022年度报告的信息披露监管工作函回复》“问题三”。

贷：营业外收入　　149 688 676.47

③确认股份注销日股价（每股3.96元）公允价值变动：

借：交易性金融资产　　−1 866 442.35

贷：公允价值变动收益　　−1 866 442.35

④注销股份：

借：股本　　37 328 847

资本公积　　110 493 388.12

贷：库存股　　1

交易性金融资产　　147 822 234.12

根据中国证监会会计部发布的《会计监管工作通讯二〇一七年第一期》表示，“华鼎锦纶收到的作为企业合并或有对价返还的自身股份，以实际业绩与承诺业绩的差额为基础确定应予返还的股份数量，不满足《企业会计准则第37号——金融工具列报》所规定的权益工具的条件，应按照《企业会计准则第22号——金融工具确认和计量》中关于金融资产的规定进行会计处理。”经分析判断，通拓科技承诺方业绩补偿为承诺方返还股份，是以实际业绩与承诺业绩的差额为基础确定应予返还的股份数量，应按照《企业会计准则第22号——金融工具确认和计量》中关于金融资产的规定进行会计处理。

【案例15-10】蓝帆医疗发行股份及支付现金并购CB Cardio Holdings Ⅱ Limited。

2018年，蓝帆医疗股份有限公司（以下简称“蓝帆医疗”）以发行股份及支付现金的方式向蓝帆投资等17名交易对方购买其合计持有的CB Cardio Holdings Ⅱ Limited（以下简称“CBCH Ⅱ”）62.61%股份，并通过发行股份的方式向北京信聿购买其所持有的CB Cardio Holdings V Limited（以下简称“CBCH V”）100%股份（以下简称“重大资产重组”）。该次交易完成后，蓝帆医疗直接持有CBCH Ⅱ 62.61%股份，并通过CBCH V间接持有CBCH Ⅱ 30.76%股份，直接和间接合计持有CBCH Ⅱ 93.37%股份；CBCH Ⅱ间接持有Biosensors International Group Ltd.（以下简称“柏盛国际”）100%股份①。

① 巨潮资讯网2021年6月25日：《蓝帆医疗股份有限公司关于重大资产重组业绩承诺补偿股份回购注销完成的公告》（公告编号：2021-053）。

1.标的公司涉及的业绩承诺情况

根据蓝帆医疗与本次业绩承诺方蓝帆投资及Li Bing Yung、Thomas Kenneth Graham、Wang Dan（以下简称"管理层股东"）签署的《关于CB Cardio Holdings Ⅱ Limited之盈利预测补偿协议》（以下简称《CBCH Ⅱ盈利预测补偿协议》），及与北京信聿签署的《关于CB Cardio Holdings V Limited之盈利预测补偿协议》（与《CBCH Ⅱ盈利预测补偿协议》合称"盈利预测补偿协议"），业绩承诺方承诺CBCH Ⅱ 2018年度、2019年度、2020年度实现的净利润分别不低于38 000万元、45 000万元、54 000万元。净利润指按照中国企业会计准则编制的且经具有证券、期货业务资格的审计机构审计的合并报表中扣除非经常性损益后归属于母公司股东的净利润。

根据德勤华永会计师事务所（特殊普通合伙）出具的《蓝帆医疗股份有限公司重大资产重组标的公司利润承诺实现情况审核报告》[德师报（核）字（19）第E0 0058号]、《蓝帆医疗股份有限公司重大资产重组标的公司利润承诺实现情况审核报告》[德师报（核）字（20）第E00137号]和《蓝帆医疗股份有限公司重大资产重组标的公司利润承诺实现情况审核报告》[德师报（核）字（21）第E00177号]，CBCH Ⅱ 2018年度、2019年度和2020年度实现净利润数分别为人民币39 024.17万元、46 192.89万元和33 994.47万元，2018度及2019年度实现当年业绩承诺，2020年度业绩承诺未实现；CBCH Ⅱ截至2020年12月31日累积实现净利润数为人民币119 211.53万元，累计实现率约为87%。

2.减值测试情况

根据万隆（上海）资产评估有限公司出具的《蓝帆医疗股份有限公司重大资产重组后标的资产公允价值测算涉及的CBCH Ⅱ股东全部权益公允价值估值报告》[万隆评咨字（2021）第2021-60047号]和德勤出具的《蓝帆医疗股份有限公司2020年12月31日重大资产重组标的资产减值测试报告及专项审核报告》[德师报（核）字（21）第E00288号]，截至2020年12月31日，CBCH Ⅱ评估值在考虑资本性投入的影响后与交易作价人民币589 527.34万元相比，CBCH Ⅱ没有发生减值情形。

3.未达业绩承诺的补偿方案

经蓝帆医疗董事会与业绩承诺方协商，尽管受到疫情不可抗力的影响导致CBCH Ⅱ 2020年业绩未能完成，各业绩承诺方仍决定严格遵守盈利预测补偿协议的相关要求，对蓝帆医疗进行补偿。根据盈利预测补偿协议约定的计算方式，业绩承诺方蓝帆投资、管理层股东及北京信聿因CBCH Ⅱ未完成2020年度业绩承诺应进行的补偿情况具体如表15-6所示。

表 15-6　　未完成 2020 年度业绩承诺应进行的补偿情况

业绩承诺方	补偿对价形式	补偿金额	补偿股份数量（股）[1]	返还分红款（万元）[2]
蓝帆投资	股份	25 113.32万元人民币	23 361 227	317.71
北京信聿	股份	26 646.14万元人民币	24 787 109	337.10
Li Bing Yung	现金	161.32万美元	—	—
Thomas Kenneth Graham	现金	12.88万美元	—	—
Wang Dan	现金	9.66万美元	—	—

（1）应补偿股票的股数中存在不足1股的按照1股计算；

（2）蓝帆医疗2018年及2019年合计现金分红0.136元/股（税后金额），补偿义务人的补偿股份数在补偿实施时累计获得的分红收益，应随之无偿返还蓝帆医疗。

根据盈利预测补偿协议，蓝帆投资及北京信聿应补偿股份总计48 148 336股，返还分红款合计654.81万元。蓝帆医疗于2021年6月8日召开2020年年度股东大会审议通过了《关于重大资产重组标的业绩补偿方案的议案》，同意蓝帆医疗分别以1元总价回购注销业绩承诺方蓝帆投资持有的蓝帆医疗23 361 227股股份、业绩承诺方北京信聿持有的蓝帆医疗24 787 109股股份。本次注销完成后，蓝帆医疗总股本将减少48 148 336股。

半年报显示，蓝帆医疗重大资产重组收购标的2020年未完成业绩承诺，报告期蓝帆医疗根据年度股东大会审议通过的《关于重大资产重组标的业绩补偿方案的议案》，以1元总价回购注销淄博蓝帆投资有限公司和北京信聿投资中心（有限合伙）分别持有的公司23 361 227股、24 787 109股股票，收到前述两方返还补偿股份对应的分红款317.71万元、337.1万元，并分别收到其他三名业绩承诺方的现金补偿161.32万美元、12.88万美元、9.66万美元。上述业绩补偿款及补偿股份折合金额合计109 555.82万元计入报告期公允价值变动收益。

4.蓝帆医疗本次业绩补偿会计处理的相关依据

根据中国证券监督管理委员会于2020年11月13日发布的《监管规则适用指引——会计类第1号》“1–7非同一控制下企业合并的或有对价及后续计量”：

（1）或有对价的公允价值。

购买方在购买日和后续资产负债表日确定或有对价的公允价值时，应当综合考虑标的企业未来业绩预测情况、或有对价支付方信用风险及偿付能力、其他方连带担保责任、货币时间价值等因素。涉及股份补偿的，或有对价的公允价值应当以根据协议确定的补偿股份数，乘以或有对价确认时该股份的市价（而非购买协议中约定的发行价格）计算。

（2）以自身股份结算的或有对价的后续计量。

非同一控制下企业合并形成的或有对价中，若购买方根据标的公司的业绩情况确定收回自身股份的数量，该或有对价在购买日不满足“固定换固定”的条件，不属于一项权益工具，而是属于一项金融资产。因此，购买方应当在购买日将该或有对价分类为以公允价值计量且其变动计入损益的金融资产。随着标的公司实际业绩的确定，购买方能够确定当期应收回的自身股份的具体数量，则在当期资产负债表日，该或有对价满足“固定换固定”的条件，应将其重分类为权益工具（其他权益工具），以重分类日相关股份的公允价值计量，并不再核算相关股份的后续公允价值变动。在实际收到并注销股份时，终止确认上述其他权益工具，并相应调整股本和资本公积等。

5.会计分录

2021年5月17日，董事会批准日，蓝帆医疗可以合理确认补偿金额，故确认一项以公允价值计量且其变动计入损益的金融资产。

（1）补偿股份。

借：公允价值计量且其变动计入损益的金融资产　　1 077 078 276.32

　　贷：公允价值变动损益　　1 077 078 276.32

（2）应返还分红款补偿及应收现金补偿。

借：公允价值计量且其变动计入损益的金融资产　　18 479 932.90

　　贷：公允价值变动损益　　18 479 932.90

满足“固定换固定”，将交易性金融资产重分类至“其他权益工具”。

借：其他权益工具　　1 077 078 276.32

贷：公允价值计量且其变动计入损益的金融资产　1 077 078 276.32

2021年6月8日，蓝帆医疗召开2020年年度股东大会，审议并通过了《关于重大资产重组标的业绩补偿方案的议案》，正式启动股份回购和注销事项：

（3）回购股份。

借：库存股　2

贷：其他应收款　2

（4）注销股份。

借：股本　48 148 336

资本公积　1 028 929 942.32

贷：其他权益工具　1 077 078 276.32

库存股　2

（5）收到分红款补偿及现金补偿。

借：银行存款　18 479 932.9

贷：公允价值计量且其变动计入损益的金融资产　18 479 932.9

第六节｜对赌涉税处理

对赌协议特别是自然人股东参与对赌的涉税处理问题上，由于国家税务总局公告2014年第67号明确规定了股权转让协议已签订生效，个人即应确认股权转让所得申报缴纳个人所得税，而自然人税收征管并无相应的退税规则，也无法进行损益调整。因此，一旦对赌失败，原股东前期已缴纳个人所得税申请退税存在极大不确定性。

一、各地税务局对对赌的态度

笔者收集整理了部分地方主管税务机关对业绩对赌的处理思路，供读者参考。

1. 海南省地方税务局：收到补偿调整初始投资成本

关于对赌协议利润补偿企业所得税相关问题的复函

（琼地税函〔2014〕198号）

海南航空股份有限公司：

你公司《关于对赌协议利润补偿企业所得税相关问题的请示》（琼航财〔2014〕237号）收悉，经研究，现答复如下：

依据《中华人民共和国企业所得税法》及《中华人民共和国企业所得税法实施条例》关于投资资产的相关规定，你公司在该对赌协议中取得的利润补偿可以视为对最初受让股权的定价调整，即收到利润补偿当年调整相应长期股权投资的初始投资成本。

特此函复。

海南省地方税务局

2014年5月5日

2. 四川省税务局：坚持税不重征、税会处理一致

国家税务总局四川省税务局关于答复政协四川省第十二届委员会第三次会议第0427号提案的函

您提出的《关于股权转让中对赌协议税收确认问题的建议》收悉，现答复如下：

近年来，我国资本市场重组频繁，助推了对赌协议的广泛应用，而对赌协议的广泛应用又推动了资本市场的繁荣发展。对赌协议的所得税处理，一直是税法领域的理论与实践难题，即便在欧美等所得税制体系较为完善的国家，因其交易的复杂性，对价方式的多样性，也一直处于不断发展中。目前，我国企业所得税关于对赌协议的税务处理，并无直接明确的文件规范；个人所得税现行政策依据为《股权转让所得个人所得税管理办法（试行）》（国家税务总局公告2014年第67号），该办法从原则上明确了基本政策，具体操作仍需要进一步细化。

2019年，我局已就相关问题进行了调研、探讨，形成了处理该问题的观点和建议，并向国家税务总局所得税司作了专题报告。接到您的提案建议后，因省税务局没有政策解释权，我局专题研究了该问题，再次以书面形式向国家税务总局报告，提请国家税务总局商财政部研究出台政策文件。下一步，我局将坚持税不重征也不漏征、税会处理一致的处理原则，继续跟进落实提案相关工作要求，推动早日解决对赌协议涉及的税收难题。

衷心感谢您对税收工作提出的宝贵意见，请您一如既往关心和支持税收工作。

国家税务总局四川省税务局

2020年7月27日

国家税务总局关于纳税人收回转让的股权征收个人所得税问题的批复

来源：国家税务总局2005年1月28日

国税函〔2005〕130号

四川省地方税务局：

你局《关于纳税人收回转让的股权是否退还已纳个人所得税问题的请示》(川地税发〔2004〕126号）收悉。经研究，现批复如下：

一、根据《中华人民共和国个人所得税法》(以下简称个人所得税法）及其实施条例和《中华人民共和国税收征收管理法》(以下简称征管法）的有关规定，股权转让合同履行完毕、股权已作变更登记，且所得已经实现的，转让人取得的股权转让收入应当依法缴纳个人所得税。转让行为结束后，当事人双方签订并执行解除原股权转让合同、退回股权的协议，是另一次股权转让行为，对前次转让行为征收的个人所得税款不予退回。

二、股权转让合同未履行完毕，因执行仲裁委员会作出的解除股权转让合同及补充协议的裁决、停止执行原股权转让合同，并原价收回已转让股权的，由于其股权转让行为尚未完成、收入未完全实现，随着股权转让关系的解除，股权收益不复存在，根据个人所得税法和征管法的有关规定，以及从行政行为合理性原则出发，纳税人不应缴纳个人所得税。

3. 福建省税务局：个人已缴税款没有退税政策

1. 留言内容：2020年1月，张三向李四购买持有的A公司100%股权，李四对A公司的投资成本为100万元，张三购买A公司的价格为200万元，溢价了100万元，李四已经就该笔股权转让收益缴纳了20万元个人所得税。在转让协议上，李四承诺，如果A公司2020年度的净利润低于50万元，李四将补偿50万元给张三。2020年4月，A公司经审计的净利润金额为35万元，没有完成承诺的利润目标，因此，李四需要补偿张三50万元。

请问：（1）李四支付50万元补偿款后，是否可以向税务机关申请退回10万元股权转让的个人所得税？（2）张三收到这50万元补偿款，是否需要缴纳个人所得税？是否需要按照偶然所得缴纳20%的个人所得税？

回复部门：福建省税务局纳税服务中心

回复时间：2021-06-07

回复内容：根据《中华人民共和国个人所得税法》第六条规定，财产转让所得，以转让财产的收入额减除财产原值和合理费用后的余额，为应纳税所得额。您所述的情形没有退还个人所得税的相关政策。偶然所得，是指个人得奖、中奖、中彩以及其他偶然性质的所得。如您所述“张三收到这50万元补偿款”不属于偶然所得，不缴纳个人所得税。

2.问题内容：企业股权转让签订对赌协议，协议要求三年净利润不低于3亿元，达不到要求按规定进行现金补偿，个人所得税已缴纳。现三年已过，因净利润达不到要求，要现金补偿，那么之前缴纳个人所得税部分能否申请退还？

答复机构：福建省税务局

答复时间：2019-06-26

答复内容：您好，根据您提供的信息，您所述的情形没有退还个人所得税的相关政策。

4.宁波市税务局：不执行海南税务局答复做法

留言内容：A公司从交易对手方收购了目标公司100%的股权，同时签署了对赌协议，约定目标公司应在三年内实现一定利润经营目标，否则交易对手方应向A公司支付补偿金。现因目标公司未实现利润经营目标，交易对手方向A公司实际支付了补偿金。请问对这部分补偿金如何确认，是否可以调整相应长期股权投资的初始投资成本？海南税务机关2014年5月5日《海南省地方税务局关于对赌协议利润补偿企业所得税相关问题的复函》（琼地税函〔2014〕198号）明确，“依据《企业所得税法》及其《实施条例》关于投资资产的相关规定，对赌协议中取得的利润补偿可以视为对最初受让股权的定价调整，即收到利润补偿当年调整相应长期股权投资的初始投资成本”请问是否可以比照此规定执行？

答复机构：宁波市税务局

答复时间：2020-03-16

答复内容：《中华人民共和国企业所得税法实施条例》第五十六条规定：企业的各项资产，包括固定资产、生物资产、无形资产、长期待摊费用、投资资产、存货等，以历史成本为计税基础。前款所称历史成本，是指企业取得该项资产时实际发生的支出。宁波不执行。

5.东莞市税务局：对赌失败退税申请获批

针对股份补偿义务对应的已缴纳个人所得税如何处理，银禧科技《2019-09-26关于收到兴科电子科技原股东部分业绩补偿款的公告》显示，银禧科技于2019年7月向东莞市税务局提交了个人所得税退税申请，根据兴科电子科技原股东胡某赐、许某明、高某义补偿的股票申请退税112 550 463.36元，若上述个人所得税得以退回，兴科电子科技原股东胡某赐、许某明、高某义的该部分退税可冲抵其业绩补偿款现金补偿部分金额。

《2019-12-04关于收到兴科电子科技原股东部分业绩补偿款的公告》进一步显示，公司已收到胡某赐、许某明、高某义现金补偿款合计112 550 462.76元，其中胡某赐的现金补偿款为67 874 624.87元，许某明的现金补偿款金额为24 802 239.26元，高某义的现金补偿款金额为19 873 598.63元。

结合以上公告信息，东莞市税务局已就银禧科技于2019年7月提交的个人所得税退税申请办理了多缴税款退税。

6.广州市税务局第三稽查局：认可对赌失败补偿部分，从应税所得扣除

国家税务总局广州市税务局第三稽查局2020年第91号送达公告

发布时间：2020-03-31

来源：国家税务总局广州市税务局第三稽查局

（一）税务机关查明的交易事实

李某莲持有邦富软件38.096%股份，出资额9 524 000元。2014年5—8月，李某莲等邦富软件股东与华闻传媒投资有限公司签署《发行股份及现金购买资产协议》《对赌协议》，针对李某莲对赌事宜摘取约定事项如下：

1.华闻传媒采取现金+股份支付方式，向李某莲支付现金7 680万元、股份支付14 436 421股×13.68元/股，合计支付对价274 290 200元；

2.约定如邦富软件2014—2016三个年度利润数低于预测数，李菊莲则向华闻传媒补偿1 038 644股；

3. 2014年11月，股权权属已发生变更情形：2014年11月26日，华闻传媒发行股份确认登记过户；华闻传媒就现金支付7 680万元部分并代扣个税

14 826 656元……

4. 华闻传媒代扣印花税137 145.60元。

业绩承诺完成情况：李某莲补偿华闻传媒1 038 644股。

（二）税务机关收集的证据资料

以上事实，稽查局充分收集了投资协议、股权变更登记、代扣代缴个税证明、现金支付对价汇款记录、投资及股份回购事宜对应的全部上市公司公告。

（三）税务机关处理决定及思路

1. 李某莲应当根据《中华人民共和国个人所得税法》（中华人民共和国主席令2011年第48号）第一条第一款、第二条第（九）项、第三条第（五）项、第六条第一款第（五）项、第八条、《中华人民共和国个人所得税法实施条例》（中华人民共和国国务院令第600号）第八条第一款第（九）项、第二十条、第二十二条、《国家税务总局关于发布〈股权转让所得个人所得税管理办法（试行）〉的公告》（国家税务总局公告2014年第67号）第二条、第三条、第四条、第五条、第七条、第二十条的规定，李应在2014年11月（税款所属时期）就向华闻传媒投资集团股份有限公司转让广州市邦富软件有限公司股权事项缴纳"财产转让所得"项目个人所得税50 084 080.9元，减除广州市邦富软件有限公司已代为申报缴纳的14 826 656元，李应补缴2014年11月（税款所属时期）"财产转让所得"项目个人所得税35 257 424.9元。

2. 税务机关在计算李某莲应补缴个税时，对李某莲发生的补偿给华闻传媒的相关股份进行了扣除：

《税务处理决定书》各项数据 单位：元

1	股份支付	14 436 421
2	每股作价	13.68
3	股份对价	197 490 200
4	现金对价	76 800 000
5	对价合计（3+4）	274 290 200
6	初始投资成本	9 524 000
7	印花税	137 145.6
8	应税所得（5–6–7）	264 629 054.4
9	股份补偿数	1 038 644

续表

10	股份补偿（9×2）	14 208 649.92
11	税务局确定所得（8–10）	245 420 404.48
12	税务局确定应缴个人所得税（11×20%）	50 084 080.9
13	已代扣个人所得税	14 826 656
14	应补缴个人所得税	35 257 424.9

3.上述补缴税款已涉及滞纳金。

该案例引发了各方讨论。我们假设，如果当初李某莲足额申报缴纳了个人所得税，后续发生业绩补偿，能否向税务机关成功申请退还个人所得税呢？

二、对赌观点归纳

触发对赌条款情况，对赌考核期满引发的税务问题历来是实务界讨论最多的问题。由于我国税法对对赌事宜规定的滞后性，加之对赌事项本身的复杂程度，导致对赌触发后相应的税务处理存在很大的不确定性。按照对赌事项触发后，投资者是否继续经营目标公司，笔者将对赌条款大致分为三类：股权回购、补偿业绩，其他履约补偿。市场上，股权基金退出的途径主要采用股权回购。

（一）股权回购

投资人和融资方约定在一定条件下，可要求目标公司或股东等主体回购投资人所持目标公司的股权。触发回购的对赌模式下，投资方退出企业经营，融资方接手投资方之前收购的公司股份从而终结投资方对目标企业的投资关系。按履行回购的义务主体划分，股权回购分为股权所有权转移型回购和股权灭失型回购两种情况。

1.所有权转移

所有权转移的回购发生在投资者和原股东之间，这种股份回购在法律规定上不存在障碍。涉税方面所有权转移型的股权回购涉税上主要区分公司原股权转让和股权回购是一次交易，还是分次交易的问题。主流观点认为，公司原股权转让和股权回购是不同的交易。股权回购时，投资人处置其持有股份涉税有如下注意点：

投资人为法人股东时，按照《国家税务总局关于贯彻落实企业所得税法若干税收问题的通知》（国税函〔2010〕79号）第三条“关于股权转让所得确认和计算问题”

的规定，企业转让股权收入，应于转让协议生效、且完成股权变更手续时，确认收入的实现。转让股权收入扣除为取得该股权所发生的成本后，为股权转让所得。企业在计算股权转让所得时，不得扣除被投资企业未分配利润等股东留存收益中按该项股权所可能分配的金额。

投资人为个人股东时，按照《股权转让所得个人所得税管理办法（试行）》（国家税务总局公告2014年第67号）规定，确认“财产转让所得”个人所得税。

投资人为合伙企业，以其取得股权转让所得采用先分后税原则穿透到合伙企业的合伙人缴税。

2. 所有权灭失

所有权灭失的股权回购发生在投资者和目标公司之间。为保证对赌协议的有效性，提议目标公司完成法定的减资程序。该类型回购税务处理有如下注意点：

投资人为法人股东时，按照《国家税务总局关于企业所得税若干问题的公告》（国家税务总局公告2011年第34号）第五条“投资企业撤回或减少投资的税务处理”规定，投资企业从被投资企业撤回或减少投资，其取得的资产中，相当于初始出资的部分，应确认为投资收回；相当于被投资企业累计未分配利润和累计盈余公积按减少实收资本比例计算的部分，应确认为股息所得；其余部分确认为投资资产转让所得。被投资企业（目标公司）发生的经营亏损，由被投资企业按规定结转弥补；投资企业不得调整减低其投资成本，也不得将其确认为投资损失。

投资人为个人股东时，按照《国家税务总局关于个人终止投资经营收回款项征收个人所得税问题的公告》（国家税务总局公告2011年第41号）规定，因各种原因终止投资、联营、经营合作等行为，从被投资企业或合作项目、被投资企业的其他投资者以及合作项目的经营合作人取得股权转让收入、违约金、补偿金、赔偿金及以其他名目收回的款项等，均属于个人所得税应税收入，应按照“财产转让所得”项目适用的规定计算缴纳个人所得税。

投资人为合伙企业，以取得目标公司回购其持有股份的收入作为合伙企业经营所得穿透到合伙人缴税。

（二）业绩补偿

在投资时，投资人和融资方约定未来一定期限内目标公司应实现的经营业绩，如果目标公司未能实现预期目标，则需要按照一定的标准和方式对投资者进行补偿。该条款的目的在于调整投资人对企业的估值，不停止对目标公司的经营。投资者继续经营目标公司情况下的补偿通常是业绩补偿。按照被补偿的对象，业绩补偿可分为补偿对价、补偿利润。

1.补偿对价

补偿对价方式一般涉及主体为资产（股权）出售方和购买方。补偿对价更多情况下可理解为对原资产（股权）估值进行调整，其税务处理亦是采用了该类思路。

补偿义务人一般是资产（股权）出售方，支付补偿时需要注意是冲减原来股权转让的收入。此处或将涉及之前已缴的企业所得税（个人所得税）退回的问题，建议与主管税局进行沟通。

被补偿方一般是资产（股权）收购方。收到补偿的，需要考虑是调减收购资产（股权）的计税基础，还是作为收入调增应纳税所得额。

2.补偿利润

补偿利润方式一般涉及的主体为原始股东与目标公司。补偿利润的税务处理相对复杂，需要具体问题具体分析：

补偿利润方式下，支付补偿的一方通常为资产（股权）出售方。出售方支付补偿时，需要考虑是否需要冲减原来股权转让的收入，已缴的企业所得税（个人所得税）是否能够退回的问题。目标企业在收到补偿时，需要考虑该补偿是否应计入企业应纳税所得税；资产（股权）收购方要考虑是否因此调减投资的计税基础。

三、涉税案例分析

【案例15-11】业绩补偿疑似接受股东捐赠计入营业外收入被追缴企业所得税。

深圳市联建光电股份有限公司（以下简称“联建光电”）2023年12月28日收到国家税务总局深圳市税务局第四稽查局发来的《税务处理决定书》（深税四稽处〔2023〕1137号），对公司2017年1月1日至2022年12月31日涉税情况进行了检查，有关情况公告如下①：

一、基本情况

国家税务总局深圳市税务局第四稽查局对深圳市联建光电股份有限公司（以下简称“公司”）的涉税情况进行了检查，公司2017年度少计企业所得

① 《深圳市联建光电股份有限公司关于补缴税款的公告》（公告编号：2024-001）。

税应税收入131 966 437.82元，该行为造成少申报缴纳2017年度企业所得税19 794 965.67元。

二、补缴税款情况

根据《中华人民共和国税收征收管理法》第三十二条的规定，追缴公司少缴的2017年度企业所得税19 794 965.67元。从滞纳税款之日起，按日加收滞纳税款万分之五的滞纳金。

为了保障公司及中小股东的利益，公司控股股东拟通过现金资产赠与方式，承担上述补缴税款和滞纳金。具体内容详见公司同日在巨潮资讯网（www.cninfo.com.cn）披露的《关于受赠现金资产暨关联交易的公告》（公告编号：2024–004）。

三、相关情况说明及对公司的影响

1.公司前期与并购标的的交易对手方签署相关资产收购协议及盈利预测补偿协议。根据协议约定，因并购标的2017年度的业绩承诺未达标，交易对手方需以股票回购注销或现金补偿的方式向公司支付业绩补偿款。由于对赌协议系为解决交易双方对并购标的未来发展的不确定性等风险，并结合并购标的实际情况而设计的包含了股权回购、现金补偿等措施的约定，其过程存在复杂性，相关税务处理在当时税法领域理论与实践过程中，未有明确的文件规范。公司基于对当时税法的相关规定以及市场上其他上市公司相关处理方式，将交易对手方确认的业绩补偿款计为当期营业外收入。

2.根据《企业会计准则第28号——会计政策、会计估计变更和差错更正》，上述补缴税款及滞纳金事项不属于前期会计差错，不涉及前期财务数据追溯调整。公司补缴上述税款及滞纳金将计入2023年当期损益，预计将影响公司2023年度的净利润约4 000万元（影响的金额以最终审计结果为准）。

3.公司管理层对上述问题高度重视并将以此为戒，严格执行并加强公司税务管理，同时组织相关人员认真学习有关法律法规及财务、税务知识，强化责任意识，杜绝此类情况的再次发生。

深圳税务局对联建光电2017年1月1日至2022年12月31日的涉税情况追缴公司少缴的企业所得税19 794 965.67元，从滞纳税款之日起，按日加收滞纳税款万分之五的滞纳金。为支持和推动公司的长远发展，控股股东广东南峰投资拟向公司现金捐赠2 000万元，用于联建光电补缴上述企业所得税及滞纳金[①]。

2024年1月3日，联建光电使用控股股东南峰投资捐赠的第一笔现金款2 000万元补缴了以前年度企业所得税税款19 794 965.67元，自税款金额补缴之日起，将不再产生滞纳金[②]。不日，该公司收到了南峰投资捐赠的第二笔现金2 000万元。截至2024年1月11日，南峰投资关于《捐赠协议》中自愿捐赠4 000万元的金额已全部履行完毕。

【案例15-12】补偿义务人股权转让价款部分用于购买投资方二级市场股票。

广东通宇通讯股份有限公司（以下简称“通宇通讯”）2021年1月以自有现金13 917.7万元人民币购买陈某郭、彭某军、邬某峰、郭某、范某等5位自然人（以下简称“乙方”）所持有的深圳市光为光通信科技有限公司（以下简称“深圳光为”）41.1764%股权[③]。

股权转让后，通宇通讯将持有深圳光为100%的股权（2017年通宇通讯从前述自然人股东处取得、增资13 000万元，持有58.8235%股份）。

1.业绩承诺、补偿及奖励主要内容

（1）业绩承诺。

承诺方共同承诺，深圳光为在2021—2023年经营业绩目标如表15-7所示。

表15-7　深圳光为2021—2023年经营业绩目标

	扣除非经常损益净利润（万元）	总营业收入（万元）	来自X*客户收入（万元）
2021年	2 600	32 000	5 000
2022年	3 000	40 000	10 000
2023年	3 400	50 000	20 000

① 具体内容详见公司于2024年1月2日在巨潮资讯网上披露的《关于补缴税款的公告》（公告编号：2024-001）、《关于受赠现金资产暨关联交易的公告》（公告编号：2024-004）。

② 具体内容详见2024年1月5日在巨潮资讯网上披露的《关于受赠现金资产并补缴税款暨关联交易的进展公告》（公告编号：2024-006）。

③ 巨潮资讯网2021年1月13日：《广东通宇通讯股份有限公司关于拟收购深圳市光为光通信科技有限公司少数股东股权并签署〈股权转让协〉的公告》（公告编号：2021-001）。

续表

	扣除非经常损益净利润（万元）	总营业收入（万元）	来自X*客户收入（万元）
合计	9 000	122 000	35 000

注：X*客户为公司及承诺方商定的重要目标客户。

承诺方共同承诺，目标公司在2021—2023三个年度的扣除非经常损益净利润分别不低于2 600万元、3 000万元和3 400万元；营业收入分别不低于32 000万元、40 000万元和50 000万元；来自X*客户的营业收入分别不低于5 000万元、10 000万元和20 000万元。

当年业绩目标总分计算规则：

业绩总分=扣非净利润完成率 ×20%+总营业收入完成率 ×50%+来自××客户收入完成率 ×30%。

各项指标完成率=实际完成金额 ÷ 目标金额

其中，三项业绩合计完成率封顶100%，即业绩合计超额完成也按照100%进行计算。

（2）业绩补偿。

甲乙双方共同建立“股票资金专项管理账户”，乙方在收到全部股权转让价款后6个月内，将不低于股权转让价款扣除相应的所得税后的余额的55%用于购买通宇通讯股票，乙方通过二级市场购买股票完成后（以下简称“T日”）的36个月内分期自动解锁，承诺锁定期内不得通过任何方式减持或委托第三方管理该等股票。锁定期与锁定比例如表15–8所示。

表15–8　锁定期与锁定比例

	T日+12个月	T日+24个月	T日+36个月
乙方可解锁股份比例	30%	30%	40%

根据各方共同认可的具有证券资格的会计师事务所对深圳光为2021—2023年进行年度审计时（每个会计年度审计报告出具的时间不能迟于下一会计年度的3月20日），应对深圳光为的三项业绩（扣非净利润、总营业收入、来自××客户收入）与本协议约定的三项业绩承诺额进行审核：如果深圳光为任一会计年度业绩总分低于95%，则承诺方需对通宇通讯进行现金补

偿，每个会计年度应补偿现金金额的计算公式如下：

当年补偿金额=当年股票解锁卖出后现金收益×（1–当年业绩总分）

如乙方当年解锁部分未卖出，则“当年股票解锁卖出后现金收益”=解锁部分当年年度最后一个交易日股价×解锁股数。

乙方在接到甲方书面补偿通知后十个工作日内支付补偿款到甲方指定账户。

在三年业绩承诺期间的某一会计年度，若乙方因业绩没达到承诺额的95%而进行了补偿，但三年业绩承诺期满时总计业绩承诺达到100%及以上，则通宇通讯须于业绩承诺期满时归还乙方已支付通宇通讯的补偿。

（3）减值补偿。

在整个承诺期限届满时，通宇通讯将聘请各方认可的、具有证券期货业务资格的审计机构和评估机构对深圳光为进行减值测试，若深圳光为期末减值＞补偿期限内的补偿额，则承诺方应于前述减值测试报告出具之日起十日内，向通宇通讯以卖出股票后的现金进行补偿，补偿金额为：深圳光为期末减值额×本次通宇通讯所获得的股权比例–补偿期限内已补偿的金额。补偿额不超过最后一期解锁的股票市值，此项补偿与业绩未完成的补偿不能重复。

（4）业绩奖励。

若深圳光为在2021—2023年度，任一会计年度业绩总分为满分，则将深圳光为超过当年承诺扣非净利润部分（下称“超额利润”）的30%作为年度绩效奖励给深圳光为管理层，具体每年绩效奖励方案及发放规则由深圳光为管理层提案、董事会审议确定。但三年累计奖励总额不得超过本次交易总对价金额的20%。

2. 2021年度、2022年度业绩承诺的实现情况与补偿情况

（1）2021年度业绩承诺的实现情况与补偿情况。

经审计的深圳光为2021年度归属于母公司股东的净利润为123.66万元，经董事会审议通过的专项投资项目单列费用为487.03万元，扣除非经常性损益和专项投资项目单列费用后的净利润为422.85万元，总营业收入为17 762.52万元，来自X*客户收入为849.44万元。

根据股权转让协议的约定，深圳光为2021年度业绩总分为36.10%，未实现2021年度的业绩承诺，具体完成情况如表15–9所示。

表 15-9　具体完成情况　单位：万元

项目	2021年承诺额	2021年实际完成额	完成率	权重
扣非净利润	2 600	422.85	16.26%	20%
总营业收入	32 000	17 762.52	55.51%	50%
来自X*客户收入	5 000	849.44	16.99%	30%
业绩总分	36.10%			

2022年4月，测算的承诺方应补偿金额如表15-10所示。

表 15-10　承诺方应补偿金额

承诺方	业绩承诺持有的股票数量	T日+12月（30%）解锁的股票数量	2021年12月31日公司股价（元/股）	业绩补偿金额（万元）
陈某郭	1 342 400	402 720	16	411.74
彭某军	1 075 170	322 551	16	329.78
邬某峰	807 600	242 280	16	247.71
范某	246 200	73 860	16	75.51
合计	3 471 370	1 041 411		1 064.74

根据上述《股权转让协议》，通宇通讯（甲方）与乙方共同建立“股票资金专项管理账户”，乙方在收到全部股权转让价款后6个月内，将不低于股权转让价款扣除相应的所得税后的余额的55%用于购买通宇通讯股票，乙方通过二级市场购买股票完成后（以下简称“T日”）的36个月内分期自动解锁，承诺锁定期内不得通过任何方式减持或委托第三方管理该等股票。锁定期与锁定比例如表15-11所示。

表 15-11　锁定期与锁定比例

	T日+12个月	T日+24个月	T日+36个月
乙方可解锁股份比例	30%	30%	40%

2021年11月25日，乙方通过二级市场完成股票购买，T日+12个月为2022年11月26日，股票解锁当年为2022年。按2022年12月30日通宇通讯收盘价10.62元/股，调整承诺方2021年度补偿金额如表15-12所示。

表 15-12　　　　承诺方 2021 年度补偿金额

承诺方	业绩承诺持有的股票数量	T日+12月（30%）解锁的股票数量	2022年12月30日公司股价（元/股）	业绩补偿金额（万元）
陈某郭	1 342 400	402 720	10.62	273.29
彭某军	1 075 170	322 551	10.62	218.89
邬某峰	807 600	242 280	10.62	164.42
范某	246 200	73 860	10.62	50.12
合计	3 471 370	1 041 411		706.72

（2）2022年业绩承诺完成情况与补偿情况。

根据股权转让协议的约定，结合深圳光为2022年度经营情况，经财务部门初步测算，深圳光为2022年度业绩总分为42.05%，未实现2022年度的业绩承诺，具体完成情况如表15-13所示。

表 15-13　　　　具体完成情况　　　　单位：万元

项目	2022年承诺额	2022年实际完成额	完成率	权重
扣非净利润	3 000	90.37	3.01%	20%
总营业收入	40 000	22 819.13	57.05%	50%
来自X*客户收入	10 000	4 306.68	43.07%	30%
业绩总分	42.05%			

参考2022年12月30日通宇通讯收盘价10.62元/股，预估承诺方2022年度应补偿金额如表15-14所示。

表 15-14　　　　承诺方 2022 年度补偿金额

承诺方	业绩承诺持有的股票数量	T日+24月（30%）解锁的股票数量	2022年12月30日公司股价（元/股）	业绩补偿金额（万元）
陈某郭	1 342 400	402 720	10.62	247.85
彭某军	1 075 170	322 551	10.62	198.51
邬某峰	807 600	242 280	10.62	149.11
范某	246 200	73 860	10.62	45.46
合计	3 471 370	1 041 411		640.91

2021年、2022年承诺方应补偿金额合计1 347.63万元，其中2022年承诺方应补偿金额将根据2023年12月29日收盘价调整。

3.承诺事项变更的原因

经过通宇通讯与深圳光为管理层进行分析讨论，通宇通讯认可深圳光为2021年度、2022年度未能完成业绩承诺目标与宏观环境下行、新冠疫情反复持续影响、上游原材料采购困难等存在一定关联，公司对管理团队的勤勉工作表示认同。

为最大限度降低深圳光为经营业绩不达预期的影响，促进通宇通讯业务的长期稳定发展，进一步优化公司资产结构，优化深圳光为的激励和约束机制，综合考虑了未完成业绩承诺的具体原因，通宇通讯决议与四川省光为通信有限公司协商达成一致并签署《股权转让协议》，将通宇通讯所持全资子公司深圳市光为光通信科技有限公司100%股权转让给四川光为，受让方以人民币2.9亿元的价款购买通宇通讯持有的深圳光为100%的股权，保留对深圳光为子公司四川光为的少数股权，从而大幅降低深圳光为对通宇通讯财务报表的影响，并延续公司在光通信领域布局和合作。深圳光为管理团队将出资4 000万元参股四川光为，管理团队在四川光为持股，有利于提高管理层在深圳光为的利益一致性，有利于维护公司经营，促进光通信业务长期发展。鉴于深圳光为原股东在通宇通讯并购深圳光为所作出承诺的前提条件将在本次交易后发生根本变化，为促成本次交易，在本次交易预计为通宇通讯带来2 083万元投资收益的前提下，公司解锁深圳光为原股东所持公司股票并豁免其对赌业绩补偿责任。

4.假设完成业绩，相关方收到奖励

在业绩安排中，对于深圳光为管理层的约定，若深圳光为在2021—2023年度任一会计年度业绩总分为满分，则将深圳光为超过当年超额利润的30%作为年度绩效奖励给深圳光为管理层。此处，支付方是深圳光为，接受补偿的一方是深圳光为管理层。深圳光为管理层员工取得该奖励可作为深圳光为成本费用的一部分，计入当期损益，同时确认深圳光为的应付职工薪酬，按规定缴纳个人所得税。

【案例15-13】投资方业绩对赌接受股份补偿。

2016年9月，兴民智通（集团）股份有限公司（以下简称“兴民智通”）

与北京九五智驾信息技术股份有限公司（以下简称“九五智驾”）股东朱某利、陈某、高德软件有限公司、上海物联网创业投资基金（合伙企业）、深圳前海车联网产业投资基金（有限合伙）等签署了《关于北京九五智驾信息技术股份有限公司之股份收购协议》（以下简称《股份收购协议》），并与朱某利、陈某方就业绩承诺、公司治理等签署了《协议》①。

2016年12月2日，兴民智通与朱某利、陈某方在原协议基础上签署了《补充协议》②。本次收购完成后，兴民智通持有九五智驾58.23%股权，交易价格245 550 910元，九五智驾成为公司控股子公司。

1.业绩承诺主要内容

根据上述《协议》及《补充协议》的约定，业绩承诺主要内容如下：

（1）朱某利、陈某方承诺，九五智驾2017年度、2018年度、2019年度实现的净利润分别不低于2 000万元、3 000万元和4 000万元。对于2017年、2018年、2019年三个存在股份转让约定的会计年度，净利润是指归属九五智驾母公司所有者的净利润，且上述净利润以扣除非经常性损益后孰低为准。

（2）对于2017年、2018年、2019年三个会计年度，若九五智驾完成所承诺当年净利润的90%即视为完成当年承诺，兴民智通应按朱某利、陈某方要求根据《协议》的约定受让其持有的九五智驾股份。

转让股份的基准价格为10元/股。九五智驾实际实现的净利润每超额完成200万元，股份转让价格在10元/股价格的基础上每股增加1元，转让价格公式如下：价格A=10+INT［（P−2 000）÷200］，其中P为当年实际利润数，INT为取整（舍去小数点后全部数字）；2017年完成1 800万—2 000万元净利润的情况下，转让股份的价格仍为10元/股。朱某利、陈某方要求兴民智通受让股份的数量以其截至2016年7月29日持有的九五智驾的股份数，以及该等股份因转增和送股而增加的相应部分为限，不包括其自行购入或后续股权

① 详细内容请见公司于2016年9月24日刊登在《中国证券报》《上海证券报》《证券时报》《证券日报》和巨潮资讯网（http：//www.cninfo.com.cn）上的《关于收购北京九五智驾信息技术股份有限公司部分股权的公告》（公告编号：2016-076）。

② 详细内容请见公司于2016年12月3日刊登在《中国证券报》《上海证券报》《证券时报》《证券日报》和巨潮资讯网（http：//www.cninfo.com.cn）上的《关于与朱某利、陈某方签署补充协议的公告》（公告编号：2016-115）。

激励而获得的股份（如有）。达到《协议》所述2017年度、2018年度股份转让条件的，朱某利、陈某方要求兴民智通受让股份的数量上限分别为上一年末其持有九五智驾股份总数的百分之二十五；达到2019年度股份转让条件的，朱某利、陈某方要求兴民智通受让股份的数量上限为其剩余的尚未向兴民智通转让的股份数。

（3）2017年、2018年、2019年三个会计年度若九五智驾实际实现的净利润未达到所承诺当年净利润的90%，兴民智通有权要求受让朱某利、陈某方持有的九五智驾股份。

未达2017年度、2018年度业绩的，兴民智通要求受让股份的数量上限分别为朱某利、陈某方上一年末持有九五智驾股份总数的百分之二十五；未达2019年度业绩的，兴民智通要求受让股份的数量上限为朱某利、陈某方剩余的尚未向兴民智通转让的股份数。价格按以下公式确定：价格A=10+INT［（P–2 000）÷200］，其中P为当年实际利润数，INT为取整（舍去小数点后全部数字），A不小于零。

2. 业绩承诺实现情况

九五智驾2017年度归属于母公司所有者的净利润金额为1 940.39万元，非经常性损益金额为172.13万元，扣除非经常性损益后归属于母公司所有者的净利润金额为1 768.26万元，2017年数据已经山东和信会计师事务所（特殊普通合伙）“和信专字［2018］000059”号鉴证报告予以鉴证。

九五智驾2018年度归属于母公司所有者的净利润金额为–576.04万元，非经常性损益金额为76.96万元，扣除非经常性损益后归属于母公司所有者的净利润金额为–653.00万元，2018年数据已经山东和信会计师事务所（特殊普通合伙）“和信专字［2019］000194”号鉴证报告予以鉴证。

根据和信会计师事务所（特殊普通合伙）于2020年6月10日出具的《关于北京九五智驾信息技术股份有限公司2019年度业绩承诺完成情况的专项审核报告》［和信专字（2020）第000494号］，九五智驾扣除非经常性损益前和扣除非经常性损益后归属于母公司所有者股东的净利润孰低实现情况如表15–15所示。

表 15-15　　业绩承诺情况

业绩承诺		业绩承诺实现情况
会计期间	承诺金额（万元）	2017—2019年实现金额（万元）
2019年	4 000	103.07
2018年	3 000	–653.00
2017年	2 000	1 768.26

九五智驾2019年度归属于母公司所有者的净利润金额为103.07万元，非经常性损益金额为–19.66万元，扣除非经常性损益后归属于母公司所有者的净利润金额为122.73万元。2019年数据已经和信会计师事务所（特殊普通合伙）“和信专字［2020］000494”号鉴证报告予以鉴证。

3. 业绩补偿安排

鉴于《协议》约定的业绩对赌补偿条款，不属于纯投资人单方受益的权利的条款，而是未来按照约定价格实施收购交易的权利。是否实施交易需要公司届时根据交易金额、标的价值、公司商业需求等情况在行权前进行判断。

（1）2017年九五智驾扣除非经常性损益前归属于母公司所有者的净利润为1 940.39万元，扣除非经常性损益后归属于母公司所有者的净利润金额为1 768.26万元，未达到业绩对赌标准。根据公式计算，兴民智通如行权需按每股9元购买股权，公司认为收购价格较高，因此拟不实施收购。

（2）2018年九五智驾扣除非经常性损益前归属于母公司所有者的净利润为–576.04万元，扣除非经常性损益后归属于母公司所有者的净利润金额为–653.00万元。根据公式计算，收购金额为0元，根据《协议》约定，兴民智通要求受让朱某利、陈某方持有的九五智驾2018年度业绩承诺对应的股份。

（3）2019年九五智驾扣除非经常性损益前归属于母公司所有者的净利润为103.07万元，扣除非经常性损益后为122.73万元。根据公式计算，每股收购价格为1元，因根据九五智驾2022年报，每股净资产目前为0.6047元，收购价格仍然较高，且兴民智通对九五智驾的股权比例已足够控股，因此拟不实施收购。

2023年5月12日，兴民智通分别与朱某利、陈某方签署了《股权转让协议》，朱某利同意将所持有的九五智驾股份951 075股以0元转让给公司，陈某方同意将所持有的九五智驾股份1 934 812股以0元转让给公司。业绩补偿完成后，兴民智通持有九五智驾股权比例将增至64.59%。

上述《股权转让协议》签署后，兴民智通同意豁免对朱某利、陈某方因九五智驾2017年、2019年年度业绩对赌承诺未达标准的股份收购权，双方签署的《协议》终止。

4.分析

该案例是投资方与目标公司原股东对赌，原始股东、第三方（陈某方）作为补偿义务人的案例。朱某利等原始股东股权转让交易发生时，按税法规定缴纳个人所得税，兴民智通投资的计税基础是245 550 910元。按照补充协议，目标公司九五智驾2017—2019年度业绩对赌承诺无论是否达到标准，兴民智通均要受让朱某利、陈某方持有的九五智驾股份，区别在于兴民智通履行受让义务的能力及履约内容有所不同而已。在目标公司未达业绩指标时，兴民智通有受让目标公司股权的权利，也有权不行使该等权利。

通过对九五智驾历年业绩对赌实现、交易价格的分析，兴民智通认为对于2017年度、2019年度的业绩补偿不行权更有利于维护上市公司利益。对于2018年度的业绩补偿，兴民智通要求受让朱某利、陈某方持有的九五智驾2018年度业绩承诺对应的股份，属于公司受赠现金资产等不涉及对价支付、不附有任何义务的交易，并依据《深交所股票上市规则（2023修订）》6.1.4条规定，可免于提交股东大会审议。通过业绩安排，兴民智通以零元获得原股东6.36%的股份。

对于原股东零元转让6.36%上市公司股票，按照《财政部 国家税务总局关于个人转让股票所得继续暂免征收个人所得税的通知》（财税字〔1998〕61号）规定，对个人转让上市公司股票取得的所得继续暂免征收个人所得税。

业绩补偿涉及的6.36%股份是股东之间的转移，九五智驾的所有者权益总额并未因此有所变动，是所有者权益内部变动。那么，业绩对赌安排导致投资者兴民智通零元取得6.36%的股份是否需要调减其计税基础？如果不调减，会不会有涉税风险？

笔者认为兴民智通不需要调减计税基础。零元取得股票不等于以后可以有优惠，这部分免于计入计税基础的部分，以后在其减持股票或者转让时可实现这部分的增值。

【案例15-14】原始股东、目标公司参与的分段式业绩对赌。

2020年10月19日，广州好莱客创意家居股份有限公司（以下简称“好莱客”）第四届董事会第三次会议审议通过了《关于收购湖北千川门窗有限公司51%股权的议案》，并于同日与交易对方签署了《股权转让协议》，约定公司以支付现金方式收购现有股东合计持有湖北千川（以下简称“目标公司”）51%的股权，交易对价为人民币70 000万元。本次收购完成后，湖北千川将成为好莱客的控股子公司[①]。

本次交易对方骆某任、杨某、骆某杨与好莱客及其控股股东、实际控制人、董事、监事或高级管理人员、持有好莱客5%以上股份的股东不存在关联关系，与公司不存在产权、业务、资产、债务债权、人员等其他方面的关系。收购交易如图15-5所示。

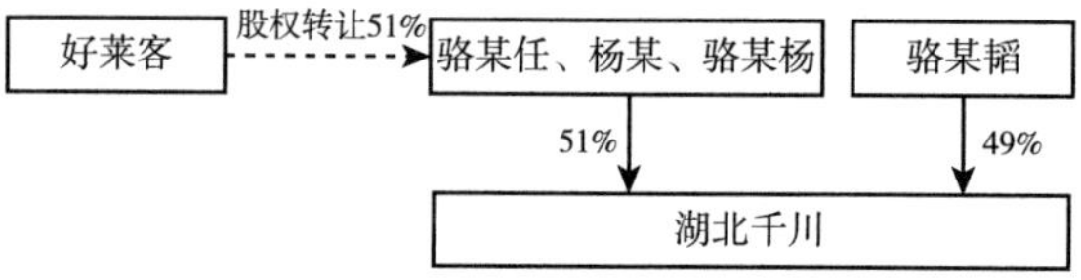

图15-5 收购交易

1.业绩及财务指标承诺

甲方（骆某任、杨某、骆某杨）及丁方（骆某韬）作为目标公司的原股东，就目标公司2021年及2022年的净利润（扣除非经常性损益前后归属母公司净利润孰低）向乙方（好莱客）作如下承诺：

（1）业绩补偿。

若目标公司2021—2022年的实际平均净利润未能达到上述业绩承诺的95%（含本数，计算公式：1.8亿元×0.95），甲方、丁方须给予乙方及时、充分、有效的补偿，甲方、丁方有权选择以现金或其持有的目标公司股份或现金与目标公司（丙方）股权相结合的形式，甲方1（骆某任）、甲方2（杨某）、甲方3（骆某杨）及丁方对该等补偿承担连带责任。

现金补偿金额=（业绩承诺期内承诺净利润数总和【即3.6亿元】-业绩承诺期内各年的实际净利润数总和）÷业绩承诺期内各年的承诺净利润数总

① 2020年10月，广州好莱客创意家居股份有限公司于上交所披露《广州好莱客创意家居股份有限公司关于资本合作进展暨收购湖北千川门窗有限公司51%股权的公告》（公告编号：临2020-073）。

和×本次股权转让的总对价【即7亿元】-股权补偿对应的金额。

若丁方选择以其持有的目标公司股权的形式给予乙方补偿，目标公司的估值按照2022年度实际净利润×9倍确定，每份注册资本价格为前述目标公司估值÷注册资本（以交割日目标公司的注册资本为准，即16 000万元人民币）；股权补偿数量（注册资本数额）=【（业绩承诺期内承诺净利润数总和【即3.6亿元】-业绩承诺期内各年的实际净利润数总和）÷补偿期限内各年的承诺净利润数总和×本次股权转让的总对价【即7亿元】-已补偿现金金额】÷每份注册资本价格。

丁方应以零对价或法律允许的最低对价向乙方转让应向乙方补偿的股权。

若甲方及丁方触发业绩补偿义务，补偿金额应在补偿义务触发之日，即目标公司2022年度审计报告出具之日起6个月内向乙方支付完毕。

（2）股权回购。

若目标公司2021—2022年的实际累计净利润未能达到上述承诺累计业绩的70%（含本数，计算公式：3.6亿元×0.7），甲方、丁方无须按照本协议第4.2条履行业绩补偿，但须以现金方式回购好莱客所持有的目标公司51%的股权。

回购价格为好莱客支付股权转让款人民币70 000万元以及按照8%的年化收益率计算的利息之和（按照单利计算）并减去乙方已收到丙方所分配的红利。

甲方、丁方应在触发回购条件之日，即目标公司2022年度审计报告出具之日起60日内与好莱客签署回购有关协议，并在触发回购条件之日起6个月内向乙方支付完毕回购价款，甲方1、甲方2、甲方3及丁方对该等回购承担连带责任。

（3）财务指标承诺。

业绩承诺期内，丁方承诺逐步完善客户结构调整，对新增同时符合“剔除预收款后的资产负债率大于70%、净负债率大于100%、现金短债比小于“1”的单一客户需经丙方董事会三分之二以上董事同意。

业绩承诺期，丁方承诺目标公司应收账款、经营活动现金流、存货周转率等核心指标应维持良性状态，并向上市公司进行经营情况的汇报，上市公司具有对上述指标检查的权利。

甲方及丁方承诺，业绩承诺期届满时（2022年），在目标公司承诺期届满年度末的经《专项审计报告》确定的账面应收账款余额中，若2022年当年所产生的应收账款（不包含应收暨尚未承兑的票据）总额，在下一个会计年度（即2023年）末回款金额总额（注：在计算回款率时，客户以商业汇票、银行汇票方式支付的款项视为已回款）低于50%，则甲方及丁方就差额部分在业绩承诺期届满后的下一会计年度结束后6个月内（即2024年6月）以现金形式一次性向目标公司进行补偿。具体补偿金额计算方式如下：

现金补偿金额=业绩承诺期届满年度末2022年当年产生应收账款余额×50%-业绩承诺期届满年度末2022年当年产生应收账款在下一个会计年度内回款金额

若目标公司后续收回上述差额资金，则目标公司需在30日内，将前述现金补偿资金以现金方式一次性返还给甲方及丁方。

2.触发股权回购机制

2022年6月27日，好莱客发布《广州好莱客创意家居股份有限公司关于业绩承诺方回购湖北千川51%股权的公告》称，湖北千川预计难以完成相关业绩指标，根据原收购协议约定，经各方协商一致，拟签署《关于湖北千川门窗有限公司之股权回购协议》，约定业绩承诺方以792 131 506.85元的现金对价，由业绩承诺方之一骆某韬持股100%的成都锦兆达企业管理有限公司（以下简称“锦兆达”）受让好莱客所持湖北千川51%股权。

锦兆达公司与好莱客及其控股股东、实际控制人、董事、监事或高级管理人员、持有公司5%以上股份的股东不存在关联关系。回购交易如图15-6所示。

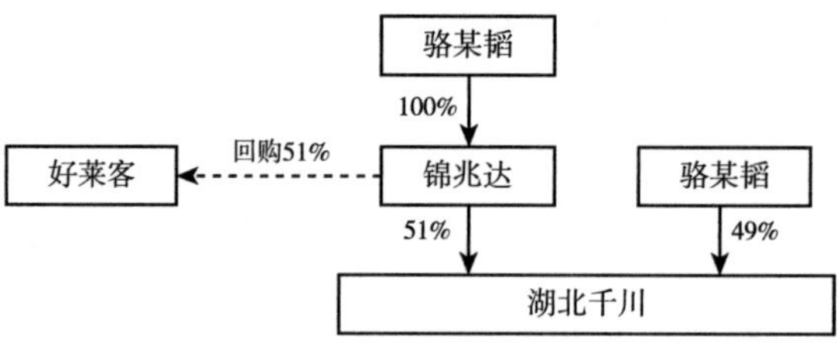

图15-6　回购交易

3.股权回购完成

湖北千川股权回购后，好莱客确认投资收益197 412 287.55元，湖北千川自2022年7月1日起不再纳入好莱客合并报表范围。

2022年7月，好莱客收到首笔股权回购款396 065 753.43元，2023年1月，公司收到剩余股权回购款396 065 753.42元。截至2022年度报告出具日，好莱客已收到全部股权回购款792 131 506.85元。

4.分析

广州好莱客创意家居股份有限公司收购湖北千川股权协议对对赌事项做了两重约定，如果未达到会有不同的税务处理情况。

（1）目标公司2021—2022年的实际平均净利润未能达到上述业绩承诺的70%。

若目标公司2021—2022年的实际平均净利润未能达到上述业绩承诺的70%，甲方（骆某任、杨某、骆某杨）、丁方（骆某韬）须以现金方式回购好莱客所持有的目标公司51%的股权。

案例中骆某任已离世，本应由杨某、骆某杨、骆某韬履行回购义务，最后回购51%股份实际由骆某韬持有100%股份的锦兆达履行。因此不涉及原股东回购计税基础调整的问题。回购完成后，骆某韬成为湖北千川的控股股东和实控人。

（2）若目标公司2021—2022年的实际平均净利润未能达到上述业绩承诺的95%。

如果目标公司2021—2022年的实际平均净利润未能达到上述业绩承诺的95%（此处应是超过70%，若未达到70%即触发回购义务），甲方（骆某任、杨某、骆某杨）、丁方（骆某韬）给予乙方（好莱客）补偿，甲方、丁方有权选择以现金或其持有的目标公司股份或现金与目标公司股权相结合的形式，甲方及丁方对该等补偿承担连带责任。

以骆某杨为例。该股东转让8.625%股权，如果业绩对赌未达要求，原股东需要按协议进行业绩补偿。那收到补偿的好莱客调减投资成本，还是并入收入缴纳企业所得税，原股东骆某杨支付补偿是否可以调减之前股权转让收入呢？

四、对赌实践中的问题

业绩对赌是近年来兴起的商事业务，我国税法对对赌协议并没有系统性的规定，有的仅仅是国家税务总局公告2014年第67号明确规定了股权转让协议已签订生效，个人即应确认股权转让所得申报缴纳个人所得税，以及对赌触发后属于“转让行为结束后，当事人双方签订并执行解除原股权转让合同、退回股权的协议，是另一次股权转让行为，对前次转让行为征收的个人所得税款不予退回”的认知，导致实务中各地税务局对业绩对赌存在不同的执行口径。有些认可退还，有些不认可退还；有些要求企业缴纳企业所得税，有些要求冲减长投成本，有些干脆两样都不要求……这些或多或少对企业的投资活动产生了影响。

（一）对赌法律关系认识不到位

对赌协议涉税关系的分析很大程度需要仰赖交易双方对交易所涉法律关系的理解。“对赌协议”属于合同法律规范和调整的范畴，其履行涉及目标公司及其股东和债权人之间的利益平衡问题；同时，对赌事项的触发在公司法等组织法领域，其既有意思自治的空间，也有强制性规范的底线。因此，学术界对于该类协议的效力提议应坚持合同法律规范第一性，公司法律规范第二性的原则，即对赌协议中合同法与公司法的衔接转换问题。

股权基金对标的公司的投资协议通常涉及基金投资者、被投对象原始股东，以及标的公司，对赌协议通常以《补充协议》的方式出现在该类投资协议之后，以期完整表达投融资双方的意思。股权基金业绩对赌其实涉及两重法律行为，第一重是投资方收购标的公司（原始股东转让股权）；第二重则是补充协议触发后对原交易的调整，即对赌协议触发后的处理——该类调整可以是补利润，也可以是调整之前交易的对价，还可以要求补偿义务方回购其拥有的股权等。

实务中，对赌情形极其复杂。对赌触发后，补偿义务人、补偿对象和股权转让交易并不完全一致，导致该类涉税处理存在很大的不确定，也极易引发涉税风险以及纠纷。

（二）民商事领域的自治原则

《投资协议书》《补充协议》以及其中的回购股份条款内容，是当事人在《投资协议书》外特别设立的保护投资人利益的条款，属于缔约过程中当事人对投资合作商业风险的安排，与《投资协议书》中的相关股权奖励条款相对应，都是各方当事人的真实意思表示。在其不违反国家法律行政法规的禁止性规定，不存在《民法典》所规定有关合同无效的情形，亦不属于我国《合同法》所规定的格式合同或者格式条款等显失公平等问题之时，这部分对赌协议的内容就应属于民商事自治的范畴。税法对其并无特别的规定，在相关涉税不违反《个人所得税法》相关规定，且无明显反避税倾向的前提下，笔者认为也是应该给予投融资双方在涉税方面的相关便利。

五、股权投资业绩对赌应考虑的因素

联系前述归纳的对赌观点，业绩对赌（股权回购）其实主要涉及以下核心的涉税问题（见图 15-7）：

第一，支付补偿的一方是否可以冲减其股权转让收入并退税，收到补偿的一方能否冲减投资计税基础。

第二，支付补偿的一方能否税前扣除，收到补偿的一方是否作为收入。

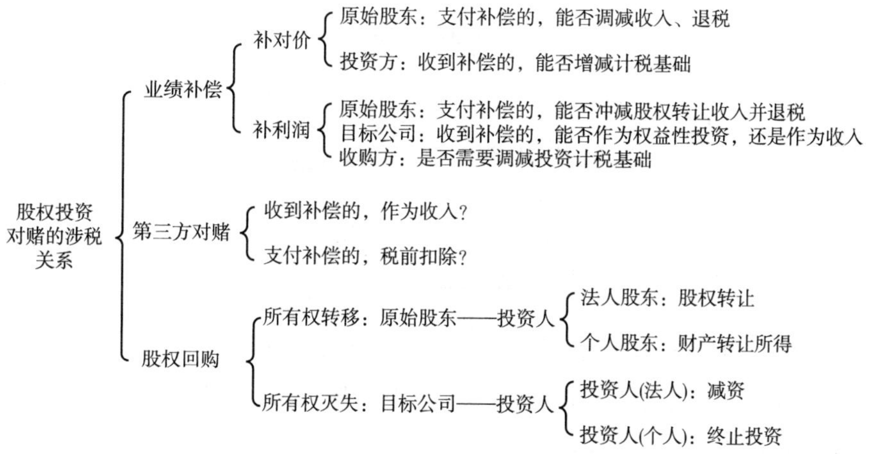

图 15-7　股权投资对赌的涉税关系

股权投资中的业绩对赌相对于投资（股权转让）是另外一项法律行为，该类对赌条款的触发需要依赖目标公司的业绩指标达成与否。对赌条款的触发，其法律事实的定性偏向于转让行为结束后，当事人双方签订并执行解除原股权转让合同、退回股权的协议，即另一次股权转让行为，因而对前次转让行为征收的个人所得税款不予退回——这是大多数地方税务机关对原始股东转让目标公司股权业绩对赌的定性。实践中，对赌情况非常复杂，在投、融资方与补偿义务人、被补偿对象不一致情形下，投融资关系与业绩补偿涉税情况会大相径庭。

（一）对赌对象与交易对手一致

1. 补偿对价

投资方与目标公司股东对赌，目标公司未达到业绩指标，即原始股东赌输，补偿义务人需要向投资人补偿（现金补偿、股份补偿等）。此时，原始股东转让股权就应该是在之前股权转让计税基础上冲减支付对价的金额。原则上讲，该等情况下原始股东可以申请退还之前缴纳的个人所得税，但了解到的情况是绝大多数地方税务局不认可这种做法。对于该类交易的退税问题，建议企业与主管税务局进行沟通。

2.补偿利润

投资方与目标公司股东对赌，目标公司未达到业绩指标，约定补偿义务人向目标公司补偿。补偿利润的案例，最经典的莫过于冯某刚、东阳美拉与华谊兄弟对赌案（“东阳美拉”案）。东阳美拉的业绩补偿涉税处理在业界引起轰动，甚至在之后一段时间都被奉为学习对赌涉税的经典案例。该类对赌模式下，目标企业获得补偿时，目标公司、原股东、投资者可能涉及的税务处理如表15–16所示。

表 15–16　　可能涉及的税务处理

	目标公司	原股东	投资者
1	视为权益性投资	不退个人所得税	计税基础不变
2	视为权益性投资	退还个人所得税	计税基础不变
3	视为接受捐赠，并入收入总额	不退还个人所得税	计税基础不变
4	视为接受捐赠，并入收入总额	退还个人所得税	计税基础不变

目标公司、原股东、投资者三方需要考虑以下几个问题：

（1）目标公司东阳美拉于业绩对赌中获得补偿（6 821万元），该笔补偿是作为接受捐赠并入收入总额缴企业所得税（营业外收入），还是视为股东（冯某刚）对公司的权益性投资。

（2）原股东（冯某刚）转让股权（69%），业绩对赌赌输向目标公司支付补偿款，其转让股权的计税基础是否可因此冲减，以及之前已经缴纳个人所得税能否退回。

（3）对于收购方华谊兄弟业绩对赌获利，补偿款（6 821万元）注入目标公司，是否会影响华谊兄弟本身对目标公司投资的计税基础。

通过分析，笔者对该案例做出如下总结：

（1）股权收购协议与业绩补偿并不是完全对等的两类关系，虽然业绩补偿承诺通常出现在收购协议的补充协议内而成为其一部分。原始股东作为股权转让方，收购方是投资人，而业绩对赌的补偿义务人、补偿对象为目标公司原始股东、目标公司。当触发业绩补偿时，涉及对赌事项的是目标公司与原始股东，原始股东因目标公司未完成业绩承诺而对其进行补偿。因此，该类补偿不是对原始股东转让股权估值的调整，而是该股东对目标公司接受其股权的捐赠。

（2）目标公司接受原始股东补偿，可按照《国家税务总局关于企业所得税应纳税所得额若干问题的公告》（国家税务总局公告2014年第29号）第二条第（一）项相关规定，作为企业资本金，不作为收入处理，不需要缴纳企业所得税。

（3）对于投资方来说，其并未参与业绩对赌，也未实际获得补偿，对目标公司股权投资的计税基础应保持不变，不做调整。

（二）补偿义务人为第三方

2014年4月，西部资源竞买重庆市交通租赁有限公司57.55%股权。西部资源的股东四川恒康对目标公司大股东开投集团等股东承诺，股权转让完成后前五个会计年度内保证交通租赁业务每年不低于3.5亿元的未分配净利润；如果未完成，四川恒康要对开投集团等股东进行补偿。而后目标公司亏损严重。2020年时，西部资源和开投集团股东就股权转让产生分歧，开投集团股东按约申请仲裁。如果仲裁裁决目标公司未达到约定的业绩指标，四川恒康需要按约履行对赌协议，这则案例引发了第三方作为补偿义务人履行业绩承诺补偿事项的涉税问题探讨。

对赌条款触发，第三方对原始股东（或投资方）做出补偿，该类第三方通常为原始股东（或投资方）的控股股东。由于补偿义务人并不是股权转让的直接交易对手，此时会存在其支付的补偿能否税前扣除，接受补偿的一方能否增加投资计税基础的问题。

1. 第三方向原始股东补偿

第三方对原始股东补偿，或者第三方将补偿支付给投资人，由投资人对原始股东补偿（见图15-8）。

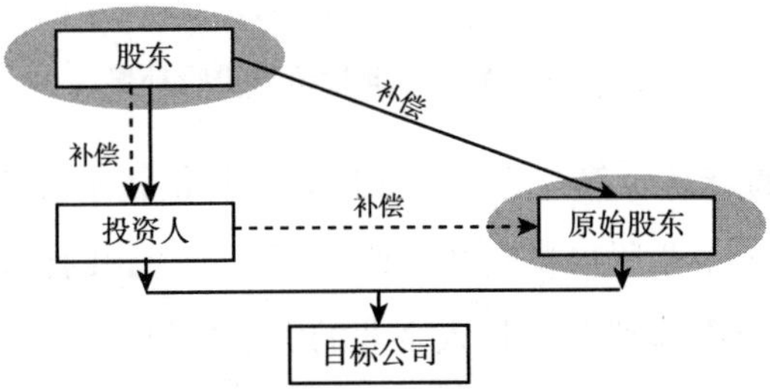

图15-8　第三方对原始股东进行补偿

笔者对此提出自己的看法：

（1）第三方对投资人的补偿属于权益性投资时，第三方向其补偿时，很可能符合《国家税务总局关于企业所得税应纳税所得额若干问题的公告》（国家税务总局公告

2014年第29号）关于“企业接收股东划入资产（包括股东赠予资产、上市公司在股权分置改革过程中接收原非流通股股东和新非流通股股东赠予的资产、股东放弃本企业的股权，下同），凡合同、协议约定作为资本金（包括资本公积）且在会计上已做实际处理的，不计入企业的收入总额，企业应按公允价值确定该项资产的计税基础”的规定。投资人收到该等补偿计入企业的资本公积。

（2）第三方对投资人的补偿不属于权益性投资时，第三方向原始股东进行补偿很可能属于支付“与取得收入无关的其他支出”，不得在税前扣除。

目标公司原始股东无论是直接取得第三方的补偿，还是通过投资人取得补偿，取得该类补偿的一方，按《企业所得税法》规定都应视为取得收入。由于补偿方并不属于股权收购、转让交易的对手，投资人不能调整投资的计税基础，税前扣除也无法得到税法的相应支持。

2. 第三方向投资方补偿

第三方向投资人做出补偿。通常情况下，该类第三方补偿由原始股东的关联方向投资方做出。比如案例15-14触发的由原始股东回购投资人持有目标公司的股份，履行回购协议的一方则是原始股东之一的关联方（骆某韬持有100%股份的锦兆达履行），且不属于第三方参与的对赌（见图15-9）。

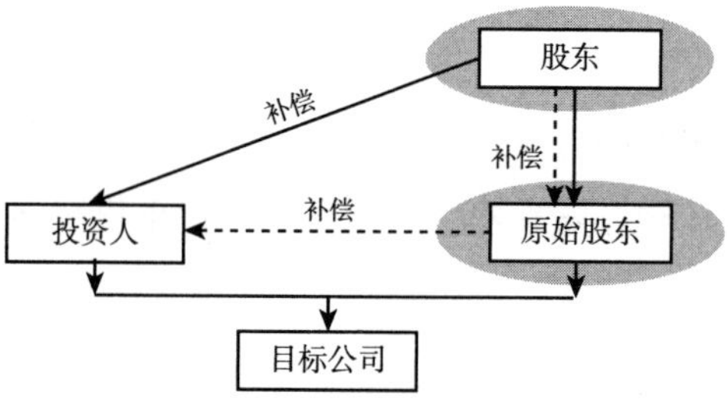

图15-9　第三方向投资方进行补偿

目标公司未达业绩指标，第三方对原始股东的补偿属于权益性投资时，很可能符合《国家税务总局关于企业所得税应纳税所得额若干问题的公告》（国家税务总局公告2014年第29号）相关权益性投资计入企业的资本公积。

第三方对原始股东的补偿不属于权益性投资，即被视为对外捐赠，企业所得税上视同销售，且不能在税前扣除的问题（不是公益性捐赠），投资方获得该类补偿被视为取得收入产生企业所得税的纳税义务，从而出现重复纳税的问题。

六、完善对赌协议税收政策的几点建议

（一）科学梳理对赌法律关系

《九民纪要》是针对民商事审判中的前沿疑难争议问题，在广泛征求各方面意见的基础上，经最高人民法院审判委员会民事行政专业委员会讨论决定后形成的裁判理念，对统一裁判思路，规范法官自由裁量权，增强民商事审判的公开性、透明度以及可预期性，提高司法公信力具有重要的指导意义。作为司法审判规则的《九民纪要》对该部分内容比较客观地分析了业绩对赌的类型、业绩对赌与合同法、公司法的关系，为涉税领域业绩对赌的相关规定缺失提供了具有公信力的参考依据。该类说理性内容虽不能作为法院裁判依据进行援引，却能作为裁判文书部分具体分析法律适用的理由，是各级人民法院正确把握和理解适用对赌业务的精神实质和基本内容。

业绩对赌的分析很大程度上需要准确定性股权转让与其对赌事件援引的其他相关法律、法规的关系。如果我们能够正确领会、掌握这部分业务的基本内容及原理，对于目前对赌涉税规定匮乏的情况下，明晰对赌业务法律关系，厘清对赌业务交易实质，正确做出涉税的分析，指导企业投融资业务，避免涉税风险具有指导性的意义。

（二）明确对赌执行口径

对于业绩对赌执行口径，目前来说总体适用国家税务总局公告2014年第67号，其明确规定股权转让协议已签订生效，个人应确认股权转让所得申报缴纳个人所得税；遇有原始股东进行业绩补偿的事件，并不认可之前已缴个人所得税可以退还的处理（极个别地方退到个人所得税），也无法进行损益的调整。

业绩对赌业务的对赌对象、对赌类型等因素的复杂性，决定对赌涉税处理的不确定性。笔者前述罗列出部分地方主管税务机关对业绩对赌的分析，并不能涵盖所有的业绩对赌涉税处理，也不代表其他地方税务局能够认可该类做法；即便个别地方税务机关现在认可，也不代表以后依然能够适用。因此，这部分涉税规定亟须税务总局予以进一步明确。

（三）正向对赌、反向对赌

正向对赌、反向对赌出自姜新录老师的《企业重组财税处理实务与案例》。姜老师借鉴盈科律师事务所高级合伙人袁森庚对对赌案件的分析观点，从涉税风险防控的角度，认可对赌应尽量采取正向对赌模式（预付+追加或有对价），避免反向对赌，

并提出借鉴其他税种先预缴税款以后清算的成熟做法，即对赌触发后，纳税人按照合同约定，在满足约定条件后取得的后续收入，应当作为股权转让收入。

实务中，不少上市公司的并购业务是通过发行新股加货币资金的方式收购对方企业。该类业务中，不仅涉及对方企业原始股东股权转让，也涉及部分股东以旧股换新股的业务，从而形成投资方、融资方相互持股的情况，正向对赌的运用在这部分对赌业务时就比较棘手。好在股权基金投资的监管规定明确投资方不得采用非货币资产，无形中降低了与被投企业、原始股东正向对赌的难度。

（四）对赌对象和对赌类型

投资方并购目标公司，通常要与目标公司、目标公司股东签订并购协议，并同时约定目标公司业绩未达某标准时，原股东以及目标公司需要履行的承诺。按照前述触发对赌情形下，投资方对目标公司是否继续经营的情形分类，对赌可分为业绩补偿型对赌和回购型对赌。

1.投资人与目标公司股东的对赌

投资人与原始股东之间的业绩补偿型对赌，我们要注意区分业绩对赌的对象是补对价还是补利润。如果属于补偿对价，建议以估值调整为理念对原始股东交易价进行调整；如果是补偿利润，则不涉及调整估值的问题。

投资人与目标公司股东之间的回购型对赌，鉴于投资方不再经营目标公司，笔者建议按前次转让行为结束后的另一次股权转让行为做税务处理。

2.投资方与目标公司对赌，也有业绩补偿型对赌、回购型对赌的情况。如前述江苏华工案就是典型的投资人与目标公司的回购型对赌（投资方要求目标公司履行回购义务，原股东对该回购义务承担连带清偿责任）。

《九民纪要》所述的投资人和目标公司对赌，并不否认投资人与目标公司对赌的法律效力。投资方请求目标公司回购股权的，应按照《公司法》关于“股东不得抽逃出资”或者关于股份回购的强制性规定完成减资程序。投资方请求目标公司履行金钱补偿约定的，须符合《公司法》关于“股东不得抽逃出资”和关于利润分配的强制性规定，即目标公司没有利润或者虽有利润但不足以补偿投资方的，就不应履行该补充协议。

投资人与目标公司对赌触发回购股权的义务，在履行规定减资程序后，笔者认为投资人可按照减资的财税规则进行处理。

要求目标公司履行金钱补偿业绩对赌约定的，可按照股息红利的财税规则进行处理：如果投资人是符合条件的居民企业（公司型基金），免征企业所得税；投资人是合伙型基金，目标公司对其进行业绩补偿的，该合伙型基金的合伙人会有所得税的纳税义务。

（五）权益性交易和损益性交易

投资人和目标公司股东对赌，目标公司未达业绩指标，原始股东需对目标公司进行补偿。针对该类型对赌，主流的做法认为按国家税务总局公告2014年第29号第二条第（一）项的要求进行处理为妥，目标公司收到补偿作为权益性投资交易，不作为收入处理。

《国家税务总局关于确认企业所得税收入若干问题的通知》（国税函〔2008〕875号）对企业销售收入的确认，必须遵循权责发生制和实质重于形式的原则。企业销售商品同时满足下列条件的，应确认收入的实现：

1.商品销售合同已经签订，企业已将商品所有权相关的主要风险和报酬转移给购货方；

2.企业对已售出的商品既没有保留通常与所有权相联系的继续管理权，也没有实施有效控制；

3.收入的金额能够可靠地计量；

4.已发生或将发生的销售方的成本能够可靠地核算。

如案例15-11联建光电业绩对赌未达标，目标公司接受股东捐赠按照《企业所得税法》视为收入的规定，从而产生了企业所得税的纳税义务。此处，原始股东涉及捐赠不得税前扣除的问题。通常来说，交易事项中取得收入的一方缴税时，支付费用的另一方能税前扣除。对赌触发情况下，股东对公司的捐赠行为却是反其道而行，双方都有所得税的纳税义务——这个其实反映的是重复纳税的问题。因此，我们建议目标公司收到原始股东的补偿作为权益性交易处理，不作为收入处理。

（六）补偿义务人、被补偿对象的计税基础

对赌的对象、对赌方式以及业绩对赌的触发对投融资双方的计税基础产生了一定的影响。

计税基础（Tax Basis）是2006年发布的《企业会计准则》提出的概念，它分为资产的计税基础、负债的计税基础两类内容。税法上，企业持有各项资产期间资产增值或者减值，除国务院财政、税务主管部门规定可以确认损益外，不得调整该资产的计

税基础，即便历史成本，在特定环境和时刻下，企业为取得该项资产所实际发生的支出，其数额是固定的，而且作为资产的计税基础，不得由企业自由调整，否则会严重侵蚀税基。

投资人与原始股东对赌，原始股东按国家税务总局公告2014年第67号第九条规定，依合同约定，在股权转让时确认收入实现，缴纳个人所得税。目标公司未达到业绩指标的业绩对赌，补偿对价情形下，原始股东对投资人进行补偿最适合的做法就是冲减该股东股权转让收入；收到补偿的股东（投资人）调减投资的计税基础，即收到补偿不认为是收入的实现。

投资人与原始股东对赌，目标公司未达到业绩指标，原始股东对目标公司进行利润补偿的，通常被认为是捐赠行为。目标公司接受原始股东补偿，可按照国家税务总局公告2014年第29号相关规定，凡合同、协议约定作为资本金（包括资本公积），且在会计上已做实际处理的作为企业资本金，不作为收入处理，不需要缴纳企业所得税。同时，该类捐赠不宜与对赌触发之前该原始股东向投资者进行股权转让交易相混淆，而对原始股东转让股权估值进行调整。

（七）或可存在的增值税、印花税纳税义务

目前，大家对原始股东个人所得税有认知，对或可存在的增值税、印花税纳税义务知之甚少，尤其股权基金在企业上市后退出。

目标公司未达约定业绩指标，由于签署协议附带的回购条款通常约定有保证、担保、增信、明股实债以及最高补偿额度等措施，原始股东履行回购投资者持有目标公司持有股份的义务，投资人取得该等收入或可涉及“贷款服务”缴纳增值税。针对股权转让退出，合伙企业转让被投资企业股权（非上市），或被投资企业回购合伙企业持有的股权（非上市），签署股权购买协议属于印花税税目税率表中列“产权转移书据”，转让方及受让方均应按所载金额万分之五缴纳印花税；IPO退出，合伙企业在公开市场上转让被投资企业股票（境内上市），出让方需缴纳证券交易印花税。

目标公司达成业绩指标，由其向股东履行股份补偿，向投资者分红（送转股），若股东为合伙企业（合伙型基金）需不需要因此垫高投资的计税基础？以及目标企业如果成功IPO，被补偿企业获得的该类股票属于限售股，在其解禁后买入价如何确定？

目前，税务总局对上述情况均未有所提及。股权基金参与的业绩对赌如果取得前述补偿，极大可能会有涉税的风险。